The Practice of Lacanian Psychoanalysis
Theories and Principles

라캉 정신분석 실천

브루스 핑크 지음

이수진 옮김

이론과 원리

그린비

일러두기

1. 이 책은 Raul Moncayo, *The Practice of Lacanian Psychoanalysis: Theories and Principles* (Routledge, 2021)를 완역한 것이다.

2. 모든 각주는 역주이며, 대괄호([ ]) 안의 내용은 독자의 이해를 돕기 위한 역자의 보충이다. 본문의 고딕 표시는 저자의 강조를, **볼드** 표시는 역자의 강조를 나타낸다.

3. 단행본·정기간행물 등의 제목에는 겹낫표(『 』)를, 논문·단편 등의 제목에는 낫표(「 」)를, 미술작품 및 영화의 제목에는 홑화살괄호(〈 〉)를 사용했다.

4. 외국어 고유명사는 2002년 국립국어원에서 펴낸 외래어표기법을 따르되, 관례가 굳어서 쓰이는 것들은 그것을 따랐다.

서문

라캉 정신분석의 이론과 실천에 관한 이 책은 이전에 발표된 임상 논문과 그 자료들을 비판적으로 보완한 내용뿐만 아니라 미출간된 새로운 자료를 포함한다. 이전 작업은 라캉의 후기 이론과 분석 실천으로부터 파생된 새로운 사례 자료로 보완된다.

이 책은 정신분석 실천 내에서 작동하는 아리스토텔레스적 이성의 다양한 형태와, 실천적 이성과 기술적 이성 사이, 그리고 형식적 이성과 소피아*sophia* 또는 철학적, 변증법적, 역사적 이성 사이의 정신분석적 구별을 다루는 광범위한 서론으로 시작한다. 나는 실천적 이성을 실재의 기능으로서 분석적 행위와 라캉이 상징적 지식 *savoir*이라고 부르는 앎의 형태와 연결한다. "우리는 인식론적 충동을 다룰 때 과학이 아닌 다른 지식의 체계*savoirs*를 알아야*connaître* 한다고 말해야 하는가?"(Lacan, 2006, p. 737).

1장은 다른 라캉학파의 문헌들에서 설명된 일반적인 프로이트-라캉학파의 진단 범주를 설명한다. 그 맥락에서 라캉의 위상학적 관심에 일치하는 접근의 구조와 표면 증상을 구분함으로써 더적은 진단이 DSM-5의 더 많은 진단보다 탁월하고, 어떻게 진단을잘 조직할 수 있는지 논의한다. 이러한 관점은 진단의 지나친 간소화가 아닌, 임상과 기초 연구에서 관찰한 것에 정교하게 근접하기위해 만든 방법이다. 1장은 증상이 있는 구조와 없는 구조를 구분하고, 신경증을 편집증의 '정상' 형태뿐만 아니라 대부분의 주체의 표준으로 인정하는 새로운 진단 모델을 제안한다.

또한 메타노이아metanoia는 편집증과 투사의 신경증적 형태를넘어선 상태로 인식한다. 메타노이아는 신경증에 대한 제4의 위상학적 매듭의 형태로 개념화된 거세를 넘어서는 분석적 횡단과 연결된다. 소위 정신증 인격은 정신증적으로 구조화되지만 다양한 정도의 예민한 증상이 없는 단순한 [상태의] 인간 존재이다. 편집성 신경증에서 신경증적 투사는 일차적 억압인 아버지의 이름the Name of the Father, NoF과 삼차 구조 혹은 사차 구조로 분할된 정상적인 주체정신의 사전 확립을 필요로 한다. 나는 프로이트의 정신증 연구와신경증과 정신증에서 방어 형성으로서의 투사에 대한 그의 이해로부터 두 가지 다른 모델이 유래된 것이라고 주장한다.

클라인학파 이론은 분열을 정신증에 기인하는 반면, 신경증에서는 통합된 자아를 전제한다. 라캉학파 이론은 분열을 구조의 확립에 필요한 것으로 정상화하지만, 통합은 상상적이고 병리적일 수도 있다. 통합이 정상이고 분열이 병리적인 것이 아니라, 통합과 분열 모두 정상적이고 병리적인 형태가 존재한다. 정신증에서의 투사적 동일시는 대상관계학파에서는 당연하게 받아들여지고 논쟁화되지 않는다. 또한 투사적 동일시는 정신증의 폐제로 인한 의사소통 방식으로서 모든 장애가 모두 동일한 구조를 나타내거나 정신증적으로 구조화된 것처럼 치료하는 데 사용 및 적용된다. 정신증에서는 주체적이고 언어적 구조를 확립하는 데 필요한 일차적 억압에 실패함으로써 그 자리에 새로운 것을 설치해야 한다. 투사적 동일시는 정신증적 투사 방식으로서, 아버지의 이름NoF을 계속 폐제하는 대신 생톰sinthome의 도움을 받아 아버지의 이름을 상징화하는 데 사용하는 방어의 한 형태라고 볼 수 있다.

2장에서는 라캉의 후기 이론을 관통하는 욕망의 그래프를 업데이트하고, 3장에서는 증거에 대한 정신분석적 개념을 발전시킨다. 6장은 지식과의 관계에서 피할 수 없는 증오를 논의하는 반면, 10장은 환상이 자주 모순된 쌍으로 나타나며, 이성 또는 동성의 동시적이고 모순적인 파트너 선택에서 어떻게 상연되는지를 보여 준다. 런던의 프로이트 분석 연구 센터the Center for Freudian Analysis and Research, CFAR에서 내가 한 강연에서 있었던 '실재의 증오, 또는 실재에서 증오란 무엇인가, 혹은 실재에 증오가 있는가?'라는 청중의 질문과 연결 지어 위니콧의 '객관적 증오objective hate'와 라캉의 '증오 사랑hateloving'을 대조한다. 이 질문은 분석의 논리적 종결에서 부정적 전이가 하는 역할을 숙고하게 한다. 우리는 이미 부정적 전이로 인해 피분석자가 분석을 중단하거나 포기하는 의미에서 분석을 종결하는 것을 알고 있다. 부정적 전이, 이른바 객관적 증오가 논리적으로나 치료적으로 목적지에 도달한 분석에서 건설적인 역할을 수행할 수 있는가?

이 책의 마지막 부분에 나는 두 가지의 새로운 부록을 제시한다. 첫 번째는 에너지, 정동, 주이상스 사이의 정신분석 안팎의 논쟁과, 분석 실천에서 기표와 의미화signifying 구조의 관계에 관한 라캉의 마지막 진술(*Radiophonie*, 1970; *Television*, 1974)을 다룬다. 두 번째는 하이데거의 **알레테스**Aléthes와 **레테스**Léthes를 따라 라캉이 진리를 고유한 진리와 진실, 진리와 망각으로 간주하는 방식과 이것이 어떻게 두 개의 '반-진리half-truths' 그리고 진리는 허구로서 반만 말할 수 있는 개념과 관련되는지를 설명한다.

이 작업에서 나는 옛 절대자에 대한 향수가 아니라 현실reality로부터 실재real를 구별해 내기 위해 실재Real를 대문자로 쓴다. 다른 사람들이 '실재'라고 쓰면 독자는 두 용어의 정확한 차이를 이해하지 못한 채 작가가 외부의 사회적 현실을 언급하고 있다고 생각할 수 있다. 라캉은 실재를 '무no-thing'와 주이상스jouissance와 충동drive에 연결한다. **물**das Ding은 물자체the thing-in-itself를 가리키고, 헤겔과 하이데거에게는 물자체가 절대자를 의미하기도 한다. 그러나 이것은 과학의 절대 또는 지식과 진리 사이의 대응이다. 라캉에게서 지식은 상징적인 반면, 진리와 물자체는 실재적이다. 실재는 절대적이거나 형이상학적인 정신이나 지식이 아니다. 오히려 절대자에 대한 언급은 공허, 공백, 공간의 구멍에 대한 질문을 의미한다. 오늘날의 형이상학적 질문은 현대 물리학의 통찰을 피할 수 없다. 곡면 공간과 공간의 구멍에 대한 질문은 아인슈타인의 상대성 이론의 일부이며 공식에 의해 예측된다. 곡면 공간, 공간 자체의 공허, 절대자에 대한 상대성의 우위 사이에는 충돌이 없다.

물로서 물자체에 대한 하이데거의 언급은 정신분석을 위한 더 적절한 언급이다. '실재'와 '현실'은 라캉의 초기 작업에서 종종 구별되지 않는다. 실재는 프로이트의 사회적 또는 자연적 외부 환경이 아니지만, 때때로 인습을 초월한 실재가 인습적 현실의 일반적인 의미에 포함될 수 있다. 이것은 일부에게는 명백할 수 있지만, 그럼에도 불구하고 명확히 할 필요가 있다. 또한 실재의 개념은 라캉의 초기 작업에서 후기까지 변화하여 상징적인 것의 두 가지 형태로 절정에 달했으며, 보로메오 매듭the Borromean knot의 다른 차원 사이에서 일치, 공명, 항상성을 생성한다. 외부의 것이 내부를 구조화한다.

언어는 … 내가 실재의 구멍이라고 부른 것의 기능에 의해서만 유지된다 … 언어의 고유한 효능은 … 이 구멍의 기능, 즉 무한한 직선과 원의 등가성에 의해 지지된다(Lacan [1975-1976], Session of 12-9-75, II V).

신체에서 멀리 떨어진 곳에 내가 지난 시간에 공명resonance 혹은 일치consonance라고 불렀던 가능성이 있다. 그리고 이 일치가 발견될 수 있는 것은 실재의 수준이다. 신체와 다른 한편 언어에 의해 구성된 이러한 극들과 관련하여, 실재는 여기에서 조화를 가져오는 것이다(accord-à corps). (Lacan [1975-1976], Session of 12-9-75, II X)

이 책은 라캉의 프로이트 원칙의 재공식화, 프로이트의 작업에 대한 독창적인 기여, 그리고 실재와 주이상스를 중심으로 한 라캉의 후기 작업에 동등한 관심을 기울인다. 이 책은 라캉의 정신분석에 관한 책이지, 간소하고 단순한 정신분석에 관한 책이 아니며, 라캉의 정신분석에 대한 당파적인 책은 더욱 아니다. 일반 문화에서 정신분석은 낡고 모호한 개념(거짓, 의심스러운 것, 기만적이라는 의미의 모호함)인 반면, 라캉의 정신분석은 정신분석 이론과 실천의 문제를 해결하고, 정신분석을 21세기 현대 문화와 관련시키기 위해 정확히 맞춰진 새로운 패러다임이다. 당파성은 이론, 방법, 진리 사이의 대응과 모순이 아니라 정당, 이데올로기, 마키아벨리즘적 조작을 의미한다.

또한 당파적 관점은 해당 분야에서 사용할 수 있는 다른 형태의 지식과 실천을 무시하는 사람들의 관점이다. 다른 정신분석학파가 고의적이고 의도적으로 라캉의 정신분석을 무시하고, 라캉의 관심사(프로이트, 위상학, 수학, 언어학)를 배제하며, 자신의 대안적 관점을 발전시키기 위해 그의 기여를 사용하고 표절할 때, 그러한 담론적인 '권력 움직임'은 담론과 실천으로서 정신분석학의 일반적인 위임화와 해체로 이어진다. 당파성을 라캉 연구에 대한 진지한 헌신이나 헌정과 혼동해서는 안 된다. 동시에 위상학적 구조로서의 라캉학파 이론은 고무 시트the rubber sheet의 기하학과 위상학을 공유한다. 고무 시트는 그 구조가 유지되는 한 확대하고 늘리며 구부릴 수 있다. 이 책은 여러 차례에 걸쳐 라캉의 정신분석학과 다른 21세기 사상 및 실천 학파 간의 유사성과 차이를 강조한다.

또한 나는 라캉학파 정신분석 기법에 대해 이전 입문서에서 고려되지 않은 주제를 다룬다(Fink, 2007; Quinet, 2018). 이 책은 정신분석의 실천에 대한 라캉의 공헌 중 치료 방향, 분석가의 세 가지 지불, 그의 새로운 인용의 실천과 해석의 다양한 수준, 말의 절분, 분석가의 저항과 분석가의 욕망과의 관계, 치료 중 전이 사랑의 은유의 변형, 치료 중 해석되지 않은 부정적 전이가 분석의 끝에서 수행하는 역할, 분석의 종결과 관련된 라캉의 마지막 공식으로서 생톰과의 동일시the identification with the sinthome를 특징으로 한다.

나는 생톰과의 동일시가 라캉의 정신분석이 치료 내에서 증상 해결의 치료와, 적어도 형성 과정에서 분석가에게 요구되는 성격 분석 사이의 차이에 대한 문제를 해결할 수 있는 방법이라고 생각한다. 생톰the sinthome의 개념은 개인 분석이 종결된 후에도 계속되는 자기 분석에서 나타나는 분석 과정의 종결 후 결과를 다룬다. 마지막으로, 이 책은 성관계 결여에 대한 라캉의 이론이 인간관계의 현대적 조망 내에서 치료로부터 기대되는 사회적 및 관계적 결과를 어떻게 변화시키는지 살펴본다.

나는 칠레에서 북아메리카인 어머니와 칠레인 아버지 사이에서 태어나, 아르헨티나 부에노스아이레스에서 정신분석 연구를 시작했으며, 런던에 잠시 머물렀지만 임상 경험의 대부분은 미국에서 쌓았다. 나는 병원, 치료 공동체, 외래 환자 클리닉에서 일하며 1985년 캘리포니아에서 심리학 박사 학위를 취득한 이후, 개인 클리닉을 운영하고 있다. 또한 나의 전문 경력의 대부분은 심리치료사와 정신분석가의 훈련과 수련감독으로 이루어진다.

나는 증거와 임상 경험 사이의 관계를 강조하기 위해 다음을 언급한다. 미국에서 정신 건강 시스템 및 분야는 임상의가 이론을 사용하는 것을 허용하지 않는 방식으로 설정된다(관리자는 '무지가 축복이다'라는 열렬한 원주민 신념에 따라 검열한다. 즉, 당신이 아는 이론이 적을수록 더 낫다). 대신 대학에서 학생들을 대상으로 하고 상당한 임상 경험이 없는 연구자들이 수행한 통제된 연구의 증거에 의존한다. 임상 경험은 연구 대상으로 적용된 학생들이 일반적 임상 모집단을 대표하지 않으며, 연구자들 역시 일반적 임상 모집단을 대상으로 한 임상 실천에 노출되지 않았다는 점에서 통제된 연구에서 적절한 증거 요인이 아니다. 또한 이론을 거부하는 임상의가 이론이 없는 연구의 증거를 적용할 때 무지의 악순환이 완성된다.

정신분석학에서 이론에 대한 증거는 실험, 설문 조사, 설문의 논리가 아니라, **실천 자체의 특이성**에서 비롯된다. 인간 행동 연구에서 데이터는 피험자의 의식적 내러티브와 일치하는 질문이나 지침에 포함된 가정과 개념의 인공물이며, 1차원적이고 선형 리커트 척도Likert scale를 통해 숫자로 변환된다.

유럽의 정신분석학 독자가 한 번도 들어 본 적이 없는 경우를 대비하여 설명하자면, 심리학 연구에서 리커트 척도는 태도를 측정할 수 있다는 가정을 바탕으로 피험자가 특정 진술에 얼마나 동의하는지 또는 동의하지 않는지를 밝히기 위해 사용되는 5점 척도이다. 리커트 척도는 태도의 강도에서 크게 동의하는 것으로부터 동의하지 않는 것까지의 연속선을 상정하고 태도를 측정할 수 있음을 가정한다. 5점 척도와 그 점수는 통계적 분석을 통해 유의미한 한계치를 산출한다. 그러나 연구 척도에 사용되는 구조로 개발된 이론이나 그 이상의 모델은 정신분석에서 발견되고 사용되는 정신적 과정을 설명할 수 없다. 서양의 지적 역사가 없는 상황에서 설문지에서 개발된 모델은 이론이 아니다. 그러나 모델은 이론의 '측면' 또는 '확장'을 성공적으로 비판할 수 있지만, 모델이 이론을 대체할 수 있다고 주장하지는 않는다. 서구의 지적 역사에 있어 중요한 점은 다른 문화적 전통을 평가 절하하거나 서구의 헤게모니를 옹호하는 것이 아니라, 서구가 인류와 과학사에 공헌한 광범위한 지식과 경험을 강조하는 것이다.

이 서문을 마무리하기 전에 라캉의 글쓰기 스타일에 대해 말하고자 한다. 라캉의 글은 시나 무의식의 텍스트처럼 애매하고 모호하다. 많은 비평가들에게 그의 글이 단편적이고, 혼란스럽고, 일관성이 없고, 불완전하기 때문에, 이것은 그의 이론을 설명하는 긍정적인 방법이 된다. 그의 텍스트는 그의 이론에서 자아 의식, 편집증, 대학 담론 및 주인 담론the university and master's discourse과 관련된 **상상적 지식**connaissance의 숙달과 연결되어 있는 형식적이고 명확한 조음적 체계화의 동조에 반대한다.

그러나 프로이트의 이론과 글이 널리 증명하듯이 분석적 상황에서 무의식, 즉 **상징적 지식**savior을 아는 것의 특수한 형태는 형식적 지식의 로고스와 관련이 없는 것은 아니다. 사실 두 가지 형태의 지식은 주체가 재치와 기표에 대한 통제와 방향을 부여하는 순간 일치한다. 혼동과 오해를 피하기 위해 한 가지 이상의 의미를 가진 모호한 용어는 무의식 분석에서 모호함의 중요성을 놓치지 않고 명확한 용어로 작성할 수 있다. 예컨대 주이상스jouissance라는 개념이 있는데, 사람들은 주이상스가 라캉이 만족보다는 고통을 표상하기 위해 자주 사용하는, 정반대의 의미를 지닌 개념이라는 사실을 잊어버릴 수 있기 때문이다. 그가 어떤 특정 문장이나 설정에서 그 개념을 어떤 방식으로 사용하고 있는지, 또는 어떤 유형의 주이상스를 다루고 있는지 알지 못하면 혼란스럽고 텍스트를 따라가기가 어렵다.

또한 라캉에서 두 가지 형태의 지식*savior and connaissance* 사이의 관계는 과학과 정신분석학 내에서 아리스토텔레스 이성의 상이함에 따라 이해함으로써 해명될 수 있다. 나는 서론에서 정신분석 이론과 실천 내에서 다섯 가지 형태의 이성이 어떻게 기능하는지에 대한 상세한 분석을 제공한다. 나는 자주 상호 교환적으로 사용되는 실천*practice*과 기술*technique*이 실제로는 서로 다른 형태의 이성에서 파생된 두 가지 다른 개념을 대표한다고 제안한다. 정신분석에서 실천은 기술적 합리성이 아닌 분석적 행위로서의 실재의 실천이다. 기술은 정보만 포함하지만, 실천은 인간의 주체성*subjectivity*과 심리적이고 정신적인 경험을 포함한다.

정신분석은 과학과 기술적인 이성(분석적 기술)의 사용을 공유한다. 동시에 나는 분석적 실천 이성은 기술과 직업 윤리 그 이상이라고 주장한다. 또한 정신분석은 형식적 이성(이론은 임상 실천에서 관찰된 사실을 설명하고 효과적인 개입을 알려 준다)과 변증법적 또는 역사적 이성을 사용한다. 후자는 정신 내부의 모순적이고 대조적인 요소를 이해하는 데 필수적이다.

이성의 첫 번째 형태는 실험적 가설이 참이거나 거짓인 것처럼 분명하지만, 소피아 또는 변증법적 이성은 단어가 지시하는 것처럼 모호하고 모순적이다. 정신분석은 기표의 모호성, 기술, 규율에 초점을 맞추는 것 외에도 지식이 없는 실천적 이성의 분석적 행위를 요구한다. 분석적 행위는 지식이 없는 의미화의 지점으로서 이는 피분석자 내부에서 수수께끼 같은 미지의 앎unknown knowing, l'insu qui sait과 주이상스를 불러일으킨다. 상징적 지식savoir은 또한 누스nous와 직관의 무의식적인 형태와 관련이 있다.

나는 이 책을 수년 동안 나와 함께 일하고, 라캉 정신분석을 연구하며, 임상 실천에 적용한 나의 학생들과 동료들에게 헌정한다. 이전의 저널에 발표된 논문 참조에 대한 협력과 이 책의 수정, 업데이트, 확장 작업을 해 준 막달레나 로마노비츠Magdalena Romanowicz에게 감사한다. 여기에는 진단과 욕망의 그래프에 관한 장이 포함된다. 첫 번째 장의 짧은 버전은 『유럽 정신분석 저널the European Journal of Psychoanalysis』에, 두 번째 버전은 『아일랜드 라캉 정신분석 저널the Irish Journal of Lacanian Psychoanalysis』에 게재된 바 있다.

마지막으로, 이 책은 라캉 정신분석 안팎의 문헌과 라캉 정신분석학의 여러 학파를 아우르는 정신분석학 문헌을 다룬다. 분석적 담론은 정확히 말하자면 마키아벨리 정치학을 넘어서기 위한 담론인데, 위상학적 구조의 표면상으로는 쉽게 인식할 수 없다. 오늘날 정치적 담론은 더 이상 같은 의미를 갖지 못하는데, 왜냐하면 좌파와 우파가 영토화 및 탈영토화되고(Deleuze and Guattari's [1972]), 주인 담론에 의해 훼손되고 왜곡되었기 때문이다. 오늘날의 러시아는 두 가지 모두의 예가 될 수 있다. 수단이 정치적 목적을 위해 사용되면 결국 그 목적은 수단을 재생산하게 된다. 권력과 폭력, 마키아벨리즘적 조작은 절대적인 형태의 보수적이고 변혁적인 부패와 시민 사회의 불가피한 쇠퇴를 초래한다.

정신분석 조직이나 분석적 담론에서 상징적 결여(0)는 주인/지도자의 존재하지 않는 상상적 남근이 아니라 상징적 교환의 균형점, 즉 프로이트가 모든 분석가가 분석적 위치에 설치되기 위해 통과해야 하는 상징적 거세와 자유 연상의 근본적 암반이라고 불렀던 지점이다. 때때로 지도자들과 집단들은 '암반'을 문자 그대로 이상화하거나 반항할 수 있는 상상적 지도자(원시적 아버지)에 대한 상상적 거세와 종속으로 해석하기도 한다. 이것은 정신분석적 조직에 영향을 미친 주인 담론과 관련된 문제이다(Lacan, 1980).

참고문헌

Deleuze, G. and Guattari, F. (1972). *Anti-Oedipus.* trans. R. Hurley, M. Seem and H. Lane. London and New York: Continuum, 2004. Volume 1 of Capitalism and Schizophrenia. 2 vols. 1972–1980.

Fink, B. (2007). *Fundamentals of Psychoanalytic Technique: A Lacanian Approach for Practitioners.* New York: Norton.

Lacan, J. (1966). Science and Truth. In: *Écrits.* trans. B. Fink, New York and London: Norton, 2006.

———(1970). *Radiophonie.* Scilicet 2/3. trans. J. W. Stone. Paris: Seuil, pp. 55–99.

———(1974). *Television.* ed. J. Copjec. New York: London, 1990.

———(1975–1976). *Seminar XXIII: The Sinthome.* trans. C. Gallagher. Unpublished. www.lacaninireland.com. Accessed December 4, 2019.

_____(1980). *The Seminar of Jacques Lacan. Book XXVII: Dissolution* (1980). www.freud2lacan. com/docs/DISSOLUTION-July-12-1980-3col.pdf.Accessed November 26, 2019.

Quinet, A. (2018). *Lacan's Clinical Technique: Lack(a)nian Analysis.* London: Routledge.

차례

서론

이 책은 정신분석의 임상 실천에 관한 책이지만, 서론은 라캉 정신분석의 이론과 실천을 뒷받침하는 인식론적 배경을 개괄적으로 설명한다. 정신분석 실천은 정신 건강 분야의 많은 사람들의 경향처럼, 기술자나 전문가가 이론적 지식을 무시하고 실천할 수 있는 쉬운 형태의 응용 정신분석이 아니다. 물론 개인 분석이나 분석 기능에 존재의 경험이 없는 이론적 지식이 그 자체로 정신분석의 실천적 측면을 포괄하는 것은 아니다.

　이론 정신분석은 분석적 실천의 요구 사항과 관련된 정신분석과 완전히 분리될 수 없다. 학자들은 그들이 학문으로서 간주하는 이론에 관심이 없는 실천적 정신분석가보다 이론에 더 잘 적응한다. 이론과 실천의 분리가 정신분석의 사적인 실천을 고립시킬 수 있고, 그것은 또한 이론의 빈곤과 함께 정신분석 실천이 이루어지는 지적 풍토를 초래한다. 결국 이러한 상황은 기술 자체의 빈곤으로 이어진다.

실천적 이성과 기술은 두 가지 다른 형태의 합리성을 나타낸다. 나의 다른 저작에서 언급했듯이 실천적 이성과 기술은 모두 아리스토텔레스가 설명한 다섯 가지 형태의 이성 중 두 가지이다. 과거에 나는 현재의 정신분석 작업의 맥락에서 이성의 유형을 정의했는데, 그것이 아리스토텔레스의 정의와 더 밀접하게 일치하지는 않는다. 나는 이 서론에서 과학과 정신분석의 실천에 관한 이성들의 고전적 정의와 현대적 정의를 간결하게 설명할 것이다. 이 책에서 아리스토텔레스의 이성의 다섯 가지 형태를 정의하는 목적은 정신분석 실천과 기술을 차별화하기 위함이다.

이성의 형태

서구의 자연 과학은 아리스토텔레스가 개괄한 다섯 가지 유형의 합리성 중 주로 두 가지(formal analytical reason and *techné*)를 사용한다는 점에서 흥미롭다. 인문학은 두 가지 중요한 사실을 제외하고는 다른 세 가지를 큰 논란 없이 사용한다. 사회 과학은 자연 과학에서 사용되는 동일한 두 가지 형태의 이성으로 조사를 제한하는 분과와, 과학에서 사용하는 두 가지 이성에 인문학과 예술에서 사용하는 세 가지 이성을 더하는 분과로 나뉜다.

두 번째로 중요한 사실은 과학과 사회 과학을 단지 두 가지 형태의 이성으로 축소하는 것이 사실상 서로 다른 형태의 이성 사이에 비순환적 위계를 설정한다는 것이다. 비즈니스, 산업 및 천연 자원의 개발과 관련된 두 가지 형태의 이성은, 사회에 중요한 기여를 하는 다른 세 가지 형태의 이성에 제공되는 자금이나 지원보다 우선순위가 높으며, 자금이 더 많이 제공된다. 다섯 가지 이성을 포함하는 사회 과학은 인간 속의 생물학적 기호학적 질서와 균형을 맞추어야 하는 문화를 지원한다. 산업계가 과학 연구에 자금을 지원하는 이유는 그것이 공동선으로 이어지기 때문이 아니라 수익성이 있기 때문이다.

따라서 나는 서구 이성 자체에도 분열이 존재한다고 주장한다. 그 구분은 유럽 대륙의 변증법적, 비판적, 역사적 이성, 즉 합리주의, 그리고 형식적 분석적 이성과 이분법적 논리를 고수하는 영미 전통, 즉 사회 과학의 통계적 경험주의 사이에 있다. 내가 사회 과학에서 통계적 경험주의의 형태로 기술이 합리적 설명을 대체해서는 안 된다고 주장할 때, 이것은 다양한 질병, 자살률, 약물 사용, 경제 지표 등의 의미 있는 빈도를 사회에 제공하는 데 통계를 사용해서는 안 된다는 의미는 아니다. 자연 과학에서도 이론을 통해 데이터를 해석하기 전에는 어떤 데이터도 알 수 없다는 주장이 제기된다 (Deutsch, 2011, p. 30). 모든 관찰은 이론을 담고 있다. 유럽 대륙은 자연 과학과 사회 과학에 대해 형식적 이성을 사용하지만, 사회 과학에서 나온 변증법적, 역사적 이성을 배제하지 않는다.

아리스토텔레스는 이성의 유형을 '사유의 미덕the virtues of thought'으로 분류하는데 여기에는 다섯 가지가 있다. 이는 테크네 *technê*, 에피스테메*epistémé*, 프로네시스*phronesis*, 소피아*Sophía* 그리고 누스 *Nous*[1]이다. 테크네*Technê*는 응용 과학, 도구적 이성, 공예, 예술, 생산을 나타낸다. 정신분석은 기술을 포함하고 일부는 예술의 한 형태로 간주되지만, 이러한 형태의 합리성으로 설명할 수 있는 것 그 이상이다. 에피스테메*Epistémé*는 과학적, 분석적, 이론적이며, 원인, 상관관계, 확률에 대한 보편적인 객관적 지식을 구성한다. 그리고 일반적으로 유효한 지식, 즉 분석적 또는 대륙적, 현실주의 또는 초월주의 정의 뒤에 있는 체계나 인지적 구조를 나타낸다. 분석 철학 또는 영미 양적 경험주의는 철학을 에피스테메 또는 자연 과학의 인식론적 기초로 환원하는 철학이다. 유럽 대륙 사상과의 충돌은 분석 철학이 다른 형태의 타당하고 정당한 지식을 자연 과학의 에피스테메로

---

1   아리스토텔레스는 『니코마코스 윤리학』, 제6권 "사유의 미덕"에서 테크네, 에피스테메, 프로네시스, 소피아, 누스에 대해 설명한다. 테크네*Technê*는 주로 제작과 관련된 '기술'을 말하는 것으로서 참된 이성을 수반하는 제작과 관련된 성품이다. 에피스테메*Epistémé*는 '학문적 인식'으로 절대적인 진리를 인식하는 것과 관련된다. 프로네시스*Phronêsis*는 절대적 진리를 현실에서 적용할 때 사용되는 '실천적 지식'과 관련된다. 누스*Nous*는 절대적 진리들 중에서 논리적 추론으로는 도달할 수 없는 제1원리에 대한 지식과 관련되는 '직관적 이성'이다. 소피아*Sophía*는 학문적 인식과 직관적 이성이 결합된 '철학적 지혜'이다. "우리를 참에 도달하게 하고 잘못 알지 않게 하는 것이 학문적 인식[에피스테메], 실천적 지혜[프로네시스], 철학적 지혜[소피아], 직관적 이성[누스]이라고 가정했을 때, 그중에서 셋, 즉 학문적 인식, 실천적 지혜, 철학적 지혜로는 제1원리를 알 수 없으므로, 나머지 직관적 이성[누스]이 제1원리에 관여할 수밖에 없다"(Aristoteles, 1984/2002, pp. 222, 228). 『니코마코스 윤리학』, 박문재 옮김, 현대지성, 2022.
    이 가운데 누스*νους, nous*는 이성, 지성, 정신, 영혼을 뜻하는 그리스어이다. 이마누엘 칸트의 철학에서는 누스로부터 파생한 '누메논*noumenon*'은 즉 인간의 감각과 독립적으로 존재하는 대상으로 상정된 지식으로서 물자체를 의미한다.
    라캉은 『에크리』, 「남근의 의미작용」에서 누스와 관련해 다음과 같이 언급한다. "남근(적) 기표의 기능은 여기서 자신의 가장 심오한 관계, 즉 고대인들이 누스the Nous와 로고스the Logos를 그 안에 구현한 관계에 닿아 있다"(Lacan, 1966/2006, p. 584).
    이처럼 누스는 이성, 정신, 영혼, 직관적 이성, 물자체와 관련된 것으로서 라캉은 이를 남근적 기표 기능과 연결한다. 본카요 역시 라캉에 이어 누스를 남근적 기표 기능, 더 나아가 분석에서 피분석자가 일자 자신의 비존재로 있는 측면과 연결한다.

환원하려고 한다는 것이다.

오늘날 과학 지식에는 아리스토텔레스 당시에는 없었던 실험과 실증이 포함된다. 프로네시스Phroêsis는 정치와 사회에서 윤리적 행동을 지향하는 실천적 이성, 즉 행동의 원칙을 의미한다. 행동은 숙고와 선택의 결과이다. 그러나 아리스토텔레스에게 실천적 이성은 도덕적 의미의 윤리적 행동을 의미할 뿐만 아니라, 테크네technê와 마찬가지로 욕구와 욕망의 대상을 중심으로 실천이 조직화된다. 일반적으로 그리고 종교에서 도덕 윤리는 절제와 의무의 원칙에 따라 욕망의 대상을 억제하고 구속하는 것을 추구한다. 그러나 아리스토텔레스(Ethics, P. xiv)의 도덕 윤리와 실천적 이성은 다르다. 이성적 존재로서 우리의 본성에 적합한 쾌락과 주이상스의 편리한 형태가 있다. 미덕으로서의 절제는 행동과 결과 사이의 관계에 대한 적절한 정도와 합당한 성찰에서 합리적 쾌락을 누릴 수 있도록 한다. 절제된 인격은 그들의 욕망과 주이상스에 대한 책임을 진다. 자제하는 개인은 자기 통제에 힘쓰고, 반면 무절제한 개인은 악의에 차지 않으나 자기 통제가 결여되어 있다.

마지막으로, 나는 정신분석학의 실천적 이성 또는 정신분석적 행위를 누스Nous에 연결한다. 왜냐하면 실천적 이성은 직업적 실천과 선택, 자유 의지, 또는 비결정론과 결정론의 문제 사이의 관계에 관여되기 때문이다. 앎으로서의 진리Truth as knowing는 실재의 분석적 행위에서 행동으로 개방되고 또는 은폐되지 않는다. 아리스토텔레스에게 있어 실천적 이성으로부터 도출된 결론은 반드시 실재적 행위a Real act, the Lacanian scansion of speech and session로 귀결되어야 한다.

자유 의지는 우리가 만들어진 것으로부터 만들어 내는 것을 가리킨다. 자유 의지는 특히 문제에서 결정적인 구조의 존재를 부인하는 것이 아니라, 다른 방식으로 결합된 구조의 요소가 다른 결과를 낳을 수 있다는 사실을 의미한다.

미지와 알 수 없는 것(불확정적이고 미결정적인 것)은 실천적 이성과 누스를 모두 필요로 한다. 왜냐하면 사회적 규범에 근거한 결과도 관습이나 형식적 논리에만 근거하지 않고, 즉각적이고 놀라운 지성의 불확정적, 미결정적, 비혼합적인 측면으로서 누스에 의해 매개되기 때문이다. 아리스토텔레스는 누스를 모든 지식을 담을 수 있는 빈 태블릿(신비스러운 글쓰기 판 또는 순수 인식)의 능력에 비유한다. 정신분석학에서 이것은 지식이 기록되는 빈 태블릿(Locke's[1632–1704] tabula rasa or white paper)이 아닌데, 그 이유는 별도의 활동적인 누스가 비어 있는, "혼자All-alone" 그리고 비혼합된 상태이기 때문이다. 이러한 이유로 나는 누스를 프로이트의 지각-의식 체계Pcpt.-Cs. system에 연결한다. 지각-의식 체계는 그것을 통과하는 모든 표식에도 불구하고 표식되지 않은 채로 남아 있고 다른 기록 체계와 정신의 코드에 등록되어 있는 인식의 한 형태이다. 누스는 표상과 기표 너머에 있으므로 주이상스의 실재, 그리고 과학의 첫 번째 원칙tà mathémata과 연결된다. 마지막으로 누스Nous와 프시케Psyche는 심리학과 정신분석학에서 가장 일반적으로 사용되는 단순한 이성이 아닌 '정신Mind'에 대한 두 개의 그리스어 용어이다. 정신분석학에서 정신은 공백이나 "무no-thing"에 대한 경향성과 관련된 죽음 충동의 상징적 범위를 표상한다.

라캉은 주체가 어떤 주제에 대해 말하기로 선택할 수 있지만, 선택은 강요된 선택이라고 말한다. 즉 말하는 과정 중 어떤 결정적인 의미화 지점signifying point에서 다른 논리가 말의 일관성과 조직을 대신하기 때문이다. 그 지점에서, 자아가 어떤 특정 순간에 생각하거나 생각하지 않거나, 좋아하거나 좋아하지 않는 것보다 우선하는 것은 대타자the Other이다. 예를 들어 정신분석학을 학문이라고 할 때, 주체가 자신의 특정 장점이나 역량에 맞는 특정 사회적-상징적 환경을 선택한다면, 이는 정신분석학과 그 역사적 인물들도 그들을 선택한다는 의미이기도 하다.

우리가 연구하는 현상은 학습하는 내용이나 수행하는 사람에 의해 정의되지 않고 독립적으로 유지되는 인식에 기초한다. 아리스토텔레스는 이를 분리된 것으로, 속성이 없고 혼합되지 않은 존재라고 언급한다. 따라서 그것은 알려진 것과 알려지지 않은 것, 심지어는 완전히 알려지거나 정의될 수 없는 것으로서 알려진 것 사이의 연결 고리를 구성한다. 여러 면에서 이는 프로이트가 특정한 주체나 대상이 없는 분석가의 **유연한 주의**라고 부른 것과 일치한다.

라캉은 미지나 수수께끼 같은 앎unknown or enigmatic knowing 즉 미지의 앎l'insu qui sait을 언급하는데 누스에 대한 이러한 정의는 무의식적 앎을 언급하는 역설을 피한다. 분석가가 피분석자의 말에 현존할 때 분석가가 함께한 그곳에 누스의 특질도 있을 것이다. 그리고 분석가가 비록 이론을 생각하고 있지 않더라도, 중요한 첫 번째 원칙은 분석가 자신의 기질과 자기의 존재론적 사용을 위해 거기에 있을 것이다.

소피아Sophia는 사변적 종합 이성, 즉 이론적, 변증법적, 비판적 지식에서 가장 높은 수준의 이성 형태이다. 아리스토텔레스는 자연 과학이 의존하는 배제된 제3의 원리나 비모순의 원리를 발전시키지만, 에피스테메나 프로네시스를 비판적 이성, 사물이 있는 그대로의 사물과 다르거나 다른 것일 수 있다는 변증법적 원리에 책임을 지우는 것으로 변증법적 이성(모순의 원리)을 생각하기도 한다. 에피스테메는 사물이 한 가지 방식이라고 주장하지만, 비판적 이성은 아직 드러나지 않은 모든 방향의 증거를 가리킨다. "지식의 지속적이고 빠른 성장을 위해 필요한 것은 비판의 전통이다. 이는 계몽주의 이전에는 매우 드문 종류의 전통이다. 일반적으로 전통의 요점은 모든 것을 동일하게 유지하는 것이다"(Deutsch, 2011, p. 13).

비판적 이성의 기능을 평가하는 것이 중요한 이유는, 그것이 제도권에서 "객관적objective" 증오의 조건에서 자주 발생하는 미해결 전이(거세의 암반)와 작업 전이(개인에서 집단으로, 집단에서 학교로 상징적 지식savior의 전달)로 인해 대타자에 대한 통상적인 판단이나 비판으로 오해될 수 있기 때문이다. 갈등을 위해 갈등을 자랑스러워하는 것은 프로이트와 라캉의 작업에 저주를 퍼붓는 것과 같다. 불행하게도 시간이 지남에 따라 제도는 경쟁, 야망, 분쟁, 리더십에 대한 공격의 온상이 된다.

이 작업에서 나는 이런저런 이유로 개념을 "비평"할 수 있지만, 그것은 저자에 대한 개인적 비평이 아니다. 나는 정신분석학의 실천을 정의하는 사고와 개념을 다루고 있으며, 그 과정에서 많은 저자들이 프로이트와 라캉에 대해 갖고 있는 여러 이견에 대해 이야기하는 것이다. 그러나 실천적 이성은 논리적인 주장을 위한 것이지 단순히 어떤 개념에 대한 큰 의분이나 거부가 아니다.

마찬가지로, 다른 형태의 이성은 비판적 이성이 객관적 증오의 조건에도 불구하고, 다른 주체들에게 동의하지 않고 비판할 수 있는 동일한 자유를 부여하도록 돕는다. 예컨대 아테네 국가에 의해 사형 선고를 받았음에도 객관적 증오에서 벗어나 비판과 설득에 열려 있는 것이 소크라테스의 관습이다. 소크라테스는 자신의 신념이 완벽하게 확신하는 상태에 도달하고자 열망하지 않았다. 이러한 의미에서 소크라테스는 위니콧과 라캉의 말에서 볼 수 있듯이, 지식과의 관계에서 내가 이 책에서 객관적 증오에 관해 언급할 많은 것들에 대한 명백하고 초월적인 예외가 된다. 객관적 증오는 6장에서 더 상세히 탐구하고 정의할 이성적 주장과 연결된 정서적 요소이다.

분석적 실천의 과제 중 일부는 상상적 동일시와 사회의 상상적인 것을 넘어서는 작업이다. 분석 후 진리 효과는 이상을 포함하지만 이상화가 없는 상태, 모든 것을 설명하는 완전한 이론은 없지만 이론을 소유한 상태를 내포한다. 더욱이 신념은 그것들에 집착하지 않고, 다르며, 더 명확하게 유지된다. 한 주체는 그/그녀 자신에게 동의하지 않을 수 있으므로 이론과 개인적 경험의 변화에 열려 있다.

마지막으로 정신분석학 및 라캉주의 기관은 정치, 리더십, 집단심리 등과 관련된 마키아벨리즘적 문제에서 자유롭지 않다. 그럼에도 불구하고 정신분석 조직은 그 이름에서 알 수 있듯이 정신분석가 집단에서 기대할 수 있는 조직이라는 점을 기억하는 것이 중요하다. 정신분석 조직은 주인 담론이 아니라 분석가 담론the discourse of the analyst에 의해 조직되거나, 적어도 후자가 전자보다 우위에 있는 곳에서 조직된다.

분석가로서 한 사람은 보편적이지만 특정 사람의 초자아, 동일시 또는 편견과 관련된 증오로 가득 찬 비판을 받을 준비가 되어 있다. 지식과 관련된 소위 객관적 증오는 생톰의 사후 분석 효과와 개인 분석이 논리적 종점에 도달한 후에도 계속되는 자기 분석의 도움으로 조율된다.

사실 정신분석은 비판적 이성과 함께 작동하고, 비판적 이성을 그릇된 방향으로 이끌고 가는 개인과 사회의 핵심 요소를 오판할 수 있는 초자아의 요소를 제거하는 데 사용할 수 있는 도구 중 하나이다. 초자아의 영향을 받는 비판과 윤리는 기표와 관련된 이성의 원칙보다는 상상적 공격성에 의해 주도된다. 역사가 비판적 이성을 사용하는 맹목적인 분개와 격노에 의해 영향을 받을 때, 역사는 모순된 바람직하지 않은 결과를 낳고, 그 반대와 함께 반복되고 동일시 된다. 하나the One 또는 지혜의 검의 분노와 폭발은 잘못된 이름이며 오해이다. 검의 대상은 현실의 사람이나 그들이 제공하는 재화와 서비스 파괴보다는 비판적으로 검토해야 할 잘못된 신념, 사고, 행동이다. 이성을 사용할 때의 평정심이 무관심이 아닌 것처럼, 증오나 악의로 변하지 않는 순간적인 격렬함은 진정한 의미의 친절과 반대되는 것이 아니다.

그리스 합리성(소크라테스의 대표적인 예)의 영향을 수용하지 않는 문화권에서 비판이 분노에 찬 비판, 굴욕감, 수치심(예컨대 아시아 문화 등)으로 나타나는 점을 관찰하는 것은 흥미롭다. 이러한 문화는 분노에 찬 비판의 폭발을 불러일으킨다. 이 경우 문화에서는 "비난을 먹어 치우기"를 기대한다. "그리스 이후 서양에서는 합리적 담론을 통한 설득을 중시하는 반면, 중국에서는 설득적 담론에 대한 관심이 부족하다. 오히려 듣는 사람이 전하는 사람의 충고를 잘 따르도록 상황을 마련한다"(Saporta, 2014, p. 78).

그러나 이러한 비판은 일반 종교에도 적용될 수 있다. 예컨대 마틴 루터Martin Luther는 격양된 상태에서 설교하는 것을 즐기고, 이러한 특성은 결국 유대인들이 개신교로 개종하지 않을 것이라는 순진한 생각으로 인해 잔인하고 폭력적인 반유대주의로 이어진다. 결국 루터는 타락한 가톨릭 교회가 그랬던 것처럼 유대인들을 지옥으로 정죄하는 증오에 사로잡혔다. 비판적 이성은 대타자의 오류/결여가 타자에 대한 증오에 찬 비난으로 몰아붙이는 정서적 논증보다는 이성적 원칙에 근거한, 더 진화된 형식의 초자아이다.

이와 관련하여 프랑크푸르트학파는 근대 계몽적 이성의 모순과 형식적 이성 및 기술이 어떻게 타자들을 파괴적으로 이용하고, 남용할 수 있는지에 대해 잘 알고 있었다는 점에 주목할 필요가 있다. 그들은 마르크스주의가 유사한 목적으로 사용된 방식에 대한 비판을 주저하지 않으며, 따라서 마르크스주의 서클 내에서 호의적으로 간주되지 않는다(Jeffries, 2017). 프랑크푸르트학파는 마르크스주의와 서양 철학뿐만 아니라 헤겔, 프로이트, 정신분석학 등을 통해 그 지향점에 도달한다. 이와 대조적으로 여러 마르크스주의 기관은 반프로이트적이고, 프랑크푸르트학파의 구성원을 혁명의 배신자로 간주한다.

이러한 모순은 정신분석적 사상과 프랑크푸르트학파를 현대 문화 분석에 통합한 헤겔주의자들과 마르크스주의자들에 의해 극복된다(예를 들면, 지젝). 포스트구조주의와 포스트모더니즘과 관련된 프랑스의 발전은 주로 라캉학파 정신분석의 렌즈를 통해 설명되지만, 이러한 운동은 라캉학파 정신분석보다 더 넓은 사회적 영역을 포괄한다. 라캉은 푸코와 파리의 지적 환경에서 다양한 유형의 사회적 담론에 대한 분석을 공유한다.

헤겔학파와 프랑크푸르트학파는 물론 라캉학파 정신분석은 인간의 지식에서 중요하다. 왜냐하면 그들의 작업에서 변증법적 이성 또는 모순의 원리와 주체적 진리Sophía는 형식적 이성 또는 비모순의 원리와 평형을 이루기 때문이다. 이것은 프로이트가 우리 시대와 무관하지 않듯이, 50년이 지난 지금 유행에 뒤떨어지는 것이 아니다. 더욱이 사회 과학에서 통계에 기반한 경험주의가 사라지지 않을 뿐만 아니라 사회 과학과 정치적 주인 담론에서 더 큰 영향력을 행사하면서 지식을 두 가지 형태의 이성으로만 제한하고 있기 때문에, 인식론과 기술에 대한 균형 잡힌 견제 역할을 하는 고전적 대안과 현대적 대안을 지속적으로 지지하는 것이 중요하다. 이것이 바로 아리스토텔레스가 구상한 비판적 이성의 과업이다. 유럽은 이것을 이해하지만, 반지성주의를 표방하는 미국은 여성적 특성과 관련된 소피아에 대한 사랑, 즉 지식에 대한 사랑을 거부한다.

알렉시 드 토크빌Alexis de Tocqueville이 말한 것처럼 구세계 귀족의 근절 너머 평범한 미국인들은 뛰어난 재능과 지성을 소유한 사람들에게 굴복하기를 거부하고, 결과적으로 타고난 엘리트 계층은 정치적 권력에서 많은 몫을 누릴 수 없었다. 평범한 미국인들은 너무 많은 권력을 누리고 지적 상급자에게 맡겨진 공적 영역에서 큰 목소리를 요구했다. 토크빌은 이 문화가 비교적 뚜렷한 평등을 조장하지만, 그러한 평등을 보장하는 동일한 관습과 의견 또한 평범함을 조장했다고 주장한다. 진정한 미덕과 재능을 가진 사람들에게는 선택의 여지가 제한적이다.

토크빌은 교육과 지능이 가장 뛰어난 사람들에게는 두 가지 선택지가 있다고 말한다. 그들은 제한된 지식인 서클에 합류하여 사회가 직면하고 있는 중대하고 복잡한 문제를 탐구하거나, 아니면 자신들의 뛰어난 재능을 활용하여 민간 부문에서 막대한 부를 축적할 수도 있다. 토크빌은 사고를 억압하는 주요 요인으로 다수결의 전능성을 비난한다. "다수는 생각을 강력한 울타리 안에 가둔다. 그 영역 안에서는 자유롭지만 그 영역을 넘어서는 사람은 종교 재판의 두려움에 서는 것이 아니라, 일상의 박해 속에서 온갖 종류의 불쾌함에 직면해야 한다"(Kaplan, 2005).

미국에서 평등의 원칙은 중산층과 교육을 받지 못한 유럽계 미국인, 부자와 가난한 자 모두를 추상적 지식인과 문화 엘리트를 거부하는 열정이나 무지의 문화로 이끈다. 지적 업무에서 요구되는 개인적 분리는 개인주의와 혼동되며, 지배적 이데올로기로부터 독립된 이성의 한 형태이다. 개인의 재능은 단순히 돈을 벌거나 시장에서 경제적 이익으로 전환되는 이성의 형식적, 기술적 측면을 개발하는 데 사용되어야 한다. 빌 게이츠, 스티브 잡스, 워렌 버핏과 같은 현대의 인물들을 떠올릴 수 있다.

비판적 이성은 사랑과도 연관되어 있고, 지식에 대한 열정, 즉 지식 그 자체에 대한 열정으로서의 지식은 반-지적 환경에서는 이론적 지식이나 사회 과학의 이론적 지식에 기여할 수 없기 때문에 정신적, 사회적 삶의 근본적인 측면을 어둠 속에 남겨 두게 된다. 형식적, 기술적 이성은 종종 어떤 대가를 치르더라도 의무 또는 임무의 한 형태로 경험되는 표준화된 환경에서 자주 학습된다. 인간 이성의 비판적 유형인 소피아를 거부하면 지식에는 심장이 없고, 기술적/전문적/응용적 이성에 필요한 지식에 대한 열정은 사라진다. 하지만 이론은 소피아와 지식 자체에 대한 사랑에서 비롯된다.

형식적, 기술적 이성에 대한 냉담함, 심지어 이론과 비판적 이성에 대한 증오는 기업이나 정부 기술 관료가 그 사용으로부터 이익을 얻는 것을 허용하지 않는다. 이것은 인간과 기계의 정체성이 자연적 발견의 한 형태로서 자명해지는 사회로 이어진다. '객관적 증오objective hate'의 개념은, 소피아에 대한 사랑이 형식적 또는 기술적 지식에 대한 증오로 이어지거나, 형식적 이성과 관련된 냉담함이 과학의 윤리적, 철학적, 경제적 함의에 대한 냉담한 무지나 무관심으로 변하는 경우를 말한다. 사회 과학자들이 자연 과학의 논리를 사회 과학에 제한적으로 적용할 때 비판적이고 이론적인 사회 과학을 객관적으로 증오할 수 있는 것과 마찬가지로, 일반인과 자연 과학자들도 비판적이고 이론적인 사회 과학을 객관적으로 증오할 수 있다. 나는 6장에서 사랑, 증오, 전이, 지식의 관계를 더 논의하고, 보로메오 매듭을 구성하는 RSI의 등록부를 통해 다른 유형의 지식과 사랑과 증오를 구분할 것이다.

마지막으로 누스Nous는 직관적 지식 또는 사물의 본성과 패턴에 대한 무의식적이고 즉각적인 인식과 통찰력이다. 소피아는 전제에서 결론으로 이동하면서 담론적으로 알고 있다. 대신 누스는 비담론적으로 알고 있다. 누스는 과학에서 과학적 지식이 요구하는 연역적 추론의 출발점으로 기능하는 입증되지 않은 가정을 직관적으로 알고 있다(Aristotle, p. xvi). 과학에서 누스의 예로는 드미트리 멘델레예프Dmitri Mendeleev가 전체 주기율표의 정확한 이미지를 꿈꾸고, 알베르트 아인슈타인Albert Einstein이 빛의 줄기를 타고 사고 실험을 한 것 등이 있다.

라캉에게서 우리는 『세미나 10』의 두 구절에 반영된 직관의 문제에 대한 이중 접근을 발견한다. 첫째, 라캉은 의식이 언어적, 정신적, 수학적 구조에 의해 결정되기 때문에 의식의 직관과 관련된 투명성은 없다고 주장한다(Lacan[1962–1963], pp. 57, 64). 의식이 지각하는 것은 의식이 지각하는 방식이 아니다. 의식의 직관은 우리가 어떻게 지각하는지를 아는 데 아무런 도움이 되지 않는다. 지각이 어떻게 일어나는지 이해하려면 합리성과 정보의 조직을 지배하는 첫 번째 원칙을 인식하는 것이 필요하다. 그러나 첫 번째 원칙은 포화되고 습관화되며 학습된 의식이나 확립된 지식이 아니라, 무의식적인 직관(주체가 그것을 깨닫기 전에 기표가 작동하고 승리한다) 또는 라캉이 미지의 앎이라고 부르는 것에서 비롯된다.

아리스토텔레스는 이성을 다섯 가지로 구분하지만, 이 범주들은 상당 부분 겹치며 그의 저작에서 항상 명확하게 구분되는 것은 아니다. 윤리적 미덕은 일반적으로 합리성과 관련이 있지만, 다섯 가지의 이성 중 하나인 실천적 이성에도 포함되어 있다. 실천적 이성은 합리성에 미덕과 평온한 수수께끼 같은 영향을 불어넣는다. 아리스토텔레스는 『니코마코스 윤리학Nicomachean Ethics』 제6권에서 에피스테메와 테크네에 대해 논의한다. 이 두 가지의 구분은 이론적인 것과 실천적인 것 사이의 고전적 구분을 가리킨다. 그러나 그는 실천적 이성과 테크네의 차이를 항상 관찰하지는 않지만, 그 차이를 구분한다.

실천적 이성은 기술적인 것보다 윤리적이고, 테크네는 기술뿐만 아니라, 주관적 예술과 공예를 의미한다. 아리스토텔레스에게 예술은 과학이 아니고, 에피스테메는 확실히 이성적이다. 물론 19세기로 접어들면서 낭만주의는 이 정의에 동의하지 않는다. 의지, 목적, 정서적 강렬함, 가치, 아름다움이 과학적 합리성보다 더 중요하다. 이러한 관점에서 일부 정신분석학자(Fromm[1980] and Quinet[2018])는 정신분석을 과학이나 질적 혹은 양적 기술적 방법이 아닌 질적 예술 형식으로서 정의한다.

세션 4에서 라캉은 예술가, 도예가, 인공물 또는 반사실의 관점에서 savior-faire 또는 '노하우know-how'의 문제를 검토하는 것으로 전환한다. 노하우는 테크네가 아니라 실재 행위로서의 실천 또는 활동에서 드러나는 실재와 누스로서의 실천이다. 우리의 생각은 우리가 우주라고 부르는 인공물 또는 인공물을 신에게 전가한다. 우주는 일체 또는 일자One의 어떤 것이 있음을 의미한다. 이 일자는, 대타자의of 대타자는 없지만 대타자 안in에는 비개연적이고 불가능한 실재 대타자가 있기 때문에, 대타자 내부의 실재 대타자이다. "대타자의 실재 대타자, 즉 불가능한 것"(Lacan[1975–1976], IV 4). 이 실재 일자는 우리가 알지 못하는 주이상스이고, 언어 내부에서 라랑그*lalangue*로 발현될 뿐만 아니라, 우리를 벗어나는 행위이기도 하다(Moncayo, 2018, p. 55).

『세미나 19』에서 "일자(하나)가 있다*Il y a de l'Un*"는 라캉의 진술은 하이데거(1947/2008, p. 238)의 「휴머니즘에 대한 편지Letter on Humanism」에서 "존재가 있다*Il y a l'Être*"라고 언급한 것을 참조한 것이다. 하이데거는 이 말을 파르메니데스의 *esti gar einai* 즉 "존재가 있기 때문에"라는 말에 기인한다. 라캉에게 일자One는 비존재non-being를 포함하기 때문에 일자는 존재Being와 동일하지 않다. 이런 이유로 라캉은 "*Il y a l'Être*"를 "*Il y a de l'Un*"으로 변경한다. 하이데거는 '거기에 있다' 가 '그것을 준다'로 번역된다는 점을 강조한다. 우주는 인공물 또는 일자+1이다.

우리를 벗어나는 행위는 세션과 기표를 절분하거나 절단하는 실천을 말한다. 라캉을 통해 우리는 경험, 라랑그 또는 수학소mathemes뿐만 아니라 행위에서 중국어 우위Wu-Wei를 포함하는 누스(무의식적 직관)와 실재(투케*Tuché*)에 대한 정의를 갖는다. 행위가 조건화된 사회적 서사나 현실뿐만 아니라 결정되지 않은 실재의 놀라운 특성을 가질 때, 비록 그 행위가 무의미하거나 자아의 기대(세션 절분의 분석적 실천에서 모든 시계가 측정하는 일반적인 뉴턴적 시간)에 반할지라도, 성취되지 않는 것은 없다.

나는 이것을 생물학적 진화의 행위 또는 활동과 비교한다. 우리 모두가 기여하는 인간 존재라는 것은 우리의 행위를 완전히 넘어선 것이다. 종의 존재는 특정 주체의 행위를 넘어서는 보편적인 활동이다. 상징적 환경과 언어의 질서와 관련하여 더 큰 보편적 활동은 우리가 잠자는 동안에도 계속 처리되는 무의식적 활동을 말하며, 이는 우리가 누릴 수 있는 향유enjoyment를 훨씬 능가한다. "당신이 알든 모르든 의미화 연쇄가 계속 전개되고, 대타자 안에서 계속 조직된다는 사실, 이것은 본질적으로 프로이트의 발견이다"(Lacan[1957-1958], p. 132). 주체가 우리를 벗어나는 더 큰 무의식적 행위에서 끌어낼 수 있는 실재 향유S₁의 작은 조각은 우리가 재치의 행위l'esprit라고 부르는 것이다.

노하우란 무엇인가? 예술, 인공물, 예술에 주목할 만한 가치를 부여하는 것이 바로 노하우라고 말할 수 있다. 대타자의 실재 대타자, 즉 불가능한 것은 우리가 인공물에 대해 가지고 있는 관념이며, 지금까지는 우리를 벗어나는 행위, 그것을 단단한 것fer으로 쓰지 않아야 하는, 예술가의 행위faire이다. 물론 이 모든 것은 실재의 개념을 내포하고 있다. 실재는 의미가 없다(Lacan[1975-1976], IV 4).

기술보다는 누스와 기표의 실천이 어떤 행동에 예술적 활동의 특질을 부여한다. 공예, 인공물 또는 예술 형식, 그리고 실천은 실질적인 생존이나 부의 축적을 위한 수단으로서 기술과 관련된 테크닉 그 이상이다. 반면에 낭만주의적 관점은 비합리적이고 극적인 감성의 한 형태라고 비판할 수 있다. 예를 들어 무한소이기는 하지만 수학 원리PM, Principia Mathematica의 수학 체계 내에서 여전히 사용될 수 있는 무리수를 통해 이성과 관련이 된다. 사실 라캉은 정신의 비이성적 또는 감정적이라고 불리는 것을 무리수인 Phi와 phi의 비율에 따라 인식한다. 그러나 여기서 에피스테메로서의 수학은 인공물로서의 공예, 활동의 결정되지 않은 측면으로서의 누스, 미적 경험과 관련된 아름다움과 조화를 이루어 기능한다.

마지막으로 수학은 언어 너머에 있으며, 동시에 어떤 형태의 계산도 거스르는 실재 내의 주이상스의 셀 수 없는 차원이 존재한다. 오히려 셀 수 없는 것, 계산을 통해 도달할 수 없는 것은 명상을 통해 도달할 수 있다(Heidegger, 1966). 이것은 주이상스의 한 형태로서 비사고 또는 특이성으로서의 사고와 동일하다.

테크네Techné는 예술과 공예의 경우 물질적 생산을 기술과 공유하지만, 도구적 합리성의 형태나 부와 자본의 축적을 위한 수단이라기보다는 그 자체로 목적이 된다. 하이데거(1955)는 테크네를 제조가 아닌 계시의 한 형태이자 '산출bringing forth'로 정의함으로써 예술과 관련된 테크네와 기술과 관련된 테크네를 구별한다. 정신분석적 방법은 계산이라기보다는 꿈의 작업에서와 같이 자유 연상과 말의 다듬기와 절분을 통해 말과 억압된 정신을 이끌어 내려는 요구를 재현한다.

마르크스주의와 변증법적 비판 이성의 영향으로 프랑크푸르트학파(Adorno and Horkheimer, 1944)는 물론 하이데거(1955)도 자연과 동료 인간을 지배하고 착취할 목적으로 과학과 기술(오늘날의 컴퓨터 과학)을 활용하는 자본주의하의 기술 및 도구적 합리성에 대한 비판을 전개한 것을 제외하고는, 서양 철학사에서 이러한 다양한 형태의 이성 사이의 구분은 현저하고 동일하게 유지되어 온다. 여기서 변증법적 이성은 비예술적 경제 생산 또는 욕구와 욕망의 대상 추출 및 생산과 관련된 테크네에 반대하는 실천적 윤리적 이성과 힘을 합친다.

따라서 비판적 이성과 소위 객관적 증오에서 쟁점이 되는 것은 개인적인 비판의 문제라기보다는 이성이 그 자체에 맞서는 경우, 또는 문명의 과정과 인간 존재의 의미를 발견하고 발명하는 과정의 일부이자 소포인 다양한 형태의 이성 사이의 투쟁이다. 즉 실천적 이성과 테크네의 대결이다. 예술과 아름다움은 테크네의 파괴적 사용에 맞서고, 실천적 이성은 도구적 이성에 맞서 투쟁한다. 마지막으로 변증법적 이성과 누스는 비윤리적이거나 논란의 여지가 있는 기술 개발을 지지하거나, 인간을 동물이나 기계(컴퓨터나 로봇)로 환원하는 형식적 이성과 투쟁한다.

반대로 양적 경험주의에 내재된 형식적 이성은 형식적 이성이 '비과학적', 마술적, 이데올로기적, 민속적, 독단적 사고의 철학적, 또는 더 나아가 종교적 형태로 간주하는 합리주의와 투쟁한다. 변증법적 유물론에 내재된 비판적 이성은 비판적 이성의 총체적이고 독단적인 측면을 이용해 미지의 앎의 원천으로서 누스의 타당성을 부정하기도 한다. "이 모든 추상적인 넌센스는 현실에 대한 올바른 이론이다"라는 형이상학적 원리는 누스가 아니다. 물리학의 양자 이론은 뉴턴의 고전 물리학의 관점에서 객관적 현실과 상충하는 것처럼 보이지만, 사실 다른 방법으로는 지각하거나 이해할 수 없는 물질의 구성 요소를 인식하기 위해서는 누스 또는 무의식적 직관이 요구된다.

소피아와 누스, 그리고 형식적 이성 사이의 분열과 갈등은 자연 과학과 사회 과학 모두에서 탐구의 기본 요소이자 알파벳, 즉 논리, 수, 개념, 언어 사이의 관계와 실재 세계의 사물과 사물에 대한 참조와 관련이 있다. 대부분의 사람들은 수학을 논리와, 논리를 언어 및 상징적 표상과 연관시키지만, 사실 수학이 항상 논리적이지는 않고, 수학과 논리가 항상 산술적인 것도 아니며, 은유는 논리와 수학으로 환원될 수 없다.

이러한 관점에서 라캉이 초기에 수들과 기표들의 전치, 환유, 조합, 연속 사이에 설정한 등가성은 라캉의 후기 작업에서 수학의 과학적 기호들의 무의미와 이러한 의미의 공백이 언어에서 의미가 다른 것 또는 대타자 $S_1 - S_2$로 상상적으로 전치되는 것과 대비되는 방식으로 대체된다.

일부 학자들은 이 두 관점이 시간적으로 전후에 존재하는 것이 아니라 라캉의 텍스트에서 동시에 공존한다고 주장하기도 하지만, 이는 이 책의 초점에서 벗어나는 것이다. 무의식적 의미화 연쇄는 언어에서 의미의 의식적 내러티브 연쇄보다는 수학적 기호들의 끈이나 매듭처럼 기능한다. 정신분석은 상상적 스토리텔링을 이론적 구성 요소나 다양한 장애를 성공적으로 치료하기 위해 사용하지 않는다. 내러티브 또는 스토리텔링 수준은 필요한 담론의 수준이지만 정신분석을 위한 근본적인 말은 아니다.

서로 다른 형태의 이성 사이의 충돌을 고려할 때, 학계 안팎의 학자들과 일반 사람들이 의사소통하는 데 어려움이 따르는 것은 당연하다. 마지막으로 서로를 넘어서는 다양한 형태의 이성이 존재할 뿐만 아니라, 논리 자체에도 여러 논리적 수준 ── 이것 또는 저것, 이것과 저것 둘 다, 이것도 저것도 아닌 ── 이 존재하기 때문에, 사람들은 서로 다른 논리적 수준에서 말하고 있는 만큼 일반적으로 어긋난 소통을 한다. 각기 다른 수준에서는 둘 다 옳고, 같은 논리적 수준에서 말하고 있다고 생각하기 때문에 둘 다 틀린 것이며, 따라서 이는 실재 교착과 불가능성을 지시하고 있다.

　　이것은 우리가 한 수준을 다른 수준으로 축소할 때, 유추적 사고의 오류를 범할 때 일어나는 일이다. 예컨대 이 수준이 대칭적으로 보인다고 해서 다른 수준이 비대칭적이거나 근본적인 면에서 다를 수 없다는 의미는 아니다. 이는 본능instinct과 충동drive의 차이뿐만 아니라 생물학적 성, 사회적 젠더, 정신적 또는 상징적 성적 차이에도 적용된다.

　　물리학에서 음파가 전파하기 위해 매체air가 필요하다는 것이 빛이 전파하기 위해 매체ether를 사용해야 한다는 의미는 아니다. 문화가 생물학적 진화 체계와 자연스러운 동반자이며, 따라서 후자로 축소될 수 있다고 가정할 때도 같은 실수를 범하게 된다. 기호들과 기표들이 없는 자연 환경은 문화 환경과 동일하지 않으며, 따라서 후자를 이해하려면 다른 논리적 수준과 학문이 요구된다.

　　문화권에서 태양 광선을 새벽의 손가락 ── 호머의 일리아드에 나오는 "장밋빛 손가락 새벽" ── 과 같다고 말하며 태양을 은유로 지칭할 때, 이는 아름다운 문학적 표현이긴 하지만, 우리는 태양 광선이 인간의 손가락과 공동 운명체라고 이론화하지는 않는다. 은유는 언어의 변화와 이동을 이용해 손가락과 태양 광선 모두에 실재하는 것을 현실의 시각적 요소로 포착한다. 그러나 은유는 망상이나 잘못된 믿음의 위험 없이는 이론으로 변화될 수 없다. 이론이 망상적이지 않으려면 언어의 형상, 손의 형태, 빛의 전파 사이의 구조적 유사성을 찾아야 하는데, 이는 어쩌면 그리 무리한 요구가 아닐 수 있다. 글쓰기와 빛의 전파는 항상 의미작용 외부의 동일한 실재 장소로 되돌아가는데, 실재는 쓰이지 않기를 멈추지 않는다.

정신분석적 실천의 '빛'에서 기술의 문제를 살펴볼 때, 기술은 주체적 예술 형식, 실천적 이성의 윤리적 행위 또는 경제적 생산성과 관련되고, 기술 정보(기술 및 매뉴얼)의 교환을 포함하는 순전히 기술적인 합리성을 가리킨다. 그러나 후자는 정신분석학보다는 정신의학과 인지 행동주의에 더 가깝다고 할 수 있다.

정신분석의 실천은 실재의 실천 또는 윤리를 의미하며, 반드시 기술적 합리성을 의미하지는 않는다. 기술은 정보(언어적 또는 수학적 데이터)만을 포함하는 반면, 실천은 인간의 주체성, 욕망의 주체적 진리, 심리적 및 정신적 경험, 주체 자신의 존재에 뿌리를 둔 자유롭게 떠도는 주의a free-floating attention[2]를 포함한다. 대문자화된 존

---

2 자유롭게 떠도는 주의*gleichschwebende Aufmerksamkeit*, (evenly) suspended(poised) attention 또는 유연한 주의는 프로이트의 「정신분석 전문가를 위한 조언Recommendations to Physicians Practising Psycho-Analysis」(Freud, 2001, p. 111)에서 처음 등장하고 설명된다. 자유롭게 떠도는 주의는 "프로이트에 따르면 분석가가 피분석자의 말을 경청하는 방식으로, 분

재는 프로이트가 『꿈의 해석』(1900)에서 존재의 핵심에 대해 말한 것을 지시한다. 프로이트는 존재의 핵심으로서 소원을 해석하고, 라캉은 존재의 핵심에서 말하는 존재는 존재의 결여a lack-of-being로서 구성된다고 첨언한다.

존재의 결여로서의 욕망은 소원이 아니라, 존재의 결여 또는 공백을 추구한다. 소원은 대상 *a*로 욕망의 간극을 메우고자 하는 반면, 욕망은 대상 없이 결여를 열어 둔다. 주체는 '**대타자 안에서**' 또는 '**존재의 외관으로서의 대상 *a* 안에서**' 존재를 찾는다. 그러나 대타자도 대상 *a*도 주체를 위해 존재를 현존하게 만들 수 없다. 신비로서의 은폐 또는 미공개는 실재에 가장 고유한 진리를 보존한다. 실재에 남아있는 반-진리the half-truth는 본질적인 공백과 주이상스의 신비이다. 진리의 다른 반은 존재의 외관으로서 기표에 따른 (벤담

석가는 피분석자의 담화의 어떠한 요소에도 선험적으로 특권을 부여해서는 안 된다. 이것은 그가 자기 자신의 무의식의 활동을 가능한 한 자유롭게 움직이게 해야 하며, 습관적으로 주의를 유도하는 동기를 중단시켜야 한다는 것을 의미한다. 이 기술적인 충고는 **피분석자에게 제안되는 자유 연상의 규칙과 짝을 이루는 것이다**"(Laplanche and Pontalis, 1967/2005: 298). 분석가가 이러한 듣기의 태도를 취해야 하는 이유는 분석에서 분석가가 "의도적인 듣기에 집중할 경우, 피분석자의 다른 부분들은 간과하게 되어, 선택 이외의 것은 발견하지 못할 위험을 갖고, 지각을 왜곡하게 된다. 또한 분석가는 듣게 되는 것의 대부분의 의미를 이후에 인식"(p. 112)하게 된다. 프로이트는 분석가가 자신의 "무의식적 기억"(p. 112)에 모든 것을 맡겨야 한다고 설명하면서 이 듣기를 '정신분석의 기본 규칙'으로 정한다. 분석가는 자신의 모든 정신적 힘을 다해 분석에 임해야 하는데, 이는 마치 "전화기의 수신기처럼 자신의 무의식이 피분석자의 무의식에 향해 있고 그에 따라 조율되는 과정에서 피분석자의 무의식을 재구성"(pp. 115-116)하게 된다. 따라서 분석가는 정상적인 사람 정도로는 부족하며 자신이 정신분석적 정화를 거친 사람이어야 하는데, 이러한 작업은 "자기 분석"(p. 117)의 필요성으로 이어진다. Freud, S. (1912). Recommendations to Physicians Practising Psycho-Analysis. In J. Strachey (ed. and trans.) (1958/2001, pp. 111-120). SE, Vol. 12. London: Vintage Books.

의 의미에서) 허구적 존재이다.

존재의 본질은 '탈존_{ek-sistence}'[3]이며, 따라서 우리는 현실의 존재를 통해서가 아니라 이전의 존재('탈-존재')였던 '탈자태[탈존하는]_{ek-statis}'[4] 또는 '주이상스_{jouissance}'를 통해 존재에 현존하게 된다. 소원 성취의 대상은 오이디푸스적 대상의 구조적 상실로 인해

3 탈-존Ek-sistenz은 "중기의 하이데거가 존재의 진리에 대한 물음의 입장에서 탈자적인 인간적 현존재의 본질을 나타내기 위해 사용한 말이다. 『존재와 시간』에서 보이듯이 현존재의 본질을 여전히 주체적인 함의를 지니는 기투의 활동인 실존Existenz에서 찾았지만, 전회 후에는 비은폐성으로서 일어나 나타나는 존재의 진리 속으로 나옴, 존재의 밝힘Lichtung des Seins 속에서 섬으로서 다시 파악하고자 했다. 그리고 이러한 인간의 탈자적인 존재의 모습을 나타내기 위해 Existenz라는 말을 그 어원이 되는 라틴어 existentia의, 그것도 그것의 원의인 ex-sistentia(밖으로-서기)로까지 돌이켜 다시 파악하고, 탈자를 의미하는 전철 ⟨밖으로⟩ ex를 강조하여 Ek-sistenz라는 말을 새롭게 창작했던 것이다. 인간은 본래 이러한 열린 존재의 진리의 장소, 그런 의미에서의 현Da으로서 있으며, 그런 까닭에 존재자와 만날 수 있는 것이다. 그리고 이러한 장을 스스로의 본질로서 받아들여 짊어지는 것이 또한 존재 그 자신의 현성, 다른 원초의 도래를 준비하는 것으로도 된다. 이러한 탈-존의 모습은 존재의 개방성 속에 섬Innestehen으로서 또한 내립성Inständigkeit이라고도 불린다"(Kida, Noe, Murata, Washida, 1994/2011, p. 399). 『현대철학사전 V: 현상학사전』, 이신철 옮김, 도서출판b, 2011.

4 탈자태Ekstase, Ekstase(Ecstasy)는 하이데거의 『존재와 시간』에서 나타난다. "통상적으로 '망아', '황홀'을 의미하는 이 말을 하이데거는 현존재의 존재의 의미인 '시간성'을 규정하는 개념으로 간주한다. 탈자태가 가리키는 것은 시간성을 특징짓는 '장래Zukunft', '기재성(있어 왔음)Gewesenheit', '현재Gegenwart'의 세 가지 현상이다. 시간의 세 가지 계기가 탈자태라고 불리고, 또한 시간성이 본질적으로 탈자적이라고 생각되는 것은 예를 들면 '장래'가 '자기 자신에로의 도래'와 같은 형태로 현상하듯이 그 자신의 외부를 보여주고 있기 때문이다. 이러한 '자기의 바깥'이라는 성격에 대한 착안은 시간의 세 가지 계기를 연속하는 점들의 전후관계로서 표상하는 것을 물리치고 시간성의 지평적인 성격을 드러내는 것인바, 하이데거는 탈자태의 지평구조에서 세계를 가능하게 하는 것을 보고자 하게 된다. 무엇보다 시간성은 세 가지의 탈자태를 총화하는 형태로 구성되는 것이 아니라 등근원적인 그것의 통일성에서 시간화한다고 간주된다. 그러나 그 시간화의 방식에는 탈자태에 입각한 다양한 차이가 있으며, 현존재의 실존론적 구조도 그 차이로부터 설명된다. […] 탈자태는 각각 상이한 변양형태에서 나타나 실존론적 구조를 함께 뒷받침하는 것으로서 생각된다"(Kida, Noe, Murata, Washida, 1994/2011, pp. 398-399). 『현대철학사전 V: 현상학사전』, 이신철 옮김, 도서출판b, 2011.

남겨진 결여를 채우려 하지만, 이는 불가능한 일이다. 가능한 것은 결여를 열어 두거나 대신 결여를 찾는 것이다. 그런 결여나 공허[공백]는 주이상스의 지표가 된다. 대타자 안에 존재가 없거나, 존재가 비어 있거나, 미존재inexistent로 나타나기 때문에 존재는 플로티누스(p. 361), 헤겔, 하이데거, 라캉에 이어 '일자 자신의 비-존재the One's own non-being' 또는 존재론과 반존재론, 철학과 반철학에서 '비-존재의 존재the Being of non-being'로 정의된다.

존재의 본질은 약물로 인한 행복감이 아닌 '탈자태[탈존하는]' 또는 자비로운 주이상스로서의 비움[공백]이기 때문에 존재는 단순한 존재가 아니다. 하이데거(1947)가 '탈존ek-sistence'이라고 부르는 것—라캉은 'ex-sistence'라고 철자화한 것—은 존재의 진리로서 공허 위에 서는 것을 의미한다. 비-존재의 존재는 '탈존'의 '탈자태[탈존적]' 측면이며, 존재들 사이에서 불확정적인 진리의 위치이다. 존재의 비움은 우리를 존재에 현존하게 한다. 또한 일자 자신의 비존재는 요구의 환유적 대상들—이러한 대상들에 혼동되거나 '던져지지 않고'—사이에 남아 있는 욕망에 대한 라캉의 정의와, 기표들 사이에 위치한 주이상스의 정의—탈자태로서의 주이상스는 기표들의 심장 내부와 외부 모두에 존재한다—를 모두 지시한다. 욕망의 존재는 결여 또는 그것 자체의 비존재이기 때문에, 욕망은 충동과 그 대상들의 다양한 형성을 통해 현시한다.

정신분석은 분석가와 피분석자 모두의 주체성을 포함하고, 라캉이 실재 무의식이라고 부르는 것을 연상시키는 분석적 행위 또는 행함 —— 중국의 무위Wu wie, "도(道)는 아무것도 하지 않지만, 아무것도 성취되지 않은 채로 남아 있지 않다" —— 에 의해 촉발되는 깨달음의 경험을 포함한다. 개입으로서의 정신분석적 행위는 의미화 지점을 상연하지만, 반드시 사고의 형태를 재현하는 것은 아니다. "사람은 생각하지 않을 때만큼 존재 내에서 일자가 그렇게 견고한 적이 없다"(Lacan, 1967-1968, 『세미나 15』, Session of 10.1.68 V 5). 이것은 정신분석적 행위에서 작용하는 비사고의 또 다른 정의가 될 것이다.

분석가는 일자의 자신의 비존재로서 아무것도 아닌 것을 용인한다. "나는 자유 연상의 방법을 주체의 궁핍the destitution of the subject을 암시하는 작업이라고 생각하지 않는다"(Lacan idem, Session of 24 1 68. VII 6). 나는 주체적 진리의 생성과 실재 수준의 진리 효과 생성에 필요한 순간으로서의 무지not-knowing, 또는 미지non-knowing는 상징적 지식savior 또는 무의식적 앎을 나타내며, 정신분석의 맥락에서 누스Nous를 어떻게 정의해야 하는지를 지시한다고 주장한다. 분석의 실천에서 무지는 기표의 사용에서 불확실성, 모호성, 다의성을 위해 확실성과 명백한 보편적 지식을 중지하는 것을 의미한다.

기술을 가르치는 것과 앎의 실천을 배우는 방법 사이에는 차이가 있는데, 이는 주체가 모방과 동일시 과정을 통해 교사나 주인으로부터 배우는 교육의 영역과는 다르다. 학습에는 앎과 진리가 포함되어 있지 않다. 이런 의미에서 정보 습득에 대한 학습 이론은 분석 작업에 필수적이지 않다. 정신분석학은 정보와 문제 해결 기술을 습득하는 대신 무의식적 앎을 발명하고 발견하는 것이며, 그 주체는 구조의 조음의 산물이다.

무의식적인 미지의 앎은 기표와 그 너머에 있는 신체적 주이상스의 실재에 근거한 새로운 주체를 생성한다. 무의식은 자아 존재가 인위적으로 만들어진 자기 ─ 자기가 만든 인간 ─ 가 아니라 주체를 만든다. 정신분석학의 전승은 정신분석이 발명되기 전에는 없었던 정신의 어떤 것을 전달하거나 완전히 새로운 것을 전달한다. 발명과 혁신에는 전통과, 전통과의 인식론적 단절 모두가 필요하다. 미지의 앎은 분석가나 피분석자가 알고 있는 것의 한계를 넘어서는 섬광처럼 나타난다. 이러한 섬광에는 서로 구분하고 관계맺어야 하는 한 쌍의 대립물을 끊임없이 생성하는 모순의 논리가 담겨 있다.

말이나 무의식의 형성에서 반대는 서로 밀착되어 있는 반면, 내러티브 언표에서는 서로 분리되어 있다. 내러티브 언표 내에서 기표들을 연결하는 대신, 분석에서 핵심 기표들은 분리되어 다른 무의식적 기표들과 관계를 맺는다. 정신분석 실천에서의 특권은 전제와 결론, 스토리텔링, 구문과 문법의 규칙에 기반한 자아 내러티브의 형식 논리가 아니라 은유적, 공시적, 동음이의어, 모호하고 다의적인 용어들 사이의 놀라운 연결이다. 이것은 보편적 지식이 아니라 *Jouis-sens*, 즉 주이상스를 포함한 의미 또는 S_1의 깨달음 또는 각성의 순간으로 이어지며, 주인의 지식이나 내러티브와 연결되지 않고 오히려 신체와 주이상스의 실재에 연결된다. 주이상스의 깨달음 또는 각성의 순간은 치료 효과가 있으며 이것은 우리를 그리스어 누스*Nous*로 되돌아가게 한다.

이러한 앎의 특수한 형태 또는 무의식적 앎*savoir*은 주체가 재치의 가벼움에 통제와 방향을 양보하는 순간, 자아의 인지적 관심에 기반한 보편적 로고스와 일치한다(I think where I am not). 로고스와 계시 사이에는 누스, 즉 미지와 깨달음이 있다(I am where don't think). 미지의 앎은 순서가 없는 것을 의미하는 명확성 또는 클라리타스claritas이다. 이를 말하는 또 다른 방법은 경험이라는 단어의 다성성the polyvocality 안에 포함되어 있다. 경험은 과거의 역사와 보편적으로 구성된 지식을 바탕으로 이미 알고 있는 것을 의미하기도 하지만, 그것은 실재와 이전에 비공식화된 새로운 것의 경험을 의미하기도 한다.

말을 해독하기 위해서는 질서정연한 상징적 코드를 사용하는 것뿐만 아니라, [의식과 무의식의] 두 가지 의미화 연쇄가 지금 여기에서 보로메오 매듭의 구조로 연결되면서 생성되는 경험적 조명의 순간이 필요하다. **언표행위**enunciation에서의 무의식적 연쇄와 주체의 환상과 행동에서의 실재의 발현은 주체를 **언표**statement의 의식적 연쇄의 현실과 상충하게 만든다. 현실은 실재가 발견되지 않는 곳이다. 라캉의 실재에 대한 첫 번째 정의는 주체에 대한 위협과 침입 또는 부과라는 의미를 현실과 공유하지만, 실재와 현실은 상충된다. 현실은 상징적 정보와 테크네를 기반으로 하는 반면, 실재는 상징적 좌표 외부의 주이상스의 경험이다.

다섯 가지 형태의 이성의 관점에서 사고의 덕목과 관련하여 사고에는 사고thinking, 생각하지 않음not-thinking 또는 생각의 억제/정지, 언어 외부의 주이상스 한 형태로서의 사고를 지칭하는 비사고non-thinking 또는 '생각thought'과 같은 다양한 형태가 있다. 사고와 이성에는 행동/실천(실천적 이성), 이원적이고 이중적인 사고(형식적 이성), 자기중심적이고 객관적인 사고, 비이원적이고 변증법적인 사고(변증법적 이성), 사고뿐만 아니라 그 반대의 경우도 포함하는 비사고Nous 등 다양한 차원이 있다.

정신분석에서 우리는 구조 내부의 비합리적인 것을 드러내기 위해 산술적 연산을 수행하는 것이 아니라, 현상적 또는 명시적 말과 담론 속에 존재하지 않는 것처럼 보이는 근본 구조의 '무엇'에 도달하기 위해 전치와 은유의 규칙을 사용한다. 또한 구조는 현상적 세계에서의 실체화와 동일하지 않고, 현상적 사건에서의 실체화 또는 반복은 우리가 진리와 지식을 추구할 때 실제로 추구하는 불가능하고 이름 붙일 수 없는 것과 동일하지 않다는 점에서 구조가 존재하지 않는다고 말할 수 있다. 불가능하고 이름 붙일 수 없는 것은 실제로 분석적이든 종합적이든, 객관적이든 주관적이든, 언어나 실험 내부에서든 또는 경험의 내재성 내부에서든, 언어와 추론의 외부에서든 깨달음이나 조명으로 알려진 (뇌를 포함하는) 현상적 세계에 밝게 비추거나 번쩍이는 섬광이다.

다양한 형태의 이성은 서로 다른 논리적 수준에 해당한다. 형식의 측정과 관련된 인지 기능(이해)이 있고(형식적 이성), 구조의 인식과 관련된 코기토(변증법적 비판적 이성 또는 고유한 이성)가 있는데, 구조의 인식에는 그 자체로 구조와 창조의 출현에 작용하는 불가능하고 이름 붙일 수 없는 것으로서의 공백과 비존재를 파악하기 위해 누스(부정적 변증법과 비사고)를 필요로 한다.

나의 작업에서 실천적 이성 또는 윤리는 현실의 다양한 논리적 수준과 차원을 방지하고, 붕괴시키고, 축소하는 기능을 가지고 있다. 민족주의와, 상대적이고 선호되는 문화적, 언어적, 성 정체성을 넘어서 하나 이상의 합리성 차원이 없는 상태에서 지식을 정의하는 것은 윤리적이거나 인류에게 최선의 이익이 아니라고 주장한다. 이성의 다른 형태와 그에 상응하는 담론 사이에서 갈등이 발생하고, 그 결과 대학 담론 내에서 통용되고 지배되는 주인 담론에서 흔히 볼 수 있는 사소한 말다툼과 학문적 지위와 지배, 경제적 자원을 둘러싼 다툼이 발생한다. 우리는 아리스토텔레스와 그리스인들이 우리에게 물려준 다섯 가지 형태의 합리성을 수용할 수 있는 용기를 가져야 한다. 이것은 학문적 제도에 의존하지 않고, 모든 형태의 삶과 우주가 내재된 인간의 정신 자체에서 나오는 앎과 실현을 위한 욕망의 직접적인 경험적 전달이다.

영미 분석 철학 또는 기술적 절차와 형식적 이성을 뒷받침하는 과학 철학은 누스 또는 무의식적 직관, 변증법적 논리, 실천적 이성을 무시한다. 정신분석은 아리스토텔레스의 다섯 가지 이성의 범주를 사용하며, 이것이 바로 창시자인 천재로부터 파생된 광범위하고 심오하며 인간적인 차원을 부여하는 것이다. 내가 천재라고 말하는 이유는 대학의 역사가 의존하는 많은 천재들이 사후에야 학문적 담론에 통합되고 수용되었기 때문이다. 나는 그들이 다섯 가지 이성을 모두 사용하지는 않았더라도 두 가지 이상의 이성을 사용했기 때문에 천재라고 주장한다. 그들의 아이디어가 논란의 여지가 있는 이유는 그들이 과학과 관련된 일반적인 형식적 이성과 학계 및 정부 기관이 가진 신념이나 편견과 상충되는 여러 형태의 이성을 사용하기 때문이다. 재능은 공동의 선한 삶을 위해 자연적으로 생성되며, 널리 분배되거나 정치적 결정이나 대중의 투표로 선택되지는 않는다. 국민이나 관료적 질서는 타고난 재능을 받아들이지 않고, 대신 타고난 재능을 문화 내에서 전문화를 통해 생성된 모든 역량과 동등한 것으로 취급할 수 있다.

소크라테스, 갈릴레오, 뉴턴, 다윈, 아인슈타인, 프로이트, 라캉 등 많은 예가 있는데, 그중 몇 가지만 예로 든다. 우리는 아테네 국가가 소크라테스에게 한 일을 잘 알고 있다. 갈릴레오, 뉴턴, 다윈은 초기 교회와 당시 과학계의 거부에도 불구하고 결국 폭넓은 수용과 심지어 논란의 여지가 없는 지배적인 위치를 차지하게 된다. 프로이트는 초기에 거부당했다가 공인되며, 다시 거부당한다. 라캉은 프로이트의 기술 혁신과, 국제정신분석학회IPA가 프로이트의 가르침과 실천을 포기하는 방식을 비판한 이유로 정신분석 조직에서 파문된다. 이와 관련하여 슬라보예 지젝Slavoj Žižek(2000)은 새로운 지식의 형태와 상징적 지식savoir이, 한 사람을 공적 인물로서 일자로 만드는 필수적인 밑바탕에 요구되는 영웅의 개인적 삶에서 대상 a 의 병리를 필요로 한다는 흥미로운 발견을 한다.

영미 학계의 사회 과학에서 통계적으로 모델링된 경험 과학은 형식적 이성과 기술epistêmê and technê에 기반한 합리적 모델에 따라 작동한다. 후자는 이진법의 디지털 컴퓨터 및 인공 지능과 공유되지만, 고유한 인간적 차원(이성의 다른 형태)이 결여될 수 있다. 실천적 이성은 기술적 이성 그 이상이다. 실천은 윤리뿐만 아니라 주체성을 포함하는 실재의 실천, 또는 정량적 측정이나 계산으로부터 독립적인 주체성의 객관적 형태를 포함한다.

경청은 과거의 경험이 현재의 경험을 포화시키고 편향시키는 것을 방지하기 위해 하나의 스크린 및 필터 역할을 하는 선명한 상태에 의해 촉진되는 실재적 실천*Jouis-sens*이다. 우리는 새로운 의미작용의 출현을 허용하는 앎, 알지 못함 또는 무지, 미지의 상태로 듣는다. 정신분석에서 이론과 실천을 연결하는 에피스테메는 단순히 형식적 논리와 비모순의 원리가 아니라 변증법적 논리와 모순을 포함한다. 프로이트가 해석한 정신은 꿈, 원초적 단어의 반어적 의미(Freud, 1910), 무의식의 형성물, 증상, 고통과 쾌락의 경험, 쾌락 원칙과 현실 원칙의 가역성, 일차 과정 및 이차 과정 사고와 감정 상태(예, 사랑과 증오)에서 볼 수 있듯이 많은 반어적 또는 모순적인 현상이 포함된다. 형식적 이성과 기술만으로는 합리적이지만, 정신분석의 관찰과 그 안에서 연구되는 인간 주체성의 차원을 포착할 수 없다.

라캉(1972-1973)에게 있어 실재의 사고*Nous*는 표상들 사이의 간극에서도 발견되는 주이상스의 한 형태이다. 사고는 주이상스이고, 주이상스는 사고와 상징적 질서를 현실의 실재 손과 발에 근거를 두는 것이다. 과학이 사고의 본질을 정의할 수 없는 이유, 그리고 사고가 인간 본성의 근본적인 능력이자 특징인 이유는 사고에는 주이상스의 말할 수 없는 실재가 내재되어 있기 때문이다.

예를 들어 침묵은 다양한 종류가 있을 수 있으며, 그중 일부는 코드화되어 있고 일부는 그렇지 않다. 인간의 사고에 대해 정의할 수 없고, 코드화할 수 없는 것은 인간 이성의 한 형태인 누스에 대해 정의할 수 없는 것과 같다. 생각은 감정이나 전기로 환원될 수 없기 때문에 오늘날 감성 지능이라고 불리는 것 — 컴퓨터가 "당신은 오늘 어떠세요?"라고 묻고 컴퓨터에 업로드된 정보를 기반으로 약을 처방하거나 공감적인 조언을 제공하는 것 — 을 넘어서는 주이상스로서 말할 수 없는 것을 포함한다.

마지막으로 정신분석에서 실천적 이성이란 사례를 논의할 때 윤리적, 실천적 관점에서 분석가가 진리에 대한 진리를 말하기 위해 임상적 자료들을 위장하고 수정하는 것을 계속한다는 의미이기도 하다. 우리가 직면하고 있는 문제는 주체의 사생활 보호의 문제일 뿐만 아니라 정신분석 세션의 모든 측면을 기술, 측정 또는 척도화할 수 없다는 점을 기억하는 것이 중요하다. 심지어 가장 최선의 정확한 묘사라 할지라도 "실재 사물real thing"을 대변할 수는 없다. 이것이 아리스토텔레스의 다섯 가지 유형의 이성은 서로 대체될 수 없고 서로 무관한 상태로 남아 있을 수도 없는 이유이다. 윤리적 혼돈에 빠지지 않기 위해서는 정신 기능의 위계와 순환성이 보존되어야 한다.

이성의 여러 범주 사이의 순환성과 관계와 관련하여 실천적 이성과 기술, 방법 또는 기법 사이에는 흥미로운 관계가 존재한다. 실천이란 한 개인이 단순히 숫자나 집합, 범주 또는 실험의 구성 요소로 취급되는 것이 아니라, 실재의 실천이나 특정 유형의 활동에 직접 참여해야 함을 의미한다. 예를 들어, 자유 연상법은 생각, 감정, 진리, 기표 등을 이미 결정된 사고, 지식, 이데올로기의 연쇄로부터 푸는 방법을 구성한다. 이론 또는 첫 번째 원칙은 우리를 한 실천으로서 실재를 지향하지만, 기존 담론의 폐쇄적인 순환 구조로 흡수하지는 않는다. 이런 식으로 이론이 실천을 변화시키고 실천이 이론에 정보를 제공하지만, 어느 한 쪽이 다른 쪽으로 환원되지 않는다. 이론과 실천은 서로 관련되어 있을 뿐만 아니라 개방적이거나 포화되지 않은 상태를 유지해야 한다.

또한 임상의가 이론을 두 가지로 나누거나 어느 한쪽에 치우치지 않는 한, 이론 전문가가 아니더라도 정신분석 원리를 실천할 수 있는 것도 사실이다. 일반적으로 이론 서적은 학자들이 집필하고 임상 서적은 실천적 정신분석가가 집필한다. 나는 주로 영어로 된 라캉학파 문헌을 언급하지만, 학계와 전문적 경험 또는 분석적 담론의 관계가 상이할 수 있는 프랑스어나 다른 언어로 된 주요 문헌은 언급하지 않는다. 스페인어로 번역된 유발 하라리Yuval Noah Harari의 저작은 기존 학계에서 벗어나 있으면서도 학문적이며 동시에 실천적인 분석 담론의 한 예가 될 수 있다.

프랑스 라캉학파 분석가들의 저작에 대한 중요한 번역서가 있는데, 그중에는 내가 주로 스페인어로 읽은 콜레트 솔레Colette Soler와 자크-알랭 밀레Jacques-Alain Miller의 저작이 있다. 다른 곳에서도 언급했듯이 샌프란시스코 베이 지역의 라캉 정신분석학교the Lacanian School of Psychoanalysis(LSP)는 라캉의 초기 동료이자 파리에서 라캉과 함께 일하며 LSP를 설립한 벨기에 분석가 앙드레 파살리데Andre Patsalides의 멘토였던 정신분석가 무스타파 사푸안Mustapha Safouan의 영향을 받은 곳이기도 하다.

IPA와 그 저널에서 분석가들은 해당 분야와 실천을 더욱 발전시키기 위해 해당 주제에 대한 선행 문헌을 인용하는 실천적 논문을 작성한다. 현재 이미 많은 책이 저술되었기 때문에 분석가들은 더 이상 정신분석 실천에 대한 입문서를 집필할 필요가 없다. 새롭게 성장하고 있는 라캉학파 정신분석 분야도 마찬가지이다. 입문서는 특정 방향 내에서 분석적 실천을 수립하는 데 필요한 친숙하고 기본적인 근거를 다룬다. IPA는 수년 동안 랄프 그린슨Ralph Greenson(1967)의 저서를 정신분석가를 양성하는 매뉴얼로 사용하고, 최근에는 호라시오 에체고옌Horacio Etchegoyen(1991)의 저서도 같은 작업을 수행한다. 에체고옌의 저서는 IPA의 관련 문헌을 인용하고 라캉학파 이론과 라캉의 전이 이론에 대한 섹션을 포함한다.

라캉의 정신분석학에서 브루스 핑크Bruce Fink(2011)의 저서인 『정신분석 기술의 근본Fundamentals of Psychoanalytic Technique』은 에체고옌의 저서와 같은 제목을 가진 라캉학파의 실천에 대한 훌륭한 설명서이다. 이는 에체고옌이 IPA의 회장이었을 때 밀레와 에체고옌이 화해한 점, 그리고 밀레가 소속된 국제기구에 핑크가 소속된 점과도 무관하지 않다.

에체고옌의 저서에는 라캉의 전이 이론 섹션이 포함되어 있지만, 전이가 라캉 정신분석의 현실적 실천에서 어떻게 분석되거나 사용되는지에 대해서는 논하지 않는다. 그 이유는 라캉을 배제하고 클리닉과 분석 실천에 대한 그의 공헌을 무시하며, 정신분석 자체에 많은 해를 끼치고 분열시키는 행정적, 정치적 결정과 관련이 있다. 이러한 종류의 유독한 지적 정치는 이론이 다양한 이론적 및 실용적 임상 모델로 파편화되는 것과 함께 정신분석 자체의 급속한 위임화로 이어질 수 있다.

예컨대 라캉학파 분야에서 핑크(2011)와 대니 노부스Dany Nobus(2000)는 모두 분석가이자 학자로서 개인 실천에서 분석을 수행하고, 이는 라캉 정신분석 분야의 발전에 매우 효과적인 것으로 입증된다. 학계에서 이 점은 라캉의 작업이 프로이트보다 더 분석 담론과 대학 담론 양자에 걸쳐져 있기 때문에 흥미롭다.

안다고 가정된 주체라는 문제에 놓여 있는 이유로 정확히 나는 교수가 아니다. 이것은 바로 그가 본질적으로 교수이자, 그 대표자이기 때문에 결코 의문을 제기하지 않는 것이다(February 28, 1968, XI 3).

분석가가 학자일 필요는 없지만 정신분석 이론을 개발하는 분석가와 연구자-실천가는 사실 그 용어가 그리스어적인 의미에서 학문적 사고를 생성한다. 정신분석 이론은 학계가 일반적으로 권위 있는 학술 기관의 위치와 동일시되기보다는 진정한 사상이 발생하는 곳이면 어디에서나 발견되는 것을 보여 주는 좋은 예이다. 아인슈타인은 이러한 패러다임의 대표적 예이며, 이것이 바로 그가 인류의 한 사람으로서 많은 사람들로부터 사랑받는 이유이다. 그는 특허 사무원으로 일하면서 획기적인 논문 작업을 했다.

프로이트는 아인슈타인과 마찬가지로 프로이트 이론의 백과사전적, 역사적 범위를 대표하고 대체할 수 있는 전문 이론을 개발하려 했던 추종자들 —— 예를 들어 아동 분석에 대한 임상적 중요성과 공헌에도 불구하고, 클라인 —— 과 같은 '전문가'가 아니라 '진리를 추구하는 실재 보편적 탐구자'이다. 융, 비온, 라캉 역시 보편주의적 성향을 지닌 진리 추구자들이다. 물론 이것은 그들이 모든 것에 대해 옳았음을 의미하지는 않으며, 전문가들도 이론의 다양한 측면을 검증하고 반증해야 한다는 것을 고려할 때 이론 전체는 개념적 및 수학적 근거로만 반증될 수 있다.

아인슈타인이 빛을 입자이자 파동으로 지칭하기 위해 양자라는 용어를 만들었지만 두 아원자 입자 사이의 얽힘이라는 개념과 이것이 관찰자의 존재와 파동으로서의 입자의 성질과 어떤 관련이 있는지 이론화하지 못한 것은, 전문가가 이론의 여러 측면을 위조해야 하는 좋은 예이다. 관찰과 측정은 있었지만 얽힘에 대한 대안적 설명은 하지 못했기 때문에, 닐스 보어Niels Bohr는 그를 위해 설명을 보완해 주어야 했다.

나는 프로이트와 융, 그리고 각 학파 사이의 갈등의 역사에도 불구하고 분석심리학을 언급하는데, 그 이유는 첫째, 융 이론이 적어도 부분적으로는 정신분석학에서 파생되었기 때문이고, 둘째, 프로이트는 융의 심리학이 한두 세대 안에 사라질 것이라고 잘못 예측했기 때문이다. 융은 자신의 사고 체계를 확립하기 위해 프로이트의 사상을 폄하한 경향이 있기 때문에, 라캉은 융보다 프로이트의 이론에 훨씬 더 가까이 머문다. 라캉은 융보다 과학과 이성적 사고에 좀 더 근접한다. 융은 정신 속의 이미지와 비합리적인 것을 특권화하고 비합리적인 것과 초월적인 것을 같은 범주에 묶는 경향이 있는데, 라캉은 그것의 두 순간을 실재the Real로 이론화함으로써 이론의 간극을 없앤다. 초이성적인 것은 알려진 것과 알려지지 않은 것이 상호 작용하는 방식, 즉 이해 너머의 어떤 것the unknown or jouis-sance도 이성의 원리와 일치함을 의미한다.

라캉은 비술the occult에 관심이 없고 프로이트도 마찬가지이다. 그러나 프로이트의 이론과 형식적 변증법적 유물론은 비술을 과학 외부와 역사의 오물 더미에 남겨 두는 반면, 라캉 이론에서 비술은 여전히 과학 외부에 있지만 폐제되지 않았기 때문에 파괴적이고 그로테스크한 형태(예를 들어 공포 영화 장르)로 폐제에서 돌아올 수 없다. 버트런드 러셀Bertrand Russell(1935)은 수학PM system에서 뉴턴의 계승자인 분석 철학자임에도 불구하고 많은 위대한 개인들이 과학과 과학 외부의 것을 모두 필요로 한다는 사실을 잘 알고 있기 때문에, 전문가들의 추문으로부터 비롯된 울분을 많이 겪는다.

뉴턴의 『자연 철학의 수학적 원리Philosophic Naturalis Principia Mathematica』에서 발견되는 많은 발견들과 수학적 공식은 그의 비술 연구와 연결될 수 있다. 뉴턴은 과학계의 조사를 두려워하여 의도적으로 이 글을 출판하지 않는다. 새로운 과학의 전형인 뉴턴은 고대의 마지막 마술사이다. 대신 아인슈타인(1956, p. 29)은 자신이 비판받은 신비한 형태의 사실주의에 의해 과학적 작업에 동기를 부여받았다고 믿는다. 이것이 바로 진리를 추구하는 사람들이 시대적 편견에 대처하기 위해 해야 하는 작업이다. 즉 상상적 동일시 외부의 삶 그리고 라캉의 전설적인 사회적 분리가 그 예가 된다.

주이상스의 과학적 형태 또는 아인슈타인의 신비적 사실주의의 좋은 현대적 예는, 1971년 블랙홀의 개념에 영감을 받아 별에 대한 특이한 사실을 드러낼 수 있는 우주적 신호를 조사하기로 결정한 영국 천문학자 폴 머딘Paul Murdin의 경우이다. 머딘은 엑스레이X-rays에 집중하기로 결정하고, 그 결과 백조자리에서 밝은 엑스레이 광원을 발견한다. 엑스레이의 근원은 초거성 별이 아니라 별이 공전하는 다른 별이었는데, 그 별은 블랙홀이 된 쌍성으로 밝혀진다.

엑스레이는 블랙홀이 주위를 공전하는 기존 태양의 외층을 벗겨 내고 그것이 블랙홀 속으로 빨려 들어오면서 발생한다. 여기서 내가 말하고자 하는 요점은 방금 설명한 지식의 내용과 직교하며, 후자는 일반 대중이 널리 사용할 수 있다는 점이다. 머딘은 자신이 발견한 사실을 깨닫자마자 너무 기뻐서, 책상 앞에서 일어나 걸어야만 진정할 수 있을 정도로 행복감을 느낀다. 그는 맥박이 세차게 뛰고, 하루 종일 진지한 업무를 할 수 없을 정도로 경외감을 느낀다. 이것은 과소평가해서는 안 되는 빛나는 발견과 관련된 지식과 주이상스 사이의 연관성을 보여 주는 또 다른 예이다. **진정한 과학적 발견에서 경험하는 대타자 주이상스**The Other jouissance(Jouis-sens)**는 발견과 실현의 과정을 안내하고 추진하면서 이미 그 이전부터 존재하고 있다.** 과학자들은 그저 자신의 열정 또는 지복bliss을 따를 뿐이다. 지복이라는 단어가 흥미로운 이유는 축복이라는 단어와 동음이의어가 '잘 말한 단어' 또는 '잘 해낸 일'이라는 단어와 연관된 주이상스가 되기 때문이다. 잘 말한 단어benedicere:bless는 상징적 거세, 즉 '적은 것이 더 많을 수 있다(b)less may be more'는 사전 승인을 필요로 한다.

라캉은 신비주의자는 아니지만 프로이트와 달리 그의 이론은 어머니와의 융합 —— **대타자의 주이상스**the jouissance of the Other 또는 상상적 하나the Imaginary One —— 에서 비롯된 대양적 감정[5]에 기초한 종교적 망상과, 아버지의 이름NoF의 사전 확립과 거세의 상징적 기능을 요구하는 신비주의자의 자비로운 **제3의 대타자 주이상스**Third Other jouissance —— **실재의 하나**One of the Real —— 를 구별한다. 상상적 하나는 실재의 하나가 아니다. "하나에 관련된 것에 대한 혼동보다 더 위험한 것은 없다. 하나는 둘에서 하나를 만드는 융합으로서의 에로스가 아니다"(Lacan[1971-1972], p. 91). 밀레(Lacan, 2018)도 "라 캉의 후기 가르침이 고대 학파에서 자리를 잡은 밀교 가르침과 같은 계열에 속한다고 생각하지 않을 수 없다"(p. 182)고 기록한다. 그러나 밀레의 인용문은 고대의 의고체와 우리 시대에 여전히 유효한 선조의 철학적 지혜를 구분하지 않는다. 뉴턴의 사상은 과거 선조의 지식 및 지혜와 연속성을 지니고 있으나 고대의 의고체와 불연속성을 지니고 있다. 또한 나는 제3의 주이상스의 한 형태인 신비적

---

5 대양적 감정the oceanic feeling은 프로이트의 1930년 『문명 속의 불만』에서 언급된다. 그는 이 '한계가 없는 영원의 감정 또는 감각'은 "개인의 불멸을 약속해 주지는 않지만, 종교적 에너지의 원천이다"(Freud, 1961/2001, p. 64)라고 말한다. 또한 종교적 태도의 기원은 유아기의 무력감까지 거슬러 올라갈 수 있고, 이러한 '우주와의 합일'은 개인이 종교에서 위안을 얻으려는 최초의 시도처럼 보이는 점을 설명한다. 중요한 측면은 프로이트가 1927년 『환상의 미래』에서 논한 바 있듯이, "종교는 환상이며, 인류의 가장 오래되고 강력한 절박한 소망의 실현이다"(p. 30)라는 점이다. 우리는 프로이트의 논의로부터, 문명사회에서 '신체, 외부 세계, 타인들과의 관계'에서 오는 세 방향의 고통을 벗어날 수 없는 인간은 문명 발달과 개인 리비도 발달 과정의 유사성을 깨닫고, 삶의 충동과 죽음 충동의 투쟁인 문명이라는 장의 전제에서 출발하여, 필수불가결하게 발생하는 '불만 또는 죄책감'에 대해 주목해야 한다. 또한 프로이트의 이러한 논의는 문명사회에서 개인과 사회의 '종교 심리', 그리고 '증상'과 직접적으로 연결되는바, 프로이트의 논의의 중요성을 현재에서 다시금 새길 필요가 있다. Freud, S. (1930). Civilization and Its Discontents. In J. Strachey (ed. and trans.) SE, Vol. 21. London: Vintage Books, 1961/2001, pp. 64-145.

주이상스는 밀교나 다른 세계적이라기보다는 "탈-입체적ex-soteric" 또는 '일상적'이라고 주장한 바 있다(Moncayo, 2012).

이러한 고려는 경험주의가 철학에서 항상 쌍을 이루는 이상주의(예컨대 흄과 버클리의 저작)를 동반하는지, 아니면 지젝이 현재 철학에서 초월주의의 새로운 형태라고 부르는 것을 동반하는지에 대한 질문을 넘어선 것이다. 이상주의와 초월주의라는 두 용어는 현실주의와 이상주의의 관계를 이원론적으로 이해하기 때문에 경멸적인 의미를 내포하고 있다. 흄은 감각 경험에 중점을 두고, 버클리는 감각 지각의 이면에 있는 관념에 중점을 둔 반면, 라캉의 후기 이론은 표상을 넘어선 실재와 관념, 기표, 감각 경험과 동등하게 상호 작용하는 주이상스의 문제를 중심으로 조직된다. **제3의 주이상스의 실재는 사실 현실주의/이상주의의 이원성을 탈피하는 하나의 방식이다.**

또한 정신분석적 진리 분야는 실천이 없거나 다른 분야에 적용되는 이론과, 대학 임상 환경에서 연구되지 않고 프로이트의 무의식 개념과 체계적인 관계가 없는 이론에 의해 인도되는 실천으로 중복되고 분열된다. 라캉의 이론이 어떤 주어진 시점에서는 추상적이더라도 항상 분석가를 염두에 두고 전달되거나 분석적 실천과 관련하여 생각된 점을 감안할 때, 라캉은 이러한 상황에 만족하지 않을 것이다. 요점은 정신분석가가 정신분석을 사용하여 다른 분야를 정신분석으로 환원시키는 것이 아니라, 무엇보다도 라캉이 프로이트처럼 정신분석학을 발전시키기 위해 다른 분야를 사용한 점을 감안할 때, 정신분석학은 그것의 실천과 분리될 수 없는 점이다. 물론 정신분석학은 대학에서 가르쳐 왔고 앞으로도 가르쳐야 하며, 다른 분야에서도 정신분석학을 이용해 자신의 분야를 발전시킬 수 있지만, 이론 자체는 분석의 실천에 종사하는 분석적 이론가들이 대학 연구자들과 함께 협력하여 발전시켜 온 것이다.

미국에서 라캉의 사상은 주로 인문학 분야에서 전개되는데, 이는 인문학을 탐구하는 사람들은 이론에 관심이 있다고 가정되며, 심리치료의 서비스와 실천을 배우는 데에만 관심이 있을 수 있는 실용자들과는 구별된다고 본다. 미국의 생물학적 정신의학에서는 라캉 이론을 임상적 관련성이 없는 문학적 분석의 한 분야로 간주한다. 이는 세션과 말의 절분의 실천에 반영된 분석적 실천에서 라캉의 혁신에 대한 IPA의 거부와 평가 절하에 따른 것이다.

라캉에 따르면, 이론이 없거나 이론이 과학 이론이나 서양 사상의 역사와 연결되지 않는 순전히 기술적 절차로서의 심리치료는 응용 정신분석이 될 수 없다. 응용 정신분석은 이론을 "전문가"에게만 맡기는 이론이 결여된 실천이 아니다. 응용 정신분석은 개인 실천이나 표준 프레임뿐만 아니라 실제로 다양한 형식과 환경에서 이루어질 수 있는 이론의 실천이다. 마지막으로 정신분석학이 자체적 이론과 실천을 발전시키기 위해 다른 학문에서 파생된 이론을 사용할 수 있는 것과 마찬가지로, 다른 학문에서도 정신분석학을 사용하여 자신의 분야를 발전시킬 수 있다.

참고문헌

Adorno, T. W. and Horkheimer, M. (1944). *Dialectic of Enlightenment*. London: Verso, 1997.

Aristotle. (2009). *The Nicomachean Ethics*. Oxford World Classics. Cambridge: Oxford University Press.

Deutsch, D. (2011). *The Beginning of Infinity: Explanations That Transform the World*. New York: Penguin Books.

Einstein, A. (1956). *The World as I See It*. New York: Citadel Press Books.

Etchegoyen, H. (1991). *The Fundamentals of Psychoanalytic Technique*. London: Karnac.

Fink, B. (2011). *Fundamentals of Psychoanalytic Technique: A Lacanian Approach for Practitioners*. New York: Norton.

Freud, S. (1900). The Interpretation of Dreams. *SE*, 4–5.

_____. (1910). The Antithetical Meaning of Primal Words. *SE*, 11, 155–161.

Fromm, E. (1980). *The Art of Listening*, New York: Open Road.

Greenson, R. (1967). *The Technique and Practice of Psychoanalysis*. London: Karnac.

Heidegger, M. (1947). *Letter on Humanism: In Basic Writings* (Revised and Expanded Edition). trans. D. F. Krell. London: Routledge, 1993.

_____. (1955). *The Question Concerning Technology*. New York: Garland Publishing, 1977.

_____. (1966). Conversation on a Country Path about Thinking. In: *Martin Heidegger, Discourse on Thinking*. trans. J. M. Anderson and E. H. Freund. New York: Harper and Row.

Jeffries, S. (2017). *Grand Hotel Abyss: The Lives of the Frankfurt School*. London: Verso.

Kaplan, J. (2005). "Political Theory: The Classic Texts and Their Continuing Relevance". The Modern Scholar. 14 lectures; (lectures #11 & #12, -see disc 6). Recorded Books, LLC.

Lacan, J. (1957–1958). *The Seminar of Jacques Lacan. Book V: The Formations of the Unconscious*. ed. J.-A. Miller. trans. R. Grigg. London: Polity Press.

_____. (1962–1963). *Seminar of Jacques Lacan. Book X: Anxiety*. trans. C. Gallagher. www.lacaninireland.com/web/published-works/seminars. Accessed November 17, 2019.

_____. (1967–1968). *The Seminar of Jacques Lacan. Book XV: The Psychoanalytic Act*. trans. C. Gallagher. www.lacaninireland.com/web/published-works/seminars. Accessed November 17, 2019.

_____. (1971–1972) ...or Worse. London: Polity, 2018.

_____. (1972–1973). *The Seminar of Jacques Lacan: Book XX: On Feminine Sexuality, the Limits of Love and Knowledge (Encore)*. New York: Norton and Norton.

_____. (1975–1976). *The Seminar of Jacques Lacan. Book XXIII: The Sinthome*. ed. J. A. Miller. Cambridge: Polity Press, 2018.

_____ . (1977–1978). *Seminar XXV: Time to Conclude*. trans. C. Gallagher. www.lacaninireland.com/web/published-works/seminars. Accessed March 18, 2019.

Locke, J. (1632–1704). *An Essay Concerning Human Understanding*. Cambridge: Hackett Publishing Company.

Moncayo, R. (2012). *The Signifier Pointing at the Moon: Psychoanalysis and Zen Buddhism*. London: Karnac.

_____, R. (2018). *Knowing, Not-Knowing, and Jouissance: Levels, Symbols, and Codes of Experience in Psychoanalysis*. London: Palgrave McMillan.

Nobus, D. (2000). *Jacques Lacan and the Freudian Practice of Psychoanalysis*. London: Routledge.

Plotinus (CE 204–70). (1991). *The Enneads (Classics)*. Penguin Books Ltd. Kindle Edition. The Enneads. London: Penguin Books.

Quinet, A. (2018). *Lacan's Clinical Technique: Lack(a)mian Analysis*. London: Routledge.

Russell, B. (1935). *Religion and Science*. London: Oxford University Press, 1947.

Saporta, J. (2014). Psychoanalysis Meets China: Transformative Dialogue or Monologue of the Western Voice. In: *Psychoanalysis in China*. ed. D. Scharff and S. Varvin. London: Karnac.

Zizek, S. (2000). *The Fragile Absolute*. London: Verso.

라캉 정신분석 실천
이론과 원리

1장

라캉의 이론과 진단에 대한 다차원적·위상학적 접근

정신 장애 진단 및 통계 편람 제5판Diagnostic and Statistical Manual of Mental Disorders-5th edition, DSM-5 또는 현대의 정신과 진단 매뉴얼을 고려하기 전에 '진단diagnosis'이라는 단어의 어원적 뿌리에 대해 몇 가지 맥락에서 설명한다. 문자 그대로 그것은 구별하여 안다는 것, 특정한 차이를 분별하거나 안다는 것을 의미한다. 우리는 사물이 어떻게 분해되고, 오작동하며, 수리될 수 있는지 알기 위해 무엇이 어떻게 만들어졌는지 알아야 한다. 사물들이 부서지면 우리는 그것이 무엇으로 만들어졌는지 알 수 있다. 마지막으로 상대적인 차이를 아는 것은 기호들, 기표들 그리고 증상들을 읽고 해석하는 능력으로 직접 변환된다. 정신과 의사는 기호들을 읽고, 정신분석가는 기표들을 읽는다.

DSM의 새롭게 업데이트된 버전인 DSM-5가 10년간의 열띤 토론 끝에 마침내 출판되었다. DSM-5는 많은 논란을 불러일으켰다(American Psychiatric Association, 2013). DSM-IV 태스크 포스의 의장인 앨런 프랜시스Allen Frances, MD는 "DSM-5는 기본적으로 정상인 잠재적인 수백만 명의 사람들을 잘못 분류할 것"이라고 우려를 표명했다. 새 버전의 매뉴얼을 사용하면 슬픔이 주요 우울 장애로 바뀔 수 있다. 이 장에서 나는 라캉 이론과 정신병리학 및 진단에 대한 정신분석학적 이해의 관점에서 앞서 언급한 DSM-5 변화의 일부를 살펴보는 것으로 시작한다. 또한 양극성 장애의 진단 유병률과 슬픔과 임상적 우울증의 논란에 대해 논의하고, 성격장애와 제II형 양극성 장애의 기분 변화의 유사점과 차이점을 검토한 후, 마지막으로 편집증의 신경증적 형태와 정신증적 형태, 그리고 편집증과 메타노이아metanoia를 구별한다.

스틴 밴휠(Vanheule, 2014)의 책과 달리, 이 장은 DSM-5의 통계적 타당성 또는 신뢰성을 둘러싼 질문이나 DSM-5 자체에 대한 상세한 분석에 초점을 맞추지 않는다. 밴휠은 정신역동 및 사회 정신의학과 일맥상통하여 정신의학적 진단이 의학적, 유기적 상태를 진단하는 것이 아니며, 진단은 본질적으로 사회-역사적이고 주체적인 상태와 관련이 있음을 주장한다. 10년 전 폴 베르하게(Verhaeg-ue, 2004)는 라캉학파 및 정신분석적 관점에서 DSM에 대해 비판한다. 그는 DSM 시스템이 낙인을 찍고, 전통적인 형태의 정체성과 정상성을 조장하여 신뢰할 수 없고, 치료를 위한 의미가 전혀 없는 증상들에 대한 단순하고도 장황한 설명 목록이라고 비판한다.

마지막으로, 이 장은 성격장애에 대한 정신역동적 진단 매뉴얼을 제공하기 위한 PDMPsychodynamic Diagnostic Manual(Alliance of Psycho-analytic Organizations, 2006)과도 다른데, 이 매뉴얼은 프로이트의 진단 범주를 따르지 않고, 대신 성격 유형과 증상/특성을 혼동하는 성격장애 및 자아 기능의 긴 목록에 의존하기 때문이다. 프로이트와 라캉의 진단 범주는 구조적 진단 범주이므로, 다양한 성격장애의 여러 특성은 두 가지 유형의 신경증(히스테리와 강박 신경증)에 포함될 수 있다. 예컨대, 우울증은 정신증뿐만 아니라 신경증의 두 가지 유형에서 나타날 수 있는 증상이지만, 그 자체로는 성격장애로 분류되지 않는다.

라캉학파의 관점에서, 우울증(Moncayo, 2008)은 유전적일 뿐만 아니라 현실의 대상/가족 구성원의 우발적 상실로 인해 발생하는 것이 아니라, 정상적인 발달 과정에서 대상 상실의 결여로부터 발생한다. 슬픔을 병리화함으로써 정신의학은 사람들이 슬퍼하기를 원하지 않거나 슬퍼해서는 안 된다고 느낄 수 있지만, 슬퍼하지 않으면 역설적으로 우울증에 걸릴 수 있는 위험이 있다.

나는 또한 양극성 장애의 대중적인 진단에 대해 논의하고 정신분석 이론의 맥락에서 DSM의 변화를 탐구할 것이다. 라캉학파 이론은 DSM에 무엇을 제공할 수 있는가? 예를 들면 양극성 장애는 정신증 구조인가 혹은 신경증 구조인가? 양극성 장애는 신경증 구조임을 가리키는 여러 가지 특징이 있다.

도입

『정신 장애 진단 및 통계 편람Diagnostic and Statistical Manual of Mental Disorders, Fifth Edition』은 흥미로운 "인간 광기의 백과사전"이다. 수 세기 동

안 인간은 세상에서 패턴을 범주화하고 찾고자 했다. 그렇다면 어느 시점에서 우리가 인간 활동과 인간 정신의 분류 체계를 만들려고 시도한 것은 당연해 보인다.

DSM의 기원은 1840년으로 거슬러 올라간다. 당시 정부는 정신질환에 대한 데이터를 수집하고자 했다. 인구 조사에서 '바보/광기'라는 용어를 아무런 제한 없이 사용했다는 점이 흥미롭다. 어떤 의미에서 누군가는 '정상'이거나 '정신 이상'이었다. 분류는 무척 단순했다. 40년 이상의 기간 동안, '정신 이상'에는 일곱 가지 범주가 포함됐다. "조증mania, 멜랑콜리아melancholia, 편집광monomania, 부전마비paresis, 치매dementia, 알코올 중독dipsomania 그리고 간질epilepsy." DSM-I이 1952년에 출간되었기 때문에 이러한 분류 중 어느 것도 아직은 DSM에 해당되지 않는다.

DSM의 주요 목표는 의료 전문가가 국경을 넘어 의사소통하고 정신 질환에 대한 정보를 수집 및 비교하는 데 사용할 수 있는 공통 언어를 만드는 것이었다. 물론 전자는 '표준'을 벗어난 사람들에게 더 나은 치료와 더 나은 결과를 가져다줄 것으로 예상되었다. 1880년에서 1952년 사이 DSM-I은 일곱 가지 범주에서 '반응들'을 참조하여 106가지 장애에 대한 설명을 제공한다. 16년 후인 1968년의 DSM-II는 정신 장애의 수를 182개로 더욱 늘린다. DSM-I과 II는 모두 1980년까지 주로 정신역동적 관점에 의해 주도되며, 그때 DSM-III가 경험적 설명에 초점을 맞춘, 전체적으로 새로운 관점으로 등장한다. 당시 정신의학에는 265개의 진단 범주가 있었다. 1994년, DSM-IV는 많은 변화 없이 300가지의 범주 라인에 도달한다. DSM-5에는 전 세계의 정신과 의사가 환자를 진단하는 데 사용하는 1,000페이지 이상의 증상 체크리스트를 포함한다.

DSM-II와 III 사이에 일어난 DSM의 역사의 한 가지 큰 변화가 있다. 이러한 변화는 정신 건강 전문가가 처음에 정신병을 주로 정신역동적 렌즈를 통해 바라보고, 내적 충동/소원과 방어 간의 갈등의 산물로 개념화한 방식을 반영한다. DSM-III는 프로이트보다 크레펠린을 따르기로 결정한다. 증후군과 장애를 분리하는 개념이 생겨나면서 양극성 장애, 정신분열증, 주요 우울 장애는 고유한 원인을 지니며 각각 다르게 치료된다.

확실히 1840년대의 광기의 '하나의 장애' 이후 증상과 지속 기간의 윤곽이 잡힌 300가지가 넘는 질병과 장애로 많은 변화가 일어난다. 불행하게도 환자들은 진단 교과서를 읽지 않는다. 정신과 의사와 기타 정신 건강 전문가들은 그들의 환자들이 명료한 범주에 거의 들어맞지 않는다는 사실에 자주 좌절한다. 또한 시간이 지남에 따라 증상이 자주 바뀌는 것을 관찰한다. 환자가 서로 다른 진단의 일종의 "수집가"가 되어 그들을 매우 혼란스럽게 한다. 또한 그것은 완전히 위험할 수 있는 다중 약물 요법polypharmacy으로 이어진다. 이에 우리는 명료화를 돕기 위해 기초 연구를 참고하려고 노력한다. 정신의학에서는 더 빠르고 진단에 도움이 되는 유전적, 대사적, 영상 검사를 꿈꾼다. 불행하게도 생물학적 검사는 정신 장애가 중첩되고, 아마도 중복 장애가 적을수록 더 좋다는 생각을 뒷받침할 뿐이다.

기능적 자기공명영상 연구에 따르면 불안 장애가 있는 사람과 기분 장애가 있는 사람은 부정적인 감정과 혐오감에 대한 뇌 편도체의 과잉 반응을 공유한다. 유사하게 조현병[정신분열증]이 있는 사람과 외상 후 스트레스 장애가 있는 사람 모두 지속적인 주의가 필요한 작업을 수행하도록 요청받을 때 전전두엽 피질에서 비정상적인 활동을 보인다(Dichter, Damiano and Allen, 2012).

유전학은 선행연구(Craddock and Owen, 2010)와 유사한 결과를 가져온다

DSM-5의 출판은 더 많은 정신역동적 연구자들뿐만 아니라, 생물학적 정신과 의사들과 연구자들로부터 많은 비판을 받는다. 국립정신건강 연구원The National Institute of Mental Health, NIMH은 DSM이 출판되기 2주 전에 자금 지원을 철회한다. NIMH 소장인 토마스 R. 인셀Thomas R. Insel은 DSM이 "타당성이 부족하다"고 비판하면서 "정신 장애가 있는 환자는 더 나은 대우를 받을 자격이 있다"고 말한다. 그는 정신의학적 병리학을 위한 새로운 방법은 생물학에 의존하는 것이며 "정신 장애의 인지, 신경 회로 및 유전적 측면을 지도화하면 치료를 위한 새롭고 더 나은 목표를 얻을 수 있을 것"이라고 제안한다.

그것은 "해부학은 운명이 아니다"라는 인간이 인지, 신경 회로, 유전적 측면보다 훨씬 더 복잡한 존재임을 인정하는 유망한 접근 방식이다. 그러나 어떻게든 개별 환자/주체는 분류의 전투에서 길을 잃는다. 더욱이 아무도 그들에게 자신의 '장애'에 대해 어떻게 생각하는지, 또는 왜 장애가 있다고 생각하는지 묻지 않는다. 사람들은 진단을 받으면 증상을 내뱉는 고장난 기계처럼 여겨진다. 진단

은 사람 없이도 약을 처방할 수 있는 진단 기계를 통해 이루어질 수도 있다. 샘 크리스Sam Kriss의 흥미로운 논문인 『탄식의 책Book of Lamentations』은 다음과 같은 관찰을 한다.

> 성적인 쾌락을 위해 부엌 바닥에 똥을 싸는 사람과 찬장에 사는 악마를 쫓아내기 위해 부엌 바닥에 똥을 싸는 사람은 둘 다 유분증의 진단 범주로 분류된다. 그들의 사고 과정은 중요하지 않을 뿐만 아니라 마치 존재하지 않는 것 같다. 인간 존재는 허공에 감긴 살덩어리의 망이다(http://thenewinquiry.com/essays/book-of-lamentations/).

라캉의 이론과 『정신 장애 진단 및 통계 편람』

라캉은 프로이트의 무의식의 발견에서 진일보한다. 그의 진술 중 하나인 "무의식은 하나의 언어처럼 구조화되어 있다"는 프로이트의 "해부학은 운명이다"에 동의하지 않도록 한다. 그는 또한 충동의 개념을 재정의하고, 그것이 순전히 생물학적으로 작동된다고 생각하지 않는다. 여기서 우리가 가장 관심을 갖는 것은 1950년대에 그가 표면의 위상학torus, Möbius band, Klein bottles, cross caps과 정신생활을 결합하려고 많은 시간을 보낸 점이다. 그는 언어적 기표, 욕망, 환상, 충동의 논리가 위상학의 논리 또는 더 넓은 의미에서 수학을 따른다고 주장한다. 라캉은 그것이 우리가 주체의 복잡성을 기술할 수 있는 최선의 방법이라고 주장한다.

우리가 인간 주체에 대해, 또는 언어가 정신/뇌에 미치는 영향, 문화가 우리의 자연적 성향을 형성하는 방식 또는 위상학이 정신 구조를 설명하는 방법에 대해 말할 때, 우리는 정상성과 병리학 사이의 구분 너머의 현상을 언급하고 있다. 사회생활은 정상 및 비정상적 사실을 설명하는 상징적 관계의 세계이다. 모든 사회에서 정상 및 비정상적 행동 양식은 상호 보완적이다.

그렇다면 정신병리학 연구는 왜 필요하고 중요한가? 정신병리학이 필요한 이유는 무엇인가? 레비스트로스(Lévi-Strauss, 1950)는 부족 문화에서 "주술사는 장애인, 도취된 자, 신경질적인 유형, 외부인 중에서 모집되었다"(p. 14)고 지적한다. 동시에 "일상생활에서 어떤 샤먼도 비정상적인 개인, 신경증 환자 또는 편집증 환자가 아니며, 만일 그렇다면 그는 미치광이로 분류될 것이고 성직자로서 존경받지 못할 것이다"(p. 19). "샤먼은 정신병리학을 이용하지만 또한 그것을 전달하고 안정화하기도 한다"(p. 20). 샤먼이 많을수록 사회에 정신병리가 줄어든다는 것을 의미한다.

몸에 건강과 질병이 있는 것처럼 정신적 '질병'과 정신의 평온도 있다. 그리고 자연은 정신의 질병이 식별 가능한 패턴과 구조로 무너지는 경향이 있음을 보여 준다. 정신분석은 정상과 병리 사이의 연속성을 인정하는 점에서 정신의학과 구별된다. 주류 사회에서 정신과 의사를 비정상적으로 간주하거나 정신과 의사가 필요하다고 생각함에도 불구하고, 정신의학은 사회 내에서 정상성에 대한 관습적이고 규범적인 정의를 수립하는 분야이다.

프로이트는 자신의 정신 이론을 지형학설이라고 상정한다. 심층의 지형학적 구조는 그 구조를 통해 드러날 수 있지만, 우리가 증상이라고 부르는 것에 해당하는 표면을 통해서도 드러날 수 있다. 구조-표면 관계는 프로이트의 지형학설보다 라캉의 위상학에서 훨씬 더 선명하게 나타난다. 지형학설은 인접한 방의 공간적 은유, 즉 의식과 무의식으로 구성된 이원적 정신을 포함하는 반면, 라캉의 위상학은 무의식 내부가 의식 외부로 들어가고, 의식 외부가 무의식 내부로 들어가는 두 차원이 같은 띠의 양면을 나타내는 뫼비우스의 띠 위에 의식과 무의식을 배치한다.

『세미나 5』(Lacan, 1957-1958)에서 라캉은 다음과 같이 기록한다. "우리는 이중 의미의 진정한 변증법을 접하게 되며, 후자는 이미 제3자를 포함한다. 하나 뒤에 다른 하나인 두 가지 의미가 있는 것이 아니라, 두 번째의 의미와 함께 [제3자는] 둘 중 첫 번째와 더 정확한 것 너머에 위치한다"(p. 130). 라캉의 후기 이론에 따르면, 제3자는 띠의 양면에 이미 포함된 기표들의 배열(대타자)이 아니라 실재의 위상학적 형상 그 자체이다.

주체성의 분열된 형태를 나타내는 신경증은 인간 존재의 기본적인 특성적 조건이다. 인간은 자연과 문화 사이에 있고, 문화는 인간이 문화적 형식에 따라 생물학적 신체와 정신을 형성할 것을 요구한다. 여기에서 정상성과 병리성이 기원한다. 그러한 신경증은 사람의 성격 구조에 내재되어 있다. 다양한 유형의 성격 특성이 기능 장애 및 무력화 증상으로 전환되거나 전환되지 않을 수 있지만, 가능성은 특성과 그에 상응하는 뇌의 메커니즘에 있다.

위상학을 사용하여 DSM 진단을 생각하는 방법에 대한 질문을 시작하기 전에 먼저 임상 삽화를 고려해 보자. 과거 정신 병력이 없는 22세 여성이 첫 번째 상담을 받기 위해 당신의 사무실에 온다. 그녀의 평가 목표에 대해 묻자, 그녀는 "그저 자신의 정신 과정의 최고 수준과 최저 수준을 관리하고 싶다"고 말한다. 그런 다음 그녀는 기분 변화의 양극단이 어떻게 그녀의 인간관계와 대학에서 전체 학기를 망쳤는지에 대해 자세히 설명한다. 그녀는 고등학교 3학년 때, 가장 강렬한 '최고 수준'을 경험했다고 말한다. 그 당시 그녀는 남자 친구와 헤어졌고, 이는 거의 연쇄 반응으로 그녀를 자멸의 길로 이끈다. 그녀는 잠을 잘 필요가 없었고 매우 고양된 상태였다. 그녀는 자신을 성욕 과잉, 무모함, 부주의, 그리고 매우 충동적 상태로 묘사한다. 그녀는 친구들이 그녀에게 말을 걸지 않을 때까지 증상 삽화가 약 2주 동안 지속되었고, 이후에는 완전히 지쳐서 자신의 '최저 수준'으로 떨어졌다고 말한다.

그녀는 자신의 '최저 수준'이 보통 극심한 슬픔, 의욕 부족, 무쾌감, 피로 및 완전한 폐쇄로 나타난다고 언급한다. 그녀가 DSM-5의 새로운 특징인 성인 ADHD를 앓고 있는지에 대한 질문을 제기한 점도 흥미롭다. 그녀는 초등학교 때는 잘 적응했지만, 고등학교 때부터 어떤 것에도 집중하지 못했다. 추가 질문에서 환자는 기분 변화에 도움이 된 유일한 방법으로 단절을 인정한다. 그녀는 자신이 사람들에게 집착하다가 관심이 사라지면 단절하는 경향이 있다고 말한다. 그녀는 남자 친구로부터 버림받는 일이 가장 견디기 힘들다는 것을 기분의 '최고 수준'의 주요 원인으로 꼽는다.

그녀는 어떠한 상태인가? 제I, II 유형 양극성 장애 또는 치료받지 않은 경계성 성격장애로 그녀의 증상 대부분을 설명할 수 있는가? 그녀는 성인 ADHD를 동반 질환으로 가지고 있는가? 그녀는 이 모든 것을 가지고 있지 않은가? 겉보기에는 '전형적인' 사례가 왜 이러한 도전을 제시하는가? 여기서 우리는 아마도 DSM이 매우 정확한 진단 도구가 아니기 때문에 장애를 '만드는' 증상이 구체적이지 않고 자주 겹치는 측면을 고려하게 된다.

라캉의 위상학은 우리가 더 정확하도록 돕는다. 위상학의 주요 이점은 그것이 심지어 "고무 시트의 기하학the geometry of the rubber sheet"이라고 불릴 수 있을 만큼 모양이 의미가 없다는 것이다. 우리는 그것을 늘리고 구부릴 수 있고, 구조가 보존되는 한 외적 모양의 변형은 중요하지 않다. 이 비유는 사람을 겉모습으로 판단하지 않고 그들의 구조에 더 관심을 기울이는 멋진 은유이다. 고무 시트의 기하학은 프로이트 이론과 라캉 이론을 창의적으로 활용하는 방법에 대한 좋은 은유이기도 하다. 이론의 구조를 보존하면서 개념을 고무 시트처럼 늘릴 수 있다.

라캉에게 진단은 그것이 극히 제한된 선택이라는 이유로 겉보기에 단순한 질문일 것이다. 분석실에서 내 앞에 앉아 있는 사람은 정신증자인가, 신경증자인가, 아니면 도착증자인가? 치료 및 예후 측면에서 심각한 영향을 미치는 이 세 가지 진단 범주 간에는 명확하게 정의된 차이가 존재한다. 무의식의 수준, 오이디푸스 및 가족 구조, 주체가 언어와 관계를 맺는 방식, 그리고 가장 중요한 것은 사회적 연결의 본질에도 차이가 존재하기 때문에 이러한 차이는 표면적인 것만이 아니다. 프로이트와 라캉이 사용한 진단 그룹을 설명하는 여러 훌륭한 텍스트가 존재한다(Dor, 1987; Fink, 1997; Verhaegue, 2004 etc). 대신 이 장은 신경증과 정신증 사이, 구조와 증상 사이, 구조와 성격장애 사이, 신경증적 정신의 정상과 정상 너머의 일관되거나 변화된 정신 사이의 구조적 차이, 그리고 마지막으로 자아 성격 및 편집증적 정신증과 관련되어 일반적으로 발생하는 편집증을 설명하는 데 기여한다.

내가 여기서 제안하는 것은 진단을 지나치게 단순화하는 것이 아니라, 오히려 진단을 보다 정교화하여 우리가 클리닉과 기초 연구에서 관찰하는 것에 좀 더 근접하는 방법이라는 사실을 강조한다. 신경과학적 및 유전적 발견은 많은 정신 장애를 별도의 범주로 분류하는 것을 지지하지 않는다(Dichter, Damiano and Allen, 2012; Craddock and Owen, 2010).

아마도 실제 상황은 무의식 수준뿐만 아니라 신체의 변화를 반영하는 몇 가지 구조적 차이와 진단이 있다는 것이다. 또한 모든 주체가 독특하기 때문에 '표면에서' 다른 증상과 징후를 관찰한다. 예컨대 정신증적 구조를 가지고 있고, 강박적이어서 강박 장애Obsessive Compulsive Disorder, OCD와 같은 행동을 보이거나 표면으로 나타나는 환자를 볼 수 있다. 또 다른 예는 분열 정동 장애의 진단인데, 우리는 그것을 표면에 기분 증상이 있는 정신증 구조로 볼 수 있다.

이 장의 시작 부분에서 제기된 질문은 여전히 남는다. 어떻게 한 가지 정신의 장애에서 현재 300가지가 넘는 질병이 발생하고, 질병이 계속 늘어나고 있는가? 그 이유는 정신의학에서 주요 범주 내의 모든 변이를 별도의 장애로 설명하려고 시도하기 때문이다. 너무 많은 증상이 중복되고, 이것은 진단의 혼란과 연구에 대한 실질적인 어려움으로 이어진다.

정신의학과 정신분석의 진단에 대한 라캉 이론의 기여

여러 정신과 전문의와 연구자들은 DSM이 취한 접근 방식을 수정하려고 시도한다. 예컨대 크래독과 오웬(Craddock and Owen, 2010)은 차원적 스펙트럼 모델을 그림 1.1과 같이 제시한다.

추가된 차원

정신의학의 차원적 접근에서 정신건강 상태는 원인과 증상이
부분적으로 겹치는 스펙트럼에 있다.

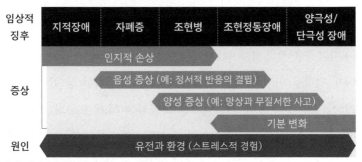

출처. 데이비드, A. 정신건강: 스펙트럼(2013. 4. 24.)
www.nature.com/news/mental-health-on-the-spectrum-1. 12842

그림 1.1 차원적 스펙트럼 모델

차원 스펙트럼 모델에 따라 나는 다섯 가지의 정신 구조적 진

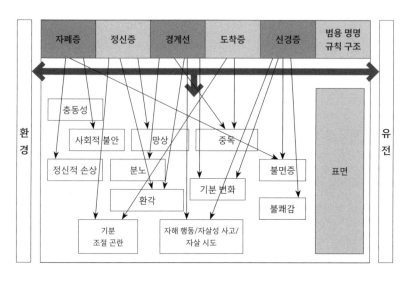

그림 1.2　차원적 스펙트럼 모델

단 범주를 제안한다. 자폐증-정신증-경계선-도착증-신경증. 자폐증과 경계선 상태는 프로이트와 라캉의 진단 범주가 아니다. 그러나 자폐증은 질병 통제 센터에 따르면 오늘날 미국 아동 59명 중 1명에게 영향을 미치는 전반적 발달 장애이다. 경계선 상태는 신경증의 진단과 많은 유사점이 있지만 특별한 이해가 요구되는 새로운 증상들이 있어 다른 현대 정신분석가들이 별도의 범주로 진단한다.

　또한 모든 정신 구조는 주체의 위상학적 구조 표면에서 관찰되는 특정 증상과 징후로 추가 설명된다. 구조적 범주 사이에는 명확한 차이가 있다. 예컨대 정신증 주체는 신경증 주체와는 크게 다르다. 증상과 징후는 스펙트럼 상에 있고 겹쳐진다. 유전과 환경은 서로 그리고 구조와 상호 작용하고 그에 따라 특정 증상을 형성한다.

표 1.1 진단 목록

무의식 장애의 위계	방어	고착
자폐증	존재 탄생과 통시적 혹은 연대기적 시간의 삶에 대한 대항	절대적 일차 나르시시즘
정신증	어머니의 상상적 남근과 동일시와 아버지의 이름의 폐제	상대적 일차 나르시시즘
경계선	주체상호적 분열	이차 나르시시즘 거울 이미지의 이상적 자아
도착증	법의 부인	이차 나르시시즘 결여
신경증 "정상"인격 편집증→메타노이아	법의 공언과 동일시 억압	삼차 나르시시즘 자아 이상/초자아
↓		
실재의 빈 주체 (장소 없음이 좋은 장소) 자비로운 탈인격화[객관화]	주체와 기표의 구조적 공백/개방으로서의 실재	사차 나르시시즘 고정된 자기나 타자가 없음 정신*esprit*으로서의 단어는 주이상스의 단항적 흔적이자 생톰의 신체적 의미

우리는 표 1.1에서 보는 바와 같이 프로이트를 이어서 특정 방어 형성과 발달의 고착 지점에 따라 진단 구조를 구분할 수 있다.

자폐적 전주체pre-subject는 개인과 그의 어머니/대타자를 포함한 유아론적 시간을 초월한 거품 속에 살고 있으며, 이 일자는 전체 세계the entire world를 포함하고 있다. 이 경우 시간을 초월한 거품은 환경에 대한 주체적 개방을 설정하거나, 자연 및 사회 환경과의 가능한 관계를 설정하는 것이 아닌 폐쇄와 고립을 나타낸다. 자폐증은 일자의 세계(일자 대 일자 자신의 비-존재)의 근거가 되는 0이 아니라, 자폐적 거품 또는 세계와의 관계를 나타내는 0과 1사이의 대립을 현시한다. 아버지의 이름NoF은 다공성의 상징적 장소(비구면)와 폐쇄된 시간을 초월한 거품(실재보다는 상상계) 사이의 모든 차이를 만드는 것이다.

프로이트는 절대적 일차 나르시시즘을 어머니와 유아의 신체가 구별되지 않는 자궁 내 삶의 상태로 서술한다. 자기와 타자의 구분이 존재하지 않지만, 어머니와 유아는 하나의 공간the One bubble 안에서 서로 연결되어 있다. 자폐적 전주체는 일자의 신체-거품 밖에서 정신적으로 태어나는 것을 거부하고 말하지 않거나 언어를 사용하지 않을 수 있다. 기능으로서의 아버지는 자폐적 전주체와 관련이 없다.

정신증에서 전주체는 대타자의 주이상스the jouissance of the Other의 남근적 대상으로서 젖가슴-아이와 동일시된다(대타자에 대해 나는 어떤 대상인가?). 정신증자는 주로 어머니의 상대적 나르시시즘적 대상이다. '주체 고유의' 또는 통합된 거울적 신체 이미지가 없다. 정신증자는 말을 하지만, 부성 은유나 아버지의 이름에 의해 함께 묶이지 않음으로써 언어의 질서는 느슨한 연관성을 초래한다. 주체가 대상과 구별되지 않고 리비도가 어머니의 환상의 대상으로서의 전주체에 전적으로 의존하기 때문에 그것은 상대적 일차 나르시시즘의 형태이다. 아버지는 잔인하고, 기능으로 상징화될 수 없거나, 실패하거나, 어머니와 아이의 융합을 중재하고, 상징적으로 거세하는 것이 허용되지 않는다.

경계선 주체는 이차 나르시시즘과 통합된 상상적인 이상적 자아(신체 이미지)를 얻었지만, 전체 이미지에 고착되어 어머니의 욕망의 대상이 된다. 경계선은 이미지의 결함이나 대타자를 향한 어머니의 욕망의 측면을 상징화할 수 없다. 타자의 어떤 결함은 타자를 나쁘게 만들고, 마찬가지로 경계선 주체를 선하고 완벽하게 만든다[이상화와 평가 절하]. 반대로 타자가 선하고 완전한 거울 이미지를 구현하고 있다고 본다면, 주체는 나쁘고 사랑스럽지 못하고 '타자의 욕망의 원인'이 되는 대상이 되는 데 실패한다. 여기서 경계선은 정신증적 분열과 탈인격화의 악의적인 형태로 퇴행할 위험이 있다.

구조의 오른쪽 또는 발달 단계의 위쪽으로 경계선 주체는 명백한 비사회적 또는 비규범적 특성을 나타낼 수 있다. 경계선 주체는 일반적으로 마약 중독 문제, 비정형 의복 착용, 충동 조절 문제가 있을 수 있고, 본질적으로 착취적일 수 있거나 아닐 수도 있는 성적인 행동이나 일시적인 성적 '결합'으로 행동화하며, 신체에 피어싱과 문신을 할 수 있다. 이 모든 것이 신경증의 전통적인 증상은 아니지만 현대의 히스테리적 구조에 대한 새로운 증상이라고 할 수 있다.

신경증 정신 내 분열과 억제를 주체상호적 분열, 타자를 조종하고 나누는 것, 충동 조절의 부족, 경계선 진단과 관련된 중독 및 단절로부터 구별하기 위한 추가 연구가 필요하다. 이를 위해서는 경계선 진단의 주체상호적 영향으로부터 전통적인 범 히스테리와 그것의 사회적 또는 주체상호적 징후를 구별하는 것이 중요하다. 범 히스테리는 대타자의 사랑을 요구하고 타자는 자신이 증오하는 사람을 증오한다. 조작은 타자가 어떤 놀라운 방식으로 양가적으로 파괴되거나 저하되기를 바라는 더 비뚤어진 경계선 욕망보다는, 의존성과 약점에서 이루어진다.

도착증은 거울 이미지의 결여와 결점을 마주하여 아버지의 존재를 인정하지만, 법과 결함, 아버지의 이름을 부인하고, 주체는 구조적인 기능이 없는 순전한 부정성으로서 결여에 고착한다. 그렇지 않으면 도착증은 완벽하게 정상적이고 매력적이며 관습적으로 보일 수 있다.

후자는 관례가 구조적이며 도착증처럼 표면적으로만 있는 것이 아닌, 신경증 구조로 우리를 안내한다. 히스테리적이고 강박적인 구조는 법을 공언하고, 법과 동일시하며, 그에 따라 스스로를 억제하고 순응한다. 신경증자는 억압을 방어 수단으로 사용하고 자아 이상의 나르시시즘에 고착한다. 신경증자는 좋은 소년 또는 소녀가 되어 자아 이상과 사회의 규범적 가치를 사랑함으로써 완전하고 일관성이 있기를 열망한다.

베르하게(2004)는 정상성을 측정하는 기준과 규범, 그리고 통계적 규범 및 정상성 개념 이면에 있는 사회적 이상 사이의 관계를 설명한다. 정상과 비정상은 그 자체로 객관적으로 존재하는 것이 아니라, 상대적인 사회적 구성물이다. 이상적인 사회 규범이 설정되는 곳마다 그것은 자동적으로 현실의 그림자와 이상과 현실 사이의 격차를 생성하고, 사회는 이상적 사회 규범에 대한 비정상적인 통계적 보완을 구성하는 책임을 특정 개인에게 넘길 것이다. 또한 빈도는 사회 내부 또는 사회적 주체 내의 경향을 설명하지만, 양식이나 구조를 나타내지는 않는다. 예를 들어 자살률은 증가한 반면 살인률은 감소한 한 양식에서, 문제는 이러한 변화를 야기하거나 동반한 구조적 요소가 무엇인지이다.

독자들은 정상적인 신경증의 범주로서 사람들이 정상의 일부로 간주할 요소를 갖고 있는 것으로 생각할 수 있다. 라캉에게 정상성은 인간 존재가 되기 위해 필연적으로 따라오는 분열된 주체성의 외관 또는 유사자이다. 이것은 자아 이상이나 규범이 방향을 제시하는 이상을 대표할 수 없다고 말하는 것은 아니지만, [이상은] 자주 오인식되고 거의 실현되지 않는다.

정상 장애에 대한 주장은 터무니없어 보인다. 이것이 사실이라면 일반 인구에 속하는 상태를 진단할 수 없기 때문이다. 따라서 일반 인구는 신경증적 증상이 없고 치료를 받지 않는다고 가정한다. 그러나 이 시점에서 정신분석 이론에는 유용한 또 다른 중요한 차이점이 있다. 증상이 있는 신경증과 증상이 없는 신경증이다 (Fenichel, 1945).

증상이 없는 정상 신경증에서는 성격 특성이 증상을 대신한다. 그러면 주체들이 가지고 있다고 믿지 않는 증상을 가진, 완전히 새로운 범위의 성격장애를 분류할 수 있는 다음 단계가 열린다고 말할 수 있다. 그 결과 이제 한 번 더 진단 라벨이 확산되었으며 정신의학에서는 성격이 있는 사람에게 문제가 되지 않는다는 이유로 치료를 할 수 없다고 간주한다. 이런 의미에서 우리는 구조가 인격에 드리워지고 뿌리는 그림자로 성격 특성을 이해할 수 있다.

구조적 편집증과 메타노이아

라캉 이론의 다른 뛰어난 관련 질문은 라캉의 작업이 편집증에 부여하는 구조적 기능과 지식과의 관계를 이해하는 방법이다. 라캉에게 지식은 두 가지 형태로 나타난다. 상상적 지식connaissance 또는 의식적, 자아 기반의 확립된 학문적 지식과 상징적 지식savoir 또는 무의식적 지식, 또는 '미지의 앎unknown knowing'이다. 라캉은 편집증을 상상적 지식인 connaissance와 연결하지만, 무의식적 지식인 savoir와는 연결하지 않는다. 무의식적 앎에 대해서는 6장에서 분석의 부정적 전이를 이야기할 때 더 많이 설명할 것이다. 라캉은 초현실주의 화가 살바도르 달리(Salvador Dali, 1935)의 작품에서 발견된 편집증적 지식의 개념을 따른다. 여기서 편집증은 지식의 증진에서 건설적인 기능도 하기 때문에 단순한 병리학적 범주가 아니다.

다음에서 라캉의 후기 이론을 그 중심에 있는 실재와 주이상스를 중심으로, 라캉이 상상적 지식connaissance과 편집증 사이의 관계에 대한 이전 작업에서 언급한 내용을 정교화하기 위해, 편집증을 어떻게 명확히 표현하는지 연결한다. 여기서는 두 기간 사이에 중단이 없으며 네 개의 위상학적 매듭에 따라 등록이 재배치된다.

『세미나 23』에서 라캉은 보로메오 매듭 내에서 실재의 기능을 재정의하고 재배치한다(Moncayo, 2017).

3장에서 라캉은 주체, 특히 실재의 주체에 대한 새로운 사고의 방식을 소개한다. 주체는 상상계와 상징계가 셋의 매듭을 지지하고 견뎌야 한다는 사실을 가정하고 그것들을 하나로 묶는 것에 대해 가정하는 것이다(p. 46).

라캉은 상상계와 상징계가 서로 자유롭고 그것들을 연결하는 충격, 매듭, 또는 바늘 끝을 만들어 내는 것은 실재라고 말한다(idem). "실재는 제3이다"(Lacan [1975–1976], Session 9.12.75, II XIV). "실재는 오직 상징계와 상상계의 정지에 조우함으로써 '탈존'한다"(idem, III 7).

그러나 셋의 매듭에서 실재가 묶인 자아를 가정하고, 자기가 없는 곳에서 자기를 구성하기 때문에 셋의 매듭에서 상상계와 실재의 동질성(시각적 지각에서 지각된 이미지는 우리가 보는 실재 세계를 만드는 것처럼 보임)은 잘못된 일관성으로 이어진다(Moncayo, 2017, p. 48). "주체는 상상계와 상징계를 함께 묶는 실재의 것으로 가정된다"(Lacan, Lesson of 12.16.75, III 7).

세 질서의 매듭에서 주체는 상징계로부터 오는 기표와 아버지의 이름에 의해 사회적으로 묶여 있다. "말한 사실에 의해 그것들은 세 질서의 하나의 매듭으로 배열된다"(Lacan [1975–1976], Session of 12.16.75, III 13). 언표는 셋의 매듭을 드러내는 동시에 그것을 하나로 묶어 주는 기존의 아버지의 이름 아래에서 셋의 매듭을 구성한다. 대신, 넷의 매듭의 경우 매듭을 하나로 묶는 것은 주이상스의 실재이다. 넷의 매듭을 풀기 위해서는 먼저 셋의 매듭이 풀려야 한다. "나는 그들이 그들 자신들 사이에서 자유롭게 보존되어 있다면, 셋의 매듭이 그 질감의 완전한 적용에서 놀고 있는 '탈존'이 진정으로 네 번째이며, 그것을 생톰이라고 부른다고 단언했다"(Lacan[1975-1976], Session of 12,16,75, III 13). 이 인용문에서 라캉은 네 번째를 셋을 함께 묶는 새로운 매듭의 네 번째 고리가 아

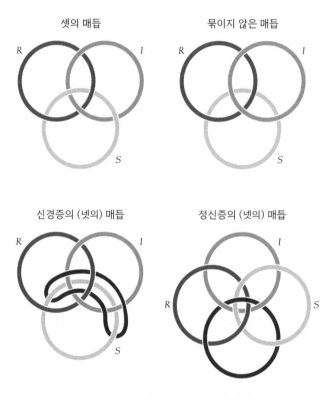

그림 1.3　신경증과 정신증(셋과 넷의 매듭)

니라, 전체 매듭의 일관성으로 언급하고 있는 점이 흥미롭다. "'탈존'은 이미 여기에 있고, 안정되어 있으며, 외부에 근거하여 안정되어 있다"(Lacan[1971-1972], p. 122). 상상계는 일관성이 있지만, 두 번째 실재는 매듭 속에 '탈존'하는 전체 매듭의 일관성이다. "나는 매듭, 셋의 매듭이 여전히 셋의 매듭을 만들 수 있게 하는 것이 아니라, 그것이 셋의 한 매듭인 것처럼 보이는 위치에서 보존하는 것을 생톰으로서 정의하도록 허용했다"(Lacan[1975-1976], Session of 2/17/16, VII 5).

두 번째인 실재는 네 번째 또는 생톰인 전체 매듭의 일관성으로 복제된다. 넷의 매듭을 위해 실재는 복제되고(초기와 후기 라캉의 두 실재), 새로운 실재는 생톰, 즉 구조를 함께 묶는 실재로부터 나오는 아버지의 이름으로 기능할 것이다. 네 번째 고리와 전체 매듭에서 '탈존하는' 일관성으로서의 네 번째 고리 사이의 관계는 불분명하지만, 라캉은 네 번째 고리가 셋의 매듭을 묶는 것이며 또한 그 위 또는 외부 수준에서 삼자 구조를 보존하는 것이라고 말한다.

또한 라캉(1975-1976, Session of 12.16.75, II IX)은 이 세션에서 일관성은 상상계이고, 상징계는 구멍이며, 실재는 '탈존한다'고 말한다. 네 번째 매듭의 일관성은 상상계가 처음에 '탈존하는' 실재로부터 취한 일관성을 파열시키는 두 번째 실재에 속한다. 매듭 자체의 일관성은 의미가 없거나, 무의미하거나, 의미화 구조를 하나로 묶는 간극으로 나타난다. 분석에서 주체의 기표에 의해 표현된 메시지에 대한 반응은 분석가가 양자의 주이상스의 실재를 듣는 방식, Jouis-sens[1] 즉 주이상스를 포함한 의미의 기표를 듣는 방식이 될 것이다. 내러티브 언표가 아닌 말이나 언표행위의 주체에서 의미가 나타날 때, 그 메시지는 언표의 혼란스러운 소음을 듣는 것이 아니라 *Jouis-sens*에 의해 들린다.

자아는 이상적 자아와 자아 이상에서 나르시시즘적이며 신경증적일 뿐만 아니라 둘 다의 결과로 편집증적일 수도 있다. 이상적 자아와 자아 이상의 두 가지 형태의 인간은 친족과 언어와 문화의 대타자에 의해 틀을 잡고 부과된다. 문화에서 자기self와 위치를 가지려면 이러한 부과 또는 자비로운 상징적 거세를 수용해야 한다. 그러나 수용이나 주체가 되는 데에는 큰 좌절, 강압, 인내가 수반된다. "각 사회가 개인에게 엄격하게 결정된 신체 사용을 부과하는 방식이다. 사회 구조는 아동의 신체적 욕구와 활동의 훈련을 통해 개인에게 각인을 남긴다"(Lévi-Strauss, 1950, p. 4). 수용은 신뢰로 이어지지만 또한 세상에 대한 정상적인 의심이나 불신으로 이어진다.

표면적으로는 정상적인 형태의 편집증에 대한 생각은 용어상 모순처럼 보이거나 신경증 내 정신증적 측면의 개념에 어느 정도 타당성을 부여할 수 있다. 대부분의 사람들은 편집증을 정신증의 한 형태로 간주하며, 편집적 조현병은 정신증의 전형적인 형태이다. 그러나 메타노이아와 편집증과의 관계는 칼 구스타프 융(Jung, 1960)과 로널드 랭(Laing, 1968)이 심리학과 정신분석학에서 인간의 인격과 정신의 근본적인 변화 또는 실존적 위기를 설명하는 데 사용된다.

---

1 *Jouis-sens*, from *jouissance* and *sens*(Evans, 1996: 186).

편집증과 메타노이아는 어떻게 관련되어 있을까? 편집증에서 무의식은 대타자에게 투사되고 귀속된다. 무의식이 거부되기 때문에 대타자도 의심의 대상이 된다. 편집증적 주체는 마음이 외부에 있기 때문에 그들 자신을 제쳐 둔다. 메타노이아는 또한 서론에서 설명한 누스Nous 또는 정신이라는 용어와 어원적으로 관련이 있다. 누스는 미지의 정신의 측면을 의미하기 때문에 메타노이아는 생각할 수 없는 것에 대한 신뢰와 관용, 은폐되지 않는 외부 표상, 그리고 미지 또는 무의식에 대한 신뢰로 정의할 수 있다. 하이데거(1969)가 인용한 단편 1에서 파르메니데스는 '인간은 알려져 있지 않고 숨겨진 것을 신뢰할 수 있는 능력이 부족하다'고 기록한다.

대조적으로, 신경증 또는 일반적 편집증은 미지의 것을 두려워하고, 특히 대타자에 대해 알려지지 않았거나 무의식적인 것에 대해 불신한다. 무의식이 투사를 통해 폐제된 편집적 정신증에서는 두려운 무의식이 박해적인 지각의 형태로 외부에서 회귀한다. 편집적 정신증은 남근 기능을 신뢰할 가능성을 폐제하기 때문에 신경증적 편집증만이 메타노이아로 발전할 수 있다.

일반적으로 신체 이미지는 거울과 대타자에서 비롯된다. 거울 단계에서 자아는 타자의 이미지를 전유하고, 그 과정에서 대타자는 자아의 명백한 자율성에도 불구하고 주체성의 핵심에 설치된다. 이상적 자아가 주체 자신의 자율적 정체성인지, 아니면 이상적 자아가 대타자의 대상인지에 대한 모호성은 주체상호적 타자와의 관계에서 지속된다.

구조적 편집증에서 거울 이미지에서 상실되었다고 보이는 것은 주체에게 자기 이미지의 상상적 일관성과 자율성에 대한 의심을 부여한다. 상징계는 상상적 자기 이미지에 결여 또는 잃어버린 것을 설립한다. 주체는 상상적 타아the alter ego에서 상상적 일관성을 부여함으로써 자아의 결여를 봉합하려는 시도를 통해 이 결여를 방어할 것이다. 자아를 구성하기 위해 대타자에게서 떨어진 대상 a에 대한 무의식적 지식은 경쟁자, 동료 시민, 또는 타아에게 투사된다. 타자는 대상 a의 인지적 베일(환상)을 통해 보여지는 어머니의 욕망의 원인으로 신체나 거울 이미지에서 결여되어 주체상호적 타자에게 투사된다. 편집적 정신증에서 언어의 상징적 질서는 대타자, a, 이상적 자아, 그리고 타아 사이의 관계를 중재하기 위해 존재하지 않는다.

정신증적 구조는 통일된 신체 이미지와 이미지 내부의 결여를 포함하는 이차 나르시시즘을 결코 획득하지 못하고, 대신 모성적 대상과 어머니의 전능함이라는 상대적 일차 나르시시즘에 고착된다. 이것은 이상적 자아와 연결된 나르시시즘보다는 정신증적 과대성의 원천이다. 정신증적 전주체는 이상적 자아의 상상적 일관성을 획득하는 대신 자아의 실패한 일관성을 전체 매듭의 일관성으로 투사하는데, 라캉에 따르면 이것이 편집적 조현병이 구성되는 것이다.

'상상적' 투사적 주체상호성에서 다른 모든 타아는 잠재적으로 자아가 어머니의 욕망의 원인이 되는 대상 a가 되는 것을 위협한다.

의미는 상징계와 상상계 사이의 관계에서 생산되는 것이다. 실재와 상징계 사이에서 나타나는 것은 말하는 존재의 향유enjoyment

로서의 남근의 향유이다. 상상계에서 남근의 향유는 이중의 향유가 되고, 이것이 의미와 관련된 것이다(Lacan [1975–1976], Session of 12.16.75, III 13).[2]

우리가 잠자는 동안 기표가 남근적 주이상스를 즐기고 계속 기표를 처리하는 방법은 먼저 신체 이미지의 향유가 되고, 이것이 실패할 때 상상적 이중의 향유가 된다. 이중double은 현실의 시각적 지각에 나타나는 타아(분신)$i[a']$를 나타낸다. 그러나 상상적 이중의 기능은 그 이상이다. 왜냐하면 상상적 복제는 꿈에도 나타나기 때문에 꿈 속의 모든 등장인물이 꿈꾸는 자의 정신의 다른 측면을 대표하기 때문이다. 꿈에서 이상적 자아$i[a]$는 또 다른 자아$i[a']$이고 주체는 꿈 그 자체이다. 여기서 의미는 꿈에서 이미지나 환유적 대상의 전치와 S_1-S_2, (S_3, S_4, …) 사이의 기표의 전치라는 두 축에 따라 정의된다. 의미는 꿈 서사에 의해 주어지며 꿈에서 자아의 의도는

---

2 라캉은 『세미나23』, III장 75년 12월 16일 강의에서 해당 인용문과 관련해 **"RSI 다이어그램의 세 가지 중심적 장"**(Lacan, 2016, p. 43)으로 다음의 그림을 제시한다.

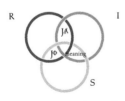

The three central fields of the RSI diagram

Lacan, J(2005), ed. J.-A. Miller, *The Seminar of Jacques Lacan, Book XXIII: The Sinthome, 1975-1976*. trans. A. R. Price, MA: Polity Press, 2016, p. 43.

종종 대타자와 내부 및 외부 현실이 꿈에서 표현되는 방식과 상충된다. 주체와 의미작용은 꿈에서 자아$_{i[a]}$와 그 이중$_{i[a]}$의 표상에 대한 대타자로서 꿈 자체의 목적을 반영한다. 대타자는 꿈의 무의미한 요소에 나타난다.

소위 자아의 정상적인 편집증적 구조에서 자아는 외부 세계와 대타자의 강요에 대해 '정상적인 불신'을 갖고 사회적 상대와 선망의 경쟁을 벌인다. 자아가 이상적 자아와 자아 이상이 자신의 자율적 기관을 대표한다고 생각하는 것과 같은 정도로, 자아는 의심과 편집증에 빠지기 쉽다. 주체가 이기적인 구조(거울 뒤의 대타자) 또는 상상계의 상징적 구조에서 대타자를 인식하는 한, 이것은 주체로 하여금 편집증에 대한 예방접종을 할 것이다.

발달 과정에서 주체의 핵심적 정체성은 대타자에 의해 정의된다. 편집증적 주체의 핵심은 정신증이 아니라, "나는 다수를 포함한다", "나는 대타자이다", "주체는 집합체이다"(각각 시인 휘트먼, 랭보 그리고 라캉)라는 명제이다. 이 핵심적 동일시를 정상으로 만드는 것은 주체가 의식적이든 무의식적이든 자기 자신을 위해 대타자를 오인하고, 전유하고, 취하는 것이다.

처음에 어머니와 아이는 거울을 이용하여 아이에 대한 어머니의 욕망을 거울에 비친 아이의 거울 이미지와 연결시켜 대타자가 나$_i$가 되도록 한다. 아이의 신체 이미지는 어머니와 이미지에 주어진 이름으로 구성된다. 대타자로서의 어머니와 거울이 이상적 자아 또는 신체의 시각적 표상을 구성하는 점은 주체에게 실존적인 모호함으로 남아 있다. 나는 나인가, 아니면 대타자인가? 나는 누구인가? 내가 다른 사람이라면 어떻게 내가 될 수 있는가? 반면에 신체 이미지가 형성되거나 통합되지 않고 어머니의 욕망에 대한 보호와 이름의 기능이 없다면, 그것이 바로 세계가 정상적이지 않고 병리적으로 박해되는 조건이다.

주체는 거울 이미지에 구멍이나 결여가 내재되어 있고 이상적 자아가 어머니의 전부 혹은 전부가 아니라는 사실을 깨닫고 나면, 어머니의 욕망이 대타자에게로 향하기 때문에, 이상적 자아에서 상실된 것을 상징화하고 분명히 하기 위해 대타자 아버지(f)Other로 향하게 될 것이다. 이것은 자아 이상의 형성과 성적 차이로 이어진다. 대타자와 남근적 기표는 결여와 사회적 대타자가 현재 주체에게 요구하는 것을 상징화하는 데 도움이 될 것이다. 사랑받기 위해서는 더 이상 어머니의 환상의 대상으로 충분하지 않다. 이제 주체는 아이가 어머니를 위한 환상의 대상이 되는 것을 금지하거나 거세하는 법의 형식에 종속되어야 한다. 이러한 형태의 원억압하에서 문화와 의미작용의 법이 확립될 것이다. 이것이 자아 이상과 초자아에게 박해적인 특성을 부여하는 것이다.[3]

라캉에게 있어 히스테리적이거나 강박적인 사람들은 둘 다 대타자에게 '예속'되지만 방식은 다르다. 히스테리는 대타자의 결여나 약점을 찾아 복종에 저항한다. 강박증은 주인 자신의 기준에 반영된 법에 따라 대타자를 거역한다. 두 경우 모두 주체는 보복을 두려워하거나 대타자에 대한 결여를 두려워할 수 있다. 히스테리는 결

---

3 "문명 속의 불만"(Freud, 1930).

여를 대타자에게 투사하는 반면, 강박증은 존재의 결여(욕망)가 대타자의 욕망에 의해 대체되기 때문에 욕망을 가질 수 없다. 결여와 관련하여 강박증은 주체가 환상 속에서 대타자에게서 빼앗은 대상을 대타자가 주체로부터 빼앗을까 봐 두려워한다. 어머니가 강박증자를 좌절시키기보다는 애지중지했을 수도 있다는 것은 주체가 대타자로부터 대상 어머니를 빼앗은 것으로 해석된다.

상상적 사랑에서 상상적 대타자는 상상적 대상 *a*로서 이미지에 결여 없는 주체 자신의 이상적 자아를 나타낸다. 상상적 타자가 결여 없는 이상이 되면 즉시 결여는 주체의 측면에 놓이게 되고, 따라서 경미한 형태의 편집증과 불안은 아니더라도 양가성을 유발한다. 마지막으로, 신경증에서 주체는 아버지의 이름의 도입과 상징적 거세의 기능에 예속된다. 상징적 거세의 남근적 기능의 결과로서 대타자의 말은 상상적 거세나 강요의 한 형태로 경험된다.

타자의 이미지(대상)는 라캉(1957-1958)이 말했듯이 성적이든 전투적이든 무nothing로 환원되는 과정에 있는 긴장을 발생시킨다. 타자의 이미지i[a']는 충동을 작동시키고 충동이 외부에 있는 것처럼 보이게 한다. 대타자의 이미지는 충동의 주체가 긴장에서 팽창으로 넘어가도록 돕는다. 사진술 분야에서 시각적 긴장은 응시the gaze를 활성화시키는 '역동적' 요소를 창조하는 구성 기법이다. 시야의 동적 요소, 그 가장자리, 영역, 질감은 충동을 활성화(긴장)하고 충족(팽창)하며 또한 대상을 주체에 대해 일정 거리에 배치하는 긴장근이다. 시지각에서 충동의 내부 긴장을 유발하는 것은 지각의 외부 대상이다.

라캉학파 이론에서 정상적 (자아) 편집증은 젖가슴이나 대상 a 에 대한 초기의 양가성이 아닌, 거울 단계에서 시작된다. 클라인의 편집-분열적 위치(Klein, 1935)의 논리적 근거를 구성하는 후자는 좋은 젖가슴과 나쁜 젖가슴에 대한 양가적 관계가 거울 이미지(6-18개월)에 통합될 때 중단된다. 좋은 부분과 나쁜 부분, 신체의 전체 이미지가 거울 이미지에 통합된다. 이제 전체적인 신체 이미지는 주체에 대한 어머니의 사랑을 야기한 대상 a의 대리자로서 주체를 유지하거나 지지할 수 있고, 신체 이미지는 주체가 만들지 않는 세계에 대한 근본적인 불신의 새로운 기반이 될 수 있다. 주체는 또한 주체의 이상적 자아(신체 이미지)가 대타자에 대해 표상하는 것과 대타자가 주체에게 원하는 것을 불신할 수 있다.

편집증과 편집적 망상은 조현병에서 발견되는 분열된 인지 연결을 복원하려는 시도로 간주될 수도 있지만, 이러한 점에서 "정상적인" 편집증은 크레펠린에게서 조현병과 편집증이 두 가지 다른 조건이었던 것과 같은 방식으로 소위 분열성 성격과 다르다. 히스테리가 의식의 분열*spaltung*(독일어로 '첨예한 분열')을 나타내는 것과 같은 방식으로 그리스어 분열*Schizo*은 병리학을 나타내는 것과는 거리가 멀고, 모든 인간이 고통을 받는 정상적인 인류학적 및 실존적 조건을 현시한다.

두 용어*schizo/spaltung* 사이의 명백한 유사성은 이론적 혼란을 반영하는가 아니면 더 근본적인 진리를 숨기는가? 정신적 현실은 정신증적 정신이 분열되고 신경증적 정신이 자아에 의해 통합되는 그런 것이 아니다. 둘 다 분열되지만 신경증적 분열은 구조적이거나 불가피한 반면, 정신증적 분열은 언어적 환경NoF에 의해 예방되거나 적어도 침묵될 수 있다. 신경증의 분열된 주체는 억압된 것에 접근할 수 없기 때문에 정신은 그에 상응하여 빈곤해진다.

두 가지 분열Spaltung and schism
: 신경증적 투사, 정신증적 투사적 동일시, 폐제

편집증이 제시한 예에서 신경증적 투사와 정신증적 투사의 구별은 이 절과 장의 목적을 위해 고려할 가치가 있다. 신경증적 투사는 억압이 달성되거나 강화되는 형성이다. 신경증적 투사는 주체 내의 분열과 억압된 자기의 다른 부분으로의 추방을 전제로 한다(주체는 사기꾼이지만 타자가 사기꾼이라고 비난한다). 이러한 형태의 투사는 일차 및 이차 억압의 사전 확립을 필요로 한다. 억압, 심리적 또는 정신적 구조, 인격 또는 성격 구조는 정상적으로 분열된 주체를 전제로 한다.

그러나 어떻게 그 투사가 정신증적 편집증에서 작동하는 원시적 기원의 방어인가? 원억압(일차적 억압)이 실패한 정신증에서 투사는 어떻게 작동하는가?

편집증에서 증상 형성의 가장 두드러진 특징은 투사라는 이름에 합당한 과정이다. 내부 지각은 억제되고, 대신에 그 내용은 어느 정도 왜곡된 후 외부 지각의 형태로 의식 속으로 들어온다(Freud,

1911, p. 169).

세계의 종말은 이 내부 재앙의 투사이다(idem, p. 173).

내부적으로 억제된 지각이 외부로 투사되었다고 우리가 말하는 것은 옳지 않다. 진실은, 우리가 지금 보는 바와 같이, 내부적으로 폐지된 것이 외부로부터 돌아온다는 것이다(idem, p. 175).

분명히 프로이트는 마지막 인용문에서 정신증적 메커니즘을 언급하고 있다. 첫 번째 인용문은 신경증의 한 형태로 공포증의 경우 투사의 사용을 언급한다. 공포증에서 내부 대상은 억압된 상태로 유지되거나 두려움을 외부 세계의 대상에 투사함으로써 억압에서 돌아오는 것을 방지한다. 방어 과정의 두 번째 단계에서 주체는 현재 공포증적 대상으로 대표되는 위험을 회피하고 도피한다. 신경증적 투사의 "정상적" 형태의 또 다른 예는 주체가 자신의 억압된 욕망에 대해 대타자에게 투사하거나 대타자를 비난하는 경우, 또는 주체에 대해 아버지와 초자아가 동일시한 것과 동일한 비난으로 대타자를 비난하는 경우이다.

프로이트에서 발견된 신경증과 정신증의 투사에 대한 이해의 이러한 차이에서 두 가지 다른 모델이 나타난다. 첫 번째, 멜라니 클라인(Melanie Klein, 1935)은 모든 정상 발달의 기원에 정신증적 투사 메커니즘을 위치시킨다. 클라인학파 모델에서, 인간은 젖가슴과의 관계에서 불쾌하고 만족스러운 경험을 분리하는 원시적 방어 수단으로 분열성 분할을 가정하기 때문에 편집-분열적 위치를 경험한다. 분노와 좌절의 경험은 나쁜 젖가슴과 연결되어 있고, 만족감은 좋은 젖가슴과 연결되어 있다. 그녀는 아이가 나쁜 젖가슴을 비우고 어머니에게 그것을 투사하여 재내사되면 주체에게 훨씬 더 치명적이라고 이론화한다.

투사와 내사는 유아가 편집-분열적 위치에서 아직 갖지 못한 내부와 외부의 구별을 필요로 한다는 사실을 차치하고, 클라인(1935)의 이론은 우울적 위치에서 좋은 젖가슴과 나쁜 젖가슴의 통합으로 원시적 분열이 극복될 것이라고 예측한다. 우울적 위치는 주체와 대상 내의 통합 및 전체성을 전제로 한다. 이러한 가정으로 클라인학파 모델에서 정신의 분열은 신경증이 아니라 정신증에 기인한다. 정상적 자아는 분할되기보다는 통합되거나 전체가 될 것이다. 프로이트의 이론은 원억압이 정상적 정신의 구조와 분할을 확립한다고 전제하기 때문에 분열이나 분할이 어떻게 정신증만의 특징인지는 불분명하다.

프로이트 이론에 따르면, 편집-분열적 위치와 같은 정신증적 구조 또는 발달 단계는 원억압의 실패 또는 지연, 그리고 원억압 대신 폐제의 설치를 나타내야 하지만, 클라인 모델은 프로이트 이론 없이는 이것을 이론화할 방법이 없다.

원억압이 실패하고 그 자리에 폐제가 설치되면 주체가 편집-분열적 위치를 극복하고 보다 발전된 형태의 발달로 이동할 수 있는 방법이 없다. 발달 중 정신증 상태를 극복하려면 언어의 원억압이 필요하다. 정신병을 치료하려면 원억압(가능하지 않음)과 폐제 대신에 다른 것(생톰)이 설치되어야 한다.

이것은 라캉이 아버지와 이름의 아버지를 위한 새로운 이름 또는 생톰the sinthome이라고 부르는 것이다. 폐제되고 상징적 질서 외부에 주체를 남겨 둔 원래 아버지의 이름 대신 새 이름이 설치되어야 한다. 이 새로운 이름은 라캉이 제4의 위상학적 매듭이라는 관점에서 생각한 다른 차원에서 나온다.

정신증에 대한 셋의 매듭에서 상징계와 현실 사이의 연결은 관습적으로 남아 있는 반면, 이미지는 원래의 폐제된 기표와 연결되지 않은 채로 남아 있다. 생톰을 사용하면 이미지들과 기표들이 서로 다시 연결되고, 트라우마적으로 고립된 실재 기표들은 폐제된 원래 아버지의 이름 대신 작동하는 생톰 덕분에 S_2 또는 기존의 기표들에 연결될 수 있다.

정신증으로 이어지는 셋의 매듭에서 파국은 상상계가 상징계에 묶이지 않는 장소와 시간에서 발생한다. 이 교차점이 실패하면 상상계가 느슨해지고 더 이상 매듭의 나머지 부분에 연결되지 않는다. 정신증은 느슨한 연상과 상징적 의미작용이 결여된 경직되거나 자동화된 관습적이고 구체적인 말 사이를 번갈아 나타낸다. 생톰은 아버지의 결핍을 보상하고 상상계를 상징계에 묶는 것이다. 생톰은 상징계가 상상계를 제3의 매듭에 묶는 위치에서 오류를 보완하는 것이다. 신경증에서 아버지의 이름은 상상계를 오이디푸스 매듭에 연결하는 것이다. 아버지의 이름은 기표 아래의 *a-a'*(젖먹이와 어머니의 젖가슴)와 기의 위의 기표 사이의 상상적 관계를 포괄하는 것이다. 이것이 실패하면 *a-a'*는 느슨한 상태로 남아 있으며 이를 정의하는 기표와 연결되지 않는다.

생톰의 개입은 오류가 발생한 동일한 지점에서 발생할 때 차이를 만든다. 매듭에서 미끄러짐이 발생한 동일한 위치에 생톰이 설치되면 셋의 매듭의 원시 구조가 유지된다. 그러나 라캉은 왜 네 번째 고리가 전체 매듭의 일관성과 관련된 두 번째 실재에서 나온다고 말하는가? 생톰 또는 아버지의 이름은 상징계 또는 상상계보다는 실재로부터 나온다. 왜냐하면 제3으로서의 실재는 자기 동일성(비어 있고 절대적 차이로서 구별이 없음)인 반면, 상상계와 상징계는 서로 없이는 존재할 수 없으며 그들 자신과 동일하지 않다(나는 대타자이다). 실재는 두 배가 되었고, 이 두 번째 실재는 이제 제4의 보로메오 매듭을 함께 연결하는 생톰이다. 상상계와 실재의 자기 동일성은 동일하지 않다. 실재의 자기 동일성은 항상 동일한 절대적 차이이다. 상상계의 자기 동일성은 나르시시즘적 구조의 투사와 복제이다.

생톰은 정신증의 경우 금지되었던 원시적 또는 전통적 아버지의 이름 대신 기능할 주체에 대한 새로운 은유이다. 정신병 치료에서 이것은 주체에 대한 은유를 찾는 것이 아니라, 특정 주체에 대해 상징적 거세를 견딜 수 있도록 만드는 은유를 의미한다. 생톰은 사회적 법과 언어의 상징적 질서 내에서 일정 수준의 기능을 회복할 수 있다. 그러한 기표는 지명 과정에서 상징화되어 생톰이 되는 주체의 증상들 속에서 찾을 수 있다.

이전 인용문에서 볼 수 있듯이, 프로이트 이론에서 투사의 원시적 형태는 그가 정의한 두 번째 정의와 본질적으로 일치하는 라캉의 **폐제** 개념에 따라 가장 잘 정의된다. 그것을 투사 또는 거부 대신 폐제라고 부르는 것의 이점은 억압이 신경증 내에서 작동할 수 있는 방식 중 하나에 대해 '투사'라는 용어를 유보할 뿐만 아니라, 폐제가 급진적인 성격을 강조하는 것이다.

정신증의 분열schism과 신경증의 분열spaltung의 차이는 내부와 외부 사이의 분열로 해석된다. 정신증적 주체는 원억압과 아버지의 기능의 개입을 거부함으로써 정상적이고 신경증적으로 분할되지 않는다. 그 대신 내부 세계와 외부의 사회적 상징 세계 사이에 더 광범위하고 강렬한 갈등이 발생한다. 거울 이미지와 이상적 자아의 매개를 통해 상징적 욕망의 수준에 이르지 못한 충동의 내부 세계는 상징화되지 못하고 매개되지 않은 성적 충동과 공격적 충동의 혼돈으로 주체성을 위협한다.

차례로, 대타자는 주체를 멸절시키겠다고 위협하는 것으로 인식된다. 정신증적 주체는 아이가 어머니를 위해 대표하는 상상적 대상(그러므로 상상적 일자)이 주관하는 어머니와의 융합으로 인해 역설적으로 분리되지 않은 채로 남아 있다. 정신증자는 신경증적 분열에 저항하지만 보다 근본적인 형태의 붕괴에 빠진다.

라캉에 따르면 원억압이 확립되기를 막는 것은 아버지의 이름NoF의 폐제(상징적 질서의 배척)이다. 폐제로 알려진 방어에서 원억압의 근원인 아버지의 이름은 단순히 억압되지 않는다(Moncayo, 2017, p. 2).

아버지의 상징적 거세 개입이 일어나지 않고 어머니와의 융합 Jouissance of the Other이 상실되지 않으면 아버지의 이름과 원억압이 성립되지 않는다. 대신 거세의 기능은 주체를 파괴하겠다고 위협하는 환각이나 망상의 형태로 회귀한다. 일반적으로 주체를 분할하는 아버지의 이름을 설치하는 대신, 아버지의 이름을 폐제하고 주체 내부가 아닌 외부 세계에서 회귀한다. 내면화되는 대신에, 그리고 투사와 폐제 후에 아버지의 이름은 위협적인 외부 지각(세계의 종말)의 형태로 의식에 들어간다. 이 경우 투사는 원억압이 아닌 폐제가 발생하는 방식이다. 이와 대조적으로 고유한 투사는 원억압이 발생한 후에만 발생할 수 있다.

프로이트(1930)는 정신증을 "반항의 필사적인 시도"(p. 31)라고 부른다. 그러나 라캉에 따르면 외부에서 돌아오는 것은 나쁜 젖가슴이 아니라 주체의 정체성을 파괴하기 위해 박해의 형태로 회귀하는 폐제된 아버지의 이름이다. 클라인의 편집-분열적 위치나 애도의 부재 이상으로 아버지의 이름의 폐제는 정신증 주체에게 구체적인 말words을 남기지만 그것을 상징화할 수 있는 능력은 없다.

젖가슴의 상실은 이유離乳와 젖가슴, 괄약근 조절과 대변, 성적 차이와 남근과 같은 발달의 다양한 국면/단계에서 주체로부터 상상적 남근/대상 a를 빼는 남근적 기능에서 작동하는 더 큰 상징적, 문화적, 수학적 조작의 한 측면이다. 우울증보다는 슬픔이 이러한 모든 상실에 대해 상응하는 "정상적인" 영향이다. 슬픔은 상실의 대상 원인을 억압하고, 대상에 대한 증오가 사랑을 압도할 때만 우울증이 된다. 기표는 우선적으로 결여 또는 부재의 기표이며, 이 원칙은 이론에서 개인 발달 중 경험적 또는 삶에서 젖가슴의 상실보다 더 중요한데, 후자는 구조가 경험되는 방식이다. 기표와 그 법칙(은유와 환유, 압축과 전치)은 주체가 상실에 의해 유발된 공격성을 인간화하는 데 도움이 된다.

자기와 대상, 주체와 타자가 이미지로 압축되거나 융합될 때, 프로이트에 따르면 이러한 상태는 그가 일차 과정the primary process이라고 부르는 것과 일치한다. 프로이트에게 압축은 꿈의 예에서 볼 수 있듯이, 무의식Ucs에서 특권적인 표현 방식과 의미인 이미지에서 주로 발생한다. 전의식Pcs 또는 서술적인 의미의 무의식Ucs-Pcs에는 제한된 전치와 압축이 있다. 이 경우 기표를 성공적으로 회피할 수 없다. 환유에서 기표들 사이에는 연상적 연결이 남고, 압축은 결코 완전하지 않다. 즉, 주체와 기표에 반대하는 혹은 대타자의 흔적이 남아 있다.

정신증에서는 은유보다 환상이 지각을 대신하거나 내부 세계가 상징적으로 조직된 외부 세계를 대체했기 때문에, 폐제 및 정신증적 투사는 이미지 및 환상과 함께 작동한다. 내부와 외부, 자기와 대상, 현실과 환상이 융합된다. 프로이트(1900)에게 환상과 꿈에서 시각적 표상은 욕망의 기표에 대한 방어 역할을 한다는 점에 주목하는 것이 중요하다. 라캉이 말했듯이, 환상은 욕망을 지지하는 동시에 상징적 거세를 방어한다.

꿈이 형성되는 과정에서 이러한 본질적인 요소들은 있는 그대로의 지대한 관심을 가지고, 마치 그것들이 작은 가치인 것처럼 취급될 수 있다. 꿈에서 그것들의 자리는 다른 요소들에 의해 차지될 수 있는데, 꿈-사고에서 그것들의 작은 가치는 의문의 여지가 없다(Freud, 1900, p. 341).

덧붙여서, 역전reversal 또는 사물을 반대로 바꾸는 것은 꿈-작업에서 가장 선호되는 재현 수단 중 하나이며, 가장 다양한 방향으로 사용할 수 있는 것이다. … 다시 말하지만, 역전은 검열에 도움이 되는 특별한 방법이다(idem, p. 362).

하나의 요소의 강도는 다른 요소의 강도와 관련이 없다. 사실은 꿈-사고의 재료와 꿈 사이에서 완전한 '모든 순환적 가치의 전환'(니체의 표현에서)이 일어난다는 것이다. 꿈-사고에서 지배적인 위치를 차지하는 것의 직접적인 파생물은 종종 더 강력한 이미지에 의해 상당히 가려진 꿈의 일시적 요소에서만 정확하게 발견될 수 있다(idem, p. 365).

검열은 두 가지 메커니즘을 통해 꿈-사고를 은폐함으로써 발생한다. 생각이나 기표를 이미지로 변환한 다음 그 가치를 역전시킨다. 꿈-사고에서 중요했던 것이 꿈-이미지에서는 무의미해지고, 꿈-이미지에서 중요했던 것은 꿈-사고 수준에서는 무의미해진다.

이미지는 일반적으로 사물을 이해하는 방식과 달리 억압되기 전에 억압적이다. 이미지의 투사와 과정은 일반적으로 언어와 상징계의 법을 벗어나는 원시적이거나 고대의 표상 형태로 이해된다.

대신 꿈과 환상의 시각적 재현은 의미화 요소의 충동-규제 및 검열을 목적으로 하는 이미지를 채택하는 것으로 구성된다. 예를 들어, 피카소의 그림 〈게르니카Guernica〉는 현대 세계를 위한 이 기능을 가지고 있다. 이미지 속 폭력으로 재현되는 불안이 그것의 비난에 선행하는가, 아니면 이미지가 폭력에 관한 원칙 위반을 재현하는가? 두 경우 모두 〈게르니카〉는 이미지 내에서 반대되는 것을 식별함으로써 대량 학살과 집단 학살에 대한 정지 신호 역할을 한다. 충격적인 이미지 속에 드러난 긍정의 결단은 그 자체로 검열이다.

물론 현실의 사회적 구성에서 그러한 시각적 지각은 꿈과 다르게 기능한다. 왜냐하면 그것이 마음의 어두운 뒷동굴이 아니라 최전방에서 일어나기 때문이다. 하지만 앞뒤가 뫼비우스의 띠로 되어 있기 때문에 앞에서 받은 것은 뒤끝에서 해석되고, 뒤끝에서 언어적 코드인 것은 앞끝에서 이미지로 변형된다. 꿈에서 앞(지각)과 뒤(표상)는 마음/뇌의 뒷부분에서 일어난다. 시각적 지각의 이미지는 (컴퓨터 이미지 뒤에 있는 알고리즘과 같은) 언어적 기표들의 객관적인 구현인 반면, 꿈과 환상의 이미지는 바로 동일한 기표에 대해 방어하고 구호를 찾는다.

환상과 꿈에서 일어나는 상징적 과정은 환상과 현실의 타자가 서로 안에 있기 때문에 투사와 내사에 가깝다. 모순된 주체와 욕망의 기표 사이의 상징적이고 불연속적인 거리는 모순적인 요소를 담고 있는 이미지를 재현함으로써 해소된다. 예를 들어, 한 성인 피분석자가 자신이 가정집에서 가족 모임에 참석하는 꿈을 꾸었다. 그가 욕실에 갔을 때 미라의 시체가 아름다운 여인으로 변해 있는 것을 발견했다.

연상에서, 시체는 아름다운 여자를 소유하는 데 방해가 된 죽은 아버지(그가 환상에서 죽이고 생전에 죽은 아버지)를 나타낸다. 오이디푸스 구조에서 남자에게는 아버지가 있고, 아버지에게서 어머니를 빼앗거나, 아들이 아버지보다 어머니에게 더 나은 파트너라는 데 동의하는 어머니를 소유한다. 이 경우, 그는 그 과정에서 아버지의 기능을 잃는다. 꿈에서 아버지와 아름다운 어머니/여자 사이의 기능은 상반된 요소를 투사하여 동일한 이미지 안에 둠으로써 재현된다.

주체가 아름다운 여자를 내사하고 이제 아름다운 여자를 갖게 된다면, 이 만족은 (아버지를 '미라'로 재현함으로써) 아버지에 대한 적대감을 억제하고 아버지의 법과 관련된 기표들을 억압할 것이다. 그러나 이것은 또한 그가 환상의 여자를 가졌다면, 죄책감과 검열이 주체의 더 나은 부분을 차지하여, 그 자신이 (내사를 통해) 그의 아버지처럼 죽은 남자가 될 것이라는 환상으로 이어질 수도 있다. 금지된 여자는 죽음과 같은 것이 된다.

내사와 투사를 말하기 위해서는 내부와 외부의 사전 구분이 필요하다. 내사와 투사는 상징적으로 구조화되어 있다. 이런 의미에서 방어의 형성은 원억압의 사전 존재와 핵심의 상징적 기표로서 아버지의 이름의 설치를 전제로 한다. 억압과 그에 따른 상징화를 통해 정신적 구조가 확립되면 자기와 대상, 주체와 타자, 또는 그 문제에 대한 모든 쌍이 아마도 하나의 꿈 이미지에 포함될 수 있다.

이것은 상징적으로 구조화된 깨어 있는 일상적 지각과 관련된 통합된 시각적 이미지와 다르다. 여기에서 통합은 사물의 다양한 시각적 표상과 자아($i[a]$ 또는 주체상호적 타자들)를 상징적 환경망에 연결하는 의미화 요소에 의해 통합됨을 의미한다. 그러나 그 이전에는, 거울 속에 통합된 신체 이미지(이상적 자아 또는 거울 이미지)에 대한 지각에서 주체는 이전에는 조응되지 않는 일련의 신체 움직임으로만 존재했던 통합된 신체 이미지를 지각한다. 신체 이미지를 통일하는 것은 이미지 이면의 어머니의 욕망과 아버지의 이름과 연상된 이미지의 명명이다.

이제 주체는 다른 분신 또는 $i(a', a_1', a_2' \cdots)$와 관련되는 수학소($i[a]$) 또는 대타자에 의해 명명되고 사랑받는 이상적 자아를 갖는다. 'a'의 숫자는 이전의 $a-a'$, 그 다음 $i(a)-i(a')$ 관계를 기표들의 배열과 상징적 질서의 순서로 포착한 것을 나타낸다. 그러나 신체 이미지 내부의 a, 즉 이상적 자아는 상실된 것이기 때문에 자아는 이 간극을 메우기 위해 타아(분신)를 찾게 되고, 결국 a도 대타자에게서 떨어져 나간 것을 발견하게 된다. 이전 책에서 우리는 상징적 거세 공식을 제안한 바 있다.

수학적으로 Phi – phi $(1,618 – 0,618) = 1$. 이것은 거세의 남근적 기능에 대한 공식으로 볼 수 있다. Phi – phi = "상징적 남근"에서 "상상적 남근"을 뺀 값 ⋯ –phi 또는 상상적 남근의 결여는 존재의 결여를 발생시킨다. 주체가 끊임없이 대상 a들로 채우려 하는 전체 안의 구멍. –phi는 기의가 없는 기표(남근적 기능)이기 때문에 작동하지 않는다. 그것은 주체의 결여의 지점을 표상하는 간극을 만드는 상징적 거세이다(Moncayo and Romanowicz, 2015, p. 130).

Phi - phi = 1은 상징적 거세의 공식으로, Phi의 도움으로 결여(-phi)를 받아들여야만 주체가 허수 또는 i(라캉식 의미가 아닌 수학적 의미에서 허수)로 1에 도달할 수 있다. 그렇지 않으면 주체는 현실과 실수의 축(수학적 의미와 외부 현실의 의미에서의 실재)에서 환상의 대상을 계속 찾아 헤맨다.

Phi - phi 공식에 따르면, 상징적 거세의 공식으로, Phi는 a(phi)를 빼고 모든 $i(a)$ 및 $i(a'1, 2, 3, 4)$를 다음과 같이 사용할 수 있는1로 바꾼다. 실수 또는 허수이다. Phi는 phi가 일련의 실수 또는 일련의 허수 1로 변경되는 양 또는 힘이다. 이러한 의미에서 거세의 공식은 이미지에 대한 로그logarithm로도 적합하다.

Phi에서 phi가 빠지면 Phi는 실수 1 또는 허수 1이 된다. 둘 중 1에 상실된 대상 a가 있다. 실재 전신 이미지에서 a 혹은 $-a$가 상실된 상태에서 주체는 이미지 수준에서 타아 및 대상 a의 구멍을 채우려는 무익한 운동을 시작한다. 다른 전체 이미지나 숫자 대신에 상징화되고 숫자로 구체화되어야 하는 것은 이미지의 구멍에 나타나는 허수인 1이다. 그렇지 않으면 주장된 전체 대상과 타아 또는 주체 상호적 타자들은 정수에서 다음 노래와 같이 된다. 다양한 반복에서 주체의 부분 대상 a로서 "내 인생의 작은 모니카, 글로리아, 베로니카".

라캉에 따르면, 신체 이미지에는 어머니의 욕망도 (아이가 전부가 아니면서 어머니의 전부가 되는) 대타자에게로 향하고 있음을 나타내는 이상적 자아의 부재나 결여를 가리키는 여백이나 구멍이 있다. 이미지의 구멍은 주체가 이상적 자아 또는 타아의 이미지에 고착하는 것에서 벗어나 이상적 자아를 자아 이상으로 변형시키는 큰 타자the big Other를 향한 방향 전환을 나타낸다.

우리는 시각적 대상들을 하나로 모아 이전의 객관적 유사성을 드러내는 것이 아니라, 언어와 문화적 상징적 세계가 존재하기 때문에 시각적 대상들 사이의 차이와 유사성을 기표의 수준에서 구별한다. "담론의 대타자(대문자 O)가 상상적 쌍(소문자 o)과 함께 타자와의 관계에서 주체가 달성하는 거리에 무관하게 부재할 수 있다고 생각하는 것은 실수이다"(Lacan, 2006, p. 568).

정신증자에게 우리는 투사적 동일시라는 언어를 사용해야 할 수 있지만, 대상관계학파에서 점점 더 많이 사용하는 경향이 있기 때문에 신경증에 대해서는 사용하지 않는다. 결국 클라인의 모델은 프로이트 이론의 확장이라기보다는 대체가 된다. 또한 정신병 치료에서 인지 방식으로서 투사적 동일시를 사용하는 위험은 이미 상징적 질서에서 상당히 분리된 정신병 주체에게서 상상적 등록을 더 느슨하게 할 수 있는 것이다. 분석가는 정신병자의 느슨한 상상계를 포함할 수 있지만, 분석가에게 투사된 자료를 분석가가 담아낼 수 없는 경우, 상상계는 더 분리될 수 있다. 라캉이 설명한 것처럼 상상계와 상징계와 실재에 다시 연결할 네 번째 고리를 구성하면 더 나은 결과를 얻을 수 있다. 네 번째 고리는 분석가 자신의 주체성 안에 있는 은유나 경험의 요소가 아니라, 정신병의 경험 안에 있는 의미화 자료들로 만들어진다.

나는 윌프레드 비온Wilfred Bion과 다른 학자들이 정신병 치료에 투사적 동일시를 성공적으로 사용했다는 것을 알고 있다. 이 방향에 따르면, 분석가가 투사적 동일시를 통한 환자의 의사소통 방식을 용납하지 않으면 치료를 진행할 수 없다. 그러한 경우 분석가는 의사소통을 위해 말을 사용하지 않는 것을 참을 수 없으며, 좌절이나 분노의 조건에서 분석가의 말은 정신병 주체에게 의사소통의 투사 방법에 대한 절단의 공격으로 경험된다. 분석가는 이 난국을 어떻게 극복할 수 있는가? 정신병자는 근본적으로 폐제된 상징계 또는 아버지의 이름을 용인할 수 없기 때문에 대상관계이론은 분석가가 투사적 동일시를 사용하도록 권장할 것이다. 이것이 아버지의 이름의 폐제 이후에 발생하는 병리학적 형성으로 이해되더라도 말이다.

정신병에서 단어들은 기표들이나 은유들이 아닌 대상들로 구체적으로 사용되며 종종 주체나 대상 없이 행동을 설명하는 데 사용된다. 예를 들어, 정신병 주체는 "팔과 다리"와 같은 무의미한 단어를 반복해서 말할 수 있다. 언어의 이러한 측면이 방어되기 때문에 분석가가 주어, 목적어, 문장의 내용을 제공하는 것은 실수이다. 아버지의 이름의 폐제를 갱신함으로써 대타자의 언어적 개입으로부터 방어하려는 환자의 시도는 정신병적 보상 작용의 상실을 초래할 수 있다. 문장의 구문이나 주어, 목적어, 동사를 도입하면 "팔과 다리"와 같은 문장이 "타자가 내 팔과 다리를 잘랐다"라는 의미로 이어질 수 있다. 새로운 문장은 그동안 폐제되었던 상징적 거세에 대한 구체적이고 상징화되지 않은 이미지를 드러낸다.

분석가는 주체에 대한 조직적인 은유를 생성할 수 있지만 S_2에 연결하지 않는 순수 기표 또는 S_1을 사용할 수 있다. 부성 은유 또는 아버지의 이름(S_2/S_1)의 공식에서 S_2가 행위자이고, 주인 담론에서는 S_1이 행위자이다. 주인의 경우 S_1은 이데올로기나 망상의 기표이고($S_1 \rightarrow S_2$), 부성 은유에서는 S_2 또는 아버지의 이름의 행위자이다. 정신병 치료에서 S_1은 위압적인 이데올로기 없이, 그리고 노골적으로 아버지나 법의 기표가 되지 않고 사용되어야 한다. S_1은 주이상스의 기표로 사용되는데, 주이상스의 기표는 상징계 외부의 무엇인가를 가리키는 것과 같은 방식으로 사용된다.

꿈과 환상에서 결여의 기표는 그것을 재현하고 전치하는 대상들(환유 대상들)로 대체되는 반면, 원래 기표와의 연결은 차단된다. 꿈과 환상에서 중국 표의 문자와 같은 기표들과 부분-현실 대상 표상들은 환상의 내부 시각적 대상에 포함된다. 그러나 상상적 요소의 독립성은 착각이다. 기표나 언어적 요소는 이미지에 투사되고 내사되지만 이미지는 상징적으로 구조화된다. 이 경우 표의 문자와 시각적 표상만을 매개로 사용하는 정신적 과정에서 투사와 내사가 기능한다고 생각하는 것은 실수일 것이다. 이것은 아버지의 이름의 폐제로 인한 정신증의 경우에만 해당된다. 정신증적 언표는 기표가 상징적으로 구조화되어 있지 않다는 사실을 제외하고는 단어들은 대상들이나 사물들로 취급하는 꿈의 이미지와 같다.[4] 정신증적 사

---

4 이는 "단어를 사물과 동일시"(Fink, 1997/2002, pp. 67-68), 또는 상징적 동등시(Hinshelwood, 1994, p. 148)이다.

고에서는 언어 구조의 실패로 인해 논리적 함축이 불가능하다. 언어적이고 논리적인 구조의 실패는 누가, 누구에게, 무엇에 대해 말하고 있는지 모호하게 만드는 언표로부터 발생하는 소음으로 흐려진다.

정신은 내부 시각적 표상의 투사와 내사에 의해 조직된 초기의 전-언어 단계를 위한 정신분석과, 발달의 후기 단계 및 신경증 피분석자를 위한 언어 정신분석으로 분명하게 나눌 수 없다. 이 공식에서 정신증에서의 전이는 투사적 동일시의 개념으로 다루어지고, 신경증에서의 전이는 자기와 타자의 분화 또는 차이를 전제로 하여 억압과 반복의 개념으로 이해된다.

사물은 이런 식으로 작동하지 않는다. 정신은 보로메오 매듭이다. 정신병에서 **지각**과 투사로서의 환상은 아버지의 이름의 폐제 기능으로 이해된다. 아버지의 이름에 대한 방어와 언어의 부과가 투사되고 내사된 이미지를 통한 이전의 전-언어적 교섭 및 커뮤니케이션보다 늦게 발생하는 경우는 아니다. 후자는 이미 원억압과 아버지의 이름의 설치를 전제로 한다.

시각적 대상 표상은 이미 상징적으로 구조화되어 있기 때문에 대상 세계와의 단편적인 의사소통의 초기 형태가 아니다. 정신증에서 일어나는 일은 아버지의 이름의 폐제로 인해 상징적으로 구조화된 상상계가 발생하지 않는 것이다. 상징적으로 구조화되지 않은 정상적인 상상이 없다.

상징적 구조는 이미지를 통한 의사소통의 기간이 지난 후에 발생하는 것이 아니다. 정상적 신경증에서 상상계와 상징계는 처음부터 본질적으로 연결되어 있기 때문에, 투사적 동일시는 언어적 의사소통의 기초를 제공하는 정상적인 원시 형태의 의사소통이 아니다. 신경증 주체는 의사소통을 위한 매체로서 투사적 동일시로 시작하여 나중에 원억압과 언어 및 아버지의 이름의 사용으로 졸업한다. 후자는 먼저 발생하며, 폐제에서와 같이 실패하면 투사적 동일시가 대체 의사소통 방식이 될 수 있다.

언어의 정신증적 사용은 고유한 언어 이전에 상상적 언어의 출현을 제공하지만, 이것은 언어 질서의 핵심적 기표 조직자의 폐제에 의해 생성된 착각이다. 정신증에서 이미지와 투사적 동일시를 통한 파편적인 의사소통은 아버지의 이름의 폐제로 인해 발생한다. 재앙이 발생하고 정상적인 발달에서 상징적으로 구성되어 있지 않은 주체와 대상의 이미지가 주도하는, 초기 발달 단계에 대한 고착이 생성됐기 때문이 아니다.

투사와 내사는 표의 문자와 시각적 표상만을 매체로 사용하는 정신적 과정 내에서 기능하는 것으로 보인다. 정상적인 신경증에서 투사와 내사는 상징적으로 구조화된 상상 속에서 기능한다. 그러나 정신증에서는 아버지의 이름의 폐제로 인해 상징적 질서가 손상되기 때문에 이미지가 다르게 처리된다. 상징계와 연결되지 않은 상상의 투사 국면을 생성하는 것은 폐제이다. 예를 들어, 상징화가 투사된 상상적 재료에서 오이디푸스의 소망을 식별할 수 있을 만큼 충분히 진행되었을 때, 정신증적 주체는 상징적 자아가 아니라 폐제된 부성 은유에 공격을 집중할 것이다. 끝으로, 폐제가 있는 상태에서 투사적 동일시가 사용될 때 상상적 융합 또는 정상적인 자기-

타자 분화의 붕괴는 혼란과 악의적인 이인화 상태를 초래한다.

정신증적 방어로서의 투사적 동일시는 상징적 구조 없이 순전히 상상 속에서 기능한다. 클라인 모델에서 상징적 구조는 아버지와 상징계의 개입보다는 (투사적 동일시를 통해) 어머니에 의해 정서적으로 확립된다. 예를 들어, 아버지는 아이에게 (악의적인 주이상스를 주지 않으면서) "너는 두려워하지 않고 그 공포 영화를 볼만큼 충분히 나이가 들지 않았다"라고 말할 수 있고, 어머니는 아이가 공포 영화를 볼 수 있도록 허용할 수 있지만, 그런 다음 아이가 들려주는 영화에 대한 이야기를 듣고 그 과정에서 공포 영화가 아이에게 촉발한 '나쁜 내적 대상(들)'을 억제하고 달래게 된다. 어머니는 아이가 공포와 '아니오'와 아버지의 금지 및 이름에 대한 공포를 처리하도록 돕는다. "정상적인" 발달에서 어머니에 의한 투사적 동일시를 성공적으로 사용하는 것은 아버지의 이름과 부성 은유의 설치에 근거한다.

일반적인 환경에서 아버지의 금지('아니오')와 자녀의 두려움을 담아 주는 어머니의 욕망의 조합은 부성적 기능의 좋은 예가 될 것이다. 이것은 어머니의 충분히 좋은 보살핌을 전적으로 아이의 인격 형성에 필수적인 요소로 생각하는 것에 대한 대안이다. 사실 둘 다 필요하지만, 이미 한계로서의 담기는 아버지의 금지('아니오')에 대한 은유이다. 절제에서 아버지의 금지('아니오')는 주체가 자기-조절과 투쟁하지 않아도 되는 방식으로 확고히 자리 잡고 있다. 자제하는 동시에 자제하지 못하는 사람은 자기-통제에 어려움을 겪고, 절제에서 한두 걸음 떨어져 있으며, 대타자의 담기가 필요할 수 있다. 소위 정상 신경증자는 자제력을 조절할 수 있는 반면, 자제하지 못하는 사람들은 자제력과 씨름하고 종종 자제력을 얻기 위해 대타자의 도움이 필요하다. 자제하는 동시에 자제하지 못함은 그들 자신이 통제할 수 없는 열정을 담기 위해 대타자를 필요로 한다.

주체가 환상의 대상에 압도될 때, 특히 사회적 현실이 생성한 이미지로 제시될 때(예컨대 영화 산업), 주체는 주체성의 근본적인 구조를 드러내기보다는 다만 기만적이고 모호한 상상적 꿈이나 공상 속에서 기능하고 있는 것이다. 프로이트 자신은 태곳적 무의식적 이미지와 같은 것이 언어적 재현으로 의식화된다고 말했을 때 이러한 혼란에 부분적인 책임이 있다.

라캉은 언어가 의식이나 전의식Pcs 체계로 환원될 수 없다는 것을 정신분석학에서 분명히 한다. 무의식은 고대의 시각적 전-언어적 사고뿐만 아니라 기표들을 포함하고 있으며, 연구자들이 이 부분을 직시하지 못하는 유일한 이유는 우리가 상상계의 미혹과 착각 속에 있기 때문이다. 기표는 분석적이면서 종합적이며, 시각적 이미지에도 종합적 요소가 없는 것은 아니다. 분석은 이미 종합적 요소의 형식을 구성하는 연결을 필요로 하고, 종합은 서로 관계를 맺는 분리된 의미화 요소들의 종합이다.

히스테리와 정신증

히스테리에서 주체의 기본적인 분할은 충동과 방어, 충동인 방어, 그 반대의 갈등뿐만 아니라 어머니의 욕망과 아버지의 이름 사이의 "분열cleavage"을 반영한다. 아이에 대한 어머니의 욕망은 상상계에서 모두 완성되는 반면, 아버지의 이름에 대한 어머니의 욕망은 대타자 어머니의 결여를 드러내고 모성적 전능함을 아버지에게 이전한다(상상적 아버지가 상징적 아버지로 대체될 때 아버지 안에서 전능함은 제한된다). 히스테리를 분할하는 것은 대타자와 주체의 결여이며, 강박증을 분할하는 것은 대타자의 귀속된 완전성이다. 우리는 일반적으로 히스테리와 신경증에서 어머니의 욕망과 아버지의 이름(부성적/부성 은유), 그리고 거울 이미지가 모두 확립되었음을 관찰한다.

해리 건트립Harry Guntrip(1973)에 따르면, 조현성 성격the schizoid personality은 수줍음이 많고, 내성적이며, 당혹스럽거나, 차갑고, 냉담한/무심한 성향과 비밀스럽고, 취약하며, 궁핍하고, 두려움에 휩싸인 유아 상태 사이의 구분이 특징이다. 분열성 개인은 누군가를 사랑하거나 따뜻함을 느낄 수 없으며, 두려운 고립감과 분리된 정체성이 없는 자동 장치(악의적인 이인화)로 고통받는다. 분할의 첫 번째 국면은 억압적인 방어를 나타내고, 두 번째 국면은 억압된 것을 나타낸다. 성격 특성으로서의 수줍음은 억압하는 것을 구현한 반면, 멸절에 대한 두려움은 억압되거나 파괴된 것을 구현한다. 따라서 억압적인 것과 억압된 것은 정신증과 신경증 둘 다에 걸쳐 형식적으로 아치형을 이룬다. 그렇다면 더 큰 틀에서 이 두 가지 형태의 분열/분할은 어떻게 다른가?

이론적으로 이중 분할은 조현성(분열성) 상태에 특히 문제가 된다. 그러나 신경증과 관련된 발달적 개선은 또 다른 형태의 분할이기 때문에, 정신증 주체가 분할되고 신경증이 통합되는 것은 아니다. 조현성 상태에서 가족 환경은 어머니의 욕망을 제공하지 못하고, 아버지의 이름이 주재하는 상징적 언어 환경을 포함한다. 두 가지 실패 모두 인간 주체가 상징적이나 언어적 환경 내에서 성장할 수 있는 능력을 방해하며, 이는 공기나 물이 새나 물고기에게 재현하는 것과 같다.

건트립(1973)은 그의 분석 실천에서 훌륭한 예를 보여 준다. 그의 피분석자는 그녀가 "잠긴 강철 서랍을 열었고 그 안에는 아무것도 쳐다보지 않고 무표정한 눈을 한 채 벌거벗은 작은 아기가 있다"(p. 152)는 꿈을 꾸었다. 이 경우에 젖가슴은 아기에게 아무것도 아니다. 왜냐하면 "나의 작은 아이"가 어머니의 욕망의 원인으로 설치되지 않았고, 아이는 방치되거나 전적으로 비인격적인 대상으로 취급되거나, 대상이지만 주체로 여겨지지 않았기 때문이다. 이 세 가지 다른 변화는 실제로 다른 병리학적 상태를 초래할 수 있다.

여기서 억압된 것은 주체 내에서 억압된 욕망이 아니라, 욕망을 구성하는 욕망 내부의 결여보다 더 욕망의 결여(아기에 대한 감정이나 관심이 없음)로 기술될 수 있는 어머니의 억압된 욕망의 부재이다. 건트립(1973)은 "감수성이 주체 속으로 빠져들었다"는 행복한 표현을 사용한다. 겉으로 드러나는 사람은 냉담하고, 수줍어하고, 불안정하지만, 숨겨진 분할된 면은 극도로 예민하고 두려움이 많다. 철제 서랍 속에 갇힌 전주체에게는 세상으로의 입력이자 출력인 감수성이 가능하지 않는다.

도널드 위니콧Donald Woods Winnicott은 어머니의 욕망과 대타자 아버지(f)Other의 기표에 반응하는 아이의 측면을 참자기the true self (라캉의 S 또는 전주체이지만 감수성을 강조한 것)라고 부른다. 이 것이 가족 환경에서 실패할 때, 소위 참자기는 진정한 수학적/오이디푸스 구조로 "은밀한 재생의 희망을 가지고 냉장 보관"된다. 전주체의 의미에서 참자기는 충분히 좋은 어머니와 있는 아이의 마음이나 성격의 건강하고 정상적인 성장을 나타낼 뿐만 아니라, 어머니의 욕망과 환상의 대상이 되는 전주체를 변화시킬 자기와 대상의 미분화를 나타내기 때문이다. 발달의 선(선의 쾌락)과 환상의 선 (쾌락의 선)은 처음에 함께 묶여 있다. 심리 사회적 젠더 편향에 따라 하나 또는 다른 모델을 선택하는 서로 다른 이론적 모델에 의해서만 그들을 인위적으로 분리할 수 있다.

위니콧이 참자기라고 부르는 것은 세포 유사 분열과 마찬가지로 유기체와 정신 구조의 발달에 필요한 분할된 자기의 정상적인 감각이다. 주체의 분할은 아이에 대한 어머니의 충분히 좋은 욕망 (융합과 분리를 허용하는)과, 아이가 어머니와 대타자의 불편한 주이상스로부터 분리하도록 도와주는 아버지의 충분히 좋은 개입에 의해 주도된다. 정신적 구조의 복제를 위해서는 내부 분할과 상징적 질서로의 진입에 의한 분리가 필요하다.

사실, 냉담한 조현성 성격과 심하게 손상된 인간 사이의 구분은 주체성의 보다 구조화된 신경증적 분할의 기이한 캐리커처이다. 어머니의 욕망과 아버지의 이름은 모두 발달이 저해되고 일어나지 않은 미래의 얼어붙은 흔적처럼 남아 있다. 건트립(1973)은 이것을 "어머니가 전체 대상 세계를 대표하는 시점에서 어머니와의 정신적 교감 상실"(p. 162)이라고 부른다.

건트립(1973)의 모델은 신경증과 정신증의 분열을 복제하는 구조적 동형 원리에 따른 유사성 때문에 정신증과 신경증의 분열 작업을 착각하지만, [그 속에는] 차이점이 있다. 생물 기호학 분야에서 야콥 폰 우엑스퀼(von Uexküll, 1987)은 다양한 수준의 복잡성에서 반복되는 기본 원리를 설명하기 위해 [이체] 동형homomorphy의 개념을 제안했다. 정상적인 신경증 주체도 통합되기보다는 분할되어 있다. 관찰자가 정상적 주체는 통합되어 있고 정신증 주체만 분할되어 있다고 가정하고, 정상 및 신경증 주체의 분할을 지각할 때, 초기 가정은 겉보기에 히스테리이거나 강박적 신경증을 정신증이라고 생각하도록 유도할 수 있다.

또한 이 모델은 정신증과 신경증의 분할 작용을 다른 구조에서 발견되는 증상과 혼동한다. 따라서 이 모델은 다양한 형태의 성격 장애 — 조현성, 히스테리성, 강박성, 우울성; 충동조차도 성적이고 공격적인 성격으로 의인화 — 를 혼합한다. 이러한 예에서는 형식과 내용, 구조와 증상이 혼동된다.

라캉의 경우, 우리는 촉진 요인이 기존의 정신증 구조에서 정신병의 완전한 발병을 촉발할 때까지 조현성 성격은 신경증적 증상이 있는 정신증적 구조라고 간단히 말할 것이다. 이 경우 비온(Bion,

1967)이 주장한 것처럼 인격의 정신병적 부분은 없을 것이다. 조현형 성격장애the schizotypal personality disorder와 정신병적 장애 사이의 차이 대신에, 명백한 구조와 드러나지 않은 구조 사이에는 실제적인 차이가 있다.

아이러니하게도 무증상일 때 정신증적 구조는 신경증의 가면을 쓰고 있다고 말할 수 있다. 이른바 가면은 이미 설명한 보다 기본적인 중심부 수준의 손상과 결핍에도 불구하고 발달 과정에서 획득한 모든 기능으로 구성된다. 어떤 경우에, 핵심적 부성 은유가 생톰의 도움으로 치유되고 재확립되면 정신증적으로 구조화된 개인은 생톰의 네 번째 고리와 그것이 수반하는 주이상스의 변화 덕분에 갱신되고 생동감 있는 인간 기능에 다시 거주할 수 있다. "편집증에 걸린 사람은 증상이라는 표제로 성격과 같은 상황에 처하게 될 네 번째 고리로 묶일 수 있다. 보로메오 매듭은 더 이상 편집증을 구성하지 않는다"(Lacan [1975–1976], Session of 12.16.75, III 10).

신경증 주체의 분열을 정신병 주체의 분열spaltung for schizo로 간주하면, 이것은 히스테리가 조현병schizophrenia에 뿌리를 두고 있다는 잘못된 결론에 이르게 한다. 어머니에게 결여된 상상적 남근에 대한 히스테리의 구조적 요구는 어머니의 욕망의 대상이 아닌 아이의 사랑에 대한 요구와 혼동된다. 여기에서 라캉학파에서 남성 히스테리가 여성 히스테리만큼 만연하다는 것을 명확히 하는 것이 중요하며, 이는 문화의 현대적 편견과 상반된다. 남성 히스테리는 어머니에게 끊임없이 자신의 남성다움을 보여 주려고 노력하는 사람이다. 여성 히스테리는 끊임없이 그녀 자신만이 이상적 여성임을 증명하고 보여 주려고 한다.

첫 번째 가설(상상적 남근에 대한 요구)은 (다른 인간 존재의 객관화를 비판하는) 현상학적 또는 인본주의적 가치의 관점에서 어떤 사람들에게는 이의를 제기할 수 있다. 왜냐하면 대상 *a*가 상품으로 받아들여지고 아이들이 대상 *a*로서 요구된다면, 이는 그들이 진정으로 사랑받는 것이 아니라 대상화되고 있음을 의미한다는 잘못된 결론에 이르게 하기 때문이다.

어머니의 욕망의 대상이 되는 위치에 있는 아이, 그리고 이 대상이 어머니에 대한 나르시시즘적 형태 또는 만족/보상을 이루는 것은 불가피한 일이며, 자연은 개체와 종의 생존을 위한 적절한 보살핌을 보장하기 때문에 그것을 다른 방식으로 받아들이지 않을 것이다.

동시에 아이는 욕망의 대상이 아닌 주체로 대우받아야 하며, 이것이 바로 "타자에 대한 진정한 배려"이다. 주체로서의 아이에 대한 관심은 상징적 어머니와 언어의 확립에 의해 이미 준비된 아버지의 개입과 인정에 의해 매개된다. 위니콧과 비온이 믿었던 것처럼, 어머니와 아버지는 모두 충분히 좋은 양육을 낳기 위해서가 아니라, 정상적인 신경증 주체를 낳기 위해 필요하다.

대상 *a*와 상품을 구별하기 위해서는 정신분석학 내의 고유한 대상 *a*와 (남근적) 주이상스의 잉여적 측면을 구별해야 하는데, 이는 "라투즈*lathouse*"로서 시장으로 확장될 수 있다.[5] "라투즈*lathouse*"는

---

5 이 주제에 대한 자세한 내용은 두 번째 부록을 참조할 수 있다.

상품 대상을 은밀하게*leteia* 움직이게 하고 그것을 페티시로 만들 수도 있는 대상 *a*의 측면이다(Braunstein, 2012; Lacan, 1969–1970).

라캉은 정신적 대상인 충동과 욕망의 대상이 현대의 경제적, 상징적 교환 형태와 어떻게 상호 작용하는지에 대한 역설적인 사고 방식을 가지고 있다. 한편으로 그는 개신교 자본주의의 초기 단계가 세상에 대한 신성한 봉사에 초점을 맞추고, 자제와 혼전 성관계의 금욕을 기반으로 상품 서비스를 보편적으로 확산시킨 것에 대해 의심한다(Lacan, 1960–1961, Seminar 7, session 11/16/1960). 다른 한편으로 그는 대상 *a*를 사랑의 의복(Lacan Seminar 15, Session of February 28, 1969, XI 3), 또는 소비자들이 소비의 대상(자동차, 의류, 주택, 헤어스타일 등)과 사랑에 빠지게 만드는 요소라고 설명한다.

이것은 라캉이 생산 활동의 중심에 있는 존엄한 공백으로서의 대상 *a*의 질보다 소비에서 드러나는 것을 선호한다는 것을 의미하는가? 라캉은 대상 *a* 또는 욕망이 소비의 대상으로 충족될 수 있다는 생각을 분명히 거부함과 동시에 욕망의 자제나 금욕이라는 관념을 거부한다. 상상적 대상 *a*는 서비스 상품이나 상품을 거짓 대상으로 만드는 반면(상품의 페티시즘), 유일한 진정한 대상은 실재의 대상으로서 소비의 대상에서 떨어지거나 분리되어야 하는 대상 *a*이다.

마찬가지로 라캉의 정신분석의 윤리, 즉 문명에서 정신분석학의 위치는 말을 너무 빠르거나 너무 늦거나 너무 적거나 너무 많이 하지 않고, 또는 적어도 언제 다른 것보다 어느 하나를 해야 할지를 모르는 상태에서 분석적 대화를 지속하기 위해 필요한 일종의 정신의 안정, 절제, 평정의 형태를 포함한다. 다른 한편으로, 정신분석은 냉정의 이상을 갖고 있지 않은데, 왜냐하면 열정은 주이상스의 한 형태로서 주체적인 진리의 생산에도 위치하기 때문이다. 아타락시아*Ataraxia* 또는 평정은 편리한 형태의 주이상스와 합리적인 형태의 쾌락을 허용하는 절제도 포함하기 때문에 금욕과는 다르다. 중도는 금욕주의가 아니다.

정신증자는 어머니를 위한 대상 *a*가 아니었기 때문에, 그들이 어머니의 결여를 덮는 기괴하거나 미친 존재처럼 대상화되거나 취급된다. 그들은 욕망의 대상 원인으로 사랑받거나 욕망되기 때문에 대상화되는 것이 아니라, 그 장소에 있지 않기 때문에 대상화되고, 그들에게는 아버지의 이름이 폐제되어 있다. 정신증적 개인은 그들이 그 장소를 점유하지 않았거나, 언급된 대상이 아버지의 개입에 의해 금지되지 않았기 때문에, 어머니의 거절 때문이든 아니면 아버지가 개입하고 상징화되기에는 너무 잔인하거나 약하다는 이유로 어머니의 욕망의 무제한적인 대상으로 동일시된다.

대신 히스테리적 요구는 환경적 결핍이나 방임보다는 구조적 오이디푸스적 거절에 반응한다. 또한 정신증적 주체는 히스테리와 같이 요구하지 않는다. 히스테리자는 대타자에 대한 많은 불만을 제기하지만, 정신증자는 대타자의 학대에 대한 환상적 지각에 대해 불평한다. 히스테리는 성적 학대를 받았을 수도 있고 아닐 수도 있다. 정신증 구조 자체는 실제 학대가 없더라도 성적 트라우마를 유발하기에 충분한 이유가 된다. 히스테리적 불평은 부성 은유로 금지된 상상적 남근을 받으려는 요구이다. 건트립과 로널드 페어베언Ronald Fairbairn은 프로이트 이론에 대한 특수하고 구조적인 오독과 오해로 인해 이러한 구조적 차별화를 확립할 수 없었다.

조현성 성격 연구와 관련된 모델은 프로이트 이론에 따라 설명하거나 이론을 조정해야 하지만, 오해의 소지가 있는 개편을 유발하지는 않아야 한다. 대부분 후자는 융, 클라인, 비온, 위니콧이 실제로 한 일이다. 라캉이 단지 새로운 이론을 개발하기 위해 프로이트로 돌아갔다는 비판을 받지만, 라캉은 비온이나 위니콧보다 프로이트의 이론에 훨씬 더 신중하고 상세하게 반응한다. 이에 비해 위니콧의 연구는 정상적인 발달에서 어머니의 욕망이 수행하는 역할에 관한 풍부한 관찰을 추가한다.

프로이트학파는 라캉(Laplanche, Pontalis, and Green)에 의해 꽃을 피우고, 오늘날 프로이트에게 진지한 학문적 관심을 기울이는 것은 라캉주의자들이다. 여타의 정신분석은 프로이트의 후예라는 주장에도 불구하고 프로이트를 죽어 가는 공룡, 억제된 화석 또는 박물관 조각으로 취급한다.

라캉은 주로 프로이트의 작업을 21세기 및 그 이후에 대한 새로운 수준으로 관련성을 높이기 때문에, 프로이트는 라캉 없이는 더 이상 연구될 수 없다. 대상관계학파가 아버지의 기능을 상상적 아버지 또는 어머니(이데올로기적으로 이해되는 가부장제와 모계제)와 혼동하기 때문에 아버지의 기능을 도외시하고 무시하거나 심지어 부인하기까지 했다는 점을 감안할 때, 프로이트에게서 아버지의 기능에 대한 이해는 라캉 이론을 거쳐야 한다.

클라인은 아동 분석 실천의 발전을 도왔으며, 이 문제에 대한 그녀의 작업은 근본적인 것이다. 그 과정에서 클라인은 프로이트 이론을 그가 연구한 것보다 초기 발달 단계로 확장하기 위해 자신의 새로운 이론을 창안한다. 그 과정에서 그녀는 모든 조건(발달의 다른 수준에 고착)을 치료하고, 프로이트의 이론을 대체하는 데 사용되는 정신분석을 위한 대안적 모델을 개발한다.

한 가지 이론이 항상 옳은 것은 아니며, 근본적인 구조의 구성 요소를 유지하고 새로운 요소와 차별화하면서 넓은 의미에서 평가를 거친 후 개선되어야 한다. 융은 자신의 입장에서 이러한 태도를 견지했으나, 무의식의 형성에 대한 프로이트의 이론, 언어와 무의식의 관계, 분석의 실천을 폄하하고, 프로이트의 이론을 확장하는 대신 완전히 새로운 이론을 구축한다.

라캉의 후기 이론은 프로이트 사상의 확장이지만, 엄밀히 두 이론은 내부적으로 상관관계가 있으며 단일 보로메오 구조의 일부이다. 즉, 프로이트적 무의식이 지닌 대타자의 말의 모호성부터 라캉의 실재 무의식에서 라랑그라고 부르는 모호성에 이르기까지가 그렇다. 실재의 차원에서 무의식은 은유나 환유보다 동음이의어 소리를 사용하여 비슷하게 들리는 단어를 압축한다. 소리의 압축은 언어에서 의미의 전치나 환유를 역전시키고, 이에 따라 은유에서 이전에 사용할 수 없었던 새로운 은유와 전치된 단어를 생성한다.

프로이트의 무의식은 대타자의 언어인 반면, 라캉의 후기 작업에서 실재 무의식은 일자의 언어이다. 예를 들어, 피분석자는 경험 experience과 외양appearance이라는 단어를 동일하게 들리도록 발음했다. 두 경우 모두 경험이 외모를 의미하는지, 아니면 그 반대인지 명확하지 않다. 대신 소리가 관련되어 있기 때문에 단순한 구문이 아니라, 소리는 두 단어 사이의 공통점을 가리킨다. 동음이의어[동음성]homophony는 주체를 위한 두 단어에 포함된 주이상스의 새로운 의미 또는 주이상스가 내포된 의미작용significance을 가리킨다.

경험과 구조는 주체를 만들고 정의하는 동시에, 주체가 단순히 과거 경험(자동화)의 반복이나 중첩이 아니기 때문에 경험에 새로운 것이 드러난다. 자동화로서의 경험은 새로운 것을 나타내는 것처럼 보인다. 경험은 나타나는 것이 아니라 구조가 나타나는 방식이다. 동시에, 오래된 경험은 새로운 경험과 관련이 없을 수 있다. 경험은 과거의 우연적 조건화의 한 형태로서 이전의 경험에 기반을 둔 것이 아니라 구조적인 것이며, 동시에 통시적 경험 내에서 순간적인 공시적 소실점을 갖는다. 말의 행위에서 구조를 재조음re-articulates하는 사건으로서 놀람 또는 투케Tuché와 관련된 완전히 새로운 빛으로 주체가 나타날 수 있도록 경험을 열어 두는, 완전하고 무조건적인 경험의 측면이 있다. 신체, 말, 정신은 언어와 실재 경험 사이의 상호 작용을 새로운 외부 언어로서 참여시킨다.

더욱이 실재는 라랑그lalangue[6]와 수학적 구조 모두에서 드러난다.

---

6 라캉의 언어language는 엄밀히 프랑스어의 랑그langue와 랑가주langage 두 가지를 지시한다. 랑그가 영어, 프랑스어와 같은 특수한 언어를 지시한다면, 랑가주는 특수한 언어로부터 추출되는 "근본적인 언어의 일반적 구조"(Evans, 1996, p. 96)를 지시한다. 라캉이 주목한 것은 랑가주이다.
라캉의 언어에 대한 이론 변화는 크게 네 시기 정도로 구분할 수 있다.
첫 번째 시기는 1936년부터 1949년까지로, 라캉이 정신병적 구조의 언어에 주목하고, 헤겔의 철학적 함의를 따라 "언어는 주체가 타자로부터 인정을 얻는 매개 요소"(p. 96)로서 여겨진다.
두 번째 시기는 1950년부터 1954년까지로, 하이데거, 레비스트로스, 소쉬르 등에 영향을 이것은 무엇을 의미하는가? 여러 언어에서 동일한 의미가 유지될 때 좋은 예가 제공된다. 언어학자들은 전형적으로 의미나 구조의 이러한 유사성이 단지 무작위적인 변화라고 생각한다. 중국어의 경험과 외모라는 단어는 영어와 발음이 비슷하며, 구조적 유사와 차이를 가리키는 한 가지 차이가 있다. 중국인과 북미인은 다른 언어를 사용하지만 미국인과 중국인은 동일한 수학적 언어를 사용한다. 사실, 소리의 유사성은 음파의 전달과 관련된 근본적인 수학적 구

받은 라캉은 "언어를 사회적 법의 교환 가치의 구조, 상징적 계약"(p. 97)으로서 설명하고, 「로마 담론」에서 빠롤parole과 랑가주langage 사이의 대립을 확립한다.

세 번째 시기는 1955년부터 1970년까지로, 라캉은 소쉬르의 랑그langue보다는 랑가주langage에 강조점을 두고 "모든 구조의 단일한 패러다임"(p. 97)으로 설명한다. 이때 라캉이 주목한 것은 언어의 기호가 아닌 "기표signifier"(p. 97)이다. 라캉은 『세미나 11』에서 "무의식은 언어처럼 기표들로 구조화되어 있다the UNCONSCIOUS is, like language, a structure of signifiers"(p. 97)는 명제를 밝힌다. 또한 라캉은 무의식이 기표들의 구조라는 논의에서 더 나아가 1969년 일종의 사회적 유대로서 "담론DISCOURS"(p. 97) 개념을 발전시킨다.

네 번째 시기는 1971년부터로, 라캉은 언어학에서 수학으로 이동하여, 시와 언어의 모호성을 강조하고, 제임스 조이스를 통한 정신증적 언어에 주목하면서 라랑그lalangue 개념을 발전시킨다. 그는 『세미나 20』에서 언어의 모호성과 동음이의어를 활용하여 일종의 주이상스를 발생시키는 언어의 비소통적 측면을 지칭하는, 정관사 라la와 랑그langue를 합친 라랑그의 용어를 만든다. 언어는 라랑그와 대립되는데, 라랑그는 언어가 구성되는 다의성의 원초적인 혼란의 기질과 같은 것이고, 언어는 이러한 기질의 최상부에 자리잡은 질서정연한 상부 구조와 같다. "언어는 의심할 바 없이 라랑그lalangue로 만들어진다. 그것은 라랑그에 대한 상징적 지식savoir의 (고심은 하였으나 결과가 신통치 않은) 노작élucubration이다"(Lacan, 1998, p. 139). Lacan, J.(1975), ed. J.-A. Miller, *On Feminine Sexuality: The Limits of Love and Knowledge: Encore: The Seminar of Jacques Lacan*. Book XX. trans. B. Fink, New York: Norton and Norton, 1998, p. 139.

이러한 라캉의 언어의 개념 변화와 후기 라랑그의 개념 설정을 통해 다음과 같은 함의를 발견할 수 있다. 라캉의 정신분석에서 언어, 기표의 우위성과 분석적 작업에서 분석가가 작업하는 유일한 도구는 언어, 즉 말[기표]로서 이러한 말에 놓인 피분석자의 상상적 이해에 공감하는 방식이 아닌 기표의 형식적 특징에 주의를 기울여야 하는 측면이다. Evans, D. (1996). *An Introductory Dictionary of Lacanian Psychoanalysis*, New York: Routledge, pp. 96-98.

조를 반영할 수 있다.

말과 실재와 주이상스에서 기표의 새로운 의미는 기표에 의한 주체의 조명(이 경우, 기의로서 실재 주이상스 기능)으로 이어짐으로써 분석 과정을 진전시킨다. 라랑그(상징적 언어 내부의 한 범주로서 주이상스를 내포한 의미작용)와 관련된 의미와 주이상스의 변형(첫 번째 주이상스로부터 세 번째 주이상스로의 변형)은 욕망을 신경증적 고통과 대타자와의 갈등으로 바꾸는 상상계에서 의미와 대상의 전치 패턴에 대한 해독제 기능을 한다.

라랑그는 과거의 의미를 억압하지 않고 통일된 원칙 아래 의미를 모으고 압축하여 주이상스를 변형시키는 일자the One의 언어이기 때문이다. 라랑그는 감정과 정서 이상의 주이상스 내에서 새로운 주이상스를 간직한 의미작용을 하나의 은유로 전달한다. 분석 세션의 정서적 진리(기의)는 대타자의 말이나 행동에 의해 생성된 감정에 대해 말할 때 주체의 주이상스의 변형을 의미한다.

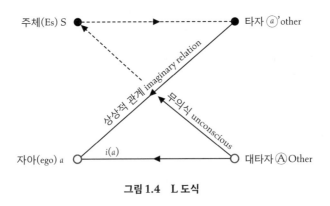

그림 1.4 L 도식

라캉 이론에 따르면 첫 번째 전주체 S와 원시적 정신은 대상 a에 대한 사랑과 증오의 교류를 포함한다. 라캉의 L 도식(1954-1955, p. 243)에서 벡터는 S 또는 전주체에서 a'로, 또는 S에서 젖가슴 또는 a'로 이동한다. 젖가슴 또는 타자의 부분 대상에서 벡터는 거울 이미지($i[a]$), 신체 이미지, 이상적 자아[$i(a)$에서 i로 표기]로 이동한다.

젖가슴과 거울 이미지는 경험적 대상 a'와 $i(a)$, 부분과 전체 또는 $1+a$, 신체 일부와 전신 이미지로서 a에서 a'를 빼는 파이 기능에 의해 매개된다(Phi - phi = 1). 이미지의 발견과 함께 대타자 어머니의 욕망the (m)Other's desire의 원인으로 추정되는 자기 S가 발생한다. 이 행위는 클라인학파 모델이 젖가슴에 대해 예측한 것처럼, 동일한 대상(분열된 좋은 젖가슴과 나쁜 젖가슴)에 대해 긍정적이고 부정적인 부과를 최종적으로 통합하는 것이다.

대타자 어머니의 욕망이 아버지의 이름에 의해 법에 묶인 욕망의 기표로서 구조화되는 것과 같은 정도로 대타자 어머니의 욕망은 주체를 구성한다. 모든 정상적인 신경증자는 이것을 받아들인다. 그렇지 않으면 그들은 정신증자이거나 도착증자이거나 그 사이의 어딘가에 있을 것이다. 사례 사이의 범주는 경계선 진단을 가리키는 것으로 읽거나, 더 구체적으로 정신증과 신경증의 구조와 증상 사이의 상호 작용으로 읽을 수 있다. 신경증 증상이 있는 정신증적 구조가 있는 것처럼, 경계선 진단은 정신증적 증상이 있는 신경증 구조로 정의할 수 있다.

그러나 아버지의 이름과의 신경증적 투쟁은 상상적 등록부와 상징적 등록부 사이의 투쟁과, 자아 차원 사이의 투쟁을 나타내므로, 라캉에 따르면 실재는 그것들을 서로 불가분의 관계로 개입하고 연결한다. 초기 이론의 상징계는 이것을 할 수 없었는데, 그 이유는 상징계가 상상계와의 투쟁의 당사자였고, 문제는 그들이 생성된 것과 같은 수준에서 해결될 수 없었기 때문이다.

정상적인 왜곡과 의사소통의 오해, 그리고 시각의 정상적인 왜곡을 조장하는 정상적인 편집증은 자아가 실재의 결합 기능과 동일시하거나 이를 대체하고자 할 때이다. 새로운 셋의 매듭(정신적 구조)을 안정화시키는 넷의 매듭을 위해, 실재는 이제 셋의 매듭을 묶는 대신 서로 대립하고 충돌하는 상상계와 상징계를 묶으려 한다. 그러나 실재가 평범한 자아로 오인될 때, 실재 역시 실재의 이해할 수 없는 측면을 감안할 때 더욱 골치 아픈 무시무시하고 공포를 불러일으키는 강요가 된다.

대신에 자아는 RSI를 네 개의 고리로 구성된 새로운 보로메오 구조에 연결하는 실재적인 무언가 또는 새로운 자아가 되어야 한다. 실재의 주체 또는 새로운 실재적 자아(Lacan, 1975-1976)는 신체를 주체의 새로운 은유와 연결시키는 주이상스의 부과되거나 참을 수 없는 측면을 견뎌야 한다. 실재를 대체하는 편집증적 자아 대신, 실재는 이상적 자아와 자아 이상의 조건화 너머 주체에 무조건적으로 남아 있는 것이다.

사실 편집증적 자아의 해체는 주체가 신경증의 강박적 구조(반복의 자동화)로 대표되는 절벽을 넘어 거세의 상징적 암반 너머로 통과할 수 있는 좁은 곁길을 여는 데 필요하다. 나는 이것이 정신증적 구조를 수선하는 데 필요한 넷의 매듭과 구별되는, 신경증에서 넷의 매듭이 수반하는 것이라고 주장한다(Moncayo, 2017).

신경증에 대한 넷의 매듭은 분석 과정에서 셋의 매듭이 풀린 후, 생톰 또는 실재에서 나오는 아버지의 이름으로 다시 묶인다. 정신증에서 발견되는 셋의 매듭에서 상상계는 풀리고, 실재와 상징계는 여전히 서로 연결되어 있다. 이 매듭에서 상상계는 실재를 보충하고, 상징계는 상상계를 묶거나 구조화하는 데 실패한다. 정신병 치료에서 상상계는 생톰의 도움으로 상징계와 실재에 다시 연결된다.

셋의 매듭이 풀린다는 것은 개인적-제도적 권위, 아버지의 이름, 억압을 해체하고 재의미화를 하는 것뿐만 아니라, 대타자의 목소리와 응시가 작용할 수 있는 기표들의 내용과는 별개로 부과된 것으로서 경험되는 방식의 변화를 의미한다. 정신병에서 목소리는 환각의 실재로 회귀하는 목소리인 반면, 정신병적 주체는 편재하는 응시에 의해 모든 곳에서 보인다.

내가 두 번째 실재로부터 오는 아버지의 이름이라고 부르는 것은 종교적이든 과학적이든 구시대 절대자의 귀환을 의미하지 않는다. 오히려 실재에서 나오는 아버지의 이름, 즉 생톰은 단일 주체마다 다르며 주이상스의 순수 기표S_1-S_0 내에서 발견되어야 한다. 무의식적 의미화 연쇄는 주이상스의 기표로서 주체의 이름의 문자들, 역사적 기표들의 증상들을 포함한다.

절대자로서 대문자로 표기된 실재는 종교적 절대자를 의미하지 않는다. 왜냐하면 그것은 물론 아인슈타인 이후 모든 사람이 받아들이는 상대성 이론과 한 쌍의 관계에 있는 철학적 범주이기 때문이다. 모든 것이 상대적이라는 것은 오늘날에는 절대적인 것이다. 있는 그대로의 사물은 다른 것일 수 있고, 이 다른 것은 또 다른 기표 또는 S_2를 의미할 수도 있지만, 내가 S_0로 쓰는 의미작용 외부의 주이상스의 경험을 의미화할 수도 있다. 모든 사람은 스스로 생톰의 특수성과 특이성을 발견해야 한다. 주이상스는 각 주제에 대해 생톰이 드러나는 다양한 특이성에 대한 궁극적인 작동 요소로 기능한다.

주이상스는 알렉상드르 뒤마Alexandre Dumas의 삼총사의 결속 원칙을 나타낸다. 하나를 위한 셋과 셋을 위한 하나. 세 가지 주이상스는 실재의 하나(첫 번째 주이상스의 상상적 하나가 아님)에 포함되어 있고, 세 번째 주이상스는 다른 두 가지에서 기능할 수 있지만 그 반대의 경우에는 동일하지 않다. 다른 저작에서 이미 설명했듯이, 첫 번째 주이상스는 **대타자의 주이상스**the jouissance of the Other로 이것은 남근적 주이상스로 대체되지 않으면 불편해진다. 첫 번째 주이상스는 "나는 대타자에게 어떤 대상인가?" 또는 "대타자는 나에게 무엇을 원하는가?"라는 질문에 답한다. 두 번째 주이상스 또는 **남근적 주이상스**the phallic jouissance는 세 가지 중 기표로 넘어가는 유일한 것이다(남근phallus = 결여의 기표).

세 번째 주이상스the Third jouissance는 잉여 남근적 주이상스의 불가능성과, 남근적 주이상스가 항상 누가 남근인지 또는 남근을 가지고 있는지에 대한 문제라는 성가신 나르시시즘적 사실에서 비롯된다. 상징적 남근, 즉 상징적 거세의 기능은 상상적 남근의 부재를 지적하고, 상징적 거세가 주이상스의 지표임을 강조함으로써 이 문제를 해결한다. 이 두 가지 요소는 남근적 주이상스를 제3의 대타자

주이상스로 변형시킨다. 세 번째는 또한 **여성적 주이상스**the feminine jouissance, **의미의 주이상스**the J'ouis-sens of meaning, **신비의 주이상스**the jouissance of the mystic 세 가지 형태로 나타난다. 주이상스의 세 가지 형태에 대한 세밀한 검토는 『세미나 23』에 관한 나의 저서[7]의 3장을 참조할 수 있다.

실재 "혼자all-alone"의 주체

신경증의 넷의 매듭에서 주체는 신체와 정신과 기능을 떨어뜨리고 라캉(1975-1976)이 실재 자아a Real ego라고 부른 것에서 기능을 상실한다. 나는 그것을 실재 속의 자아, 더 나은 의미로는 실재의 주체the subject of the Real라고 부른다. 신경증의 넷의 매듭에서는 정상 및 신경증적인 오이디푸스의 셋의 매듭을 풀고 다시 매듭을 묶는다. 편집증적이고 (이차 또는 삼차) 나르시시즘적 자아가 세계에서 생존과 전유 또는 착취의 방식으로 작동하는 대신, 실재의 주체는 기표의 보고와 10,000가지의 사물/'사물 없음[무]no-things'에 의해 확인되고 실현된다.

실재 속의 자아는 라캉(1971-1972)의 주체 '혼자All-alone' 또는 위니콧(1963)의 '진정한 고립'으로, 라캉에 따르면 이 주체는 남녀

---

7   Moncayo, R. (2017). *Language, Sinthome, Jouissance, and Nomination: A Reading Companion and Commentary on Lacan's Seminar XXIII*. London: Karnac.

간의 성관계의 결여의 장소에서 나타난다. '혼자'의 주체는 대상관계의 실패를 나타내는 것이 아니라, 관계를 포함하는 건강하고 자비로우며 만족스러운 형태의 고독과 홀로 있음을 나타내며, 결국에는 관계가 잘 풀릴 수 있는 가능성을 촉진한다. 그러나 라캉의 주체 '혼자'는 '무/없음'이기도 하므로 '전체 아님의 일자 존재not-All One whole Being'이다(Lacan, 2018, p. 218). 실재 주체the Real subject가 "혼자 All-alone"라는 것은 상징계에서 주체가 "혼자가 아닌not-All alone" 것을 의미하기도 한다. 기표로서의 주체는 상징계 내에서 하나의 집합체이다. 그러나 실재 내에서 주체는 기표의 수준에서는 다수임에도 불구하고 혼자 있다. 헤라클레이토스의 열 번째 단편에서 유래한 미국의 모토에 명시된 바와 같이, '다수로부터 하나, 그리고 하나로부터 다수'이다.

주체 혼자인 일자, 또는 다수나 집합체를 포함하는 일자를 자기-관심의 고립되고 자율적인 자아로 생각할 수 없다. 자아 자율성, 즉 대타자의 욕망이 아니라 나의 욕망이라는 사실은 갈등이 없는 정신의 영역이기보다는 욕망의 개념에 중심을 두고 있다. 신체 이미지나 이상적 자아가 부여하는 자율성은 상대적인데, 자율적 신체 이미지나 자기-이미지는 어머니의 욕망의 대상을 대체하기 때문이다. 자아는 자아가 대타자를 위해 누구와 무엇이라고 생각하는지에 대한 자율적 자기 이미지를 '전유'한다. 앞서 살펴본 바와 같이, 자아는 선행적으로 대타자의 대상이기 때문에, 욕망이나 언어의 영향에서 자유로운 영역이 아니다.

이제 자아나 주체가 이것이 나의 욕망이거나 이것이 내가 원하는 것이라고 말할 때, 자아는 이전에 잃어버린 대상을 기반으로 무언가를 원한다는 것을 인식하지 못한다. 즉, 자아의 자율성 또는 자아 자신의 욕망은 그들이 원하는 것과 잃어버린 것, 또는 가질 수 없는 것으로 분할되는 주체에 근거한다. 사실, 대타자, 즉 사회적 공익은 이전의 인간의 노력과 지식에 의해 확립된 선을 따라 모든 인간 주체가 자신의 타고난 성향과 능력으로 간주하게 될 것을 재현한다. 공익을 확립하는 것은 사회가 주체로부터 기대하는 대타자 아버지the (f)Other 및 인간 활동(수면 패턴, 위생, 건강한 식습관, 언어 습득, 읽기, 쓰기, 숫자 사용 등)과의 동일시로서 자아 이상이다. 자아는 오직 어머니의 욕망과 아버지의 이름 및 언어 규칙에 대한 동일시에 기초해서만 자율적이다. 사실, 자아는 자신의 이익이 대타자에 의해 무의식적으로 결정되는 많은 방식을 자주 무시한다. 자아는 자신의 이익이 스스로 만든 것이라는 착각 속에서 살기를 원한다.

실재의 주체 또는 실재 혼자 속의 자아는 한편으로는 고독을 요구하는 창조적 활동을 가리킨다. 창의적 활동은 과학적이거나 지적일 수 있지만 예술적, 음악적, 영적 또는 육체적일 수도 있다. 이것들은 정신의 보고에서 발견되는 대타자의 보물이며 주체의 욕망이나 열정을 촉발한다. 대타자, 또는 대타자의 보고에서 발견되는 가보와 보물은 동일시 사랑과 불가피한 외부적 강제를 통해 주체가 획득한 주체에 대한 대타자의 욕망에서 드러난다. 자기 이익과 집단 공익은 주체 혼자와 대립되지 않는다.

예를 들면 창의적인 성찰과 글쓰기에 필요한 고독은 매우 특별한 유형의 사회적 연결을 나타낸다. 고독한 작업자나 연구자는 연구 시간에 사교 활동이나 쇼핑을 하지 않고, 가족, 여가 또는 그룹 활동에 참여하지 않는다는 의미에서 혼자이다. 그러나 그들은 홀로 있음에도 불구하고, 그들보다 앞서 온 '혼자의 탐구자'가 현존한다는 점에서 혼자이다. 혼자인 주체는 특정 지식 분야를 구성하는 죽거나 살아 있는 정신의 집합적 계통의 필수적인 부분이다. 이러한 의미에서, 주체는 혼자가 아니라 인간 본성과 사회에 대한 주체적 경험에서 마치 이전의 것들과 하나가 된 것과 같다.

어떤 주체가 스타일(문체), 내용, 방법에서 다른 주체와 다르더라도 구조의 요소 중 하나로서 혼자 존재한다는 조건을 공유한다. 이것은 실재 내의 주체의 두 번째 특성이다. 즉 집단 또는 상호 의존적인 요소들로 이루어진 구조의 요소 중 하나로서 주체는 구조를 구성하는 기표들이나 수들 사이의 상대적 관계에 의해 지시되는 것 이외의 고유한 성격을 갖지 않는 '실체 없는 주체*sujet sans substance*'이다. 그러나 각 요소가 구조가 지정한 이름이나 요소 중 하나에 따라 기능할 때 비존재 또는 무의미로서 각 요소의 공허와 주이상스를 포함한 의미작용을 과소평가해서는 안 된다.

주체는 구조 외부에 있거나 구조 내에서 정의되지 않거나 공식화되지 않은 자신 또는 그 본성에 관한 것이다. 그러나 이것은 0_{zero}이 아닌 어떤 것이며 사회적으로 규정된 욕망의 경험 외부에 있는 주이상스의 경험을 나타낸다. **대상 *a*로서의 문자 *a*는** 욕망의 원인이 되는 상상적 대상(태반, 호흡, 젖가슴, 대변, 오줌, 남근, 목소리, 응시 그리고 무)의 알파벳에 대한 특정 문자이다. 그러나 간극의 형태로 인과성의 실재, 즉 존재의 외관으로서 a는 항상 실재보다 먼저 소멸하며, 그 과정에서 주체와 대상 모두에게 주이상스를 퍼트린다.

주체 '혼자'는 성적 관계가 실패한 자리에서 사적 관심과 공적 관심이 만나는 지점이다. 성적 관계의 실패는 자아의 자율성과 자기 이익에 봉사할 수 있는 대상을 쫓고 획득함으로써 스스로를 완성하려는 자아 개인의 환영에 의해 주재된다. 관계의 양 당사자가 이렇게 하고, 타자를 자기 관심의 대상($ \$ \Diamond a$ and I [O])으로 기능하는 것에 기초하여 관계를 해석할 때, 그 관계는 남녀 간의 화해할 수 없는 차이 또는 성관계의 결여를 초래한다. 나는 이것이 성적 관계에 대한 장밋빛, 낭만적, 인본주의적 또는 '관계적' 관점이 아님을 알고 있다. 남녀 간의 사랑 관계에 대한 프로이트의 관점은 남녀 간의 성적 또는 낭만적 사랑을 환영적이고, 먹거나 잘 수 없을 만큼 열렬하며, 미치고, 비사회적이며, 치명적인 것으로 이해한 셰익스피어와 일치한다. 불가능성은 실재이며, 종종 현실을 정확하게 표현한다. 그러나 생톰의 인공물은 개인 또는 성적 관계를 이상적이지는 않지만 견딜 수 있고 가능한 것으로 만듦으로써 도움을 줄 수 있다.

주체인 모든 자아는 그것의 대상을 결여한다. 자아 자율성은 대타자를 대상($i[a]$ 또는 [$\$ \Diamond a$])으로 획득하려는 시도 없이는 일어날 수 없기 때문에 환영적이다. 그 대상은 그것을 나타내는 숫자와 기표의 격자 뒤에서 사라지기 때문에 사실상 그 대상을 얻을 수 없다. 대신 자아가 이기심을 통해 얻는 것은 욕구를 충족시키는 소비자 대상이다. 대상 또는 사회적 선은 사회 및 그 제도의 수준에서 대상을 나타내는 숫자와 문자의 잉여 주이상스the surplus jouissance에 따라 대상의 집합적 정의를 따른다. 주이상스의 지표로서 대상의 부재는 주체가 집합체이자 그들만이 책임지는 주이상스의 한 형태인 장소에서 자아 개인의 부재와 만난다.

실재의 주체는 집합적 주체로서의 기표의 주체 및 자아나 개인의 자기 관심과 다르다. 대상은 사물과 사회적으로 구성된 대상의 객관적 실존에 생기를 불어넣는 기표로 표시되고 대체되며, 실재 혼자인 주체는 기표의 존재 안에 있는 비존재the non-being를 나타낸다. 기표의 집합적 존재 대신에 실재 주체는 비존재, 즉 기표의 존재 안의 주이상스에 존재하게 된다.

대상은 그것을 재현하는 숫자와 기표에 의해 사회적으로 구성되는 반면, 주체는 기표가 끝나는 지점 또는 주체를 표상하지 못하는 지점(표상하는 데 실패한 지점)에서 출현한다. 우리는 기표가 주체를 표상하는 동시에, 기표가 기표 밖의 실재 주체의 비존재를 표상하는 데 실패한 곳에서 존재하게 된다. 주체 또는 개인이 사회적 표상 외부에 있다는 사실은 자기 관심이나 이기적인 비사회적 개인의 이익과 절대적으로 동일하지 않다.

실재 주체인 혼자All-alone는 '무no-thing'이거나 다른 모든 곳에서 동일하므로 모든 주체와 대상 내에 존재하는 무한의 형태를 재현한다. 주체 혼자는 기표를 작은 실재 또는 상상적 대상으로 파악하지 않고, 잉여 주이상스와 생산성의 지표로만 파악하여 포함한다. 소비를 넘어 생산성으로 이어지는 잉여 주이상스는 모든 주체에게 동일한 혜택을 주는 국민총생산GDP의 전반적인 확장에 기여할 것이다. 기표(빈 숫자들, 문자들 그리고 종이)의 보고와 주이상스의 보고는 하나이며 동일한 것이 된다. 주체 혼자는 사회적 확장과 성장으로 이어지는 반면, 자아 개인의 이기심은 수축, 디플레이션, 고립으로 이어져, 사회에 대한 상징적 교환과 주이상스 가치의 상실을 가져온다. 그러나 나는 독자들에게 보편적 활동으로서 사물에서의 주이상스는 상상적 긍정성(광고되고 팔릴 수 있는)이 아니며, 단지 부정의 한 형태로만 기술될 수 있다는 점을 상기시키려 한다. 그것은 조용하고 발생적인 즐거움의 한 형태로서 이것도 아니고, 저것도 아니다.

　　고독과 혼자 있을 수 있는 능력은 "완전히 참을 수 없는 완전한 고립감"이나 "임박한 절멸에 대한 공포"(Bion, 1967)를 나타내지 않는다. 따라서 상상적 자폐증이나 정신증적 융합, 즉 상상적 일자를 상징적 구조와 불가분의 관계에 있는 실재와 관련된 일자the One와 구별하는 것이 중요하다. 실재의 매듭은 진공 속 어두운 빛(비온은 강렬한 어둠의 광선이라고 부른다)의 작은 고리나 실로 이루어진 열파a thermal wave처럼 '마치' 주체를 문화적인 상징적 질서와 물질의 구조 모두에 붙잡아 두는 기능을 한다.

　　따라서 정상적인 신경증을 넘어서려면 정신증(항정신의학이 종종 하는 것처럼)과 정신증(메타노이아)과의 경계와 결속을 위험에 빠뜨리는 자아의 해체와 재구성이 필요하다. 정신증으로부터 주체를 보호하는 것은 실재로부터 오는 새로운 아버지의 이름, 즉 생톰, 그리고 대타자에 의해 포화되지 않은 정신의 층이다. 이것은 일반적인 "자아 자율성"이 아니라 수학적으로 구조화되고 활력이 넘치지만 기표와 표상이 없는 실재, 지각-의식 체계 또는 마법의 글쓰기 판[8]의 화면이다.

셋의 매듭이 풀리면 정신은 다시 드로잉보드 또는 주이상스의 한 형태인 실재의 텅 빈 스크린으로 돌아간다. 실재로부터 오는 아버지의 이름에 대한 은유 중 하나인 지각-의식 체계의 막으로, 넷의 새로운 매듭이 쓰여질 수 있다. 말할 수 없고, 비결정된 실재의 조각으로 매듭이 쓰여진 화이트보드나 페이지를 포함하는 새로운 매듭이 쓰여질 수 있다. 막이나 화이트보드, 그리고/또는 주이상스와 순수한 감수성의 스크린은 구조와 그 변형의 필수 요소이기 때문에 매듭과 분리될 수 없다.

마지막으로, 많은 라캉학파 연구자들은 경계선 상태가 단순한

---

8 지각-의식 체계는 프로이트의 「<신비스런 글쓰기 판>에 대한 소고A Note upon the 'Mystic Writing-Pad'」(Freud, 1925) 논문을 참고할 수 있다. 프로이트는 이 논문에서 인간의 정신 기관이 '무한한 수용 능력'과 '영원한 기억 흔적을 유지'하는 두 가지 배타적인 능력을 동시에 갖고 있음을 논한다. 이처럼 우리의 기억 흔적의 기록은 마치 아이들이 갖고 노는 '신비스런 글쓰기 판the Mystic Writing-Pad'과 유사하다. 신비스런 글쓰기 판은 '외부 방패 역할을 하면서 유입되는 자극의 강도를 낮추는 것(셀룰로이드)'과 '자극을 받아들이는 표면 층(밀랍종이)'이 외부와 내부로 한 체계를 이루면서 인간의 '지각-의식과 같은 무한한 수용 능력'을 갖는다. 동시에 신비스런 글쓰기 판에서 '영원한 기억 흔적을 유지하는 층(밀초 평판)'은 인간의 '무의식과 같이 영원한 기억 흔적을 유지'한다.
이는 "지각-의식 조직 기능의 불연속적인 방법"(Freud, 2001, p. 231)을 설명한다. 즉 프로이트의 논의에 따라, 우리는 리비도가 집중되어 있는 한, 의식을 동반한 지각을 받아들이고 그 자극을 무의식적 기억 조직에 전달한다. 그러나 그 리비도 집중이 중단되는 순간 의식은 꺼져버리고 그 조직의 기능은 정지 상태에 이른다. 그것은 마치 무의식이 '지각-의식'의 조직을 매개로 해서 외부 세계를 향해 더듬이를 뻗쳤다가 그곳에서 오는 자극의 견본을 채취하는 순간 바로 그것을 철회하는 것과 같다. 프로이트는 신비스런 글쓰기 판에서 발생하는 접촉의 단절을 인간의 지각 조직의 주기적 비흥분성으로 대치한다. 접촉의 단절이 신비스런 글쓰기 판의 경우 외부에서 비롯되지만, 인간의 정신 과정의 경우 신경적 흐름의 정지 현상으로 내부에서 비롯되는 것의 차이가 있다. Freud, S. (1925[1924]). A Note upon the 'Mystic Writing-Pad', ed. and trans. J. Strachey, SE, Vol. 19, London: Vintage Books, 1961/2001, pp. 225-232.

새로운 히스테리라고 주장한다. 이것은 내가 채택하려는 가설이다. 이것은 구조의 변화를 나타내는 것인가, 아니면 표면적 증상/행동의 변화만을 나타내는 것인가? 라캉의 관점에서 구조는 구조의 변화를 나타내지 않고 끊임없이 환유적으로 움직인다. 오늘날의 남성이나 여성은 "나는 남자인가 여자인가?"라는 히스테리의 질문에 다른 방식으로 답하고 싶어할지도 모른다. 여성은 남성적 특성을 채택하고 남성은 여성적 특성을 채택할 수 있다. 그러나 초자아에서 이상적 자아로의 경계선 성격장애 또는 새로운 히스테리에서 발생하는 퇴행은 실제로 이상적 자아와 이차적 나르시시즘을 중심으로 한 다른 구조의 지위를 보증할 수 있다.

양극성 장애의 의학적 역사

여기서 제기할 수 있는 또 다른 좋은 질문은 앞에서 설명한 미로에서 양극성 장애를 찾을 수 있는지의 여부와 그 위치이다. 이 질환에 대한 최초의 서면 기록은 서기 30-150년으로 거슬러 올라갈 수 있다. 그 무렵 알렉산드리아 출신의 의학 철학자인 카파도키아의 아라테이우스Arataeus는 '흑담즙' 장애에서 비롯된 조울증의 통일된 개념을 언급하는 글을 쓴다.

그런 다음 19세기 중반에 필립 피넬Phillipe Pinel의 『광기에 관한 논문The Treatise on Insanity』(1806)과 존 해슬람John Haslam의 양극성 질환의 개념을 서양 의학에 재도입한 『광기와 멜랑콜리에 관한 관찰Ob-

servations on Madness and Melancholy』(1809)이 출판되어 양극성 질환의 개념이 서양 의학에 다시 도입되기 전까지 모든 정신질환을 광기로 설명하는 관습에서 이 질환은 사라진 것처럼 보인다. 1854년 1월 31일 줄스 베야르제Jules Baillarger는 프랑스 제국 의학 아카데미에 조증과 우울증 사이의 반복적인 변화를 일으키는 이상성 정신 질환에 대해 설명했으며, 2주 후에 장 피에르 팔레Jean-Pierre Falret(Haustgen and Akiskal, 2006)는 '순환성 정신병*folie circulaire*'으로 정의한다. 에밀 크레펠린Emil Kraepelin(1921)은 양극성 장애에 대한 자세한 임상 설명을 제공한다. "··· 한편으로는 소위 주기적이고 순환적인 광기의 전체 영역, 다른 한편으로는 단순 조증, 그리고 병적 상태의 대부분인 우울증melancholia"(Ch. 1, p. 1).

DSM의 관점에서 진단을 생각할 때 '조울증the manic depressive disorder'이라는 용어를 '양극성 장애the bipolar disorder'라는 용어로 대체한 것은 DSM-III이다. DSM-III에서 처음으로 소아 양극성 장애를 언급한다. DSM-III-R은 장애를 혼합 장애, 양극성 장애-조증, 양극성 장애-우울증, 달리 분류되지 않는 양극성 장애 및 순환 기질과 같은 하위 유형으로 추가 분류한다. DSM-IV와 DSM-IV-TR에서는 질병을 조증 유형에 따라 구별되는 두 가지 유형인 제I형 양극성 장애 및 제II형 양극성 장애로 구분하기로 결정한다. 제I형 양극성 장애에서 환자는 적어도 한 가지의 조증 삽화와 한 가지의 우울 삽화를 겪는 반면, 제II형 양극성 장애에서는 개인이 적어도 한 가지의 경조증 삽화와 한 가지의 주요 우울 삽화를 경험한다. DSM-5의 주요 변경 사항은 기분 변화와 함께 에너지 증가 기준을 추가한 것이다. 이것은 기준을 강화하려는 시도로 볼 수 있기 때문에 흥미롭다.

이전 내용을 빠르게 요약하기 위해 우리는 단순한 '조울증man-ic-depressive', 하나의 질병에서 다양한 하위 그룹과 추가 수식어가 있는 여러 질병으로 이동한다. 이에 따라 '더 많은 수의 질병이 더 정확하고 더 나은 진단을 의미하는가, 아니면 더 많은 혼란을 의미하는가?'와 같은 질문이 남는다. 진단은 치료와 연구 등에서 광범위한 영향을 미치기 때문에 이 질문은 중요하다.

조울증의 정신분석적 이해

정신분석 운동의 초기에 카를 아브라함Karl Abraham(1911)은 조증에서 콤플렉스가 억압inhibitions을 넘어서서 환자는 어린 시절의 상태로 되돌아간다고 언급한다.

프로이트(1917)는 조증을 우울증의 역전으로, 사회적으로 승인된 집단 축제의 축하의식에 대한 정신병리학적 대응물로 본다. 특히 일부 문화권에서는 장례식 중에 울고 애도하는 대신 축하하는 것이 전통이다. 이것은 주체가 사랑하는 사람의 상실을 기념하고 애도하는 의식의 춤을 추는 상실에 대한 조증 반응과 무관하지 않다. 개인이 개별적 병리 기능으로 하는 행동은 다른 문화의 규범적이고 정상적인 집단 심리학 및 행동과 동일할 수 있다. 이것은 정신병리학이 심리학자와 민족학자들 사이의 공통 언어라는 것을 관찰한 인류학의 루스 베네딕트Ruth Benedict(1935)의 연구와 일치한다.

프로이트(1917)는 자아와 초자아의 관계를 이용하여 우울증과 조증을 구분한다. 우울증에서 초자아는 자아의 엄격하고 잔인한 주인이다. 조증에서 나르시시즘적 자아는 초자아를 이기고 죽은 초자아의 몸 위에서 승리의 춤을 춘다. 초자아의 금지로부터 나르시시즘적 자아를 해방시키고, 자아가 유아적 형태의 전능함을 회복하게 하는 것은 초자아에 대한 승리이다.

프로이트에게 조증은 원초적 조증의 부인과 원초적 아버지를 죽이고 먹는 식인 풍습 범죄와 관련이 있다. 그러나 아브라함(1911)은 조증 환자의 살인적 환상이 주로 어머니를 향한 것이라고 믿는다. 조증 방어는 우울하고 편집증적인 불안으로부터 자아를 보호하기 위한 일련의 정신적 메커니즘을 설명하기 위해 클라인(1935)이 처음 사용한 용어이다. 전능함omnipotence, 부인denial, 이상화idealization는 조증 방어의 세 가지 구성 요소이다. 전능함은 대상을 통제하는 데 사용되지만 대상을 주체로서 인식하지는 않는다.

주체의 전능함은 아이가 자신을 완성하고 존재의 결여를 닫는 어머니의 상상적 남근으로 기능하는 어머니-아이 융합의 전능함을 가리킨다. 이러한 상황에서 주체를 상징적으로 거세하고 인간화하는 아버지의 이름은 적어도 표면적으로는 작동하지 않는다. 부성 기능이 어머니-아이의 이항/융합의 조증적 전능함을 굽히지 않는다면, 그 결과는 정신증의 상태가 된다.

일단 대타자가 개입하고 아이가 상징적 질서 속으로 진입하게 되면, 클라인의 이론에 따르면 우울하고 편집증적인 불안 속에서 자아의 공격성의 결과로 좋은 대상이 상실되었다는 인식이 커지게 된다. 클라인에 따르면, 좋은 젖가슴에 대한 자기 이익과 개인의 생존 가치를 넘어 나쁜 젖가슴과 좋은 젖가슴이 같은 어머니의 것으로 인식되면, 아이는 좋은 젖가슴과 나쁜 젖가슴이 모두 속한 대타자에게 그들이 상처를 주었을지도 모른다는 걱정을 하게 된다. 조적 빙어는 대타자를 해치거나 식인하려는 반대의 소망을 구성한다.

환상의 부분 대상으로서의 젖가슴과 어머니의 '전체'를 구별하는 클라인 이론의 이러한 특징은 논리적인 전체/부분을 위한 관계의 예시화이다. 라캉의 정신분석에서 대타자는 대타자의 전체 이미지를 지칭하는 것이 아니라, 의미화 체계의 전체를 지칭한다. 의미화 체계의 전체 안에서 기표는 대타자와 주체의 결여를 표상한다.

젖가슴의 부재(즉, 어머니의 다른 욕망/책임으로 인한 나쁜 젖가슴)는 양쪽 젖가슴이 속한 전체 타자 어머니(m)other에 대한 위치에서 상징화되지만, 더 중요한 것은 그것이 기표가 있는 장소로서의 대타자에 대한 주소에서 상징화되는 것이다. 주소의 대상은 대타자, 더 구체적으로 대타자의 결여/욕망이다. 아이는 어머니의 욕망의 대상 원인으로서 사랑을 요구함으로써 말하는 법을 배운다.

그것은 어머니가 아이의 마음속에 있는 젖가슴으로 표상되는지 여부보다는 어머니에게 아이는 어떤 대상 a가 되는가 하는 것이 더 중요한 문제이다. 이때 어머니의 젖가슴은 아이에게 대상 a이고, 아이는 어머니의 대상 a이다. 대상 a는 대타자나 주체가 상실한 것이다. 어머니는 아이가 환상 속에서 적절하게 사용하고 파괴할 수 있도록 자신의 젖가슴을 내어 주었기 때문에, 아이는 그들이 대상 상실과 관련이 있는지에 대해 자연스럽게 의문을 갖게 된다. 대타자의 욕망은 아이가 인식하는 전신 이미지보다는 어머니의 말에 의해 재현된다.

대상 a와 남근 사이의 관계에 대한 라캉의 공식($a/-\text{phi}$ = 분자로서 대상 a는 분모로서 상상의 남근의 간극 또는 결여를 메운다)을 통해 젖가슴과 남근의 상징적 차원(황금수/대상 a)을 구조화하는 것으로 정신적 및 주체적 기능을 적절하게 이해할 수 있다. 프로이트는 좌절스러운 나쁜 젖가슴에 대한 가학적 공격이 계통 발생학적으로 아버지의 조적인 구강 식인 풍습과 일치하거나 반복된다고 믿는다. 말과 시간을 통해 유아의 조적 식인 행위는 젖가슴/대상 a에 대한 만족과 좌절의 교대 경험을 상징하기 시작하는 상징적 어머니의 말에 의해 억제된다. 상징적 어머니는 아이가 대상 a에서 멀어지게 하고 좌절을 견디도록 도우며, 동시에 시의적절하거나 충분히 좋은 만족을 제공한다.

아이가 어머니의 단어와 말을 통해 일시적인 좌절을 받아들일 수 있게 되면, 아이 자신이 아닌 대타자things Other에 대한 어머니의 욕망 때문에 어머니/젖가슴이 멀어진다는 것을 점점 깨닫게 된다. 좋은 젖가슴과 나쁜 젖가슴이 동일한 어머니의 것임을 깨닫는 것보다 중요한 것은 어머니의 욕망을 인식하는 것이다. 아이가 발달 과정에서 어머니로부터 대타자로 주의를 이동시키는 것은 어머니가 대타자에 대한 욕망을 가지고 있다는 인식이다. 이 지점에서 대타자는 더 이상 어머니(남근적 어머니the phallic mother)의 완전한 신체 전체가 아니라 어머니가 아닌 아버지 안에 위치하는 전송지로서의 대타자이다. 이러한 전환이 일어나도록 길을 닦은 것은 상징적 어머니이다.

그런 다음 질문은 다음과 같다. 내 어머니는 대타자 아버지(f) Other에게 무엇을 원하는가? 이 질문은 phi와 -phi, 또는 아버지의 이름의 기의로 기능할 상상적 남근을 조명한다. 이 시점에서 인간 주체는 부성 은유의 개입과 주체가 언어에 삽입된 기능이다. 클라인(1935)이 좋은 젖가슴과 나쁜 젖가슴과의 관계에서 이론화한 우울적 위치the depressive position 또는 초기 모성 초자아는 상징적 남근 기능과 독립적으로 생각할 수 없는데, 후자는 대타자로부터 분리된 대상으로서 대상 a와 본질적으로 연결되어 있기 때문이다.

대상 a의 이러한 자격은 다양한 발달 단계에서 다른 대상에 의해 구현되지만 모두 동일한 포괄적인 논리적 프레임을 따른다. 대상 a로서의 젖가슴과 아이는 프로이트의 상징적 평형symbolic equation과 라캉의 대상 a 목록에서 동등하다. 상징적 거세는 오이디푸스 신화가 아닌 논리적 또는 수학적 구조(주체로부터 존재하지 않는 기표와 자기를 빼는 것)에 따른다. 오이디푸스의 신화는 바로 상징적 구조의 사실을 설명하기 위해 상상계의 수준에서 이야기되는 하나의 스토리이다.

L 도식에서 a-a'가 공유하는 영역의 a와 a' 관계 사이에는, 좋은 젖가슴 또는 대상 a로서의 어머니, 그리고 어머니의 욕망의 원인인 대상 a의 자리를 차지하는 아이 사이에서, 젖가슴의 만족을 느끼는 구순 경험과 생물학적 욕구가 충족되는 것을 구별하는 작은 구분 표시가 있을 뿐이다. 어머니의 젖가슴과 아이는 모두 대상 a의 형태이다. 어린아이는 작은 아이l'petit enfant로서의 아이이고, 젖가슴과 대

상 a로서의 아이 사이에는 전체/부분 관계가 존재한다. 어머니의 젖가슴과 아이는 일자의 잔여 또는 나머지$(1+a)$로서 대상 a를 복제하는 상상적 하나를 만든다. 결국 a-a'는 어머니에게 대상 a로서 아이와 대상 a의 관계를 신체 이미지의 총체이자 아이의 반사 이미지의 총체에서 상실된 부분을 표현하게 된다.

젖가슴은 아기에게 거울 이미지에서 환상적 대상에 해당하는 것이고, 신체 이미지에서 상실된 부분이나 빈 부분이 이미지 전체에 해당하는 것이다. 어머니의 환상적 대상의 부재(구멍 또는 빈 자리)가 대타자에 대한 어머니의 욕망을 인식하게 하고, 결국 어머니의 욕망의 기표로서 아버지의 이름을 인식하는 것과 마찬가지로 어머니의 환상적 대상의 존재는 거울 속 아이의 반사적 이미지를 지지하거나 보이지 않게 서 있는 것이다. 라캉은 아이가 아닌 부성적 대상에 대한 어머니의 욕망이 이미지의 여백이나 구멍으로 거울 이미지에서 나타난다고 이론화한다. 이것은 모든 사람이 신체 이미지에서 지니고 있는 욕망 내부의 결여이다. 아이는 더 이상 어머니의 남근적 대상이 아니다. 왜냐하면 부분적 대상은 이제 이상적 자아나 거울 이미지에서 사라지고 대신 대타자와 연결되기 때문이다.

프로이트가 의심스러운 동기로 간주한 것은, 대타자에 대한 아이에게 가정된 선한 본성과, 대타자에 대한 인본주의적 또는 이타적 도덕적 관심보다, 주체를 대타자에게 더 민감하게 만드는 것은 (대상 a의) 상징적 상실과 결여이다. 대타자로부터 인정받고자 하는 욕망 혹은 갈망에 대한 해답은 주체 자신의 욕망에 대한 인식으로 귀결된다. 정신분석은 결코 도덕적 세계관이나 도덕적 재교육 또는 치료의 한 형태로 단순하게 축소된 적이 없으며 결코 환원될 수 없다.

유아가 자신의 폐하($l'a$의 존재)가 되어 환심을 사거나 우쭐해질 때, 이는 아이를 상상적 나르시시즘적 정체성으로 이끌 수 있다. 마찬가지로, $l'a$(the a)는 (아갈마agalma의 형태로) 빛나는 사소하지 않은 공백의 지표이자, 아이의 감사와 만족의 상태를 위한 플랫폼 또는 고원으로서, 아이가 대타자를 향해 매우 고귀하고 용감하게 행동하도록 이끌 수 있다. 어린아이에게서 큰 관대함과 감사의 자발적인 몸짓을 쉽게 관찰할 수 있다. 버릇없거나 못되게 구는 것이 같은 것의 다른 측면으로 기능할 수 없다는 것은 아니다.

앞서 언급한 바와 같이, 라캉의 관점에서 대타자와 공유되는 슬픔으로서의 결여는 현실의 대상을 우발적으로 잃거나 어린 시절의 중요한 인물에 대한 사랑을 상실하는 것뿐만 아니라, 정상적인 발달에서 대상 상실의 결여로부터도 발생한다. 두 경우 모두 상실을 슬퍼하지 않는다. 첫 번째 경우는 환경적 타자를 상실했거나 그들의 사랑을 잃었기 때문에 상실을 슬퍼하지 않는다. 두 번째 경우에는 나중에 부정되는 상실이 발생했기 때문이 아니라 애초에 필요한 구조적 상실이 발생하지 않았기 때문에 슬퍼하지 않는다.

정신분석학에 따르면, 아이는 구순기와 이유기 동안 젖가슴을, 항문기 및 괄약근 조절을 획득하는 동안 대변을, 남성 또는 여성으로서 생식기 및 모호한 성적 정체성을 획득하는 동안 남근을 잃어야 한다. 이는 부분적 대상의 우연적 상실이 아니라 인간 주체성의 발달에 필요한 구조적 상실이다.

정신의학은 슬픔을 병리화함으로써 사람들이 슬퍼하고 싶지 않거나 슬퍼해서는 안 된다고 느낄 수 있지만, 슬퍼하지 않으면 역설적으로 우울증에 걸리기 쉽고, 이것이 조증 방어를 유발할 수 있다. 우울증과 그에 수반되는 조증 방어는 필수적이고 상징적인 현실 대상의 우발적인 상실을 슬퍼하지 않았기 때문에가 아니라, 정상적인 발달 과정에서 발생되는 필수적인 상실을 슬퍼하지 않았기 때문에 촉발될 수 있다.

슬픔을 병리화하는 것은 모든 사람이 행복할 것으로 기대되고 결여와 슬픔의 긍정적이고 건설적인 기능이 설 자리가 없는 후기 자본주의의 인본주의적 소비 사회(즉, 행복의 "과학")와 일치한다. 클로드 레비스트로스Claude Lévi-Strauss(1950)에 따르면, 0zero이 상징적 교환의 균형점인 것과 같은 방식으로 결여, 공허, 슬픔은 정신적 구조의 정상적이고 급진적인 진화의 필수 정동적 구성 요소이다. 0, 남근적 기능, 또는 공허는 남근적 주이상스의 잉여를 제한하고, 잉여를 다른 편리한 형태의 주이상스로 변형시킨다("과잉의 길은 지혜의 궁전으로 이어진다" ── 윌리엄 블레이크William Blake). 그러나 지혜는 첫 번째, 두 번째를 세 번째 주이상스로 변화시키기 위해 부정이 필요하다. 형태 속의 무한 또는 유한은 개인, 가족, 사회를 허무주의와 혼돈으로 이끄는 포스트모더니즘과 신자유주의적 과잉과 문화 내에서의 과잉과는 다르다. 세 번째는 여피족yuppie도 아니고 보수주의자도 아니다.

조울증의 정신분석적 치료와 관련하여 치료에 대한 저항은 증상의 표면보다는 구조에서 이해되어야 한다. 조증 증상은 일시적으로 환자의 통찰 능력이나 증상에 대해 뭔가를 알고자 하는 욕망, 그것에 대해 책임을 지며 증상과의 관계를 변화하려는 욕망을 방해할 수 있다. 그러나 일단 증상이 완화되면, 향후 재발 여부와 치료에 대한 가능성은 증상이 발생하는 구조에 따라 결정된다.

조울증에 대한 라캉의 이해와 관련하여 다음과 같은 관찰이 가능하다. 우선, 라캉은 프로이트가 이전에 했던 것처럼 조울증에 대해 많이 언급하지 않지만, 내 관점에서 이 사실은 중요한 견해이다. 라캉은 조울증에 대해 언급하지 않는다. 그에게 가장 중요한 질문은 다음과 같기 때문이다. 환자의 양극성 장애는 신경증, 도착증 또는 정신증 구조에서 비롯되는 것인가? 조증은 어떤 구조에서도 나타날 수 있는 증상이다.

양극성 장애가 신경증 구조에서 비롯된 경우, 양극성 장애가 있는 사람은 약물 사용 여부에 관계없이 삽화 사이에 안정될 수 있다. 이것은 정신증적 구조를 가진 사람에게는 적어도 심각한 치료 없이는 불가능한 일이다. 더욱이, 신경증 구조의 양극성 장애에서 정신증적 특징은 삽화 동안의 정동의 강도에 의해 좌우된다. 양극성 장애 환자의 기분 변화는 정상 신경증(대부분의 사람들은 신경증이다)의 기분 변화와 연속성을 가지며, 제II형 양극성 장애의 기분 변화와 종종 구별할 수 없는 경계선 성격에서 관찰되는 기분 변화와도 연속성을 갖는다.

성공과 실패, 경쟁의 문제는 특히 현대 자본주의 사회에서 중요한 문제이자 가치이다. 성공 또는 실패, 승패와 관련된 강렬함, 그에 상응하는 의기양양함이나 위축감, 높거나 낮은 자기 존중감은 현대 자본주의에서 주체의 정상적인 경험의 일부이다. 따라서 고통은 인간 조건의 본질적인 측면이다. 사실, 성공(또는 실패)으로 이끄는 목표와 목적을 긍정적이거나 부정적인 자기 존중감의 감정으로부터 분리하는 것은 종종 어렵다. 자신이 좋거나 나쁘다는 생각, 성공하거나 실패했다는 생각, 사랑스럽거나 사랑스럽지 않다는 생각 또는 기분이 좋거나 나쁜, 고양되거나 저조한, 행복하거나 불쾌한 생각은 서로 밀접하게 연결되어 있으며, 이는 정상적인 신경증과 양극성 장애 사이의 연속성을 보여 준다.

또한 라캉 이전의 정신분석 이론은 클라인이 우울증에 대한 조증 방어라고 부른 관점에서 조증에 대한 일관된 사고 방식을 가지고 있다. 그러나 클리닉에서 동일한 기전이나 재현이 항상 관찰되는 것은 아니다. 모든 양극성 장애 환자는 다르며, 서로 다른 이유로 조울증을 경험한다. 일부에게는 순전히 생물학적인 것일 수 있다. 그들은 다른 사람들에게 심각하게 나르시시즘적이며 조증처럼 보이는 방식으로 자신의 과대함을 표현하는 반면, 다른 사람들은 정신증자이며 그들의 정신증은 과대함과 의기양양함을 통해 나타난다(즉 "나는 신이다").

사례

앞에서 설명한 개념을 명확히 하기 위해 짧은 사례를 제시하고자 한다. 이 사례는 명확하게 정의된 양극성 장애 병력이 있는 31세 백인 남성의 사례이다. 입원 인터뷰에서 그는 첫 번째 조울증이 일주일 동안 지속되었으며, 십대 시절에 발병하여 몇 달 동안 입원했다고 보고했다. 그의 마지막 주요 조증 삽화는 심리치료를 시작하기 몇 년 전이었고 분명한 증상이 몇 개월 동안 지속되었다. 그 기간 동안 그는 도취된 상태, 수면 욕구 감소, 빠른 사고와 약간의 망상적 사고를 경험했다. 그는 또한 몇 번의 싸움을 했고 대부분의 돈을 썼다. 그는 약물 복용을 중단하고 자신의 빠른 사고 전개를 알코올로 자가 치료했다.

환자는 심리치료를 시작했고 계속해서 약물 복용을 거부하여 대신 하루 3시간의 운동으로 조증을 관리하기로 결정했다. 일주일에 두 번 만나는 여자 친구에게도 많은 응원을 받았다고 했다. 그는 치료를 시작한 지 얼마 되지 않아 구타를 당함으로써 정신과 응급실에 갔고 두개골절이 발견돼 이마에 판을 삽입해야 했다. 그는 두개골절 치료로 한 쪽 귀에서 다른 쪽 귀까지 꿰매야 했다. 그가 기억하는 유일한 것은 술집에서 술에 취해 경비원과 말다툼을 한 것이다.

이 환자가 모든 과정을 마쳤지만 학위를 취득하지 못한 똑똑한 철학과 학생이었다는 것이 흥미롭다. 그는 체육관에서 일했고 주말에는 요리사로 일했다. 그의 개인사는 심각한 기분 변화, 불안정한 관계, 학교 및 직장에서의 저조한 성과들로 가득 차 있었다.

심각한 고통 속에서 그는 벽과 바닥이 움직이고 건물이 구부러지는 것과 같은 이상한 지각 경험을 보고했다. 폐쇄된 공간에서 그는 벽에 구멍이 뚫려 있고 그 아래에는 13층이 있다고 생각했다. 그는 또한 자신의 신체에서 지각 인식 능력이 제거되어, 자신이 방의 가구 중 하나인 것처럼 느끼는 유체 이탈 경험을 보고했다. 조울증이 있는 동안 환자는 도취적인 기분, 자신이 신이라는 과대한 생각, 강압적인 말, 수면 부족을 설명했다.

치료 초기에 환자는 약의 복용을 원하지 않았을 뿐만 아니라 고통과 자신의 증상을 좋아한다고 말함으로써 치료 노력의 전반에 의문을 제기했다. 그의 증상은 자아 이조적ego-dystonic 상태가 아니었다. 그의 '건강이 질병보다 낫다'는 가치관은 그가 참여하고 싶지 않은 부패한 사회 시스템의 징후라고 설명했다. 그래서 그가 왜 치료를 받으러 왔는지에 대한 의문이 생겼다. 그가 원하는 것은 무엇이며, 무엇을 찾고 있는가?

환자는 이러한 질문에 아무 대답도 할 수 없었지만, 심리치료자는 사회적 건강 가치에 대한 그의 거절에 이어 환자에게 말했다. "바닥이 당신 아래로 움직이거나 벽이 물처럼 물결을 칠 때 당신은 신경을 쓰지 않습니다." 환자는 그 시점에서 증상이 나타나기 시작했고 무척 괴로워했다. 심리치료자는 환자가 이전에 말한 것을 뒷받침하여 말을 이어 나갔다. "때로는 물건이 가만히 있을 수 있고 때로는 사람처럼 움직일 수 있습니다." 심리치료자가 이렇게 말하자, 환자의 증상은 1분 전에 나타났던 것처럼 사라졌다. 이 중재를 통해 환자의 정신 상태에 즉각적인 이익이 있다는 점에서 치료적 관계가 강화되었다. 환자는 증상으로 인한 고통을 변호하거나 치료의 가치에 의문을 제기하는 입장으로 다시는 돌아오지 않았다. 이 환자는 증상에서 지식을 적출하고 증상의 산물로서 생톰sinthome이 되는 길을 잘 가고 있었다.

환자의 아버지는 그가 어렸을 때 자살했다. 어머니가 아버지를 떠나려던 참에 아버지가 스스로에게 총을 쏘았다. 환자는 아버지를 인생의 실패자로 보았고 그와 가까이 하지 않았다. 아버지는 문맹이었다. 어머니에게 아버지의 자살은 안도감을 주었다. 그의 어머니는 재혼했지만, 그는 20년을 함께한 새아버지와 단 한 번도 친했던 적이 없었다. 그는 그녀 자신의 낭만적인 삶과 아버지의 죽음에 대한 상세한 사항을 너무 많이 공유한 어머니를 비난했다. 환자는 그녀를 좋은 보호자이지만, "문지기"에 지나지 않으며 무엇보다 화를 잘 내고 그다지 애정이 없는 사람으로 묘사했다.

진단(DSM-IV)

축 I   정신병적 증상이 있는 제1형 양극성 장애, 현재 우울, 알코올 남용, 광장 공포증이 없는 공황 장애

축 II   경계선 성격장애

축 III   복합적 두뇌 손상

축 IV   사회 환경 및 경제 문제와 관련된 문제들

축 V   기능 평가GAF: 50

DSM-5 진단에는 축의 구분과 기능 평가가 없다. 광장 공포증과 공황 장애는 이제 별도의 진단이다. 그러나 여기서 우리가 가장 관심을 갖는 부분은 동일하게 유지될 양극성 장애의 진단이다. 아마도

이것은 우리가 불안한 고통을 특수화하는 사람을 추가하는 경우일 것이다. 분명히 DSM-5 지침에 따라, 이 진단은 양극성 진단 기준의 일부가 아닌 불안 증상이 있는 환자를 식별하기 위한 것이다. 진단 범위를 좁히려고 노력하는 방법에 관계없이 여전히 고려해야 할 사항이 많이 있다.

환자가 처음에 약을 거부했고, 약을 먹으면 기분이 더 나빠지고, 약을 복용할 때 생각할 수 없고, 모든 동기를 빼앗아 갈 것이라고 말한 점에 주목할 필요가 있다. 심리치료자는 그가 자기와 비자기 사이의 연속체는 정상이라는 것의 이해를 도왔지만, 그의 경우에는 그 둘을 구별하는 능력도 부족했다. 치료자는 또한 이러한 발달적 성취를 어머니와의 관계의 산물로서 신체 이미지 및 이상적 자아와 연결했다. 환자가 개입에 대한 반응을 보였다는 사실은 흥미롭다. 그의 성격을 치료하는 것은 그의 양극성 증상에 도움이되었다. 그는 또한 자신의 욕망의 질문에 대해 말할 수 있었다.

세션에서 그는 가끔 정신병적 증상을 보고했음에도 불구하고 언어 장애나 느슨한 연상을 보이지 않았다. 그는 은유를 잘 사용하고, 자신의 꿈과 연관시킬 수 있었고, 자신의 망상을 어느 정도 통찰할 수 있었다. 이전의 모든 것을 고려하면, 환자는 정신병적 증상, 기분 변화, 알코올 남용을 동반한 신경증 구조에 대한 라캉식 진단을 받을 수 있다.

치료의 도움으로, 환자는 조증이 우울증에 대한 방어라는 것을 받아들일 수 있었다. 그는 슬픔과 우울증의 차이를 인식했고, 십대에 아버지가 돌아가셨을 때 '감정이 없었다'는 사실을 깨달았다. 그런 다음 그는 몇 년 후 우울증에 걸리고, 첫 번째 조증이 발생했다고 회상했다. 치료 과정에서 환자는 방어로서의 강박적인 법 위반을 사용했다. 그는 일을 시작하는 것과, 노숙자가 되어 도서관에서 공부하며 하루를 보낼 생각 사이에서 갈등했다. 안정되고 싶은 욕망은 우선 여자 친구의 욕망이었고, 그는 그것을 따르고 거부하기를 번갈아 가며 반복했다. 따라서 우리는 그가 도착증적 구조 없이 반사회적 특성의 증상을 갖고 있음을 관찰할 수 있다.

사례의 논의

프리다 프롬-라이히만(Fromm-Reichmann, 1953)의 조울증 환자에 대한 대인관계 연구 및 치료에서, 그녀는 조울증을 앓고 있는 환자의 가족을 특징짓는 것처럼 보이는 중요한 부모-자녀 상호 작용을 관찰한다. 주요 우울증 환자의 병력 결과와 일치하게, 그들은 어린 시절에 상당한 환경적 손상을 겪었다. 일부 환자가 상실을 겪고 주요 우울증이 발생하지 않는 이유, 또는 일부 사람들이 상실을 겪고 주요 우울증이 발생하지만 조증 삽화/방어가 발생하지 않는 이유는 아직 명확하지 않다.

프로이트의 상보적 계열 이론theory of the complemental series을 따르면, 환경적 트라우마 요인만으로는 증상이나 그 문제에 대한 구조를 생성하기에 충분하지 않다. 오이디푸스의 구조는 문제의 가족력과 내러티브만큼 중요하거나, 그보다 더 중요할 수도 있는 요소이다. 게다가 두 계열은 다양한 방식으로 상호 작용할 수 있다.

예를 들면, 환자는 너무 약해서 어머니-아이 양자에게 중요한 영향을 미치지 못하는 아버지의 가족 관계 실패로 인해 어머니의 오이디푸스적 상실을 슬퍼하지 않았을 수 있다. 아버지는 가족 내에서 가족을 부양하는 사람으로서 형편없었을 뿐만 아니라 가장으로서 그의 실패는 지역 사회 내에서 가족의 지위와 고립에 영향을 미쳤을 수 있고, 이는 환자의 가족과 일치하는 결과임을 프롬-라이히만은 밝힌다.

그렇다면 질문은 다음과 같다. 왜 조증에 대한 추가 경향이 있는가? 이 피분석자는 특히 아버지가 사망했을 때 아버지를 대신할 정도로 가족에서 '더 큰greater' 역할을 하기 위해 어머니의 '왕자'로서 역할했을 수 있다. 어머니는 아버지와의 문제 상황을 해결하기 위해 아들을 개입시켰을 수 있다. 환자는 또한 프로이트가 죽은 적/아버지의 신체에 대한 승자의 춤을 묘사한 것처럼, 아버지의 자살을 개인적인 승리와 전투에서의 승리로 경험했을 수 있다. 환자의 직업 윤리의 장애는 아버지의 동일한 장애와 동일시되고, 아버지가 대표하고 아들이 도전한 열악한 모범과 권위의 연장선으로 볼 수도 있다. 환자는 아버지의 자살로 인해 현실에 의문을 품고 사람들을 불신하게 되었다고 말했다.

결론

라캉의 위상학은 진단 절차를 개선하는 과정에서 많은 이점을 제공할 수 있다. 라캉과 프로이트가 사람의 구조를 정신증, 도착증, 신경증 구조로 구분한 것은 질병 분류학적 관점에서 흥미로운 관점을 제시한다. 표면적 수준뿐만 아니라 무의식, 오이디푸스, 가족 구조에도 존재하는 이 세 가지 진단 범주 사이에는 명확하게 정의된 차이가 존재한다. 주체가 언어와 관련된 방식, 그리고 가장 중요한 것은 그들의 사회적 연결의 특성이다.

이러한 분류는 우리가 클리닉과 기초 연구에서 관찰하는 것과 더 밀접하다. 이 장에서는 환자의 정신적 구조, 표면에 나타나는 증상에 대한 설명, 작용할 수 있는 유전적 및 환경적 요인을 고려하여 환자를 진단할 것을 제안한다. 이러한 접근 방식은 특정 주체에 대해 더 개별화되고 진실될 것이라는 약속을 담고 있다. 또한 좀 더 효과적인 방식으로 치료적 개입을 조정하는 데 도움이 된다. 가장 중요한 것은 더 나은 예후와 치료 계획을 가능하게 하는 점이다.

참고문헌

Abraham, K. (1911). Notes on the Psycho-Analytical Investigation and Treatment of Manic-Depressive Insanity and Allied Conditions (1911)137. In: *The International Psycho-Analytical Library.* ed. E. Jones. London: Hogarth Press, 1927.

Alliance of Psychoanalytic Organizations (2006). *Psychodynamic Diagnostic Manual.* Maryland:

Silver Springs.

American Psychiatric Association (2013). *Diagnostic and Statistical Manual of Mental Disorders* (Fifth Edition). Arlington, VA: American Psychiatric Publishing.

Benedict, R. (1935). *Patterns of Culture.* London: Routledge, 1961.

Bion, W. R. (1967). *Second Thoughts: Selected Papers on Psychoanalysis.* Northvale, NJ: Jason Aronson, 1993.

Braunstein, N. (2012). *El Inconsciente, la Tecnica y el Discurso Capitalista.* Mexico: Siglo Ventiuno.

Craddock, N. and Owen, M. J. B. (2010), *Journal of Psychiatry,* 196, 92–95.

Dali, S. (1935). The Conquest of the Irrational. https://archive.org/stream/DaliConquest Irrational/412994-Dali_ReducedPDF_djvu.txt.

Dichter, G. S., Damiano, C. A. and Allen, J. A. (2010). Reward circuitry dysfunction in psychiatric and neurodevelopmental disorders and genetic syndromes: animal models and clinical findings. *Journal of Neurodevelopmental Disorders,* 4, 19, 2012.

Dor, J. (1987). *The Clinical Lacan.* New York: Jason Aronson, 1997.

Fenichel, O. (1945). *The Psychoanalytic Theory of Neurosis.* New York: Norton.

Fink, B. (1997). *A Clinical Introduction to Lacanian Psychoanalysis.* Cambridge: Harvard University Press.

Freud, S. (1900). *The Interpretation of Dreams.* New York: Avon Books, 1965.

_____ (1911). Psychoanalytic Notes Upon an Autobiographical Account of a Case of Paranoia (Dementia Paranoides). In: *Three Case Histories.* ed. P. Rieff. New York: Collier Books.

_____ (1917). Mourning and Melancholia. *SE,* 14, 239–258.

_____ (1930). *Civilization and Its Discontents.* New York: Norton, 1962.

Fromm-Reichmann, F. (1953). An Intensive Study of Twelve Cases of Manic-Depressive Psychosis. *Psychiatry,* 17 (2), 103–137, 1954.

Guntrip, H. (1973). *Psychoanalytic Theory, Therapy, and the Self: A Basic Guide to the Human Personality.* ed. E. Freud, S. Klein, H. Fairbairn and W. Jacobson. New York: Basic Books.

Haslam, J. (1809). *Observations on Madness and Melancholy.* London: J. Callow, Medical Bookseller.

Haustgen, T. and Akiskal, H. (2006). French Antecedents of 'Contemporary' Concepts in the American Psychiatric Association's Classification of Bipolar (Mood) Disorders. *Journal of Affective Disorders,* 96, 149–163.

Heidegger, M. (1969). The End of Philosophy and the Task of Thinking. In: *Basic Writings* (Revised and Expanded Edition). trans. D. F. Krell. London: Harperperennial, 2008.

Jung, C. (1960). *The Structure and Dynamics of the Psyche*. Princeton: Princeton University Press.

Klein, M. (1935). A Contribution to the Psychogenesis of Manic-Depressive Sates. In: *The Writings of Melanie Klein*. ed. R. Money-Kyrle (Volume 1, pp. 262–289). New York: The Free Press, 1984.

Kraepelin, E. (1921). *Manic-Depressive Insanity and Paranoia*. Edinburgh: Livingstone.

Lacan, J. (1945–1955). *The Seminar. Book II*: The Ego in Freud's Theory and in the Technique of Psychoanalysis. trans. S. Tomaselli. New York: Cambridge University Press, 1988.

_____(1957–1958). *The Seminar of Jacques Lacan. Book V: Formations of the Unconscious*. ed. J. A. Miller, trans. R. Grigg. Cambridge: Polity Press.

_____(1961). Remarks on Daniel Lagache's Presentation: 'Psychoanalysis and Personality Structure'. In: *Écrits*, ed. J. Lacan and J. A. Miller (pp. 543–574). New York: W. W. Norton, 2006.

_____(1966–1967). *The Seminar of Jacques Lacan. Book XIV: The Logic of Phantasy*, trans. C. Gallagher from Unedited French Manuscripts. http://www.lacaninireland.com/web/translations/seminars. Accessed November 30, 2019.

_____ (1969–1970). *Seminar XVII: The Other Side of Psychoanalysis*. New York: Norton, 2007.

_____(1971–1972). *The Seminar of Jacques Lacan. Book XIX*. ed. J.-A. Miller. Cambridge: Polity Press, 2018.

_____(1975–1976). *The Seminar of Jacques Lacan. Book XXIII: The Sinthome*. ed. J. A. Miller. Cambridge: Polity Press.

Laing, R. D. (1968). *The Politics of Experience*. London: Penguin Books.

Lévi-Strauss, C. (1950). *Introduction to the Work of Marcel Mauss*. trans. F. Baker. London: Routledge, 1987.

Moncayo, R. (2008). *Evolving Lacanian Perspectives for Clinical Psychoanalysis*. London: Karnac.

_____(2017). *Lalangue, Sinthome, Jouissance, and Nomination: A Reading Companion and Commentary on Lacan's Seminar XXIII*. London: Karnac.

Moncayo, R. and Romanowicz, M. (2015). *The Real Jouissance of Uncountable Numbers: The Philosophy of Science within Lacanian Psychoanalysis*. London: Karnac.

Pinel, P. (1806). *A Treatise on Insanity*. Translated from French by D. D. Davis. New York: Published under the Auspices of the Library of the New York Academy of Medicine by Hafner Publishing Co., 1962.

Vanheule, S. (2014). *Diagnosis and the DSM: A Critical Review.* London: Palgrave Pivot.

Verhaegue, P. (2004). *On Being Normal and Other Disorders.* New York: Other Press.

von Uexküll, T. (1987). The Sign Theory of Jakob von Uexküll. In: *Classics of Semiotics.* ed. Krampen (pp. 147–179). New York: Plenum.

Winnicott, D. (1963). Communicating and Not Communicating Leading to a Study of Certain Opposites. In: *Reading Winnicott.* ed. L. Coldwell and A. Joyce. London: Routledge, 2011.

웹사이트

http://thenewinquiry.com/essays/book-of-lamentations. Sam Kriss, accessed July 5, 2020

www.nature.com/news/mental-health-on-the-spectrum-1.12842. Craddock and Owen, 2010

https://archive.org/stream/DaliConquestIrrational/412994-Dali_ReducedPDF_djvu.txt

2장

욕망의 그래프에서 의미화의 연쇄(들)

소개

이 장은 라캉의 유명한 욕망 그래프에 관한 다양한 의미를 탐구한다. 이 장은 라캉(1966)『에크리*Écrits*』의 유명한 논문인「프로이트적 무의식에서 주체의 전복과 욕망의 변증법」에서 제시한 사고에 크게 의존하지만, 나는 이 그래프에서 실재 무의식에 대한 라캉의 후기 개념을 비롯한 그의 이론의 대부분이 포함되어 있다고 믿는다.

　욕망의 그래프에 대한 이 장의 내용은 라캉의 후기 작업의 이점 없이 상징계를 중심으로 한 라캉의 초기 작업에 의존하는 욕망의 그래프의 다른 해석들(Edelstein[2009]; Quinet[2018])과 차이가 있다. 후기 라캉에서 보로메오 매듭을 함께 묶는 것은 상징계라기보다는 실재와 생톰이다. 또한 욕망과 말의 비양립성은 주이상스로 변환되는 반면, 말이 없이는 욕망이 아닌 것으로 이해된다. 마지막으로, 주이상스에는 세 가지 형태가 있고, 세 번째 형태의 주이상스에는 더 이상 불편한 것으로 인식되지 않는 세 가지 형태가 있기 때문에, 주이상스는 더 이상 한 종류만의 불편한 것(대타자의 주이상스)이 아니다.

그래프는 욕망과 법, 욕망과 대타자의 욕망, 기표와 주체와 코드 사이, 욕망과 주이상스와 충동 사이의 관계를 나타낸다. 그래프는 촉진, 구두점, 순환 반복과 이를 벗어나는 선의 상승과 하강 구조로 구성할 것을 제안한다. 충동을 넘어서, 주체는 '나는 대타자에게 무엇을 원하고, 대타자는 나에게 무엇을 원하는가?'라고 묻는다. 이러한 질문은 수사학적이지 않다. 우리가 무엇을 하든 완전한 답을 결코 찾을 수 없기 때문이고, 주로 질문에 답이 숨겨져 있기 때문이다. 다시 말해, 욕망은 본질적으로 [주체의] 욕망과 대타자의 욕망 사이의 고리와 관련되어 있다. 우리는 라캉에게서 욕망이 무의식적이고 법과 분리될 수 없다는 것을 배운다. 그는 또한 욕망을 기술하는 것이 불가능함에도 불구하고 ─ 욕망의 기표는 결여된 기표이기 때문에 대타자는 욕망을 재현하는 기표들을 결여하고 있다 ─ 욕망은 수학적 그래프 이론의 도움으로 표현될 수 있다고 주장한다.

그래프 이론은 환상, 이상적 자아, 자아 이상, 충동, 대타자 결여의 기표, 의미화 연쇄, 그리고 기표의 보고와 같은 많은 라캉의 개념들을 한 그림에 배치한다. 그래프에서 가장 표현하기 어려운 부분은 거세 '너머' 남근의 비-존재non-existence와, 대타자와 기표들의 배열 안에 상실된 실재와 대타자 주이상스 주체의 생각할 수 없는 존재이다.

그래프와 질문들

그래프 이론은 대상들 간의 쌍-위치 관계를 모델링하기 위해 수학적 구조를 사용한다. 그래프는 '꼭짓점' 또는 '절점'과 이들을 연결하는 '가장자리'라고 하는 선으로 생성된다. 욕망의 그래프에서 꼭짓점 또는 절점은 상징적 공식을 포함하는 원들이다. 나는 **수학소**$_{math-eme}$[1]라는 용어가 1970년대 초까지 라캉(1971–1972)에 의해 소개되지 않은 것을 이해하지만, 1957년에 도입된 그래프의 상징적 공식은 이 장에서 충동에 대한 수학소($\$\langle\rangle D$) 및 환상에 대한 수학소($\$\langle\rangle a$)와 같이 수학소로 언급될 것이다.

그래프와 관련하여 제기되는 첫 번째 질문은 다음과 같다. 라

---

1 수학소$_{mathème}$, matheme는 라캉이 레비스트로스의 신화소mytheme, 즉 신화 체계의 기본 구성 요소를 나타내기 위해 고안한 용어에 착안하여 '수학mathematics'이라는 단어에서 유래시킨 신조어이다. 수학소는 라캉의 대수학ALGEBRA의 일부이다. 라캉은 『에크리』에서 수학소를 "초월적 기표들이 아니다. 그것들은 절대적 의미작용의 지표들이다"(Evans, 1996, p. 108)라고 주장한다. 또한 그것들은 "말해진 것이 대수학의 형태로 붙잡혀 있는 동안 계속 허용될 수 있는 다중성, 즉 수많은 다른 독해가 가능하도록 창출된 것이다"(p. 108)라고 설명한다.

수학소라는 용어는 1970년대에 라캉에 의해 소개되지만, 그 출발은 1957년 욕망의 그래프이고, 대표적으로 환상의 수학소($\$\diamondsuit a$)와 충동의 수학소($\$\diamondsuit D$)이다. 이 두 가지 수학소간의 구조적 병행관계는 둘 다 하나의 마름모, 라캉이 각인poinçon이라고 부르는 ◇ 기호에 의해 접속된 두 개의 대수적 기호로 구성되고 괄호로 쌓여 있다. 이 ◇는 두 개의 기호들 사이의 관계를 상징해 주는 것으로서 "포함envelopment-전개development-연접conjunction-이접disjunction"(p. 108)의 관계를 내포하고 있다.

라캉의 이론에서 수학소의 사용은 독자로 하여금 정신분석적 개념을 직관적으로나 상상적으로 이해하는 것을 막기 위해 고안된 것이다. 수학소는 이해되기 위한 것이 아니라 사용되기 위한 것이다. 이러한 수학소의 사용은 라캉 정신분석 이론의 형식적 핵심을 구성하고 있다. Evans, D. (1996). *An Introductory Dictionary of Lacanian Psychoanalysis*. New York: Routledge, pp. 108–109.

캉은 어떻게 그리고 왜 욕망을 그래프라는 수학적 용어로 공식화하는가? 레온하르트 오일러Leonhard Euler는 쾨니히스베르크의 다리 문제[2]에 대한 해법을 찾기 위해 수학에서 그래프 이론을 발명한다. 오일러는 그래프 이론을 통해 이 문제를 푸는 것이 불가능하다는 것을 증명하고, 그래프 자체가 해법이라는 것을 증명할 수 있었다. 라캉의 욕망의 그래프에 대해서도 동일한 말을 할 수 있는가? 이 그래프는 인간의 욕망의 문제 — 행복과 고통의 문제 — 에 해결책이 없거나 해결책이 불가능하다는 것을 증명하는 것인가? 그렇다면 프로이트가 원하고 믿었던 것처럼, 우리는 정신분석에서 치료, 치료법 또는 증상의 해결에 대해 여전히 말할 수 있는가?

둘째, 그래프에서 욕망의 소문자 'd'가 그렇게 낮은 윤곽을 나타내고 있는데 왜 라캉은 이 그래프를 '욕망의 그래프'라고 부르는가? 라캉은 그의 그래프에서 욕망 이외의 여러 개념들을 논의하고 있다. 그는 환상, 충동, 이상적 자아, 자아 이상, 대타자의 결여 기표, 의미화 연쇄, 기표의 보고 등에 대해 이야기한다. 그렇다면 그는 왜 그것을 욕망의 그래프라고 이름 붙이는가?

마지막으로, 나는 라캉이 그래프에서 여러 다른 수준이나 층을 그리는, 그리고 최상부 수준에 선을 그리기로 결정한 이유에 대

---

2 레온하르트 오일러(Leonhard Euler, 1707-1783)는 스위스 바젤 출신의 수학자, 물리학자, 천문학자, 논리학자, 공학자이다. 1735년 프로이센의 쾨니히스베르크에는 프레겔 강이 흐르는데, 이 강에는 두 개의 큰 하중도와 이 독특한 지형의 강을 건너기 위한 일곱 개의 다리가 있다. 이때 일곱 개의 다리를 한 번씩만 건너면서 처음 시작한 위치로 돌아오는 길이 존재하는가 하는 문제가 바로 쾨니히스베르크의 다리 문제였고, 오일러는 '그래프 이론'을 통해 그러한 길이 존재하지 않음을 증명한다.

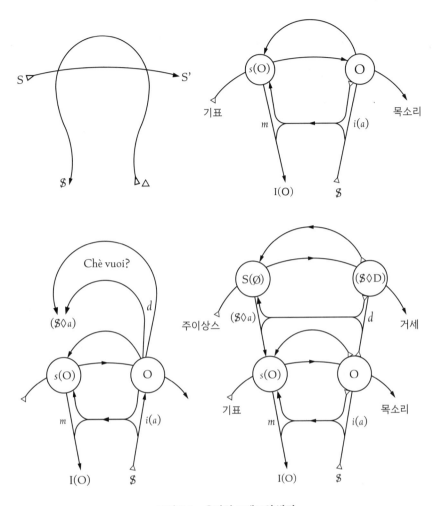

그림 2.1 욕망의 그래프의 발전

출처: Lacan, 1966. 이 그림은 라캉의 욕망의 그래프에서 내가 프랑스어 Autre의 대문자 A를 Other의 대문자 O로, autre의 소문자 a를 other의 소문자 o로 변경한 것이다.

해, 겉으로 단순해 보이는 질문을 던지고 싶다. 나는 최상부층의 선이 라캉에게서 '거세의 암반' 너머의 장소를 표현하는지, 브루스 핑크Bruce Fink(1995)가 제안한 것처럼 "유토피아적 순간utopian moment"인지, 내가 이전 장에서 언급한 메타노이아와 같은 것으로 볼 수 있는지에 대한 질문이 남는다. 신경증 너머, 상상적 결여 너머, 거세의 암반 너머의 유토피아적 장소는 노-플레이스no-place 또는 '유토피아u-topia'를 가리킨다. 이 텅 빈 장소는 상징계에서는 상실된 것으로 보이지만, 실재에서는 신경증 너머의 넷의 매듭을 묶어 주는 자비로운 형태의 주이상스로서 '탈존'한다.

그래프의 첫 번째 수준

그림 2.4는 라캉이 1957년 『세미나 5: 무의식의 형성물Formations of the Unconscious』에서 개발하기 시작한 욕망의 그래프의 진화를 보여 준다. 유전적 또는 생물학적 의미에서 각 그래프를 발달 단계로 간주하는 것은 잘못이다. 이것은 결코 라캉의 의도가 아니다. 각 버전을 욕망이 키워드인 욕망의 그래프를 구성하는 과정의 한 단계로 보는 것이 더 낫다. 소급성은 욕망의 그래프에 포함된 논리의 일부이기 때문에, 우리는 라캉을 소급적으로 완성된 그래프에서 첫 번째 그래프로 읽으면서 이해할 수도 있다. 소급성은 S→S′ 방향으로 가는 선에 표시될 수 있으며, 마지막 단어와 구두점의 결과로 S′→S로 이동하는 것으로도 읽을 수 있다.

첫 번째 그래프에서 라캉은 이미 1957년에 두 개의 선 또는 모서리를 그렸고, 의도 또는 언어로 표시된 주체의 선(Δ에서 \$로, 욕

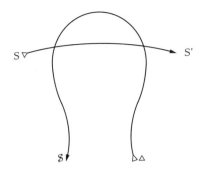

그림 2.2   의미화 연쇄 S→S'

구에서 분열된 주체로)과 의미화 연쇄(S→S')를 명명한다. 라캉은 Δ에서 \$로 가는 선은 공간의 궤적 또는 장소이고, S→S'는 시간에서 절분을 나타낸다고 말한다. 여기서 Δ[욕구]는 시공간의 특정 장소에서 태어난 '전주체'를 재현하며 S→S'로 표상되는 기표의 개입으로 시간이 분할된다[그림 2.4의 두 번째 그래프에서, 이것은 s(O)→(O)로 기록된다]. 주체에 대한 빗금이 생성하는 상실은 욕망을 구성할 결여를 생성하는 것을 돕는다. 따라서 우리는 그래프가 욕망의 그래프라고 불리는 이유에 대한 두 번째 질문의 첫 번째 답을 얻는다. Δ에서 \$로의 경로는 욕망의 벡터인 반면, S→S' 의미화 연쇄는 욕망을 발생하는 데 도움이 되는 기표의 법칙에 의해 생성된 절단이다.

그러나 의미화 연쇄가 '전주체'의 몸을 빗금치고, 주체를 해석학적 금지의 순환으로 규정하고 가둔다면 욕망이 어떻게 만족을 바라겠는가? 법은 욕망을 가능하게도, 불가능하게도 만든다. 법은 대타자의 주이상스와 어머니와의 융합을 금지함으로써 욕망과 남근 적 주이상스를 가능하게 한다. 동시에 금지는 욕망의 금지된 대상 (오이디푸스적 어머니/아버지)에 대한 고착을 낳고, 그것은 불가능 해진다. 인간의 욕망이 삶과 그것을 나타내는 욕망의 그래프 안에 서 직면한 수수께끼를 해결하기 위해 주체가 선택할 수 있는 선택 지를 살펴보자.

욕망의 그래프는 한편으로는 주체와 무의식의 대타자(무의식 적 욕망의 벡터) 사이의 단어와 기표의 교환으로, 다른 한편으로는 사회적 연결[$s(O) \rightarrow (O)$]의 한 형태로서 말과 담론의 측면에서 주 체와 사회적 타자 사이의 교환으로 읽을 수 있다.

그래프를 의식과 전의식/무의식 사이의 정신 내적 언어적 교 환으로 읽으면, 욕망의 벡터(Δ에서 \$로)는 (대타자의) 무의식적인 욕망 또는 언표행위/말의 무의식적 주체를 표상하고, $S \rightarrow S'$는 언표 주제를 표상한다. 이어지는 예에서 욕망의 벡터는 '나는 아기를 갖 기를 원한다'라고 하고 그 언표는 대타자에게 '나는 아기를 가질 예 정이다'라고 말한다. 전체 그래프에서 욕망과 관련된 정신 내적 의 도성의 선은 무의식적 욕망, 충동의 요구, 그리고 대타자 내에서 결 여의 기표로서 대타자의 욕망을 재현하는 그래프의 가장 상부(꼭 대기)까지 진행한다.

언표 또는 봉합지점the point de capiton 또는 고정점/누빔점의 $S \rightarrow S'$ 는 주체/기표를 대타자와, 그리고 메시지를 코드와 묶어 주고, 고정 된 의미의 착각을 제공하기 때문에 '버튼 타이the button tie'라 불린다.

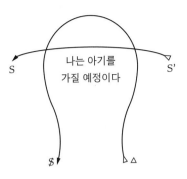

그림 2.3 언표 주체를 표상하는 S'→S

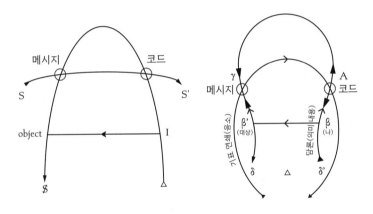

그림 2.4 봉합지점 또는 고정점/누빔점 – 버튼 타이

그래프의 두 번째 수준

두 벡터 또는 선 사이의 관계를 읽는 두 번째 방법은 주체상호적 의
사소통 (오류) 또는 대화로 보는 것이지만, 이는 두 번째 교차를 필
요로 한다.

나는 이전에 두 개의 그림을 사용하여 기본 그래프에서 설명된 개념을 진전시킨다. 두 그래프 모두 코드로 이동하는 메시지를 보여 준다. 분열된 주체가 말하는 존재가 되면, 주체는 코드의 법에 따라 욕망과 말의 메시지를 발생시킨다. 말의 메시지는 주체의 사회적 의도를 드러내고, 주체가 사회적 규범에 따라 행동할 가능성을 예측한다.

이 예의 주체가 보수적인 부모에게 아이를 갖게 될 것이라고 말하는 16세 소녀라고 상상해 보자. 또는 다른 예로 오랫동안 아이를 갖는 꿈을 꿔 왔고 지난 5년 동안 남편과의 사이에서 임신하려고 노력해 온 40대 여성을 상상해 보자. 마침내 자신이 임신했다는 사실을 알게 된 그녀는 그 사실을 남편과 공유한다. 첫 번째 시나리오와 두 번째 시나리오에서 코드나 표준의 적용은 다르지만 메시지는 동일하다.

따라서 메시지와 코드라는 두 가지 교차 지점이 있다. 그것들은 대칭적인 것처럼 보이지만 의도된 것은 아니다. 코드CODE[3]는 기표들의 보고, 대체의 장소나 공간이고, 메시지MESSAGE는 의미작용이 완성되는 순간(하나의 리듬)이다. 이 단순화된 그래프 버전은 주

---

3 라캉의 『에크리』, 「프로이트적 무의식에서의 주체의 전복과 욕망의 변증법」 논문에서 그래프 2를 설명하는 가운데, 대타자와 코드를 다음과 같이 언급한다. "A라고 표시된 것은 기표들의 보고의 장소이다. 그것은 코드the code가 아닌데, 하나의 기호와 하나의 사물 간의 일대일 대응을 이루는 것이 아니라, 기표는 공시적이고 가산적인 집합체에 의해 구성되며 그것들은 타자들과의 대립에 의해서만 지탱되기 때문이다"(Lacan, 2006, p. 682). Lacan, J. (1966). The Subversion of the Subject and the Dialectic of Desire in the Freudian Unconscious. *Écrits*. trans. B. Fink, NY: W. W. Norton & Company, 2006, pp. 671-702.

체와 의미 간의 관계를 설명하는 데 도움이 된다.

코드의 대타자와 무의식의 대타자는 각각 법과 코드의 대타자, 대타자의 욕망, 무의식적 욕망의 대타자를 표상한다. 코드의 대타자는 기표들 사이의 관계를 명료화하는 의미작용의 법(칙)에 대한 주체의 종속을 표상한다. 언어의 법칙은 서술적인 의미에서 무의식적이며, 동시에 프로이트가 꿈에서 무의식적 검열의 기능이라고 부른 것과 동일하다. 즉, 코드와 검열은 무의식적 억압력an unconscious repressive force의 측면으로 간주된다.

물론 무의식은 프로이트와 라캉에게서도 억압된 욕망의 힘과 연관되어 있다. 라캉의 '대타자의 욕망'과 '욕망은 대타자의 욕망'이다(1964)라는 용어는 무의식적인 욕망과 주체의 어린 시절의 중요한 인물들의 욕망을 모두 가리킨다. 라캉의 이론에서, 그리고 함축적으로 프로이트의 무의식에서 무의식적 욕망과 무의식적 억압은 상호적 연좌 관계 ― 법 없이 욕망을 가질 수 없고 욕망 없이 법을 가질 수 없다 ― 를 갖기 때문에 대타자는 코드와 무의식적 욕망 모두를 표상한다.

명확성을 기하기 위해 이 장에서 사용할 기본 용어를 다음과 같이 정의한다. 여기서 S→S'는 의미화의 연쇄와 환유, 또는 기표와 기의의 관계를 의미한다. $s(O) \rightarrow O$는 메시지 또는 내러티브와 기표들 또는 코드의 배열 내에서 그 의미 사이의 관계를 나타낸다.

『에크리』에서 라캉(2006a)은 다음과 같이 말한다.

현대 정보 이론의 안이함은 이미 대타자의 코드라는 것을 제외하고는 코드에 대해 말할 수 없다는 것을 잊고 있다는 사실이다. 하지만 메시지에서는 그와 전혀 다른 문제가 제기되는데, 주체는 메시지에 기반해 자신이 구성되고 자신이 보내는 메시지조차도 대타자로부터 수신하기 때문이다(p. 683).

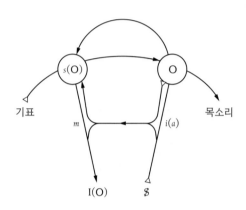

그림 2.5   소급 효과가 있는 언어적 의미화 연쇄의 첫 번째 도식

따라서 라캉은 주체가 타자/대타자로부터 자신의 메시지를 전도된 형태로 되돌려 받는다고 말한다. 이것은 의미 또는 그들의 언표가 대타자로부터 돌아올 때까지 주체가 그들이 말하는 것을 실제로 알지 못한다는 것을 의미한다. 여성이 '나는 아기를 가질 예정이다'라고 말할 때, 그녀의 문장은 이전의 그래프에서 $s(O)$로 표시된 지점에서 소급을 거쳐 구두점에 도달한다. 아래쪽 선[$i(a)$ → ego or moi]에 주의를 기울이지 않고 개요를 먼저 볼 수 있다면, 그래프를 동일시의 흥미로운 표상으로 간주할 것이다. 문장을 좀 더 자세히 살펴보자.

나(임신한 사실을 방금 알게 된 여성)는 아기를 가질 예정이
다. 그 메시지는 누군가를 향하고 있으며, 그것을 말하는 것은 여성
의 '나'이다. 그녀가 메시지를 전달하는 사람은 그 과정에서 역할을
한다. 수신자는 코드 때문에 메시지를 수락할 수 있다. 아기를 기다
리고 있는 남편이라면 그 소식에 매우 기뻐할 것이다. $s(O)$와 O 사
이에 연결되는 과정이 발생한다. $\$$의 장소를 살펴보자. 아내는 말의
과정에서 그녀의 욕망을 문장으로 표현한 새로운 주체가 된다. 다
른 한편으로, I(O) 또는 자아 이상이 있다. 우리의 예에서 나오는 여
자는 그녀의 부모와 그들이 자신에게 물려준 좋은 것들, 그것이 어
떻게 그녀를 더 나은 부모로 만들 것인지 등에 대해 생각할 수 있다.
따라서 문장은 자아 이상과 관련된 동일시의 좋은 예이며 일반적으
로 주체가 대타자와의 관계에서 첫 번째 신호를 수신하는 방법을
보여 준다.

그것이 이상적인 상황이지만, 라캉은 일상의 대화에서 꽤 많이
사용되는 하부의 선을 추가한다. 어떤 의미에서는 상상적 지름길이
자 일종의 짧은-순환이다.

이상적 자아에서 자아로(*Ideal ego* $[i(a) \rightarrow e] \rightarrow ego$)

이 예에서, 여자가 스스로 임신했다고 생각하고, 남편에게 최고의
어머니가 될 것이라고 말하면 문장의 그림이 다시 변경된다. 주체성

은 상실되거나 상상계에 갇히며, 교환은 대상-대-대상의 관계에 더 접근한다(a 대 a', 여기서 자아는 기표라기보다 하나의 대상이다).

그러나 나는 욕망의 벡터가 코드가 규정하는 언표에 따라 규범적 내러티브의 순환으로 표상될 수 있는지에 대해서도 의문을 제기한다. 코드는 O에서 $s(O)$로 돌아가고 가장자리 선을 따라 자아 이상으로 이동한다. 주체는 자아 이상 속에서 소외된다. 주체는 분열($\$$)된 다음 이상적 자아, 대타자 또는 코드, 말을 통해 자아 이상으로 재결합된다. 자아 이상은 이름에서 알 수 있듯 사회적 이상에 의해 규제되는 규범적인 말의 방향을 표상한다. 그러나 자아 이상은 주체를 분열하고 통합하기 때문에, 치료 또는 치유는 이 수준에서 발견되지 않는다. 자유 연상에서 억압을 풀기 위해서는 주체의 다른 측면과 뫼비우스의 띠가 드러날 수 있도록 사회적 이상과 판단이 유보되어야 한다.

같은 이유로, 정신분석은 해석학적 또는 내러티브 담론에 기초한 치료가 아니다. **심리치료**psychotherapy는 확실한 사회적 이상을 지원하고, 개인이 사회에 "적응"하도록 돕기 때문에 내러티브 담론의 한 형태가 될 수 있다. 프로이트는 **정신분석**psychoanalysis이 주체를 통합하지만 도덕이나 사회적 가치의 관점에서 필연적으로 그/그녀를 정상으로 만드는 것은 아니라고 말한다. 정신분석은 사회적 가치와 권위를 일시적으로 중지시켜 무의식적인 의미화 연쇄를 드러낸다. 자신의 무의식의 주체성에 대한 새로운 이해에 따라 분석적 장면 외부에서 그리고 사후 분석적으로 사회적 가치를 받아들이고 선택하는 것은 주체의 몫이다.

우리의 예에서 여자는 자신이 아기를 낳으면, 남편이 그녀를 매우 자랑스러워하고 그녀를 더 사랑할 것이고, 그것이 그들의 결혼 생활을 더 공고하게 만들며, 그녀가 더 훌륭하고 완전한 여성이 될 것이라고 생각할 수 있다. 한동안 그녀는 결여가 제기하는 문제에 대한 답을 찾은 것 같은 느낌을 받는다. 자아 이상의 상상적 측면은 분열된 주체의 간극을 덮거나 닫는 전체성을 표상한다.

따라서 욕망과 법의 역설에서 발생하는 욕망의 문제의 핵심에 도달하기 위해서는 상부 그래프가 필요하다. 이제 주체는 '나는 대타자에게 무엇을 원하는가?'와 '대타자가 나에게 무엇을 원하는가?' 또는 '나는 내가 무엇을 원하는지 또는 대타자가 나에게 무엇을 원하는지 알고 있는가?'라는 질문을 던질 것이다. 욕망은 본질적으로 욕망과 대타자의 욕망 사이의 순환과 관련된다. 욕망의 주체는 대타자로부터 사랑의 기호나 기표를 받기를 원한다. 대타자의 사랑을 받기 위해서는 주체가 대타자의 욕망의 대상이 되거나 기쁨이 되어야 한다.

궁극적으로, 대타자에 대한 사랑과 욕망은 자신도 모르게 알려지거나 또는 욕망과 관련된 충동에 대해 알게 된다. 욕망의 그래프 구성의 이 단계에서 알 수 있듯이, S의 욕망의 벡터는 코드의 대타자와 욕망을 위한 d를 지나고, 전체 그래프에서 더 멀리 나타날 상부 의미화 연쇄를 지나서 위로 올라간다. 그래프 상단에는 전체 그래프에 대한 상한선이 있으며, 욕망에 대한 질문이 나타난다. 당신 또는 대타자가 원하는 것은 무엇인가?

상부 의미화 연쇄와 관련된, 욕망의 그래프의 이러한 특별성은

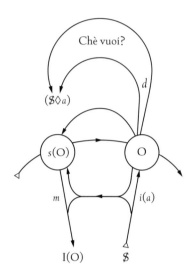

그림 2.6 Chè vuoi? – 신경증의 실존적 질문(들)

어떻게 사랑과 욕망이 답이 없는 열린 질문으로 남아 있는지 보여
주는 점에서 주목하는 것이 중요하다. 또한 욕망의 질문은 즉시적으
로 법에 대한 질문과, 허용되는 욕망과 위반하기 쉬운 욕망 사이의
차이를 제기한다. 허용되는 욕망은 언표행위의 자아 또는 언표의 자
아와 코드의 대타자 사이의 언표의 내러티브 라인에서 나타난다.

전체 그래프에서 욕망의 질문은 주이상스와 거세 그리고 주이
상스의 기호로서 거세 사이의 수평적 벡터의 형태로 나타날 것이다.
주이상스는 금지된 욕망과 남근적 주이상스 너머 무언가를 원하는
데, 그 한계는 죽음 자체일 수도 있다. 주이상스가 불가능성을 만났
을 때 그 결과는 주이상스의 새로운 형태이다. 죽음은 다양한 종류
의 주이상스에 대한 일련의 상실과 획득의 최종 형태일 수 있다.

이런 의미에서 주체와 대타자에 대한 욕망의 문제인 케 부오이Chè vuoi는 신경증의 실존적 질문을 가리키기도 한다. 당신은 어떤 성(남자 또는 여자) 또는 죽음 자체(죽음 또는 삶)를 원하는가? 이러한 질문은 허용되는 욕망에 대한 사회적 이야기나 말하기보다는 무의식적 의미화 연쇄와 언표행위 및 말하는 주체에게 나타나는 질문들이다.

욕망의 문제는 항상 대타자에게 전송된다. 법은 언제 어디서 욕망에 굴복하고, 욕망은 충동에 굴복할 수 있는가? 주체가 욕망하는 것은 그들 이전에 타자가 먼저 욕망하던 것이기 때문에, 주체가 이러한 질문을 해 줄 대타자를 찾는 것은 당연하다.

케 부오이? ── 당신이 원하는 것은 무엇인가? 당신은 나에게 어떤 대상을 원하고, 나는 당신에게 어떤 대상인가? ── 그/그녀는 대타자에게 묻는다.

임신한 여성은 어느 시점에서 그녀의 남편 자신이 남근을 가지고 있다는 기호와 기표를 혈통에 새겨 넣고자 하는 욕망의 기호로 그녀가 그에게 아기를 낳아 주기 원했다는 것을 파악할 수 있다.

아기가 아버지의 이름의 기표가 되고, 아기에게 이름이 지어지면 아기는 어머니와 아버지의 이름의 품위 있는 공백을 드러내는 -1을 표상하는 대상 a가 된다. 거세의 기능에 의해 명명된 아기는 더 이상 어머니나 아버지의 상상적 남근이 아니다. 아이를 원한다는 사회적으로 용인되는 서사는 욕망과 충동의 대상 a와 함께 상부의 의미화 연쇄에서 다른 의미를 획득하게 된다 해도 과언이 아니다.

『세미나 5』(1957–1958)에서 라캉은 의미화 연쇄의 두 가지 수준의 예를 제시한다. 공식은 이후 라캉이 말했듯이 함께 인쇄되는 의미화 연쇄의 두 수준에서 기표의 연접을 묘사한다.

S.........

s........

대화 중에 히르슈-히야킨트Hirsch-Hyacinth는 하인리히 하이네Heinrich Heine에게 자신이 위대한 로트실트Rothschild 남작의 옥수수를 취급하는 영광을 누렸다고 말한다. 옥수수를 다듬는 동안 그는 자신이 중요한 사람이라고 혼잣말을 한다. 그는 이 과정에서 남작이 왕들에게 보낼 다양한 편지에 대해 숙고하고 있었고, 히르슈-히야킨트가 옥수수를 너무 세밀하게 다듬으면 윗부분이 자극을 받아 남작이 왕들의 가죽을 조금 더 자르게 될 것이라고 효과적으로 생각하고 있었다. 한 가지가 히르슈-히아킨트는 자신이 알고 있는 또 다른 로트실트인 잘로몬 로트실트Salomon Rothschild에 대해 이야기한다. 어느 날 그가 자신을 히르슈-히야킨트라고 말했을 때, 그는 "나는 로트실트 복권 대리인인데, 내 동료가 주방에 있는 것을 원하지 않습니다"라는 무심한 대답을 듣는다. 그리고 히르슈-히야킨트는 "그는 저를 '가족백만장자familionaire'처럼 대했답니다"라고 말한다(p. 16).[4]

---

4 히르슈-히야킨트의 사례는 프로이트의 『농담과 무의식의 관계Jokes and Their Relation to the Unconscious』(1905)에서 논의된다. 프로이트는 이 논문의 2장 「농담의 기술」에서 다음과 같이 논한다.

사회적으로 정의된 내러티브 또는 담론은 히르슈-히야킨트가 위대한 로트실트의 옥수수를 다듬는 보잘것없고 낮은 지위의 임무를 가지고 있다는 사실을 나타낸다. 그는 자신의 낮은 지위를 보상하기 위해, 자신을 중요한 사람으로 여기고, 낮은 사회적 지위에 대한 분노로 옥수수를 너무 가늘게 다듬어 위대한 로트실트에게 고통

"하인리히 하이네는 『여행기Reisebilder』 중 「루카의 온천들」이라는 제목이 붙은 글에서 복권 판매상이자 티눈 제거 기술자인 함부르크 출신의 히르슈-히야킨트라는 유쾌한 인물을 소개한다. 히야킨트는 시인(하이네)에게 부유한 로트실트 남작과 자신의 관계를 자랑하더니 마지막에 이렇게 말한다.
"박사님, 신이 제게 모든 은총을 내리셔서, 나는 잘로몬 로트실트 옆에 앉았는데, 그는 나를 완전히 자신과 같은 부류로, 아주 *familionär*하게 대했답니다."
하이네가 말하려는 것은, 그 손님 접대가 '친밀한 *familiär*' 것이었지만, '백만장자 *Millionär*' 로서의 분위기가 곁들여지면 흔히 그러하듯이 유쾌하지 않은 부류의 친숙함이었다는 것이다. […] 여기에서 농담의 기술은 무엇인가? 첫 번째는 상당한 압축이 발생했다는 것이고, 두 번째는 농담에서 첫 번째 단어에 두 번째 단어가 덧붙여짐으로써 모든 제한은 상실되고, 단어의 변화가 일어난 것이다. *familionär*는 '친밀하게'와 '백만장자'라는 두 구성 요소로 만들어진 합성어이다. 히르슈-히야킨트의 *familionär*는 'R은 나를 아주 친밀하게 대했다. 즉 백만장자가 할 수 있는 만큼'이라는 의미를 전달한다. 백만장자*Millionär* 라는 단어는 억제에 저항할 수 있어서 곧바로 첫 번째 문장에 덧붙여지면서 이 첫 번째 문장에서 자신과 아주 비슷한 요소인 친밀한*familiär*에 융합된다."(Freud, 1905/2001: 16-19).

프로이트의 이 논의는 라캉의 『세미나 5: 무의식의 형성물Formations of the Unconscious』(Lacan, 1998/2017: 16)에서 이어진다.

```
famili       är
   mili   onär
```
___
```
faMILI   onÄR
```

라캉은 위와 같이 두 단어의 반복되는 음소를 강조함으로써 주체의 말에서 드러나는 무의식, 그리고 무의식이 욕망의 전개 과정에 어떻게 드러나는지 설명한다.

을 줄까 봐 수동-공격적으로 걱정한다. 결국 그는 남작이 왕의 가죽을 자르게 할 것이라고 생각한다. 히르슈-히야킨트는 '백만장자'가 되고 부유한 가족의 지위를 가져 왕에게 영향을 미치기를 원한다. 그의 소원/욕망은 사회적으로 코드화된 내러티브 또는 담론을 관통하거나 돌파한다. 문장의 의미를 닫고 코드에서 벗어난 의미를 부여하여 메시지 내에서 자신의 욕망의 의도를 드러내는 것은 신조어 '가족백만장자famillionaire'이다.

프로이트(1909)의 쥐 인간Rat man의 경우 무의식적 의미화 연쇄의 또 다른 훌륭한 예를 제공한다. 쥐 인간의 강박(p. 47) 중 하나는 너무 뚱뚱해서(독일어로 "Dick") 자신을 더 날씬하게 만들어야 한다는 것이다. 프로이트는 이 강박을 그가 사랑했던 여인의 영국인 사촌에 대한 환자의 질투로 추적한다. 사촌의 이름은 리처드Richard이고 프로이트는 영국에서 리처드는 딕Dick으로 알려져 있다고 언급한다. 환자는 신체를 날씬하게 만들기 위해 산꼭대기로 달려가던 중 절벽을 뛰어넘어야 한다는 강박적인 생각이 떠오른다.

프로이트는 자살 충동이나 자신에 대한 공격성이 딕과의 동일시(살이 찌다)와 그와 같이 되지 않고자 하는 욕망(살이 빠지다), 그리고 같은 대상에 대한 살인적 소원이나 분노를 드러내는 것을 관찰한다. 각주에서 프로이트는 이름과 언어적 기표가 의식적 사고(환상 또는 기억)와 증상(사촌에 대한 사고와 강박)을 연결하는 데 어떻게 사용될 수 있는지 지적한다.

덧붙여 프로이트는 리처드가 프랑스어에서 부자라는 뜻임을 지적한다. 많은 프랑스어 단어가 12세기와 13세기에 노르만인의 영국 침략을 통해 영어에 유입된다. 영국에서 프랑스어는 부유한 귀족의 언어였고 영어는 민중의 언어로 남아 있었다.

각주에서 프로이트는 이 예를 리처드라는 형제를 없애고자 하는 욕망이 자신의 재산을 없애고자 하는 환자의 욕망의 형태로 드러난 또 다른 사례와 연결한다. 리처드가 독일어로 뚱뚱함을 의미하거나 프랑스어로 돈/부를 의미하는 경우 모두의 예에서, 프로이트가 의식적으로든 무의식적으로든 리처드를 제거하려는 욕망을 어떻게 연결하고 있는지 관찰하는 것은 흥미롭다.

이 예들은 전체를 위한 부분과 대타자의 부분/기표로서의 자기가 대타자를 대신한다는 제유를 드러낸다(주체의 자기 대상 또는 부분 대상으로서의 지방fat과 돈이 타자에서 떨어진다). 지방은 또한 신체 이미지에서 결여된 것뿐만 아니라 구강 대상의 함입으로 볼 수도 있다. 이 두 경우에서 부정을 표상하는 대상, 신체 이미지에 마이너스 기호를 추가하는 신체의 여분의 것 또는 함입된 타자의 대상은 둘 다 대상 a의 우여곡절로 간주될 수 있다. 마지막으로 방정식에 현대 북미 속어를 추가하면 "Dick"은 상상적 남근에 대한 기표로 기능한다. 이 경우 우리는 결국 돈, 대상 a 그리고 무의식적인 등가물 또는 의미화 연쇄인 남근을 포함하는 시리즈[5]에 이르게 된다.

---

5 라캉의 돈, 대상 a, 무의식적 등가물, 또는 남근을 포함하는 의미와 연쇄의 시리즈를 이해하기에 앞서 우리는 프로이트를 참조할 수 있다. 프로이트는 「항문성애의 예로 본 충동의 변형On Transformations of Instinct as Exemplified in Anal Erotism」에서 "대상의 무대Object Stage"(Freud, 2001, p. 132)의 도해를 아래와 같이 제시하고, "대변, 남근, 아기의 상호 관계"(p. 132)에 대한 설명을 제시한다. 그에 따르면 항문 성애와 관련된 자아의 관심은 '대변faeces'에 대한 관심이 '선물gifts'에 대한 관심으로, 그 다음에는 '돈money'에 대한 관심으

전체 그래프로 넘어가기 전에 나는 잠시 멈추고, 이 시대의 라캉 이론에서 **거세**castration가 무엇을 의미하는지 설명한다. 프로이트에게 거세는 환상적으로 페니스를 손상하거나 절단하여 두 성 사이에서 (자신의) 정신적 차이를 확정하는 것을 의미한다. 프로이트에 따르면, 두 성 모두 어머니에 대한 환상적 거세 때문에 여성성을 거부한다. 어머니는 그것을 상실했기 때문에 페니스를 가지고 있지 않다. 라캉은 거세 콤플렉스에 더 많은 무게를 부여함과 동시에 더 구조적, 수학적, 상징적 해석을 제공한다. 또한 상징적 거세의 작용으로 인한 상징적 결여의 대상은 페니스가 아니라 **상상적 남근the imaginary phallus**이다.

어머니의 페니스가 해부학적으로 없다고 주장되는 것은 아이가 어머니를 위한 상상적 남근 및 나르시시즘적 대상을 표상하는 상징적 상태를 의미한다. 아버지가 개입하여 환상의 융합을 깨트리고, 상징적으로 어머니와 아이를 '거세'한다. 아이는 더 이상 어머니

로 변한다. 소녀는 남근penis에 대한 발견이 남근 선망으로 이어지고, 그것은 이후에 남근을 소유한 남자에 대한 소원으로 변화한다"(p. 132). 이러한 프로이트의 논의는 거세의 상징물로서 대변과 남근이 선물, 돈, 아기(여자의 경우)와 연결됨으로써 "무의식적 동일체an unconscious identity"(p. 133)로서 이 대상들 간의 유기적이고 다양한 상호/호환 관계의 가능성을 설명한다.

프로이트의 이러한 논의에 이어 라캉의 남근phallus, 남근의 결여, 대상 *a* 의 개념을 연결할 수 있다. Freud, S. (1917). On Transformations of Instinct as Exemplified in Anal Erotism. *SE*, Vol. 17, ed. and trans. J. Strachey. London: Vintage Books, 1955/2001, pp. 127-133.

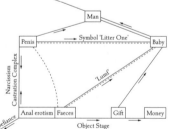

에게 상상적 남근이 아니라, 아이 자신의 정당한 자격으로 주체가 된다. 그때부터 남근에 대한 요구가 아버지에게로 향하고, 어머니의 전능함이 아버지에게로 넘어간다.

그러나 라캉은 처음에 어머니에게서 대타자의 결여를 발견하고, 아버지가 현실적으로는 상상적 남근의 권능을 소유하고 있다고 고려한다. 이후 아버지의 이름과 상징적 남근/기능에 대한 연구를 통해 라캉에게서 대타자의 결여가 아버지에게도 적용되지만, 그는 상상적 남근의 속성이 아이의 발달의 특정 순간에 필요할 수 있다는 것 또한 이해하게 된다. 그러나 라캉은 그의 오이디푸스 단계/순간 이론을 수정하지는 않는다. 따라서 나(Moncayo, 2009)는 오이디푸스의 네 번째 순간/단계에 대해 아버지의 전능함도 어느 시점에서 반드시 상실된다고 주장한 바 있다.

라캉에게 있어 거세는 궁극적으로 대타자 아버지(f)Other의 결여와, 남근이 존재하지 않으며 기능 이상으로 결코 존재한 적이 없다는 깨달음과 협상되고, 그래서 이것은 거세의 암반을 넘어설 가능성으로 이어진다. 이것은 70년대 초반의 라캉의 작업, 특히 『세미나 19: 혹은 더 나쁘거나…*ou pire or worse*』(1971–1972)와 「세미나 19a: 정신분석가의 지식*The Knowledge of the Psychoanalyst*」(1971–1972)에서 이루어진다.

전체 그래프로 돌아가면 s(O)에서 O로 교차하는 의미화 벡터가 있으며, 대타자(O)는 해당 선에서 빗금이 쳐지지 않는다. 이것은 대타자로부터 의미를 전달받거나 완전한 의미를 받기를 기대하는 환자의 의식적인 내러티브 또는 명시적 내용일 수 있지만, 내러

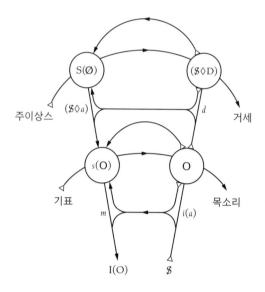

그림 2.7 완성된 그래프

티브보다 목소리가 더 많은 것을 말하기 때문에 목소리가 잔류물로 남아 있다. 그런 다음 완성된 그래프의 O에서 욕망/요구와 충동의 수학소까지 선이 상승한다. 욕망의 o-대상으로서의 목소리는 욕망을 생성하고 제한하며 주체를 분열시키는 코드의 대타자를 넘어서고자 하는 주체의 열망을 나타낸다. 이것은 사람들이 흔히 말하는 초자아 또는 초자아의 금지된 명령을 넘어 자신의 목소리를 찾는 것을 지시한다.

　　의미화 연쇄는 라캉이 말한 것처럼 주체의 무의식적 의도(성) 또는 기표에 대한 주체의 복종을 표상할 수 있다. 욕망의 벡터의 기원에서 분열된 주체($)는 대타자를 지나서, 충동($◇D)의 수학소에서 재발견된다.

> 기표로서의 나에 대한 엄밀한 언어적 정의는 … 언표행위의 주체
> 를 지정하지만 그를 의미화하지는 않는다 … 무의식의 주체가 위
> 태로울 때 누가 말하고 있는가? … 주체는 기표와 기의 사이의 막
> 대이자 단절을 구성한다. … 나는 나의 언표로부터 사라짐에 의해
> 존재할 수 있다. … 비-존재의 존재, 그것이 내가 주체로서 장면에
> 등장하는 방식이다(1966a, p. 678).

**완성된 그래프에는 하나의 의미화 연쇄가 아니라 두 개의 의미
화 연쇄가 존재한다.** 이제 이 두 개의 의미화 연쇄는 하부의 층의 단
일한 언표 내에서 읽힐 수 있고, 또는 서로 평행한 두 개의 상부의
층을 교차하며 읽힐 수 있는데, 각 층은 다른 의미화 연쇄를 나타낸
다. 기표에서 목소리로 흐르는 하부의 층은 전의식적 의미화 연쇄,
즉 **언표***énoncé*, statement, 진술의 수준이다. 주이상스에서 거세로 흐르
는 상부의 층은 무의식적 의미화 연쇄, 즉 언표행위*énonciation*, enuncia-
tion, 말하기의 수준이다. 하부의 연쇄는 기존 사회 구조에서 주체의
사회적 위치라는 측면에서 사회적 연결을 대표하고, 상부의 연쇄는
예를 들어 '가족백만장자*famillionaire*'가 되고자 하는 요구/소원에 내포
된 거세와 주이상스를 대표한다.

따라서 구조는 두 가지 방법으로 복제된다. 송신자나 메시지가
수신자나 코드에 대한 것처럼, 주이상스는 거세와 충동의 요구에 대
한 것이다. 거세의 지점에서의 결여 또는 대타자의 결여는 기표가

욕망의 질문, 즉 '내가 결여한/원하는 것은 무엇인가?' 그리고 '대타자가 결여한/나에게 원하는 것은 무엇인가?'라는 욕망의 질문에 대한 응답으로 말없이 주이상스로 넘어가는 지점이다. 욕망하는 주이상스에 대해 말할 수 없는 것은 기표가 실패하거나 결여를 발견하는 지점이다.

라캉은 이러한 대타자의 담론의 본질적인 이중화를 강조한다. 대타자의 담론이 이중화되는 것에 의해 내가 의미하는 바는 언표의 의식적 내러티브 또는 자아의 요구가 무의식, 무의식적 욕망 또는 언표행위 주체의 수준에서 그/그녀가 말하는 것을 알지 못한다는 것이다. **뢰비우스의 띠로도 표상되는** 이 이중 '듣기' 또는 이중 의미 구조는 무의식을 해독하기 어렵게 만들고, 라캉의 글과 그래프를 매우 모호하고 이해하기 어렵게 한다.

라캉은 '**무의식은 하나의 언어처럼 구조화되어 있다**the unconscious is structured as a language'는 그의 유명한 진술에서 구현된 무의식적이고 자동적인 의미작용 과정을 설명하기 위해 '**의미화 연쇄**the signifying chain'라는 용어를 사용한다. 의미화 연쇄는 주요 기표가 서로 연결되는 곳이다. 욕망의 연결은 두 의미화 연쇄의 기의가 된다. 무의식적 욕망의 대상은 그래프의 상부의 연쇄에 나타난다. 그래프에서 두 가지 연쇄는 주체와 대타자에 대한 다른 수학소와 다른 표상을 가지고 있지만 동일한 것으로 드러난다.

무의식적인 기표/문자는 문법과 구문의 규칙에 의해 문법적으로 구속되지 않는다. 상부의 연쇄는 욕망이 무의미한 기표들로 이루어진 무의식적 의미화 연쇄로 구성되는 곳이다. 때때로 **문법적 실**

수나 '문법의 미끄러짐slips of grammar'도 무의식의 형성일 수 있다. 한편, 문법에서 **수동태**the passive voice는 주체가 없는 비인격적 활동을 가리키며, 무의식의 활동을 문법적 용어로 서술하는 것에 가깝다. 성적 행위가 요구되고, 누군가가 살해되고, 아이가 매를 맞는 것 등이 있다. 주체는 대타자가 주체에게 그것을 요구하게 함으로써 스스로 무엇인가를 하게 만든다. 남근적 주이상스에서 충동의 활동은 **말하는 존재**의 수동태를 분명히 하는 동안 말 없이 진행된다. 성적 활동에서 주체는 대타자가 주체에게 작업과 수행의 할당량으로서 충동을 요구할 것을 요구한다. 그러나 요구 구조의 도치된 형태는 종종 그 자체가 무의식적이거나 억압되어 있다.

주체가 규범적 의미에서 소외되어 언표의 주체로 회귀하는 대신, 코드 너머의 욕망의 길을 따라 계속된다면, (완성된 그래프에서) 그래프의 또 다른 층이나 수준에 도달한다. 잔여(물)로서의 목소리는 내러티브보다 더 많은 것을 말해 준다. 그런 다음 대타자(O) 내부의 목소리에서 가장자리 또는 벡터는 욕망/요구와 충동의 수학소로 상승한다.

그래프의 왼쪽 자아의 하위 수준에서 시작하여 공시적 시간의 찰나적 상징적 순간(기표의 I 또는 Je: s[O])을 통과하는 주체의 정의에서, 우리는 그래프의 왼쪽 가장자리로 올라가 대타자(S[∅])의 구멍으로서 실재의 주체의 정의로 이동할 수 있다. 대문자 S는 순수 기표일 뿐만 아니라 주체를 표상하는 기표이기도 하다. 다음에 표시된 의미작용 공식에서 S는 주체에 대해 상실되거나 생각할 수 없는 것으로 정의된다. 기표가 주체를 표상하거나 대체하면, 주체는 실재 내에서 생각할 수 없는 어떤 것이 된다.

기호, 무엇의 기호인가? 그는 정확하게 무Nothing의 기호이다. 기표가 다른 기표에 대해 주체를 표상하는 것으로 정의되고, ── 의미의 규정되지 않은 참조 ── 이것이 무언가를 의미한다면, 그것은 기표가 다른 기표에 대해 주체가 아무것도 아닌 이 '특권적인 것'을 의미하기 때문이다(Lacan[1961-1962], XIV 8).

무nothing로서의 주체 또는 비-존재non-being의 존재는 라캉이 '실체 없는 주체sujet sans substance'를 기술하는 다른 방식이다. 하이데거는 존재Being와 관련하여 존재를 설명하는 것을 현존재Dasein라고 언급한다. 대타자는 주체를 위한 의미화된 우주의 총체를 대표하기 때문에, 그리고 실재의 주체가 기표의 배열(S_2)의 외부에 있거나 상실되어 있는 한, 주체는 성립되고 구성된 지식(S_2)에 구멍을 만드는 것으로서 주체이다. S_2나 상상적 지식connaissance이 없는 곳에서 주체가 현시한다. S_0는 집단적 정체성, 편견 및 당대의 지식 외부에 남아 있으며 새로운 무의식적 지식savoir이 출현할 수 있는 장소를 표상한다. 이것은 주체를 기표 너머로 우리를 데리고 가는 일종의 본체(물자체)의 장소를 말한다(Lacan, 1968-1969, Section V).

마지막 그래프에서 라캉(1968-1969)은 『세미나 16: 대타자에서 소타자로』에서 대타자에 대한 결여의 기표의 수학소에 대해 공집합에 대한 상징을 사용하고, 그 장소에서 **상징적 남근**(Φ)이 출현한다고 말한다. 상징적 남근은 주이상스의 상실된 기표이고, S는 대타자에서 상실된 주체에 대한 기표이다. 이름은 다른 기표를 위해 주체를 대표하는 기표와는 다른 것을 표상한다. 단항의 흔적으로서의 이름(S_1)은 언어 내의 다른 기표라기보다는 주체의 실재 몸을 나타낸다. 이름은 S_2나 상징계 내에서 자신의 기의로서 기능할 수 있는 다른 기표가 없는 주이상스의 단항의 흔적이다.

대타자의 결여나 욕망에 대한 기표의 부재와 '타자는 나에게 무엇을 원하는가?' 또는 '나는 누구인가?'라는 질문에 대한 응답으로 주체는 먼저 환상을 만들고 대상 a는 대타자의 욕망의 원인이 된다. '나는 당신의 결여 또는 욕망하는 것을 나 자신에게 요구한다'와 '나는 당신에게 현재의 나 또는 미래의 자아를 요구한다'. 이차적으로, 그래프 아래로 더 내려가면, 자아는 대타자에게서 주체의 잃어버린 장소를 충족시키거나 채우는 규범적 의미의 환유로서 발생한다. 규범적 또는 관습적 자아는 관습적 지식 외부의 S가 되는 대신, 그들을 정의할 수 있는 사회적 기표[$s(O)$]를 찾는다.

『에크리』, 욕망의 완전한 그래프의 대타자의 결여에 대한 수학소에서, 라캉은 공집합이 아닌 프랑스어의 Autre에 대해 빗금 친 A를 사용한다. 대타자의 결여는 대타자에게 무엇인가 결여되어 있음을 표상하며, 이는 o-대상o-object에 대한 기표가 될 수 있고, 결여를 메울 수 있지만 그것은 대타자의 기표, 문자, 표상이 비어 있음을 의미할 수도 있다. 빗금 친 대타자는 결여의 기표 또는 상징적 남근으로 나타난다. 말하는 존재의 향유enjoyment로 나타나는 것은 결여의 기표로서의 남근이다. 그러나 결여의 기표는 결국 대타자의 실재적 비존재, 기표의 결여, 구조의 소실점, 남근적 주이상스 너머의 세 번째 주이상스를 가리키는 공집합에서 나온다.

상상계에서, 또는 상상계가 실재를 대신할 때, 잃어버린 남근의 향유는 대타자의 결여된 장소에서 주체의 환상이 생성하는 대상 a의 향유가 된다. 주체의 환상적 대상은 대타자에서 대상이 결여된 구멍 안에 놓인다. 상상적 대상 a는 대타자의 구멍을 막는 환영적 가능성을 재현한다. 상상적 대타자와의 성행위에서 주체는 일시적으로 구멍을 막고 무엇이 빠져 있는지 알아채지 못할 수도 있지만, 성행위가 반복될 때마다 주체에게 잃어버린 것으로서 대상 a는 복제된다. 성행위의 잔재로서의 대상 a는 주체의 파트너에 대한 성행위가 타자에 대한 것이라기보다는 대상 a에 대한 것임을 보여 준다.

이처럼 **남근적 주이상스는 주체의 욕망의 원인 a와 주체로서의 타자를 일치시키지 못하는 잉여 남근적 주이상스의 나쁜 무한대로 이어진다.** 주체에 대한 불가능한 일치는 주체와 다른 주체 사이가 아니라 a와 대타자 사이에 있다. 대상 a는 남자의 욕망과 여자의 욕망 사이에 있는 것이 되어 라캉이 말하는 성관계의 결여로 직결된다. 두 성의 차이와 관련하여 실재는 성적 관계의 불가능성으로 나타난다.

라캉의 첫 번째 실재Real는 상징적 질서를 파괴하는 존재로서, a가 없어져야 할 장소에 나타나는 불편한 '사물'의 존재를 가리킨다. a는 사라지는 것이 훨씬 더 편리하다. 대상 a가 실재에 접근하면서 해체되어 실재적 공허(라캉의 두 번째 실재)의 지표로서 기능할 때, 이것은 잉여 남근적 주이상스를 넘어선 제3의 주이상스(세 번째 주이상스)의 순수한 "사물 없음 또는 무" 형태의 물das Ding이다.

신경증에서 첫 번째 실재는 남녀 관계의 불가능성의 형태로 나타난다. 남녀 사이의 교착 상태는 성적 파트너가 대타자가 아니라 주체가 다른($i[a']$) 주체로 착각할 수 있는 주체 자신의 대상 a라는 점에서 트라우마가 된다. 첫 번째 실재는 또한 커플에 대해 집단에서 사회적으로 또는 관례적으로 말하는 것이 관계의 실재와 불일치되거나 상충되는 형태로 말하는 존재에게 나타난다. 언표의 자아가 관계에 대해 말하는 것이 무엇이든 간에 '그것은 그렇지 않다'이다.

성관계에 대해 트라우마적으로 실재적인 측면은 라캉(1966-1967, Seminar 14, Lesson 13)으로 하여금 성적 충동의 작동 경로를 충동의 운명으로서 승화의 관점에서 고찰하도록 이끈다. 이런 의미에서 라캉은 성적 행위가 승화와 다른 동시에 승화로 이어질 수 있다고 말한다. 남근적 주이상스는 상상적 대상이 결여된 것처럼 보이지 않는 성적 행위의 향유이지만, 성적 행위는 결여된 대상 a의 복제를 영속화한다. 대신 승화는 대상 a를 복제하지 않지만 주이상스의 형태로서 승화 내에서 성적 충동의 대상인 대상 a는 여전히 결여된 것처럼 보이는데, 이는 결국 주체가 승화되고 승화에는 끝이 있기 때문이다. 승화는 구멍을 영구적으로 막는 것이 아니라 대상 a의 복제를 멈추게 한다.

초기 라캉은 현실 원칙의 한계를 넘어선 쾌락을 추구할 때, 삶의 충동을 위협하는 죽음 충동에 주이상스를 연결시킨다. 이것은 결코 만족할 수 없고 항상 더 많은 것을 추구하는 환각적 소원 성취라는 프로이트의 개념에서 착안한 것이다. 주이상스의 이러한 측면은 불편한 것으로 중단되어야 할 필요가 있다. 충동은 삶의 충동으로 시작되지만, 조절되지 않으면 죽음 충동이 된다. 반대로 죽음 충동은 법과 주이상스를 거부하는 상징적 질서의 단절 내에서 작동하여, (라캉이 언급했듯이) 법은 욕망에 굴복하고, 욕망은 법의 도치된 사다리에 도달할 수 있게 한다. 법과 욕망은 주이상스를 멈추게 하고, 이런 방식으로 죽음 충동과 주이상스는 삶의 충동의 목적을 위해 작동하게 된다.

라캉(1975)은 「세 번째_La troisième_」에서 몇 가지 유형의 주이상스 개념을 발전시키는데, 불편한 주이상스는 상징적 거세와 상징적 질서의 남근적 기능에 의해 정지되는 **대타자의 주이상스the jouissance of the Other**가 된다. 대타자의 주이상스가 멈출 때, 주이상스는 남근적 주이상스로서 성취된다. 대타자의 주이상스의 잉여 주이상스는 **남근적 주이상스the phallic jouissance**로 변형되는데, 이후에 살펴보겠지만, 이 주이상스 역시 세 번째 주이상스(제3의 주이상스_a Third jouissance_)에 의해 정지될 필요가 있다. 그것은 상징적 남근, 그리고 주이상스의 결여된 기표, 형태 없는 것(결여의 기표)의 형태로서, 또는 자기 안의 비자기no-self(대타자 안의 나에 대한 기표의 결여)로서의 _Je_, S 또는 I는 **제3의 대타자 주이상스the third Other jouissance**에 대한 접근점이다.

대타자의 구멍, 즉 대타자의 결여(S[ø])는 기표의 집합에 내재된 -1이 있다는 말과 같다. 기표는 사물을 죽이고 그것을 표상하지만, 표상된 것, 즉 기의는 결여되어 있거나 표상 외부에 있다. 죽은 상징적 아버지와 실재의 주체는 모두 '살해'되고 기표에 의해 대체된다.

라캉은 이 −1은 발음할 수 없지만, 연산은 언표에서 고유명사가 발음될 때마다 발음할 수 있다고 말한다. '작동은 의미작용의 연산이다'라는 말은 다음 그림에서 볼 수 있다.

그림에서 기표는 −1로, 기의는 −1의 제곱근으로 나타난다. 기표가 −1을 나타내고 기의가 −1의 제곱근을 나타낼 때 나눗셈의 결과(그들의 분할 결과)는 −1이다. 이것은 모든 언표에 −1 또는 상실된 기표/주체가 있음을 의미한다. 그러나 상실된 것에는 이중적인 의미가 있다. 한편으로 −1로 표상되는 상실된 기표가 있다. 다른 한편으로는 −1의 제곱근으로 표상되는 기의가 없는(기의가 상실된 것이 아니라 그것은 존재하지 않는다) 기표가 있다. 여기서 −1은 주체에 대해 생각할 수 없는 잃어버린 것을 표상한다.

"그런데 고유명사의 대양에서 상실된 것처럼 나타나는 이 존재는 어디에서 오는 것인가?"(Lacan, p. 694). −1의 제곱근은 욕망의 대상 원인으로서의 남근보다 훨씬 더 많은 것을 의미하는데, 그것은 존재의 비존재 또는 자신의 존재를 결여한 일자One의 표상으로서도 작용하기 때문이다. 기의가 없는 기표로서, 남근이 없는 곳에 나타나는 남근 이상의 무엇으로서 $\sqrt{-1}$은 남근, 기표, 무형의 형태를 동시에 의미하는 산스크리트어 링감lingam[6]과 일치한다.

욕망을 구성하는 존재의 결여 속에 현존하는 존재와 공허의 질문은 의미화 연쇄가 끝나는 지점에서 시작하여 언어와 기표의 닫힌

---

6 링감lingam, लिङ्गम्는 링가linga 또는 시바 링가Shiva linga로 함께 언급된다. 링감은 시바교에서 힌두교의 신 시바를 추상적, 비정형적으로 표현한 것 ── 상징, 기호, 표시 ── 이다.

$$\frac{\text{S(기표)}}{\text{s(기의)}} = \text{s(언표)},$$

$$\text{S} = (-1)\text{에서 } \text{s} = \sqrt{-1}\text{을 발견한다.}$$

$$\frac{-1}{\sqrt{-1}} = -1$$

그림 2.8 의미작용의 연산

순환으로 돌아가지만, 주체/기표는 의미화 연쇄의 한계를 넘어선다. 존재는 결국 어느 연쇄에서든 사라지거나 상실된다. 존재는 그래프의 왼쪽 선에 있는 메시지와 코드의 순환성을 벗어나는 것이고, 목소리는 같은 그래프의 오른쪽에 있는 순환성에서 벗어나는 것이다. 존재는 대타자의 구멍[Ø] 안에서 **일자 자신의 비존재**로서 위치한다.

　여전히 남아 있는 질문은 라캉이 라랑그의 모테리얼리티the *motérialité* of lalangue라고 부르는 것, 또는 실재 무의식의 언어와 존재 사이에 함축된 관계가 있는지 여부이다. 소리의 유사성에 의한 연관성을 제외하면, 라랑그는 코드가 없기 때문에 메타 언어가 아니다 (소리의 유사성은 코드에 해당하지 않는다). 더 나아가 우리는 이 마지막 주장과 모순될 수 있는 라캉의 의미화 연쇄 이론의 또 다른 측면을 고려한다. 기표의 소리는 실재를 지시하는 음운론적 요소이며, 기표 체계 내의 의미화 요소와 입자가 아니라 주이상스의 음파 형태 내의 실재의 상징적 호출을 지시한다.

라캉이 대문자화한(p. 694), 대문자 존재는 그가 말했듯이 주체가 언표에서 사라질 때 존재와 실재로 들어오기 때문에 실재의 관점에서 생각될 수 있다. 기표 너머 또는 외부는 다른 기표/외관보다는 주이상스의 실재와 연결되어 남아 있는 기표를 가리킨다. 이것은 대타자에서 결여의 기표(S_2가 상실됨)를 읽는 한 가지 방법이다. **대문자 S는 대타자라기보다는 일자One와 주이상스의 기표이다.**

라캉과 하이데거의 대문자화된 존재는 명료한 재현의 근거에서 일자 자신의 비존재의 장소 없는 근거로 물러난다. 일반적으로 존재는 생각, 말, 감정, 기타 인간 또는 동물 존재 등 다양한 유형의 존재를 포함하는 주체적 경험의 총체로 해석된다. 대신 라캉은 존재를 주이상스와 비사유의 장소(나는 내가 생각하지 않는 곳에 존재한다)라고 말한다. 라캉의 이론에서, 실재는 보로메오 매듭의 일부이며, 실재는 대부분 상징계 외부에 남아 있지만, 그럼에도 불구하고 실재는 상징계와 상상계를 교차하므로 일상의 상상적이고 상징적인 삶에서 분리되지 않는다. 하이데거는 존재의 신비를 일상적인 보통의 생활과 분리된 것으로 보는 반면, 라캉은 신비 또는 수수께끼, 실재의 지평이 항상 말해지는 언어와 관계를 맺는다고 본다.

일자One의 언어로서의 **라랑그**lalangue는 통사적 연결이나 종속에 의해 배열되지 않는다. 재담이나 꿈과 같은 **라랑그**는 인상적으로 간명하고 간결하며 수수께끼처럼 구성되어 있으며, 실재를 불러낸다. 집, 그 집 위에 배, 그 다음에는 그 자체로 하나의 편지, 그 뒤에는 해변의 **머리 없는 주체**a headless subject가 따라온다. 논리적 접속사가 없고 의미($s(O)$)의 '나는 생각한다I think' 또는 '나는 말한다I speak' 대신에 어떤 경우에는 구문과 문법이 결여될 수 있는 **일자의 말하기**가 있다.

언표는 잠재적 욕망이 있는 하나의 지식 상태이다. 욕망은 그러한 언표의 기의이고, 기의는 아직 형식화되지 않은 욕망일 수 있지만, 주이상스의 한 형태로서 순수 욕망과 구별되는 것처럼, 인간의 욕망은 항상 언표가 대체하는 기표에 대한 관계에 있다. 때로는 언표가 대체하는 억압된 것이 언표 내에서 말하기의 형태로 돌아온다.

라캉의 후기 저작에서, **말하기**는 **언표행위의 주체**를 나타내며, **발화된 것은 언표 주체**를 나타낸다. 이 말하기는 규범적 내러티브의 언표보다는 다른 기표로 구성되며, 그러한 기표는 "장난꾸러기"이거나 하나의 연쇄가 아닌 하나의 매듭의 형태로 조직될 수 있다("매듭은 … 자료를 의미화하는 발전 중의 연쇄를 통해 만들어진다", Lacan, 1974, p. 10).

그러나 라캉은 이것이 의미라기보다는 주이상스를 간직한 의미*Jouis-sens*[7]의 연쇄라고 말할 것이고, 이는 의미*sens, sense*가 의미meaning

---

7 *Jouis-sens* 즉 주이상스를 간직한 의미를 이해하기 위해서는 의미작용에 대한 이해부터 출발해야 한다. 라캉은 의미작용*signification*, **signification**을 1957년 "기표와 기의 간의 관계"(Evans, 1996, p. 185)를 설명하기 위해 사용한다. 즉 고정점the *POINT DE CAPITON*으로 연결되는 기표와 기의의 결합은 안정된 결합이 아닌, "한 과정**a process**이며, 이 과정에 의해 기표들의 활동은 환유metonymy와 은유metaphor를 거쳐 기의의 착각을 생성한다"(p. 185).

따라서 의미작용은 언제나 다른 의미작용과 관련되기 때문에 환유적이다. 또한 모든 의미작용이 생산하는 기본적 은유는 '부성 은유(아버지의 이름의 은유)'이기 때문에 은유적이고, 모든 의미작용은 남근적이다. 전기의 라캉에서 "의미작용**signification**은 상상계에 속하고, 텅 빈 말empty SPEECH의 영역인 반면, 의미***sens*, meaning**는 상징계에 속하고 꽉 찬 말full speech의 영역이다"(p. 185).

가 아님을 의미한다. 비록 라캉에게서 의미meaning, 의미작용signification, 주이상스를 간직한 의미작용signifiance 사이의 관계는 종종 모호하기는 하지만 말이다. 이 말하기와 관련하여 『레투르디L'etourdit』에서 라캉(1972)은 말하기가 수수께끼임에도 불구하고 불가사의한 수학적 순서를 따른다고 말한다. 물론 이것은 일련의 숫자가 코드의 일부일 수도 있고 아닐 수도 있기 때문에, 라랑그가 언어의 잔여물로 구성되고 코드가 없다는 개념과 모순될 것이다. 하나의 코드는 진화의 결과로 그 의미나 기능을 규제하게 된 언어의 차별화된 부분 또는 측면이다.

라랑그나 상부의 의미화 연쇄는 언어의 쓰레기, 문자, 찌꺼기(물론 쓰레기 언어도 있긴 하다)로 구성되는 것이 아니라, 언어의 구조와 무관하게 언어의 수준에서 언어적 또는 수학적으로 증명할 수 없는 수학적 언표의 무의미한 코드로 기능하는 수수께끼의 말이라고 보는 것이 더 정확할 수 있다. 구조에 따라 증명할 수 없는 언

중요한 점은 후기 라캉의 이론의 변화이다. 1970년대 라캉은 『세미나 20』과 『세미나 23』을 통해 의미를 상징계 대신에 "상징계와 상상계의 접점"(p. 185)에 위치시킨다. 따라서 "정신분석적 해석은 의미작용에 반대하며, 대신에 의미와 그 상관물인 무의미*non-sens*, **non-meaning**를 취한다.

비록 의미작용과 의미가 반대되지만, 또한 이들 양자는 주이상스*jouissance*의 생성과 연관된다. 여기에서 라캉은 두 가지 신조어, 즉 *signifiance*와 *jouis-sens*를 만든다"(p. 186). *signifiance*는 의미작용*signification*과 주이상스*jouissance*가 합쳐진 용어이고, *jouis-sens*는 의미*sens*와 주이상스*jouissance*가 합쳐진 용어이다(이를 간명히 다음과 같이 나타낼 수 있을 것이다. signifiance=signification+jouissance, jouis-sens=jouissance+sens). 본서에서는 signifiance를 '주이상스를 간직한 의미작용', jouis-sens를 '주이상스를 간직한 의미(의 기표)'로 옮긴다.

Evans, D. (1996). *An Introductory Dictionary of Lacanian Psychoanalysis*. New York: Routledge. pp. 184-186.

표들은 언어에서 근거 의미가 되는 '비의미non-sense'의 역할을 한다. 그런데 주이상스의 수수께끼 같은 무의미한 문자들이 어떻게 체계 내에서 증명할 수 없는 수학적 또는 논리적 순차적 언표들과 동등할 수 있는가? 후자의 예는 무엇인가?

예를 들어, 0 =1이라는 논리적 언표는 0이 자연수의 일관성을 높이기 위해 자연수에 추가되어 집합 이론까지 이어진 전체 분음 체계의 첫 번째 정수라는 것을 의미한다. 그러나 논리적으로, 0 =1은 산술 체계를 뒷받침하는 잘못된 산술적 언표이다. 지정되지 않은 어떤 것의 부재를 표상하는 0은 비-의미가 언어 내에서 단어의 의미를 근거로 하는 것과 유사하게 음수와 양수 시퀀스의 근거가 된다.

마지막으로, 비존재의 존재, 또는 하이데거가 그 위에 x로 쓴 숭고한 배출구는 지구 또는 '모테리얼리티'로 내려와야 한다. 이것은 조이스Joyce가 주현절epiphany이라고 불렀던 것과 일치한다. 그렇지 않으면 이러한 특성이 과학자나 세속적 성격에서도 발견되지 않는 것은 아니지만, 존재에 대한 종교적 해석은 엄숙함이나 거만함, 고상함 또는 오만함의 위험이 있다.

"그런데 고유명사의 대양에서 상실된 것처럼 나타나는 이 존재는 어디에서 오는 것인가?"(p. 694)라는 질문에 대한 대답은 "나는 세계가 비-존재Non-Being의 순수함에서 하나의 결여인 장소에 존재한다"(p. 694)의 형태로 온다. 탄생과 죽음은 순수한 공허나 공백 속에서 불순물이나 상실을 필요로 한다. 더러움이 없으면, 아무 일도 일어나지 않으며, 존재도 나타나지 않는다. **나I의 장소는 비-존재의**

순수 속에 결여가 있는 장소이며, 라캉은 이곳을 주이상스Jouissance의 장소라고 부른다. 나와 주이상스는 기표가 상실되어 있거나 계속해서 이동하고 있기 때문에, 기표의 결여를 공유한다. 이것이 라캉이 비-존재의 순수 속에 있는 결여라고 부르는 것이다.

> 주체는 기표에서 기표로 연속적인 움직임으로 번갈아 나타나고 사라지지만 결코 누구와도 동일시될 수 없다. — "무의식의 주체는 … 불확실한 장소에 존재한다는 것"의 주요한 특징이다(Lacan, 1981, p. 208, quoted by Patsalides [2001], p. 12).

대타자에는 단순하고 특정한 자기-참조적 이름이나 단항의 흔적을 넘어서 주체에 대한 실질적이고 안정적인 지시적 기표가 결여되어 있다. 나는 이름에 대한 참조가 은유와 상징계의 경우와 같이 다른 기표라기보다는 신체라는 의미에서 자기-참조라고 말한다.

다른 기표에 대한 주체를 표상하는 기표가 주체를 명명하는 순간, 실재 주체the Real subject나 실재의 주체the subject of the Real[8]는 사라진다.

---

8 본서에서 실재 속[안, 내부]의 주체the subject in the Real는 대타자인 어머니의 욕망에 삼켜진 정신증적 주체에 가까운 충동적 주체를 지시한다. 이는 첫 번째 주이상스와 연관된다. 이에 비해 실재 주체the Real subject 또는 실재의 주체the subject of the Real는 주체가 상징계에 있지만, 동시에 기표에 지정되지 않는 채로 남아 있는 실재의 측면이 있는 주체를 지시한다. 이는 저자에 의해 여러 번 강조되는, 탈존으로 존재하는, 일자 자신의 비존재를 지시한다. 실재의 주체는 세 번째 주이상스 — 대타자 주이상스, 즉 여성적 주이상스, 신비의 주이상스, 의미의 주이상스 — 와 연관된다.

기표로서의 나에 대한 엄밀한 언어적 정의는 … 언표행위의 주체를 지정하지만 그를 의미(화)하지는 않는다 … 나는 내 언표에서 사라지면서 존재하게 될 수 있다 … 비존재의 존재가 주체로서 내가 장면에 등장하는 방식이다(1966a, p. 678).

한편으로, 주체의 분할의 결과로 자아는 분열된 주체 내부의 간극을 메운다. 다른 한편, 주체는 자아와 대치될 수 있는 실질적인 어떤 것도 아니다. 라캉에게 있어서 **언표행위의 주체의 _Je_(I)는 주체를 지정하지만 정의하지는 않는 연동자**a shifter이다. 주체가 기표에 의해 지정되자마자 실재 주체는 사라지거나 상실된다. 그래서 라캉의 후기 작업에서 무의식의 주체는 '실체 없는 주체'이다. 그렇다면 이것은 무의식의 주체가 억압되거나 서술적인 무의식이 아니라, 실재 무의식에만 위치할 수 있다는 것을 의미하는가? 분열된다는 것은 주체가 두 개의 기표로 분할된다는 것을 의미하지만, 또한 주체가 기표와 언표의 나 너머에 있는 것을 가리킬 수도 있다. 주체는 기표에 따라 정의될 수 없다.

나는 이것이 **빗금 친 주제**의 또 다른 의미라고 제안한다. 실재의 주체는 억압되지는 않지만 S_1와 S_2 사이에 있다. **무의식의 주체는 상징계의 끊어진 선들 사이의 불연속성이나 간극으로 출현한다.** 이 지점에서 라캉은 주체의 존재를 형언할 수 없고 인지를 넘어선 어리석은 존재로서 정의한다. 자아($i[a]$)와 환상($\$\diamond a$)은 공허와 주체의 결여를 막기 위해 방어적으로 작용할 것이다. 실재의 주체는 일차적으로 억압되지만 그것을 서술할 단어가 없다는 의미에서만 억압된다. 일차적 억압에 대한 일반적인 이해에서, 원억압하에서 억압되는 것은 아이가 어머니를 위해 대표하는 전주체 또는 사전-금지된 상상적 남근이다. 따라서 이전 작업에서, 나는 **두 가지 유형의 일차적 억압**이 있다고 제안했다(Moncayo, 2012; Moncayo and Romanowicz, 2015).

프로이트의 일차적 억압에 속하는 것은 어머니의 상상적 남근으로서의 주체이다. 이 주체는 정신(마음)이나 신체(몸) 중 어디에 있는가? 라캉(1966a/2006)이 제시하는 새로운 대답은 이 주체가 기관과 충동의 차원에서 신체에 존재한다는 것이다.

따라서 우리는 이제 무의식, 또는 오히려 원초적 억압*Urverdrängung*에서 의미화 연쇄의 주체적 상태에 주의를 기울인다. 우리의 추론에서 무의식의 주체를 지탱하는 기능에 대해 자신에게 의문을 제기하는 것이 왜 필요한지 이해하기 쉽다. 무의식의 주체는 자신이 말하고 있다는 사실조차 모를 때 그 주체를 언표의 주체로, 따라서 조음자로 지정하는 것이 어렵다는 것을 파악한다. 따라서 그가 기관적, 구두적, 항문적 등으로 지정되는 충동의 개념은 그가 말을 많이 할수록 말하기로부터 멀어져야 한다는 요구 사항을 충족시키는 지도이다(p. 691-692).

실재와 관련하여 충동의 주체 또는 **실재 속의 주체**the subject *in the* **Real**와 **실재의 주체**the subject *of the* **Real**를 이해하는 두 가지 방법이 있다. 첫 번째 실재 속의 주체는 아이가 어머니를 위해 있고 일차적 억압 아래에서 억압된다는 금지가 되지 않은 상상적 남근의 표상을 의미하기 때문에 언어와는 거리가 먼 기관의 쾌락을 가리킨다. 알프레도 에델슈타인Alfredo Edelstein(2009)이 말했듯이 "주체가 거기에서 말하지 않고 기관이 주체를 위해 말한다"(p. 201). 충동은 주체를 덜컥거리게 하고, 주체는 충동과 욕망의 대상 *a* 앞에서 희미해지고, 기관의 쾌락에서는 충동의 활동이 말없이 진행된다. 검열이나 도덕적 판단을 우회하는 방법이 먼저 의논하지 않고 단순히 성적 충동을 행동으로 옮기는 것임은 인간에게는 드문 일이 아니다. 마지막으로, 나에게는 내부 기관의 목소리를 듣는 정신병 환자가 있었다. 기관의 목소리는 전형적으로 다양한 유형의 음란한 성적 행위와 폭력적인 행위를 요구한다. 기관은 말 그대로 주체를 위해 그리고 주체에 대해 이야기했다.

실재의 주체the subject of the Real는 다른 것이다. 나는 이전에 기표에 의해 주체가 명명될 때, 그 이름이 주체를 지칭하지만, 기표에 의해 지정되지 않은 채로 남아 있는 주체에는 실재하는 어떤 것이 있다는 점을 지적한 바 있다. 물론 주체의 이름은 다른 이름/기표를 참조하여 순환하지만, 이름에 대한 참조는 다른 기표라기보다는 주체이다. 이름에 대한 준거로서의 주체는 신체의 실재에 있다. 그 이름과 기표가 주체에 대해 말하는 것과 동시에, 상징계가 지정 외부에 "탈존하는" 실재 주체에 대한 접근을 제공하는 점에서 실재 주체는 배제된다(비존재의 존재로서 존재). **주이상스의 흐름으로서의 신체는 주체의 이름을 의미하거나 해석자로서 기능**한다.

개인 분석의 결실 중 하나는 이름에 대한 주체의 관계가 변화할 수 있다는 것이다. 이름이 의식적으로든 무의식적으로든 부과되는 대신, 실재의 주체가 분석에서 이름을 전유할 때, 이름은 부가된 가치나 주이상스를 포함한 의미작용$_{\text{signifiance}}$[9]으로서 주체를 주이상스로 물들이게 된다.

그러나 욕망(d)에서 충동으로 가는 경로는 무엇인가? 충동($ \$ \diamond $ D)에 대한 수학소에서, D(요구)는 환상($ \$ \diamond a $)의 공식에서 대상의 장소에 있으며, 이에 따라 대상은 여러 다른 성감대와 관련된 충동의 다양한 상상적, 부분적 대상(a)에 대한 주체 없는 요구가 된다. 에델슈타인(2009)이 관찰한 것처럼, **신경증에서 환상의 공식은 충동의 환상이 된다. 도착증에서는 충동의 공식이 환상의 공식이 된다.**

라캉에 따르면, 성감대는 내부에 구멍이 있는 **가두리 구조를** 가지고 있다. 비뇨의 흐름과 요도, 대변과 항문, 상상적 남근과 거세, 유방 및 입과 이유, 목소리와 공허, 그리고 대타자의 부재하고도 도처에 있는 응시, 그리고 그들이 보이는 곳에서 결코 바라보지 않는 눈의 개방이 그 예들이다. 마지막으로, 상징적 거세는 충동의 요구와 대타자의 불편한 주이상스를 생성하고 제한하는 것이다.

S($\emptyset$)의 지점에서 무의식적인 욕망(대타자의 욕망은 수수께끼)을 표상하는 것이 불가능하기 때문에, 그래프의 최상층에 나타난 바와 같이, 욕망은 충동의 순수한 요구로 변형된다. 우리의 예를 다시 사용하기 위해, 남편이 아내를 사랑하고 그녀도 그를 사랑한다고 가정해 보자. 그들은 두 가지 질문을 던진다. 내가 원하는 것은

---

9 signifiance = signification + jouissance.

무엇인가? 그리고 그/그녀는 나에게 무엇을 원하는가? 질문은 응답되지 않은 채로 남아 있다. 둘 사이의 사랑은 수수께끼이고, 그들은 그것을 해결할 수 없다는 이유로 그것을 "사랑 만들기"를 통해 드러내 보이고, 그 결과는 아기가 될 수 있다. 이것은 욕망이 충동의 순수한 요구로 어떻게 변형되는지를 보여 주는 좋은 예이다. 자신이 안다는 것을 주체가 모른다는 욕망의 일자 말하기는 수수께끼이며, 그래프에서 보는 바와 같이 충동은 욕망의 부분적 발현이다.[10]

10 라캉은 『세미나 11』 '13장 충동의 분해', '14장 부분 충동과 그 회로'에서 충동에 대해 상세히 설명한다. 그는 프로이트의 「충동과 그 운명」(Freud 1915)에 근거하여 충동의 네 가지 기본 요소, 즉 원천Quelle, the source, 추동력Drang, the pressure, 목표Ziel, the aim, 대상Objekt, the object을 설명한다. 라캉은 충동이 '가두리 구조로서의 성감대의 원천'에서, '방출에 대한 무조건적 성향과 동일시되는 내적 자극이라는 사태에 의해 발생하는 추동력'으로, '만족에 도달했다는 goal과 여정으로서 aim의 목표'를 향해, '빈 구멍, 공백의 현존인 대상 a(터닝 포인트, 속임수)를 대상'으로 하여 영원히 상실된 대상 주위를 맴도는 "머리 없는 주체 a headless subject"(Lacan 1998, p. 181)로 간주한다. 아래의 왼쪽 그림은 라캉이 제시한 '충동의 가두리 구조'이다. Lacan, J. (1973). *The Seminar of Jacques Lacan, Book XI: The Four Fundamental Concepts of Psychoanalysis, 1963-1964*. ed. J.-A. Miller. trans. A. Sheridan (1978). NY: W. W. Norton & Company, 1978, pp. 161-186.

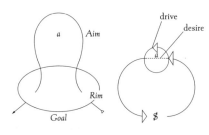

프로이트의 후기 충동 이론, 즉 삶의 충동과 죽음 충동의 이원론에서 진일보하여 라캉은 충동들 간의 대립이라기보다는 "상징계와 상상계 사이의 대립에 의해 이원론을 재개념화"(Evans, 1996, p. 48)한다. 라캉에 따르면, "모든 충동은 성적 충동들sexual drives이고, 죽음 충동a DEATH DRIVE이다"(p. 48). 그 이유는 모든 충동은 과도하고, 반복적이며, 궁극적으로 파괴적이기 때문이다. 또한 "모든 충동은 욕망과 밀접하게 관련되어 있다The drives are closely related to DESIRE"(p. 48). 두 가지 충동은 주체의 장에서 기원하지만, 대타자의 장에서 발견된다. 충동은 단순히 욕망에 대한 다른 이름이 아니며, "충동들은 욕망이 실현되는 부분적 측면들이다. 욕망은 하나이고 나누어지지 않는 반면, 충동은 욕망의 부분적 발현들이다"(p. 49). Evans, D. (1996).

케 부오이*Chè Vuoi* 그래프에서 욕망의 선은 그래프 위로 올라가고 욕망의 질문은 대타자에게 제기된다. 대타자 결여의 기표의 수학소(S[∅])는 대타자의 욕망의 수수께끼의 장소와 욕망의 수수께끼에 대한 언어의 기표의 부재를 표상한다. 주이상스의 벡터는 이 장소에서 시작해 충동($◇D)의 수학소와 요구로 변한다.

『세미나 6』, 햄릿에 대한 논평에서 라캉(1958–1959)은 햄릿이 어머니의 욕망/결여에 대해 자신이 어떤 대상인지 알고 싶어했다고 주장한다. 햄릿은 이 결여에 어떤 기표가 붙어 있는지 알기를 원한다. 거트루드는 남근적 대상으로서의 그녀의 특성에 대해 이야기함으로써 햄릿의 질문에 응답한다. 라캉은 거트루드의 입에 대타자 어머니(m)Other의 결여의 기표에서 오는 충동의 요구를 언급하는 몇 가지 단어를 배치한다. 라캉이 거트루드의 입을 통해 참조한 말은, 그녀의 아들이 어머니의 사회적 기대를 어떻게 충족시킬 수 있는지 혹은 없는지에 대한 규범적 반응이라기보다는 충동의 상부 의미화 연쇄에 더 가깝다. 거트루드는 자신을 정의하거나 (상상적 남근적 대상으로서) 자신이 누구인지를 알려 주는 데 사용할 수 있는 햄릿에 대한 기표를 가지고 있지 않다.

그러나 대타자의 욕망의 수수께끼는 환상이나 충동에 대한 공식으로 규정할 수 있는 것 이상이다. 이는 충동이 금지된 주이상스

An Introductory Dictionary of Lacanian Psychoanalysis. New York: Routledge. pp. 46–49.
이와 같은 라캉의 충동과 욕망에 관한 관점을 로렌초 키에자Lorenzo Chiesa가 『주체성과 타자성*Subjectivity and Otherness*』(Chiesa, 2007)에서 제시한 위의 오른쪽 그림으로 이해할 수 있다. Chiesa, R. (2007). *Subjectivity and Otherness*. Cambridge: The MIT Press. p. 145.

이상의 것을 원하기 때문일 뿐만 아니라, 대타자에게는 욕망 안에 있는 대상의 결여뿐 아니라 대타자의 공백, 또는 환상과 기표 너머의 일자가 무엇인지를 표상하는 기표가 없기 때문이기도 하다.

라캉은 욕망이 충동에 한계를 설정한다고 말하지만, 이후에는 욕망이 금지된 오이디푸스적 욕망의 신화 너머의 만족을 원한다고도 언급한다(Fink, 1997, p. 208). 오이디푸스적 욕망에 대한 신화는 충동을 멈추게 하여, 사실상, 법이 욕망에 대한 진정한 한계를 구성하지 않도록 고안된다. 따라서 라캉은 충동이 금지된 쾌락이나 대상보다 만족을 원한다고 언급한다. 충동은 무의식적인 오이디푸스적 욕망 너머의 무엇인가를 원한다.

금단의 열매에 대한 신화와 환상은 대타자에게서나, 법 또는 의미화 체계에서 결여가 된다. 근친상간 금지는 오이디푸스적 욕망을 제한하고 부추기는 구조적 금지이다. 율법은 결점을 금지하거나 타락에 대해 경고하거나, 율법으로 금지된 욕망의 허구를 구성한다. 율법은 금지하려고 하는 바로 그 대상을 심고 창조한다. 그러나 율법은 근친상간 금지로 끝나지 않는데, 사회적 대타자는 오이디푸스적 욕망뿐만 아니라 욕망의 대상에도 많은 장벽을 위치시키기 때문이다. **욕망의 대상 원인**the object cause of desire은 충동의 대상이 금지된 대상 이상이라는 점을 제외하고는 충동의 대상과 같다. 욕망을 구성하는 잃어버린 대상에 대한 결여와 향수는 결국 삼엄하거나 금지되는 전제 군주적 대타자 아버지(f)Other보다는, 논리적 구조로서 상징적 거세에 의해서만 제한되는 충동의 요구로 이어진다.

라캉의 이론에서 불분명하게 남아 있는 것은 법이 욕망을 멈추게 하거나 금지를 넘어 주이상스에 대한 열정을 불러일으키는지의 여부이다. 그러한 열정은 또한 대타자와의 불편한 융합(대타자의 주이상스the jouissance of Other) 이상이며, 법의 벽 저편에 있는 환영적 주이상스 이상이다. 충동은 금지된 주이상스의 약속을 넘어선 주이상스를 추구한다. 욕망이 율법의 도치된 사다리에 도달할 수 있도록 주이상스를 멈추게 할 때, 제지된 주이상스는 욕망에 굴복할 뿐만 아니라 이어지는 형태의 주이상스에도 굴복한다. 고통스럽거나 금지된 쾌락을 억제하는 것은 욕망을 촉진할 뿐만 아니라 새로운 형태의 주이상스의 출현을 촉진한다.

라캉은 환상적 삶과 금지된 열매를 갈망하는 욕망의 영역인 상상적 삶에 활력을 불어넣는 것뿐만 아니라, 주이상스와 충동을 행위에 대한 추진력과 연결한다. 충동과 주이상스는 실재와 연결되고, 실재는 상징적 계열이나 상상적 풍경에 실재의 차원을 부여하는 단절로서의 행위와 연결된다.

사회적 진술 및 내러티브의 주체와 기표는 환상의 수준으로 올라감으로써 규범성을 벗어날 수 있다. 여기서 주체는 대타자가 원하는 것과 그들이 대타자로부터 원하는 것을 스스로 표상한다. 그러나 환상에서 주체는 눈이 멀거나, 환상이 욕망을 지원하는 기능뿐만 아니라 사회적 담화에 내재된 상징적 거세를 방어하는 기능을 가지고 있는지에 대해 알지 못한다. 코드의 이러한 측면은 환상에 숨겨져 있다. 환상 공식($\$ \Diamond a$)에서 또는 분열된 주체는 분할된 두 구성 요소를 숨긴다: $\$ = S_1 - S_2$. 대타자는 환상을 해석하고 틀을 구성하지만, 환상은 또한 주이상스의 한 형태로서 상상계와 실재의 대상 a^{11}를 포함한다.

법의 대타자는 첫 번째 주이상스를 멈추게 하는 법에 얽매인 욕망을 발생시키지만, 상징적 거세는 남근적 주이상스나 법에 따른 행위에 대한 요구뿐만 아니라 법과 합치하는 동시에 법을 초월하는 주이상스를 발생시킨다.

따라서 충동과 주이상스는 거세 너머로 가고 거세의 법 아래 전체-아님의 지위를 획득한다. 그래프의 상층 또는 수평 벡터가 구현되면 *Ché Vuoi*의 벡터는 '존재 없음[비존재, 탈존재]*désêtre*'(unbeing or disbeing) 또는 존재의 공백으로 변환된다. 여기서 승화는 욕망의 말과 대상이 완전하지 않거나 결여되어 있는 동시에 대상 *a*의 복제를 잠시 멈추게 하는 충동의 대체적이고 직접적인 만족을 대표한다. 목적이 억제되거나 '거세된' 충동을 재현하는 사회적 목적은 대체 형성물을 구성한다. 그러나 라캉에게 오이디푸스적 욕망과 충동의 요구는 만족의 대체적 형태이기도 하다. 충동은 또한 오이디푸스적

---

11 라캉의 대상 *a objet (petit) a*, object (little) *a*는 이론의 중심부를 차지하는 개념으로서 그의 이론적 변화에 따라 진일보한다. 대상 *a*, 오브제 아, 타대상 등으로 표기 및 번역되는 이 용어는 엄밀히 '대상 (작은) *a*'로서 '소타자'와 '대상'의 의미를 동시에 갖는다. 1955년 L도식과 관련하여 처음 소개된 이 개념은 1957-1958년 『세미나 5』의 환상 공식($\lozenge a$)에서 공식적으로 등장하면서 '욕망의 대상'이 된다. 그 이후 1960-1961년 『세미나 8』의 '아갈마*agalma*', 1963-1964년 『세미나 11』의 '욕망의 대상-원인', 1969-1970년 『세미나 17』의 '잉여 향유*a* surplus enjoyment, *plus-de-jouir*'로 변화하면서 점차 상상적 측면에서 실재적 측면의 의미를 내포하게 된다. 최종적으로 이 개념은 1974-1975년 『세미나 22』에서 실재·상징계·상상계가 모두 교차하는 보로메오 매듭의 중심에 위치하면서, 1975-1976년 『세미나 23』에서 생톰*sinthome*과 동일시된다. 대상 *a*에서 *a*의 소문자 이탤릭체 표기는 '대상'의 상상계적 측면을 나타내는 것과, Autre(Other)에서 A와 구분하여 '소타자'를 지시하기 위함이다. Evans, D. (1996). An Introductory Dictionary of Lacanian Psychoanalysis. New York: Routledge. pp. 124-126.

욕망을 넘어서는 직접적이고 불확정적인 만족을 원한다.

거세 아래에서 전체 아님not-all은 남근을 가진 것(+phi)과 가지지 않은 것(-phi)의 문제를 넘어 남근 기능에 의해 가능해진 남근적 주이상스와 관계된 제3의 주이상스의 가능성을 나타낸다. 이러한 충동의 직접적인 만족은 상상적 대상이 아니라 공허의 지표로서 실재에서 상징적 기능과 대상 a 사이의 관계로 표현될 수 있다.

거세의 기능으로 인해 정의 그 자체로 상실된 Phi 또는 상징적 남근은 주이상스의 기표이다. 라캉이 상징적 남근을 주이상스의 기표로 삼은 동시에 주이상스에 대한 질문으로 '나는 무엇인가?'라고 언급한 것은 흥미롭다. 상실된 나 또는 실체적 주체the substantial subject와 상징적 남근은 모두 주이상스의 기표로 볼 수 있지만, 주이상스는 기표를 갖지 않는다고도 한다. **주이상스는 기호 없는 지표이자 상징적 질서의 내적 일관성을 구성하는 외부의 실재이다.** 주이상스의 기표가 없거나 주의상스의 기표가 사라졌지만, 주이상스는 어떤 기표에도 우발적으로 내장될 수 있다.

대타자에게 결여된 기표나 대타자에게 결여를 주는 기표는 '타자가 나에게 무엇을 원하는가?'라는 질문에 다른 의미를 부여한다. 궁극적으로 대타자의 욕망은 신비이거나 응답이 없는 수수께끼이기 때문에, 주체는 환상의 공식에 의해 그래프에 재현된 환상을 생산한다. 주체는 대타자를 완성하기를 소원하거나, 대타자가 자신이 무언가를 잃거나 대상을 포기하기를 바라는 것을 두려워한다(대타자는 주체의 거세를 요구한다).

대타자는 결여되어 있고, 더 이상 완전하거나 온전한 전체(A

또는 O)가 아니기 때문에, "대타자의 결여는 이 보물(기표의 배열 또는 A)의 가치에 대해 대답Chè Vuoi하도록 요청된다"(idem). 주체를 분할한 완전한 대타자의 이상은 이제 충동/주이상스의 기표에 따라 규정될 것이다. **신경증은 대타자의 결여를 대타자의 요구 또는 충동의 요구와 동일시한다.** "사실, 신경증은 대타자의 결여를 대타자의 요구와 동일시하고, 환상을 충동과 동일시하는 사람이다"(idem). 신경증의 경우 대타자의 요구는 대상의 기능을 취하고, 환상은 충동으로 환원된다($[\$\Diamond a] \rightarrow [\$\Diamond D]$). "신경증에서 … 환상은 충동($\$\Diamond D$)으로 환원된다"(Miller, 1997, p. 26). 주체는 요구를 요구함으로써 환상의 대상을 요구로 만든다. 충동에서, 대상은 주체가 (대타자의 요구의 기능인 o-대상에 의해) 요구해야 할 요구의 결과로서 주체에게 요구를 만들어 낸다.

욕망의 벡터가 코드의 장소에서 충동의 방향으로 상승할 때, 주체는 법과 욕망의 닫힌 반복적 순환을 지나서 요구의 순환 속으로 빠져든다. 요구의 순환은 충동에서 대타자 결여의 기표로, 그리고 다시 충동으로 가는 소급선으로 표상된다.

자크-알랭 밀레Jacques-Alan Miller(1997)는 그의 흥미로운 논문「충동은 말이다The Drive is Speech」에서 라캉이 최소한 세 가지 유형의 요구를 설명한다고 언급한다. "욕구의 요구는 욕구의 대상이 언어적 장치를 통과해야 하는 질문에 의해 이루어진 것이다. 그것은 『세미나 4』에서 발전되고, 거기에서 기인된 효과로서 욕망의 벡터를 볼 수 있다"(p. 27).

그런 다음 밀레는 기능으로서 대타자를 그 자체로 소개하는 사랑의 요구에 대해 쓴다. "단순히 그것은 줄 수 있는 대상이 아니라 사랑의 기호 외에는 아무것도 아니다." 그리고 라캉의 『에크리』에서 그는 이 두 가지 형태의 요구 사이에서 욕망을 기입한다. 그가 말하듯 "욕망은 이 측면과 저 너머의 다른 측면으로 과도하게 확장된다. 당신은 욕구에 대한 요구와 사랑에 대한 요구 사이의 욕망을 본다"(p. 26). 가장 흥미로운 것은 밀레가 언급하듯이 주이상스에 대한 세 번째 요구는 충동이라는 것이다.

대타자에 대한 결여의 장소로부터 요구되는 무의식적 요구는 남근적 주이상스와 대타자의 주이상스 모두에서 발견된다. 상징적 거세는 잉여 남근적 주이상스의 불편함뿐만 아니라 대타자의 불편한 주이상스에 대한 충동의 요구를 제한한다. 대타자의 주이상스는 주체가 대타자의 환상의 대상이 될 때 주체의 소멸을 의미한다.

금지된 오이디푸스적 욕망은 상징적 거세가 부과하는 진정한 한계를 대체하고 숨기기 위해 만들어진 신화이다. "그러나 프로이트가 오이디푸스 신화를 공식화한 것과 마찬가지로, 비록 그가 초기에 공식화했으나, 그것이 신화가 아닌 것은 거세 콤플렉스이다"(p. 695). 또한 라캉은 **"거세는 욕망의 법(칙)에 반하는 범주에 도달하기 위해서는 주이상스가 거절되어야 한다는 것을 의미한다"**(p. 700)라고 설명한다. 이 진술을 하기 직전에 라캉은 **"욕망은 주이상스의 한계를 넘어서는 것에 대한 방어이다"**(p. 699)라고 말한다. 욕망은 대상에 대한 명백한 상징적 거세에 의해 발생한다. 상승과 하강의 움직임에서 욕망은 충동의 기표로 대체되고 표상되며, 욕망의 기표Phi는 충동을 대체한다.

분명히 결여의 수용 또는 상징적 거세는 우리가 충동의 요구를 극복할 수 있는 방법 중 하나가 될 것이다. 그러나 어떻게 거세를 극복할 수 있는가? 프로이트에게 개인 분석은 거세의 암반에서 난파된다. 남성성에 대한 분석은 아버지 앞에서 수동적으로 굴복, 복종을 나타내는 지점을 넘어서지 않는다. 그에 상응하여 여성성에 대한 분석은 남근에 대한 요구와 충돌하며, 남근의 불가능성은 단순한 우울증이 아니라면 다양한 불만족과 불만을 야기한다.

거세를 넘어서기 위해서는 분석가의 자비로운 탈인격화[객관화]와 피분석자의 주체적 궁핍the subjective destitution이 요구된다. 분석가는 이상理想의 위치에 있는 것을 포기해야 하고, 피분석자는 나르시시즘적 자아 불안과 존재 여부, 소유의 여부, 상상적 남근에 대한 집착 너머에서 자신의 존재를 비존재 또는 공백 속에서 찾아야 한다. 나는 프로이트에게 거세는 페니스의 상징적 상실을 의미하는 반면, 라캉에게서 거세는 상상적 남근이 존재하지 않는다는 깨달음을 현현한다고 제안한다.

마크 대니얼레프스키Mark Danielewski(2000)는 "젊음은 항상 공허를 채우려 하고, 노인은 그것과 함께 사는 법을 배운다"라고 말한다. 라캉은 대타자 결여의 기표(S[Ø])의 경우, 우리가 다루고 있는 것은 0 상징의 결여의 기표라고 말한다. 라캉은 또한 상징적 남근이 대타자의 결여 장소에 나타나지만, 그것이 없거나 비존재한 것이기 때문에 존재하지 않는 것을 부정할 수 없다고 말한다.

남근의 부재는 상징적 교환의 균형점이다. 레비스트로스(1950) 이후, 0 상징의 정의에 따르면, 상징이 없으면 상징적 교환이 불가능하다. 0 상징은 상징적 교환의 균형점을 나타내는 결여의 장소이다. 0 상징은 무언가의 부재를 표상하기 때문에 그 자체로는 존재하지 않는다. 따라서 분석의 한 단위로서 남근은 상징적 교환의 영점으로서 기능함과 동시에 존재하지 않는다. 그것이 존재하지 않는다는 것은 0 상징이 없음을 말하는 또 다른 방법이다.

남근은 기능하지만 존재하지 않는다. 페니스가 존재했다가 상실되거나 절단된 상태를 다루고 있지 않기 때문에 0 상징은 없다. 이 경우 0 상징은 이전에 존재했던 페니스가 없음을 나타낸다. 0 상징 자체가 상실된 경우, 이는 상실된 남근이 존재하지 않거나, 플라톤의 수학적 영역에서 '정지 상태'에서 "전 존재"한다는 라캉의 깨달음과 동일하다.

결론

결론적으로, 라캉의 욕망의 그래프는 욕망과 법, 기표/주체와 코드 사이의 관계를 수학적/위상학적으로 표상한 것이다. 그것은 욕망과 대타자의 욕망, 주이상스, 충동과 같은 개념을 설명하는 데 도움이 된다. 욕망은 법 없이 존재할 수 없으며, 그 반대도 마찬가지이다. 또한 욕망은 그것을 설명할 수 있는 기표가 없기 때문에 수학적 그래프 이론의 도움으로서만 표상될 수 있다. 그래프 상단에서 가장 어려운 부분을 나는 거세를 넘어서는 관점에서 공식화한다. 그것은 이 장 전체에 걸쳐서 제기되는 질문이기도 하다. 라캉과 욕망의 그래프를 따라, 나는 거세 너머의 장소ₐ no-place는 상상적 남근의 비존재와, 대타자 및 기표들의 배열 내부에서 결여된 주체의 생각할 수 없는 존재를 통해 실현된다고 주장한다.

참고문헌

Danielewski, M. (2000). *House of Leaves*. New York: Pantheon.

Edelstein, A. (2009). *The Graph of Desire*. London: Karnac.

Fink, B. (1995). *The Lacanian Subject: Between Language and Jouissance*. Princeton, NJ: Princeton University Press.

Fink, B. (1997). *A Clinical Introduction to Lacanian Psychoanalysis*. Cambridge: Harvard University Press.

Freud, S. (1909). Notes upon a Case of Obsessional Neurosis. In: *Three Case Histories*, New York: Collier Books, 1973.

Lacan, J. (1957–1958). *The Seminar of Jacques Lacan: Book V: The Formations of the Unconscious*. ed. J.-A. Miller and tans. R. Grigg. London: Polity Press.

_____(1958–1959). *The Seminar of Jacques Lacan. Book VI: Desire and Its Interpretation*. ed. J.-A. Miller. trans. B. Fink. Cambridge: Polity Press, 2019.

_____(1960–1961a). *Book VIII: Transference*. Unpublished trans. C. Gallagher, c.f. www. lacaninireland.com.

_____(1960–1961b). *The Seminar of Jacques Lacan. Book VIII: Transference*. London: Polity Press, 2017.

_____(1961–1962). *The Seminar of Jacques Lacan IX: On Identification*. trans. C. Gallagher. London: Karnac.

_____(1964). *The Four Fundamental Concepts of Psychoanalysis*. New York: Norton, 1981.

_____(1966a). *Écrits, the First Complete Edition in English*. trans. B. Fink. New York and London: Norton, 2006.

_____(1966b). The Subversion of the Subject and the Dialectic of Desire in the Freudian

Unconscious. In: *Écrits*. trans. B. Fink. New York and London: Norton, 2006.

_____(1966–1967). *The Seminar of Jacques Lacan: Book XIV: The Logic of Phantasy*. Unofficial translation by C. Gallagher from unedited French manuscripts.

_____(1968–69). *Book XVI: From Another to the Other*. Unpublished trans. C. Gallager, www.lacaninireland.com.

_____(1971–72) *Book XIX: ... ou pire* (or worse). Unpublished trans. C. Gallager. www.lacaninireland.com.

_____(1971–72). *Book XIXa: The Knowledge of the Psychoanalyst*. Unpublished trans. C. Gallagher. www.lacaninireland.com.

_____(1972). L'etourdit. *The Letter*, 41, 31–80, 2009.

_____(1974). *Television*. ed. J. Copjec. New York: London, 1990.

_____(1975). *La Troisème. Lettres de l'école freudienne*, (16), 178–203.

Lévi-Strauss, C. (1950). *Introduction to the Work of Marcel Mauss*. trans. F. Baker. London: Routledge, 1987.

Miller, J. A. (1997). The Drive Is Speech: Umbr(a): On the Drive. *Journal of the Center for Psychoanalysis and Culture*, 1, 1997.

Moncayo, R. (2009). *Evolving Lacanian Perspectives for Clinical Psychoanalysis*. London: Karnac.

Moncayo, R. and Romanowicz, M. (2015). *The Real Jouissance of Uncountable Numbers: The Philosophy of Science within Lacanian Psychoanalysis*. London: Karnac.

Quinet, A. (2018). *Lacan's Clinical Technique: Lack(a)nian Analysis*. London: Routledge.

3장

정신분석의 임상적 증거, 표준과 비표준 프레임, 순수·응용 정신분석의 질문

이 장에서는 라캉의 정신분석 실천의 내용, 과정, 그리고 세부 사항으로 들어가기 전에 분석적 치료의 형식, 프레임 그리고 상징적 효과 뒤에 있는 증거와 인식론을 검토한다.

　나는 실천을 위한 예시적인 장소로서 개인 진료에서의 정신분석에 초점을 맞추지만, 12장에서는 공립 및 사립 클리닉에서의 심리치료에 대한 정신분석적 적용에 대해서도 다룬다. 개인적 실천을 말할 때, 나는 미국에서 정신분석이 처음 이해된 방식인, 상류층에게만 제공된 서비스를 언급하지 않는다. 이는 주로 과거 정신분석과 비즈니스 기반 의료 기관 사이의 오랜 연관성 때문이다. 여기에서 사적인 것은 정신분석이 전체주의 사회보다는 민주주의 사회에서만 번창할 수 있다는 프로이트의 신념을 반영한다. 정신분석이 가족, 사회, 국가로부터 주체에게 약간의 안도감을 줄 수 있다는 것은 개인적 부문이다. 다른 형태의 심리치료에 대해서도 마찬가지라고 말할 수 있는지는 확실하지 않다.

표준 및 비표준 정신분석은 모두 사적 및 공적 또는 기관 설정에서 다른 형태를 취한다. 비표준 분석을 설명할 때, 이 장은 주로 개인 실천 설정의 정신분석을 참조한다. 그러나 라캉의 정신분석을 공공 또는 제도적 환경에 적용하는 것도 가능하며, 이것은 관련이 있지만 다른 주제가 된다. 분석 학교에서는 수련 중인 분석가의 개인 및 통제 분석the personal and control analysis이 모두 개인 실습에서 이루어진다.

나는 이 장에서 사용할 몇 가지 기본 용어를 소개하고 정의한다. 먼저 순수와 응용 정신분석을 정의하는 것으로 시작한다. **순수 정신분석**the pure psychoanalysis은 엄밀한 의미에서 정신분석과 연관된 심리 및 정신적 현상과 개입 또는 실천을 의미한다. 순수 정신분석에서 다루는 말이나 정신 현상은 의식적 서사 또는 일상적인 것에 대한 이야기라기보다는 욕망에 관한 무의식적인 자료와 진실한 말을 의미하지만, 전자에도 욕망이 포함될 수 있다. 정신분석은 앞 장에서 설명한 바와 같이, 욕망의 그래프 내에서 의미화 연쇄의 상부에 있는 과학으로서 그것의 대상을 성공적으로 발견할 수 있다.

순수는 또한 실천적 규칙만이 아니라, 이론적 기준에 의해 정당화되는 개입을 나타내기도 한다. 그러나 순수 정신분석은 클리닉과 욕망의 그래프에서 나타난 무의식의 형성물로부터 파생된 이론을 의미하기 때문에 단지 이론적이거나 학문적인 것으로 해석되어서는 안 된다. **응용 정신분석**the applied psychoanalysis은 일반적으로 임상적 실천과 치료에 정신분석을 적용하는 것을 말하는데, 그것은 좀 더 구체적으로 증상과 정신적·정서적 고통의 완화를 의미한다

(Miller, 2015).

치료로서 정신분석은 증상의 완화로 환원될 수 없다. 왜냐하면 수련 중인 분석가의 개인 분석은 일반적인 사람이 분석에서 다룰 수 없는 성격 분석을 요구하기 때문이다. 성격 특성은 일반적으로 자아-동조적ego-syntonic이다. 마지막으로, 응용 정신분석은 또한 정신분석이 전통적으로 권장되는 치료로 간주되었던 신경증 이외의 정신 구조 치료에 정신분석적 아이디어를 적용하는 것을 의미한다.

이 두 범주는 표준과 비표준 분석 또는 치료인 다음의 기본 범주 집합과도 밀접하게 연관된다. 일반적으로 사람들은 표준 또는 고전적 치료와 순수 정신분석을 동일한 것으로 생각하지만, 반드시 그런 것은 아니다. 순수 정신분석은 치료 중에 공개되고 작업된 물질적, 정신적, 정서적 현상으로 정의된다. **표준 분석**the standard analysis은 [프로이트에 기초한] 환경, 사용된 가구 및 도구들 또는 기술, 그리고 세션과 치료의 빈도와 길이를 나타낸다. **비표준 치료**the non-standard treatment는 프레임에 따라 다를 수 있지만(세션과 치료의 가변적 길이와 빈도), 순수 분석 자료에 대해 작업하므로 고전적 또는 표준 분석, 그리고 응용 정신분석(증상 개선 또는 해결에 초점)과 같거나 더 나은 결과에 도달할 수 있다. 반대로, 표준 분석은 순수 정신분석과 일치하지 않고, 응용 정신분석에서 기대되는 결과를 달성하거나 달성하지 못할 수 있는 자료에 대해 작업할 수 있다.

세 번째 범주 집합은 **정신분석**psychoanalysis과 **심리치료**psychotherapy의 구분을 설명한다. 한편으로 심리치료는 응용 정신분석의 정의와 임상 치료 방법으로서 정신분석의 개념을 나타낸다. 이러한 관점에서 정신분석은 심리치료의 한 형태이다. 다른 한편으로 심리치료는 정신분석적 심리치료의 경우, 정신분석의 하위 범주로서 정신분석과 구분할 수 있다. 또한 정신분석 이후에 개발된 치료의 경우 정신분석의 대안으로서 정신분석과 구별할 수 있다. 이에 대해서는 이 장에서 더 설명할 것이다.

정신분석에서 증거의 개념

증거의 개념은 학문 분야에 따라 유사하면서도 차이가 있다. 의학에서 증거 기반evidence-based 실천의 개념은 매우 간단하고 직설적이다. 약은 증상에 도움이 되거나 도움이 되지 않으며, 의사의 전문적인 선서는 다른 사람을 돕고 치료가 해를 끼치지 않는지를 확인하는 것이기 때문에 그 차이가 중요하다. 또한 연구 결과에 관계없이, 약물은 너무 많은 부작용을 일으키지 않으면서 자연적 환경에서 특정 환자를 도울 수 있어야 한다. 법과 유죄 판결 또는 무죄 판결로 이어지는 법정 절차에서도 그 결과는 심각하지만, 법정 결정에 도달하기 위해 정량적이지 않은 정성적 논리적 분석도 사용될 수 있기 때문에 증거가 정량적이지 않은 경우가 많다.

증거의 법적 개념과 유사한 방식으로, 심리학은 양적 및 질적 연구 방법을 모두 사용한다. 실제로, 심리학의 증거 기반 관행은 경험적 과학을 구성하는 요소에 대한 광범위한 정의를 준수한다. 과학적 증거의 출처는 복합적으로 존재한다. 실제 치료가 평가, 진단 그리고 치료 절차를 포함하는 한, 특정 심리치료 내에서 인정된 전문가들 사이에 합의가 있는 한, 모든 현대적 형태의 심리치료는 경험적으로 뒷받침되는 원리를 활용하는 것으로 간주된다.

하지만 오늘날 많은 전문가, 특히 정신분석가와 분석적으로 훈련된 사람들은 증거 기반 실천이 실험군과 대조군을 사용한 무작위 실험에서 성공적으로 입증된 치료만을 지칭한다고 믿는다. 그러나 이전에 언급한 바와 같이, 미국 심리학회(American Psychological Association: APA, 2006)는 심리치료의 모범 사례가 임상적 증거와 관찰에 대한 훨씬 더 넓은 정의를 포함한다는 것을 인정한다. APA는 결과 연구, 임상 관찰, 질적 연구 및 심층 사례 연구를 포함한 연구 증거의 복합적 유형을 승인한다.

사회 과학 연구에서 '논리'라는 용어는 느슨하게 사용되며 조사자가 사용하는 학문적 배경 신념을 가리킨다. 이 책의 서문에서 제시한 다양한 수준의 이성과 논리에도 불구하고, 연구의 논리는 일반적으로 가설이나 그 부정이 제공한 증거의 가능성을 일컫는다. 이 경우의 가설은 잃거나 편향된 신념 또는 역사적 판례와 다양한 수준의 논리 및 증명에 따라 구성된 이론을 참조한다.

따라서 북미 학계의 사회 과학자는 두 가지 유형이 있다. 비이론 과학(예를 들어 '뇌의학' 또는 뇌 연구)을 믿는 사람들과 리커트 척도에 기반을 둔 과학적 개념만 믿는 사람들의 최종 결과는 거의 같다. 소위 과학 이론은 결국 사소하고 지적인 역사와 세대를 거쳐 전승되고 수정된 지식의 흐름과 완전히 분리된다. 사실, 역설적으로 이것은 앵글로 아메리칸 학계 내에서 심리학을 포함한 사회 과학의 운명일 뿐이다.

특히 유럽에서 자연 과학은 나중에 실험에 의해 확인되는 이론적 또는 수학적 전제에서 진행하는 데 아무런 문제가 없다. 아인슈타인(1944)은 다음과 같이 말한다.

역사적, 철학적 배경에 대한 지식은 대부분의 과학자들이 겪고 있는 당대의 편견으로부터 독립성을 부여한다. 철학적 통찰에 의해 만들어지는 이러한 독립성은 단순한 장인이나 전문가와, 진리를 추구하는 진정한 탐구자를 구별하는 표식이다(EA 61–573).

아인슈타인의 이해는 다양한 형태의 이성 사이, 전문가/기술자, 망원경 설계자/제작자와 관찰자, 그리고 진리를 추구하는 탐구자 사이, 형식적 및 기술적 이성과 아인슈타인이 언급한 역사적 및 철학적 이성 형태 사이의 갈등을 지적한다. 비록 전형적으로 탐구자-이론가를 억압하는 것은 전문가와 기관이지만, 이론가가 모든 것에 대해 옳은 것은 아니기 때문에 양자는 협력할 수 있다. 그러나 올바른 논리적 또는 합리적 수준에서 적절한 논증이나 정당한 증거 없이는 확립된 이론을 완전히 거부할 수 없다.

예를 들면, 하나의 실험은 검증되지 않은 거짓 전제와 참 전제를 모두 포함할 수 있는 이론의 전체를 결코 증명하지 못한다. 아인슈타인은 또한 이론의 개별적 부분과 경험적 현상 사이에 직접적인 일치는 없다고 말한다. 이론의 일부와 경험적 사실 전체에서 일부만이 서로 일치하지만, 이론과 사실이 완전히 일치하지는 않더라도, 경험적 사실의 구조를 가장 잘 설명할 수 있는 것은 이론의 내적 일관성이다. 실제로, 아인슈타인은 이론의 내적 일관성이 외적 증거나 자료에 의한 검증보다 더 중요하다고 믿는다. 아인슈타인에게 이론은 증거에 의해 결정되지 않는다. 한 과학자가 말했듯이 "이 모든 추상적 넌센스야말로 현실에 대한 올바른 이론이다". 아인슈타인은 꿈, 사고 실험, 시각화 그리고 이론 수학abstract mathematics을 사용하여 감각을 통해 볼 수 없는 것을 탐구한다.

사실 자체는 이론의 구조가 아닌 특정 측면만 모순될 수 있기 때문에, 이론은 사실에 의해 반증되거나 무효화될 수 없다. 구조 자체는 이론적 및 수학적 근거와 올바른 논리적 수준에서만 반증될 수 있다. 따라서 전문가는 이론을 반증할 수 없다. 그들은 이론의 특정 요소와 모순되는 사실에 집중함으로써 그것을 확인하거나, 일부 측면을 발전시키거나, 비판할 수 있을 뿐이다. 아인슈타인은 뉴턴의 만유인력 이론을 개념적, 수학적 근거로 수정하거나 공헌했고, 새로운 이론은 이전 이론이 할 수 없었던 사실을 설명할 수 있게 되었다.

특정 집단, 특히 집중적인 대화 치료, 개인적 개방 그리고 일주일에 여러 번 시도하는 자유 연상에 적합하지 않은 사람들에게, 더 효과적일 수 있는 새로운 치료 방법을 시도하는 정신 건강 분야의 전문가들은 이론을 반증할 위치에 있지 않다. 왜냐하면 이론은 새로운 기술의 일부가 정신분석적 사고에서 파생되었을 뿐만 아니라 이론의 일부 요소가 잘못된 것으로 판명되더라도 이론 자체의 구조를 무효화하지 않는다는 사실 때문이다. 이론의 구조는 실천 장의 대부분의 사실과 사건에 대한 더 나은 설명을 제공하는 새로운 구조로 대체되어야 한다. 사물이 나타나는 방식은 구조가 아니다. 이론의 구조가 잘못되거나 오해된 요소로 인해 거부되고 그 자리에 새로운 축소된 또는 단순화된 구조가 들어선다면, 새로운 구조는 시간의 시험을 견디지 못할 것이다.

프로이트 정신분석학의 가장 영향력 있는 두 가지 흐름(라캉과 대상관계이론)에 대한 정확성과 오해를 조명하고, 이를 서로 견제와 균형의 관계에 놓을 수 있는 임상 사례를 사용해 보자. 이 과정을 통해 나는 하나가 참이고 다른 하나가 거짓임을 증명할 생각은 없으며, 두 관점이 서로에 대해 실험 및 대안적 가설로 기능할 수 있음을 보인다. 대신, 두 가지 형태의 정신분석은 서로 다른 분야와 현상에 걸친 두 세계의 시스템(S_1 그리고 S_2)의 예시로 평가될 것이다.

한 세계 체제에서 한 가지 이론이 다른 국가 및 젠더 관심에 비해 우세하고, 이는 다른 세계 체제에서도 마찬가지이다. 앵글로 아메리칸 페미니즘은 성적 차이(성차별과 성역할과 혼동)를 없애는 반면, 라틴, 유럽, 동양 사상은 이를 지지한다. 전자는 평등주의적 기풍으로 성적 차이를 제거하는 반면, 우리를 지배적인 어머니와 거부되고 종속되고 다투는 아버지가 다스리는 모계 체제의 병리적 위험에 빠뜨린다. 반대로 두 번째 그룹은 성적 차이를 지지함으로써 젠더 고정 관념뿐만 아니라 지배적인 아버지와 타락하고 종속된 어머니가 다스리는 가부장제 체제로 전락할 위험이 있다.

불행히도 인간에게는 인간 존재를 지탱하는 구조에 단층선과 균열을 생성하는 두 세계 체계 사이의 분열, 오인식, 그리고 잘못된 의사소통이 있다. 아버지/부성 은유에 대한 라캉의 공식화에서 볼 수 있듯이, 두 세계 체계는 서로의 관계에 위치해야 한다. 그것은 어머니와 아버지, 자연과 어머니의 욕망, 문화 및 아버지의 이름의 관계와 의미작용과 주이상스의 구조에 대한 질문들이다.

예를 들어 독립적으로 생활하는 데 문제가 있는 경우, 우리는 가설 A와 B를 증명하거나 반증할 수 있는 증거를 찾는다. 가설 A[대상관계이론]는 독립이나 분리의 문제가 충분히 좋은 양육의 실패 또는 아이에 대한 어머니의 욕망의 결여로부터 기인한다는 것이고, 가설 B[라캉]는 애지중지, 과잉투자, 모자의 융합, 그리고 상징적 거세의 남근적 기능의 거부는 분리와 독립의 어려움을 야기한다는 것이다. 두 가설을 뒷받침하는 증거는 어머니와 아이, 자기와 타자 사이의 불충분한 분리와 분화를 설명할 것이다.

가설 A에 따르면, 충분히 좋은 어머니의 결핍이 어린 시절의 불충분한 지지(모성적 욕망과 보살핌의 결핍)로 인한 독립적인 삶에 대한 기술의 결핍으로 이어지기 때문에 주체가 분리되거나 독립적으로 기능할 수 없다. 반대로, 귀무가설the null hypothesis[1]은 독립성의 결핍이 어린 시절의 어머니에 대한 과도한 의존으로 인해 발생한다는 것이다. 이 문제에 대해 두 가설 또는 두 가설의 조합을 어떻게 결정해야 하는가?

내 의견으로는, 이러한 가설은 분리 또는 독립이 적절한 객관

---

1 로널드 피셔Ronald Aylmer Fisher에 의해 1966년 정의된 것으로, 귀무가설the null hypothesis, H0: μ1 = μ2 또는 영가설은 통계학에서 처음부터 버릴 것을 예상하는 가설을 말한다. 차이가 없거나, 의미 있는 차이가 발견되지 않는 경우의 가설로서, 이것이 맞거나 맞지 않다는 통계학적 증거를 통해 증명하려는 가설을 말한다.

적 개념인지, 아니면 분석가의 인식론적 및 문화적 지향에 의존하는 상대적인 개념인지에 대한 더 광범위한 질문으로부터 타당성을 찾는다. 전형적으로, 우리 분야에서 하나의 체계나 이론은 A를 방어하는 반면, 두 번째 이론은 논리적으로나 경험적으로 어느 하나를 배제하려고 시도하지 않고 B를 방어한다. 한 이론 세계에서는 A가 우세하고 다른 세계에서는 B가 우세하며, 두 세계는 서로 대립한다. 서론에서 나는 체계들 사이의 갈등을 서로 다른 형태의 이성 사이의 갈등으로서 특징지은 바 있다.

분석가는 증거에 근거한 말하기뿐만 아니라 피분석자가 개입에 어떻게 반응하는지에 따라 가설을 검증할 수 있다. 그들은 어느 정도 지원을 받으면서 어느 정도 독립하게 되는가? 피분석자가 지지에 의해 의존적이 된다면, 이는 독립 문제가 어린 시절의 과도한 융합과 의존에 의해 주어졌다는 가설에 무게를 싣게 된다.

두 가설 사이의 조합을 변경하면 당면한 문제를 가장 잘 설명할 수 있는 가능성과 관련하여, 실제 치료에서 모든 매개 변수를 조사할 수 있다는 점(또는 조사하지 않는다는 결정)을 주목하는 것이 중요하다. 예를 들어 가설이나 증거에 영향을 줄 수 있는 모든 트라우마나 강요된 분리는 주요 질문과 함께 탐색된다. 임상적 시험 연구에서는 변수를 분리하고 별도로 처치해야 하므로, 고유한 자연적인 맥락에서 인위적으로 제거해야 한다.

이 모든 것은 무슨 목적을 위한 것인가? 그렇게 함으로써 우리는 가설이 질문 자체로서 문제를 결정하는 범위를 정확하게 측정할 수 있는가? 나는 이미 연구 목적을 위해 이론을 다소 단순한 범주로 축소함으로써 이론과 이론이 설명하는 현상에 [단순화라는] 폭력을 행사했음을 명심하자. 그런 다음 가설을 검증하는 몇 가지 질문으로 증거를 측정하기 위해, 두 개의 리커트 척도를 개발할 수 있다. 점수는 많은 표본과 숫자의 분포에 따라 가설이 정확할 가능성을 결정하는 확률의 통계적 분석에 의해 결정된다.

연구자는 동전 던지기(0.5)보다 크지 않은 의미작용의 여백을 받아들인다. 그런 다음 상관관계의 한계가 중요하다면 연구 "책략"과 동전 던지기를 통해 경험적으로 입증된 두 개의 축소되고 단순한 구성으로 하나의 "과학적 이론"을 구성할 수 있다. 단순성은 방법의 인공물이라는 점을 감안할 때 가장 단순한 이론이 최상의 이론이라는 원칙은 적용되지 않는다. 여기서 이론은 현실적 상태와 사건의 복잡성을 적절하게 반영하지 못한다는 점에서 간단하기보다는 지나치게 단순하다.

결정 가능성 또는 어떤 가설이 참인지 거짓인지 결정할 수 있는 문제로 돌아가서, 나는 문제의 현상이 경우에 따라 다르다는 것을 알고 있다. 어떤 경우에는 A가 참이고 B가 거짓일 수 있지만, 다른 경우에는 그 반대가 참일 수 있다. 또한 사례에 따라 어떤 가설이 옳은지를 결정할 수 있는 세 가지 기준이 있다. 첫 번째 기준은 **주체적인 것**이다. 피분석자는 자신이 선호하는 의식적 내러티브 또는 사물을 보는 방식에 따른 이해의 여부에 관계없이 자신의 경험에서 진리 또는 진리 효과의 고리를 경험한다. 두 번째, **중요한 기표와 말에서 드러나는 기억과 환상**은 한 가설의 확증을 제공하지만, 다른 가설의 확증은 제공하지 않는다. 이 점이 중요한 이유는 여기서 말하는 정신분석적 자료는 경험주의의 단순하고 저속한 버전에서 흔히 주장되는 것처럼, 일화적인 것이 아니기 때문이다. 일화는 스토리텔링이나 사회적 내러티브를 지시하지만 무의식적인 의미화 연쇄는 아니다.

정신분석에서 말 언표는 2장의 의미화 연쇄에서 설명한 대로, **의식과 무의식의 의미화 연쇄의 최소 세 가지 수준을 생성하는 의미 작용과 언어의 법칙**에 따라 진행된다. 세 번째이자 마지막으로, 올바른 가설은 치료의 기능으로서 피분석자의 독립성을 증가시킬 것이다. 세 가지 증거 기준은 가설 중 하나 또는 다른 가설이 사실일 가능성보다 정확한 설명과 해결책을 제공한다. 실제 임상적 실천에서 대량의 무작위 표본을 사용할 수 없기 때문에 제기되는 비현실성과 윤리적 문제를 고려할 때, 논리와 이성의 수준을 사용하여 증거를 선별하는 합리적 설명이, 예컨대 눈의 색, 신장, 연령, 날짜, 혈액형 또는 혈압 판독값으로 전체 모집단에 대한 확률을 설정하는 것보다 우수하다.

확률은 앞면 또는 뒷면, 예 또는 아니오, 참 또는 거짓의 50% 확률인 동전던지기로 시작된다. 아이들이 어머니의 사랑을 받고 보살핌을 받을 확률이 0.5이고 그렇지 않을 확률이 0.5라고 말할 수 있는가? 사실, 이것은 사실이 아닐 수도 있고 단순한 이진법의 선택보다 더 많은 변수가 있기 때문에 현실의 숫자는 상당히 다를 수 있다. 우리는 집단 분포에서 정확한 숫자를 결정하기 위한 많은 경우를 찾고 평가하기 위해 여러 번 동전을 던져야 할 것이다.

지지의 부족이나 너무 많은 지지가 분리/독립에 어려움을 초래할 수 있다는 가설을 검증하기 위해 실험이나 대규모 무작위 표본이 필요한가? 가설은 내러티브와 핵심어key words/기표에 의해 기술된 특정 기억/환상/꿈에 의해 제공되는 단일 증거에 의해, 관계의 패턴을 검토하고, 피분석자가 제공하는 소급적 확인에 의해 점차 독립적이며, 증거, 가설 그리고 개입의 기능으로 사랑하는 사람과 떨어져 있는 것을 견딜 수 있는 용인될 수 있는 전제로서 확립될 수 있다.

이 경우 하나 또는 다른 가설이 독립으로 이어질 수 있는 상대적 확률 사이의 비율로 가설의 입증 가치를 설정할 수 없다. 대부분의 증거에서 우도비the likelihood ratio를 계산하는 데 필요한 수치를 얻는 것은 문제가 많다. 올바른 참조 표본 계층을 결정하는 선험적 방법은 없다. 다른 참조 계층은 매우 다른 가능성 비율을 생성할 수 있다. 기준 그룹의 모든 선택은 원칙적으로 논쟁의 여지가 있다. 자녀가 있지만 (대상들 또는 주체들로서) 자녀를 원하거나 원하지 않는 어머니로 구성된 준거 계층은 맥락, 개념, 논리적 논증과 판단이 기본적 역할을 하는 증거적 추론에 의해 설정되어야 한다.

P는 어머니와의 지속적인 이원적 융합 또는 모성적 욕망 및 보살핌 의무의 결핍 또는 위반이라는 가설을 뒷받침하는 치료 과정에서 추가된 증거로 인해 주체가 독립적으로 기능할 수 없는 확률을 나타낸다. 가설이 사실일 때의 효용은 가설과 개입이 틀릴 수 있다는 비효용보다 훨씬 더 크다. 치료는 적어도 위약 효과를 낳을 것이고, 개입 자체는 증거와 가설에 관계없이 주체의 독립을 촉진할 수 있다. 따라서 수학적 확률의 관점에서 증명의 표준을 이해하는 것

은 실제로 매우 논란의 여지가 있다.

하나 혹은 다른 가설은 환경적 가족 실패 또는 정신의 구조적 실패의 형태를 나타내며, 이것이 주체가 독립적으로 기능할 수 있는 능력을 손상시킨다는 것은 직관적으로 명확하고 설득력이 있으며 따라서 실천에서 유용하고 분석적 지식 및 전통과도 일치한다. 사실, 이것은 가설 중 하나만을 재현하는 것처럼 보이는 아버지의 이름의 개념에도 불구하고 라캉의 이론이 두 가설을 어떻게 연결하는지 보여 주는 한 예이다(어떤 것이 나타나는 방식은 나타나는 것의 구조가 아니다). 라캉이 **부성 은유**라고 부르는 것은 두 가지 요소, 즉 **어머니의 욕망**과 **아버지의 이름**을 포함한다. 어머니의 욕망은 기표로서의 아버지의 이름에 대한 기의이거나, 또는 아버지의 이름은 기의로서의 어머니의 욕망에 대한 기표이다.

이 이론적 공식은 논의된 가설의 용어로 번역될 수 있다. 예를 들어 어머니의 욕망/지지가 충분하지 않다는 것은, 이미 아이가 아버지의 이름에 의해 주체로 인준될 수 있는 첫째 대상이 되지 않는 방식으로 아이에 대한 리비도적인 투자 중단을 나타낸다. 경우에 따라서는 아이를 주체로서 떠받치고자 하는 어머니의 욕망의 실패에도 불구하고 가족에서 아버지가 개입할 수 있지만, 이미 첫 번째 피해는 발생된 것이다. 어머니가 아이에게 무관심한 것에 대한 아버지의 무관심은 그의 후손에 대한 무관심을 나타낸다. 어느 경우이든 그처럼 손상된 부성 은유는 새로운 독립 주체가 성장하는 데 필요한 아이의 주체적 구조를 확립하는 데 실패할 것이다.

반면에 어머니의 욕망이 실제로 성립된다면, 즉 아이가 어머니의 욕망의 대상으로 성립된다는 것을 의미하는 경우, 기능으로서의 아버지의 이름(가족 구성원으로서의 아버지가 아니다)은 이 대상을 상징적으로 거세할 필요가 있다. 그 과정에서 주체를 어머니로부터 분리하는 것을 돕는다. 상징적 어머니는 그녀의 대상을 아버지와 상징적 질서에 양도함으로써 이 과정을 촉진한다.

이 과정에서 어머니가 협력하지 못하고, 상상적 어머니가 상징적 어머니보다 강하고, 아버지가 경쟁적 아버지라면, 아버지의 이름은 어머니와 아이 사이의 융합을 깨트리는 능력에서 타협할 것이고, 그 유용성은 오래 지속되었다. 이것은 또한 상징적 어머니가 자신을 넘어서는 주체로서 아이를 사랑하는 데 실패했음을 나타낸다. 생물학적 아버지가 '죽은 아버지'라 할지라도 상징적 어머니는 상징적 기능, 즉 **아버지를 공언해야** 생물학적 아버지가 부재하더라도 아이에게 **주체적 구조를 형성**할 수 있다.

또한 가설과 무관하게 증거적 언표/말, 두 가지 가설, 분석가의 개입 사이에는 일관된 관계가 존재한다. 또 다른 요인은 이론의 강도(확률보다는 증거에 대한 가장 유용한 설명)와 논리적 표현 수준, 연구자가 가설의 합리성에 의해 확신하는 정도, 그리고 가설이 주체의 말에서 제공된 증거에 의해 보증되는 정도이다.

정신분석은 과학뿐만 아니라 서양과 동양의 지적 전통에서 유래된 이론에 의존하므로, 이론적 논증이나 논리적 분석이 결여된 편견에 근거하지 않는다. 정신분석 이론은 선호하는 의견, 문화적 편견, 소원적 사고, 국가 또는 젠더 성향을 나타내는 신념에 근거하지 하지 않는다. 마지막으로, 치료는 일반적으로 가설을 검증하거나 이견을 제기할 수 있는 세션을 폭넓게 포함하고 있다.

치료 방법으로서 정신분석의 비효율성에 관한 보급 편향

프로이트의 정신분석은 증거 기반 실천의 클리닉 내에서 금기시된다. 정신분석학과 가까운 정신역동 심리치료가 증거 기반 통제 연구에서 효과적인 것으로 나타났음에도 불구하고 이렇게 된 데에는 여러 가지 이유가 있다(Schedler, 2010). 라이히센링Leichsenring과 라붕Rabung(2009)의 메타 분석에 따르면 장기 정신역동 심리치료Long-Term Psychodynamic Psychotherapy, LTPP는 단기 형태의 심리치료보다 전반적인 효과, 목표 문제, 그리고 성격 기능에서 유의미하게 더 높은 결과를 보인다. 또한 복합 정신 장애를 가진 LTPP 환자가 평균적으로 비교 그룹의 환자의 96%보다 더 나은 효과를 나타낸다(P = 0.002). 따라서 광범위하게 설정되는 정신역동 분야에서는 정신분석학보다 정신역동 심리치료가 더 효과적인 치료라고 생각하는 사람들이 많다.

정신분석에 관해서는 상황이 더욱 악화되며, 후반부에 이러한 상황에서 정신분석이 어떻게 큰 역할을 하는지 논의할 것이다. 정신분석은 그 효과의 부족으로 인해 거의 사용되지 않는 구식 형태의 치료라고 간주하는 보급 편향이 있다. 이러한 확신은 의료 전문가들 사이에서뿐만 아니라 의료 정책 입안자와 연구자 사이에서도 교리처럼 되풀이되고 있다.

LTPP 외에도 그 반대를 입증하는 많은 연구가 있다. 예를 들어, 부슈Busch, 밀로드Milrod와 샌드버그Sandberg(2013)가 수행한 연구는 공황 장애에 대한 정신분석 치료의 효능을 입증했을 뿐만 아니라 정신분석이 증거 기반 의학의 시대에 도입될 수 있는 방법에 대한 지침을 제공한다. 또한 장기간의 심리치료로서 정신분석이 시간이 지남에 따라 보다 견고한 성과와 결과를 낳는다는 경험적 증거가 있다. 인지행동치료Cognitive Behavior Therapy, CBT나 약물치료와 같은 단기 치료의 재발률은 시간이 지남에 따라 증가하는 경향이 있는 반면, 정신분석의 종결 후 효과는 시간이 지남에 따라 환자가 호전되는 것으로 나타난다. 추후에도 지속적으로 효과를 나타내는 경향이 있다. 이러한 결과에 대한 증거는 지속 성과에 대한 내담자 보고 연구뿐만 아니라 통제된 연구에서 나온 것이다(Levy, 2011).

정신분석은 처음부터 통계적 표본 추출 방법과 대조군에 의존하지 않고, 이론과 임상 실천을 연결하는 단일 임상 사례 연구 방법에 따라 작동된다. 또한 정신분석의 실천에서 드러난 경험적 증거를 치료 방법으로 제시하는 데 실제적인 문제가 있다.

문제는 본질적으로 사회적, 윤리적, 법적인 것이다. 사람들은 흔히 라캉이 사례에 대해 말한 적이 없다고 불평하는데, 이는 프로이트가 유명한 사례 역사를 제시한 것과 대조된다. 그러나 환자의 신원을 하나씩 위장하고 보호하려는 프로이트의 시도에도 불구하고, 역사가들은 결국 그의 모든 피분석자는 아닐지라도 대부분의 피분석자들의 신원을 밝혀낸 바 있다. 오늘날 광범위한 정신분석 사례 기록은 피분석자의 서면 동의 없이 출판될 수 없다. 실험군과 대조군을 사용한 통계 기반 연구도 사전 동의가 필요하지만, 이 연구에서 보고된 자료는 분석 세션에서 공개된 무의식적 자료와는 크게 다르다. 후자는 일반적으로 훨씬 더 민감한 비밀 정보를 포함하고 있다.

실험적 설계를 사용하는 심리학자 또는 정신과 의사는 피분석자가 분석 과정에서 분석가에게 말하는 종류의 자료를 거의 사용하지 않으므로, 그들의 데이터는 사람들이 자신에 대해 누구와도 공유할 수 있는 사회적으로 허용되는 일반적 내러티브 내에서 유지된다. 또한 경험 기반의 이론은 사람들의 의식적 내러티브와 관심사에 부합하는 표면적 구성을 기반으로 주조된다. 이와 관련하여, 그리고 앞 장의 욕망의 그래프에서 보여 주듯이, 통계적으로 검증된 심리치료는 욕망의 그래프의 내러티브의 하부의 층에 남아 있다.

그런 다음 연구자가 묻는 질문이 전적으로 피분석자의 의식적 내러티브를 기초로 하는 구조에 근거하여 측정이 이루어진다. 의식적인 내러티브와 말(단어)은 다양한 방식으로 분석되고 계산될 수 있으며, 정확히 이를 수행하는 경험적 연구가 있다(Pennebaker, 1995, 1997). 그러나 이러한 연구는 정신적 트라우마 경험을 폭로하거나 테러리스트가 쓴 글에서 숨은 동기를 파악하거나, 인과관계나 인칭대명사의 사용을 분석하여 주체의 건강 상태를 파악하는 것에 국한된다.

일부 정신분석가(Langs, Baladamenti and Thomson, 1996)는 통계 모델을 사용하여 분석 환경에서 사용할 가장 효율적인 과정을 발견한다. 그들은 현상학적 또는 경험적 관점에서 개인 간의 커뮤니

케이션이 '의사소통적 적응'과 '공동-구성적' 말로 이어지는 언어에 내재된 특정 법칙을 따르는 스토리텔링의 한 형태라는 점에서 출발한다. 그러나 문제는 이 분석 단위가 전적으로 현대 규범 사회의 가치에 대한 순응과 적응을 표상하는 의미화 연쇄의 의식적인 사회적 내러티브 수준 내에 있다는 것이다. 이것은 심리치료일 수 있지만, 정신분석은 아니다. 랭스Langs(1998)는 내러티브의 표면적 또는 명시적 수준이 정신의 구조적 자료 또는 분석가의 개입 평가를 위해서는 신뢰할 수 없는 근거임을 논한다. 환자의 사회적 내러티브에서 주제를 코딩하는 것은 의미가 있지만, 증상이 부화된 무의식 수준의 진실을 나타내지는 않는다.

마지막으로, 경험적 또는 증거 기반 행동 실천Evidence-based Behavioral Practice, EBP에서 적용되는 경험적 주체들은 종종 임상 실천에서 볼 수 있는 모집단과 크게 다른 대상들이다. 따라서 임상 경험은 통계 연구에서 생성된 증거보다 광범위할 수 있으며, 그 반대의 경우도 마찬가지이다. 클리닉에서 작업한 것이 통제된 연구에 의해 입증되지 않을 수 있고, 학술 연구에서 효율적으로 입증된 것이 클리닉에서 작업 효과가 나타나지 않을 수 있다. 대부분의 대학 연구자는 임상가가 아니며, 그 반대의 경우도 마찬가지이다. 실제로 임상에서 EBP를 사용하는 경우, EBP를 사용하지 않는 임상가보다 임상적 효과가 크지 않다. 프로이트 이후 임상 경험의 두 가지 측면과 각 주체의 특이성은 정신분석적 관찰과 과학적 방법의 특징이다.

아인슈타인의 인식론과 관련하여 이전에 언급한 바와 같이, 이론과 실천은 전체를 구성하는 두 개의 보완적인 부분을 형성하거나,

서로 직접적으로 번역하거나, 대응하지 않는다. 이론과 실천의 총체성 사이에는 일대일 대응이 존재하지 않는다. 둘 중 하나는 과정에서 제외되는 경향이 있다. 이론의 과잉이 환자와 중재에 대해 생각할 가능성을 가리거나, 환자와 중재에 초점을 맞추면 이론이 더 제한된다. 이론과 실천은 진리의 상실 없이 서로를 대체할 수 없다. 이론과 실천의 대응은 인위적이거나 만들어진 것이다. 이론을 실천으로 대체하거나 실천을 이론으로 대체하면 진리의 영역이 중복된다. 하나의 진리가 있었던 곳에 이제는 두 개의 진리가 존재한다.

라캉학파 이론에 따르면 이것이 사실인 이유는 진리는 반만 말해질 수 있고, 따라서 말해진 상대적 진리와 상호 작용하면서 말하지 않은 채로 남아 있는 진리가 항상 있기 때문이다. 이 두 진리는 하나도 아니고 둘도 아니다. 당신이 무엇을 말하든 상대적인 '허구적' 진리 측면에는 항상 말해지지 않는 다른 측면이 있다. 그리고 속임수는 "그것It"이 아닌 다른 대체의 약속에 의해 잘못 인도되는 것을 피하기 위해, 그것을 말하지 않은 채로 두거나 언표가 아닌 하나의 말하기a saying로 말하는 것이다.

라캉의 실재는 말이나 이미지 너머에 있는 경험의 차원이지만, 그 "내적" 측면은 시적 언어, 창조적 상상, 주이상스, 위상학으로 현시될 수 있다. 아버지의 이름이 폐제된 정신증의 경우를 제외하고, 실재 무의식은 이미지 또는 단어 그 안에 억압된 것이 없고, 저 너머 또는 외부 표상의 한 경험적 측면이기 때문에 억압된 무의식과 구별되어야 한다. 라캉은 실재와 그의 다른 두 가지 등록부인 상상계와 상징계를 분명히 구분한다. 그러나 동시에 그의 수학소(본질적으로 산술적이지 않은 상징적 공식)가 실재에 접근하는 데 도움이 된다고 주장한다. 이에 대해 알랭 바디우Alain Badiou(2014)는 다음과 같이 말한다.

> 주체의 실재는 상징화할 수 없다. 그 결과 라캉은 가능한 한 형식화를 진행하다가 근본적인 교착 상태를 경험하게 된다. 어떤 시점에, 통합적 형식화는 그것이 파악하고자 하는 바로 그 대상을 더 이상 붙잡을 수 없기 때문에 무너져야 한다. 이것은 우리가 주체의 실재 지점에 가닿는 순간이다(p. 50).

실재의 수수께끼를 개념화하는 좋은 방법은 현대 물리학의 발견 중 일부의 예를 사용하는 것이다. 예컨대 베르너 카를 하이젠베르크Werner Karl Heisenberg가 공식화한 불확정성 원리the uncertainty principle[2]를 살펴보자. 하이젠베르크는 위치와 속도를 동시에 측정할 수 없음을 보여 준다. 전자와 같은 아원자 입자의 속도를 정확하게 측정하려는 모든 시도는 결과를 무효화하는 예측할 수 없는 방식으로 그것의 경로를 변경한다.

측정 불가능은 아원자 영역에서 입자와 파동의 연결과 밀접한

---

2 하이젠베르트의 불확정성 원리Heigenberg's uncertainty principle는 양자 역학에서 맞바꿈 관측 가능량이 아닌 두 개의 관측 가능량을 동시에 측정할 때, 둘 사이의 정확도에는 물리적 한계가 있다는 원리를 말한다. 즉 불확정성 원리는 위치-운동량에 대한 불확정성의 원리로서, 입자의 위치와 운동량을 동시에 정확히 측정할 수 없는 것을 의미한다. 위치가 정확하게 측정될수록 운동량의 퍼짐 즉 불확정도는 커지고, 이와 반대로 운동량이 정확하게 측정될수록 위치의 불확정도는 커진다.

관련이 있으며, 그것은 장치의 부족이나 관측 기술의 결함과는 아무런 상관이 없다. 파동을 측정하면 그것들은 입자가 되어 중첩 또는 한 시간에 여러 장소에서 나타날 수 있는 능력을 잃는다. 아인슈타인은 양자론의 결과를 받아들이는 데 어려움을 겪고 다음과 같이 논평한다. "물질은 측정과 무관한 별도의 실재를 가져야 한다. 즉, 전자는 측정되지 않을 때에도 회전, 위치 등을 가지고 있다. 나는 달을 보고 있지 않아도 거기에 달이 있다고 생각하는 것을 좋아한다"(O'Conner, 1999, p. 41). 그러나 입자의 독립된 실재는 입자 그 자체가 아니라 파동이다. 관찰이나 달을 가리키는 손가락 없이는 달 자체가 실재하는 것이라고 우리는 말할 수 없다.

우리가 보고 있지 않아도 달이 있다는 것은 진실이다. 그러나 우리는 손가락으로 달을 가리키고 있다고 오해해서는 안 된다. 다시 말해 현실은 실재가 아니다. 반면에 우리는 관찰이나 그것을 가리키는 손가락 없이는 그것에 대해 아무것도 알 수 없다. 따라서 실재는 상징계 내에서 실재하는 것을 통해서 알려진다. 파동은 또한 입자이다.

마지막으로, 사례를 논의할 때, 임상의/분석가는 윤리적/실천적 관점에서 진리에 대한 진리를 말하기 위해 임상 자료를 계속 위장하고 수정해야 한다. 우리가 직면한 문제는 피분석자의 개인 정보를 보호하는 문제일 뿐만 아니라 정신분석 세션의 모든 측면을 기술, 측정, 확장하는 것이 불가능하다는 점을 기억하는 것이 중요하다. 그것에 대한 가장 정확하고 좋은 설명조차도 '실재 (사물)real thing' 자체를 대변하지 않는다.

실천적 이성과 테크네, 즉 방법 또는 기법 사이에는 흥미로운 관계가 존재한다. 실천이란 단일한 개인이 단순히 집합, 범주, 실험의 구성 요소나 숫자로 취급되는 것이 아니라, 실재 실천이나 활동의 특정 유형에 직접 참여해야 함을 의미한다. 예를 들어 자유 연상의 치료법은 미리 결정된 사고, 지식, 편견과 이데올로기의 연쇄에서 생각과 감정 또는 진리를 풀어 내는 방법을 구성한다. 이론이나 첫 번째 원칙은 우리를 실천의 실재로 향하게 하지만, 그것을 구성하거나 확립된 담론의 닫힌 순환성 속으로 흡수하지는 않는다. 이런 식으로 이론은 실천을 변화시킬 수 있고, 실천은 이론에 정보를 제공하지만, 어느 쪽도 서로 환원되지 않는다. 이론의 실재와 실천의 실재는 서로 관련되어 있을 뿐만 아니라 열려 있거나 포화되지 않은 상태로 유지되어야 한다.

한스 슈타이너Hans Steiner(1977)는 정신분석학의 과학적 지위에 대한 질문에 직면할 때, 이론과 연구에 근거한 다양한 의견에 당황하게 된다고 지적한 바 있다. 정신분석 또는 정신분석적 심리치료가 증거 기반 실천이라는 것을 보여 주는 연구 데이터가 광범위하게 축적됨에도 불구하고, 많은 비평가들은 정신분석이 객관적으로 검증된 경험적 또는 증거 기반 실천이 아니라고 주장한다.

슈타이너는 이미 확립된 모든 증거에도 불구하고 정신분석이 왜 여전히 논쟁의 대상이 되는지 질문한다. 이것은 무의식적인 것과, 재빨리 털어 내고 속담의 양탄자 아래에 숨겨야 할 필요가 있는 사회적으로 불편한 욕망의 진실에 대한 단순한 저항 이상의 무엇으로 설명할 수 있는가? 슈타이너는 정신분석에 대한 실험적 확인이

해악을 끼치지는 않지만, 정신분석은 이미 실험적 검증과는 독립적으로 신뢰할 수 있는 관찰을 풍부하게 제공하고 있다고 논하면서 프로이트를 다음과 같이 인용한다. 따라서 프로이트는 "분석적 상황에 대한 관찰과 검증의 과정"(p. 518)을 제한한 것으로 보인다.

정신분석이 이미 경험적으로 파생된 실천이라면, 이론과 실천에 본질적으로 관련되지 않고 분석되지 않은 사람들에 의해 왜 외부에서 검증과 테스트가 필요한가? 이는 무의식적인 욕망과 섹슈얼리티에 대한 방어의 희생자가 되기 위한 설정이 아닐까?

반대로, 실천하는 정신분석가만이 이론을 검증할 수 있다면, 이것은 정신분석이 오직 내부에서만 검증되어야 하는 분파처럼 기능하게 만드는가? 이 질문에 대한 대답은 분명히 인식론적 비판의 필요성과 과학적 방법의 불가결한 측면으로서 비판적 이성의 자유로운 실천을 가리킨다. 그러나 일반적으로 자연 과학 내에서 과학 연구의 필수 요소인 대규모 표본, 무작위 표본 추출과 정량화의 필요성에 대한 것은 무엇인가? 과학적 방법에서 이러한 측면의 문제는 많은 주체에 대한 실험을 반복함으로써 발견된 경향이 가정과 실험 '설정'의 인공물일 수 있다는 점이다. 또한 증상학symptomatology의 발달과 소멸로 이어지는 정신분석학적 진리는 주체적 경험의 개입 없이는 발견되거나 변화될 수 없다. 현실(라캉이 실재라고 부른 것)의 차원이 있는데, 그것의 비밀은 실험이 아닌 단일 사례와 현실적 실천에서만 주어진다. 통계학의 실험과 유한 빈도주의는 두 가지 유형의 이성, 즉 에피스테메와 테크네에만 관여하는 반면, 단일 사례 연구는 누스 그리고 변증법적이고 실천적 이성과 연관된다.

이것은 프로이트가 단일 사례의 경우, 단일 분석 및 단일 세션 사례에서 생성된 관찰로서 충분하다고 말하는 이유를 설명한다. 단일 사례 관찰은 무작위 표본 및 통계적 검증의 경향과 개연성을 생성하지 않을 수 있지만, 이론과 실천에 대한 검토와 사정을 구성한다. 여기서 중요한 것은 정신분석적 방법에 대한 완고하거나 독단적인 주장이 아니라, 인간 주체성 연구를 위한 단일 사례의 중요성과 다양한 유형의 합리성의 존재에 관한 논리적 주장이다.

반면에 정신분석가는 직업의 운명에 대해서도 일부분 책임이 있다. 수년 동안 많은 의료 제공자들은 그들이 공공 및 보험 기반 정신 건강 서비스의 '실재 세계' 현실에 대해 오만하고 무지하다고 여겨 온다. 또한 훈련생을 위한 교재를 보면, 우리는 그것들이 일반적으로 프로이트의 사고에 대한 무척 단순한 견해를 포함하고 있음을 알게 된다.

1950년대에 권력이 절정에 달한 후, 미국의 대부분의 임상 환경과 훈련 병원은 정신분석을 중단했다. 그러나 심리학에서 통계 연구의 부상에도 불구하고 이러한 변화는 대부분 정신분석 자체에서 기인한다고 볼 수 있다. 국제정신분석학회International Psychoanalytical Association, IPA의 규제를 받는 대부분의 정신분석가들은 일종의 '전부 아니면 전무' 또는 '그것을 취하거나 놔두는' 태도를 취했다. 새로운 세대의 정치적 '존재'와 행정가들은 '아무것도 아닌' 또는 '내버려 두는' 방법을 선택함으로써 그 결과 정신분석학의 쇠퇴는 불가피했다.

일부 라캉학파 분석가조차도 위상학적으로 그 구조를 유지하면서 변화하는 상황에 맞추기 위해 정신분석을 그 흐름에 유연하게 대처하기보다는 정신분석의 종말을 예측하고, 권리 양도를 수용한다. 나는 프로이트 정신분석학이 극도로 거부된 시기에 샌프란시스코의 공립 외래 환자 클리닉에서 라캉학파의 임상적 실천과 형성이 확립된 것을 기억한다. 그때 나는 유럽이나 라틴 아메리카에서 온 라캉주의 분석가들을 초대했는데, 그들도 미국의 정신분석학계와 마찬가지로 자신의 영역 밖의 문헌이나 분야에 대한 외부 비판을 다루기보다는 오히려 정신분석학의 소멸을 목격한다는 말을 듣고 놀란 적이 있다.

라캉의 정신분석이 커피잔과 같다면, 커피잔은 여전히 프로이트 정신분석을 대표하는 도넛의 구조를 보존하고 있다. 도넛이 커피 한 잔(라캉의 정신분석)의 형태로 보존된다고 가정할 때, 도넛(프로이트의 정신분석)의 상실을 애도하는 것은 의미가 없다. 같은 맥락에서, 라캉의 정신분석이 현대 문화 내에서 다른 담론과 연결된다면 라캉의 정신분석의 상실을 애도하는 것은 의미가 없다.

해외에서 온 라캉주의자들이 미국에서의 라캉 분석의 성장을 이용하여 다른 곳에서 자신들의 국익과 지역 의제를 홍보할 뿐, 지역 노력으로 힘들게 이겨 낸 전투와 지역 문화의 특성을 무시한다면, 결국 라캉의 분석은 프로이트의 분석과 같은 운명을 겪게 될 것이다. 인용의 실천, 말과 세션의 절분법은 무의식적 의미화 연쇄의 표현으로 이끄는 방법으로서 자유 연상의 기능을 지원한다. 따라서 라캉의 정신분석은 프로이트의 정신분석을 발전시키는 동시에 그 분야의 내부 구조를 손상시키지 않으면서 외부 비판을 다룬다.

정신분석학이 쇠퇴하는 데는 여러 가지 이유가 있지만, 이 책은 몇 가지에만 초점을 맞춘다. 먼저 독단적인 인식론적 입장과 연관시킬 정신분석 자체의 내부 원인을 조사할 것이다. 이러한 독단적인 입장은 이론과 직접적으로 연관되어 있을 뿐만 아니라 더 중요하게는 정신분석의 프레임과도 연관되어 있다.

정신분석(이야기 치료the 'talking cure')을 발명하기 전에 프로이트는 최면과 암시와 같은 당시 사용 가능한 많은 치료법을 실험한 바 있다. 이러한 방법들이 오늘날에도 정신분석학 안팎에서 사용되고 있다는 점에 주목하는 것이 중요하다. 여기에서 이러한 점을 상세히 논할 수 없지만, 암시는 연구와 인지 행동치료 모두에서 없어서는 안 될 부분이라고 해도 과언이 아니다. 체계적인 둔감화에서 근육 이완과 자극 항목의 계층 구조가 주요 치료 요인이 아니라는 점이 밝혀진 바 있다. 자페Jaffe(1968)는 유도된 성공 기대(즉, 암시)가 치료 자체보다 얼마나 강력한지를 보여 준다. 성공을 기대하는 위약 집단은 성공을 기대하지 않은 치료 집단보다 더 나은 결과를 보인다.

이후에 정신분석의 실천을 위한 표준 프레임이라고 불리게 된 것의 발명은 시간이 지남에 따라 서서히 다른 임상 방법을 시도하는 과정에서 발전한 것이다. 이것은 창립 지성의 사후에 뒤따르는, 일반 대중을 위한 구조화된 가르침과 극명하게 대조된다. 후속 세대는 본원적 가르침에 노출되지 않았으며 또한 원래 발명 직후 형성된 세대와 동일한 동기나 능력을 갖지 못할 수도 있다.

따라서 일반 교육의 표준화된 검증과 같은 표준 치료는 이론과 실천을 더 많은 사람들에게 전달하고 보급하는 방법이다. 여기서 전문적 교육과 임상적 실천 사이에 반비례 관계가 관찰될 수 있다. 표준 프레임은 인지적 지향성에서 더 기술적이고 덜 지적인 초점을 가질 수 있는 광범위한 전문적 임상가 집단을 위한 구조화된 훈련을 허용한다. 이미 언급했듯이, 표준 치료는 시대, 인구, 환경의 변화에 따라 이론과 실천을 구체화하는 것을 더 어렵게 한다. 핀란드에서 일반적 교육의 예가 있다. 핀란드에서는 교육의 모든 표준화된 시험을 없앤 후 학생에 대한 교육적 결과가 증가한다. 제한된 형태의 합리성으로 기능하고 객관식 질문에 대한 답을 암기하거나 추측하는 연구자들이 설정한 시험의 논리를 배우기보다, 학생들은 질문에 대한 답을 찾고 스스로 설명할 수 있는 탐구 방법을 익힌다.

발명 또는 혁신과 전통, 개인 리더와 집단 사이, 그리고 매뉴얼과 안내서에 요약된 표준 운영 절차에 따른 발명과 실천 사이에는 내재적인 갈등이나 모순이 있다. 더욱이, 전통과 동일시되는 제도화된 관행은 본원적 가르침이나 발명의 정신에 반하는 결과를 초래할 수 있다. 기관은 집단에서 작동하는 무의식적 정신 구조에 접근하고 연구할 수 있는 특권적인 장소이다. 반면, "전통에 기초하지 않고서는 독창적일 수 없다"라는 위니콧의 말은 옳다. 이런 의미에서 **비표준 프레임은 그 반대 방식이라기보다는 표준 프레임의 원천이**다. 또한 창의적인 개인은 항상 현재의 표준 관행이 설정한 한계를 넘어 실험하고 실천할 것이며, 그렇지 않으면 과학과 지식이 발전하지 않을 것이기 때문이다.

표준과 비표준 프레임Standard and Non-Standard Frames

프로이트는 자신이 개발한 새로운 표준에 부합하지 않는 이런 실천들에서 표준 치료를 발명하지만, 그것은 비표준 방식에서 새로운 방법이 이어진 것이다. 그럼에도 불구하고 프로이트는 그의 실천 내에서 표준 방식과 비표준 방식 사이의 모순을 설명할 체계를 갖고 있지 않다.

그러나 과학의 철학에서 많은 사람들이 주장하는 것처럼, 주류 과학은 항상 중간에 있는 변이 요소를 용인해야 한다. 그렇지 않으면, 결과적으로 과학의 체계 내에서 사실로 입증될 수 있는 새로운 아이디어가 발전할 수 없기 때문이다.

비표준 프레임의 이론화는 본질적으로 정신분석의 실천과 효과에 대한 라캉의 공헌이다. 라캉은 1953년에 「표준 치료의 변형태들Variations on the Standard Treatment」[3]을 논의한다(Lacan, 1966/2006). 이

---

3 라캉은 『에크리』에서 「표준 치료의 변형태들」의 논문을 수록한다. 이 논문은 1955년에 출간된 논문으로 그가 표준 치료the cure-type와 대립시켜 정신분석 치료를 본질적으로 논의하는 글이다.
   그는 "정신분석은 표준적이든 아니든 정신분석가에게 기대하는 치료이다"(Lacan, 2006, p. 274)라고 간명히 밝힌다. 중요한 점은 분석에서 피분석자의 말은 '이중적으로 이해'되어야 하는데, 피분석자의 "자아는 결코 주체의 절반에 불과"(p. 287)하기 때문이다. 또한 피분석자의 "말은 하나의 행위an act이고, 그 자체로 하나의 주체를 전제한다"(p. 291). 여기에서 주체는 다른 주체를 전제한다는 것으로 충분하지 않은데, 오히려 "주체는 타자가 됨으로써, 그러나 일자와 타자의 역설적 통일체에서 타자가 됨으로써 자기 자신으로 서기 때문이다"(p. 291).
   이 논문에서 라캉은 분석가가 자신이 안다는 것을 무시하고 분석에 임할 것을 강조한다. 분석에서 "무지ignorance를 드러내서 얻는 긍정적 결실은 비지식nonknowledge으로, 이것은 상징적 지식savoir의 부정이 아니라 오히려 비-상징적 지식non-savoir의 가장 정교한 형태이

논문에서 그는 다음과 같이 언급한다. "정신분석은 표준이든 아니든 한 주체가 정신분석가로부터 기대하는 치료이다"(p. 274).

표준 치료는 프로이트의 유산을 보호하기 위해 국제정신분석학회IPA와 안나 프로이트Anna Freud의 지도력 아래 더욱 발전되고 제도화되며, 그 과정에서 표준 치료는 정신분석의 실천에 관한 공식 성명이 된다. IPA는 표준 치료를 확립하는 동안 "프로이트보다 더욱 프로이트적"이 되도록 의도하며, 프로이트의 비정통적 또는 비표준적 방법을 프로이트의 특이성, 개인 분석의 부재, 최초의 분석가 존재로 다룬다. 같은 이유로, 그들은 프로이트의 실제적인 특이성을 국제 조직의 엄격한 구조로 결정화하고 동결한다.

사회학자들이 지적한 바와 같이, 기구는 종종 자신의 삶을 영위하고 자기 보존 충동을 가지고 있으며, 지도자의 규정에 따라 운영되지만 그 과정에서 그들 지도자의 자질을 경직시키고 왜곡시킨다. 프로이트는 이 사실을 잘 알고, "내 제자들은 나보다 더 정통적이다"(Roazen, 1975, p. 401)라고 말한 것으로 전해진다. 조직의 이러한 특징은 매우 일반적이지만, 강박 신경증, 즉 프로이트보다 프로이트적이거나 교황보다 더 교황 절대주의자가 되는 주요 특징이기

다"(Lacan, 1966, p. 358; 2006, p. 297).
라캉은 이른바 이 논문을 통해 정신분석 치료의 본질에 한층 다가선다. 이러한 측면은 피분석자의 자아와 분석가의 자아의 상상적 관계를 중심으로 전이와 저항이 구성되는 자아심리학 및 대상관계이론을 비판하는 라캉의 관점이 녹아 들어가 있다. 더 나아가 오히려 분석가의 비-상징적 지식을 통해, 알고 있다고 가정된 주체의 권위를 분석가가 아닌 피분석자의 무의식에 복권시킴으로써 정신분석의 본질을 밝히려는 라캉의 핵심적 논의가 존재한다. Lacan, J. (1966). Variations on the Standard Treatment. *Écrits*. Paris: Seuil. pp. 323-362. Lacan (1966). *Écrits*. trans. B. Fink, NY: W. W. Norton & Company, 2006, pp. 269-300.

도 하다. 이것은 강박적 역동이 정상적인 표출 또는 문명과 관련된 정상적인 신경증의 발적을 일으키도록 하는 것이다.

비록 모든 세대의 많은 분석가들이 비표준 방식으로 실천해 왔지만, 그러한 비표준 방식은 조사되지 않고 거의 보고되지 않는다. 나는 역사가들이 이의를 제기할 수 있는 표준 치료와 관련하여 역사적인 미묘한 차이가 많다는 것을 알고 있지만, 표준과 비표준의 구분은 시간이 지남에 따라 유지되며 발견적 가치가 있을 뿐만 아니라 공적 및 사적 환경 양자에서 정신분석적 실천의 문제를 조사하는 데 매우 중요한 축 또는 정점이라고 생각한다.

옥타브 마노니Octave Mannoni는 그가 프로크루스테스의 침대[4]라고 부르는 것에 관한 유명한 예를 든다. 이는 누군가가 프레임에 맞지 않으면 팔을 자른 다음 다리를 자르는 등의 작업을 수행한다. 이것은 대다수 IPA 기관의 분석가가 정신분석 외부에서 인식되는 방식이다. 분석가는 정신분석에 적합한 환자만을 돕거나 정신분석 프레임에 맞는 진단으로 작업하려는 것으로 인식된다. 비록 이것은 덜 혼란스러운 문제를 가진 피분석자에 대한 개인 정신분석 실천과 관련이 있을 수 있지만, 기관 및 소수자와의 정신분석 작업에 심각한 장애를 준다.

또한 표준 치료와 비표준 치료의 구분은 정신분석과 심리치료를 구분하는 것과는 다르다. 정신분석적 심리치료는 종종 정신분석보다 폭넓게 적용할 수 있는 것으로 인식되지만, 전자는 여전히 덜

---

4 이에 대해서는 본서의 279쪽을 참고하라.

혼란스럽고 높은 기능을 하는 주체에게 적절한 것으로 인식된다. 이러한 의미에서 정신분석의 실천에 대한 비표준 치료 또는 다중 형식 기준의 개념은 정신분석을 더 광범위한 범위의 임상적 피분석 자들에게 적용해야 할 필요성과 직접적 관련이 있다.

사례

위니콧은 심각한 형태의 정신병리를 가진 피분석자와 함께 작업한 것으로 알려져 있다. 또한 그는 대상관계 관점에 따르면, 본질적으로 전오이디푸스기인 아동 발달의 환경적 실패를 더 강조한다. 따라서 한 번은 피분석자가 위니콧(1971/2011, p. 124)에게 다음과 같이 말한다. "내가 가진 것은 내가 얻지 못한 것들뿐입니다." 그녀는 나중에 "당신은 그것에 대해 무엇을 할 수 있나요?"라고 덧붙인다. 위니콧이 침묵하자, 그녀는 "아, 알겠어요"라고 말한다. 이에 위니콧은 "나는 무슨 말을 해야 할지 모르기 때문에 침묵하고 있습니다"라고 인간미와 겸손이 가득 담긴 말을 남긴다. 피분석자가 말한 것과 관련하여, 위니콧은 피분석자가 요구하는 대상이 자신에게 있음을 나타내기보다는 자신의 부족함을 개방한다. 위니콧은 여러 차례 자신이 모르는 것을 숨기지 않고, 분석가가 전능한 위치에 머무르지 않는 것이 중요하다고 생각한다.

그러나 이 예에서는 분석가와 피분석자의 결여 사이에 차이가 있다. 위니콧은 자신의 결여나 할 말이 '없다(갖고 있지 않다)'는 것을 수용하는 반면, 피분석자는 자신에 의해 제시된 것으로서의 결여를 분석가가 채워 줄 것을 요구한다. 피분석자는 위니콧이 충분히 좋은 어머니/분석가가 아니라고 생각하면서, 대타자가 환경적 결핍이나 실패가 아닌 구조적 조건으로 결여되어 있다는 그녀의 근본적인 환상을 전달하고 있다. 위니콧이 제시하는 사례에서 피분석자의 결핍은 환경의 어머니를 나타낸다. 분명히 이 피분석자는 분리와 연관된 정상적인 상실, 즉 이유 중의 젖가슴의 상실, 대변의 상실, 또는 정상적인 신경증에서 발생하는 상상적 남근을 '소유하지 않음'과 관련된 정상적인 상실을 넘어서는 트라우마적인 초기 상실을 겪었다.

이 경우를 현대의 히스테리 또는 경계선 상태의 사례로 읽을 수 있는데, 피분석자가 분석가에게 상징적 대상(젖가슴/모성적 환경의 박탈)의 실재적 부재로 인해 남겨진 구멍을 수리하거나 채우기를 원하는 경우이다. 또는 피분석자는 자신도 분석가도 갖지 못한 것(상징적 거세)을 분석가가 그녀에게 주기를 원하며, 분석가는 거짓된 구실로만 (아버지의 상상적 남근을) 주겠다고 약속할 수도 있다. 그러나 이것은 결점으로 채워지거나 취급되기보다는 필수불가결하고 필연적인 부재나 결여(상징적 거세)로 수용되어야 한다. 후자는 어떠한 적절한 환경도 결코 막을 수 없는 필연적인 실존적 조건이기 때문에, 이것은 어떤 주체라도 견뎌야 하는 일종의 고통이다. 피분석자는 위니콧의 응답의 결여에 직면한 때에 이를 수용한다.

진단에 대한 질문과 고통, 주이상스, 증상의 원인은 치료와 관

련하여 중요하다. 왜냐하면 만일 개인의 어린 시절 환경에서 발달
적 결함이나 결핍이 있다고 가정하여, 그것을 상상적 결여로 다루
면 피분석자는 그들의 경험과 관련하여 혼란스러워하기 때문이다.
다른 한편, 만일 분석가가 결함으로서 결여를 다루고 어린 시절에
경험한 실재적 상징적 결핍과 관련하여 지지를 제공한다면, 이는
오이디푸스 구조를 다루지 않고 [피분석자가] 변화하지 않은 채로
분석을 떠나게 한다.

결핍이 외부 사회적 현실의 의미에서 실재이고 분석가가 어머
니가 있어야 할 위치에 있다면, 대상관계이론이나 자아심리학 관점
에서 경계선 피분석자는 결국 경계선의 불행 대신 오이디푸스 발달
단계/측면으로 마칠 것이고, 그들은 보통의 신경증적 고통을 겪을
것이다. 이 관점의 문제는 치료 과정을 거친 후 필연적으로 개인의
고통이 변화한다는 것이다. 대상관계이론은 경계선 상태의 피분석
자의 경우 예상할 수 있는 안전하고 충분히 좋은 치료적 환경에서
공감을 얻은 후, 그들의 신뢰와 대상관계에 대한 능력이 향상된다
고 말할 것이다.

그러나 이러한 접근 방식은 치료 후에도 피분석자가 욕망과 관
련된 집착이나 애착 문제와 관계의 분리 문제에 여전히 직면할 것
이라는 사실을 간과한다. 이는 경계선 상태뿐만 아니라 소위 '정상
신경증'이 동일한 이유로 동일한 문제에 직면하는 것과 관련된다.
모든 합병은 환상의 대상인 대상 a/상상적 남근과의 합병이며, 분리
와 상실은 수선되거나 재획득되기보다는 포기되어야 하는 상상적
대상을 가리킨다. 『세미나 5』에서 라캉(1957–1958, p. 152)은 오이디

푸스 구조의 '정상적normal' 아버지와 가족 구조에서 선하거나 악할 수 있는 '규범적인 아버지the normative father'를 구별한다. 환경적이거나 역사적인 가족의 아버지가 훌륭하거나 위압적일 수 있고, 가족에 존재하거나 부재하는 것은 가족 내러티브에서 각기 다른 영향을 미칠 수 있다. 그러나 신경증에 대한 근본적인 질문은 아버지가 아버지의 이름과 동일시하고 상징적 거세의 증명으로 표식된 남근의 사용으로 이어지는 은유로 기능했는지의 여부이다.

치료하는 동안 분석가는 오이디푸스 구조와 부성 은유의 맥락 내에서 피분석자의 양육에서 초기 환경적 결핍, 개인의 역사적 환경, 또는 트라우마적 사건을 고려할 것이다. 만일 분석가가 피분석자의 정신 구조를 조사하지 않으면, 충분히 좋은 분석가의 노력에도 불구하고 피분석자의 정신에 나타나는 구조적 질문이 지속될 것이다.

또 다른 예는 발달적 트라우마, 규범적인 사회적 내러티브와 무의식적 의미화 연쇄에서 연결된 구조적인 증상 사이의 차이를 더욱 잘 보여 준다. 피분석자는 두 가지 관련된 꿈을 보고했다. 첫 번째 꿈에서 그는 자신을 조롱하는 동시에 그를 찾고 있는 남자들을 피해 창고의 어두운 구석에 숨어 있다. 두 번째 꿈에서 그는 군대의 포위를 받고 있다. 꿈과 관련된 그의 연상에서, 그는 이상적인 아버지를 전달하기 위해 TV 쇼에서의 아버지의 모습을 언급했다. 이와 반대로 그는 스스로를 아버지에 비해 약한 상태로 언급했다. 그는 또한 자신이 공격을 받거나 종종 폭력적으로 다른 남성을 공격하는 꿈을 많이 꾸었다고 언급했다.

피분석자가 제공하는 인습적인 역사적 내러티브는 어머니가 산탄총을 사용해 아버지의 손에 총알이 박히게 했던 사건을 예증하는 가정 폭력의 역사를 서술한다. 아버지는 술주정뱅이이자 가난한 부양자였고, 피분석자는 그에게 아버지와 같은 존재가 되어서는 안 된다고 말했던 어머니의 착한 소년이자 아들이었다. 그러나 피분석자는 직업과 업무에서 관련 문제가 있었을 뿐만 아니라, 두 번의 사고로 인해 그의 가족을 잘 돌볼 수 없었다. 그는 절제되고 공격적이지 않았지만, 특히 자신이 압도당했다고 느끼는 다른 남성들에 대해서는 자신이 더 공격적이 되기를 원했다.

꿈과 관련된 세 번째 연상은 트라우마와 욕망의 그래프의 상층부를 가리킨다. 그는 과거 어느 때 이웃이 그의 여동생을 성적으로 학대했다는 말을 부모로부터 들었다고 보고했다. 그의 부모님은 늦게까지 직장에 있거나 바빴기 때문에, 그 이웃은 그와 여동생을 집으로 데려다주곤 했다. 그의 여동생에 대한 성폭행은 집 뒤에 있는 창고a shed에서 일어났다. 피분석자는 생존자로서의 죄책감이나 여동생에게 일어난 성적 학대를 막지 못한 것에 대한 책임감을 부정했다. 그는 너무 어려서 그것에 대해 아무것도 모른다고 말했다.

분석의 상징적 작업은 정신분석 세션 내에서 피분석자가 생성하는 무작위 연상 사이의 연결을 구성하고 발견하는 것이다. 이 사례에서 그는 약한 아버지를 공격받고 있는 약한 남자와 연결하고, 또한 창고에서 성폭행을 당하는 그의 여동생과의 동일시와 연결한다. shed라는 단어는 꿈의 이미지, shed와 she 사이, 그리고 어린 시절의 shed에서 여동생에게 일어난 사건 사이의 연결 고리를 제공한다. 억압된 것은 공격적인 남성과의 관계에서 '약한' 남자의 의미작용이 나이 든 남성에게 성희롱을 당하는 어린 소녀와 동일시되는 것이고, 그가 자신을 여동생 같은 소녀로 여기고 있다는 것이다. '약한' 소녀는 무의식적으로 약한 남자나 아버지와 동일시되고 있다.

기법적인 측면에서 분석가는 피분석자에게 그 자신을 여동생의 위치에 놓이게 하는 꿈과 연관시키도록 질문한다. 피분석자가 준비되지 않았거나 자료의 내용에 주저한다면, 분석가는 피분석자가 방어를 해제할 준비가 되거나, 그의 무의식이 이러한 효과에 대해 더 많은 자료를 생성할 때까지 기다리는 것으로 만족해야 한다. 마지막으로 분석이라는 상징적 작업은 트라우마적 경험에 대한 필연적인 말하기 너머 정신적인 것을 재현한다. 예를 들어, 성적 학대에 대한 어려운 말하기나 보고는 사회적 규범이 수용할 수 있고 일치하는 다른 수준의 서술에서 발생한다.

라캉학파의 이론은 피분석자의 무의식이 여성성을 '약함'이라는 상상적 형태와 동등하게 생각하고(이 경우 남성과 여성 모두 여성이다), 강한 남성성을 남성적 강인함이나 지배의 상상적 형태와 동등하게 생각한다고 설명한다(남성 또는 여성). 두 가지 형태의 약점은 상상적 거세의 희생자이며, 강인함과 공격성은 제한되지(빗금 쳐지지) 않고 거세되지 않은 남성성과 연결된다. 피분석자의 마음에는 상징적으로 거세된 남성성 또는 여성성에 대한 범주가 없다. 남성이나 어머니는 폭력적으로 공격적이거나 또는 여동생, 여자, 남자는 남성이든 여성이든 더 '강력한' 남성 포식자의 '약한' 희생자이다.

생산적인 상징적 여성성과 상징적 거세를 넘어선 실재 여성성을 상징화하기 위해 새로운 이름과 단어를 발견하거나 발명해야 한다. 남자와 아버지에 대해서도 마찬가지이다. 상징적 등록부에서 남자를 위한 실재 성별의 여성성이 없지만, 남자는 여자에게 가능한 다른 방식으로 실재에 접근할 수 있다(예컨대 의미의 주이상스나 신비의 주이상스).

여자에게, 그리고 실재적이고 상징적 여성성에 대해, 생톰은 여자가 여성성을 위한 기표의 결여와 관계를 맺는 방식에서 발견될 것이다. 예를 들어, 한 여성 피분석자는 남성용 하이킹이나 군용 부츠를 신는 것과 같은 남성 기표와 동일시했을 수 있다. 여성으로서 그녀는 남성용 부츠를 신는 것이 편하지 않기 때문에(여성성을 거부하는 증상), 또한 남성용 부츠가 자신의 젠더와 상충되기 때문에, 편하지 않은 여성성의 어떤 기표를 가리키는 여성 신발로 가득 찬 신발장도 가지고 있다. 후자의 실행은 그녀의 생톰이 될 것이다.

상징화와 호명의 과정은 피분석자의 정신에 있는 증상의 자리에서 아버지나 부성 은유의 실패(아버지의 무책임 및 만취함과 어머니의 공격성)로 인한 손상을 복구하기 위해 새로운 것을 발명할 것이다. 환경적 아버지는 냉정하지 못했고, 이는 정상적인 오이디푸스 기능의 실패로 이어졌다. 구조적 실패, 오류 또는 미끄러짐은 피분석자가 치료 내에서 제공하는 가족 이야기 또는 내러티브 내에서 실수로 나타난다. 피분석자가 그의 가족 이야기를 할 때, 의미화 연쇄의 구조적 요소들이 환자의 말에서 드러난다. 무의식적 의미화 연쇄의 구조적 요소들은 가족에 관한 규범적 내러티브보다 오이디푸스적 구조의 정상적인 요소를 더 많이 드러낸다.

결론

분석 실천에 대한 다형상의 기준은 잘 알려진 가족 스토리 맥락의 동질성을 깨트리고 다른 시간적 차원의 말 안에서 **무의식의 소멸 박동**the evanescent pulsation(세션 중 개방과 폐쇄)을 인식하는 작동 양식을 나타낸다. **비표준 프레임은 보듬어 주는 환경 내에서 부모의 규범적이고 환경적인 과오를 수선하기보다는 무의식적 의미화 연쇄의 발현을 특권화한다.** 후자[비표준 프레임]는 피분석자의 재양육을 위한 예측 가능하고 안정적인 환경을 제공하는 표준 프레임 내에서 발생할 가능성이 더 높다. 그 대신 무의식은 분석 세션의 지금여기와 각 치료에 대한 프레임의 특이성 내에서 분명해진다. 사례에 근거한 각 치료는 세션과 치료의 길이와 빈도가 다양하게 이루어진다.

　일반적으로는 분석가가 피분석자보다 적게 말하지만, 이따금 분석가는 피분석자보다 더 많이 혹은 적게 말하고, 정당한 질문을 하거나, 피분석자에게 필요하고 상반되는 **인용**을 하며, 때로는 피분석자가 중단 없이 자유롭게 말하도록 허용한다. 규범적인 가족 스토리 말하기와 피분석자의 정신 구조에 따른 말의 명백한 내용을 말하는 것은 세션 내에서와 세션마다 침묵을 유지하는 분석가에 의해 선호된다. 이따금 분석가는 피분석자가 말할 수 있는 것이 이것뿐이라면 의식적인 자료에 초점을 맞출 수 있지만, **침묵**은 무의식적인 자료를 이끌어 내는 데 도움이 되도록 하는 **전이의 내적 전략**이다. 분석가는 항상 침묵을 유지하고 분석가의 도움 없이는 결코 말하지 않거나 결코 알지 못하는 것에 대해 피분석자가 말할 때까지 기다리기보다는, 무의식이 드러나거나 미끄러지는 장소에서 피분석자를 만나야 한다.

역설적이게도, 통제 분석 경험the experience of control analysis이 없는 대다수의 라캉주의자들은 프로이트가 아닌 자아심리학 및 표준 프레임과 관련된 조용하고 수동적인 분석가 역할의 고정 관념에 무심코 빠질 수 있다. 이러한 경우, 임상적 경험과 통제 분석의 부재로 인해 새로운 이론은 미디어와 사회가 전통적인 정신분석(표준 프레임)과 연관시키는 고정 관념에 따라 실행된다. 새로운 이론은 변하지 않은 채 지속되어야 하는 표준 프레임을 위한 정당화가 아니다.

분석의 표준화는 과학적 발견의 기원을 포함하고 있거나 사실은 그렇지 않을 수 있음에도 불구하고 진리처럼 남아 있다는 잘못된 결론을 이끌어 내는 이유로 문제가 된다. 라캉의 **행위로서의 실재의 사용**, 그리고 **말과 세션의 절분**은 실재의 무의식적 경험을 결국 상상적인 것이 되는 표준적 또는 규범적 상징적인 것으로 단순히 대체하기보다는, 상징적 연쇄 내에서 무의식의 실재를 재건축하는 그의 방식이다.

일반적으로, 이 책은 현재의 정체나 쇠퇴를 넘어 정신분석을 재창조하기 위해서는 비표준 프레임이 필요하다는 것을 주장한다. 상당히 부유한 사람들을 제외하고 대부분의 사람들은 10년이나 그

이상 동안 한 주에 네다섯 번의 분석을 할 수 있을 만큼 시간이나 돈이 충분하지 않다. 피분석자의 말의 인용이나 세션 시간의 절분 없이 세션의 길이와 수동적 듣기(적극적 듣기 또는 Jouis-sens와 동일하지 않음)를 표준화하면, 이는 전적으로 내러티브나 명시적 내용 수준의 말, 또는 피분석자의 행동이나 신체 언어에 대한 분석가의 거친 해석을 기반으로 한 분석이 이어진다. 피분석자의 말에서 드러나지 않는 자료에 기초한 행동과 말에 대한 해석은, 피분석자로 하여금 실재의 변화 없이 치료에 순응하게 하거나, 피분석자의 무의식적 방어를 경고하여, 향후 무엇에 대해 이야기하지 말아야 하는지 알도록 유도한다. 이러한 두 가지 조건 모두 지연되고, (욕망이나 대타자 없이) 지루하며, 비생산적인, 종결할 수 없는 분석을 초래

비표준 분석 (S_1)	표준 분석 (S_2)
전이 분석과 전이 내부의 중재	전이 해석
고정되지 않은 세션 시간	45-50분의 세션 시간
고정되지 않은 치료 기간	지나치게 긴 치료 기간
고정되지 않은 착석 배치	카우치의 전용적 사용
치료의 장소에서 가능한 변화 (예: 전화 사용, 온라인 비디오 세션 등)	개인 분석실의 전용적 사용
말과 세션의 절분	자유 연상
미지로부터 미지로의 진행 (무의식의 무의식화)	미지로부터 지로의 진행 (무의식의 의식화)
개인 분석	

표 3.1 비표준 분석과 표준 분석

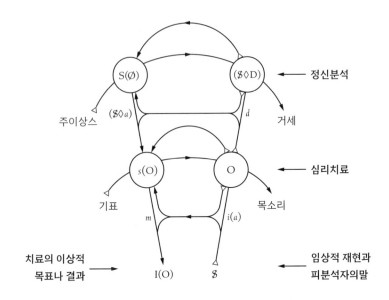

그림 3.1　정신분석과 심리치료의 차이는 완성된 욕망의 그래프에서 현시된다

한다.

비표준 분석the Non-Standard Analysis(S₁)과 표준 분석the Standard Analysis(S₂)의 두 가지 체계는 표 3.1에서 보는 바와 같다.

라캉학파 분석가들은 말과 세션의 절분이 세션의 효율성을 높이고 분석에서 교착 상태와 가동되지 않은 반복적인 말을 방지한다는 생각을 단언한다. 대조적으로, 표준 프레임은 빈번한 난국, 교착 상태 또는 종결할 수 없는 분석으로 이어진다. 비표준 프레임은 일관성을 유지하기 위해 치료의 가능한 변형으로서의 표준 프레임을 포함해야 한다. 그렇지 않으면, 비표준 프레임은 역설적으로 표준 프레임이 된다. 이와 반대로 비표준 분석의 변형을 허용하는 표준 프레임은 더 이상 표준 분석이라고 할 수 없는데, 이것은 특수하고도 단일한 피분석자와 맥락에 따라 분석은 여전히 실행될 수 있기 때문이다.

요약하자면, 이 장에서 사용된 다양한 범주를 현시하기 위해 라캉의 욕망의 그래프를 근본 도식으로 삼는다. 욕망의 그래프에 포함된 전체적인 선 가운데 초점적으로 세 개의 선을 사용한다. 또한 현재의 목적과 관련이 없는 가장자리의 수학소(내부와 외부의 순환)는 무시한다. 욕망의 그래프의 상세한 설명은 이전의 장을 참고할 수 있다.

라캉의 정신분석은 하나의 수직선과 두 개의 수평선으로 구성되며, 이상적 자아i(a)와 자아m 사이의 짧은 순환을 더하여 세 개의 수평 벡터를 포함한다.

욕망의 수직 벡터는 임상적 문제 재현과 피분석자의 말로 시작하여 응용 정신분석에서 예상되는 결과로 종결이 이루어진다. 라캉이 수직 벡터에서 사용하는 기호는 분열된 주체 또는 $/S$(임상적 문제)와 자아 이상 또는 I(A)(치료의 이상적 목표나 결과)이다. 순수 정신분석the pure psychoanalysis은 왼쪽으로부터 오른쪽으로 진행하는 상부의 수평 벡터를 나타내며, 무의식의 의미화 연쇄(무의식에서 결여의 기표로부터 충동의 요구와, 주이상스와 욕망의 문제까지)에 대한 자유 연상 및 개입과 연관된다.

하부의 수준은 심리치료자에 의해 중재되는 가장 일반적인 심리치료와 연관된 명백한 내러티브와 문제/언표를 나타낸다. 내러티브 수준 아래의 '짧은 순환the short circuit' 혹은 '지름길shortcut'은 내러티브 안에서 화자의 자아와 관련되거나 내러티브가 피분석자의 나르시시즘적 방어를 강화하는 방법을 보여 준다. 이전에 제시한 사례에서, 여동생의 심리적 트라우마와 이야기의 상징화는 하부 수준의 의미화의 연쇄를 나타내는 반면, '창고the shed'를 '성화sexuation'의 문제나 성 정체성 갈등, 약하거나 강한 아버지의 문제와 연결하는 의미화 연쇄, 그리고 관계에서의 공격성은 의미화 연쇄의 상부 수준의 일부를 나타냄으로써 주체 내에서의 의식과 무의식의 의미화 연쇄의 연결을 보여 준다.

정신분석 실천을 위한 표준 및 비표준 치료는 두 수준 중 어느 한 수준에서 발생하며 응용 정신분석의 목표에 도달하거나 도달하지 못할 수 있다. 그러나 표준 프레임은 프레임의 표준화로 인해 정신분석이 사랑하는 대상과 안정적인 애착에 대한 규범적 내러티브로 축소될 심각한 위험이 있다.

마지막으로, 비정신분석적 심리치료는 그래프의 상부의 층을 완전히 배제하고 우회한다. 정신분석과 심리치료 양자가 모두 수직 벡터에서 적용되는 종결에 도달할 수 있지만, 정신분석은 자기 지식self-knowledge과 미지의 지식 또는 무의식적 앎, 확장된 자각과 정신적 상태, 그리고 무의식에 대한 의식적 지식으로 이어진다. 그러나 두 의미화 연쇄가 증상 해결 측면에서 긍정적인 성과로 이어질 수 있다면, 의미화 연쇄가 상부의 층에 도달했거나 포함했을 때 치료적 성과에서 어떤 차이가 있는지에 대한 구체적인 질문이 발생한다. 순수 정신분석(표준 혹은 비표준 프레임)은 더 오래 지속되는 결과와 낮은 재발률로 이어지지만, 라캉이 언급하는 생톰과의 동일시the identification with the *sinthome*를 통해서 발생하는가?

라캉이 우리의 목적을 위해 분석의 종결을 생톰과의 동일시라고 언급하는 것은 간명히 치료에서 증상과 작업한 주체가 정신적이고 성격적 구조의 수정을 가져온 것으로 설명된다. 정신적 구조의 변화는 단순한 증상보다는 생톰이 되는 과정 안에서 주체가 자신의 증상에 대한 책임을 지는 것을 말한다. 생톰은 무의식적 지식의 원천이 된다. 여기에는 증상을 양적으로 제거하는 대신, 주체가 증상에 대한 이전과는 다른 질적 관계를 맺는 것의 의미가 있다. 어려운 성격적 특성이 여전히 존재할 수 있지만, 이제 그것은 자아 이조적 ego-dystonic일 뿐만 아니라 진행 중인 주이상스와 주체를 위한 변화의 원천으로 작용한다.

라캉의 이론에 따르면, 분석의 치료 후 효과는 대상관계이론에서 이해되는 종결처럼 좋은 대상으로서 분석가와의 동일시가 아니다. 피분석자는 분석가를 자아 이상으로 동일시하고 그/그녀처럼 되길 원할 수 있으나, 이런 형태의 정체성은 실재 주체의 '비존재'를 체현하는 것과는 반대로 좋은 분석가를 이상화하고 치료를 준수하는 한 가지 형태가 될 것이다. 생톰과의 동일시 과정과 주이상스는 무의식적 지식의 근원으로서 생톰의 기능을 지원한다. 이것은 좋은 대상으로서 분석가의 자아를 내면화하는 것보다 좀 더 근본적이다.

주체의 생톰과의 작업은 분석 이후 자기 분석에서 지속되며 종결 후에도 낮은 재발률을 보인다. 생톰과 함께 작업하는 방법을 아는 것, 또는 개인적인 발달에서 생톰을 돌보는 것은 당신이 최종적으로 치유되거나 깨달았다고 생각하는 것과는 진정으로 다르다. 사실상, 후자는 우리가 획득한 이상, 자기 향상에 대한 사고, 그리고 일반적으로는 현대 사회의 도구적이고 인본주의적인 문화에 의해 야기된 환상이다. 후자의 경우, 인본주의는 주체를 인간화하지 못하고, 대신 인본주의적 외관*façade*을 가진 상상적 자아를 양산한다.

참고문헌

APA Presidential Task Force. (2006). Evidence-Based Practice in Psychology. *American Psychologist*, May-June.

Badiou, A. (2014). *Jacques Lacan, Past and Present: A Dialogue.* New York: Columbia University Press. Kindle Edition.

Einstein, A. (1944). *The Collected Papers of Albert Einstein.* Princeton, NJ: Princeton University Press (1986-present).

Etchegoyen, H. (2005). *Fundamentals of Psychoanalytic Technique.* London: Karnac.

Fonagy, P. (2003). Psychoanalysis Today. *World Psychiatry*, 2, 2 June.

Freud, S. (1918). From the History of an Infantile Neurosis. *SE*, 17, 1–123, 1914.

Hicks, R. D. (1907). *Aristotle De Anima with Translation, Introduction, and Notes.* London: Cambridge University Press.

Hock Lai, H. (2015). The Legal Concept of Evidence. In: *The Stanford Encyclopedia of Philosophy* (Winter 2015 Edition). ed. E. N. Zalta. https://plato.stanford.edu/archives/win2015 / evidence-legal/.

Howard, D. (2017). Einstein's Philosophy of Science. In: *The Stanford Encyclopedia of Philosophy* (Fall 2017 Edition). ed. E. N. Zalta. https://plato.stanford.edu/archives/ fall2017/ entries/einstein-philscience/.

Jaffe, L. W. (1968). *Non-Specific Treatment Factors and Deconditioning in Fear Reduction,* University of Southern California. Unpublished doctoral dissertation.

Lacan, J. (1957–1958). *The Seminar of Jacques Lacan. Book V: The Formations of the Unconscious.* ed. J.-A. Miller and trans. R. Grigg. London: Polity Press.

_____(1966). *Écrits*. trans. B. Fink. New York: W.W. Norton & Company, 2006.

Langs, R. (1998a). *Current Theories of Psychoanalysis*. Madison, CT: International University Press.

_____(1998b). *Ground Rules in Psychotherapy and Counselling*. London: Karnac Books.

Langs, R., Baladamenti, A. and Thomson, L. (1996). *The Cosmic Cycle: The Unification of Mind, Matter, and Energy*. Brooklyn, NY: Alliance.

Leichsenring, F. and Rabung, S. (2008). Effectiveness of Long-Term Psychodynamic Psychotherapy: A Meta-Analysis. *Journal of the American Medical Association.*, 300, 1551–1565.

_____(2009). Analyzing Effectiveness of Long-Term Psychodynamic Psychotherapy Reply. *J Am Med Assoc.*, 301, 932–933.

Levy, R. A., Ablon, J. S. and Kächele, H. (2011). *Psychodynamic Psychotherapy Research: Evidence Based Practice and Practice-Based Evidence*. Springer, Kindle Edition.

Miller, J. A. (2015). Pure Psychoanalysis, Applied Psychoanalysis, and Psychotherapy. www. lacan.com/lacinkXX2.htm. Accessed February 2015.

Moncayo, R. (2017). *Lalangue, Sinthome, Jouissance, and Nomination: A Reading Companion and Commentary on Lacan's Seminar XXIII*. London: Karnac.

Moncayo, R. and Romanowicz, M. (2015). *The Real Jouissance of Uncountable Numbers: The Philosophy of Science within Lacanian Psychoanalysis*. London: Karnac.

O'Conner, P. (1999). *Words Fail Me*. New York: Houghton Harcourt Publishing.

Pennebaker, J. (1995). *Emotion, Disclosure, and Health*. Washington, DC: American Psychological Association.

_____(1997). *Opening up: The Healing Power of Confiding in Others*. New York: Guilford.

Roazen, P. (1975). *Freud and His Followers*. New York: Knopf.

Romanowicz, M. and Moncayo, R. (2015). Going Beyond Castration in the Graph of Desire. *The Letter (The Irish Journal for Lacanian Psychoanalysis)*, (58), Spring, 31–58.

Schedler, J. (2010). The Efficacy of Psychodynamic Psychotherapy. *American Psychologist*, February-March.

Steiner, H. (1977). Freud Against Himself. *Perspectives in Biology and Medicine*, Summer.

Winnicott, D. (1971). Transitional Objects and Transitional Phenomena. In: *Reading Winnicott*. London: Routledge, 2011.

4장

예비 세션과 고려 사항

정신분석 실천을 위한 환경이나 최상의 장소에 대한 질문은 본질적으로 전이의 첫 번째 단계, 또는 적어도 치료 시작 시 **전이**가 어떻게 나타나는지에 대한 질문과 관련된다. 사람들은 개인 전문의 또는 정부 지원하에 개업 허가를 받은 전문가가 있는 클리닉을 찾는다. 임상의는 무언가를 알고 있다고 가정되거나 면허로 이어지는 훈련을 받아야 한다. 그러나 해당 분야에 대해 잘 알지 못하는 정신 건강 서비스의 임상적 소비자는 자신의 성향에 대해 모른 채 면허가 있는 임상가에게 도움을 요청하게 된다.

나는 단순히 그들의 증상에 대한 도움을 받기 위해 나를 찾아오는 사람들의 추천을 받은 적이 있다. 이것이 분석에 대한 요구는 아니지만, 증상과 고통에 대한 도움의 요청은 바로 라캉이 분석을 시작하는 데 필요하다고 생각한 것이다. 자신에 대해 배우거나 분석을 배우러 오는 사람들은 라캉에 의해 분석에서 받아들여지지 않았다. 비록 이것이 사실일지라도, 라캉 분석에 대한 많은 요청은 정신분석학에 대한 관심 또는 대학에서 라캉을 공부했기 때문에 이미 라캉에 관심이 있는 사람들로부터 온다는 사실이 있으며, 따라서 그들은 자신들의 개인적인 문제에 대해 말하기 위해 이 정향을 선택한다.

이론에 대한 관심은 피분석자가 얼마나 분석이 가능한지에 대해 예측하지 못한다. 나는 자폐적 증상들을 동반한 강박적 구조를 갖고 있으며 분석에 그다지 적합하지 않은 "자폐 스펙트럼" 피분석자를 분석한 경험이 있다. 그러한 피분석자는 언어적 연상의 결핍 또는 빈곤을 나타내지만, 그럼에도 불구하고 자신의 증상을 기표로 사용할 수 있고, 대인관계 문제에 대해 작업하려는 의지를 나타낼 수 있다. 치료에서 무의식적 의미화 연쇄가 드물게 나타남에도 불구하고(이러한 점은 종종 분석을 덜 흥미롭게 한다), 라캉학파 분석은 여전히 그러한 피분석자가 복합 증상의 현저한 감소와 사회적 기능의 증가에 도달하는 데 도움이 될 수 있다.

분석 장소의 설정은 개인적, 공적 또는 온라인 여부에 관계없이 사무실이다. 처음 두 선택권의 차이는 다시 경제적 요인과 주체적 요인의 차이로 세분화된다. 일반적으로, 서비스가 무료 또는 저가의 비용으로 제공되는 공립 클리닉에서 치료에 대한 요구는 개인 실천의 분석에서와 같이 증상에 기초하지만, 클리닉 환자는 자신의 증상이나 개인 분석에 관심을 가질 수도, 그렇지 않을 수도 있다.

공립 클리닉에서 만나는 주체는 타자들과 공적인 대타자들에게 증상일 수 있지만, 주체는 경제적 지원과 일반적 건강 관리에만 관심이 있을 수 있다. 그러한 상황에서 표준이든 비표준이든 순수 정신분석은 불가능하다. 그러나 정신분석적 원리는 여전히 환자에 대한 이해, 환자와의 관계, 그리고 클리닉의 정신건강 전문가 사이의 집단 역동과 직업 관계에 대한 이해에 적용된다.

경제적 자원이 있는 국가는, 경제적 자원이나 민간 보험이 없지만 최소한의 경제적 욕구를 채울 수 있고 그들의 증상에 대한 심리치료 지원에 관심이 있는 국민들에게 공적 심리치료를 제공할 수 있다. 그러한 경우 순수 정신분석은 분석의 변형으로서 비표준 형식으로 발생할 수 있다. 그러나 공립 클리닉은 항상 개인 정보 보호 및 비밀 유지와 '정부적' 기관의 개입 문제를 제기한다.

개인 분석 실천은 순수 정신분석을 위한 자연스러운 형식이지만, 현재 우리가 관심을 두지 않는 일부 합리적 또는 비합리적, 이데올로기적, 편견에 기초한 다양한 이유들로 인해 기관에서는 카우치를 사용할 수 없다. 1950년대부터 1980년대 초반까지 분석을 위해 피분석가에게 보상하는 데 사용된 민간 보험, 보다 최근의 지난 10년 동안 진료 계약 기관Preferred-Provider-Organization: PPO[1](미국 보건 기관Health Maintenance Organization: HMO 아님)은 그들의 분석을 위해 피분석자에게 다시 한번 보상하기 시작했다. 피분석자는 분석가에게 비용을 지불하고, 분석가는 세션에 대한 주간 청구서를 제공한다. 대기업과 정부 기관만이 직원들에게 PPO 건강 보험을 제공할 수 있다.

또한 분석의 사례에서 '비공개'라는 것은 분석 세션에서 논의된

---

1 보험 회사 같은 대규모 기관과 계약에 의해 의료 서비스를 제공하는 회사.

자료의 비밀 보장을 높인다는 의미이기도 하고, 이는 분석가와 보험 회사 또는 기관 사이의 접촉이 없는 것으로 확인된다. 그러한 관행은 일시적으로 또는 초기에 주체의 뒤에서 큰타자the big Other를 제거하는 치료에 대한 프로이트의 접근 방식과도 일치한다.

개인 분석에 대한 요구를 명확히 하기 위해 **예비 분석 세션**the preliminary analytical sessions이 적용되는 것은 잘 알려져 있다. 긴급하고 즉각적인 임상적 증상 사례의 경우, 일주일에 여러 번 집중 치료가 필요할 수 있으며, 이는 일반적으로 예비 또는 사전 치료로 이해되는 것과 다르다. 집중 치료 또는 응용 정신분석과, 순수 정신분석 또는 고유한 정신분석 사이의 전환은 치료에서 증상 제거와 자유 연상 작업의 차이점에 대해 논의된 것 외에는 현저한 차이가 적을 수 있다. 일반적으로 이 두 가지 형태의 개입은 피분석자가 카우치에 눕지 않고 앉는 공통점이 있다. 피분석자가 앉아 있다고 해서 달리 규정되거나 처방되지 않는 한 세션이 얼굴을 마주 보고 진행된다는 의미는 아니다. 일반적으로 피분석자가 카우치에 있지 않은 경우, 분석가와 피분석자가 직각 배치로 의자에 앉거나, 그 외 앉는 방식을 협의하는 것이 바람직하다.

분석에 대한 요구를 명확히 하는 작업에는 분석이 요구하는 당사자 간의 협업에 있어 분석적 쌍이 잘 맞는지의 여부를 결정하는 것을 포함한다. 따라서 예비 세션 내에서 다음의 몇 가지 사항, 즉 자유 연상 능력, 인용과 해석의 사용과 용인, 정동·경험·기표의 조절, 환상과 현실 그리고 환상과 트라우마와 증상의 관계를 고려하는 능력 등을 평가할 수 있다. 또한 예비 세션은 심리치료와 정신분석을 구별하는 데 사용할 수 있다. 이것은 세션의 빈도, 세션의 길이, 세션의 취소 방식, 휴가와 분석비 지불 처리 방법, 치료 기간의 추정을 나타낸다. 치료 기간에 대한 확정은 제공하지 않지만 추정치를 제공해야 하는 경우, 임의의 숫자는 [주체의 정신 구조와] 보로메오 매듭의 논리와 일치한다. [일반적으로] 3년 또는 4년이며 빈도는 일주일에 2세션 이상이다. 이처럼 3-4년의 대략적인 추정치에 대해 일주일에 2-3세션의 빈도로 진행하는 것은 단일 분석의 관련 사안이다.

분석의 비용은 치료의 시작 시 의논해야 한다. 나는 분석비를 받고 있으며, 피분석자에게 재정적 한계가 있는 경우, 내가 청구할 수 있는 가장 낮은 비용을 제시하고, 그들은 그 범위 내에서 감당할 수 있는 분석 비용을 제안한다. 만일 피분석자가 취소하면, 내 일정이 허용하는 경우 보충 세션을 제공하고, 그렇지 않을 때에는 그들이 분석비를 지불해야 한다. 유일한 예외는 그들이 세션 시간에 분명히 신체적으로 아픈 경우이며, 이 경우 세션은 다른 시간으로 다시 예약할 수 있다.

라캉학파 분석 세션의 가변적 길이와, 분석비는 시간 길이가 아니라 세션에 해당하는 것임을 설명한다. 나는 5분에서 10분 정도의 짧은 세션을 하지 않는다. 규칙의 예외가 있을 수 있지만, 이처럼 짧은 세션이 유용하거나 치료적이라고 생각하지는 않는다. 나는 수련 중인 분석가들에게 세션이 20분에서 45분 정도 지속된다고 언급한다. 분석 강도가 높은 사례의 경우, 시간 단위로 피분석자를 예약하기 때문에 45분을 초과할 수 있다(일부 라캉학파 분석가는 30분마다 예약한다). 나의 견해로는 라캉이 무척 짧은 세션을 사용한 것은 방법이 아니라 그에게 특유한 것이며, 대기실에서 그를 보기 위해 기다리는 사람들의 수를 감안할 때 실용적인 것이었다.

분석 세션의 종료 방법도 설명한다. 분석가가 다음과 같이 중지 시간을 말한다. "지금이 멈추기 좋은 때입니다" 또는 "여기에서 멈추지요" 또는 "오늘 더 하고 싶은 말이 있습니까?" 그러면 피분석자는 동의하거나 동의하지 않을 수 있다. 만일 계속하기를 원하면, 무엇에 대해 말하고 싶은지 묻고, 일단 이것이 명확해지고 그것에 대한 일부 작업이 완료되면, 분석가는 계속할 수 있는 선택권을 더 이상 제공하지 않고 세션의 종료를 말한다.

예비 세션 동안 우리는 증상, 위험 요인, 치료 이력을 평가하지만, 이것이 분석 과정에서 결국 드러날 것이기 때문에 상세한 심리사회적 개인력에 관여하지는 않는다. 공립 기관의 재정적 제약으로 인해 짧은 치료 기간이 허용되는 경우, 이 기준을 고려해야 하며 치료 시작 시 심리사회적 개인력을 조사할 수 있다.

마지막으로, 온라인 분석과 관련하여 몇 가지 언급한다. 분석실에서와 마찬가지로 세션은 온라인 스크린 앞에서 얼굴을 마주 보고 시작한다. 일단 인사를 하고 분석적인 질문을 나누면, 피분석자는 비밀이 보장되는 개인실 소파(카우치)에 누워 컴퓨터를 그/그녀의 뒤로 놓는다. 종종 그렇듯이, 연결 상태가 좋지 않으면, 비디오 부분을 닫았다가 다시 열고, 세션이 종료되면 작별 인사를 할 수 있다. 어느 쪽이든 가상의 회의실에서 신체를 볼 수 있다. 분석실에 있는 두 신체와 가상 회의실에 있는 두 신체의 유일한 차이는 온라인에서는 두 신체를 (한 공간으로) 융합시킬 수 없는 것이다. 가상 매체가 환상의 자료를 용이하게 할 수 있는 것과 동시에 그것이 원격으로 또는 멀리서 발생한다는 사실은 상징적 기능과 관련된 중재를 필요로 한다.

5장

단일 프레임, 논리적 시간, 세션의 절분

라캉의 분석적 실천은 분석적 계약이라는 프로이트 이후의 고전적 개념과 대조될 필요가 있다. 후자는 '고유한' 분석 프레임을 정의하는 일련의 준입법적인 표준 규범을 의미한다. 엄격한 획일성과 일치성을 위한 그러한 시도는 옥타브 마노니Octave Mannoni가 프로크루스테스의 카우치the Procrustean couch[1]라고 불렸던 것을 구성한다. 누군가가 프레임에 맞지 않으면 팔을 자른 다음 다리를 자르는 등의 작업을 수행하는 것이다.

라캉은 프레임의 문제는 표준 방식이 아니라 사례별로 고려되어야 한다고 주장한다. 예를 들면, 표준 길이 세션은 정신분석가가

---

1 옥타브 마노니의 프로크루스테스의 카우치는 그리스 신화 속 프로크루스테스의 침대Procrustean bed를 참조한 것이다. 프로크루스테스의 침대는 그리스 신화 속의 프로크루스테스라는 강도가 지나가는 행인을 자신의 여인숙으로 유인해 쇠 침대에 묶은 뒤, 침대보다 크면 머리나 다리를 자르고, 모자라면 반대로 신체를 늘려 죽인 것에서 유래하며, 무리한 획일화를 의미하는 표현으로 사용한다.

사용할 수 있는 임상 도구 중 하나일 뿐이며, 실제로는 정신분석보다 일주일에 한 번 이루어지는 심리치료에 더 적합할 수 있다. 나는 프로이트가 그의 환자들에게 다양한 방법으로 분석을 적용한 이유로 표준 프레임을 프로이트학파의 틀로 본다. 프로이트는 걷거나 말을 타고, 카페에서 분석 작업을 수행한 바 있다. 나는 이런 방식으로 분석을 수행하는 것을 권장하지는 않지만, 이러한 예는 주창자가 실행한 분석 기술의 탄력성을 강조하는 데 도움이 된다.

이론적 차이는 필연적으로 표준 임상 프레임의 동질성을 유지하려고 노력하더라도 분석을 실천하는 다른 방법으로 이어질 것이다. 이 관점은 표준 프레임이 다른 학파에서 동일하게 유지되는 한 정신분석가들 간의 이론적 차이를 수용하는 국제정신분석학회의 관점과는 다르다. 이론과 실천은 분리될 수 없다. 예를 들어, 어머니와의 **첫 번째 단계** 오이디푸스(다른 학파의 **전오이디푸스**)와 아버지와의 **두 번째 단계** 오이디푸스(**고유한 오이디푸스**the Oedipus proper)의 차이가 무너지면, 결과는 등록부와 수준 간의 혼동뿐만 아니라, 이것은 치료 관계의 본질과 세션에서 발생되고 작업되는 자료에 직접적인 영향을 미칠 것이다.

무의식의 대타자는 대인관계의 대상, 그리고 분석가와 피분석자 사이의 상상적 자아 대 자아의 관계에서 발생하는 문제로 자주 축소된다. 초기의 과정에서 제외되는 주요한 것들 중 하나는 섹슈얼리티의 문제이다. 대인관계는 개인적 경험을 의미하는 반면, 다양한 형태의 주이상스를 지시하는 하나의 텍스트로서 무의식은 '**초주체적**transsubjective' 또는 '**초개인적**transindividual' 경험이다. 둘 사이의 차이점은 인격(mask)에는 주체라기보다는 '주체 내부에in the subject' 있는 무의식의 **외밀성[외심]**extimacy 없이 거짓된 형태의 **내밀성[내심]**intimacy[2]으로 이끄는 에고적 내러티브도 포함된다는 점이다.

다른 학파에서는 주로 신뢰와 애착 문제에 초점을 맞춘 전체 분석이 수행된다. "분석적 환경은 무의식에 대한 설득력 있는 번역을 독점적으로 제공하는 것만이 아니라, 개인적 성장을 위한 하나의 매개체가 되는 것이다"(Philipps, 1988, p. 140). 분석에 대한 이러한 접근 방식의 임상적 타당성은 해당 문제가 두드러지게 나타나는 심리치료의 내담자가 있다는 사실에서 비롯된다. 이들은 모성 또는 부모의 불충분한 지지를 받고 있다고 보고하는 심리치료 내담자들이며, 따라서 욕망과 섹슈얼리티에 대한 질문이 모호해지고, 오이디푸스의 첫 번째 단계에 대한 고착이 부차적으로 나타난다.

그럼에도 불구하고, 애덤 필립스Adam Phillips가 해석학적 의미에서 무의식에 대한 설득력 있는 번역이라고 언급한 것은 마치 텍스트 외부에 아무것도 없는 것처럼 하나의 의미화 텍스트의 수준에만

---

2 라캉은 내밀성[내밀함, 친밀함]intimité, intimacy에 접두어 ex(extérieur)를 붙여 외밀성[외심] extimité, extimacy의 용어를 만든다. 이 신조어는 "내부와 외부 사이, 담는 것과 담기는 것 사이의 대립 관계를 정신분석이 문제화하는 방식"(Evans, 1996, p. 58)을 설명해준다. 예를 들어 "실재는 외부로서 내부에 있고, 무의식은 순전히 내적 정신 체계가 아니라 주체상호적 구조이다(무의식은 외부에 있다)"(p. 59). 이와 같은 라캉의 견해는 『세미나 7』에서 '대타자는 나의 중심에 있지만, 나에게 낯선 무엇이다', 『에크리』에서 '더욱이, 주체의 중심은 외부에 있다. 주체는 외심적ex-centric이다'라고 언급된다. 이러한 외심[외밀성]의 구조는 라캉에게서 "원환체the TORUS와 뫼비우스의 띠the MOEBIUS STRIP의 위상학"(p. 59)으로 완전히 표현된다. 본서에서는 extimacy를 외밀성, intimacy를 내밀성으로 옮긴다. Evans, D. (1996). An Introductory Dictionary of Lacanian Psychoanalysis. New York: Routledge, pp. 58-59.

머물러 있는 것이다. 그러나 사실, 후기 라캉을 통해 우리는 기표가 신체와 주이상스의 실재와 관계가 있음을 안다. 정신 구조는 정신분석에 의해 영향을 받을 수 있으며, 이는 성격과 주체적 경험의 변형을 의미한다(즉, '개인적 성장' 또는 옅은 '장밋빛' 인본주의적 언어로 "실재 주체의 '비존재'"). 당신이 선호하는 경우 정서적 성숙으로서의 변형을 참조할 수 있지만, 그것은 하나의 복잡한 구조를 재현하는 단순화된 대체 방식을 표상한다.

신뢰와 애착의 문제를 둘러싼 경계선 상태를 치료하는 임상적 타당성은 이러한 질문을 현저하게 생각하는 심리치료의 내담자들이 있다는 사실에서 비롯된다. 이것은 일부 환자들에게 전문적인 접근이 될 수 있지만, 전문가는 거기에서 멈추지 않는다. 예를 들어 경계선 진단은 오이디푸스 구조, 아버지 또는 남근과 성차에 대한 질문을 강조하지 않고, 정신분석에 대한 접근을 정당화하기 위해 전체 임상적 집단에 일반화된다. 전문가는 드문 '진리 추구자the truth-seekers'에 의해 구성된 이론을 반증하고 싶어 한다. 나는 라캉이 전오이디푸스를 오이디푸스 첫 번째 단계라고 부른 것은 전오이디푸스the preoedipal와 고유한 오이디푸스the oedipal proper의 분열을 막기 위해서라고 생각한다. 오이디푸스의 첫 번째 단계에서, 무의식적 대상은 대상 a이지만, 이전 장들에서 살펴본 바와 같이, 대상 a는 남근에 대한 구조적 관계를 갖는다.

마지막으로, 피분석자가 마치 이것을 아이에 대한 어머니의 욕망의 결여를 나타내는 것처럼 부모로부터 사랑받지 못한다는 느낌으로 보고하는 것은 분석 초기 단계의 일반적인 현상이지만, 사실 명백한 사랑의 결여는 종종 오이디푸스적 거절을 해석하는 상상적 방식을 재현한다. 여기서 모성적 거절이란 어머니 자신의 나르시시즘 또는 대타자에 대한 어머니의 욕망(파트너, 일, 교육 등)으로 인해 아이가 어머니의 전부이자 끝이 되지 못하는 것을 의미한다.

이러한 관점에서 볼 때, 프로이트의 무의식은 고전적 분석의 틀을 엄격히 준수했음에도 불구하고 대상관계, 자기심리학과 같은 학파의 개념적, 임상적 지평에서 거의 사라졌다고 할 수 있다. 표준 프레임은 현대 정신분석학파의 실천과 프로이트 분석의 전통 사이의 연속성의 형식적인 모습만을 보여 준다. 실제로 전자는 이론적 수준과 실천적 수준 모두 후자로부터 크게 분기한다.

라캉 분석의 핵심으로서 **세션의 절분**은 분석 프레임에 대한 라캉의 틀에 얽매이지 않는 정의와 밀접한 관련이 있다. 이것은 분석 프레임을 보듬어 주는 환경a holding environment으로 간주하는 대상관계 관점이 널리 퍼져 있고, 라캉이 이 실천의 도입으로 IPA로부터 파문된 이유로 미국에서 이 기법을 적용하는 데 어려움이 있다.

라캉(1966)은 그가 **논리적 시간**the logical time과 **연대기적 시간** **the chronological time**이라고 부른 시간 사이의 차이를 확립한다. 논리적 시간은 다음과 같은 상호 관련된 요소로 구성된다. 1) 응시의 순간, 2) 이해를 위한 시간, 3) 결론의 순간.[3] 이 개념적 도구는 일상적

---

3 *l'instant du regard, le temps pour comprendre et le moment de conclure* (Lacan, 1966: 204). The instant of the Glance, the Time for Comprehending, and the Moment of Concluding (Lacan, 1966/2006: 167).
   Lacan, J. (1966). Logical Time and the Assertion of Anticipated Certainty. *Écrits*. trans. B. Fink,

인 말과 연관된 자아-의식과는 다른 시간적 차원에 따라 무의식의 소멸하는 박동을 다루는 작동 양식을 설정하는 데 사용된다.

'응시의 순간'은 분열적인 말실수나 착오 행위parapraxis에서 드러난 것처럼 무의식의 놀라운 열림과 닫힘을 나타낸다. 이런 점에서 라캉은 '결론의 순간'이 소급적으로 '이해를 위한 시간'을 촉발한다고 설명한다. 무의식은 이해를 위한 시간이 시작되기 전에 열리고 닫혀야 한다. 분석 세션이 종료된다고 해서 세션이 종결되는 것은 아니기 때문에 세션 내부와 외부에서 이해를 위한 시간의 촉발과 동일한 효과를 가져오는 작업을 분석 세션에서 재현하는 것이 중요하다.

세션을 종료하는 행위를 통해 분석가는 이해의 순간에 내기를 건다. 확실히, 그러한 내기는 분석가가 세션을 종료하기 위해 잘못된 순간을 선택했을 수 있는 위험을 수반한다. 그럼에도 불구하고 이 실천에서 파생된 이점은 이 수준의 실수로 인해 발생할 수 있는 부정적인 결과보다 훨씬 크다. 반대로 표준 세션 길이로 이러한 위험을 중화할 때의 이점은 표준 프레임하에서 행해지는 정체된 분석의 위험에 비해 적다.

피분석자의 담론에서 분출된 무의식적 앎에 **구두점**을 찍는 punctuating 한 방법으로서 세션의 **절분**scansion은 실수나 착오 행위와 같이 메시지가 대타자로부터 발생하는 의미를 (그리고 분석가의 자아 방어에서 나온 것이 아님을) 재확인한다. 하나의 행위로서 세

NY: W. W. Norton & Company, 2006, pp. 161-175.

션의 절분은 분석적인 장면이나 상황을 포기하는 것이 아니라, 이 것은 일반적으로 행동을 정의하는 방식으로서 오히려 대타자의 담 론을 가리킨다. 또한 분석가는 개인 분석을 통해 자신의 주체적 상 태를 알게 되어 방어적 반응과 피분석자의 무의식에 따른 반응적 행동을 충분히 구별할 수 있게 된다.

세션의 절분에서 질문은 무의식적 형성이 단어나 단어의 그룹 을 통해서만이 아니라 **행위an act**(다발 행동)를 통해 드러날 수 있는 것과 같은 방식으로 행위를 무언적 해석의 존엄으로 격상시키고 활 용하는 문제가 된다. **세션의 절분은 행위의 수준에서 무의식의 열 림과 닫힘을 명백히 드러낸다.** 더욱이 분석가는 피분석자가 해석을 말하고 수용할 때까지 자신이 말한 내용이나 해석이 효과적인지 여 부를 알지 못하듯 세션을 절분하는 행위의 적절성은 오직 **사후적으 로만a posteriori**[4] 알려진다.

또한 보다 실천적인 수준에서 무엇보다도 표준의 50분은 분석 가에게 완전한 졸음은 아닐지라도 지루함을 느끼게 한다. 특히 강 박적이고 반추하는 피분석자의 경우, 분석가는 세션의 종료를 기다 리며 시계를 자주 보게 된다. 따라서 이러한 방식으로 작업하는 많 은 분석가는 결국 지루하게 되고 지치며 소진된다. 표준 세션을 통

---

4 사후 작용[사후의] *Nachträglichkeit[nachträglich], après-coup*, differed action [differed], *pos-teriore*는 "프로이트가 심리적 시간, 인과성의 개념과 관련하여 자주 사용한 용어이다. 경 험, 인상, 기억 흔적memory-traces은 사후에 새로운 경험과 관련을 맺으면서 수정되어 다 른 차원으로 발달한다. 그리하여 그것은 새로운 의미와 동시에 심리적 효과를 부여받는 다"(Laplanche and Pontalis, 1973, p. 111). Laplanche, J. and Pontalis, J.-B. (1967). *The Language of Psycho-Analysis*. trans. D. Nicholson-Smith. NY: W. W. Norton & Company, 1973, p. 111.

해 분석가는 주어진 근무일에 모든 세션이 어떻게 진행될지 거의 예측할 수 있다. "아! 그/그녀는 이것에 대해 말하러 오고, 나는 그들과 이것에 대해 말할 것이며, 그들은 그것에 대해 대답할 것이다"라는 식이다.

이 모든 것은 분석에서 결정적인 요소인 놀라움의 요소를 제기한다. 놀라움의 요소가 없으면 아무데도 연결되지 않는 정체된 상황만 남는다. 이와 관련하여 라캉은 **크로노미터의 중지**가 세션 내부에서 일어나는 일을 무시한다고 주장한다. 대신 그가 의도한 것은 세션의 내용과 과정에 따라 잘라 내는 방법이다. 따라서 **각 세션은 고유한 특성을 획득**한다. 또한 무의식의 비선형적 공시적 시간에 따른 정신적 작업의 일부인 세션은 선형적 시간 척도에서 측정될 수 없다. 덧붙여 분석가 분석비도 마찬가지이다. 피분석자는 분석가에게 빚진 선형적 시간의 축적에 대해 지불하는 것이 아니라, 그렇게 하는 데 걸리는 시간과 무관하게 각 세션에서 수행된 정신적 작업에 대한 대가를 지불하는 것이다.

따라서 이러한 사고 방식은 다른 작업을 지속함으로써 세션에서 도달한 중요한 지점을 희석하거나 최소화하지 않는 것이 중요하다. 더욱이 이러한 분석의 도구는 라캉이 말하는 **텅 빈 말**the empty speech과 **꽉 찬 말**the full speech을 구별하는 데 사용된다. 아마도 "텅 빈"은 이 문맥에서 가장 행복한 표현은 아닐 것이다. 왜냐하면 그것이 공허에 대한 부정적인 견해만을 전달하기 때문이다. 반면 라캉은 이 용어를 실재의 중심에 있는 공허로서 **물**das Ding, the Thing or nothing을 묘사하기 위해 사용하기도 한다.

1953년 『세미나 1』에서 라캉은 욕망에 관한 진정한 말이라고 여긴 꽉 찬 말에 대해 언급한다. 그러나 그의 작업 말기(1976–1977)로 갈수록 견해가 전복되어 꽉 찬 말은 상상적 의미가 되고, 주이상스의 실재는 텅 빈 말과 더욱 밀접하게 연결된다. 나는 **상상적 의미**도 두 가지 종류가 있다고 제안한다. 첫 번째는 '환상적이거나 관습적인 것'이고, 두 번째는 의미화의 요소가 수수께끼의 의미를 소진하지 않는 '수수께끼의 의미의 충만함the fullness of meaning of a riddle'이다. 상상적 의미의 두 번째 형태는 제3의 주이상스the Third jouissance의 형태로서의 의미의 주이상스the Jouissance of meaning에서 발견된다.

첫 번째 형태의 상상적 의미에서, 우리는 의미작용signification 대 텅 빈 형식적 주이상스를 간직한 의미작용signifiance과, 꽉 찬 말 대 앵무새의 텅 빈 말을 발견한다. 이미 이 시점에서 텅 빈 말은 게으른 앵무새의 말(어떠한 말 없이 흉내만 내고 많이 말하는 것)과 형식적 주이상스를 간직한 의미작용만 있는 말이라는 모호함을 가지고 있어 때때로 의미 없이 의미작용이라고 부르기도 한다. **의미**는 충만하고 상상적인 것이다. **의미작용**은 상징적이며 기표를 가리키고, 반면 **주이상스를 간직한 의미작용**은 텅 빈 말 또는 이중적 의미나 지나친 의미가 없는 의미로서의 의미작용을 말한다.

라캉의 이러한 발전은 『세미나 5』(Lacan, 1957–1958, p. 120)에서 이미 예상되는데, 그는 꽉 찬 말을 욕망의 그래프 내에서 네 개의 모서리로 구성된 정사각형의 함수(메시지, 대타자, 자아, 환유적 대상)로 정의한다. 꽉 찬 말의 정방형은 나르시시즘적 자아의 짧은 순환을 포함하고(자아 만족에 대한 요구), 욕망의 그래프 상부의 층에 고유한 무의식적 의미화 연쇄를 완전히 배제한다. 라캉은 "당신은 나의 주인입니다", "당신은 나의 남자입니다", "남자의 여자입니다"와 같은 언표를 언급한다. 두 번째 언표는 여자가 되기를 원하고, 남자가 결여되어 소유하기를 원하는 환상적인 여자의 소유를 가리킨다. 첫 번째와 마지막 언표는 여자가 의존하고 있으며, 그가 항상 자신임을 보여 주기를 원하는 정력적인 남자를 나타낸다. 이는 자아 또는 분열된 주체의 간극을 좁히고 '충족'하려는 상상적 구성이다. 텅 빈 말의 후기 개념은 이러한 언표를 대상 a/남근phallus의 우여곡절로 해체하고 폭로하는 상부의 층의 의미화 연쇄에 속하는 무의미한 기표를 중심으로 구축된다.

피분석자는 자주, 자신의 잘 연습되고 합리화된 심리치료적 이야기 맥락이나 문제 제시가 참으로 의미가 있다고 "믿는다". 그러나 무의식의 담론으로서 분석은 잘 알려진 이야기 맥락이 아니라, 자주 무시되는 환상이나 무의식의 핵심적 환상을 펼치는 데 관심이 있다. 따라서 분석가는 거짓이거나 나태하지만 아마도 의미 있고 질서 있는 이성적인 말과 환상에 관한 진실의 무의미한 말을 식별해야 한다. 세션의 절분은 바로 이러한 목적을 위해 사용된다.

세션의 절분에 대한 일반적인 반대 의견은 그것이 피학적이고 복종적인 피분석자에게 수행된 분석가 측의 학대적, 독단적, 독재적 또는 권위주의적, 가학적인 행동을 나타낸다는 것이다. 가변적 길이의 세션을 수용하지 않거나 필요로 하지 않는 환자, 특히 심리치료 분야에서의 환자가 있는 것은 사실이다. 여기서 요점은 세션의 절분도 부드럽게 그리고 합의된 방식으로 도입될 수 있다는 점이다. 분석가는 "여기가 중단하기 좋은 곳입니까?", "우리가 여기에서 멈출까요, 머무를까요?" 또는 "오늘 당신이 더 하고 싶은 말이 있습니까?"라고 말할 수 있다. 피분석자가 생산적이고 의미 있는 것으로 입증된 다른 작업을 계속하기를 원하는 경우, 그것의 연상 또는 의미화 연쇄의 끝에서 그리고 그것의 효과의 훈습을 위해서, 분석가는 세션의 종료를 위해 다시 한번 절분을 도입한다.

분석가가 분석 내에서 중요한 무언가의 출현을 강조하고 구두점을 찍기 위해 갑작스러운 방식으로 세션을 종료하는 경우도 있다. 라캉은 5분 세션을 진행한 바 있지만, 이는 완전한 이유는 아닐지라도 대부분 진료를 기다리는 피분석자의 수로 인한 것이다. 어느 시점에서, 그의 서비스에 대한 높은 요구로 인해 라캉은 분석 시간을 약속하기를 중단한다. 사람들은 단순히 그의 대기실에 모여 그의 분석실로 들어갈 신호를 받기를 기다려야 했다.

임상 실천에서 파생된 다음의 예는 세션의 절분의 근거를 설명하는 데 도움이 된다. 강박적이고 미루는 특성을 지닌 스페인어를 구사하는 한 피분석자가 자신의 성적 취향을 폭로할 목적으로 어머니에게 쓴 편지를 우편으로 보낼지 여부를 결정하는 문제로 갈등하는 세션에 들어왔다. 피분석자는 매우 우유부단하고 두려워하며, 편지를 보내는 것에 대해서도 당연히 그렇게 생각했다. 세션 중에 피분석자는 반복적으로 말실수를 했다. 스페인어에서 우편의 '편지'에 대한 올바른 번역은 *carta*이지만, 대신 피분석자는 영어의 letter에 해당하는 *letra*라는 단어를 사용했다. *letra*의 연상에서 피분석자는 '잉크 펜ink-pen'을 준 할아버지에 대한 어린 시절의 기억이 떠올랐다. 피분석자는 이 기억을 할아버지로부터, 순간적으로 아버지로부터도 거절되어 받지 못한 '인정'(그리고 남근)으로 해석했다.

더욱이 그 미끄러짐은 이중 언어의 피분석자가 일상생활에서 사용하고 있는 영어가 의미화 연쇄(*carta* 대신 *letra*로 번역된 편지)의 발음에도 연루되어 있음을 가리킨다. 따라서 "메일 아님not mail"은 "남자가 아님not male"을 나타냈으며, 이는 그가 어머니와 의사소통하는 것을 두려워했던 이유이기도 하다. 편지를 보내기가 어렵다는 것은 자신의 성적 취향에 대한 어머니의 반응에 대한 두려움뿐만 아니라, 호모 섹슈얼리티와 남자가 아닌 성적 정체성에 대해 자신 스스로가 아는 것[무의식적 측면을 발견하는 것] 자체가 어려움을 의미했다(이것은 그가 이전 세션에서 길게 이야기한 것이다).

이 시점에서 분석가인 나는 의자에서 일어나며 조금은 상기된 채 세션의 종료를 알렸다. 무의식에 대한 피분석자 자신의 앎에 중복되거나 추가되는 것을 주지화하거나, 희석하거나, 또는 추가하기보다는 이 시점에서 세션을 종료하면, 정신적 구조의 변화를 뒷받침하는 구두점이 생성된다. 따라서 중요한 앎이 발생한 후 세션 시간을 절분하는 것은 중요한 자료의 훈습에 초점을 맞추고, 구두점을 찍으며, 촉진하는 방법으로서 관찰해야 하는 중요한 전체 기준이 될 수 있다. 이러한 세션이 종료된 후, 피분석자는 편지를 보냈고, 얼마 후 그의 어머니가 그의 개방에 다소 긍정적인 반응을 보였다는 사실을 마주하고 놀랐다.

세션을 절분하는 행위와 관련하여 라캉은 또 다른 임상적 개념, 즉 "**행위의 공포**the horror of the act"라는 개념을 도입한다. 라캉이 분석가가 그/그녀 자신의 행위에 대해 공포를 느낀다고 말할 때, 그는 해석의 행위를 언급하고 있는 것이다. 모든 분석가는 다음과 같은 형태로 의심이 발생할 때, 자신의 주체성으로 이 현상을 인식할 수 있다. '나는 이것을 그/그녀에게 말해야 하는가, 그렇지 않은가? 그리고 내가 그/그녀에게 무슨 일이 일어날지 말하면, 그 사람은 어떻게 반응할 것인가? 그것에 분노할까? 그러면 나는 사과를 해야 할까, 회유해야 할까?' 그러므로 세션을 절분하는 행위의 공포는 50분 시간의 엄격하고 강직한 준수를 결정하는 데 중요한 역할을 한다.

또한 50분 세션을 준수하는 것은 앞서 언급한 분석적 "보듬어 주기" 개념과 이 개념에 내재된 모성적 영향과도 관련이 있다. 그러나 라캉이 **절분법**을 도입하는 결정적 요지는 상징적 거세의 남근적 기능의 대리인으로서 **상징적 아버지의 기능**과 관련이 있다. 라캉에 따르면, 이것은 상징적 질서로 알려진 상징적 교환 체계를 확립하고 지원하는 기능이다. 아버지의 이러한 기능은 상상적 아버지만을 지칭하는 가부장적 역할과 구별될 필요가 있다. 사실 상상적 아버지의 패러다임으로 상징적 아버지의 기능을 폐기하면, 사회의 무정부 상태와 포스트모던적 혼돈, 또는 결국 같은 동전의 양면인 파시스트 정치 조직이 된다.

북미 신좌파는 프리드리히 엥겔스Friedrich Engels가 『가족, 사유재산, 국가의 기원』(1884)을 통해 가부장적 조직이 자본주의의 구조와 같다고 주장할 때만 그를 따르던 빌헬름 라이히Wilhelm Reich (1942)와 다른 프로이트 좌파(Deleuze and Guattari [1972])로부터 정치적 분석을 차용한다(들뢰즈와 가타리는 오이디푸스의 구조가 자본주의의 구조와 같다고 주장한다).

공산주의 혁명 직후, 공산주의가 가부장제나 정치적 지배를 포기하지 않는다는 것이 분명해졌으며, 사실 신좌파에도 영향을 미친 프랑크푸르트학파(Jeffries, 2017)는 일찍이 소위 핵가족, 또는 라캉 이후 우리가 부르는 부성 은유가 파시즘에 대한 저항의 한 지점이라고 주장한다. 그들은 전체주의 국가가 자녀 양육에서 아버지와 어머니의 기능을 얼마나 많이 포기하고 부모가 자녀 교육을 국가에 맡기도록 강요하는지 주목한다.

예컨대 경찰은 부모/부성의 권위와 부모의 방임의 상실로 인해 가족 분쟁에 점점 더 연루될 수 있다. 파시스트 정부에서 국가는 파시스트 지도자에게 복종하지 않고 파시스트 전체주의 이념을 배반하는 경우 자녀가 부모를 신고할 것을 촉구한다. 파시스트 지도자는 상상적 아버지가 된다. 신자유주의적 형태의 파시즘에서 자유주의 국가는 '필요한 많은 경우에' 가정에 개입하여 아동을 학대로부터 보호한다고 가정하지만, 이는 자녀를 훈육할 수 있는 부모의 능력을 약화시키는 해로운 부작용을 초래할 수 있다. 사회주의 이스라엘 키부츠Kibbutz[5]의 경험에서도 비슷한 일이 발생한다. 비록 파시즘은 아니지만 아이들을 부모들로부터 분리시켜 가두고 키우는 실행은 성공하지 못한다.

네스토르 브라운스타인Néstor A. Braunstein(2012)은 또한 지배적

---

5 키부츠kibbutz는 이스라엘의 집단 농업 공동체를 말한다. 이 운동은 사회주의와 시오니즘 Zionism, 즉 유대인의 국가 건설을 목적으로 한 민족주의 운동[유대주의]을 결합한 노동 시오니즘의 형태이다.

인 가부장제가 주재하는 전통적인 초자아와 규율의 사회와 연결된 **주인 담론**the master's discourse에서 후기 자본주의의 **자본주의 담론**the capitalist discourse으로의 변화는 상징적 거세 및 아버지의 이름에 대한 부인으로 특징지어진다고 주장한다. 중세 시대부터 발생한 주인 담론이 개신교 윤리(양자가 규율 사회와 연결됨)와 연결된 초기 자본주의 국면과 동일하다고 확신할 수는 없지만, 자본주의 담론, 또는 브라운스타인이 **시장 담론**the discourse of the markets이라고 부르는 것은 새로운 갱단 지도자, 독재자, 기독교 근본주의의 급진적 형태 등에 대한 동일시를 고수하는 것이 특징이다. 소비의 대상에서 발생하는 요구는 즐거움을 위한 충동의 요구가 되고, 대상 a의 요구는 빗금 쳐지지 않는 원초적 아버지의 요구로 오인된다.

거세의 상징적 기능은 독단적이기보다는, 분석가가 텅 빈 말과 꽉 찬 말을 구별할 수 있게 해 주는 것이다. 이 법은 또한 자유 연상의 근본 규칙과 밀접하게 연관되어 있다. 즉, 무엇이든 말하거나 이야기하라. 정확히 말하면, 분석가가 피분석자의 말과 경험 안에 진리의 등록부와 고리가 남아 있을 수 있도록 잡초를 얼마나 잘라야 하는지 알 수 있도록 말해야 한다. 분석가가 피분석자에게 어리석은 말을 하도록 북돋는 것은 어리석음 그 자체를 위한 것이 아니라, 그들이 존재의 핵심에 도달하도록 하기 위한 것이다.

라캉의 관점에서, 어머니의 욕망은 자유 연상의 근본 규칙의 사랑의 차원에서 작용한다. 라캉(1960–1961)은 플라톤의 『향연*Symposium*』을 참조하여 분석의 초기 단계에서 분석가는 사랑하는 자, 에라스테스*Erastes* 또는 연인의 위치에 있고, 피분석자는 사랑스럽거나 사랑받는 자, 에로메노스*Eromenos*의 위치에 있다고 말한다. 마치 분석가가 피분석자에게 다음과 같이 말하는 것과 같다. 당신은 유치하거나 어리석은 어떤 말을 해도 여전히 사랑받을 것이다. 심지어 가장 일관성이 없고 문법에 맞지 않는 문장도 분석에서 받아들여질 것이다. 따라서 자유 연상의 규칙은 무조건적인 사랑의 선언으로 볼 수 있다.

더욱이, 세션의 절분과 말의 절분은 내가 분석 실천에 대한 다형상의 기준이라고 부르는 것과 관련된 분석 실천과 관련해 가능한 수정 범위를 생성하고 구성한다. 예컨대 분석의 강도가 높은 순간이 있을 때, 추가 분석 세션이 예약될 수 있다. 이것은 표준 분석 프레임 양식에서 발생하므로 일정상의 안정성을 깨트린다. 다른 사례에서는 세션 간의 간격을 두어야 할 수도 있다. 이것은 라캉이 프레임의 문제가 표준 방식이 아니라 사례별로 고려되어야 한다고 주장한 이유를 보여 준다. 치료의 방향은 각각의 피분석자마다 다를 것이다. 수정과 변형은 피분석자의 요구와 관련하여 고려되어야 하며, 시간 프레임과 관련하여 분석가가 피분석자에게 무조건적으로 이용 가능한 어머니의 상상적 역할에 빠지는 것을 방지하는 것을 목표로 해야 한다. 그렇지 않으면, 전이에서 분석가는 또 다른 증상으로서 나타날 것이다. 분석의 존재는 피분석자의 신경증이 된다.

비슷한 맥락에서 세션 빈도를 선형 방식으로 생각할 수는 없다. 많은 정신분석학파에서 흔히 볼 수 있는 그러한 생각은 '일주일에 한 번은 상담, 일주일에 두세 번은 심리치료, 그리고 네다섯 번은 정신분석을 하면 된다'는 논리로 이어진다. 이것은 특히 오늘날에는 실제적이 아닐 뿐만 아니라 방법론적으로도 결함이 있다. 만일 분석이 일주일에 다섯 번 수행되지만, 주인의 위치에서 행위에 대한 공포와 함께 모든 사례 및 각 사례에서 프레임의 특이성에 대한 고려 없이 수행된다면, 그러한 분석은 세션마다 회전하고 아무런 진전이 없을 수 있다.

반대로 분석가의 위치와 담론이 유지되고, 피분석자의 요구의 대사량이 변화하는 것과 관련해 프레임이 항상 미세 조정되고 이에 따라 세션이 축소된다면 일주일에 한 번의 세션이라도 정신분석으로 간주될 수 있다. 더욱이 **분석가의 위치**는 본질적으로 신체적인 위치이기보다는 **정신적인 위치**이다. 정신분석은 카우치에서 시작되었고, 카우치는 항상 우리의 분석적 장the field의 조사 영역으로 남을 것이지만, 의자에서 분석을 수행하는 방법이 반드시 대면 설정일 필요는 없다.

프로이트가 지적했듯이, 피분석자는 일반적으로 수치심과 당혹감과 함께 자신의 환상을 전달하기 때문에, 의자를 사용할 때 때때로 눈맞춤을 피할 수 있는 것이 특히 중요하다. 또한 많은 피분석자는 분석 초기부터 무척 강렬한 전이 반응을 발달시키는 경향이 있다. 그러므로 정신분석과 심리치료를 엄밀히 구별하는 것은 카우치나 세션의 빈도가 아니라, 분석가의 정신적 위치와 욕망 그리고 피분석자의 환상과 연관된 무의미한 말이다.

그런데도 대부분의 경우, 초기에 치료가 심리치료인지 분석을 위한 요청/요구인지 구분하는 것도 중요한 사실이다. 여기서 양자 사이의 차이는 명시적으로 정의된 치료 기간(분석을 위한 지속 기간은 최소 3년)과 세션의 빈도(분석의 경우 한 주에 두세 번 또는 네 번의 세션)일 수 있다. 다른 한편으로, 나는 몇 년 동안 일주일에 한 번 치료를 수행하여 결과적으로 중요한 분석 자료와 전이 신경증을 통해 피분석자의 구조적인 정신적 및 인격 특성의 변형을 이룬 바 있다.

전이 내부와 전이 외부의 조언의 차이

조언을 하지 않는 것은 자유 연상의 황금률의 질서에 따른 규칙이 아니다. '조언을 하지 말라'는 처방이 일반적으로 정신분석을 다른 치료와 구별하는 요소로 알려져 있지만, 대부분의 분석가는 이런저런 조언을 한다. 이것은 많은 사람들이 분석가들이 이론상으로는 한 가지를 말하고 실천에서는 다른 행동을 한다고 생각하게 만든다. 이것은 결국 임상가가 치료 실천과 관련된 법칙을 따르는 매뉴얼에 근거한 치료의 추진으로 이어진다.

대안적 접근은 **전이 내부와 전이 외부 조언의 차이**를 이해함으로써 이론과 실천을 조화시키는 것이다. 조언은 지식 또는 '**안다고 가정된 주체**the subject supposed to know(ing)'의 전이 내에서 작동한다. 정신분석에서 우리는 잠재적으로 변형 가능한 개인 지식이 분석가가 아니라 피분석자 내에 포함되어 있다고 믿는다. 우리는 피분석자의 환상적 삶에 대한 무의식적인 지식이 증상, 성격 특성 및 관계에 영향을 미치는 방식으로서 전이와 함께 작업한다. 그러나 전이

분석의 경로가 활짝 열려 있고, 분석가가 자신의 지식과 피분석자의 지식 사이를 오갈 수 있는 한, 조언은 치료의 부수적 도구 또는 보충적 도구로 사용될 수 있다.

프로이트(1913)는 **조언**Ratschläge, advice과 **규칙**Regel, rule을 구분하는데, 치료 방향과 관련하여 두 가지 다른 요인을 식별할 수 있다. 첫째, 불확실성, 무한정성 및 창의성의 특정 한계를 허용하는 일련의 변수(상담, 조언). 둘째, 협상할 수 없고 정신분석의 근본을 구성하는 것의 공식화, 즉 자유 연상의 법칙. 이 구분을 소급하여 읽으면, 조언이 근본적이라는 특성을 얻지 못한다는 것을 알게 된다. 근본적인 것은 무엇인가? 이 용어는 무언가가 중요하다는 것을 지시할 뿐만 아니라, 구조의 기초에 대한 참조를 분명히 내포한다. 어느 정도 협상이 가능하거나 그렇지 않을 수 있는 지시 또는 다양한 형태의 조언과 달리, **자유 연상의 법칙은 정신분석의 근본적 토대를 구성한다.**

라캉이 실제로 자유 연상의 규칙을 보충하는 새로운 방법으로서 말과 세션 시간의 절분(법)으로 정신분석의 발전에 기여했다는 점에 주목하는 것이 중요하다. 자유 연상은 수정을 필요로 하는데, 그 이유는 여러 내부 및 외부 정신분석학자들이 주목했듯이, 이따금 피분석자가 억압되거나 그렇지 않으면 불안정해지는 자료로부터 자유롭게 자신을 연상시킬 때 헛되거나 방어적인 말로 분석이 이어질 수 있기 때문이다.

분석가는 피분석자가 자신에 대해 말하기를 원하고 자신에 대해 말할 뿐만 아니라 분석가에게 그들 자신에 대해 말하기를 원하지만, 분석가는 피분석자에게 그들 자신에 대해 말하도록 요청하는 것이라기보다는 단지 어떠한 것도 주저하지 않고 공개적으로 말하도록 요청하는 것이다. 피분석자가 이렇게 말할 수 있을 때, 그들은 그들 자신에게 더 가까워지며, 비록 그것들이 그들 자아의 외밀성extimacy일 수 있지만 소위 마음의 언어, 주이상스나 라랑그와 더 근접하게 된다. 필요에 따라 자유롭게 말함으로써, 마음에 떠오르는 어떤 어리석음도 대타자에게 상처를 주거나 기분을 상하게 하지 않고 탐색할 수 있다. 분석은 어리석음bêtises이 비판받거나 주변화되지 않을 수 있는 원래의 상황을 만든다. 여기서 우리는 분석가의 모호한 진정한 함정을 발견한다. "어리석게 말하십시오. 왜냐하면 어리석음을 통해 당신 존재의 핵심이 드러날 것이기 때문입니다." 근본적인 것은 의식적 의도가 아니라 의식적 자아의 동질성을 깨뜨릴 수 있는 말의 요소에서 발생한다. 근본 규칙은 쓸데없이 하는 말이 전달하고자 하는 것의 공간 사이에서 말하는 *"J'ouis-sance"*를 경청하는 실천으로서 분석을 설정한다.

참고문헌

Braunstein, N. (2012). *El Inconsciente, la Tecnica y el Discurso Capitalista*. Mexico: Siglo Veintiuno.

Deleuze, G. and Guattari, F. (1972). *Anti-Oedipus*. trans. R. Hurley, M. Seem and H. R. Lane. London and New York: Continuum, 2004.

Engels, F. (1884). *The Origin of the Family, Private Property and the State*. London: Penguin

Classics.

Freud, S. (1913). On Beginning the Treatment. *SE*, 12, p. 121–144.

_____(1959). *Group Psychology and the Analysis of the Ego*. New York: Norton, 1922.

_____(1965). *The Interpretation of Dreams*. New York: Avon Books, 1900.

_____(1965). *The Psychopathology of Everyday Life*. New York: Norton, 1901.

Jeffries, S. (2017). *Grand Hotel Abyss: The Lives of the Frankfurt School*. London: Verso.

Lacan, J. (1957–1958). *The Seminar of Jacques Lacan. Book V: Formations of the Unconscious*. trans. R. Grigg. London: Polity Press.

_____(1960–1961). *The Seminar of Jacques Lacan. Book VIII: Transference*. ed. J.-A. Miller and trans. B. Fink. London: Polity Press, 2015.

_____(1966). Logical Time and the Assertion of Anticipated Certainty. In: *Écrits*. trans. B. Fink. New York: Norton, 2006.

Philipps, A. (1988). *Winnicott*. Cambridge: Harvard University Press.

Reich, W. (1942). *The Mass Psychology of Fascism*. New York: Farrar, Straus & Giroux.

6장

알고 있다고 가정된 주체,
사랑과 증오, 그리고 부정적 전이

라캉은 앎knowing, *savoir*, *saber*의 문제를 중심으로 전이에 대한 고전적 정신분석적 개념을 재정의한다. 라캉은 과학의 참조적 지식과 무의식의 텍스트에 관한 정신분석적 상황에서의 텍스트적 앎을 구분하기 때문에, 앎은 **지식**knowledge, *connaissance*, *conocimiento*이 아니다.

그러나 이러한 초기의 해석학적 관점은 무의식의 텍스트가 기표의 현실만이 아니라 주이상스의 실재에 대한 참조도 포함하는 후기 라캉과 구별될 필요가 있다. 이전의 견해는 해석학적인 것처럼 보이는데, 왜냐하면 텍스트 밖에는 아무것도 없는 것 같기 때문이다. 기표는 단순히 상징계 내의 다른 기표로 인도하거나 상상계의 이미지에 내재되어 있다. 지식의 관점에서 보면, **자아는 오인식인 반면 주체는 무의식적으로 앎의 순간을 표상한다.** 오인식은 일반적으로 보다 객관적인 의미의 자기-지식self-knowledge이 아닌 일종의 '나에 대한 상상적 지식me-*connaissance*[*méconnaissance*]'[1] 또는 일종의 자기 중심적 지식이다.

전이에 대한 이러한 개념을 공식화하면서, 라캉은 프로이트 (1915)의 메타심리학 논문에서 파생된 고전적 개념을 재정의하고 있다. 그 논문에서 프로이트는 '무의식적인 감정은 존재하지 않는다'고 주장한다. 감정은 대체될 수 있지만 항상 의식될 수 있는 상태로 남는다. 그 대신 무의식은 자아가 명백히 무시하는 섹슈얼리티에 대한 (일자의) 앎을 전달하는 표상의 연상적 연쇄와 관련이 있다. 피분석자는 그/그녀 자신이 알고 있다는 것을 모른다. 따라서 라캉이 '분석이란 책의 지식에 기초하지 않는 앎을 찾는 것'이라고 말할 때 이해할 수 있다. 즉, 모든 세션에서 피분석자는 "미지의 지식, 알려지지 않은 앎*L'insu qui sait*"을 찾고 있다. 이것은 단순한 말장난이 아닌 진지한 게임이다. 전이에서 '미지의 앎unknown-knowing'은 어떻게 일어나는가? 피분석자는 자주 "나에게 무엇이 잘못되었는지 모릅니다"라고 말한다. 피분석자는 증상이 무언가를 의미한다는 것을 알고 있지만, 이것이 무엇인지는 모른다.

지식과 무지의 관계에 접근하기 시작하려면 먼저 앎knowing, 지식과 무지knowledge and ignorance, 알지 못함not knowing, 심지어는 미지

---

1 "자기 인식*me-connaissance*, self-knowledge은 오인[잘못된 인식]*méconnaissance*, misrecognition, 오해misunderstanding와 동의어"(Evans, 1996, p. 109)이다. 라캉이 상상적 지식 *connaissance*과 밀접한 관련성 보여주기 위해 사용한 *me-connaissance*는 상상계에서의 자기 인식을 말한다. 이는 '자아가 거울 단계에서 형성되는 과정이 존재의 상징적 결정으로부터 소외시키는 계기'가 되기 때문이다.
오인*méconnaissance*은 "신경증적 자기 인식의 구조이기도 하지만, 현실의 체계적 오인으로 묘사된 편집증적 망상 구조"(p. 109)이기도 하다. 자아의 일반적 구성과 편집증적 망상 구조의 상동성은 라캉이 "편집증적 지식paranoiac knowledge"(p. 109)으로 설명하도록 한다.
Evans, D. (1996). *An Introductory Dictionary of Lacanian Psychoanalysis*. New York: Routledge. p. 109.

non-knowing의 의미를 명확히 하고 정의할 필요가 있다. 무지를 표상하는 지식의 형태와 지식을 표상하는 무지의 형태가 있다. 지식은 무지로, 무지는 지식으로 변형될 수 있다. 윌프레드 비온Wilfred R. Bion(1963)이 말했듯이, 알고자 하는 욕망, 즉 케이 연결K link[2]은 알고 싶지 않은 욕망, 즉 마이너스 케이 연결-K link이 된다.

지식Knowledge, 무지ignorance, 지(앎, knowing), 무지(알지 못함, not-knowing), 미지(알 수 없음, non-knowing)는 문헌에서 자주 혼동되지만, 라캉은 그들 사이의 정확한 차이를 설정하기 위해 많은 단서를 남긴다.

인시티아Inscitia는 무식한 무지인 반면, 인시엔티아Inscientia[3]는 지식의

---

2 케이 연결K-link은 비온에 의해 설명된다. "비온은 어떤 것을 "아는" 능력을 나타내기 위해 "지knowledge"라는 단어의 첫 글자를 사용한다. 여기에서 지는 이미 알고 있는 것에 대해서가 아니라 알거나 담는 성향을 의미한다. "지"는 누군가가 어떤 것에 대해 알고 있는 것을 의미한다. 그리고 이것은 … 관계 또는 관계의 어떤 부분에 대한 주장이다. 나는 이 "지"라는 용어를 잠정적으로, 한편으로 소통될 수 있는 지와, 다른 한편으로 그 개인이 알고 있다고 느끼는 대상 사이의 관계와 뗄 수 없이 연관되어 있는 마음의 상태를 서술하는 데 사용할 것을 제안한다. K는 L(사랑)과 H(증오)와 함께, 항구적 결합에 대한 가설을 나타낸다. 담는 것-담기는 것의 관점에서 볼 때, K의 수준은 세 가지 요소, 즉 아기, 어머니, 그리고 정신적 성장(+K) 모두가 서로에게서 유익을 얻는 것, 상생적 유형의 역량에 달려 있다. K가 성장과 알파-기능을 나타낸다면, -K는 알파-기능의 부재와 베타-요소들에 해당하는 물-자체의 현존을 나타낸다. K는 계속 변형에 열려 있는 상태, "알아 가고 있는" 상태와 같이 항상 포획되지 않은 상태를 나타낸다. 지의 수준은 그것이 진실에 더 가까이 갈 때 항상 변하기 때문이다. 1960년 비온은 자신이 "앎"이라는 용어를 알파-요소들과 베타-요소들의 총합을 나타내는 데 사용한다고 말한다. 나중에 비온은 K와 -K를 구별한다. 그린버그와 그의 동료들(1972, P. 101)은 추상화된 요소들이 정서적 경험을 이해하고 배우는 데 유용하다는 점에서, 추상화 과정이 K 연결 정서적 경험에 본질적이라고 진술한다"(Rafael E. López-Corvo, 2003/2013: 378-381).
3 인시티아inscítia는 무지, 어리석음, 미숙함, 서투름 등을, 인시엔티아insciéntia는 무지, 모름,

중심에 있는 공백의 호소로, 공백 그 자체로 구성된 미지이다(La-can, Seminar VIII. Session 11: February 8, 1961, trans. Cormac Gallagher).

무식한 무지는 무의식적 지와 미지에 대해 아무것도 알고 싶어 하지 않는 것(무지에 대한 열정)이다(라캉의 미지의 지식*l'nsu qui sait*, 또는 의식적인 숙고 없이 알거나 알지 못하는 미지의 상태). 이러한 의미에서, **인시티아** 또는 순수한 무지는 지식, 또는 라캉이 **상상적 지식***connaissance*이라고 부른 것과 일치할 수 있는 반면, (순전한 무지와 구별하기 위해) **인시엔티아**는 학식 또는 박사의 무지로서 **무의식적 지식***savoir*과 일치한다. 인시엔티아는 자기나 타자에 대한 방어적 지식 또는 박사 자신의 포장된 지식을 선택적으로 무시하고 무의식적 앎에 깨어 있는 상태를 유지한다. 자존심이 강한 전문가는 무의식을 열정적으로 무시하고 타자들의 무지를 조소할 수 있다.

대상관계 정신분석학에서 비온(1970)은 모호한 텍스트, 대화, 상황 및 감정을 모르거나 이해하지 못했을 때의 좌절과 당혹감을 견딜 수 있는 정신적 능력을 부여하는 인내심 또는 과학적 믿음으로서 부정적 능력the negative capability이라는 관련 개념(키츠Keats에게서 차용)을 제안한다. 이러한 부정적 능력은 완전한 증거와 사실적이든 이론적이든 검증할 수 없는 지식과는 뚜렷한 대조를 이룬다.

라캉과 비온은 각자의 방식으로 순전히 지적, 인지적 또는 담론적 이해와 경험적 또는 직관적 이해, 그리고 정서적 작업과 실현

알지 못함, 무경험 등을 의미하는 라틴어다.

의 한 형태인 미지 또는 무의식적 앎의 "나는 모른다"를 구분한다. 자아는 실재와 주이상스의 차원 내에서 '미지의 앎unknown-knowing' 또는 의미작용signification과 주이상스를 간직한 의미작용signifiance의 보물상자(핑크Fink[2007]의 번역에 따르면 '기표성signifierness')에 접근하기 위해, 포화 상태인 교과서적 지식과 의미를 모른다고 말하거나 중단할 수 있어야 한다. 무의식적 앎은 자아의 현실 이해의 간극, 구멍, 생략 내에서 현시하기 때문에 지식과 경험적 앎과도 관련되어 있다. 의식적인 자아 이해는 자아의 이기심을 대신하여 작동하고, 완전한 비-결여의 나르시시즘적 '전체whole' 자기에 대한 상상적 의미를 구축한다.

플라톤Plato의 『향연Symposium』에서 소크라테스Socrates는 알키비아데스Alcibiades에게 다음과 같이 말한다. "당신이 내 안의 무엇인가를 보거나 아는 그곳에서 나는 아무것도 아닙니다" 또는 "나는 공백을 압니다"는 고전적인 "내가 모른다는 것이 내가 알고 있는 유일한 것이다"의 변주이다. "마음을 모른다"는 것은 알지 못함이나 무지를 인정한 후유증으로서, 주체가 무의식적이거나 근본적인 것을 알 수 있게 하는 것이다. 그러나 일단 자아의 이해 수준이 정지되고 무의식적 지식이 드러났을 때, 주체는 여전히 상징계에 포함된 이해를 적절하게 수용하고 책임을 져야 하며, 자신의 말과 이름으로 말할 용기를 가져야 한다. 겸손은 이 시점에서 거짓 겸양의 한 형태가 될 것이다. 대타자의 지식은 자아에 대한 거짓된 이해에서 전통적인 권위를 선호하는 선입견으로 자아의 단순한 퇴행을 방지하기 위해 일자the One의 지식이 되어야 한다.

정신분석에서 앎의 문제는 전이와 관련이 있지만 억압과도 관련이 있다. 억압된 지식은 분석가에게 전이되는 형태로 억압으로부터 회귀한다. 프로이트(1909, p. 54)는 각각 히스테리와 강박 신경증에서 작동하는 두 가지 형태의 억압을 고려하며, 양자가 지식과 관련된다. 두 가지 형태는 아동기 기억 상실증 또는 말의 빈틈, 최근이나 먼 과거의 기억이나 회상의 실패, 그리고 기억의 강탈이나 무의식의 주이상스를 간직한 의미작용의 표상이다. 말이나 기억 속에 빠져 있는 것은 무의식적인 형태의 암호화/코딩에 의해 기록되는 것을 멈추지 않고, 동시에 단어의 무의식적 의미작용은 지속적으로 지워지는 상태에 있다. 프로이트에 따르면, 강박관념에 사로잡힌 사람은 그/그녀 자신의 무의식적 트라우마와 환상을 아는 동시에 알지 못한다. 주지화를 통해 알면 알수록 그/그녀는 같은 사고의 주체-문제를 의심할 수 있다.

여기에서 **지knowing와 무지not knowing의 두 종류를 구분할 수 있다. 1) 억압된 생각을 무시하는 경우의 무지, 2) 갈등의 주이상스를 간직한 의미작용을 의심하는 의미에서의 무지.** 이 두 가지 형태의 지와 무지도 의식과 주체성의 더 큰 분할 또는 분열의 예 또는 파생물이다. 주체는 고통스럽거나 검열된 경험에 대해 인식하면서도 맹목적이다. 한 시점에서 피분석자는 그 자료에 대한 무지로 놀랄 수 있고, 다른 때에는 다른 의미화의 맥락에서 그들은 그 자료에 대해 잘 알고 있다. 이 현상은 적어도 두 가지 수준에서 발생한다. 방어적인 자아는 어떤 정신적 자료의 무의식적 주이상스를 간직한 의미작용이나 그러한 자료에 대항하여 방어하려는 무의식적 시도의 의미를 알지 못함과 동시에, 자아가 그/그녀 자신이 대타자에게 숨기고 자 원하는 것에 대해 알고 있다. 후자의 경우, 자아는 모르는 것처럼 보이지만 실제로는 알고 있고, 알고 있는 것처럼 보이지만 실제로 는 모른다. 부인은 특별히 두 성의 차이에서 나타난다.

박사의 무지로 알려진 현상은 두 가지 유형의 지와 무지의 추가적 예를 제공한다. 박사 학위 또는 학습된 무지라는 용어는 독일 중세 기독교 철학자이자 신학자인 쿠사의 니콜라스Nicholas of Cusa (1444)에 의해 도입된다. "자신이 모른다는 것을 알면 알수록, 그는 더 많이 배우게 될 것이다"(p. 6). 박사의 무지 또는 라캉이 잔혹한 무지 또는 인시티아와 구별하기 위해 인시엔티아라고 불렀던 박사 의 무지는 일반적으로 신비주의자와 과학적 태도 모두에서 공통적 인 미지의 것에 대한 개방적인 태도를 나타낸다. 또한 현상학자들 은 에포케epoché(현상에 필수적이지 않은 모든 것을 괄호로 묶는 방 법, 즉 판단중지)를 자신이 모른다는 것만 알았다는 소크라테스적 진술에 뿌리를 둔 그리스 회의론자의 태도와 연결한다. 이에 반해, 무지는 지식의 결여뿐만 아니라 지나 지식에 대한 적극적인 거부와 무관심을 가리킨다.

여기서 박사의 무지는 이중적인 의미를 갖는다. 주체의 측면에 서, 그리고 한편으로 박사의 무지는 실재 또는 미지의 주체뿐만 아 니라 의미화 연쇄를 안다고 주장하고 무시하는 상상적 자아에 해당 한다. 이 경우 학식 있는 개인도 교육을 받지 못한 대중, 계층, 자신 과 다른 의견을 거부, 기각, 멸시할 수 있다. 반면에 박사의 무지는 상징적 지식, 앎, 진리와 그것을 추구하는 사람들이 대학 담론의 전문가들에 의해 무시되는 것을 가리킬 수 있다. 앞서 말했듯이, 전문가는 진리를 찾는 사람과 이론가를 거부할 수 있다. 반면에 박사의 지식과 학자들도 사람들에 의해 무시되고 거부될 수 있다. '그래서 당신이 쓴 책, 책은 아무 소용이 없으며, 그것들은 모두 역사의 쓰레기통으로 가고 있다. 그리고 그것은 빠르면 빠를수록 좋다.' 박사는 높고 깊게 쌓인 오물을 세운다. 무지에 대한 열정은 지식이나 지혜에 대한 열정을 적극적으로 거부한다.

상징계와 주체의 수준에서 박사의 무지는 주류 대학 담론과 그 편견을 견디면서도 참된 지식과 알려진 담론의 순열을 찾는 데 낙담하지 않는 주체를 가리키는 건설적인 미지non-knowing로 이해 될 수 있다. 실재의 수준에서, 미지는 대학 밖에서 전해지는 결여와 공허의 상징적 지식savoir을 알지 못하는 것을 의미한다. **상징적 박사의 미지는 분석적 앎, 상징적 지식, 또는 정신분석 학파 내에서 포함되고 전달되는 무의식의 경험에 대한 이름으로 사용될 수 있다.**

무지는 불편한 지식을 알고 싶지 않은 욕망을 의미하므로, 본질적으로 주요 자아 방어로서 **부정**negation과 연결된다. 여기서 부정과 무지는 창조적 부정보다는 부인, 즉 방어적 기능을 한다. 자아는 '나는 그것에 대해 말하기를 원하지 않는다. 그리고 만일 당신이 주장한다면, 나는 당신을 위해 삶을 무척 불쾌하게 만들 수 있다'. 환자는 분석가가 마침내 질문을 포기하고 환자의 방어와 공모하기 시작할 정도로 특정 주체(주제 및 사람)에 대해 이야기하는 것을 습관적으로 기피한다. 이는 정체 및 중단되거나 부분적으로 성공/실패한 치료로 이어진다.

프로이트(1925)에게 부인denial은 방어이자 부정[4]의 한 형태로서 무의식적이지 않다. 무의식적 억압은 부인을 활용하고, 부인은 부정의 한 형태이지만, 부인에서 억압은 의식적으로 긍정되는 동시에 무의식적으로 부정된다. 자아는 그/그녀 자신의 분할과 억압의 존재를 인식할 수 있지만, 특정 상황에서 자아에 적용되는 것을 부인할 수 있다. 부인에서, 부정은 숙고하는 행동/결정, 주체에 의한 판단 또는 선택이 필요하기 때문에 무의식적이지 않다. 자아는 다음과 같이 말한다. '나는 괜찮고, 나는 어떠한 것도 결여되지 않았으며, 아무것도 혹은 누구도 상실하지 않았으며, 나는 "…보다 이하"가 아니며, 그리고 나는 내가 소유할 수 없는 것을 원하지 않는다.'

부정은 논리나 담론의 한 형태일 수 있고, 동시에 정신적 방어의 지적인 형태로 기능할 수 있다. 지적 방어는 상상적 자아 또는 대타자에 해당한다. 자아 또는 상상적 대타자는 현상 안에 더 이해할 수 있는 무언가가 있을지도 모른다는 것을 알고 있지만, 첫 번째 (충동적) 자극은 그것을 부인하는 것이다. '그것은 주요 쟁점이 아니므로 나는 그것을 무시한다.' 상징적 주체는, 부정적 시각으로 나타날 위험이 있음에도 불구하고 분석가와 함께 그곳에 무엇이 있을

---

4 부정Verneinung, (dé)négation, negation은 "주체가 지금까지 억압된 욕망이나 사고나 감정을 표현할 때, 계속해서 그것을 방어하면서 그것이 자기 것임을 부정하는 방식"(Laplanche and Pontalis, 1973, p. 261)을 의미한다. 이에 비해 부인Verleugnung, déni, disavowal(denial)은 "프로이트가 특수한 의미로 사용한 용어로 주체가 트라우마적으로 지각되는 현실-특히 여자의 페니스의 부재의 지각-을 인정하는 것을 거부하는 방어 양식을 지시한다. 프로이트는 특히 페티시즘과 정신증을 설명하기 위해 이 메커니즘을 설명한다"(p. 118) Laplanche, J. and Pontalis, J.-B. (1967). *The Language of Psycho-Analysis*. trans. D. Nicholson-Smith. NY: W. W. Norton & Company, 1973, pp. 118, 261.

지 탐색을 진행한다.

부정의 예는 '그녀가 여자를 침투하는 남자였다'는 꿈을 꾼 여성 피분석자에 의해 제공된다. 연상을 묻는 질문에 그녀는 남자와 여자, 남자와 여자 사이의 유동성을 믿으며, '꿈에는 문제가 없다'고 말했다. 아무도 거기에 문제가 있다거나, 그녀가 문제가 있다고 말하지 않았지만, 그녀는 꿈의 분석을 비판의 한 형태로 인식하는 것에 대해 자신을 방어했다. 이것은 지적 논쟁이나 판단 형태의 형식적인 부정으로서 성적 차이를 부인하는 예이다. 꿈에 대한 피분석자의 반응은 사회적 관습이나 경직된 성역할을 반영한다고 말할 수 있지만, 몇 번이고 계속된 분석적 경험은 자기 비판의 능력으로서 주체적인 초자아가 외부 사회적 가치의 정확한 사본이 아니며 종종 그것들과 모순될 수 있음을 보여 준다. 가치와 주이상스는 서로 모순될 수 있으며 정신/매듭의 다른 영역에서 나타날 수 있다.

다음으로 나는 그녀에게 "어린 시절에 소녀나 소년, 여성 또는 남성이 되는 것에 대해 어떻게 생각하거나 느꼈습니까?"라고 물었다. 피분석자는 다음과 같이 대답했다. "나는 그것에 대해 생각하지 않았어요. 그것이 어머니에게는 중요한 문제였지만, 저에게는 그렇지 않았어요. 어머니는 제가 인형을 가지고 놀고, 소녀가 되기를 원했어요.", "그래서, 당신은 그것을 받아들였거나, 거부했을 것입니다." 나는 잠시의 기다림 끝에 말했다. 피분석자는 그것에 대해 생각하지 않고, 인형을 가지고 놀았던 것을 기억한다고 대답했다(그녀는 그것을 받아들였다는 것을 인정하기를 원하지 않았다). 그런 다음 그녀는 열 살에 남자처럼 옷을 입은 여자에게 끌렸다고 말했다.

"그것은 남자로 변장하거나 남성성을 동일시하기를 원하는 여성이지요. 아마도 그것은 어머니가 소녀가 되는 것에 대해 말했을 때, 당신이 그렇게 생각했던 것일 거예요"라고 말했다. 나는 문화 내에서, 특히 동성애나 여성의 남성적 특성 및/또는 남성의 여성적 특성을 차별하는 문화에서 이러한 질문이 쉽지 않다는 것을 잘 알고 있다. '당신은 남자인가 여자인가?' 또는 '남자 또는 여자가 되는 것은 무엇인가?'라는 히스테리의 질문은 종종 당신의 젠더를 선택할 권리를 위한 정치적 행동주의의 형태 또는 순응적이고 경직된 젠더 이분법의 형태로 신체의 정치를 통해 대답된다. 정신분석은 두 가지 모두에 대한 대안이다.

정신분석에서 분석가의 미지에 대한 입장은 '언표행위의 주체'가 욕망에 관해 진실인 또는 '무의미한' 구성적인 말을 하는 데 도움이 된다.

> 안다고 가정된 주체가 분석의 끝에서 무의식 그 자체의 특징인 동일한 "그곳에서 존재하지 않음"으로 축소되고, 이 발견이 동일한 "진리-작동the truth-operation"의 일부를 형성한다는 점으로 파악하는 것이 필요하다. … 안다고 가정된 주체는 (하나의) 안다고 가정된 주체를 찾는 주체 없는 무의식적 지식을 포함한다(Lacan, 1967–1968. Session of January 17, 1968, VI 4).

피분석자는 항상 분석가에게 무언가를 기대하면서 앎knowing을 찾는다. 라캉은 분석 상황에서 앎이 차지하는 중요한 위치를 설명하기 위해 "알고 있다고 가정된 주체the subject supposed to knowing"라는 표현을 주해한다. 이것은 라캉의 *sujet supposé savoir*(S.s.S. 의 위치)에 대한 나의 번역이다. 앨런 쉐리단(Lacan, 1966; Sheridan, 1975)은 그 것을 "안다고 가정된 주체the subject who is supposed to know"로 번역한다. 그러나 그러한 번역은 주체가 "앎"의 근원이 아니라는 사실을 강조하지 않는다. 그것은 오히려 앎에 귀인되는 주체이다.

즉, 전이를 통해 주체는 무의식의 주체로서의 일관성(항상성)을 부여하는 지식에 귀속된다. 그리고 분석가에게 전이되는 것, 즉 이 지식은 생각하거나 계산하거나 판단하지 않지만, 그럼에도 불구하고 작업 효과를 수반한다(Lacan, 1974, p. 29).

주체는 무의식적 지식의 주체를 전유하고 어떤 형태의 불편하거나 검열된 지식도 걸러 낼 수 있기 때문에 주체와 앎이 혼동될 수 있다. 따라서 치료적 목적을 위해 분석적 과정에서 이 과정을 취소해야 할 필요가 있다. 쉐리단의 번역은 무엇인가(안다고 가정된 주체)를 알 것으로 기대되는 상상적 자아를 강조한다. 나(알고 있다고 가정된 주체)는 앎에 부차적인 주체이자 무의식과 상징적 질서를 위한 매개자를 강조한다. 영어 단어 '이해understanding'의 경우처럼 주체는 이 미지의 앎unknown knowing 아래에 서 있다. 라캉은 그가 과학의 준거적 지식이라고 부르는 것과 분석 상황에서 '맥락적 앎the contextual knowing'이라고 부를 수 있는 것을 구별한다. 마지막으로 라캉의 후기 작업에서 맥락적 앎은 내부의 주이상스와 연관이 있다.

이러한 관점에서 **분석가의 신뢰성**은 두 가지 요소를 기반으로 한다. 1) 정신적 증상이 주체에 의해 미지의 통제할 수 없는 어떤 것이라는 사실, 그리고 2) 피분석자가 증상에 대한 지식을 분석가에게 **귀속시킨다는 사실**. 라캉학파에서 이러한 요소는 긍정적 전이 관계의 기초로서 이해된다. 후자는 분석가의 지각된 신뢰를 위한 구조적 기초로 기능하고, 치료적 동맹의 기반을 구성한다. 따라서 개인을 치료 관계에 참여시키는 데 필요한 초기의 즉각적인 이점을 제공한다. 사실, 증상의 감소는 자주 분석의 초기 단계에서 보고된다. 정신분석학에서는 이러한 현상을 '전이 치료a transference cure'라고 한다.

따라서 분석가–치료자는 한편으로는 정신병리학, 심리적/발달적 구조와 심리치료 과정에 관한 지식을 바탕으로 자신의 신뢰성을 확립해야 한다. 이것은 긍정적 전이와 무언가를 안다고 가정된 주체/분석가와의 작업 동맹a working alliance을 위한 근간이다. 다른 한편으로, 분석은 엄격한 의미에서 결여, 공백, 미지non-knowing에 대한 욕망으로서 **분석가의 욕망**에 의해 규제된다. 전이에서 분석가의 욕망은 이상화되거나 안다고 가정된 주체로서 욕망/사랑받지 않으려는 욕망으로 나타난다. 특히 [피분석자에게] 욕망이 결여된 심각한 정도의 임상적 우울증이 있는 경우, 분석가는 피분석자가 분석의 약속을 하고 말하기를 바라는 [분석가의] 욕망을 지속적으로 표현해야 한다.

그러나 분석가의 욕망이 분석가의 욕망에 따라 정의되고, 피분석자가 분석을 지속하기를 원하는 경우, 프로이트가 경고했듯이 피분석자는 분석가가 분석에서 스스로를 위해 무엇인가를 원하거나 더 나아지기를 원한다고 추론할 것이다. 이것은 또한 피분석자로 하여금 분석을 종료할 상징적으로 준비된 시점을 지나 분석에 머물게 할 수 있다. 이것은 결국 종결할 수 없는 분석, 분석가에 대한 유아적 의존, 그리고 분석가의 재정적 필요로 인해 분석가가 피분석자를 분석에 유지토록 한다.

분석가의 욕망the desire of analyst은 객관적인 중립성, 금욕성, 익명성의 형태가 아니라, 개인적 분석의 [주체적 궁핍으로 볼 수 있는] 주체적 결실, 주이상스의 변형을 대표한다. 치료자/분석가는 분석가의 욕망의 덕목으로 인해 교육, 계층, 직업적 차이뿐만 아니라 피분석자의 전이로 인해 자신에게 부여된 권한과 특권을 사용하지 않는다. 여기에서 치료적 요인은 분석가의 지식(주인 담론과 대학 담론)이 아니라 고통을 받는 주체(내담자 또는 피분석자)가 자신이 알고 있다는 것을 모른다는 형식적 교육에 근거하지 않은 무의식적 지식에서 비롯된다.

이제 분석가는 피분석자가 그/그녀 자신의 무의식적 지식으로 귀인된 주체이다. 분석가가 주이상스에 대해 무의식적으로 알기를 원하고 주인 담론에 대한 자아의 지식이나 전문성을 포기할 때, 그/그녀는 무지의 태도에서 기능하고 상징계, 또는 라캉이 기표의 보고라고 부르는 것 안에 포함되어 있는 비-억압된 "미지의 앎"과 이해를 위한 매개자가 된다.

"미지의 앎the unknown-knowing"은 피분석자의 억압된 의미화 연쇄와 더 큰 미지(서술적인 의미에서 무의식)의 언어와 상징계의 구조에 대한 분석가의 참여를 모두 포함한다. 변증법의 이러한 측면에서 신뢰성은 무의식의 변형적인 힘에 찬성하여 분석가-심리치료자의 자아 기반적 권위의 상징적 정지에 의해 달성된다.

앎에 기초하여 전이를 재정의하면, 전이가 어떻게 해결될 수 있는지에 대한 문제를 명확히 함으로써 치료의 방향과 분석의 종결이 모두 존재할 수 있다. 만일 분석가가 '안다고 가정된 주체'의 위치에 머물러 있다면, 우리는 다시 평생 피분석자를 '소유'하게 되는 (소유권은 헤겔적 용어의 의미에서 권력 또는 지배의 본질적인 특성이다) 주인 담론과 마주하게 될 것이다. 지난 20년과 25년 동안의 종결할 수 없는 분석이 그러한 예가 될 것이다. 주체는 '자신의' 미지의 앎의 텍스트적 힘으로 분석을 끝내기보다는 분석가의 지식이나 사랑에 계속 의존한 채로 남는다. 이 원칙에 대한 예외는 많은 경우에 평생 동안 지속될 수 있는 정신병의 치료이다.

'안다고 가정된 주체'에 기반한 분석가의 권위로서의 전이는 실재이든, 상상적이든, 상징적이든 결여와 상실의 경험, 즉 박탈privation, 좌절frustration, 거세castration에 대한 무의식적 지식을 회복하기 위한 저항으로서 기능한다. 지식의 귀인이나 그/그녀 자신의 지식에 대한 찬사를 믿지 않음으로써 분석가는 전이 내에서 지식과 함께 성공적으로 작업할 수 있다. **분석가는 그/그녀 자신이 모른다는 것을 알고 있기 때문에 피분석자보다 한 걸음 앞서 있다.** 분석가는 그/그녀 자신의 무지에 대해 깨달음을 얻었으므로 피분석자가 자신의 내면에서 알고 있는 것을 발견하도록 도울 수 있다.

그러나 분석의 표준화 또는 객관적 평가는 궁극적으로 불가능하지만, 분석이 적절한 의미에서 이루어지고 있는지 판단하는 기준이 있다. 예를 들어, '알고 있다고 가정된 주체'(*sujet*는 *savoir*를 가정함)로의 **전이**와 관련하여 두 가지 과정이 이루어져야 한다. 첫째, '**긍정적 전이가 확립**'되어야 하며, 둘째, 분석가는 명백하게 나타날 피분석자의 무의식Ucs.을 허용하는 긍정적 전이를 잃지 않고, **안다고 가정된 주체**의 위치에서 '**자신을 무화**'시켜야 한다.

긍정적 전이가 확립되면, 분석가는 피분석자에게 가능한 적게 말하고, 물론 특별한 상황을 제외하고는 피분석자가 말하는 대부분을 승인한다. 분석가는 자아가 그들 자신의 문제를 설명하기 위해 사용하는 방어를 수용하고, 단어 사이의 공간과 내러티브 언표 내에서 나타나는 말을 듣는다.

긍정적 전이는 분석가가 좋아하는 욕망으로 설명될 수 없다. 그렇지 않으면, 이것이 분석가의 전이가 될 것이고 분석가가 자신의 개인 분석에서 해결해야 할 것이기 때문이다. 사실, 전이에서 이상화되지 않으려는 분석가의 욕망은 긍정적 전이의 강점을 뒷받침하며 개인 분석의 산물로 고려될 수 있다. **긍정적 전이**는 좋아하고 사랑받고자 하는 욕망에 대한 반응이 아니라, **상징적 지식의 전략과 올바른 [치료] 방법**에 대한 질문이다. 좋아하고 존경받고 싶은 욕망은 '**주인 담론**the master's discourse'의 공식에서 히스테리적인 주인의 특징이다.

$$\frac{S_1}{\$} \rightarrow \frac{S_2}{a}$$

통치자나 사회적 주인의 결여는 주체/노예의 대상 a를 그들 안에 위치시키도록 요구하지만, 같은 이유로 그들은 여전히 분열되어 있다.

대신 분석가는 위치의 리더십을 받아들이지만 그것을 다른 방식으로 사용한다. 이 다른 용법은 분석가의 위치를 주인의 위치에서 분석적 위치로 변환하는, 주인의 위치의 진정한 상징적 거세인 S.s.S의 위치를 포기하는 것이다. 이것이 라캉이 구상한 민주주의의 원칙이다. 무의식 또는 무의식적 의미화 연쇄와 실재가 출현하도록 허용하는 자유 연상이다. 분석가는 주인의 S_1 대신에 S_0이다. S_0는 분석가 담론을 위한 공식에서 행위자를 대신하는 대상 a이다. 분석가는 사랑하는 상상적 대상 a/phallus의 위치에서 대상 a의 부재 또는 공백의 위치로 이동한다.[5]

---

5 라캉학파 분석에서 분석가가 대상 a의 위치, 공백의 위치로 이동하는 것은 중요한 분석적 역할이다. 분석에서 피분석자의 "꿈, 환상, 말실수와 같은 무의식의 형성물들은 분석가에게 무엇인가를 말하기 위한 것으로 간주된다. 이런 의미에서 분석가는 무의식의 형성물들의 배후에서 그것이 가능하게 한 원인이 된다"(Fink, 2002, p. 76). 분석가가 피분석자의 무의식의 형성물을 초래한 원인으로 간주되면, 그/그녀는 피분석자의 "일종의 '실재적인' 대상, 즉 대상 a"(p. 76)가 되고 그러한 장소에 있는 것을 의미한다. 이를 "원인으로서의 분석가"(pp. 75-80)로도 말할 수 있다. Fink, B. (1997). *A Clinical Introduction to Lacanian Psychoanalysis: Theory and Technique*. 맹정현 옮김. 『라캉과 정신의학』. 민음사, 2002, pp. 75-80.

이러한 원인으로서의 분석가, 대상 a의 위치의 분석가는 라캉이 『세미나 17』에서 설명하는 "분석가 담론the analyst's discourse"(Lacan, 2007, p. 99)의 논의로 확장할 수 있다. 라캉은 분석가 담론에서 "욕망의 원인으로서 어떤 대상"(p. 99)의 역할을 하는 분석가를 말한다.

$$\frac{a}{S_2} \in \frac{\$}{S_1}$$

분석가 담론에서 볼 수 있듯, 행위자the agent로서의 분석가(a)는 타자the other로서의 피분석자가 분열된 주체($\$$)로서 자신의 무의식에 대한 분석 작업을 하도록 전이를 마련해야 한다. 분석에서 주체가 되는 피분석자는 자신의 무의식에 대한 질문을 통해 생산물production

부정적 전이

우리는 또한 대상 *a*의 운명vicissitudes과 관련하여, 라캉(1964/1981)이 "나는 당신을 사랑한다, 나는 당신을 잘라 낸다"[6]라고 말한 것을 안 다. 그렇다면 대상 *a*는 부정적 전이와 전이 내에서 증오 및 파괴와 관련해 어떻게 기능하는가? 예컨대 위니콧(1968)의 경우, 분석가는 피분석자의 대상관계로부터 대상 사용까지 나아가야 한다. 그리고 그는 대상 사용에서 대상이 파괴되고 역설적으로 대상이 파괴에서 살아남는다는 반전을 덧붙인다. 위니콧의 이론에서 대상관계는 라 캉의 이론에서 대타자를 대표하는 현실의 '전체' 대상이 아니라 환 상 대상과의 관계를 의미한다.

대상관계 사고는 종종 두 가지 유형의 대상[즉, 실재적 대상과 환상의 대상]을 혼동하고, 위니콧의 경우 현실의 대상이 객관적이 기보다는 환상 속에서 파괴되어야 하며, [실재적] 대상과 주체가 모 두 [환상의] 대상의 파괴에서 살아남아야 한다는 사실을 놓치고 있 다. 그리고 나서 아이는 파괴에서 살아남은 파괴된 대상에게 이렇 게 말한다. "내가 당신을 파괴시켰다. 나는 당신을 사랑한다"(이는 "나는 당신을 사랑한다, 나는 당신을 잘라 낸다"에서 대상 *a*를 언급

로서 자신의 **주인 기표**(S_1)를 스스로 발견해야 한다. 이러한 분석 작업을 인도하는 분석가 의 행위는 **진리**truth로서 **정신분석의 지식**(S_2)에 근거해야 한다. Lacan, J. (1991). *The Seminar of Jacques Lacan, Book XVII: The Other Side of Psychoanalysis, 1969-1970.* ed. J.-A. Miller. trans. R. Grigg. NY: W. W. Norton & Company, 2007, pp. 98-101.

6 "나는 너를 사랑한다. 그러나 불가해하게도 내가 네 안에서 사랑하는 것은 너 이상의 것, 대 상 *a*이기 때문에 나는 너를 잘라 낸다."(Lacan, 1973/2008: 404)

하는 라캉의 견해[1964/1981]의 반전이다). 위니콧의 테제는 객관성이나 객관적 대상이 파괴를 통해 발견되거나 생성된다고 제안하는 놀라운 효과가 있다.[7]

위니콧(1947)은 분석가의 전이 현상을 세 가지 유형으로 분류한다(Etchegoyen, 1991, p. 300). 첫째 분석가의 미해결된 전이, 둘째 분석가의 '정상적인' 개인의 주체적 경험, 그리고 셋째 피분석자의 행동, 말, 성격에 대한 사랑과 증오의 '객관적-주관적' 반응. 위니콧의 경우, 분석가는 피분석자를 객관적으로 미워하는 데 필요한 능력이 있어야 한다. 불안한 아이가 그에게 분노와 증오의 감정을 불러일으킬 때, 위니콧은 아이에게 자신의 증오에 대해 말하고, 이것은 위니콧이 아이의 치료를 계속할 수 있도록 허용한다.

기능적 성인과의 작업은 세션 중 놀이나 행동이 아닌 말에 초점을 맞추기 때문에 차이가 있다. 위니콧이 언급한 분노의 객관적 감정과 동등한 것은 무의식적 의미화 연쇄에서 주체가 경험하는 핵심에서 멀리 떨어진 쓸데없는 이야기나 스토리텔링을 들을 때 분석가가 경험하는 좌절일 것이다. 분노의 객관적 감정은 분석가가 분석적 위치에서 견지해야 하는 인내와 함께 간다.

라캉의 분석에서, 전이에서의 증오 또는 '알고 있다고 가정된 주체'로서 대타자/분석가의 탈-가정은 분석가가 더 이상 알고 있다고 가정된 주체의 위치를 차지하지 않는 것과 동일하지 않다. 다시

---

7 대상관계이론에서는 주체의 '욕망의 대상과 원인을 혼동'한다. 예컨대 주체의 사랑의 대상, 또는 욕망의 대상은 그 대상의 어떤 측면 때문보다는 주체의 결여 자체, 그 원인 때문에 사랑 또는 욕망의 대상으로 선택된다.

말해서, '알고 있다고 가정된 주체'에 의존하지 않는 분석가는 분석가의 지식에 도전하고 논쟁하기 위한 부정적 전이에서의 피분석자의 시도와 구별되어야 한다. 분석가는 알고 있다고 가정된 주체를 붙잡고 있지 않기 때문에, 분석가는 피분석자에 의해 자신이 유예한 바로 그 지식의 부인을 들을 수 있는 위치에 있다. 따라서 여기에서 공식을 제시한다. **부정적 전이는 분석가의 상징적 지식**savoir**과 피분석자 자신의 '미지의 앎'을 모두 부인하고, 대신 그들의 무의식적 지식 또는 상징적 지식이 있을 위치에 피분석자의 의식적 합리화를 설정한다.**

'**부정적 전이**'와 '**분석가의 전문가적 권한 부유**suspension'는 상이한 결과를 낳는다. 피분석자가 분석가가 알고 있는 것을 적극적으로 부인하고 자신의 의식적 지식을 세션의 관련 자료로 제시하면 [부정적 전이], 이러한 피분석자의 의식적 자아 지식은 피분석자의 무의식을 자유롭게 하는 '미지의 앎'이 아니다. 이와 반대로, 피분석자가 분석가나 그들이 정확히 알고 있는 것을 거부하지 않는다면, 분석가는 그들이 알고 있는 것을 유예했기 때문에[분석가의 전문가적 권한 부유], 피분석자의 말은 주체 자신의 '미지의 앎'을 드러낼 것이다.

후자가 일어날 때 무의식적 앎은 피분석자의 무의식의 측면에 위치한다. 라캉의 관점은 부정적 전이보다 **사랑의 전이**(전이애)를 통한 작업을 재현한다. 라캉학파는 부정적 전이를 통해 작업하는 것을 권장하지 않는다("부정적 전이는 … 가능한 한 빨리 제거되어야 한다." Verhague, 2001, p. 38).

라캉학파의 분석의 끝에서 분석가는 없어서는 안 될 존재가 되거나 피분석자가 분석가를 충분히 소유한 것처럼 말할 수 있기 때문에, 분석 과정에서 부정적 전이가 해석되지 않았음에도 불구하고 부정적 전이 때문에 분석이 종결된다고 주장할 수 있다. 여기서 부정적 전이는 무의식적 결여와 상징적 거세에 동반하는 어려운 작업과 관련하여 발생할 수 있는 반감antipathy(이 맥락에서 증오라는 단어는 너무 강하다)을 나타낸다.

　　이러한 반감(위니콧은 이 현상에 대해 증오hate라는 용어를 사용한다)은 상징적(현실)이 될 것이지만, 상징적인 것은 또한 라캉의 실재를 향한 개방으로 이어질 것이다. 라캉은 실재가 장애물이며, 이 범위에서 실재도 상징적 반감과 연루될 것이라고 말한다. 어쨌든, 분석의 종결을 위한 촉매로서 부정적 전이에 대한 그러한 이해는 라캉이 분석가를 '알고 있다고 가정된 주체'로 가정하지 않는 다음의 예와 같은 부정적 전이의 일반적 개념과 구별될 필요가 있다. '당신이 나에 대해 무엇을 알고 있거나 틀리게 알고 있는지, 그리고 이 분석은 도움이 되지 않습니다, 등등.'

　　『세미나 20』, 8장 「지식과 진리」(1972-1973)에서 라캉은 그가 증오사랑L'hainamoration, hateloving이라고 부르는 것에 대해 말하고, 사랑에 대한 지식은 그것의 규칙적인 이면으로 증오를 낳는다고 주장한다. 의견과 동일시가 충돌하는 갈등, 오해나 모호함은 분할이나 증오가 찢겨진 것처럼 단순한 균열이 아니라 상대방이 서로 속해 있는 친밀감이다. 또한 모든 해석은 분석가가 "당신은 당신이 말하는 것을 모릅니다"(Miller, 2000, p. 21)라고 말하는 것처럼 평가 절하의 메시지로 해석될 수 있다. 또한 피분석자는 이상화 전이를 통해 평가 절하의 경험에 기여한다. 분석가가 더 이상적으로 인식될수록, 피분석자는 분석가에 비해 마치 자신이 아무것도 아닌 것처럼, 자신이 0으로 축소되는 것을 더 많이 경험하게 된다.

특히 긍정적이거나 이상화하는 전이에서 분석가가 환상의 대상(대상 a)의 위치에 있을 때, 분석가는 존재 또는 아갈마agalma의 충만한 장소에 있다. 라캉에 따르면, 부정적 전이에서 사랑이 촉발될 수 있지만 또한 증오를 유발할 수 있는 것도 이러한 위치이다. 이러한 경우, 피분석자에게 분석가는 그들이 원하고, 결여하며, 분석가가 갖고 있다고 인식하는 무언가를 대표한다. 이 시점에서 [분석가의] 존재는 분열된 주체를 완성할 수 있는 하나의 대상으로서 특정한 개념을 지칭하기 때문에 절대적 지식의 환상에 해당한다.

이 즈음에서 나는 『세미나 19』(1971–1972)에서 라캉이 사용한 존재the Being와 일자the One의 개념을 내가 어떻게 사용하고 있는지를 명확히 하고자 한다. 분명히 잘 알려진 바와 같이, 분석가는 피분석자에 대한 최고선(아갈마)을 소유하고 있지 않다(존재는 대타자 내부에서 상실되어 있다). 소크라테스가 말했듯이 아갈마는 긍정적인 개념(이것은 환상 또는 상상적 일자가 되려고 하는 것이다)으로 이해될 수 없다. "당신이 내 안에 있는 무언가(아갈마)를 본다고 생각하는 곳에서 나는 아무것도 아닙니다." 소크라테스에서 플로티누스, 헤겔, 하이데거, 라캉에 이르기까지 존재는 일자 자신의 비-존재the One's own non-being로서 이해되어야 한다. "존재는 존재하고 비존재는 존재하지 않는다는 관념이 당신에게 무엇을 의미하는

지 모르지만, 개인적으로 나는 그것이 어리석다고 생각한다"(Lacan, 1972–1973, p. 22). 라캉의 '미지non-knowing'는 박사의 무지의 의미에서 어리석음을 의미하는지, 아니면 '무지not-knowing'와 일반적인 무지의 의미에서 단순히 바보를 의미하는지 불분명하다. 최소한 우리가 말할 수 있는 것은, 정신분석에 있어서 그는 논리의 첫 번째 형식적 수준(있다와 있지 않다is and is not)에 만족하지 않는다는 것이다.

인용문에서 존재being와 비존재nonbeing는 서로 일치하기보다는 불일치한다(존재는 있고 비존재가 없는 것은 아니다). 이 경우 존재와 비존재의 정의가 다르다. "분명히 존재를 만드는 일자는 그 자체가 존재는 아니다. 그것은 존재를 만든다"(Lacan, 1971–1972, p. 198). "존재론Ontology은 수치심 또는 불명예이다."(idem, p. 95). "일자는 존재하지 않는다The One is not"(idem, p. 95).

예컨대, 소문자 존재being는 가설을 나타내고, 비존재nonbeing는 귀무가설을 나타낸다. 둘 다 참일 수는 없다. 『세미나 19』(1971–1972)에서 라캉은 일자 자신의 비존재[일자의 비존재]the One's own non-being에 대해 말한다. 일자의 비존재는 '순수 존재pure Being와 순수 무pure Nothing는 동일하다'는 헤겔(1832)의 진술과 일치한다(p. 59).

또한 하이데거의 탈자태ek-stasis는 존재의 공백의 본질을 표상하므로, 이미 현존재existence와 구별되는 존재와 비존재(탈존재)를 분명하고 단순하게 결합한다. 탈존재가 존재와 관련되는 한, 이 존재는 정의상 '비존재'에 반대되는 '존재' 이상이다. 오직 탈자태와 탈존(재)에서만 인간의 존재는 존재이기보다는 공백으로 현시한다.

프레게는 일자가 무naught와 같은 개념이라는 관념을 구성한다(p. 46). 일자는 그렇지 않다(p. 96). 이것이 일자가 아니라고 해서 그것이 질문을 제기하지 않는다는 것을 의미하지는 않는다(p. 116). 존재하지 않음으로써 존재하는 것이다(p. 117). 공집합the empty set은 일자의 탄생으로 이어진다. 일자는 오직 그것의 결여와 함께 시작된다(p. 126). 일자는, 그것이 진실할 때, 그것이 말해야 할 것을 말할 때, 모든 경우에 존재와의 모든 관계를 완전히 거부하게 한다(p. 162). 존재는 그것이 무/아님이 아니기 때문에 전체-아님의 일자 존재이다(Lacan, 1971–1972, p. 218).

일자 자신의 비존재는 기표가 없거나 존재의 기표 너머에 있는 대문자 존재를 의미한다. 기표 외부에 있는 것의 실재의 측면은 의미작용의 무의미 또는 공백(S₂ 없는 S₁) 및/또는 주이상스의 한 형태로 가장 잘 서술된다. "나는 일자를 실재real로서, 어떠한 현실과도 아무 관련이 없을 수도 있는 실재와 동등하게 말하고 있다"(idem, p. 121). 여기에서 나는 번역가가 현실reality과 구별하기 위해 실재Real를 대문자로 사용하지 않았으며, 따라서 용어 사이의 모호함이 계속되고 있음을 관찰한다. 여기서 모호함은 한 용어에서 다른 용어로 이동하거나, 두 용어가 어떻게 관련되어 있는지 고려할 수 있는 유연성을 의미할 수 있지만, 그만큼 용어 사이의 중요한 차이에 대한 혼동을 의미할 수도 있다.

그러나 실재가 의미가 없다면, 진실에 대한 실재의 관계는 무엇인가? 진리는 의미에 의존하는가, 아니면 비-의미non-sense 혹은 허구에 의존하는가? 또한 **진리**the truth는 **진실**the true과 같은 것인가? (이 질문에 대해 부록 II를 참조하라) "실재에 대한 진실은 실재가 의미가 없다는 것이다." 라캉이 진리는 오직 일자, 그것은 반만 말할 수 있고, 그것이 말해질 수 있는 것은 오직 반이라고 말한 것은 잘 알려져 있다. 마지막으로, 라캉은 "진리는 허구의 구조를 갖는다"(Lacan, 1966a, p. 625)고 말한다. 진리, 또는 그리스어로 알레테이아*Alētheia*는 반만 공개되거나 숨겨지지 않을 수 있다. 나머지 절반은 주이상스 또는 '탈자태'의 신비로 은폐되거나 공개되지 않은 채로 남아 있다.

라캉은 '**허구**the fiction'라는 용어를 거짓의 의미로 사용하지 않고, 근사치로서 과학적 구성의 의미에서 사용한다. 라캉이 『세미나 7』에서 인용한 철학의 공리주의의 창시자 벤담Bentham에게 허구는 규범, 관습이나 사회적 계약과 같은 담론의 필수 대상이다. 라캉이 진리가 허구의 구조를 가지고 있다고 말할 때, 그 언급은 경험주의가 객관적으로 간주할 규범적 담론에 대한 것이다. 이 공식은 객관적 진리가 허구(기표는 하나의 외관)이거나 '초주체적'(주이상스로서 진리)일 수 있는 비-허구적 형태의 진리와 구별되는 허구임을 의미한다. 그 주체적 진리는 본질적으로 허구적이 아니며 전통적인 참조의 완전한 반전을 표상한다. 허구와 언어 외부에 진리가 있는가, 아니면 규범적 자아에 '외밀한' 주체적 진리로서 실재 안에 진리가 있는가?

허구적 규범으로서 진리는 실재에 대한 진리나 비의미로서 실재 속의 진리와 같지 않다. 첫 번째는 진리를 의미 또는 픽션으로 제시한다(나는 생각한다, 그러므로 나는 존재한다). 두 번째는 진리를 비의미 또는 논픽션으로 제시한다(나는 내가 생각하지 않는 곳에 존재하거나, 내가 존재하지 않는 곳에서 생각한다. 왜냐하면 자아가 행동하고 생각하는 곳에 그것은 없기 때문이다).[8] 비의미는 언어에서는 의미가 없지만 수학적 체계에서는 기능하는 수학적 기호로 나타낼 수 있기 때문에, 비의미는 언어의 임의의 무의미함을 의미하지 않는 주체적인 진리의 한 형태이다.

실재의 진리는 비의미이거나 공백이고, 진리의 다른 반은 언표와 말에 대한 허구적 의미이다. 의미작용이 없는 개념으로서 S_1, S_2의 기의가 없는 기표는 서사적 허구나 상대적 진리의 측면이라기보다는 비의미의 실재에 있는 진리의 측면과 동등한 것이다. 이제 '진리는 하나의 허구로서 반만 말할 수 있다'는 공식에 따르면, 비의미의 실재에 있는 진리의 반(진리의 진리)은 말할 수 없다. 이러한 '말할 수 없다[말해질 수 없다]cannot be said'는, 예컨대 그것은 단어로는 말할 수 없지만 침묵으로 말할 수 있는 것을 의미하는가? 또한 그것이 언표로 말할 수 없지만 모호한 말, 주이상스의 경험, 또는 수학적

---

8 라캉은 『에크리』, 「무의식에서의 문자의 심급 또는 프로이트 이후의 이성」에서 은유를 설명하는 가운데, 데카르트의 코기토 에르고 숨Cogito, ergo sum[나는 생각한다. 그러므로 나는 존재한다] 명제를 다음과 같이 변경한다. "나는 내가 존재하지 않는 곳에서 생각하고, 그러므로 내가 생각하지 않는 곳에서 존재한다.I am thinking where I am not, therefore I am where I am not thinking"(Lacan, 2006, p. 430). 그 후 다음의 명제를 덧붙인다. "내가 나의 생각의 노리개인 곳에 나는 존재하지 않는다. 나는 내가 생각한다고 생각하지 않는 곳에서 나인 것에 대해 생각한다.I am not, where I am the plaything of my thought; I think about what I am where I do not think I am thinking"(p. 430). Lacan, J. (1966). The Instance of the Letter in the Unconscious or Reason Since Freud. Écrits, trans. B. Fink, NY: W. W. Norton & Company, 2006, pp. 412-441.

기호나 공식으로 말할 수 있는 것을 의미할 수 있다. 이러한 모든 것이 진리일 수 있다.

라캉은 또한 진리는 실재를 무효화함으로써만 가능하다고 말한다. 우리는 다음과 같이 질문해야 한다. 라캉의 진술에서 이 진리는 진리의 어느 측면을 가리키는가? 허구는 실재를 반쪽 진실로 허구화하거나, 실재가 '그것이 아니다'라고 말함으로써 실재를 무효화한다. 공백[공허]the void은 허구가 아니며, 허구는 순수하게 허구적이거나 비어 있고 실체가 없음에도 불구하고 공백이 아니다. 그러나 실재를 허구화함으로써 실재를 부정하거나 무효화하는 것은 상징적이거나 상상적 특성이 없는 어떤 것에 대한 부정이기 때문에 얻는 것은 반쪽 진리뿐이다. 한편, 이는 언어 속의 진리가 허구의 말을 통해 실재를 공허하게 하거나 은폐하지만, 언어적 반-허구가 아닌 비-허구의 숫자로 드러난다는 것을 의미할 수도 있다. **실재 내의 상징적인 것**은 실재에 맞지 않는 단어의 과잉을 나타낸다. **상징적인 것 내의 실재**는 실재가 순수 기표로 드러날 때와 기의가 주이상스의 실재 안에 있을 때이다.

공식화되지 않은 진리를 주이상스의 한 형태로 정립하고 상징계 내에서 무의미 또는 의미의 간극으로 나타나는 일자 자신의 비존재의 충만함이나 진공 플래넘으로서 실재의 충만함은 상상적 전이에서 분석가가 결여한 아갈마 또는 남근적 대상 *a*를 갖는 것으로 잘못 해석된다. 상상적인 것에서 대상 *a*로서의 분석가는 존재의 외관을 나타낸다. 증오는 분석가가 의미작용 외부의 진리 대신 완전한 존재로서 인식되는 해석적 기호(정동)이다. 이 경우 증오는 라캉이 진리에 대한 열정이라고 부르는 것이다. 그러나 라캉은 대타자 안에 존재가 없다고 말하기 때문에 그러한 상상적 일자로서 투사된 존재는 대타자가 주체에게 결여된 무엇인가를 가지고 있다는 환상뿐이다. 실재 존재는 일자 자신의 비존재이다. 주체는 순수 기표와 일자(하나)에 대한 앎을 통해 자신의 존재에 도달해야 한다. "나는 여기서 일자(하나)는 주체보다 우월한 지식, 즉 '탈존하는' 것으로서 스스로를 드러내는 한 (그것이) 무의식이라는 것을 인식한다"(1971-1972, p. 218).

자아 자신의 나르시시즘적 대상으로 밝혀진 이타적 사랑의 대상과 관련하여 사랑이 기만적이라는 점을 감안할 때, 적어도 특정 형태의 증오는 상징적 기능에 의해 생성된 상실에 대한 실재적 반응일 수 있다. 그러나 상상적 거세 경험과 연관된 증오와, 실재 및 상징적 장애물을 향한 증오를 구별하는 것이 참으로 어렵다는 점을 감안할 때, 이 공식이 문제가 없는 것은 아니다. 유일한 차이는 실재가 근친상간 금지와 관련된 장애물을 수락한 후에도 여전히 장애물로 남아 있다는 것이다. 즉, 주체가 근친상간 금지와 관련된 상징적 상실을 받아들인다 해도 주체는 필연적으로 외부 세계와 실재 모두를 장애물로 다루어야 할 것이다.

더욱이 상징계와 실재는 주체가 환상으로 상징적 거세를 방어하는 방식에 대한 상상계 너머의 증오와 연결된 부가적 장애물을 추가한다. 실재는 상징계 내에서 발견되는 합리적 논증을 넘어서 몰이해의 또 다른 장애물을 추가한다. 상징적 증오와 실재적 증오와 관련하여, 라캉은 증오를 상상계의 가면과 외양, 그리고 상징계의 잠재적 강박을 초월하는 명료한 열정이라고 말한다.

부정적 전이를 나타내는 결정적 요인은 RSI에서의 세 가지 형태의 증오이다. 이러한 이유로 라이히는 자아심리학에서처럼 더 나은 방어적 자아를 구축하기 위해서가 아니라, 정상적인 신경증적 자아의 나르시시즘적 측면을 해체하기 위해, 부정적 전이와 저항의 분석에 초점을 맞춘 프로이트의 첫 번째 제자이다. 그러나 억압으로부터 해방된 충동은 존재하지 않는 혁명적인 형태의 섹슈얼리티도 아니고, 노골적이고 난폭한 공격성의 원시적이고 잔인한 형태도 아니다. 반동 형성이 취소되면, 충동은 기존의 삶의 충동이나 죽음 충동이 주도하는 자아 충동으로 승화되지 않고, 오히려 승화는 사회적 이상과 연관된 자아 형성이 아니라 충동 자체의 우여곡절로 나타난다.

사랑, 친절, 관대함을 단순히 공격적 반격이나 반동 형성으로 생각하는 것은 정확하지도, 충분하지도 않다. 이것은 이야기의 일부일 뿐이다. 친절하다고 해서 사납거나 화를 내는 성격이 배제되는 것은 아니다("죽음이다*L'a mort*." 라캉은 극적인 제스처로 청중에게 외쳤다!). 사실 이것은 라캉의 좋은 특성이라고 할 수 있다. 맹렬한 친절은 충동의 한 측면이며, 사회화된 '친절'과 구별된다. 게다가, 어떤 형태의 분석도 결국 주체가 포기해야 하는 금지된 사랑의 대상에 대한 환멸을 수반할 것이다. 비록 이것이 실제로 주체가 현실적 관계를 잃어야 한다는 의미는 아닐지라도 말이다.

분명히 다음의 요인들 중 하나는 분석가를 증오하고 분개하게 할 수 있다. 불가피한 나르시시즘적 상처 또는 자아 상실의 형태, 일종의 반동 형성으로서 좋은 것과 연관된 사회적 외관과 위선의 상실, 그리고 외부 현실, 대타자, 실재와 관련된 좌절/거세. 그러나 분석에서 주체가 이러한 문제를 견딜 수 있게 하는 완화 요소가 있다. 사회적 권위로서의 분석가는 법의 대타자, 가족 또는 국가와 다르다. 자유 연상 외에도 일반적으로 분석가는 [피분석자의] 남근적 주이상스의 건전한 향유를 존중하며 [그것에 대한] 판단을 내리지 않는다. 이것은 긍정적 전이 관계를 촉진하고, 분석이 분석가에 대한 피분석자의 종속을 요구하는 좌절스러운 경험이라는 인식에 해독제를 제공한다.

프로이트를 위시한 과거의 분석가들은 많은 경우에 공회전하는 말이나 앵무새의 말 수준에 머무른 환자의 사회적 내러티브와 연결된 단어로 달성할 수 있는 치료상의 작업과 치료 결과에 실망한 바 있다. 분석가들이 더 많이 말할수록 피분석자들은 더 적게 말한다. 이러한 장애물에 직면하여, 분석가들은 행동과 신체 언어의 관찰이 그것들을 결승선까지 데려가거나 치료적 성공의 진정한 수단을 제공할 수 있다고 생각한다(신체 작업은 이것의 또 다른 변주이다). 이것은 (비록 피분석자의 말이 부재할 때, 분석가의 설명과 해석이 퇴행 또는 급성 상태에서 필요할 수 있음에도 불구하고) 피분석자의 말에서 나타나는 무의식의 형성뿐만 아니라 모든 행동을 해석하는 정신분석의 경향을 이끈다. 대신에 라캉은 사회적 내러티브에서 벗어나 목소리와 대상 *a*, 그리고 특히 주이상스의 실재와의 관계에서 두 연쇄가 상호 작용하는 방식인 무의식(Ucs.)의 의미화 연쇄의 이론화로 이동한다.

라캉은 분석 상황에서 권위와 지식을 비숙련적으로 사용하면 피분석자에게 의인성 효과로 저항이 생긴다고 주장한다. 저항은 피분석자 또는 분석적 상황이 그/그녀에게 귀속시키는 지식을 양도하려는 분석가의 저항이다.

『세미나 20』에서 라캉은 (특히 헤겔에서 결여와 부정을 반대한) 들뢰즈가 그의 유일한 제자라고 선언한 것처럼, 그를 미워하는 사람들이 그의 작품을 더 잘 읽게 만든다고 말한다. 다시 말해 그의 저작을 잘 읽는 독자들은 그를 객관적으로 미워할 것이다. 많은 독자, 특히 자극적인 저서를 읽기 시작할 때, 글의 부분에서 표현된 생각에 대해 일종의 증오를 경험할 것이다. 이 경우 사랑은 일반적으로 나르시시즘적 소망의 노예가 되기 때문에, 증오는 사랑보다 더 객관적일 것이다. 사랑은 타자의 자질과 말을 더 잘 받아들이고 만족스럽게 여기는 경향이 있기 때문에, 증오는 자주 비판과 관련이 있다. 비판과 분석은 종종 차별과 상징적 요소를 구성 요소로 분해하는 작업이 포함된다. 이는 적개심이나 양가성이 있을 때 발생할 수 있을 뿐만 아니라, 바로 그 때문에 더 성공적일 수 있는 행위이다.

일반적 의사소통이나 잘못된 의사소통이 이론적 담론에 가하는 제약 없이 사상가와 행위자를 대화에 끌어들인다는 환영적 약속에도 불구하고 대화가 실패하는 이유가 바로 여기에 있다. 토론자가 지식과 대학 담론의 일부인 공격성을 처리하거나 조정할 수 없을 때 대화는 실패한다. 이것이 고려 중인 주제는 아니지만, 지나가면서 나는 초일관적paraconsistent이고 대화적인 형태의 논리가 실제로 반대와 증오를 처리하는 형식적 방법을 제안했다고 말할 것이다. 물론 이것은 언표 및 명제와 관련된 공격성이 분석 과정에서 동일한 방식으로 처리되지 않기 때문에 분석 담론과는 아무런 관련이 없다.

그럼에도 불구하고 여기서 기본은 지식, 인지적 차별, 증오 사이에 연결 고리가 있는 것이다. 많은 학문적 또는 이론적 상호 작용이 남길 수 있는 공격적이고 무례한 취향에도 불구하고, 라캉은 공격적이고 심지어 편집증적 논쟁(술), 또는 교리적 궤변과 지적 얽힘이 지식과 과학의 발전을 일으킬 수 있다는 점을 언급한다. 이것은 논의가 간접적 갈등 해결의 수단이 될 수 있다는 점에 대한 보다 현실적인 평가이다. 어쨌든 증오와 편집증은 생톰으로 수용되고, 정신적 구조를 드러내는 데 사용되어야 한다. 한 가지는 에라스무스Erasmus, 셰익스피어Shakespeare, 보들레르Baudelaire가 가톨릭 교회의 경건과 위선에 도전한 문학 작품에서 한 것처럼, 사랑과 관련된 어리석음, 광기, 정신착란을 찬양하거나 망상에 대해 깨달은 것을 찬양하는 것이다. 증오, 살인, 허무주의를 그 자체로 찬양하고 옹호하는 것은 전혀 다른 문제이다.

인간은 현실 원칙과 관련된 좌절된 특성으로 인해 외부 세계를 향한 증오심을 가지고 있기 때문에, 충분히 좋은 양육에도 불구하고 세계에 대한 근본적인 불신이 존재한다. 이것이 라캉이 인간의 지식이 기본적인 편집증적 구조를 가지고 있다고 믿는 이유이고, 그 주된 효과는 증오이며, 지식과 증오 사이의 연결 또는 규칙적 연관성을 설명한다. 마지막으로, 증오는 **시기심**envy과 **질투**jealousy의 경험, 즉 라캉이 "**잘루이상스***jalouissance*"라고 부르는 경험을 통한 지식과 관계가 있다.[9] 다른 사람의 재능, 지식, 학문적 성취에 대한 시기심은 행동으로 드러날 경우 항상 증오의 담지체가 된다. 시기심이란 타자는 우리가 원하는 것을 갖고 있는 데 비해, 우리는 자신의 자아가 이상적 자아the ideal ego에 도달하기 위해 필요한 것이 결여되어 있다는 감정이다.

분석적 담론에서 누군가가 자신의 시기심을 솔직하게 또는 공개적으로 인정하는 경우에는 예외가 있다("나는 대타자의 이런 혹은 저런 특질이 너무 부럽다"). 이것은 시기심이 상징화된 이유로 더 이상 시기심이 아니다. 이와 완전히 다른 것은 시기심을 결정화하고 옹호하는 방식으로 모욕적으로 행동하는 것이다. 이것은 실제로 시기심에 내재된 요구는 모든 주체가 자신의 이상적 자아에 도

9　멜라니 클라인Melanie Klein의 이론에서 "**시기심envy이 편집-분열적 위치에서 발생하는 죽음 충동**"(Hinshelwood, 1994, p. 148)으로서 증오를 대상에게 전가하고 좋은 대상을 파괴하는 것과 관련된 기제라면, "**질투jealousy는 우울적 위치에서 발생하는 죽음 충동**"(p. 148)으로서 "시기심이 지나치지 않는다면 시기심을 대신함으로써 질투는 시기심을 처리해 내는 수단"(pp. 142-143)이 된다. 로버트 더글라스 하인셸우드R. D. Hinshelwood는 『임상적 클라인』에서 편집-분열적 위치와 우울적 위치에서의 상이한 정신적 측면들을 아래와 같이 요약/설명한다. 라캉에게서 이러한 시기심과 질투는 **잘루이상스jalouissance**와 연결된다.

	편집-분열적 위치	우울적 위치
투사적 동일시	배출Evacuation	공감
환상	전능적	현실적
방어	원시적	신경증적
대상관계	나르시시즘적	구별되고 현실-검증된 정체성
상징	상징적-동등시Symbolic-equation	고유한 상징Symbols proper
동일시	부모 커플 내부	커플을 목격(함)
죽음 충동	시기심	질투[심], 경쟁심

Hinshelwood, R. D. (1996). *Clinical Klein: From Theory to Practice*. New York: BasicBooks, pp. 97-148.

달해야 하는 불가피한 결여에 뿌리를 두고 있는데도, 주체가 대타자가 가지고 있는 것이 자신에게는 결여되어 있다는 착각을 무시하는 것이다. 이상적 자아의 완성이란 사실상 불가능한 것인 어머니의 욕망의 대상 a(원인)가 되는 환상의 대상을 의미한다. 따라서 주체가 아무리 많이 성취하더라도 항상 시기심이 있다. 왜냐하면 이상적 자아는 궁극적으로 상징적 거세의 수용과 함께 포기해야 하는 나르시시즘적 환상이기 때문이다. 시기심은 타자의 성취나 실현의 정도가 아닌, 주체 자신의 나르시시즘적 환상에 기반을 두고 있다.

마지막으로,『세미나 20』에서 라캉도 자신의 주된 열정은 사랑이나 증오가 아니라 무지 혹은 경멸contempt임을 밝히고 있다. 경멸은 항상 조롱과 지적 우월감 또는 나르시시즘과 관련될 수 있다. 라캉은 공통의 의미, 과학적 설명 원리, 중산 계층을 경멸하고, 대신에 구별, 부, 명성을 원한다(Roudinesco, 1990, p. 104). 이런 점에서 경멸은 분석가의 욕망에서 가까운 적으로 간주될 수 있다. 분석가가 탁월한 분석가로서 피분석자로부터 존경받고 사랑받기를 원한다면, 이는 확실히 분석적 기능을 방해할 수 있다.

경멸은 항상 조롱과 지적 우월감 또는 나르시시즘과 관련될 수 있다. 이런 점에서, 재능 있는 지성이 이해하는 명제를 자아 성격의 자만 그리고 오만과 구별하는 것이 종종 어렵다. 살바도르 달리 Salvador Dali는 자신의 주된 작업 주제가 무엇이냐는 질문에, 그 자신의 인격이 주된 관심사라고 대답한다. 갈릴레오, 뉴턴, 아인슈타인, 라캉은 모두 다양한 시대에서 지적 오만함을 지닌 인물로서 유명하다. 이 경우의 오만은 당대의 지배적인 잘못된 지식에 맞서는 일종의 용기를 표상한다.

분석가는 분석비의 지불 이외에 피분석자로부터 개인적인 어떤 것도 원하지 않는다(물론 예찬이나 이상화는 아니지만, 이러한 형태의 전이가 정상적일 수 있다). "당신은 내가 당신에게서 갖기를 원하는 어떤 대상도 소유하고 있지 않습니다." 분석가의 욕망은 전이의 상대적 부재 또는 분석가의 개인 분석에서 전이가 성공적으로 분석되었다는 지표 또는 척도이다(**분석가는 거세의 암반 너머로 나아간다**). 분석가는 피분석자에 의해 사랑받고 인정받거나 욕망되기를 요구하지 않는다.

대신 분석가에 대한 사랑이 지식으로 변형될 수 있다. 그러나 분석가가 전이를 설명함으로써, 전이 사랑을 해석하고, 지식이 좌절이나 상징적 거세의 수용을 수반하는 정도로 해석한다면, 사랑을 지식으로 전환하는 것은 피할 수 없는 동반자로서 증오를 발생시킬 수 있다. 그 대신에 지식이 없는 사랑, 또는 후자가 상상적 지식 *connaissance*보다는 무의식적 앎*savoir*('미지의 지')으로 기능하거나 피분석자 자신의 말의 자발성으로부터 출현할 때, 그 지식은 증오를 일으키지 않는다.

사랑과 지식의 관계는 복잡하고 두 가지 다른 유형인 만큼, 용어에 대해 말할 때 사람들에 따라 다른 것을 의미할 수 있으므로 혼란과 불일치가 발생할 수 있다. 라캉의 작업에서 사랑은 RSI 내에서 이해되어야 하기 때문에, 사람들이 사랑에 대해 말할 때, 자신도 모른 채 한 사람은 상상적 사랑에 대해 말하고 다른 사람은 상징적 사랑에 대해 말할 수 있으므로, 그들은 사랑의 정의에 대해서 동의할 수 없다.

사랑하는 사람과 사랑받는 사람, 또는 에라스테스와 에로메노스 사이의 사랑 관계는 사랑의 세 가지 등록부로 구성된다. 프로이트는 사랑에 대해 말할 때, 그 정의가 다양한 수준과 차원에서 풍부하다는 것을 알고 있다. 그러나 때때로 그 자신도 사랑이 작동하는 다른 수준에 의해 혼란스러워한 바 있다. 일반적으로 그의 지향점은 더 숭고하거나 낭만적 형태의 사랑을 성적 충동으로 축소하고, 전자를 성적 충동의 단순한 환영이나 외관semblances으로 간주하는 것이다.

라캉학파 이론에서 환상적이고 낭만적인 성적 사랑은 **상상적 사랑**으로, 그 사랑이 타자가 아닌 나르시시즘적 환상의 대상을 향한 것이 분명해질 때 궁극적으로 사람들 사이의 유대를 파괴할 위협이 된다. 프로이트는 이런 종류의 사랑이 대타자를 사랑의 대상으로 환원함으로써, 대타자에게 부당한 행위를 하는 것이라고 생각한다(1930, p. 49). 프로이트는 쾌락 원칙에 의해 지배되지 않는 대타자 주이상스의 직접적인 만족이나 목적이 금지된 충동으로서 승화의 개념을 둘러싼 혼동 때문에 사랑의 다양한 수준과 관련하여 길을 잃는다. 이와 같은 이유로, 그는 여성적 주이상스를 통해 여성이 본질적으로 이용할 수 있는 승화와 실재의 기능을 평가할 수 없다(프로이트는 여성이 승화할 능력이 없다고 말한다).

프로이트의 이론은 셰익스피어(1982)의 "환영-치명적-미친 사랑"을 사랑보다는 죽음 충동과 관련된 섹슈얼리티의 측면과 연관시킨다. 왜냐하면 사랑은 삶의 충동의 표현으로서 사람들 사이의 유대를 창조하는 것이기 때문이다. 대신에 라캉의 이론은 **상징적 사랑**이라는 표제 아래 사람들 사이의 사회적 연결을 배치한다. 법, 문화, 가치, 합의, 언어 규칙 및 약속은 사람들 사이에 더 오래 지속되는 유대를 창조한다. 그러나 법과 약속의 결속, 그리고 그것이 대표하는 지식은 증오와 폭력을 유발할 수 있고, 이러한 의미에서 상징적 사랑은 증오의 외관으로도 기능한다.

프로이트(1930)는 동물의 본능과 관련된 부당하고 무작위한 폭력의 불가피성에 대해 비관적이기 때문에 '네 이웃을 네 몸과 같이 사랑하라'는 성서의 명령에 동의하지 않는다. 프로이트는 또한 이웃과 형제/자매가 낯선 사람보다 훨씬 더 잔인할 수 있기 때문에 이웃을 사랑하는 것이 항상 정당화되는 것은 아니라고 생각한다. 유대교는 비유대인에게 개종시키려 하지 않기 때문에 유대인은 다른 유대인에게만 황금률을 적용하는 것으로 간주되어 온다. 그러나 「레위기」에는 이방인이나 비유대인을 자기 몸과 같이 사랑하라는 계명이 분명히 명시되어 있다. 사실 이 계명은 이방인이든 유대인이든 상관없이 주변 사람들이나 당신이 접촉하는 사람들을 사랑하라는 것일 뿐, 전도나 개종시키려는 뜻이 아닌데도, 기독교는 이 계명을 전도를 하라는 명령으로 보편화하여 해석한 것이다. 유대인들은 다른 유대인들을 전도하는 반면, 기독교인들은 이방인이나 비기독교인들을 전도하는 것도 사실이다.

보편적인 형제 사랑에 대한 기독교의 강조에도 불구하고, 역사적으로 가톨릭 교회는 때때로 비기독교인들에게 사랑보다는 증오와 복수로 행동한다(당신이 우리와 함께하지 않으면 당신은 우리를 반대하는 것이다). 또한 많은 현대 복음주의자들은 비기독교인에 대한 편협함이나 증오가 정당화된다고 믿는다. 독일인이 인도를 독점적으로 사용하기 위해 그의 아버지를 도로로 강제로 밀친 경험이 있는데, 프로이트가 왜 이방인을 사랑해야 하는가? 왜 유대인들은 나치를 사랑하거나 용서해야 하는가?

상상적 주체상호성의 관점에서 볼 때, 이웃 또는 소문자 타자는 라캉이 "잘루이상스"(타자에 대한 시기심과 질투)라고 부른 것의 공격성, 경쟁, 그리고 사악한 눈을 촉발한다. 상상적 관점에서 "네 이웃을 네 몸과 같이 사랑하라"는 것은 전혀 말이 되지 않는다. 언표 자체는 만일 자기에 의한 우리가 나르시시즘의 자아를 의미하는 경우 논리적 모순이다. 기껏해야 황금률은 같은 집단의 형제나 동료에 대해 느끼는 자연스러운 상상적 증오에 대한 반동 형성이다 (호모 호미니 루푸스*Homo homini lupus*: 인간은 인간에게 늑대, 또는 울타리와 영토가 인접한 공동체, 이웃, 규율에게 늑대이다 — 작은 차이의 나르시시즘).

"원수를 자신처럼 사랑하라"는 기독교의 격언과 관련하여, 이것은 어렵거나 심지어 우스꽝스럽긴 하지만 증오를 이상으로 영입하는 것이 어떤 종류의 해결책도 될 수 없기 때문에 더 많은 도전을 제기한다. 원시 군집의 경우 원시적 아버지는 아버지이자 동시에 적이었고, 일단 아들들이 아버지를 죽이고 나면 아버지에 대한 증오를 죄책감과 토템에 대한 사랑으로 전환했다는 사실을 기억하는 것이 중요하다. 또한 증오는 적과 싸울 때는 효과가 없다. 이는 무예가 잘 알고 있는 사실이다. 나르시시즘, '내부' 집단에 대한 사랑, 이상에 대한 사랑은 적에 대한 증오보다 군인을 효과적인 살인 기계로 만드는 것이다. 왜냐하면 후자는 어느 시점에서 반대 방향으로 전환되어 죽음, 반역, 그리고 탈영으로 이어지기 때문이다. 결정적 순간에 반대 방향으로 전환되는 고통을 겪는 사람들의 예가 많이 있다. 미국인을 러시아인으로, 히피족을 여피족으로, 사회주의자를 자본가로, 자본가를 사회주의자로, 여성을 남성으로, 남성을 여성으로, 경찰·공무원·변호사를 범죄자로 만들거나 그 반대로 할 수 있는 모든 조합이 그렇다.

"원수를 자신처럼 사랑하라"는 기독교의 격언이나 교훈은 독재자나 압제적인 정부와 싸우는 정당한 목적을 달성하기 위한 수단으로서 폭력을 포기하는 것처럼 보인다. 이에 반해 근대성, 주인 담론Cesar, 대학 담론, 심지어 분석가 담론까지도 인간의 폭력을 불가피하고 정당화되는 것으로 보는 경우가 많다.

나는 서론에서 프랑크푸르트학파가 근대적 이상 또는 계몽적 이성의 모순과 형식적 이성 및 기술이 어떻게 타자를 폭력적으로 이용하고 착취할 수 있는지를 언급한 바 있다. 이 비판은 부르주아의 "문명화된" 근대성과 마르크스주의에 기반한 공산주의 사회 모두에 적용된다. 자본주의나 공산주의 모두 폭력적인 충동의 과잉이나, 사회 내에서 타자를 착취하는 부당하고 부적절한 방식을 포함할 수 없다. 유명한 논문 「폭력의 비판Critique of Violence」에서 발터 벤야민Walter Benjamin(1921)은[10] 폭력에 대한 비판적 검토를 하는데, 이

10 Benjamin, W. (1921). *Zur Kritik der Gewalt*. In: *Archiv für Sozialwissenschaften und Sozialpolitik*.

는 물론 폭력을 비판하고 사회 조직의 한 방식으로서 비폭력의 미덕을 찬양하는 것 이상의 의미를 지닌다. 사실, 벤야민은 폭력이 인간 존재와 관련된 문제로서 완전히 무시된다면 "인간 문제에 대한 해결책은 불가능하다"(p. 247)고 믿는다.

벤야민이 지적했듯이, 역사의 폭력은 폭력이 부당한 목적을 위해 사용되는 경우에만 문제가 되는 자연스러운 것으로 여겨진다. 역사는 사상과 발명의 역사가 아닌, 상호 무장 집단 간의 일련의 폭력 대결의 역사이기 때문에 폭력을 삶의 자연스러운 사실로 받아들이는 것 외에는 선택의 여지가 많지 않다. 심지어 어떤 경우에는 폭력과 지배가 그 자체로 목적인 것처럼 보일 수 있지만, 갈등의 양측은 그들의 폭력을 사용하는 것이 정당하다고 느낀다. 양 당사자는 자신들의 목적이 무력 충돌을 수행하기 위한 수단을 정당화한다고 여긴다. 목적은 그들의 이데올로기나 문화적 신화의 보존일 필요는 없지만, 단순히 개인(자기 보존) 또는 종(성적 재생산)의 자연적 생존에 필요한 본능적 폭력을 재현할 수 있다.

정확히 인간에게 있어, 신화적 주제는 동물적 본능을 조절하는 문화적 방법과 동물 본능이 상징적으로 조직된 인간 충동으로 변형시키는 것이다. 문화에서, 본능적 본성에서 발견되는 자연적 폭력은 단순히 생존에 필요한 자연적 성향으로 정당화될 수 없다. 사람들은 그들에게 필요한 상품을 놓고 싸우기보다는 구매한다. 이러한 의미에서 경제적 교환은 자연 상태에서 발생하는 것의 승화 또는 상부 구조를 표상한다.

사람들이 싸우고 타자의 것을 훔치는 데 의지한다면, 문화 내에서 양 당사자에게 더 나은 수단이 있을 때, 그 수단은 생존에 필요한 재화를 얻거나 제공하는 것으로 더 이상 정당화되지 않는다. 문명에서 폭력은 해당 문화에서 사용할 수 없거나 허용되지 않는 만족을 얻기 위한 필요 이상의 수단으로 간주된다. 어느 시점에서 지도자는 잔인하고, 권위적이며, 불공정했을 수 있으며, 이는 모든 사람의 마음속에 남아 있지만, 오늘날 대부분의 경우에는 지도자의 위치만으로도 주체들이 집단 지도자를 죽이고 먹는 환상을 품게 하는 충분한 이유가 된다.

신체적 또는 성적 학대가 없는 경우에도 존재하는 수단이나 목적으로서 일상의 무의식적 폭력은 법적 또는 사회적 의미에서 정당화되지 않는다. 엄밀히 말하면, **정신분석적 방법은 인간에게 존재하는 폭력적인 주이상스의 과잉을 다루는 방법이다.** 이것이 프랑크푸르트학파가 인간을 위한 정당하고 공정한 사회 조직을 성취하기 위한 자연스러운 수단으로서 폭력의 마르크스주의적 이해를 의심한 이유이다. 폭력에 대한 프로이트의 견해는 폭력이 법에 의해 정당화될 뿐만 아니라 법에 의해 촉발되거나 야기될 수 있다는 것이다. 프로이트에 따르면, 문명의 불가피한 불만을 받아들이는 것 외에는 할 수 있는 일이 별로 없다.

프로이트는 적의 경우 증오가 정당화되기 때문에, 비록 적을 사랑하는 것이 가능하거나 필요하다고 생각하지 않지만, 동시에 적을 향한 증오가 항상 적의 의도나 행동에 의해 설명되거나 정당화된다고 생각하지 않는다. 아버지가 적에 대해 느끼는 '애증'을 가질 수 있었던 것과 마찬가지로, 적에게는 항상 라이벌인 아버지에 대해 원래 느꼈던 '애증'이 투자된다. 프로이트의 관점에서 볼 때, 지도자와 추종자의 차이는 지도자의 공정성이나 불공정성에 상관없이 폭력과 상상적 거세의 감각을 촉발시키기에 충분하기 때문에 불공정한 지도자에 대항하는 싸움에는 항상 어려움이 있다. 지도자(사회적 주인)의 부당함이나 도착은 [추종자들이] 지도자와 싸우기를 원하는 또 다른 이유이지만, 순진한 맑스주의적 관점에서 볼 때 공산주의 사회에서 자란 공정한 공산주의 동반자는 아마도 사람들을 향한 폭력의 비합리적 감정을 경험하지 않을 것이다. 이것이 벤야민이 법이나 정의만으로는 안정적인 합의를 도출하고 사람들 사이의 폭력을 줄이는 데 충분하지 않다고 말하는 이유이다.

> 우리는 무엇보다도 갈등의 완전한 비폭력적 해결이 결코 법적 계약으로 이어질 수 없다는 점에 주목할 의무가 있다. 후자의 경우, 당사자가 평화롭게 체결하더라도 [합의가 파기된 경우] 결국 폭력이 발생할 수 있다(p. 243).

오히려 사람들이 자유롭게 교환하거나 필요한 물품을 주고받을 수 있는 만족의 상태로서의 비폭력은 폭력과 폭력의 주체적 조건에 대한 사전 동의와 이해가 필요하다. "비폭력 합의는 문명화된 조망에서 진정한 합의의 수단을 허용할 수 있는 곳이면 어디에서나 가능하다"(p. 244). 비폭력 합의는 법, 계약, 서명된 합의서 등 강요하거나 파기될 수 있는 수단으로 도달할 수 있는것이 아니라 선택해야 한다.

나는 벤야민의 '진정한 동의the unalloyed agreement'가 순수한 비혼합의 정동이라는 의미에서 순수한 것the unalloyed으로 정의될 수 있다고 제안한다. 이 하나의 불가사의한 정동은 그리스 정신과 라캉의 쾌락과 고통으로서 주이상스, 부재나 상실로서 결여, 실재에 대한 기표의 결여를 모두 가리키는데, 라캉의 주이상스는 상징적 현실 외부의 차원 또는 진정한 구멍vacuum plenum으로서의 충동과 실재를 지시하기 때문이다. 벤야민에게 있어 진정한 동의는 정중함, 동요의 결여, 주체적 전제 조건으로서 신뢰 또는 메타노이아metanoia로 특징지어진다.

마지막으로, 주이상스의 구속력 있는 특질로 간주되는 벤야민의 진정한 동의 또는 합의는 아직 논의되지 않은 보로메오 매듭에서 사랑의 세 번째 형태, **실재에서의 사랑**Love in the Real에 대한 질문을 제기한다.

1969년에 라캉은 다음과 같이 언급한다.

주체가 분석에서 벗어날 때 … 그는 더 이상 자신의 욕망을 유지하기 위해 이 대타자의 요구를 필요로 하지 않는다. 그는 이웃을 사랑할 수 있는 이 공백에 만족하는데, 왜냐하면 그가 이 공백 속에서 이웃을 마치 자기 안에 있는 것처럼 발견하고, [그 외의] 어떤 다른 방법으로는 이웃을 사랑할 수 없기 때문이다(Lacan, 1969, trans. Marini, p. 217).

주체가 마치 자기 자신 안에서 발견하는 것처럼, 대타자의 공백이나 부재에 대한 사랑은 라캉이 앞서 언급한 문명의 황금률과 유사한 실재에서의 사랑의 정의에 가장 근접한다. 실재의 관점에서 우리는 상상적 환상의 대상보다 이웃의 공백/결여를 사랑하게 되는데, 그들의 결여는 우리 자신의 공백이나 존재의 결여와 공명하기 때문이다. 인간의 본성은 단지 그/그녀의 동물적 본능이 아니라 본능이 생겨난 무생물의 공백의 빈 공간이고, 주이상스를 담고 있으며, 죽음 충동의 상징적이고 숭고한 측면의 한 국면이다. **죽음 충동**[11]은 실재에 대한 불가능한 것을 표상한다.

실재의 사랑은 상징적 남근 또는 남근적 기능에 의해 촉진되는 대타자 주이상스의 한 형태이다. 남근적 주이상스는 대상의 향유로부터 주이상스의 지표로서의 대상의 부재에 대한 향유로 변형된다. 대타자에서 결여된 것, 또는 결여의 현전으로서의 대상은 실재에서 주이상스의 다른 형태를 의미한다. "남근적 기능은 $\Phi\chi$로 기록된다.

---

11 라캉은 프로이트의 죽음 충동을 승인하고, 중심적 개념으로 재확인하며 그를 뒤따른다. 라캉의 죽음 충동*pulsion de mort, death drive*의 개념은 그의 이론적 시기에 따라 변화한다.
1938년 죽음 충동은 "상실된 조화에 대한 향수, 즉 어머니의 젖가슴과 전오이디푸스적 융합으로 회귀하려는 욕망으로 묘사되어, **이유 콤플렉스the weaning complex**로 남는다"(Evans, 1996, p. 32). **1946년** 죽음 충동은 "나르시시즘의 자살 경향"(p. 32)에 연결된다.
『세미나 2』에서 "**죽음 충동은 상징계의 가면에 불과하다**"(p. 32). 이는 라캉의 죽음 충동이 문화에 보다 접합하는 측면을 반영한다.
『세미나 11』에서 '삶의 충동과 죽음 충동의 구분은 그 구별이 충동의 두 측면을 나타내는 한에 있어서 사실이다'는 관점에 이어 『에크리』, 「무의식의 위치」에서 "**모든 충동은 사실상 죽음 충동이다every drive is virtually a death drive**"(Lacan, 2006, p. 719)라는 명제로 간명히 밝혀진다. 이는 죽음 충동이 그 자체의 소멸을 추구하고, 반복에 관여하며, 쾌락 원칙 넘어서 주이상스와 연결되기 때문이다. Lacan, J. (1966). Position of the Unconscious *Écrits*, trans. B. Fink, NY: W. W. Norton & Company, 2006, pp. 703-721. Evans, D. (1996). *An Introductory Dictionary of Lacanian Psychoanalysis*, New York: Routledge, pp. 32-33.

그것은 존재한다 … 말하기의 사실로서. 그것은 '아니오$_{no}$'를 말하는 것이다. 그리고 심지어 나는 **부정하기**$_{naysaying}$를 말할 것이다 … 적어도 일자는 **부정하는**$_{naysays}$ 일자가 있다"(1971–1972, p. 178). **부정하기**는 대타자 주이상스 또는 제3의 주이상스에 대한 지시자이다.

여자에게는 남자의 눈에 보이는 이상적 여자 그 이상의 무언가가 있다. 이 이상$_{more}$은 그 발현을 위해 남근적 기능을 요구하는 여성적 주이상스의 이상이다. 반대로 남성의 정력에 집착하는 것 너머에는 상징적인 것, 남근적 주이상스, 언어의 은유 사용에 접근할 수 있게 해 주는 상상적 남근의 비존재로서 상징적 남근이 있다. 이런 의미에서 제3의 주이상스 또는 대타자 주이상스는 실재 매듭의 기능으로서 남녀의 투쟁을 넘어 상상계와 상징계 사이의 투쟁을 넘어서는 남녀를 위한 **보충적 주이상스**$_{a\ supplemental\ jouissance}$를 표상할 수 있다. 남자의 눈에 황금수(상상의 남근)를 대표하는 이상적 여자는 실재의 여성성으로 대체되고, 남자는 상상적 남근에 관해서 그의 정력이 아니라 그것을 포함하는 남근 너머의 공백으로서 상징적 남근에 의해 정의된다.

따라서 실재의 사랑은 여자가 여성적 주이상스와 사랑의 행위 모두에서 경험하는 진정한 동의로서의 대타자 주이상스$_{the\ Other\ jouissance}$(Fink, 2009)를 통해서도 다가갈 수 있다. 핑크의 텍스트는 한 가지의 '대타자 주이상스'로서 여성적 주이상스$_{the\ feminine\ jouissance}$의 여러 임상 사례를 제공한다. 남자는 또한 소위 신비로운 경험을 통해 대타자 주이상스에 접근할 수 있다. '신비$_{Myst}$'는 존재의 공백, 비존재, 탈존재를 설명하는 용어이다. 여자의 경우, 그것은 일차적 여성성의 공백을 의미한다. 실재에서 여자는 공백 때문에 사랑받는다. 이것은 여자가 아버지의 이름 중 하나(복수 및 소문자)라는 라캉의 진술을 읽는 것 중 하나이다. 소문자는 그녀가 존재하지 않는 상상적 남근/원시적 아버지의 "The"가 빗금 쳐지지 않은 형태 중 하나라는 의미는 아니다. 금지되지 않은 아버지는 상상적인 반면, 엄격한 의미_sensu stricto_에서 원시적 아버지는 죽은 아버지, 또는 그의 이름(아버지의 이름)으로 재현되는 존재하지 않는 상상적 아버지이다. 대문자로 된 아버지의 이름_NoF_과 후기 라캉의 생톰과 실재와 연관된 아버지의 이름_NoF_에서, 여자와 이름은 무의미하며, 주이상스의 실재 수준에서 진리를 상실하지 않고서는 내러티브에서 명명될 수 없다.

여기에서 정의된 실재의 사랑은 지식보다는 무의식적 앎과 관련된다. 무의식적 앎, 즉 상징적 지식_savoir_은 획득한 구성적 지식이 아니라 빈 것으로 구성된 미지_non-knowing_의 형태이다. 진정한 사랑에서 지식은 실재의 빈, 공식화되지 않고 이해할 수 없는 진리 아래에 포섭된다. 증오는 공식화된 진리가 허구의 구조를 가지고 있기 때문에, 지식이 허구 또는 반-진리로 차별될 때 발생하는 것으로, 이는 필연적인 현상이다.

진리의 두 반_half_ 국면 사이에는 구조적 불일치, 친밀감 및/또는 신뢰 관계의 결여가 있다. 공식화된 진리는 항상 실재 안에 공식화되지 않은 채로 남아 있는 진리의 나머지 절반에 폭력을 행사하고 은폐하는 허구의 요소를 가질 것이다. 같은 이유로 일자는 영혼의 다른 반쪽을 사랑의 대상에서 찾을 수 없고, 오직 기표로서의 사랑이 재현하는 마음의 공백 반쪽에서만 찾을 수 있다. 허구가 아닌 다른 절반의 진리가 불가피하게 이차 허구로서 공식화되면, 그것은 이미 제시한 최초의 반-허구와 대립하게 된다. 증오는 피분석자가 표상하는 최초의 반-허구 공식화에 반대하기 위해 실재에서 끌어온 이차적 반-허구와 연결된 자아에서 발생하는 정동이다.

비록 증오가 실재로부터 그것의 주이상스를 차용하지만, 증오는 공개되지 않고 남아 있는 실재의 비공식화된 진리에 접근할 수 없다. 증오는 실재 외부의 표상을 떠나는 데 실패한 이차적 반-진리에만 접근할 수 있도록 한다. 허구가 아닌 반-진리는 말하지 않는다고 해서 실패하지는 않는다. 실재에 남아 있는 진리의 측면을 지지하는 진정한 망각의 국면이 있다. "말로 존재가 그 거주지에 들어갈 때마다 망각의 여지가 있고, 모든 알레테이아*alétheia*를 보완하는 레테*léthe*가 있다"(Lacan, 1953-1954, p. 192).[12] 나는 이러한 억압의 근원적 형태를 라캉의 『세미나 23』의 진정한 구멍과 연결된 일차적 억압의 두 번째 유형으로서 이론화한다. "그리고 내가 목표로 하는 것은 바로 이 구멍이다. … 그것은 내가 억압*Verdrängung* 자체에서 인식하는 것이다"(9.12.75. II XVI).

이차적 반-진리는 지식과 진리 사이의 간극을 좁히거나 불협화음을 진정시키는 데 실패한다. 진리가 비-허구의 실재적 측면을 포함하고 그 말에 진정한 평화를 가져오려면, 말할 수 없거나 불가능한 것이 언표 너머의 일자의 말하기에 포함되어야 한다. 실재에

12 모든 진리를 보완하는 망각(죽음)이 있다.

서의 사랑은 진리에 대한 제한된 접근이 아니라, 공식화된 지식 없이도 아는 미지의 것을 표상한다. 여기에서 실재의 진리는 보통의 "알지 못함not-knowing"이나 어리석음이 아니라 "알 수 없음non-knowing" 또는 박사의 무지이다. 물*das Ding*(물자체)은 분별하는 사고에 노출되는 순간, 그것은 상대적 차이로만 식별될 수 있다(반-허구: 환유적 이미지와 대상, 그리고 기표의 미끄러짐).

기표들 사이에는 상대적 차이가 있고, 기표와 표상 외부에 있는 것 사이에는 절대적 차이가 있다. "순수 차이로서의 일자(존재하는 것)는 요소의 개념과 구별되는 것이다. 따라서 일자로서의 속성은 순수 차이의 일자와 구별된다"(Lacan, 1971–1972, p. 167). 상대적 표지는 서로를 지시하며, 그 다음에는 지금 표지된 비표지의 표지가 있다. 표지되지 않은 것이 표지되면, 표지된 것과 표지되지 않은 것 사이의 상대적 차이와, 표지되지 않은 것 사이의 절대적 차이가 나타난다. 실제로 절대적 차이는 동일도 차이도 아닌 '동일한 차이same difference'이며, 모든 표지를 교차하여 발견되는 무표지와 동일하다. 집합-이론적 용어로 공집합은 모든 집합에서 발견된다.

이런 의미에서, 주체의 공백에 대한 사랑으로서 실재의 사랑은 **구성된 지식이 아닌 무의식적 앎인 하나의 진리와 상관관계가 있다.** "인식론적 충동을 다룰 때, 우리가 과학 이외의 다른 지식[*savoirs*] 체계를 알아야[*connaitre*] 한다고 말해야 하는가?"(Lacan, 2006a, p. 737) 증오는 그 대신 실재의 진리와 주이상스에 대한 연결 없이 **지식, 상상적 지식, 인지적 식별, 그리고 담론과 상관관계가 있다.** 이 점은 사랑 전이와 지식 사이의 관계와 어떤 관련이 있는가? 피분석자가 분석가에게 귀속된 그/그녀의 지식에 대해 분석가를 사랑할 때, 이것은 한 분야 내의 특정 지식이 아니라 그러한 지식의 근거가 되는 일반화된 공백의 진리를 의미한다.

이후의 인용문에서 라캉은 분석의 끝에서 (안다고 가정된) 주체가 거기에 없는 것으로 축소되는데, 이는 무의식 자체의 특성이라고 말할 것이다. S.s.S(알고 있다고 가정된 주체)의 소산 그리고 무의식의 '비존재'는 동일한 '진리 작동'의 일부를 형성한다. 그러한 진리의 작동은 진리의 양면 또는 두 개의 진리 사이에서 발생한다. 허구적 측면과 실재에 있는 진리의 공백 또는 비존재 국면. **진리의 허구적 측면 또는 외관으로서 기표는 주이상스의 "탈-존재"에 길을 내준다.**

피분석자의 말에 나타나지 않은 지식과 함께 (피분석자가 분석가에게 직접 말을 하는 경우, 피분석자의 말에서 그것의 분석으로부터 구별된) 전이 사랑을 해석하지 않는 것도 [분석적] 만bay에서 이러한 형태의 증오를 막는 데 도움이 될 것이다. 이러한 맥락에서 지식은 과학적이거나 합리적 인식에서 출발하더라도 상징적 지식savoir이라기보다는 상상적 지식connaissance 또는 인식 및 식별로 정의될 수 있다. **상징적 지식이자 무의식적 앎savoir은 '탈존'의 앎의 한 형태이거나, 분석적 듣기J'ouïs-sens의 기초로서의 미지non-knowing와 누스와 일치한다.** 이러한 정의에서 사랑에 대한 상징적 지식은 그것의 피할 수 없는 쌍을 이루는 동반자로서 증오를 발생시키지 않는다.

소크라테스에게 진리 사랑은 진리와 지식에 대한 접근을 제공한다. 소피아의 사랑과 소피아적 사랑은 지식을 산출한다. 진리는 사랑하는 사람의 쾌락뿐만 아니라 사랑받는 것에 대한 관심도 구한다. 낭만적인 일시적 사랑은 지속적이고 동등한 우정으로 변형된다. 진리에 대한 사랑은 모든 관계에 부가 가치를 제공하는 지적이고 영적인 우정에서 추구하는 진리의 사랑이다. 육체적 열정은 우정을 멀어지게 한다. 분석적 우정, 또는 일부 문화권에서 말하는 분석 훈련은 공통의 삶이며, 상호주의, 서로에 대한 친절, 공유된 감정을 포함하지만, 이것은 사랑을 대신하거나 때가 되면 인계받을 무언가가 아니라, 진리에 접근할 수 있는 진정한 사랑이다. 상상적 사랑은 진리에 대한 접근을 막고, 결국 증오나 무관심으로 이어진다. 진리의 사랑은 우정이라는 상호적이고 지속적인 애정을 제외하고는 내용이 비어 있다. **진리는 그것의 대상이 아니라 그것의 본성에서 추구된다. 대상의 외양 너머 사랑은 진리와의 관계이다.** 시간에 따른 사랑의 전송은 진리와 지식에 대한 상호 관계에 굴복할 것이다. 우리는 진리에 매혹되어야 하며, 이 사랑을 지식과 우정으로 인도해야 한다. 이것이 사랑 대상으로서 주인의 의미이다. 주인은 진리 사랑의 힘과 사랑해야 할 진리를 진정으로 사랑하는 방법을 아는 것에 감동한다. 공백의 지혜는 진리 사랑의 대상이다.

전이에서 분석가에 대한 지식의 귀속은 상징적 거세로서 경험되는데, 분석가는 추측하건대 결여/공백에 대해 알고 있는 사람일 것이기 때문이다. "사랑에 대해 아는 대타자는 나를 증오하고, 나는 대타자가 사랑에 대해 (그리고 사랑의 결여에 대해) 알고 있다고 인식하는 것을 증오한다." 주체는 주체의 무의식에 대해 그들이 안다고 생각한 것 이상으로 대타자가 알고 있는 것을 증오한다. 실재에서 무의식의 상징적 지식에 접근하기 위해서는 상상적 지식이 상징적으로 거세되어야 한다.

증오로 인식되는 대타자에 내부의 지식이 수용될 때, 진리와 결부된 증오는 종국에는 가라앉거나 잊히게 된다. 여기에 분석가와 피분석자 모두가 살아남아야 하는 소위 **객관적 증오**the objective hate 와 관련하여 위니콧이 제기한 질문이 있다. 분석가는 피분석자에 대한 증오뿐만 아니라 피분석자의 공격의 결과로 견뎌야 했던 그들 자신의 손상에서도 살아남는다. 분석가는 피분석자가 분석가 내부에 있었던 환상의 대상에 대해 알고 있는 자신의 무의식에 접근하도록 돕는 두뇌 의식the cephalic consciousness을 잃음으로써 생존한다. 이것은 분석가가 분석적 기능(**한 사람으로서 지불**)에서 그/그녀 자신을 제공하는 것이다.

분석가가 자신의 자아에 대한 두뇌 의식을 포기하지 않을 때, 분석가는 피분석자와 함께 실수하기 쉽다. 그러나 나는 전이 내에서 피분석자의 부분으로서 객관적 분노는 항상 분석가의 실수에 관한 것이라고 언급한 위니콧(1956)에게 동의하지 않는다. 위니콧이 이러한 결론에 도달한 것은, 그가 정신과 성격 구조의 일부일 뿐만 아니라, 상징계와 언어 구조의 한 측면인 부정적인 것(박탈, 좌절, 거세)에 대한 구조적인 견해를 갖고 있지 않기 때문이다. 누구든지 좌절의 결과로서 분노를 경험하기 쉽지만, 좌절과 함께 피할 수 없는 분노의 구성 요소는 좌절과 관련된 환상에 연결된 분노와 쉽게 구별되지 않는다.

분석에서 피분석자는 자유 연상을 위해 그들 보통의 사고 방식을 포기한다. 분석가는 분석적 기능에서 듣기와 말의 사용과 관련하여 동일한 작업을 수행해야 한다. 부정적 전이를 제한하기 위해 라캉학파 분석가는 피분석자가 공개하지 않는 경우 긍정적 전이를 해석하지 않는다. 따라서 긍정적 전이는 분석가가 무의식에 대한 지식을 갖고 있음에도 불구하고, 항상 이 지식을 사용하지 않고, 대신 피분석가의 무의식이 말하는 것에 더 관심이 있다는 사실에서 발전한다. 이제 피분석자는 비문법적이거나 무의미한 말에 관계없이 사랑받고 받아들여진다고 느낀다. 주체의 무의식적 욕망에 대한 그/그녀의 지지로 이미 사랑받고 있으며, 분석가는 사랑받는 에로메노스 또는 피분석자와 관련된 에라스테스 또는 사랑하는 사람이 된다.

라캉(1960–1961)은 전이 주제에 관한 『세미나 8』에서 정신분석 치료에서 발생하는 것으로서 그가 사랑의 은유라고 부르는 것을 설명하기 위해, 그리스어 범주를 사용한다. 내가 은유에 대해 말한다면, 나는 에라스테스와 에로메노스의 위치와 관련하여 분석가와 피분석자 사이에서 발생하는 상호 대체the reciprocal substitution에 대한 대체를 말하고 있는 것이다. 다시 말해서, 사랑하는 사람(분석가)은 사랑스러워지거나 사랑받는 자가 되어야 하고, 사랑받는 사람(피분석자)이 사랑하는 사람으로 변해야 한다. 분석가는 마치 사랑의 선언이라도 하듯 근본적인 법칙의 처방에 의해 에라스테스나 사랑하는 사람이 된다. 그러나 분석의 끝의 방향으로 작업하기 위해 이러한 상황에서 어떻게 나올 수 있는가?

『집단 심리학과 자아 분석Group Psychology and the Analysis of the Ego』(Freud, 1921)에서 프로이트는 사랑과 최면[13] 사이에 밀접한 관계를 설정한다. 정신분석 치료는 사랑 이야기 — 다른 어떤 것과 마찬가지로 진실하고도 기만적이다 — 로 볼 수 있기 때문에, 최면이 그러한 과정에서 중요한 역할을 한다는 결론을 어떻게 피할 수 있는가? 사랑의 노예는 최면에 걸린 사람으로서 질서, 치유, 만족을 구하는 것처럼 사랑이 요구되는 것을 필요로 한다. 그러므로 분석가를 주인의 장소에 고양시킬 때 복종하게 된다. 그러한 고양/종속은 모두 긍정적 전이와 부정적 전이의 생성을 위한 동력이다. 속담에 나오는 뱀처럼, 최면은 그 힘에 매혹되지 않기 위해 반드시 숙달해야 하는 반복적인 존재이다.

참고문헌

Benjamin, W. (1921). *Critique of Violence: Selected Writings: Volume 1, 1913–1926*. ed. M.Bullock and M. Jennings. Cambridge: Harvard University Press, 1996.

Bion, W. (1963). *Elements of Psychoanalysis*. London: Karnac, 1984.

---

13 프로이트는 『집단 심리학과 자아 분석』에서 리비도 이론의 관점에서 사랑, 최면, 집단 형성, 신경증의 심리를 비교 평가한다. "사랑은 직접적인 성 충동과 목적 달성이 금지된 성 충동이 동시에 존재하고, 대상이 주체의 나르시시즘적 자아-리비도의 일부를 끌어당기는 상태에 근거한다. 최면은 두 사람의 존재 측면에서는 사랑과 유사하나, 목적 달성이 금지된 성 충동에 근거하고, 대상이 자아 이상의 위치에 놓인다"(Freud, 2001, p. 142-143). Freud, S. (1921). Group Psychology and the Analysis of the Ego. *SE*, Vol. 18. In J. Strachey (ed. and trans.) London: Vintage Books, 1955/2001, pp. 65-144.

_____(1970). *Attention and Interpretation*. New Jersey: Jason Aronson, 1995.

Cusa, N. (1440). *De Docta Ignorantia. Minneapolis:* The Arthur Banning Press, 1981.

Etchegoyen, H. (1991). *The Fundamentals of Psychoanalytic Technique*. London: Karnac.

Fink, B. (2007). *Fundamentals of Psychoanalytic Technique: A Lacanian Approach for Practitioners.* New York: Norton.

_____(2009). Love and the Real. In: *Sexual Identity and the Unconscious.* Published by the Forum du Champ Lacanien, 2011.

Freud, S. (1909). Notes Upon a Case of Obsessional Neurosis. In: *Three Case Histories.* ed. P. Rieff. New York: Collier Books, 1963.

_____(1915). Metapsychological Papers. *SE*, 14, 143–215.

_____(1921). Group Psychology and the Analysis of the Ego. *SE* 18, 67–143.

_____(1925). Negation. *SE*, 19, 235–239.

_____(1930). Civilization and Its Discontents. *SE*, 21, 59–145.

Hegel, W. (1832). *The Science of Logic.* Cambridge: Cambridge University Press, 2010.

Lacan, J. (1953–1954). *The Seminar of Jacques Lacan. Book I.* New York: Norton, 1988.

_____(1956/1966). The Function of language in Psychoanalysis. In: *The Language of the Self.* trans. Alan Sheridan, 1975. Baltimore: John Hopkins University Press.

_____(1960–1961). *The Seminar of Jacques Lacan. Book VIII.: Transference.* London: Polity Press, 2017.

_____(1964). *Seminar XI: The Four Fundamental Concepts of Psychoanalysis.* New York: Norton, 1978.

_____(1966a). Science and Truth. In: *Écrits.* trans. B. Fink. New York and London: Norton, 2006.

_____(1966b). The Youth of Gide, or the Letter and Desire. In: *Écrits.* New York: Norton, 2006.

_____(1967–1968). *The Seminar of Jacques Lacan. Book XV: The Pschoanalytic Act.* trans. Cormac Gallagher from unedited French manuscripts. http://www.lacaninireland.com/web/translations/seminars. Accessed July 6, 2020.

_____(1969). La psychanalyse en ce temps. *Bulletin de l'Association Freudienne,* 4/5, Octo-ber 1983.

_____(1971–1972). *The Seminar of Jacques Lacan. Book XIX.* ed. J.-A. Miller. Cambridge: Polity Press, 2018.

_____ (1972–1973). *The Seminar of Jacques Lacan. Book XX: Encore.* London: Norton.

_____ (1974). *Television.* ed. J. Copjec. New York: London, 1990.

Marini, M. (1994). Psychoanalysis at That Time. In: *Jacques Lacan: The French Context.* New Jersey: Rutgers University.

Miller, J. A. (2000). *La Transferencia Negativa.* Buenos Aires: Tres Haches.

Roudinesco, E. (1990). *Jacques Lacan & Co.: A History of Psychoanalysis in France*, 1925–1985. London: Free Association Books.

Shakespeare, W. (1982). *A Midsummer Night's Dream.* New York: Penguin Books.

Verhague, P. (2001). *Beyond Gender: From Subject to Drive.* New York: Other Press.

Winnicott, D. (1947). Hate in the Countertransference. *International Journal of Psychoanalysis*, 30, 69–74, 1949.

_____ (1956). On Transference. *International Journal of Psychoanalysis*, 37, 386–388.

_____ (1968). The Use of an Object and Relating Through Identifications. In: *Reading Winnicott.* eds. L. Coldwell and A. Joyce. London: Routledge, 2011.

7장

분석가의 [존재] 지불과 치료의 방향

라캉은 「치료의 방향과 그 권력의 원리들The Direction of the Treatment and the Principles of Its Power」(Lacan, 1958/2006)[1]에서 치료의 방향 개념을 설명한다. 라캉의 정신분석에서 치료의 방향은 분석가가 피분석자의 전이에 의해 그/그녀에게 부과된 권력을 사용하는 방법에 의해 결정된다. 전이의 권력은 분석가에게 분석을 수행할 권한을 부과하

---

1 라캉은 『에크리』에서 「치료의 방향과 그 권력의 원리들」에 관해 "1. 오늘날 누가 분석하는 가?, 2. 해석의 장소는 무엇인가?, 3. 우리는 전이에 대해 어디에 서 있는가?, 4. 일자 존재와 함께 어떻게 행위하는가? 5. 욕망은 문자 그대로 받아들여야 한다"(Lacan, 2006, pp. 489-541)의 순서로 논의한다. 라캉은 이 논문에서 분석가는 "자신의 인격으로 지불pay with his person"(p. 490)하고, "분석가가 자신의 작업 수준을 찾아야 하는 것이 존재와의 관계 속"(p. 513)에서임을 밝힌다. 이로써 분석가의 욕망은 "윤리an ethics"(p. 514)와 연결된다. 분석에서 전이를 발생시키는 사랑은 "갖지 않은 것을 주는 것love is giving what you don't have"(p. 516)이다. 따라서 분석가의 현존의 의미는 사실 청취에 있으며, "언어의 존재는 대상(들)의 비존재the being of language is the nonbeing of objects"(p. 524)와 관련된다. 궁극적으로 치료의 방향성과 그 권력의 원리들에서 중요한 점은 요구의 효과들과의 관계에서 규정되는 "욕망의 자리를 보존하는 것perserving the place of desire"(p. 529)에 다름 아니다. Lacan, J. (1966). The Direction of the Treatment and the Principles of Its Power. *Écrits*, trans. B. Fink, NY: W. W. Norton & Company, 2006, pp. 489-541.

는 분석가의 전문적 권위(알고 있다고 가정된 주체) 또는 분석가의 일부 특성과 관련된 것이다. 이것을 분석가가 개인적으로 받아들이고, 긍정적 전이의 초기 단계를 전략적으로 활용하지 못한 채 자신을 향한 긍정적 전이를 믿으면서 진행한다면, 분석은 목표를 잃고 끝없이 진행될 것이다. 이러한 상황에서 분석적 관계는 분석가의 사랑과 지식에 영원히 의존하는 지도자와 추종자의 두 국면이 된다. 분석의 교착 상태를 방지하기 위해 그리고 실제로, 라캉은 치료를 이끌고 정향하는 것은 피분석자의 비자발적 말하기에서 출현하는 '**무의식의 권력**'이라고 주장한다. 피분석자의 말에서 자유 연상과 무의식과 실재의 현현을 촉진하는 것은 **분석가의 욕망의 불투명성과 비어 있음**emptiness이다.

피분석자의 무의식은 증상을 통해 드러나는 진리를 알고 있지만, 억압과 그에 수반하는 위장으로 주체는 그것을 무시한다. 이 무지의 장소에서 피분석자는 분석가에게서 주인을 구한다. 분석에서 분석가는 주체의 대상 a가 욕망의 원인이 되는 장소를 점유하고, 이 장소로부터 그/그녀는 주체의 말을 촉진하는 결여나 공백을 유도한다. 라캉의 정신분석에서 치료의 방향은 치료 계획과 목표라는 임상적 개념이 가리키는 것과는 다른 어떤 것을 의미한다. 누구도 보험 회사 및 의료 관리와 연관된 치료 계획과 목표의 측면에서 분석을 평가할 수 없다.

프로이트(1922/1959)는 그들 자신을 권위로 이끌어 줄 지도자를 찾는 사람들의 소망에 대해 설명한다. 피분석자는 분석가가 자신에 대해 치료적 힘을 행사하기를 원하며 분석에 들어간다. 치료적 맥락의 출현에도 불구하고 [그것이] 효과적이기 위해서, 분석가는 동시대의 가치와 지배적인 사회적 내러티브의 관점에서 피분석자에게 도덕적 조언을 제공하거나 정향하고자 하는 힘을 포기해야 한다. 라캉은 항상 정신분석을 상담, 영혼의 인도, 목회적 상담과 구별해야 함을 주장한다. 대타자의 요구에 종속된 신경증자는 대타자의 말이 아닌 그/그녀 자신의 말을 해야 하는 상황에 처하는 것을 참을 수 없어 한다. 정신분석에서 변화에 대한 저항은 분석가의 권위나 치료를 관리하는 건강 가치에 대한 저항으로 해석하기보다는 자유 연상에 대한 장애와 관련하여 다루어진다.

라캉은 스토아학파와 소크라테스의 대화법에서 분석가의 위치에 대한 선례를 발견한다. 소크라테스(2003)는 아무것도 모르는 것처럼 보였고, 안다고 공언하는 모든 사람으로부터 기꺼이 배우려는 듯이 사람들을 다양한 주제에 대한 대화법에 참여시키면서 마을을 돌아다녔다. 소크라테스는 자신의 미지 외에는 지식이 없다고 공언했다. 그는 사람들 자신이 생각하는 것보다 적게 또는 많이 알고 있다고 믿었다. 그는 아는 것처럼 보이는 사람들에게 그들이 실제로는 모른다는 것을 보여 주었다. 또한 그는 모르는 것처럼 보이는 사람들에게 사실은 그들이 알고 있음을 보여 주었다.

분석 실천에서 피분석자는 치료적 조우/상호 작용의 긍정적 또는 부정적 경향을 마주하게 된다. 분석적 장에 진입하기 위해서는 이미 피분석자 측의 특정한 자아-수축a ego-deflation 또는 상징적 거세symbolic castration가 필요하다. 그/그녀는 자신 스스로를 도울 수 없는 어느 정도의 고통과 무능력을 기꺼이 인정해야 한다. 이러한 고통, 침체, 무력감의 장소에서 피분석자는 분석가에게 다가선다. 이것은 무의식의 주체의 무지의 장소이며, 분석가가 무언가를 알고 치료적 권력을 휘두를 것을 기대하고 요구하는 장소이다.

부정적 경향이 있을 때, 피분석자의 자아는 분석가의 지식을 평가 절하할 것이다. "나는 내가 누구인지 알고, 나보다 나 자신에 대해 더 많이 아는 사람은 없으며, 사실 당신은 아무것도 모릅니다. 그리고 나는 당신이 나를 도울 수 있다고 생각하지 않습니다. 실제로 나는 전적으로 그렇게 나쁜 행동을 하지 않습니다." 이것이 라캉이 지식과의 관계에서 부정적 전이를 정의한 방법이다. 나는 내가 증오하는 사람의 자격을 박탈하거나, 내가 자격을 박탈한 사람을 증오한다.

라캉학파 이론을 적용하면, 치료 초기에 자아와 주체를 구별할 수 있다. 자아는 이미 모든 것을 알고 있고 누구에게도 배울 것이 없는 편협한 정신이다. 자아[$i(a)$ 또는 I(A)], 즉 상징적 비-동일성의 나보다는 자아-동일성의 자아는 모든 언표의 중심에 있으며, 욕망의 그래프의 기본 구조에 나타나는 짧은 순환(사각형)에 의해 표상된다. 자아는 말한다. '나는 안다, 나는 성취했다, 그리고 나는 대타자로서의 분석가가 상실한 것의 대상이자 기표로서 스스로를 구성하기를 원한다.'

차례로 분석가는, 분석가의 욕망에 따라 분석가와 분석이 피분석자의 욕망에 대한 하나의 기표가 되는 방식에 주의를 기울인다. 분석가의 욕망하에서 분석가는 피분석자의 욕망의 대상 원인이 되기를 소원하지 않고, 기표들과 대상들 사이의 하나의 순수 욕망을 표상한다. 분석가의 욕망은 피분석자를 위한 아갈마의 장소를 차지하는 공백이나 비존재inexistence에 대한 욕망, 즉 피분석자의 일자 자신의 비존재the One's own non-being의 광휘에 대한 욕망이다. 이러한 의미에서 분석가는 부성 은유, 즉 주체가 **욕망의 기표**를 생산하도록 '놀라게' 만들 수 있는 상징적 기능의 빈 장소를 표상한다*épater le bourgeois*.

그러나 순수 기표로서의 주체(S, *Je*, 또는 I)는, 자아 또는 사전에 금지된 S 또는 욕망의 그래프에서는 상상적 대상 *a*로서 외에는 나타나지 않는 어머니의 욕망의 상상적 남근/대상 그 이상이다. 사실 대상 *a*는 대상이 전주체(빗금 쳐지지 않은 S)에게 제공하는 첫 번째 동일성이다. 순수 기표는 또한 사회적 언표의 조직자/행위자로서 자아 그 이상이고, 그리고 그때의 분열된 주체($)는 욕망의 그래프에서 의도성의 수직 벡터의 시작 부분에서 출현한다.

욕망의 벡터는 대타자의 결여된(S[∅]) 주이상스의 기표를 위한 충동($◇D)의 요구로 상승한다. 상징적 거세에 의해 매개되는 순수 기표로서의 주체(S)는 충동의 대상이나 주체의 현존재로서의 *a*를 재현하기 위해 사용되지 않고, 오히려 주이상스의 상실된 기표로서 *a*를 재현하기 위한 것이다. 주이상스의 주체를 위한 기표와 주이상스의 기표가 둘 다 없다. 나*Je*는 자아가 잠자고 있는 동안에도 과정을 지속하는 정신적, 언어적 환경 또는 체계 내에서 끊임없는 상징적 활동을 표상한다. 상징적 재현 내에서 나*Je*의 미끄러짐을 유발하는 것은 주체와 주이상스에 대한 기표가 있었을 수 있는 상징계의 구멍이다. 대타자가 결여되어 있다는 것, 또는 대타자의 욕망이 불투명하다는 것은 의미화 연쇄에서 기표의 전치와 반복을 끊임없이 부추기는 잃어버린 대상 또는 기표의 대리자이다. 분석가의 욕망에 대한 기표가 부재할 때 분석적 경험의 결정되지 않는 즉각성 속에서 새로운 기표가 등장한다.

전이에서 피분석자가 지식의 주인으로 요청을 한다면, 분석가는 미지의 장소에서 행위해야 한다. 이는 소크라테스가 사람들에게 실제로 그들이 알고 있다는 것을 보여 준 것에 상응한다. 분석가는 성취자로서 인정받기를 원하지 않으며, 피분석자와의 관계에서 자신의 인격을 지불함으로써 정확히 성취자가 되는 것을 원하지 않는다. 분석가는 피분석자와 관련하여 자신의 포장된 전문 지식을 일시 중단하거나 상대화할 때, 그 자신의 존재로서 지불한다. 분석가는 자신의 의식적 지식보다 피분석자가 무의식적으로 알고 있는 것에 특권을 부여한다.

분석가는 인정을 위한 욕망을 중지하지만, 분석가가 인정을 위한 욕망의 부재 상태에서 분석적 기능을 확립하는 데 성공하면, 의도하지 않은 결과가 성공적 분석이 될 수 있다. 이것이 분석가의 욕망이고, (또는 인정을 위한 욕망의 부재) 또는 역전이를 규제하는 한 사람으로서의 지불이다. 피분석자가 알고 있다고 주장하고 분석가가 모른다고 주장하는 경우에도, 분석가는 자신이 알고 있다는 것을 알지 못하는 앎의 장소에서 자(기)의식 없이 여전히 응답한다. 분석가는 개인이 알고 있지만, 자아가 아닌 주체가 무의식적으로 알고 있는 방향을 가리킨다는 점을 인정해야 한다.

피분석자가 분석가에게 분석비를 지불하는 것은 전문적 또는 계약적 관계의 일반적 개념인, 피분석자에게 도움이 될 수 있는 지식이나 기술을 분석가가 갖고 있다는 것의 의미를 넘어선다. 정신분석의 역사에서 비평가들은 정신분석이 제공하는 친밀하고 개인적인 도움에 돈을 지불함으로써 오염되거나 "더러워진" 것으로 보는 것에 반대한다. 분석적 기능은 돈으로 지불되어서는 안 되는 어떤 영적인 것을 조정하고, 동시에 분석가는 인적 서비스 및 사회적 재화에 대한 접근과 관련된 유용한 객관적 정보와 "기술"을 제공하는 대가로 보수를 받지 않는다. 분석은 단순한 사랑 이야기가 아니며, 영적 또는 철학적 상담이나 우정의 형태가 아니다. 분석가는 피분석자를 사랑하거나 재양육하는 데 대해 보수를 받는 것이 아니다. 또한 분석은 분석가의 자아를 위해 아무것도 하지 않기 때문에 분석은 착취적인 비대칭 관계가 더더욱 아니다.

분석가는 교육적 노력과 전문성 때문에 돈을 받지 않는다. 라캉은 분석가가 분석적 기능의 일부로서 요구되는 그/그녀 자신의 개인적 존재의 지불에 대해 분석비를 받는다고 언급한다. 분석가는 전문적 자격뿐만 아니라 자신의 개인적이고 주체적 존재their own personal and subjective being로 비용을 지불하는 것이다. 이것은 지불 또는 분석적 기능의 수행에서 그들 자신의 주체적 손실 또는 지불을 나타낸다. 분석가는 사회적 페르소나를 포기하고, 사회적 상호 작용과 대화의 규범적 특성을 중단함으로써 비용을 지불한다.

일부 북미의 관계적 분석가들은 금욕주의의 한 형태 또는 원죄에 대한 개신교적 개념, 또는 선천적, 뿌리 깊은, 내재적 또는 구조적 과실에 대해 처벌을 받고 지불해야 하는 부채 개념을 나타낸다는 이유로 분석가의 지불에 대한 개념을 비판한다. 이것은 인간적이고 대칭적 관계를 기반으로 하는 긍정적이고, 사랑스러운, 친밀한, 지지적 관계와는 확연히 다른 것처럼 보인다. 그러나 진리나 긍정은 부정 없이는 확연히 나타날 수 없다. 부정(성)이 없는 인본주의적 긍정(성)은 마치 어머니와 함께한 대타자의 주이상스(상상적 일자)에서와 같이 순전히 상상적이다. 관계적 또는 인본주의적 긍정은 그럼에도 불구하고 사람들이 알고 관찰하는 관계의 어려운 측면을 모호하게 만드는 외양이다. 인간은 대타자와의 융합의 상실뿐만 아니라 대상 a/상상적 남근의 구조적 상실을 필요로 한다.

분석가는 지식과 전문 지식에 대해 보수를 받는 것보다, 알고 있다고 가정된 주체의 위치를 전략적으로 잃는 것과 제3의 귀를 위한, 또는 라캉이 Jouis-sens, 즉 의미에 주이상스를 간직한 기표를 경청하는 것보다는 듣는 것hearing than listening이라고 부르는 것에 대해 보수를 받는다. 분석가는 그렇지 않으면 [존재로서] 비용을 지불해야 한다는 지식을 잃는다. 그들은 지식의 사용보다는 지식에 대한 주장의 상실에 대해 지불을 받는데, 그것은 진실이다. 이는 분석적 관계에서 분석가의 지식의 상실은 또한 성공적인 분석을 위해 필요하다고 간주되는 다른 종류의 지식savoir rather than connaissance의 전략이기 때문이다. 기술, 지식 또는 정보를 가르치는 것은 분석가의 근본 위치가 아니다. 분석가의 근본 위치는 Jouis-sens, 즉 사물의 의미를 사고하기보다는 듣는 경험이다.

또한 분석가는 전이와 피분석자의 나태한 내러티브를 견뎌 내는데, 이는 분석가가 한 사람의 인격으로서 지불하는 또 다른 방법

(관용)이다. 분석가는 나태한 내러티브나 방어적 말을 듣고 참으면서 욕망에 관한 보다 진실한 말에 접근할 수 있도록 하는 내러티브 내의 핵심 기표들을 듣기 위해 기다린다. 분석가가 주이상스와 연결된 핵심 기표를 들을 때, 그/그녀는 그 기표 또는 기표들 사이의 관계에 대해 질문하고, 피분석자에게 그것들과 연결된 자유 연상을 요청한다. 이것은 말의 절분의 두 가지 측면이다. 분석가가 정확하게 듣고, 피분석자에게 적확한 질문으로 자유 연상을 추가 요청함으로써 절분에 대한 첫 번째 증거를 제공한다. 또한 분석가의 개입은 피분석자의 무의식적 의미화 연쇄와 주이상스의 경험으로 이어진다. 이것이 발생할 때, 피분석자는 그들이 알고 있었다는 것을 모르는 앎의 형태를 깨닫는다. 이것이 두 번째 절분과 연관된다.

사회적 자아를 놓아 버리기 위해서는 일종의 **주체적 궁핍**the subjective destitution, 즉 사회적 행동과 조건으로부터의 적어도 부분적이고 일시적인 후퇴, 그리고 융(1957)이 언급한 우리가 선호하는 자아-이미지이자 구두적 진부함의 사회적 가면 또는 페르소나라고 부르는 것을 떠나보내는 것이 필요하다. 분석적 또는 치료적 관계는 사회적 관계가 아니다. 왜냐하면 그것은 동료, 상사, 부하 직원과의 전문적 업무 관계와 다르고, 연인, 스승, 가족, 친구와의 관계와도 다르기 때문이다. 또한 분석가는 도덕적 안내자나 구루guru가 아니라는 점에서 성직자와의 관계와 다르다. 분석가는 부처와 마찬가지로 진리와 해방의 소재지로서 피분석자 자신의 고유한 정신을 내적으로 가리키는 화살에 불과하다.

직업 관계에서 목표와 목적에 대한 어느 정도의 성공은 자아로부터 기대된다. 자아는 업무 관계를 관리하는 수행 요구 사항에 따라 무엇인가를 알고 있어야 한다. 개인 분석에서는 이러한 종류의 어떤 것도 기대하지 않는다. 개인 분석은 자아가 비참하게 실패할 수 있는 장소로서, 자아 이상the ego ideal은 의심스럽고 주체는 해체될 수 있다. 심지어 가장 비문법적인 형태의 언어라도 분석에서는 수용된다. 더욱이 정신분석은 실수를 무의식에 대한 접근점이나 관문으로 활용한다. 불교 선종의 가르침에서는 선사a Zen teacher의 인생사를 연속적 실수, 또는 하나의 실수에 다른 실수가 잇따르는 것으로 설명한다.

나는 한때 버클리의 라이트 연구소에서 하라리Harari를 위한 강의를 조직한 적이 있다. 라틴 아메리카에서 온 라캉학파 분석가의 방문을 특별히 기뻐하지 않았던 관리자는 이벤트를 홍보하기 위해 전단지를 만들었고, 하라리의 이름을 동음이의어로 잘못 표기했다. 라캉이 『세미나 21』에서 말했듯이 아버지의 이름에 의해 '속지duped' 않은 사람들은 더 심각한 실수를 저지른다Les non-dupes errant: les noms du père. 그들은 Harari 대신 "Errari"('err'의 의미)라고 썼다. 그는 이 실수를 개인적으로 받아들이거나 모욕감을 느끼지 않았고, 대신 나에게 이렇게 말했다. "라울, 분석가는 자신의 실수에 의해 확립된다네." 물론 이것은 주체가 의도적으로 실수를 해야 한다는 것을 의미하지는 않는다. 분석가를 확립하는 실수는 자아보다는 무의식에 의해 복잡하고 은밀하게 조직된 실수이다.

또한 피분석자에게 사회적 관계의 포기는 사회적 담론을 통해 작동하는 정신적 방어를 중단시키고 내적 경험에 대한 개방성을 가져온다. 사회적, 성적, 친숙한 관계에서 자아는 타자들에게 무언가를 욕망하고 기대하며 요구하기까지 한다. 분석가는 피분석자와 관련하여 이러한 성향을 사용하지 않을 때, 그의 인격으로 비용을 지불한다. 피분석자를 돕기 위해 분석가는 궁극적으로 환자를 치료하거나 성공적인 치료를 제공하려는 욕망조차 포기해야 한다. 이것은 필연적으로 나르시시즘적 야망이나 분석가의 개인적 성공에 대한 소망으로 이어지며, 이는 부정적 전이의 필수적인 부분으로서 그대로 유발할 수 있기 때문이다.

이것은 분석가가 피분석자의 증상을 완화하는 데 관심이 없는 것이라기보다는 분석가의 직접적인 이득의 지향이나 사고는 치료와 치료법에 대한 피분석자의 자아 저항을 강화하는 결과를 낳을 뿐이라는 점을 강조한다. 또한 피분석자가 분석가의 자아가 치료의 성공에 관여한다고 인식하는 경우, 피분석자는 부모와 함께하는 아이처럼 무의식적으로 그/그녀 자신의 성공을 희생함으로써 분석가/의사를 패배시키거나 그에 반대할 것이다.

그렇다면 분석가에게 '허용된' 만족은 무엇인가? 비록 돈과 생계는 분석가의 정당하고 명백한 욕구이지만, 그렇다고 해서 분석가의 돈에 대한 탐욕이 치료와 치료적 관계에 방해 요인이 될 수 없다고 생각해서는 안 된다. 궁극적으로 **분석의 실천은 그 자체를 위한 것이고, 피분석자를 위한 증상 완화와 분석가의 지불은 양측 모두에게 부수적 이익 또는 추가 가치이다. 분석은 무의식적 앎과 주이상스의 용이한 형태들을 위한 가장 깊은 요청을 충족시킨다.**

한 사람의 개인으로서 인격을 지불하는 것도 개인 가치를 사용하지 않을 것을 요구한다. 이것은 분석적 상황에 함축된 가치가 없음을 의미하는가? 판단의 절제의 가치는 다른 질서 또는 초가치 metavalues[2]의 가치를 함축한다. 정신분석은 치료에 내포된 정신 건강의 가치를 제외하고는 도덕적 교육이 아니기 때문에, 분석가는 그/그녀 자신의 개인적 가치를 강요하지 않으며, [개인적 가치에 대해] 질문을 받는다면 그것들을 거부하지 않을 수 있다. 분석가는 피분석자의 다양한 가치를 수용하며, 그 가치가 법과 충돌하는 경우에는 이를 바로잡기보다는 법 앞에선 피분석자의 곤경에 대한 그들의 생각과 느낌에 대해 묻는다.

분석가가 동성애 공포증 또는 혐오, 이성애 공포증 또는 혐오, 남성 또는 여성에 대한 성차별이나 혐오, 매춘 중독, 인종 차별 및 반유대주의를 접할 때마다, 피분석자가 정당한 가치를 채택하도록 교정하는 것은 효과적이지 않다. 이것은 양자 사이의 논쟁과 자아의 투쟁을 일으키고 치료 관계를 난파시킬 뿐이다. 오히려 [분석가] 자신의 가치의 설교를 삼가는 것이 그러한 윤리적 실패의 뿌리에 있는 주제와 갈등을 탐색하는 데 도움이 될 것이다. 장기적으로 볼 때, 이러한 방법은 문제가 있는 사회적 태도와 가치를 예방할 가능성이 훨씬 더 높다.

나는 가치-중립적이거나 "객관적인" 과학적 접근 방식을 옹호하는 것이 아니다. 다른 곳에서 확립된 바와 같이(Moncayo, 2008),

---

2 초가치metavalues는 기본적이며 절대적인 가치, 즉 가치 중에서도 바람직한 것인가 소망스러운 것인가의 여부에 대한 평가나 논란의 여지 없이 모든 사람들이 받아들일 수 있는 기본적이고 절대적인 가치를 말한다.

주체성subjectivity은 아는 사람과 알려진 사람 사이의 모든 관계에 항상 내포해 있다. 주체적 위치를 피하는 것은 불가능하다. 문제는 주체 없는 주체성과 지식을 실현하고 주체적 궁핍에 영향을 미치기 위해, 우리의 주체성에 대해 어떻게 작업할 것인가 하는 것이다. 진리 또는 진리-작동은 주체적 경험의 순열의 맥락에서 오류를 정류[수정]하는 것이다. 앞서 언급했듯이, 정신분석은 무의식적 진리에 대한 관문으로서 실수를 통해 번성하므로, 분석가는 자신의 실수에 의해 확립된다.

상징적 이해를 가로막는 이데올로기적 또는 방어적인 잘못된 견해라는 의미에서 자아-관념과 이상은, 순간순간 한 번에 한 조각씩 버려야 한다. 자신이 틀렸다는 것을 인정하고 잘못된 신념과 가정에 대한 자아의 집착을 버리려면 과학적 태도의 기본적인 주체적 특성인 마음의 **겸손과 냉철**을 필요로 한다. 새로운 통찰력이 생길 수 있도록 정신을 맑게 하고 준비시키는 것이 바로 이러한 태도이다.

마지막으로, 말의 사용이 분석가의 두 번째 지불을 나타내는 반면, 세 번째는 한 존재의 핵심the core of one's being**으로 지불하는 것이다.** 해석의 실천을 단순히 분석가의 두뇌 의식의 지적 광채에 따른 해석이 아니라 일자의 개인적 지불로 생각하는 것에는 어떤 의미가 있는가? 여기서 중요한 점은 일상적인 사회적 내러티브와 분석에서의 말의 사용 사이에 불연속성이 존재하는 것이다. 분석가의 자신-존재 또는 비존재에 대한 세 번째 지불the third payment with the analyst's은 실재와 관련하여 단어의 차별적 사용을 위한 존재와 언어의 근거를 마련하는 것이다. 마지막 두 가지 지불은 다음의 두 장에서 설명한다.

참고문헌

Freud, S. (1959). *Group Psychology and the Analysis of the Ego.* New York: Norton, 1922.

Jung, C. (1957). *Two Essays in Analytical Psychology: The Collected Works of C. G. Jung.* ed. and trans. G. Adler & R. F. C. Hull. Princeton, NJ: Princeton University Press.

Lacan, J. (1966). The Direction of the Treatment and the Principles of Its Power. In: *Écrits.* trans. B. Fink. New York: Norton, 2006.

Moncayo, R. (2008). *Evolving Lacanian Perspectives for Clinical Psychoanalysis.* London: Karnac.

Plato. *The Last Days of Socrates.* London: Penguin Books, 2003.

8장

해석, 구두점, 인용 그리고 말의 절분

라캉(1969–1970)은 해석interpretation이 인용citation과 수수께끼 사이 어딘가에 있다고 말한다. 분석적 해석은 피분석자(A)가 말한 시간/순간 또는 세션(T)의 나중 시점에 분석가(C)가 피분석자의 말의 동일한 인용으로 피분석자의 언표행위를 대체하는 행위로 정의할 수 있다. 해석의 치료적 속성(P)은 언표의 내용뿐만 아니라 분석가가 정확한 언표(A)와 인용(C)할 시간(T)을 선택하고, 그것의 관점에서 연결된 무의식적 의미화 연쇄(E)와 인용에 대한 피분석자의 반응(R)으로 확인된다.

인용이 피분석자를 충동과 욕망의 부분 대상과 연관된 새로운 자료로 이끌거나, 어떤 형태의 주이상스가 환기되거나 해제되는 경우이면, 해석이 목적지에 성공적으로 도달한 것으로 말할 수 있다. 인용은 수수께끼적인 정동과 기표를 불러일으킨다. 덧붙여 분석가는 피분석자가 의식적이든 무의식적이든 해석을 수용할 준비가 되어 있는 적절한 분석 시점에 대한 감각이 있어야 한다.

분석가는 [피분석자의] 주체가 자신이 알고 있다는 것을 모르는 무의식적 의미화 연쇄의 요소를 구성하는 것으로 추론하는 기표들/내러티브 언표들을 인용한다. 내러티브의 자아는 그들이 현실적으로 말하는 것을 무시한다. 욕망의 그래프의 하부층에서 보여주듯이, 내러티브 언표[s(O)]에서 자아를 향하고 자아 이상을 목표로 하는 하강은 s(O)에서 순수 기표를 향한 상승에 대한 대항력으로 작동하는데, [이 지점에서] 라캉이 말했듯이 "**기표의 기술**the technique of the signifier"에 관여된다.

기표의 기술은 피분석자의 말에서 핵심 기표를 인용하는 것뿐만 아니라, 단어와 새로운 단어로의 전치와 압축이 발생한 것을 절분, 절단, 그리고 분할하는 것을 말한다. 그러나 몇 가지 자격 부여와 함께 분석적 실천에서 중요한 기표의 기술의 한 가지 추가 요소가 있다. [앞서] 나는 두 가지 의미화 연쇄가 있음을 언급한 바 있다. 하나는 **사회적 내러티브**이고, 다른 하나는 종종 내러티브로 분출하지만 항상 그런 것만은 아닌 **무의식적 의미화 연쇄**이다. 기법으로서의 자유 연상은 무의식적 의미화 연쇄의 출현을 촉진한다.

그러나 때로는 자유 연상이 단어와 의미의 과잉으로 이어지거나 무의식적 의미화 연쇄에 결코 도달하지 못하는 무익한 단어로 이어진다. **핵심 기표**가 내러티브에 나타나면 **인용**을 사용할 수 있지만, **핵심 기표의 부재 시**에 분석가는 내러티브가 설명하는 장면에 대한 **모호한 판독**을 제공함으로써 피분석자의 내러티브에 응답한다. 여기서의 **모호함**equivocation은 설명보다 더 잘 작동한다. 그런 후, 피분석자는 인용이 적절한 개입인지 결정할 수 있다. 인용은 항상 잠정적으로 제시되며, 피분석자의 확인을 기다린다. 다른 장면[the Other scene][1]이 피분석자에 의해 확인되지 않은 경우, 분석가는 피분석자에 의해 제안된 다른 연상적 경로를 기꺼이 탐색한다.

라캉은 '무의식의 새를 잡으려면 기표의 *I*가 은신처에서 날아갈 수 있도록 당신은 충분한 소음을 내야 한다'고 말한다. 예를 들어 암시된 단계는 그러한 소음을 정확하게 나타내지만, 다른 때에는 통상적인 "음hmm" 또는 기침 소리로도 그 기능을 수행할 수 있다. 프로이트는 세션 중에 너무 많은 말을 했다고 언급했는데, 이것이 사실일 수도 있지만, 그는 개인 분석 경험이 없기 때문에 프로이트의 말이 그의 피분석자들에게서 무의식의 표현을 촉발한 소음인지는 알 수 없다.

해석의 한 형식으로서 인용의 수행은 실제로 정신분석 실천의 과학적 순간을 대표하기 때문에 중요하다. 분석가는 증거와 함께 머물면서 피분석자의 진술 내에서 무의식적인 말을 이끌어 내기 위해 그/그녀의 언표를 사용함으로써, 이는 치료적 효과를 나타낼 뿐만 아니라 이론의 확증을 제공한다. 이것은 피분석자가 해석의 증거나 확인을 제공하는 기표 없이 문을 닫고 카우치로 걸어갈 때, "지금 여기"의 걸음걸이로 해석을 하는 자아심리학 및 클라인학파 분석 실천과는 상당히 다른 해석의 양식이다. 일부 피분석자들이 그러한 해석으로 인해 어려움을 겪거나 방해를 받는 것은 당연하며,

---

[1] "무의식의 장소the locus of the unconscious, 또 다른 장면*ein anderer Schauplatz, another scene*"(Lacan, 2006, p. 458) Lacan, J. (1966). On a Question Prior to Any Possible Treatment of Psychosis. *Écrits*. trans. B. Fink, NY: W. W. Norton & Company, 2006, pp. 445-485.

이는 무의식이 유발되었기 때문이 아니다. 무의식의 형성이라는 측면에서 [그 순간] 불러일으켜진 것은 주이상스를 간직한 의미작용 signifiance을 이해하는 도구를 갖지 않는 상상적인 것이다.

말하기가 부재한 상황에서 언표의 내용을 무의식의 형성물로 해석하지 않는 이유는 그것이 피분석자에게 쉽게 부정으로 이어지거나, 그것을 자신의 무의식보다 분석가로부터 나온 어떤 것으로 여기기 때문이다. 무의식의 대타자는 분석가의 해석의 타자성으로 대체되고, 피분석자는 분석가의 해석에 일부분 순응하고 수용할 수 있지만, 그 수용은 피상적이며, 더 중요하게는 미래의 말하기에서 회피해야 할 것을 아는 피분석자의 방어와 저항을 강화하기 때문이다.

따라서 인용은 피분석자에게 잠정적으로 제공되어야 하며, 분석가는 피분석자가 말한 내용을 올바르게 이해했는지에 대한 확인을 요청해야 한다. 이론은 피분석자가 종종 자신의 언표를 인식하지 못하고 대신 주체상호적 타자에게 귀인하는 것을 예측하고, 임상 경험은 이를 예증한다. 주체의 방어와 함께 작업하기 위해, 분석가는 피분석자가 분석가의 인용을 거절할 기회를 주어, 결국 그 자신의 정신 속에서 인식할 수 있도록 하는 것이 중요하다. 진전된 피분석자는 말에서 **가정법**the subjunctive mode을 사용함으로써 자신의 언표에 관해 그들의 분할을 반영하고, 기능으로서 분석가를 사용하여 그들의 말과 경험의 모순을 통해 작업한다.

누군가가 말하고 누군가가 응답하는 대칭적인 대화와는 대조적으로, 해석은 분석적 의미에서 누군가는 많이 말하고 누군가는 적게 말하는 **비대칭적인 상황**을 의미한다. 피분석자가 분석가보다 더 많은 말을 한다는 사실에서 비롯되는 비대칭은 피분석자가 자신의 문제와 주체적 경험을 개방하고, 분석가는 그렇지 않는다는 비대칭의 균형을 유지한다. 또한 분석가는 말을 적게 해야 할 뿐만 아니라, 다른 양식으로 말해야 한다. 인용은 분석가가 다른 양식으로 말하는 방법 중 하나이다. 정신분석 상황 내에서 꿈과 실수, 말장난, 농담 등과 같은 비관습적인 언어 형성은 분석가의 해석적 말(무의식적 의미작용을 지닌 기표의 인용)의 사용과 대응한다. 인용의 숙련된 사용은 욕망의 그래프의 상부의 층에 드러나는, 관습적이거나 통상적인 말과는 다른 무언가를 일깨우는 것을 의미한다.

더욱이 **해석적인 말**[2]은 다음과 같은 두 가지 중요한 국면에서 일상생활의 의사소통적인 말과 다르다. 첫째, 분석에서 분석가는 단선형[3]의 지시적인 말의 형식을 기대하고 활용하는 대신 **애매하고**

---

2 라캉학파의 해석은 "욕망을 위한 결여 생성"(Fink, 2002, p. 85)의 의미를 갖는다. 따라서 해석은 "증상을 어떤 특정 의미에 묶어 두기보다 다양한 의미를 암시하는 것이 되어야 한다"(pp. 86-87). 이는 "**다의적인, 모호한, 신탁의 말**"(p. 88)이다. 해석은 "**실재를 겨냥**"(p. 91) 해야 하기 때문이다. Fink, B. (1997). *A Clinical Introduction to Lacanian Psychoanalysis: Theory and Technique*. 맹정현 옮김. 『라캉과 정신의학』. 민음사, 2002, pp. 85-93.

3 라캉의 담론의 연쇄, 의미화 연쇄는 일련의 기표들을 지칭한다. 의미화 연쇄는 엄밀히 완성될 수 없는 것으로서 욕망의 영원한 특성을 표현하는 방식으로 기표들은 무한히 첨가되기 때문이다. 라캉은 의미화 연쇄*chaîne signifiante, chaîne du signifiant, signifying chain*를 어떤 경우에는 단선형으로, 다른 경우에는 순환형으로 언급한다. "**단선형linearity**은 단지 시간에 따라 전개되는 방향으로만 작용하는 담화의 연쇄에 적용된다. 순환형**circularity** 의미화 연쇄는 목걸이의 고리에 비유되는데, 이 목걸이의 고리들은 고리들로 만들어진 또 다른 목걸이의 고리이다"(Evans, 1996, p. 188). 순환형의 의미화 연쇄는 "**자유 연상에 의해 연결된 일련의 기표들이고, 주체의 상징적 세계를 구성하는 기표들의 그물망으로 통하는 한 가지 경로이다**"(p. 188). 사실상, "**의미화 연쇄는 두 측면의 요소를 모두 포함한다. 즉 통시적 차원에서는 단선적, 통합적, 환유적이고, 공시적 차원에서는 순환적, 연상적, 은유적이다**"(p. 188). Evans, D. (1996). *An Introductory Dictionary of Lacanian Psychoanalysis*. New York: Routledge. pp.

역설적이며 모호한 것을 허용해야 한다. 둘째, 해석은 무엇인가를 얻기 위한 목표적인 움직임이 되어서는 안 된다. 해석적인 말은 시적 언어와 마찬가지로 어떤 형식의 도구적 또는 의사소통적 담론과 구별될 필요가 있다. 해석은 다른 것을 위한 수단으로서 정보를 전달하거나 누군가에게 무언가를 하도록 요청하는 것이 아니라, **단순히 특정 의미작용을 불러일으키고 원용하는 것**을 목표로 한다.

프로이트(1905)와 라캉(1957-1958)이 인용한 '가족백만장자*famillionaire*' 말실수에 대한 기표의 기술 예에서, 부자의 발을 딛고 일하는 비천한 업무는 자신이 일하고 있는 사회적 '주인Rothschild'처럼 중요한 사람이 되고자 하는 바람과 모순된다. 이처럼 반대되는 기표는 의미화 연쇄에서 함께 각인되고/억압되어 의미작용의 근본적인 모호성을 초래한다.

라캉에 따르면 **라랑그*lalangue***는 무의식의 텍스트나 언어로서 담론의 문법적 또는 형식적 논리의 조직화를 벗어난다. 의미화 연쇄는 본질적으로 다성적polyvocal이고 동성적equivocal이어서 모호한 핵심 기표들로 구성된다. 더욱이, 언어의 비논리적 사용에 의해 유발되는 것은 관습적 언어의 비관습적 사용으로 표현된 무의식의 경험이다. 은유적인 직관적 발화는 단어의 일반적 의미를 위반하고 승격시킨다. 언어 내에서 언어와 상징화 너머 핵심의 무의식적 경험을 드러내기 위해서는 형식적, 문법적 언어 및 과학의 언어와는 다른 언어의 사용이 필요하다.

187-188.

일탈적이고 혁신적이며 놀라운 발화는 형식 언어의 이항적 구조로 작동하면서 사회적 언어의 관점에서 상징계의 결정적인 이중성을 벗어나는 무언가를 말하도록 만든다. 그러나 순전히 사회 관습적인 관점에서 볼 때, 그러한 말은 그 주체가 특이하고, 기이하며, 어리석고, 심지어 완전히 일탈적인 것으로 인식될 위험이 있기 때문에 한 사람과의 지불을 구성한다. 이것은 안토니오 퀴네Antonio Quinet(2018)가 대상 a의 분석가-외관the analyst-semblant이라고 부르는 것과 일치한다. 분석가는 대상 a의 장소에서 부분으로 행위한다. 라캉은 바보, 광대, 재치 있는 말을 하는 사람처럼 행동하고, 자주 목소리의 강도volume/음도pitch 및 혼동발음[서툰 말]lallation을 사용하여 해석을 한다.

　　라캉은 텅 빈 말과 꽉 찬 말을 구분한다. 피분석자는 종종 주체의 고통의 인과적 중심핵에서 멀리 떨어져 있는 하찮은 일이나 합리화에 집중함으로써 시간을 낭비한다. 따라서 무의식의 담론으로서 분석은 잘 알려진 이야기 맥락이 아니라 알려지지 않은 꿈과 무의식적 핵심 주제들과 환상들을 펼치는 것에 관계한다. 이러한 두 가지 차원의 언어는 라캉의 작업 전반에 걸쳐 여러 형식으로 설명된다.

　　사회적 내러티브나 이야기를 한 축으로, 무의식적 의미화 연쇄를 다른 축으로 하여 두 연쇄의 개념을 사고해 보면, 우리는 처음에 『세미나 1』에서 라캉(1953)이 사회적 내러티브를 '텅 빈 말the empty speech', 무의식적 의미화 연쇄를 '꽉 찬 말the full speech'이라고 언급했음을 발견할 수 있다.[4] 무의식적 의미화 연쇄에 기초한 말은 욕망에 관한 진실한 말로 이어진다. 그러나 후기 작업 『세미나 24』 (1976–1977)에서 라캉은 의미작용과 무의식적 의미화 연쇄를 역전시켜, 실재와 주이상스와 연결된 무의미한 '텅 빈 말'을 사용하는 반면, 사회적 내러티브는 상상적 의미로 '꽉 찬 말'이 된다. 마지막으로 『레투르디』(1972)에서 그는 **말하기**the saying와 **말해진 것**the said으로 말의 두 형태를 언급한다. 말해진 언표는 사회적 내러티브이고, 무의식은 그 말하기에서 현시된다. 메시지의 두 가지 연쇄 또는 두 가지 형식은 구조적 범주나 개념인 반면, 말하기와 말해진 것, 꽉 찬 말과 텅 빈 말은 개념보다 단어로 명명된 시간적인temporal 말이나 사건의 형식이다. 개념은 불변하는 반면, 단어(말)는 변경되거나 변주

---

4 "텅 빈 말과 꽉 찬 말의 대립에서, 꽉 찬 말은 주체의 진리를 실현한다는 점에서 꽉 찬 것이다. 텅 빈 말은 주체가 지금 여기hic et nunc에서 분석가와 관련된 무엇으로 인해 빈 말인데, 여기서 주체는 언어 체계의 계략, 즉 그가 어느 정도 이해 당사자인 문화적 환경에 의해 주어진 참조 체계들의 미로에서 자신을 잃게 된다. 이 두 극단 사이에서 말이 실현되는 모든 단계가 펼쳐진다"(Lacan, 1988, p. 50). Lacan, J. (1975). *The Seminar of Jacques Lacan, Book I: Freud's Papers on Technique, 1953-1954*. ed. J.-A. Miller. trans. J. Forrester. NY: W. W. Norton & Company, 1988, p. 50.

라캉의 꽉 찬 말*parole pleine*, full speech과 텅 빈 말*parole vide*, empty speech은 하이데거의 담론*Rede*과 수다*Gerede*의 구별을 차용하여 고유하게 정교화한 것이다. "꽉 찬 말은 언어의 상징적 차원을 표현하는 반면, 텅 빈 말은 언어의 상상적 차원, 즉 자아가 유사자에게 건네는 말을 표현한다. 꽉 찬 말은 의미*sens*가 채워진 말이다. 텅 빈 말은 단지 의미작용만 있는 말이다"(Evans, 1996, p. 191). 꽉 찬 말은 사람과 사람 사이의 진실을 목표로 삼고 형성하는 말, 행위를 수행하는 말, 동일시에 의해 정의되는 데 비해, 텅 빈 말은 주체가 욕망으로부터 소외된, 공허한 이야기처럼 보인다.

라캉의 꽉 찬 말과 텅 빈 말에 대한 이러한 초기의 관점은 후기에 역전됨으로써, 꽉 찬 말은 사회적 내러티브와 연결된 말이 되고, 텅 빈 말은 실재와 주이상스와 연결된 말이 되는 점에 우리는 주목할 필요가 있다. 따라서 분석가의 작업은 "욕망의 진리에 접근하는 유일한 수단인 말"(p. 192)을 통해, "특정 시기에 가능한 한 충분히, 진리를 조음하는 말"(p. 192)에 주목하는 것이다. Evans, D. (1996). *An Introductory Dictionary of Lacanian Psychoanalysis*. New York: Routledge. pp. 190-192.

될 수 있다.

듣기에서 분석가는 말의 흐름에 있는 대문자 요소들이나 기표들, 즉 석탄 내에서 의미화하는 다이아몬드와 덩어리들, 그리고 일상적인 말의 찌꺼기에 집중할 필요가 있다. 따라서 단어로 지불하는 것은 꿈-작업에 대한 분석처럼 단어의 사용을 상승시키는 것이다. 그것은 좀 더 진실한 상태로의 전환을 의미한다. 그러나 꿈-작업이 자아보다 더 광범위한 무의식적 주체에 의해 구성되거나 짜여진 것처럼, 해석적인 말에서 말하는 자아 또는 자아의 언표는 비자기의 장소the place of non-self의 언표행위를 위해 포기된다.

분석적 기능을 발생시키기 위해서, 분석가는 기표의 힘이 주체를 변형하고 조명하는 것을 허용하도록 가능한 한 자아가 취소된 무 자기no-self(알려지지 않은 앎의 주체)의 장소에서 말할 필요가 있다. **자아의 아파니시스*aphanisis*는 주체의 출현을 발생시킨다(진정한 주체는 자아가 없는 것이다).** 따라서 인지적 자아는 통찰의 대리인이 아니며, 기표의 보고 안에 들어 있는 지혜와 앎이 사라지는 것을 목격하는 것은 주체이다.

또한 해석적인 말은 합리적 구문과 접속사를 덜 강조하면서 간결하게 축약되어야 한다. 일자로서 말하기는 놀람을 유발하고 신선하며, S 또는 S₁, 또는 순수 기표the pure signifier의 장소에서 언표행위를 함축하고, 이에 상응하는 아파니시스 또는 자아의 소멸을 암시해야 한다.

라캉적 차원에서 실재가 언어 외부에 존재한다는 사실이 우리가 경험의 핵심에 대해 아무 말도 할 수 없는 위치에 있다는 것을 의미하지는 않는다. 침묵이 실재를 드러내기 위해 반드시 더 많은 진리-가치를 소유하는 것은 아니지만, 때로는 그럴 수 있다. 본느발의 콜로키움 이후 50년[Ey, 1966]이 지난 지금까지 라캉의 격언, "**무의식은 하나의 언어처럼 구조화되어 있다**the unconscious is structured like a language"는 무의식의 구조가 사회적 언어의 구조와 동일하다는 의미로 해석되어서는 안 된다는 사실은 잘 알려져 있다.

문법적 구조는 언어에서 문장을 구성하는 데 사용되는 규칙과 원칙을 나타낸다. 규칙과 원칙은 언어로 문장을 구성하는 데 있어 허용되거나 허용되지 않는 형식을 결정한다. 은유metaphor와 환유 metonymy는 문법 구조 내에서 기능하며, 일반적으로 동기 또는 정신분석에서 성별의 차이로 표현되는, 우리가 '욕망'이라고 부르는 것과 연결된다.

라캉의 이론에 따르면, **욕망의 무의식적 활동은 은유와 환유를 통해 현시된다. 욕망의 기표들은 언어에서 사용되는 하나의 연쇄나 일련의 기표들에 대해 기의로서 기능한다.** 욕망의 기표, 또는 욕망의 대상의 결여나 부재를 재현하는 기표만이 언어의 구조와 관련해 무의식과 연관된다. 언어 규칙 그리고 친족 관계와 성별 간의 성적 관계를 규율하는 사회적 법칙은 서술적인 의미에서 전의식 및/또는 무의식이다. 억압된 무의식은 은유와 환유를 통해 전의식에서 드러난 욕망의 억압된 기표를 포함한다. 언어적 구조와 정신적 구조 사이의 광범위한 관계는 욕망의 기표와 언어의 문법 규칙에 의해 조직된 기표 사이의 맞물림 관계로 재현된다. 내가 무의식이 말이나 언어로 나타난다고 말할 때, 나는 무의식적 욕망, 동기, 언어의 형식 사이의 관계만을 언급하는 것이 아니다. 무의식은 정신의 "정서적" 측면을 표상하는 것이 아니라, 억압된 욕망의 기표들과 언어의 일반적인 전의식 구조 사이의 관계를 표상한다.

정신의 기능을 원시적 이드, 즉 파충류의 뇌나 그 이상의 뇌 또는 그와 관련된 시기나 기간 이상의 것으로 이해하는 것이 중요하다. 그렇지 않으면, 인지주의나 심리언어학에 의해 지식과 인지는 일자의 예술 형식이 아니라, 의식적 자아와 형식적 분석 이성(인간과 기계가 공유하는 합리성의 한 형태)으로 통제되는 정보 처리의 한 형태인 테크네로 환원된다. 우리가 이해하지 못하는 것은 정서가 수학적 구조에 의해 통제되지 않는 것과 같이 정서의 비합리성으로 환원된다. 나는 서문에서 다음처럼 라캉을 인용한 바 있다.

> "의미화 연쇄가 연속적으로 전개되고 당신이 그것을 알든 모르든 대타자 안에서 계속 조직화된다는 사실은 본질적으로 프로이트의 발견이다"(Lacan[1957–1958], p. 132). 주체가 우리에게서 탈출하는 광범위한 무의식적 행함으로부터 유출될 수 있는 실재적 향유(S_1)의 작은 편린은 우리가 정신*l'esprit*의 행위라고 부르는 것이다.

이러한 맥락에서 하나의 언어처럼 구조화된 무의식은 (전의식의 서술적인 의미에서) 언어의 무의식적 구조뿐만 아니라, 현실적으로 욕망의 기표에 의해 구조화된 무의식(언어가 충동과 뇌의 무의식적 구조에 도달하는 것)과 사회 내에서 인간 활동을 지배하는 언어의 전의식적 구조 및 규칙 사이의 관계를 의미한다. 은유와 환유는 말과 정신적 구조 내에서 욕망의 표현을 규제(공개 및 은폐)하는 언어의 형식이다.

서술적인 의미에서 무의식, 또는 전의식만이 언어의 형식적 구조와 구조적으로 관련된다. 의식과 전의식의 의미화 연쇄에서 기표들은 은유로 직조되어 있다. 은유는 외관 또는 유사성을 통해 사물을 대표한다. 한 사물은 주요 특성을 공유하는 다른 사물에 의해 서술되고, 한 형태가 다른 형태를 서술하는 데 사용된다(태양 광선을 위한 손가락, 일찍 일어나는 사람들을 위한 얼리버드 등). 환유는 한 사물의 이름을 일반적으로 사용되는 다른 인접 이름으로 대체한다. 환유의 예로서 제유synecdoche의 경우, 검sword은 펜, 배는 돛, 사람은 회색 수염 등이 있다. 억압과 공유되는 수사학적 기법으로서 대체substitution는 은유와 환유 양자에 공통적인 반면, 인접성contiguity은 환유의 기준이다.

은유와 환유는 물질적 현실에 대해 말하는 데 사용되지만, 물질적 현실은 욕망의 정신적 현실 및 그 표상과 연결되는 경우가 많다. 보는 사람의 의도와 욕망에 따라 사물은 보인다. 은유와 환유는 기표들이 회전하는 구멍이나 간극의 기능을 하는 억압된 무의식 대상의 기표들 또는 상실된 기표들을 가리킬 수 있다. 의미작용의 연쇄(S_1-S_2)는 억압된 S_1이 있는 구멍 주위를 회전하며, 그 간극 주위를 순환하는 순열에서 억압에 의해 분리된다. 이것이 라캉이 『세미나 23』에서 명시한 프로이트의 억압된 무의식의 거짓된 구멍이다. 명백히 이것은 S_2에 연결된 전의식의 연쇄에서 S_1의 경우이어야 한다. 그러나 일차적 억압으로 인해 S_1은 억압된 무의식에 잠겨 있는 또 다른 S_1과 얽히게 된다. 르클레르Leclaire(1966)가 본느발의 콜로키움(1975)에서 말한 유명한 예를 인용하면, 전의식의 기표인 유니콘unicorn(from Lilly to "*licorn*" [unicorn])과그와 관련된 의미(S_1-S_2)는 어머니, 아이, 상상적 아버지 사이를 순환하는 이행적 기표로서 일차적으로 억압된 상상적 남근 기표를 대체하는 것이다.

주이상스 또는 일자(라랑그)의 언어 내에서 주이상스를 포함한 의미작용은 말의 음운론적 요소 사이 또는 한 단어 및 기표의 소리와 다른 단어 및 기표의 소리 사이의 연관성의 기능이다. 소리는 단어들과 문법 구조 아래에 있는 주이상스를 포함한 의미작용 수준으로서 기능한다. 예를 들어, 목소리의 지각적 속성으로서 음도pitch는 생물학적 성별과 관계없이 남자 또는 여자의 목소리를 구별한다(남자는 높은 음도를 가질 수 있고, 여자는 낮은 음도를 가질 수 있다). **라랑그에서 소리는 은유와 환유처럼 언어적 의미를 전달하는 것이 아니라, 음파의 수학적 구조라고 부를 수 있는 것을 통해 욕망을 직접적으로 드러낸다.**

라랑그는 언어 체계 외부에 있지만, 말 내부의 소리에 대한 연구로 정의할 수 있다. 소리는 라캉의 정신분석에서 욕망의 원인인 대상 *a*의 한 형태로 구성되는 목소리를 통해 욕망과 연관된다. 처음에 아이는 실제 사용된 기표들보다 어머니의 목소리의 반응적 소리를 통해 어머니의 사랑과 욕망을 인식한다. 소리는 주체를 욕망의 대상으로서 구성하며, 이는 어머니에 대한, 어머니를 위한 욕망(동명의 고전인 줄리 앤드루스Julie Andrews의 영화에서와 같이)을 재현하는 '음악의 소리'를 들으면서 느끼는 쾌락을 말한다. 라랑그의 소리 또는 음운은 언어에서 단어의 발음을 규제하는 적절한 규칙에 관한 것이 아니라, 발음에서 모호함 또는 소리의 '모호성'과 연관된다. 목소리의 소리로서 음소는 언어에서 언표의 내러티브의 내용보다 더 많은 것을 말해 준다. 목소리의 소리(공백)는 언어로 말해질 수 없는 것, 또는 부정의 형태로 언어로 말해지는 것을 드러내는 긍정이다. 예컨대 "그것은 그게 아니야It's not that" 또는 "하지만 그게 아니야but not that".

억압된 프로이트의 무의식과 라캉의 실재 무의식은 '무의식의 언어the language of the unconscious'라는 다른 종류의 언어 구조를 가지고 있다. 여기서 무의식의 언어는 두 가지를 의미한다. 첫째, **무의식적 욕망의 억압된 기표는 은유와 환유를 통해 언어의 전의식 구조에서 드러나는 기표에 대한 기의로서 기능한다. 둘째, 일자One 또는 주이상스의 언어에서 S₁은 다른 단어의 소리와 연결된 언어의 소리로서 아버지의 이름NoF과 연결된 남근적 기표에 대한 어머니의 욕망에서 말할 수 없는 소리를 지시한다. 대타자의 언어는 언어의 문법적 또는 통사론적 요소보다 은유적 요소에서 번성하는 반면, 일자 또는 주이상스의 언어로서 라랑그는 언어의 동음이의적 및 음운론적 요소에서 번성한다.**

여기에서 무의식 언어의 예로서 두 가지 사례를 제시한다. 첫번째는 동음이의적 요소를 예시하고, 두 번째는 은유적 요소를 예시하지만, 주어진 사례에서 둘은 완전히 분리될 수 없다. 내가 J라고 부르는 피분석자는 "한 주에 두 번의 세션"을 진행하는 것을 원하지 않아 고군분투했다. 그는 또한 자신의 투쟁을 분석가와 어떤 관련이 있는 것으로 여기며 이와 갈등했다. 다음 세션이 시작될 때 그는 대기실에 대해 다음과 같이 말했다. "당신의 대기실은 '너무 약합니 다too weak'." 나는 라랑그가 일탈적이거나 특이한 단언으로 드러난 다고 말했다. 누군가는 이렇게 말할 수 있다. "이것은 문법적 오류임에 틀림없습니다. 어떤 영어 사용자도 대기실이 너무 약하다고 말하지 않을 것입니다!" 그러나 이 사례는 교육받은 영어 원어민의 사례이다. 분석가 또는 나이자 상상적 자아로서 주체는 "한 주에 두 번은 너무 약하다too weak"고 분석적으로 개입했다. 다시 말하면, 일탈적 단언은 독특한 해석과 짝을 이룬다. 이 예에서 우리는 동음의 말이 치료의 '규칙'에 도전하는 데 사용되고 있음을 관찰한다.

여기서 문자 J로 대표되는 피분석자(기표는 다른 기표 — 분석가 — 를 위해 주체로 현시한다)는 아버지가 부러워하는 이모의 이름을 따서 이름을 지음으로써 명명되고 영향을 받았으며(주체는 대타자로부터 발생한다), 분석가와의 상상적 자아의 투쟁에 휩싸였다. 그의 상상적 자아의 저항에 맞서는 '한 주에 두 번의 세션'은 상상적 거세 형태를 재현한다. 내가 상상적 거세라고 한 이유는 J가 '일주일에 두 번의 분석'을 자신에게 '주어진 것'이 아닌 '빼앗기는 것'으로 경험했기 때문이다. 따라서 그는 어떤 식으로든 자신이 아니라 내가 약하다는 것을 말하고 싶어 했다. 피분석자는 상징적 연결고리를 상상적 또는 자아 방어적으로 사용하는 반면, 분석가는 상상적 자아의 아파니시스 또는 소멸과, 은유적 주체의 출현 또는 현현에 기표의 효과로 반응했다. 라랑그가 해석 행위를 통해 대타자와 연결되면, 그것은 더 이상 상상적 자아-대-자아의 관계에 대한 문제가 아니다. 이제 기표와 상징적 법칙은 다시 한번 주체를 표상한다.

　라랑그의 두 번째 사례에서 피분석자는 그녀가 수업에서 발표할 생각에 너무 흥분해서 수면에 문제가 있음을 보고한다. 그녀는 사교적 방문을 위해 오는 어린 학생들의 교사가 되어 하루 여행을 가기로 결정하는 꿈을 꾼다. 여행을 위해 그녀는 큰 오토바이를 운전하고, 어린 남학생 중 한 명이 성공에 대한 소망과 두려움에 대해 이야기하며, 그녀의 조언을 기대하는 것으로 꿈은 끝이 난다. 그녀는 이 꿈에서 흥분을 느꼈다고 말했다. 그녀는 꿈 이전의 자신의 생각과 꿈 자체의 사고들/이미지들 사이의 연상을 탐색했다. 이 연상에는 남자 선생님에 대한 그녀의 사랑이 있고, 자신이 선생님이 되어 남학생들로부터 사랑을 받고 싶은 그녀의 욕망이 있었다. 그녀의 사고와 꿈의 차이점에 대해 말하면서 그녀는 운luck과 결여lack 사이의 동음이의어를 혼동하고 모호하게 발음했다.

　그녀는 자신이 사랑하는 남자 선생님을 운이 좋은lucky 사람으로, 자신을 "결여된lacky" 사람으로 여긴다. 또한 결여는 그녀를 위축시키는 부정적 결핍 상태로서 욕망의 주요 기표가 된다. 사랑받는 사람은 운이 좋고, 사랑하는 사람은 '결여된' 사람이다. 추종자lackey는 종속적인 위치에 있는 사람이고, 그녀는 사랑하는 사람보다는 사랑받는 사람을 선호했다. 그녀의 환상 속에서 사랑받는 사람은 완전하고, 사랑하는 사람은 '결여된'lacky 추종자lackey이다. 이런 의미에서, 그녀의 무의식 속에서 남자는 상상적 남근을 갖고 있기 때문에 사랑하는 사람이고, 여자는 남자에게 결여된 상상적 남근이 됨으로써 사랑을 받는 것이다. 그녀가 제자의 사랑을 받을 때, 여자로서 사랑받는지, 그녀의 지식을 위한 남자 교사로서 사랑받는지, 그녀의 있는 그대로 사랑받는지, 그녀가 가진 것으로 사랑받는지는 불분명하다. 그녀는 매력적인 여성의 신체를 갖는 것을 욕망하지만, 동시에 매력적이고 지식이 부족한 여성에 대해 비판적으로 생각했다. 또한 그녀는 성적 매력이 있는 여성과 성관계를 하려는 남성의 '이기적인' 충동이나 욕망에 대해 비판적이다.

[또다른] '은유적' 예에서 피분석자는 자신이 어떻게 크게 노력하지 않고 현재 대학 공부를 시의적절하게 할 수 있었는지 나에게 말했다. 그는 나에게 그가 말하고 있으며, 그가 말하는 것을 내가 받아 적어야 한다고 농담을 했다. 그는 이것을 소년 시절에 관악기를 연주할 때, 다른 학생의 고음에 맞추기 위해 그가 노력해야만 했을 때 이전까지는 어려움이 없었던 것과 연관시켰다. 이 두 가지 진술은 글을 쓰는 데에 노력을 기울이지 못하고, 마침내 논문을 마무리하지 못하는 그의 문제를 소개하는 역할을 한다. 그런 다음 연상은 그의 부모가 죽을 것이라는 강박 관념들로 이동했다. 그는 어머니의 죽음을 두려워하며 자랐고, 비록 아버지는 자신이 오래 살기를 바랐지만, 그는 아버지가 죽기를 원했다고 말했다. 나는 그의 노력이 그가 성장하지 않고, 어머니의 아이로 남아 있는 것임을 해석했다. 그의 부모님이 돌아가시면, 그는 어머니의 아들 대신 한 남자가 되어야 한다.

그에게 남자가 된다는 것은, 머리카락이 빠지고, 여성적 욕망의 대상을 갖지 않는 것과 같은 대가를 치르는 것을 의미한다. (이전 세션에서 피분석자는 책임감 있는 어른이 되고 싶은 자신의 두려움과 욕망에 대해 말했다. 그는 아버지처럼 머리카락이 빠지는 것을 두려워했다. 또한 그는 남자아이를 임신하는 꿈을 꾸었다.) 나의 개입에 대한 그의 반응은 의미하는 효과에 대해 그가 존경하는 인물을 인용하는 것이었다. 나는 "당신에게 남자가 된다는 것은 당신의 아버지처럼 머리카락이 없다는 것을 재현하지만, 그것은 무언가를 소유하는 것입니다. 대담함이 지휘봉입니다"라고 말하고 세션을 종료했다. 대담함은 주체를 위해 상징적 일관성과 유효성을 생성하는 저항된 부재로서 상징적 남근을 표상하는 지휘봉이다. 그가 가도록 놓아주어야 하는 것은 어머니의 욕망의 상상적 남근으로서의 자아이다.

자유 연상이 방어적이거나 헛된 말로 이어질 수 있기 때문에 이는 꿈 분석 기법으로 보완될 수 있고, 이때 피분석자는 꿈의 다른 요소와의 연상을 요청받게 된다. 말의 흐름이 중단될 수 있으며, 피분석자는 이 또는 그 단어/구에 대해 더 많이, 또는 생각나는 것을 말하도록 요청받는다. 나는 프로이트의 꿈 분석 방법을 외삽하여 말을 분석하고, 해석 방법으로서 인용을 사용한다. 피분석자는 꿈을 꾸었는지 정기적으로 질문을 받고 꿈 일기를 쓰도록 요청받는다. 반면에 피분석자가 강박적으로 꿈에 초점을 맞추고, 분석가에게 다양한 꿈에 대한 짧은 설명을 제공하기 위해 세션의 모든 시간을 할애하는 경우에 꿈은 무시되거나 우회될 수 있다. 꿈에 초점을 맞추는 것도 방어적일 수 있기 때문이다.

분석가는 구두점을 사용하고, 피분석자의 담론을 절분한다. 말의 흐름을 방해하고 문장에서 마지막 단어가 부여할 의미와는 다른 의미로 특정 문장을 여는 일시적인 중지는 프로이트가 언급하지 않은 무의식의 형성물의 예이다. 이 경우 분석가는 단순히 절분 형태로 문장을 반복한다. 이것은 피분석자가 그것의 다른 무의식적 의미작용을 들을 수 있도록 허용한다. 언어 자원의 다른 용도로는 호모포니동음(이의)어, homophony와 홀로프레이즈일어문, holophrase[5] 또는 전체 문장을 나타내는 한 단어가 포함되며, 이러한 단어를 해석 또는 자유 연상에 사용한다. 또한 단어를 자르고 분절하여 새로운 의미를 생성할 수 있으며, 단어의 상반된 의미를 양방향으로 탐색한다. 마지막으로 이름 및 성의 의미와 가명의 의미도 탐색한다.

라캉(1953)은 구두점을 세션 절분과 연결하는데, 결정의 순간으로서 세션 사이의 이해를 위한 시간을 재촉한다.

주제의 담론에 의미를 부여하는 것은 적절한 구두점이다. 그렇기 때문에 현재의 기술은 순전히 시계에 의해 결정되고, 따라서 주체의 담론의 짜임을 고려하지 않는 중단으로 만드는 세션의 종료는 결론의 순간을 촉진하기 위해 고안된 분석가의 개입으로 충분한 가치를 지닌 절분(법)의 역할을 한다(p. 209).

해석의 한 형식으로서의 설명은 일반적으로 치료 전 평가 단계

5　Lacan, J. (1975). *The Seminar of Jacques Lacan, Book* I :*Freud's Papers on Technique, 1953-1954*. ed. J.-A. Miller. trans. J. Forrester. NY: W. W. Norton & Company, 1988, p. 225.

(예비 세션) 또는 수련 중인 분석가에 대한 개인 분석의 후기 단계에서 제한적으로 행해진다. 라캉의 '갱신된 해석 기법the renewed technique of interpretation'(Lacan, 1953; Nobus, 2000)에 따르면, 분석가는 피분석자의 말을 그대로verbatim 사용해 질문하고, 피분석자의 주의는 자신의 말에 직접적으로 향한다. 분석가는 피분석자의 증상의 발달을 결정하는 의미화 연쇄를 듣고자 하는 욕망에 의해 규제된다.

해석에서 나는 세 가지의 층위/수준을 구분하고 세 번째를 고유한 분석의 수준으로 간주한다.

1. 지로부터 지로의 진행Going from the known to the known

우리는 피분석자가 상식이나 이전의 치료, 친구 또는 지원 집단에서 얻은 지식을 바탕으로 자신의 문제에 대해 이미 알고 있는 것에 초점을 맞추지 않는다. 분석가는 평가 단계에서 이러한 정보를 꺼내어 피분석자가 이전 치료에서 무엇을 이해했는지 질문한다. 피분석자의 증상이 계속된다면, 이는 이전 치료에 의해 영향을 받거나 또는 변형되지 않은 무의식의 차원이나 층위가 있음을 의미한다.

2. 미지로부터 지로의 진행Going from the unknown to the known

이 범주는 피분석자가 수용하거나 거부할 무의식적 갈등에 대한 포괄적인 해석 또는 설명을 제공함으로써 무의식을 의식화하는 것으로 이해되는 범주에 속한다. 이 범주에서 무의식은 이미 알려진 것, 즉 분석가나 피분석자에게서 자아의 과정으로 환원되어 분석가의 지식에 대해 방어적이 된다. 라캉의 정신분석에서 분석가는 의미화 연쇄의 탐색을 통해 해석에 도달하는 피분석자 자신을 위해 이러한 유형의 해석을 제한한다. 라캉학파의 분석가는 해석의 이러한 수준을 상상적인 것, 그리고 의미작용보다는 의미로서 간주한다.

이는 피분석자가 꿈 연상을 꿈의 의미에 대한 전체적인 해석을 제공하는 것이라고 생각할 때와 유사하다. 이러한 해석의 수준은 전이를 해석하는 것이라기보다는 분석하는 라캉학파 분석가의 문제로 간주되기도 한다. 피분석자가 다른 사람과의 관계에서 느끼는 감정이나 연상에 대해 말하는 경우(소위 분석 외 전이), 라캉학파 분석가는 "그리고 아마도 당신은 나에 대해 그렇게 느낄 것입니다"라고 말하지 않는다. 전이는 피분석자가 그것에 대해 직접적으로 말할 때만 분석된다. 비록 많은 피분석자가 분석가에 대한 자신의 생각이나 감정을 말하는 것이 쉽지 않지만, 분석가는 피분석자가 자신의 전이 경험을 언설화하도록 격려하는 다른 방법이 있다. 예를 들어, 분석가는 "그것에 대해 말하기가 어렵지 않나요?"라고 질문할 수 있다.

3. 미지로부터 미지로의 진행 Going from the unknown to the unknown

이것이 고유한[참된] 해석이다. 라캉은 해석이 인용과 수수께끼 사이 어딘가에서 발견될 수 있다고 말한다. **"수수께끼와 인용은 분석적 해석의 두 축을 구성한다"**(Nobus, 2000). 해석은 피분석자가 인식하지 못하는 말 요소들을 상징적으로 반영하거나 비추는 것이다. "당신이 적게 이해할수록, 당신은 더 잘 듣게 된다"(Lacan, 1954–

1955). 라캉(1966)에 따르면, 분석가는 듣고 해석할 때 '자신이 알고 있는 것을 잊어버려야' 한다. 해석의 목적은 의미를 파괴하고 기표들을 "비-의미non-sense"(Lacan, 1954-1955; Evans, 1996)로 환원하는 것이다. 수수께끼 같은 말하기는 언표행위의 주체와 라캉의 후기 작업에서 주이상스의 실재(S_1-S_0)를 가리킨다. 이들은 무의식이나 무의식 경험의 실재에 박힌 억압된 말 요소에 영향을 미치기 위해, 서술적으로 무의식적 또는 전의식적인 말 요소를 사용한다. 이것은 무의식적 환상 자료들과 함께 작업하기 위한 핵심적인 해석의 수준이다.

분석에서 세션의 절분에 대한 문제로 돌아가서, 라캉은 그것을 **시에서 시구의 절분**the scansion of verses in poetry과 유사한 것으로 언급한다. 후자는 운율적인 구성 요소나 표현의 강세 및 음절에 따라 시구를 구별하는 작업이다. 이러한 관점에서, 분석 실천이 담론 분석과 언어 내에서 사용 가능한 자원을 활용하는 상호 침투를 주목하지 않을 수 없다. 또한 앞서 언급한 문법적 의미의 구두점 개념, 즉 마침표, 쉼표, 의문 부호를 위치시키는 기술은 절분법과 밀접하게 연관되어 있다.

피분석자의 담론 내에서 단어를 살피고 분절하는 것은 절분법 실천의 또 다른 형식을 구성한다. 따라서 피분석자가 자신의 성적 취향을 공개하는 편지를 부모에게 보내는 것을 두려워하는 이전의 사례에서, 피분석자는 "나는 그것을 우편으로 보낼 수 없습니다cannot mail it"라고 말했고, 분석가는 "남성이 아닙니다not male"라고 응답했다. 이 예는 언뜻 갈등을 의식하게 만드는 해석이 피했던 갈등을 다시 일깨워 주는 대타자에 대한 불안과 분노의 증가로 인해 분석에 도움이 안 되는 것처럼 보인다. 피분석자의 방어와 신념을 지지하는 개입은 일반적으로는 피분석자에게 도움이 되는 것으로서 호의적으로 여겨진다. 따라서 주체는 '내 기분을 더 악화시키거나 불안을 유발하는 치료가 왜 필요합니까?'라고 말할 수 있다. 그에 대한 대답은 '주체의 기능을 지지할 수 있는 장기적인 변화에 의해 일시적인 차질은 정당화된다'는 것이다.

노정에서 결론을 내리자면, 일상적 언어를 해체하는 분석적, 언어적 실천은 유대인의 탈무드와 카발라에서 두드러진 우선순위를 차지하고 있다는 점에 주목할 필요가 있다(Bakan, 1958). 거기에서 노타리콘*Notarikon*과 테무라*Temurah*[6]의 실천은 단어를 분할하고, 순열하며, 재배열하고 압축하는 것과 관련이 있다. 이러한 공통적인 장치는 새로운 의미에 도달하고, 문자에 포함된 원초적인 리비도적 불꽃을 방출하는 수단으로 사용된다. *Notarikon*은 단어의 첫 문자나 마지막 문자를 다른 단어의 마지막 문자나 첫 문자로 압축하여 단어를 만든다. *Temurah*는 문자의 순서를 변경하여 단어를 변경한다. 예를 들어, 히브리어에서 *oneg*은 쾌락을 의미하고, *nega*는 고통

---

6 노타리콘*notarikon*은 탈무드 및 카발라주의적 방법으로 단어의 이니셜 또는 마지막 문자를 사용하여 다른 단어를 나타내거나 문장 및 아이디어를 형성한다. 테무라*Temurah*는 카발리스트들이 성경에서 단어와 문장을 재배열하기 위해 사용하는 세 가지 고대 방법 중 하나이다. 이 방법을 통해 단어의 난해한 토대와 더 깊은 영적 의미를 도출할 수 있다고 믿는다. 테무라는 특정 단어의 문자를 변경하여 성경 말씀에 대한 새로운 의미를 만드는 데 사용된다.

(불쾌)의 의미와 연관이 있다. 다른 순서로 된 문자들은, 반대이지만 상호 관련된 용어를 설명한다. 이것이 바로 라캉의 주이상스(쾌락과 고통의 공통의 뿌리) 개념의 의미이다.

참고문헌

Bakan, D. (1958). *Sigmund Freud and the Jewish Mystical Tradition*. Boston: Beacon Press.

Evans, D. (1996). *An Introductory Dictionary of Lacanian Psychoanalysis*. London and New York: Routledge.

Ey, H. (1966). *El Inconsciente (coloquio de Bonneval)*. Buenos Aires: Siglo Veintiuno, 1975.

Freud, S. (1905). Jokes and Their Relation to the Unconscious. *SE*, 8.

Lacan, J. (1953). The Function and Field of Speech and Language in Psychoanalysis. In: *Écrits*. trans. B. Fink. New York: Norton, 2006.

_____(1954–1955). *The Seminar. Book II: The Ego in Freud's Theory and in the Technique of Psychoanalysis, 1954–55*. trans. S. Tomaselli and Notes by J. Forrester (p. 141). New York: Norton; Cambridge: Cambridge University Press, 1988.

_____(1957–1958). *Seminar V: Formations of the Unconscious*. ed. J. A. Miller and trans. R. Grigg. Cambridge: Polity Press, 2017.

_____(1969–1970). *The Seminar of Jacques Lacan. Book XVII: The Other Side of Psychoanalysis*. New York: Norton.

_____(1972). L'etourdit. *The Letter*, 41, 31–80, 2009.

_____(1976–1977). *L'Insu que Sait … (Love Is the Unknown That Knows About the One Mistake): Seminar 24*. trans. C. Gallagher, unpublished. Lacaninireland.com. Accessed August 24, 2015.

Nobus, D. (2000). *Jacques Lacan and the Freudian Practice of Psychoanalysis*. London: Routledge, p. 174.

Quinet, A. (2018). *Lacan's Clinical Technique: Lack(a)nian Analysis*. London: Routledge.

9장

분석가의 저항과 욕망 그리고 역전이 문제

분석가의 저항

구두점, 절분법, 그리고 라캉이 "행위의 공포the horror of the act"라고 부르는 문제를 이해하기 위해서는, 라캉이 프랑스 퇴폐주의 운동the French decadent movement에서 차용한 "부르주아에게 충격을 주다*épater le bourgeois*"의 격언이 의미하듯이, 임상적 맥락에서 이 기법들을 이해하는 것이 중요하다. 이 격언은 저항에 대한 라캉학파의 이해를 가리킨다. 라캉은 저항하는 것이 자아가 아니라 욕망이라는 점을 강조하면서 시작한다. 저항은 자아 방어보다는 욕망(프로이트[1926]가 언급한 이드 저항)으로부터 더 많이 발생한다. 구체적으로 증상 내에서 저항하는 것은 욕망이다. 이와 관련하여 '정신적으로 고통받는 주체의 성적 생활이 증상 내에서 발견된다'는 프로이트의 진술을 상기하는 것이 중요하다.

따라서 증상이 주장하고 지속하고 저항하는 이유에 대한 질문이 제기된다. 이는 자아의 방어 메커니즘의 대리인에서 저항의 문제를 공식화하는 것과는 매우 다른 방식이다. 후자의 개념은 방어 작용의 발달을 지시하고 관리하기 위한 목적으로 주체의 정신적 거주지 내부에 살고 있는 허구의 작은 사람 또는 호문쿨루스homunculus[1]의 존재를 암시한다는 것은 잘 알려져 있다. 더욱이 라캉은 안나 프로이트(1936)의 방어 기제에 대한 기계론적이고 의인화된 이해를 비판할 뿐만 아니라, 방어 작용이 주로 언어 내에서 발생하는 점을 강조한다.

피분석자는 분석가 때문이 아니라 그들의 방어 때문에 저항한다. 그리고 "예yes"의 방어는 자아 메커니즘보다 무의식적인 상징적 코드의 기능이다. 라캉이 실제로 분석가의 저항이라고 말한 것은 분석가의 인간에 대한 피분석자의 저항의 측면이다. 피분석자는 자신의 무의식보다 분석가의 정상화 행동에 저항한다. 라캉은 분석가의 정상화 행동은 분석가 자신이 정상화 전문가 동일시를 포기하지 않으려는 저항으로부터 기인한다고 말한다. 자신의 전문성에 자부심을 갖고 집착하는 부르주아 분석가에게 이런 점은 깊은 인상이나 충격을 줄 필요가 있다.

일반적으로 라캉은 저항의 분석에 반대하고, 그는 모든 저항을 안다고 가정된 주체(현실과 자아 지식의 장소)의 지위를 포기하는 분석가의 저항으로 간주한다고 여겨진다. 피분석자의 저항 분석을

---

1 호문쿨루스homunculus는 축소 인간, 난장이 등 작은 인간의 표현이다. 16세기 연금술에서 대중화되고, 19세기 소설에서 역사적으로 완전한 형태의 미니어처 인간의 창조로 언급된다.

거부하기보다는, 무의식의 형성물에 대해 말하기 위해 피분석자의 저항과 작업하는 것과, 분석가의 인격(자아 또는 권위)에 대한 저항의 문제 사이의 라캉-프로이트학파 간의 구별을 강조하는 것이 중요하다. 라캉학파 분석가는 (상상적 자아 대 자아의 관계에 빠지는 것을 피하기 위해) 후자를 해석하지 않고, 대신 단순히 피분석자가 계속 말하도록 권장한다.

이 시점에서 라캉은 고대적이고도 새로운 학문인 수사학the rhetoric을 발견한다. 수사학은 정의할 수 있는 특정 형식과 형태에 따른 담론의 모든 다양한 형성, 변형, 변환에 대한 연구로 정의할 수 있다. 은유와 환유는 수사학 분야에서 가장 잘 알려진 고전적 형식이다. 따라서 욕망은 증상의 형성과 대체 형성[물]을 통해 주장하고 저항하는 것이다. 프로이트 이론 내에서 억압의 유일한 목적은 억압된 것에 대한 은유적 대체물을 생성하는 것이기 때문에, 억압은 항상 실패함을 기억하는 것이 중요하다. 라캉은 억압과 억압된 것의 회귀는 하나이며 동일한 것이라고 말한다.[2] 억압의 성공은 대체물의 생성을 발생시키는 능력으로 구성된다. 따라서 억압은 욕망이 재출현하는 곡해되고 왜곡된 방식이다. 마지막으로 주체가 치료의 방향을 수용하기가 어려운 것은 욕망의 저항이 욕망의 대표자인 증

---

2 Freud, S. (1915). Repression. *SE*, Vol. 14. In J. Strachey (ed. and trans.) London: Vintage Books, 1957/2001, pp. 146-158. "억압은 주체가 말할 수 없는 것을 존재의 모든 구멍으로부터 외치게 해주는 억압된 것의 회귀와 구분될 수 없다"(Lacan, 2006, p. 322) Lacan, J. (1966). Response to Jean Hyppolite's Commentary on Freud's "Verneinung". *Écrits*. trans. B. Fink, NY: W. W. Norton & Company, 2006, pp. 308-333.

상의 저항이기 때문이다.

이것의 임상적 결과는 이중적이다. 첫째, 욕망에 대한 라캉학파의 이해를 위한 암묵적 기초를 제공하고, 욕망에 대한 질문을 명확히 하는 것이 증상에 직접적인 영향을 미치기 때문에 그토록 중요한 이유를 설명한다. 둘째, 자아가 증상과 관련이 없다고 말하는 것을 믿어서는 안 된다. "나는 이 증상이 제거되기를 원해요"라고 자아는 말한다. 자아는 증상을 제거하고자 원하는 것처럼 보일 뿐이다. 그/그녀가 우리에게 증상에 대해 더 많이 말할수록, 그 증상을 더 사랑한다는 것을 뜻한다. 프로이트는 '정신증자가 그들 자신을 사랑하는 것만큼, 그들의 망상을 사랑한다'고 말한다. 신경증 환자도 마찬가지이다.

피분석자가 증상이 제거되기를 원한다고 말할 때, 그들은 대타자가 그들에게 기대하는 것과, 증상과 연결된 고통스러운 주이상스를 회피하도록 쾌락 원칙이 지시하는 방법에 순응하는 것이다. 그러나 증상의 주이상스는 욕망이나 대타자를 괘념치 않는다. 고통스러운 주이상스는 주체의 주이상스(고통)를 요구하는 초자아에 의해 요구된다.

따라서 만일 분석가가 모든 반대되는 주장에도 불구하고 피분석자가 증상을 제거하기를 원하지 않는다는 것에 대한 이해를 부정하면, 라캉에 따르면, 분석적 상황 내의 저항은 주로 증상에 문제가 있는 것을 듣고 해석하려는 분석가의 저항으로 이어진다. 여기서 치료적 동맹the therapeutic alliance의 문제는 외부 침입으로서 증상의 환상을 강화하는 자아-대-자아의 동맹으로 나타난다. 피분석자는 종종 증상을 자신이 전혀 모르는 무의식에서 나온 바이러스 같다고 서술한다.

증상을 외부 침입으로 취급하는 전략은 주체 또는 어린 아이가 증상에 대처하는 데 도움이 필요할 수 있는 극단적인 경우에 사용되는 것이다. 이러한 경우 환자는 증상과 투쟁하는 데 의사의 도움을 받아들인다. 증상을 자아 이조적ego dystonic으로 사고하는 것의 문제점은 증상이 자아 동조적ego syntonic이고 주체가 치료를 찾거나 원하지 않는 경우보다 더 나은 상황으로 보인다는 것이다. 그러나 누군가가 치료를 원하고 증상에 대해 불평한다는 사실이 그들로 하여금 자신의 증상과 관련된 처벌과 주이상스를 포기할 준비가 되어 있음을 의미하지는 않는다.

증상

증상의 존재는 누군가가 치료를 받기 쉽게 만들지만, 이것은 그들이 증상을 바꾸거나 포기하기를 원한다는 의미는 아니다. 자아 동조적 성격 특성과는 대조적으로, 증상은 욕망에 관한 무의식적 진리를 드러내는 데 한 단계 더 나아가는 것을 표상한다. 그러나 비자발적 증상으로 대표되는 한 단계의 전진이 주체의 나머지 성격 구조의 실제 상상적 자아 동조적 특성에 대해 우리를 속일 필요는 없다.

증상은 정신분석적 증상이나 대상이 되어야 하고, 정신분석적 작동이나 개입이 성공하기 전에 주체적으로 정류(수정)되어야 한다. 이것은 모든 분석의 진리로, 일부 저자에 따르면 증상 해결뿐만 아니라 성격 변형이라는 더 높은 기준을 충족해야 하는 수련 분석에서는 특히 진리가 된다. 증상과 성격 특성 사이에는 다른 사람들에게는 문제가 될 수 있지만 그것과 동일시된 주체에게는 문제가 되지 않는 연속성이 존재한다.

분석가가 증상, 의식적인 스토리 라인과 내러티브, 안다고 가정된 주체로의 전이를 믿는다면 그/그녀는 피분석가의 저항과 결탁할 것이다. 이것은 바로 라캉이 저항, **분석가의 저항**the resistance of the analyst이라고 언급한 것이다. 분석가가 감상적 공감으로 피분석자의 현시된 증상에 그/그녀 자신을 볼모로 삼는다면, 피분석자는 처음에는 공감적인 분석가를 경험하지만, 결국 정신분석적 증상은 세션 밖에서 행동화하거나 세션 내에서 치료 경계 위반, 역전이 상연, 분석가의 부적절한 자기-개방으로 나타날 것이다.

증상과 스토리 라인에 대한 초기의 믿음과 공감은 순전히 치료적 동맹을 구축하기 위한 **전이 내부의 전략**이어야 한다. 분석가는 피분석자의 자아가 아니라 무의식의 주체가 안다는 것을 알고 있지만, 당분간 피분석자의 자아가 자신이 말하는 것을 알고 있는 것처럼 분석가는 가장한다. 이것이 피분석자의 자아 방어와 동맹을 맺는 치료적 동맹의 장소이다.

따라서 **치료적 동맹**은 전형적으로 그 최선이 **전략적 동맹**이다. 그렇지 않으면, 분석가가 저항하고 있다고 말할 수 있다. 진정한 공감은 피분석자가 일반적으로 비공감적이고 자아 이조적인 것으로서 경험하는 무의식적 경험을 위해 유보되어야 한다. 다른 한편 예외적인 피분석자나 후보자가 주체적으로 수정된 증상을 지닌 채 분석에 와서 자신의 증상을 믿지 않는 경우가 존재한다.

분석가의 중립성의 계산된 동요 또는 전략적 동요

다른 학파에서는 **분석가의 욕망**에 대한 라캉의 개념이 금욕과 중립성이라는 고전적 주제를 재공식화하는 참신한 방식이지만, 그는 실천에 약간의 수정을 도입한다. 그중 하나를 그는 "**분석가의 중립성의 계산된 동요**the calculated vacillation of the analyst's neutrality"라고 부른다. 계산이 있다면 어떤 식으로든 결과가 무엇인지 알아야 한다. 라캉(1966)은 자신의 논문 「**프로이트적 무의식에서의 주체의 전복과 욕망의 변증법**The Subversion of the Subject and the Dialectic of Desire in the Freudian Unconscious」에서 이 개념을 소개하고 다음과 같이 설명한다. 자주 히스테리의 피분석자와 작업할 때, 계산된 동요는 아무 데도 연결되지 못하는 일련의 해석보다 훨씬 더 가치가 있다.

분석가가 분석가와 피분석자 사이에 실제 성적인 접촉이 없을 것이라고 확신하는 경우에만, 분석가는 모호함을 남겨 두고 피분석자와의 관계에서 이러한 가능성을 열 수 있다. 즉, 피분석자는 분석가와 성관계가 가능하다고 믿을 수 있으며, 분석가는 이것이 실제로는 발생하지 않을 것임을 알면서도 명시적으로나 직접적으로는 그렇게 말하지 않는다. 여기서 문제가 되는 것은 임시방편으로 고전적 해석(당신이 욕망하는 것은 내가 아니라 당신의 아버지입니다)을 사용하는 대신, 성적 전이를 견딜 수 있는 범위에서 전이를 지지하고, 상황의 불안으로 인해 회피하는 대신 성적 전이를 용인하는 것이다.

반면에 이러한 점은 신경증 피분석자에게만 해당된다. 구조적으로 정신증, 도착증, 또는 심각한 경계선 또는 히스테리 환자의 경우 성애적 전이에 대한 이러한 종류의 모호성은 역효과를 발생시킬 수 있다. 정신병 환자는 쉽게 정신증적 전이를 발생시킬 수 있으며, 도착증 또는 반사회적 환자는 분석가를 위험에 빠트릴 수 있다. 대부분 (항상 예외는 있으나) 정신병적이고 도착적이거나 반사회적인 환자의 경우, 분석가는 치료적 관계에서 성애적 전이를 직접적으로 분석한다. 신경증적 피분석자에게는 그 반대가 진실이다. 분석가는 그/그녀에게 직접 전해지는 경우에만 성애적 전이를 탐색하는 것이 바람직하다.

성애적 전이[3]를 탐색하는 것은 일종의 유혹으로 해석될 수 있으므로, **분석가의 중립성의 계산된 동요와 연관성이 있다.** 한편, 신경증적 피분석자가 성애적 전이에 대해 공공연하고 직접적으로 말할 때, 이것이 그 자체로 분석가가 피분석자의 문제를 제기하는 방식으로 이슈를 다루어야 함을 의미하지 않는 것 또한 사실이다. 프로이트가 **전이도 저항의 한 형식**이라고 말한 것을 유념하는 것이 중요하다. 의식적 환상은 욕망의 탐구를 지속하는 데 도움이 될 수

---

3 Freud, S. (1915). Observations on Transference-Love. *SE*, Vol. 12. In J. Strachey (ed. and trans.) London: Vintage Books, 1958/2001, pp. 157-171.

있지만, 또한 박탈, 좌절, 거세[4] 내에서의 상실 경험에 대해 말하는 것에 대한 방어가 될 수도 있다.

일자 존재의 핵심의 세 번째 지불
―분석가의 욕망과 메타윤리학 및 실재의 윤리

세 번째 지불은 일자의 존재의 핵심the core of one's being으로 지불하는 것이다. 라캉은 프로이트의 『꿈의 해석』(Freud, 1900/1965)에서 이 표현을 사용한다. 여기서 프로이트는 욕망하거나 소망하는 것이 우리 존재의 핵심이라고 말한다. 따라서 세 번째 지불은 욕망의 문제를 목표로 하고, '분석가의 욕망the desire of the analyst'에 대한 라캉의 개념과 직접적으로 이어진다.

라캉은 분석가의 욕망이라는 개념을 고안하고, 그것을 분석이 회전하는 결절점 또는 중추라고 선언한다. 그 이유는 무엇인가? 라캉은 프로이트가 새로운 담론적 상황을 창조했을 뿐만 아니라 새로운 주체적 위치나 상태, 즉 분석가의 위치도 발명했다고 믿기 때문이다. 라캉(1961–1962)은 분석가의 욕망이 대타자의 욕망 또는 타자의 욕망과 다른 무엇이라고 말한다. 그뿐만 아니라 [그것은] 분석가가 되고자 하는 직업적 욕망이나 각 분석가의 개인적 욕망이 아

---

4 Lacan, J. (1998). *The Seminar of Jacques Lacan, Book* Ⅴ: *Formations of the Unconscious, 1957-1958*. ed. J.-A. Miller. trans. R. Grigg. MA: Polity Press, 2017, p. 156.

님을 명시한다. 그것은 **죽음을 향한 존재의 비인격적 욕망**으로서, [실재적] 죽음이 아닌 두 번째의 **상징적 죽음에 대한 욕망**이다. 죽음을 위한 욕망이나 죽음의 욕망은 본능적 공격의 목표와 다르다.

> 우리 분석가들이 무the nothing에 대한 주체의 관계를 다룰 때마다 두 가지 경사 사이에서 규칙적으로 미끄러진다. 파괴의 무를 향한 경향성의 공통의 경사, 공격성을 생물학적 힘으로 순전히 환원될 수 있는 것으로 간주하는 수치스러운 해석, 즉 이것은 동일시를 도입하기 직전 죽음 충동에 대한 프로이트적 사고의 어떤 필요한 단계에서 발생하는 무에 대한 경향성을 뒷받침하는 저하된 방식 외에는 결코 충분하지 않은 방식 사이에서 정기적으로 미끄러진다 (Seminar 9, Lesson 15, p. 8, Session of 2.28.62).

하이데거적 의미에서 죽음의 욕망 또는 **죽음을 향한 존재**a being-towards-death는 욕망에 관례적인 것을 하지 않는 것, 즉 욕망을 시도하는 것을 포함한다. 분석가는 먼저 욕망되기를 추구해야 하지만, 그 다음에는 피분석자가 이 욕망을 타자들을 향한 욕망이 되도록 해야 한다. 이것은 분석가가 피분석자에 의해 배치된 이상적 (자아적) 위치를 포기해야 하기 때문에 가장 수용하기 어려운 지불이다. 이것은 나르시시즘을 분화와 변형의 더 높은 수준으로 고양시키기 위해 나르시시즘적 상처를 자동-유도하거나 자기-도입한다는 의미에서 분석가에게 금욕적인 것이다. 이 시점에서 종결의 중요성을 명확하게 식별할 수 있다.

분석가의 욕망과 죽음 충동과 연관된 분리와 비-애착이라는 의미에서의 분석의 종결에는 치명적인 어떤 것이 존재한다. 이것은 항상 합일과 종합을 지향하는 에로스와는 상반되는 것처럼 보인다. 이러한 관점에서 우리는 분석가의 욕망이 자신의 존재의 핵심으로 지불을 요구하는 특수한 주체적 위치인 이유를 이해할 수 있다. 분석가는 그/그녀 자신의 욕망과 관련된 작업을 해야 한다. 이것은 세 가지 지불 중 가장 결정적이고 근본적인 것이다. 그러한 지불을 기반으로 하여 말과 한 사람의 인격으로서 지불하는 것을 견딜 수 있다. 분석가가 자신이 욕망하는 위치에 두는 것을 물리치는 경우에만 가치, 선택, 나르시시즘적 만족을 일시적으로 제쳐 둠으로써 그/그녀 자신의 자아 정체성을 변형할 수 있다. 여기서 우리는 저항이 분석가의 욕망과 어떻게 연관되는지 알 수 있다. 분석가의 욕망은 인간의 보편적인 욕망이 아니다. 왜냐하면 이 경우 그러한 욕망은 좋은 분석가로서 인정받고자 하는 욕망을 재현할 것이기 때문이다. 그러한 욕망은 라캉이 정의한 분석가의 저항이 될 것이다.

자기 존재의 핵심을 가진 세 번째 지불이라는 개념은 정신분석의 윤리와 정신분석적 상황과도 연결된다. 『실재의 윤리Ethics of the Real』에서 알렌카 주판치치Alenka Zupančič는 "우리는 공포의 순간으로서 … 향유의 실재와의 만남을 피하기 위해 무한한 상징적 환유의 영역으로 탈주한다"(Zupančič, 2011, p. 235)고 기록한다. 욕망은 나무 꼭대기를 따라 이동하며 목표 대상을 맹렬히 쫓는 원숭이처럼, 이미지에서 이미지로, 선취 특권에서 선취 특권으로 욕망의 환유 대상을 추구하는 소망적인 사고에서 발견되지 않는다. 윤리적 또는 비-병리적인 욕망은 충동의 실재와의 조우나 잘못된 만남에서 발견된다.

　욕망의 윤리는 우리가 원한다고 생각한 것이 우리가 진정으로 원하는 것이 아님을 정류하는 것을 포함하더라도 자신의 욕망에 따라 행동하는 것을 말한다. 윤리적 행위는 의무나 책임의 도덕성에 의해 정의되는 것이 아닌, 주체가 활동의 실용주의적 비용/편익의 비율을 산정하지 않고, 원칙을 초월하여 행동하는 것으로 정의된다. 고통이 윤리적 행위와 연관될 수 있지만, 고통은 활동의 목적이 아니다. 우리가 원하는 것을 얻기 위해 고통을 겪어야 하는 것이 아니라, 우리가 원하는 것이 고통을 수반하는 대가를 요구할 수 있지만, 고통은 우리가 추구하는 것이 아니라는 것이다.

　슬라보예 지젝Slavoj Žižek이 주장한 것처럼(Zupančič, 2011), 도덕적 법칙은 욕망의 피할 수 없는 명령이 아니다. 욕망의 윤리는 정확히 **대타자의 욕망과 주체의 욕망을 구별하는 것**이기 때문이다. 결국 대타자의 욕망이 주체의 욕망이라는 것이 밝혀지지만, 주체는 이를 알지 못하고, 자신의 욕망이 대타자의 욕망과 대치된다거나, 또는 법이 욕망의 조건이 아니라 욕망에 대치되는 것이라고 순진하게 생각한다. 그러나 주체 자신이 아닌 대타자의 욕망을 충족시키기 위해 살아가는 전통적인 주체는 욕망의 윤리가 아니라 신경증의 정의이다.

　그렇다면 욕망의 윤리는 주판치치(2011)가 "결여의 영웅주의the heroism of the lack"(p. 240)라고 부르는 것, 또는 남근보다 결여를 위한 욕망을 더 나타내는 것을 표상하는가? 대상 _a_는 욕망이 원하는 무

the nothing**이다.** 충족되지 않고 전치된 욕망은 공허를 향유의 진정한 장소로 보존한다. 상상적 남근의 환유적 전치에 대해 실재 또는 충동의 주체는 "그것은 그게 아니다It's not That"라고 말한다. **실재의 윤리**는 이전에 라캉이 "**무에 대한 경향성** the tendency to the nothing"이라고 불렀던 것을 표상한다. 첫 번째 주이상스와 두 번째 주이상스는 항상 세 번째 대타자 주이상스가 대상 *a*의 복제와 균열을 멈출 때 해소되는 잔여를 생성한다. 첫 번째 주이상스와 두 번째 주이상스의 형태는 포기하거나 만족할 때, 항상 잔여를 생성하거나 대상 *a*를 재생산한다. 제3의 주이상스(세 번째 주이상스)는 여전히 잃어버린 것이 있을 수 있지만, 대상 *a*를 재생산하지 않는다. 왜냐하면 *a*(the 'nothing')는 궁극적으로 실재에 접근하는 과정에서 용해되기 때문이다. 소크라테스가 말했듯이 "당신이 나를 무언가로 생각하거나 보는 곳에서 나는 아무것도 아닙니다."

무에 대한 경향성은 승화된 죽음 충동, 또는 종국에는 목표의 반대편인 에로스 측면으로 가로지르는 죽음 충동에 상응한다. 소위 건강 가치에 관해서 부처도 프로이트와 마찬가지로 유명한 외과의사의 비유를 사용한 것으로 잘 알려져 있다. 화살에 맞은 사람을 돕기 위해, 의사는 상처와 신체가 치유되고 살아가게 하기 위해 상처를 절개하고 열어 일시적으로 더 많은 고통을 유발함으로써 신체에서 화살을 뽑아야 한다. 세션의 절단, 분리, 비움의 실천은 모두 선의로 수행되지만, 그 행위가 유익한지의 여부를 알지 못하는 윤리적 용기가 필요한 **분석가의 실재 행위**이다. 윤리적 행위an ethical act는 죽음 충동, 즉 주판치치가 결여의 영웅주의라고 부르는 숭고한 도달점을 불러일으킨다.

개인적 가치의 부정의 한 형식으로서 한 개인의 인격의 지불과 관련해 동일하게 말할 수 있다. 판단의 기권은 분석가가 부도덕하거나 비도덕적인 주체가 되는 것이기보다는 다른 질서나 메타윤리의 가치를 함축한다. 초자아와 법은 욕망을 억압하는 것과는 거리가 멀고, 주체가 금지된 욕망을 추구하도록 강요한다. 프로이트(1900, p. 365)는 프리드리히 빌헬름 니체Friedrich Wilhelm Nietzsche (1844)에 이어서 억압 작용과 관련해 정신적 가치의 전환에 대해 말한다. 즉 쾌락적인 것이 불쾌한 것이 되고, 그 반대의 경우도 마찬가지이다.

도덕적 선은 쾌락의 선을 악으로, 좌절의 악을 선으로 대체한다. 분석의 실천은 이 과정을 역전시킨다. 도덕적 선이나 초자아는 의심이 되고, 욕망의 악은 다시 한번 분석가에게 선하고 수용될 수 있는 어떤 것이 된다. 그러나 정신분석은 쾌락주의가 아니기 때문에 이것이 이야기의 끝이 될 수는 없다. 자신의 욕망과 친밀해지는 것은 인간의 욕망을 충족시키는 것과 동등하지 않고, 이는 불가능한 일이다. 주체는 "이것이 내가 진정 원하는 것인가? 또는 이것보다 더 근본적인 욕망이 있기 때문에 '그것은 그게 아니다'"라고 의문시할 수 있을 뿐이다. 그러나 **욕망의 윤리**에 대한 문제는 더 나은 욕망이나 욕망의 대상이 있는지의 여부가 아니라, '그것은 그게 아니다'는 사실 더 나은 욕망의 대상이 아니라, **공백이나 무를 추구하는 경향성으로서 충동을 지시한다는 사실**이다.

마지막으로, 분석가의 욕망은 에이브러햄 해럴드 매슬로Abraham Harold Maslow(1968)가 B-인지 또는 '초개인적transindividual'이며 인간의 욕망(욕망되고자 하는 욕망)이 없는 일자 자신의 비존재에 대한 앎(비온[1984]의 O로의 변형)이라고 명명한 것을 주장할 수 있다. 분석가의 욕망은 형언할 수 없는 것, 또는 말이 없는 담론을 지각하는 능력을 부여한다. 프로이트의 고르게 떠도는 주의the free-floating attention, 비온의 부정적 능력the negative capability(기억이나 욕망이 없는 분석가의 능력), 또는 분석가의 욕망은 개인적 가치와 선호를 적용하지 않고 존재의 핵심the One's own non being으로 지불하는 측면에서 한 인간으로서 지불하는 것에 대해 말하는 여러 다른 방식이다.

분석가의 욕망과 역전이의 문제

마지막으로 역전이 개념에 대한 라캉의 비평과 관련해 몇 가지 언급할 필요가 있다. 분명히 라캉이 분석가의 욕망 개념으로 염두에 둔 것은 일반적으로 역전이로 간주된 것이 아니다. 또한 그는 역전이의 개념이 분석가의 경험을 전달성의 조건이 결여된 상상적 특질의 "느껴진 경험felt-experience"으로 환원시킬 위험성을 내포하고 있음을 지적한다. 이러한 개념과 대조적으로, **기표의 개념**은 분석가의 경험을 이해하기 위한 (대타자에 의해 매개된) 보다 객관적인 참조를 제공한다.

기표로서의 주체the subject as signifier는 위니콧(1971)의 객관적 주체로서, 라캉에 따르면, 주체는 기표 내부에서 소외되고 기표에 의해 대표되는 결과이다. 그러한 가장 중요한 예는 프로이트의 『일상 생활의 정신 병리학』(1901/1965)의 첫 번째 장으로 제공된 「고유 이름의 망각The Forgetting of Proper Names」에 관한 논문이다. 여기서 프로이트는 기표에 대한 자신의 개인적인 경험을 대중과 미래의 분석가들에게 스스로 공개한다. 자기 공개의 목적은 정신분석의 전달 그 이상도 이하도 아니다.

고유 이름을 망각하는 것은 잘못된 이름의 회귀와 동시에 발생한다. 프로이트는 화가 시뇨렐리Signorelli의 이름을 망각하고 대신 보티첼리Botticelli와 볼트라피오Boltraffio라는 이름을 생성한다.

> 이름의 마지막 반인 '-elli'는 'Signor'가 망각된 사실에 의해 불완전하게 제시된 Signorelli의 잔재이다. 'Bo'는 '보스니아-헤르체고비나Bosnia-Herzegovina', 억압된 'Herr'의 불완전한 잔재이다. 'Boltraffio'가 'Bosnia-Herzegovina'의 'Bo'와 프로이트가 그의 환자 중 한 명이 성적 발기 부전으로 자살했다는 사실을 알게 된 지역의 이름인 '트라포이Trafoi'를 연결한다고 설명하는 것도 바로 이 동일한 억압이다(Lacan, 1957 – 1958, p. 31).

프로이트는 무의식의 구조적 이해 내에서 기표의 이동에 대한 도식을 발전시킨다(이후 도식 참조). 이 예는 단어의 절분, 절단 또는 분할과 새로운 단어로의 전치와 압축을 보여 준다. 또한 이것은 대치가 단순한 우연에 의해 발생되지 않음을 보여 준다. 화가 보티첼리Botticelli와 볼트라피오Boltraffio는 화가 그 자체로 선택된 것이 아니라, 의미화 상황의 맥락에서 연상이 기표들을 연결하기 때문이다. 보스니아-헤르체고비나에 위치한 의미화 상황과 연관된 억압된 사고는 죽음과 섹슈얼리티(프로이트의 환자는 성 불능 때문에 자살한다), 그리고 궁극적으로 아버지Signor and Herr와 관련이 있다.

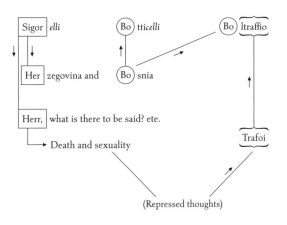

그림 9.1 기표들 이동의 도식

출처: Freud 1904, p. 5.

그럼에도 불구하고 중요한 점은 프로이트가 자신의 주체적 경험이 상상적 주체적 경험의 내재성 또는 특이성을 넘어 분석가로부터 분석가로 시간을 초월하여 전달될 수 있는 방식을 지시하는 방법이다. 후기 라캉에 이르러서는 기표가 객관적이라고 말하지 않는데, 왜냐하면 이는 용어의 모순에 해당되기 때문이다. 기표는 주체를 지시하며, **주체와 기표는 주체성의 한 객관적 형식 또는 주체가 없는 지식의 한 형식을 표상한다.** 그러나 라캉에게 주체적 진리는 정서와 객관적 지식 모두와 다르기 때문에, 이 경우 '진리는 어디에 있는가?'라는 질문으로 인도된다.

라캉은 기표와 주체의 개념을 상호 교환적으로 사용한다. 또한 기표는 다른 기표(S_1-S_2뿐만 아니라 S_1-S_0)뿐만 아니라, 실재의 진리와 관계를 가지며, 실재는 상징계와 기표 너머에 있다. 후기 라캉에서 주체적 진리는 주체 없는 지식의 한 형태로서 기표의 객관성 차원에서가 아니라 주이상스의 실재the Real of Jouissance에서 발견된다. 여기서 '주체가 없다'는 것은 '자아가 없다'는 것을 의미하는데, '순수 기표의 주체는 하나의 연동자a shifter'이고, 후기 라캉에서는 주이상스의 실재에도 하나의 주체가 있기 때문이다. 실재는 기표가 회전하는 (상상적 의미가 없는) 무의미의 구멍이다. 실재와 주이상스는 객관적이라기보다는 초주체적이거나 초개인적이며, 정서적 진리나 한 주체가 없는 지식의 한 객관적 형태보다는 주체적 진리를 나타낸다. 동시에 주체는 의미화 연결망에 내재되어 있는 반면, 자아는 자기중심적이고 상상적인 주관주의와 지식의 형태를 나타낸다.

예를 들어 감정feeling 또는 정동affect은 타자의 말과 행동에 의해 유발되거나 영향을 받는 주관적인 경험이다. 이에 반해 정동의 기의와 의미는 실제 말이나 사건이 아니라 주체를 위한 주이상스의 가치이다. 감정은 대타자에 의해 촉발되지만, 주체가 경험하는 것은 그들 자신의 충동과 주이상스이다. 주이상스는 실재적 주체이지 대타자가 아니다. 따라서 분석가는 전이에서 피분석자의 주이상스에 대해 투사적 동일시를 통해 책임을 질 수 없다. 또한 피분석자의 말이나 행동의 결과로서 분석가가 경험한 주이상스에 대해 피분석자도 책임을 질 수 없다. 양쪽 당사자가 경험하는 감정이나 정동은 상호 의존적이지만 주이상스는 그렇지 않다. **주이상스는 주체 자신의 것이다.** 주이상스는 정동이 쾌락인지, 불쾌인지, 중립적인지 또는 이 세 가지의 다양한 조합인지를 결정한다.

분석가는 대타자가 그들에게 투사하는 것과 한 주체로서 자신의 주이상스 또는 주체적 경험을 혼동해서는 안 된다. 대상관계 분석가는 투사적 동일시의 경우 그들 자신의 경험(또는 개인 분석)에 대해 책임을 지지 않고, 분석가에게 투사된 무의식적 지식의 원천으로서 자신의 경험을 피분석자에게 귀속시킨다. 예를 들어, 투사적 동일시로서의 역전이 개념과 함께, 주체적 경험의 내재성을 넘어선 기표의 전달은 상실된다. 왜냐하면 반대되는 모든 주장에도 불구하고, 분석 상황에서 분석가에게 발생하는 모든 일은 피분석자의 방식에 의해 분석가에게 도달한다는 편무적 신념이 크기 때문이다.

우리의 현재 목적의 핵심은 후기 라캉에서는 실재와 주이상스와 그 변형이 정신분석학의 전승에도 관여하지만 시간이 지남에 따라 전이와 역전이, 그리고 정신분석의 전승에 대한 열쇠를 쥐고 있는 것은 **기표**라는 것이다. 무의식적 앎 또는 상징적 지식*savoir*, 그리고 무의식의 언어 또는 라랑그는, 개인이 대타자를 위한 욕망의 대상이 되는 것으로부터 시작하여 주이상스의 경험과 그 변형과 연결된다.

이러한 점은 주이상스가 주체 혼자서 책임져야 하는 것임에도 불구하고, 왜 라캉이 주이상스를 공식화하기 위해 상호 주체적 개념, 즉 대타자의 주이상스the jouissance of the Other와 대타자 주이상스

the Other jouissance를 사용하는지에 대한 의문을 제기한다. 나는 대타자를 위해 어떤 대상 또는 주이상스를 대표하고, 대타자는 나를 위해 어떤 대상 또는 주이상스를 대표하는가? 대타자는 만족(또는 좌절)의 경험과 아이가 어머니에게 나르시시즘적 가치를 지닌 하나의 대상이라는 사실을 나타낸다. 어머니는 그녀의 대상으로 아이를 삼지만, 이것은 아이의 주이상스가 아니라 어머니의 주이상스이다. 결국 아이는 그 순간 자신이 어머니를 위한 어떤 대상이 되든 상관없이 젖가슴에서 만족을 경험한다. 그때부터 아이는 이 요인이 대타자의 행동 및 환상과 상호 작용하는 방식과 무관하게 자신의 만족 또는 좌절의 경험에 대해 책임을 져야 한다.

주체적 경험의 내재성, 또는 상상적 특질의 주관주의를 넘어 욕망의 대상을 객관화하는 것은 기표이고, 동시에 대상, 기표, 주이상스는 서로 다른 경험의 기록부에 속한다. 대상은 상상적이고 환유적인 반면, 주이상스는 실재에 속한다. 남근적 주이상스는 대타자와의 융합보다 남근의 기표들을 추구한다(통일된 상상적 단일성보다 더 많은 의미화 단위들을 추구한다). 그러나 남근은 상상적 남근[φ]이 존재하지 않기 때문일 뿐만 아니라, 남근이 특권적 환유 대상이 아닌 결여의 기표(상징적 남근[Φ])이기 때문에 객관화될 수 없다. 남근은 하나의 대상도 아니고, 특권을 가진 초월적 존재도 아니기 때문에, 주이상스의 실재를 표상하는 기표의 부재 또는 공집합의 장소에서 결여의 기표(상실된 상징적 남근)로 나타난다.[5]

5 Lacan, J. (1966). The Signification of the Phallus. *Écrits*. trans. B. Fink, NY: W. W. Norton &

결론적으로 분석가의 욕망은 사랑받는 지식의 주인 또는 안다고 가정된 주체의 위치에 머물지 않으려는 욕망이다. 분석가가 피분석자를 기쁘게 하거나 사랑받기 위해 그들에게 사랑이나 지식을 주려고 노력하면 할수록, 그/그녀는 더 많은 역전이 장애를 경험하고, 분석가는 자신의 피분석자에 대한 더 많은 전이 신경증에 봉착할 수 있다. 역전이는 개인 분석을 통해 다루어지거나 다른 전문가에게 개방되어야 하지만, 분석가의 피분석자에게는 공개되지 않아야 한다.

이것은 분석가가 자신의 주체적인 경험을 절대 참조해서는 안된다는 믿음으로 유도되어서는 안 된다. 위니콧은 분석가가 그/그녀 자신의 개인적인 실패나 실수를 은폐시키려 해서는 안 된다고 지적한다. 이것은 피분석자가 대타자의 결여, 이 경우 분석가의 결여를 받아들여야 한다는 라캉의 개념과 일치한다. 이것은 특히 이상화 전이 또는 마조히즘적 피분석자의 경우에 해당되며, 이들은 항상 모든 것에 대해 자신을 비난하고 분석가를 완벽한 반열로 고양시키려는 경향이 있다.

Company, 2006, pp. 579.

참고문헌

Bion, W. R. (1984). *Transformations*. London: Karnac.

Freud, A. (1936). *The Ego and the Mechanisms of Defense*. London: Karnac.

Freud, S. (1900). *The Interpretation of Dreams*. New York: Avon Books, 1965.

_____(1904). *The Psychopathology of Everyday Life*. New York: Norton, 1965.

_____ (1905). Jokes and Their Relation to the Unconscious. *SE*, 8.

_____(1926). Inhibitions, Symptoms and Anxiety. *SE*, 20, 77–174.

Lacan, J. (1956–1957). *El Seminario. Libro 4. La Relacion de Objeto*. Buenos Aires: Paidos.

_____(1957–1958). *The Seminar of Jacques Lacan. Book V: Formations of the Unconscious*. trans. R. Grigg. London: Polity Press.

_____(1961–1962). *Book IX: Identification*. Unedited trans. C. Gallagher. London: Karnac.

_____(1966). The Subversion of the Subject and the Dialectic of Desire in the Freudian Unconscious. In: *Écrits*. trans. B. Fink. New York: Norton, 2006.

Maslow, A. (1968). *Toward a Psychology of Being*. New York: Van Nostrand Reinhold.

Moncayo, R. (2018). *Knowing, Not-Knowing, and Jouissance: Levels, Symbols, and Codes of Experience in Psychoanalysis*. London: Palgrave McMillan.

Nietszche, F. (1844). *The Essential Nietzsche*. New York: Chartwell Books, 2017.

Winnicott, D. (1971). Creativity and Its Origins. In: *Playing and Reality*, London: Routledge, 1991.

Zupanscic, A. (2011). *Ethics of the Real: Kant and Lacan*. London: Verso.

10장

성적 차이[1]에서 일자의 기능과 여성적 주이상스

증상, 환상 그리고 성적 차이

라캉에서 환상($\$\Diamond a$)의 개념은 프로이트(1915, 1916–1917; Laplanche and Pontalis, 1973)의 원형 환상 또는 "원초적 환상(the) primal fantasies"[2]

1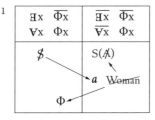

Lacan, J. (1975). *The Seminar of Jacques Lacan, Book XX: On Feminine Sexuality, 1972-1973*. ed. J.-A. Miller. trans. B. Fink. NY: W. W. Norton & Company, 1998, p. 78.

2 원(초적)환상*Urphantasien*은 프로이트의 논문 「정신분석 이론에 반하는 편집증의 사례 A Case of Paranoia Running Counter to the Psycho-Analytic Theory of the Disease」(Freud, 1915/2001: 269)에서 나타난다. 원환상은 "주체의 개인적인 경험과 무관하게 환상 생활을 조직하는 것으로, 정신분석이 발견한 전형적인 환상의 구조물, 즉 자궁 내의 생활, 원장면, 거세, 유혹을 말한다. 프로이트에 따르면, 그러한 환상의 보편성은 그것들이 계통 발생적으

으로 거슬러 올라간다. 여기에는 섹슈얼리티와 유혹 환상의 기원, 거세의 문제와 성적 차이의 기원, 그리고 원초적 장면과 인간 삶의 기원에 대한 질문이 포함되어 있다. 프로이트(1915, 1916–1917)에 따르면, 이러한 보편적 구조는 환상의 차원에 존재하고, 인간의 개인적 경험으로 환원될 수 없다. 라캉(1956–1957)에 따르면, **무의식적 환상은 욕망을 유지하고 거세를 방어한다**. "금지된 것은 항상 소원의 실제 형성에 존재한다"(Laplanche and Pontalis, 1973). 환상의 횡단the crossing of the phantasm or fantasy은 환상이 욕망을 유지하는 동시에 상징적 거세를 방어하는 방법, 즉 환상의 두 가지 측면을 정교하게 설명하는 것을 포함한다.

라캉에게서 증상은 무의식적 환상에 접근하기 위한 필연적인 것이다. 환상은 억압되고 무의식적인 의미화 구조에 설정된 이미지

로 전해지는 유산을 구성한다는 사실로 설명된다. 이른바 원환상은 각 개인이 실제로 체험한 장면을 증거로 내세울 수 없지만, 일반적으로 모든 인간 존재에게서 만나게 되는 것이다. 어린아이는 환상을 만들어 냄으로써, 선사 시대의 진실의 도움으로 개인적인 진실의 공백을 메운다. 즉 선사 시대의 사실이 심리적 현실이 된 것이다. 프로이트는 일찍부터 신경증의 증상의 최종적 토대를 제공하는 태곳적 실제 사건을 찾으려고 노력하며, 이러한 실제 사건을 '원장면Urszenen'이라 명명한다. 그러나 그러한 사건에 대한 환자들의 기억은 환상에 의해 가공되고 은폐된다. 원장면이 원환상으로 이어지는 프로이트의 이론을 정확히 추적하는 것에는 한계가 있지만, 환상의 세계는 정신분석에서 처음부터 '심리적 현실'이라는 용어가 함축하고 있는 일관성과 조직, 그리고 효력을 갖고 있는 것으로 나타난다. 원환상과 관련해 긴요한 점은 주체의 기원과 연관되는 것으로, 원환상은 어린아이에게 근본적인 수수께끼로 제공되는 것에 '표상'과 '해결'을 가져다준다. 이는 주체에게 설명과 이론을 필요로 하는 성질의 현실로 보이는 것을 출현의 순간으로, 즉 역사적 기원으로 극화시킨다. '원장면'에서 형상화되는 것은 '주체의 기원'이고, '유혹의 환상'에서 형상화되는 것은 '성의 기원과 출현'이며, '거세 환상'에서 형상화되는 것은 '성별의 기원'이다. 원환상은 분석 경험과 이론에서 중심적인 관심사라는 사실에 주목할 필요가 있다"(Laplanche and Pontalis, 1973: 331–333).

이다. 환상은 억압되거나, 행동화되거나, 외부 세계의 요소로 인식될 수 있다. 또한 환상은 대타자를 위한 욕망이 아니라, 대타자의 결여나 욕망을 베일로 가린다. 환상은 보편성을 포함하지만, 그것은 항상 주체의 특수한 형성물이다. 라캉에 따르면, 환상은 종종 모순되는 쌍으로 나타나는데, 히스테리의 경우 양성애와 히스테리의 문제로 예증된다. "나는 남자인가 여자인가? 나는 남자이자 여자인가? 아니면 둘 다 아닌가?(세 가지 가능한 합리적/논리적 수준)" 라캉이 언급했던 것처럼, 환상 또는 환영은 이성 또는 동성의 동시적이고 모순적인 한 명 혹은 두 명의 파트너를 선택하는 과정에서 연출된다. 프로이트 이후 라캉에게 히스테리는 항상 두 가지이다.

양성애(즉, 나는 남자 혹은 여자인가?)와 두 명의 파트너의 선택(자주 하나는 실재이고, 다른 하나는 환상이다)은 분석에서 전이 사랑을 포함하여 사랑 관계에서 상연된다. 분석가에 대한 사랑 전이는 두 명의 파트너의 히스테리적인 환상에 의해 공급된다. 이 경우 분석가는 환상의 파트너가 될 수 있다. 두 명의 파트너의 경우, 현실의 파트너는 '약한', 덜 욕망하는 파트너the lacking Other이고, 환상의 파트너는 남근적이고, '강한' 욕망의 파트너가 된다. 피분석자는 전형적으로 '약한(-phi)' 파트너를 욕망하지 않고, 대신에 '강한(phi 또는 +phi)' 파트너에 대한 환상을 갖는다.

예를 들어, 한 여성 피분석자는 가족에서 '바지pants'(상상적 남근)를 입는 어머니처럼 '강함'을 원하지 않고, 대신 아버지가 강해지기를 원한다. 그러나 그녀는 아버지처럼 '약한', 그리고 어머니처럼 '강한' 모습으로 묘사한 남편을 선택한다. 고정 관념적으로 그녀는 남자가 강하고 여자가 약하다고 생각하지만, 그녀는 자기 주장이 있는 남자처럼 성격이 강한 여자('항상 옳고 방향을 제시하기를 좋아하는 mansplainer')가 되기를 원하고, 그녀의 남편은 작은 페니스를 지닌 여자처럼 약하다고 생각한다. 그녀는 남편이 구멍 가득한 비행기를 타고 날아가는 나약한 남자이고, 그녀는 구멍이 뚫린 팬케이크를 굽는 약한 여자인 꿈을 꾸었다. 꿈에서 비행하는 남근phallus '비행기plane'는 구멍이 '가득 차full' 있고, '팬케이크pancake'(라멜라lamella/대상 a)에는 구멍이 있다.

그녀는 자신의 분석가처럼 '강한' 남자와 함께 있는 환상을 전개하지만, 그녀가 분석가를 남자로, 자신을 여자로 생각할 때, 분석가의 모든 결점을 생각하기 시작하고, 분석가는 그녀의 눈에서 매우 빠르게 '약한' 남자가 된다. 그의 구축된 약함이나 상상적 거세는 그녀가 여자로서 상상적 거세 또는 약함을 경험하는 것과 직접적인 관련이 있다. 그녀가 강하고 남자가 약하든, 또는 그녀가 약하고 남자가 강하든, 두 경우 모두 라캉이 공식화한 남녀 간의 성적 관계의 결여로 이어진다.

헌신적인 파트너와 환상의 연인으로 구성된 두 파트너의 구조적 환상은 아내 또는 남편과의 재결합으로 해결되지 않거나, 연인과의 새로운 성공적인 관계를 위해 파트너를 떠나는 것으로 해결되지 않는다. 두 경우 모두 남녀 간의 성적 관계의 결여가 기준이 될 것이다. 관계를 갖는 것이 소위 건강한 기능을 나타낼 수 있으나, 정신분석은 라캉이 남녀 간의 성적 관계의 결여라고 부르는 곤경을 해결할 수 없다.

내가 다른 저작에서 쓴 것처럼(Moncayo, 2017), '두 성의 기표들 사이에는 성적 관계가 없다there is no sexual rapport between the sexes signifiers'는 라캉의 테제는 고대의 고전적 이상이 더 이상 유효하지 않다는 것을 의미한다. 청소년기에 발생하는 성적 충동의 생물학적 성숙으로서의 전통은 사랑이 결혼법에 따라 섹슈얼리티를 포함하기를 희망한다. 이것은 규범을 뒷받침하지만, 무의식적 또는 결혼/부부 생활의 현실과는 일치하지 않는 신화이다. 이것은 의미화 연쇄의 두 수준이 어떻게 분기하고 불일치하는지를 보여 주는 또 다른 예이다. 성적 관계의 결여는 구조적이기 때문에 남녀 관계에서 이상적이거나 더 나은 배열은 없지만, 그것은 생톰으로 변형될 수 있다.

이러한 관점에서, 생톰은 남녀 간의 관계뿐만 아니라 사랑과 섹슈얼리티에서도 견딜 수 없는 관계의 결여를 견뎌 내는 '만들고 행하는 방법을 아는 노하우'the know-how-to-make-do, *savoir-faire* 또는 방법이다. 인간은 결국 자신이 사랑하는 사람과 성관계를 하지 않으려 하고, 성관계를 하는 사람을 사랑하지 않으려는 경향이 있다.

라캉(1971-1972)은 파르메니데스Parmenides로부터 물자체the thing-in-itself로서의 일자One, 1의 개념을 차용하고, 그것에 대해 다음과 같이 말한다. '일자 자신의 비-존재가 있다there is the One's own non-being.' 이러한 이유로 라캉은 반-존재론적 순간에 존재의 본질이나 결여보다는 0zero이나 공백으로서의 일자(1)를 존재의 다른 면으로 생각한다. 1이 0과 분리되거나 1이 0의 외부에 있을 때, 긍정적 상상적 나르시시즘은 상상적 1을 나타내고, 0은 자기 파괴 또는 자기의 부재나 절멸의 '무a nothing'로 환원된다는 의미에서 부정적 나르시시즘과 동일하다(Green, 2001). 상상 속의 일자(1)와 실재의 일자(1)를 혼동하지 않는 것이 중요하며, 일자와 존재의 '무no-thing'가 [즉 1과 0이] 일자 자신의 비-존재the One's own non-being의 형식으로 연결되어 있음을 실현하는 데 실패하지 않는 것이 중요하다.

라캉은 남녀 사이에는 관계나 성적 관계가 없다고 말한다. 왜냐하면 두 개의 성은 같은 일자로서 서로가 서로를 필요로 하지 않는 두 개의 일자이기 때문이다. 주체는 관계를 말하고, 거짓말을 할 수 있는 장소에서 '혼자All-alone'임을 드러냄으로써, 두 성 사이의 성적 관계의 결여, 또는 현실의 파트너가 제3자의 환상의 대상이라는 진실을 폭로한다.

라캉이 여자는 남근적 기능에 전적으로 종속되지 않는다고 말할 때($\overline{\forall}x\Phi x$), 이것은 모호하게도, 여자의 섹슈얼리티를 남근적 주이상스로 환원할 수 없을 뿐만 아니라, 여자가 상징적 거세의 남근적 기능에 전적으로 종속되지 않는다는 것을 의미하기도 한다. 상상적 남근을 부정하는 기능에도 불구하고, 거기에는 기의가 없거나, 부정될 수 있는 것이 아무것도 없다. 부정된 기표는 존재하지 않는 기의를 지시한다. -1은 우연적 상실이 아니라 구조적 상실이다. 그것의 부재는 존재하지 않는 허수($-1=-\sqrt{-1}$)를 가리킨다. 실재 페니스를 상실하는 대신(실수a real number로서의 -1), 여기에서 -1은 존재하지 않는 허수an imaginary number(i)이다.

남근적 기능은 이항의 부정보다는 단항을 재현한다. 상상적 남근이 처음에 페니스의 대상으로 존재한 다음 부인된 경우(-1), 상징적 거세는 이항 형식의 부정을 재현한다. 그러나 부인되는 것은 처음부터 존재하지 않았기 때문에 부정 기표(-1)는 대상이 아니다. 상상적 남근은 아버지의 이름NoF과 어머니의 욕망에 대한 현존하지 않는 기의이며, 그것이 표상하는 대상은 결여되어 있다. **남근적 기능하에서 상상적 남근은 환유의 이동과 언어에서 의미작용을 촉진하는 기의가 없는 텅 빈 장소가 된다.**

상상적 남근이 기의를 갖지 않거나(그 문제에 대한 페니스나 어떤 다른 대상이 없음), 그것의 기의가 여성성과 관련하여 존재하지 않을 때, 이 경우에서 상상적 남근 혹은 -1은 여성성을 재현하는 허수가 된다. 허수는 존재하지 않거나, 남근적 기표 체계에 속하지 않는 여성성의 장소를 지정한다. 여성성은 이미 언어로 긍정될 수 있는 '그것이 아닌not that' 것이다.

두 성은 서로를 필요로 하지 않는 일자의 형식이며, 다른 성은 성 자체로서 '교제'할 수 있고 성적 친밀감을 가질 수 있지만, 그들 사이에 지속적인 성적 관계는 없다. '일자의 말하기One sayings'는 있지만, 대화 자체는 없다. 라캉에 따르면, 주체가 대타자 안에서 대상을 욕망할 수 있고, 그곳에서 성관계와 관계가 존재하는 것은 일자들 중 하나가 대타자를 원이 아닌 다른 것으로 바꾸는 경우에만 해당된다(Moncayo, 2017, p. 84). **대상 *a*는 기표에 의해 포장된, 대타자 안에 있는 주체의 존재 그 자체의 외관일 뿐이다.** 따라서 대상 *a*는 두 성 사이의 관계를 위한 토대를 대표할 수 없는데, 왜냐하면 타자는 주체 내에서 상실된 존재를 회복시켜 줄 대상을 일시적으로만 재현할 수 있기 때문이다. 주체는 대타자에게서 자신의 존재를 찾을 수 없고, 오직 그 자신의 일자인 비존재에서만 찾을 수 있다.

양성애에서 작업하는 모순된 쌍과 두 명의 파트너의 선택(한 남자, 한 여자)과 관련하여, 피분석자는 한 남자와 성관계를 원한다고 하지만, 그녀가 오르가슴을 경험할 수 있는 유일한 방법은 아름다운 여자가 그녀와 그녀의 연인을 보고 있다고 상상할 때만이었다고 말한다. 그녀는 자신의 신체가 싫고 스스로를 혐오해서 남자의 욕망을 받아들일 수 있는 유일한 방법은 먼저 이상적인 여자에게 '받아들여지는 것'이라고 설명한다. 이는 그녀가 환상의 대상으로서 여자와 관계하고 있다는 가설을 나타내는 것처럼 보이지만, 그것은 여성적 동일시라는 관점에서 본 것이다. 여하튼 그것은 그녀가 '남근을 가지는have' 것이 아니라 '남근인are' 아름다운 여자 계층의 일부가 되도록 한다. 차례로, 그것은 상상적 여성성의 표상에 대항하여 매력이 없고/결함이 있다는 느낌을 보상하거나 방어한다. 남자가 여자와 성관계를 할 때 다른 여자에 대한 환상을 갖는 것처럼, 여자는 그녀 자신이 남자와 성관계를 하고 있는 또 다른 이상적인 여자라는 환상을 가질 수 있다. 남자와 여자의 환상은 대칭적이지 않다.

이상적인 여자는 '남근이며' 남자로부터 사랑받고 욕망되기를, 그리고 여자로부터 부러움을 받기를 원하지만, 그녀 자신 스스로는 욕망도 결여도 없다. 엘리 래글랜드(Ellie Ragland, 2004)는 "프로이트적 여자는 남자를 사랑하지 않지만, 남자의 사랑 없이 그녀는 아무것도 아니며, 그녀가 사랑할 때 그녀는 어머니처럼 사랑한다"(pp. 87-88)라고 언급한다. 그녀는 흥미로운 결론을 첨가한다. "가장 무도회에서 남자를 사랑하는 여자는 그녀 자신을 남자가 결여한 대상이 되도록 만들고, 그가 원한다고 생각하는 것이 되려고 노력함으로써 자신의 욕망을 포기한 것이다"(idem). 그녀의 욕망은 정확히 남자의 결여의 대상이자 그의 거세의 대리인으로 자신을 구성하는 것으로서, 여자는 자신에 대한 남자의 욕망 외에 자신이 원하는/결여한 것에 대한 그녀 자신의 독립적인 욕망이 없다. 욕망의 주체가 아니라 하나의 대상으로서 자신을 구성하기 위해 욕망은 부정된다.

엘리 래글랜드(2004)는 그녀가 프로이트적 여자라고 부르는 것을 다른 존재를 위해 자신의 욕망을 희생하는 사람으로 기술한다. "파트너에게 결여된 남근이 되려고 시도하는 그러한 총체적인 사랑은 욕망의 특수성을 억누르고 여자가 여성적 섹슈얼리티의 장소에서 사랑하지 못하게 할 뿐이다"(p. 88). 그러한 여자의 욕망과의 상상적 관계에서 발생하는 것을 상세히 들여다보면, 그녀는 자신에게 환상을 주기 위해 남자가 필요할 뿐이지만, 이 환상은 남자의 욕망의 대상 원인으로서 여자라는 측면에서 남근적 함의를 포함하고 있다. 엘리 래글랜드는 다음과 같이 언급한다.

그렇다면 사랑은 상상적인 것일 수밖에 없고, 말하자면, 그녀는 그가 생각하기를 바라는 사람의 이상화된 '환상' 그림에 기초하여 종결을 목표로 한다. 물론 그러한 그림은 욕망과는 거리가 멀다. 여자가 이미 남자로서, 아버지로서, 남근의 소유자로서 남자를 사랑하지 않는 한, 오히려 그가 그녀에게 주는 환상을 사랑하기 때문이다(p. 88).

상상적 남성성의 경우, 남자는 여자가 그의 정력에 확인을 제공할 수 있는 범위에서만 여자에게 관심을 갖는다. 여자는 그가 남근을 가지고 있다는 의미에서 그녀가 남자의 정력을 확인할 수 있는 아름다운 남근적 대상이라는 것을 인정받기를 원한다. 그러나 그러한 인식은 불가능하지는 않더라도 양 당사자에게 착각을 제공한다. 서로를 확인하는 과정에서 둘은 사라지고 서로를 무효화한다. 그녀가 대상 a라면 남자의 정력이 손상되고(그녀는 그것이고, 그는 그가 가진 것을 잃는다), 만일 그가 상상적 남근을 갖고 있다면 그녀는 그녀 신체의 '아갈마적인' 가치를 상실한다.

[한 사례에서] 남근이나 남자와의 성관계가 피분석자에게 주는 환상은 또 다른 아름다운 여자가 된다는 이미지였다. 그녀는 강한 남자가 자신을 사랑한다고 생각하면서 자신에게 아첨하는 꿈을 보고했지만, 실상은 그렇지 않다. 대신 둘 다 예술가인 그의 '기념비적인' 아내와 사랑에 빠졌다. 모두가 그녀를 사랑했고 그녀에게 선물을 가져다주었다. 그녀는 예술가가 되기를 간절히 원했다. '예술가the Artist'는 사랑에 빠지지 않았고, 누구에게도 관심을 두지 않았다. 그녀는 냉담하고 초연했다. 그녀는 누구에게도 아무것도 원하는 것이 없음을 자랑스러워하는 것 같았다. 예술가는 얼음 여왕 또는 미인의 무관심belle indifférence을 표상한다.

그 남자의 아내는 분명히 '모든 것을 가진' 남근적 여자이므로, 그녀를 원하고 그녀로 인해 자신을 완성해야 하는 남자에 비하면 결여가 없다. 남자에 대한 욕망을 갖기 위해, 여자는 결여를 감수해야 하며, 이것은 그녀가 받아들이지 않는 '약함' 또는 상상적 거세로 경험할 수 있는 것이다. 때때로 이러한 경험은 타자의 경멸적이거나 평가 절하되는 발언에 의해 촉발될 수 있다. 그러나 환경적 또는 사회적 젠더 요인이 없더라도, 남녀 간의 순수 차이는 궁극적으로 살인과 문자 그대로 대타자의 거세를 유발할 수 있는 상상적 거세 형태로 경험될 수 있다.

이러한 극단적인 경우에는 구조적 요인과 환경적 요인이 모두 관련되었을 가능성이 높다. 이 환상은 그녀가 이상한 노란색 정장을 입고 남자들에게 자신이 아름답냐고 묻고, 아니라고 대답하면 그들을 죽이는 연쇄 살인범 여성이 되는 꿈을 꾸는 피분석가의 꿈에서 볼 수 있다. 영화 〈킬 빌Kill Bill〉에서, 주인공은 이전의 폭력과 학대에 대한 복수를 추구하지만, 이는 순전히 구조적인 이유로 촉발될 수 있다. 영화 〈뮬란Mulan〉에서 주인공은 검을 능숙하게 다루면서 투쟁하지만, 아버지의 이름NoF과 공동체의 명예를 회복하기 위해 투쟁한다. 이것은 상징적 여성성의 한 예가 될 것이고, 〈킬 빌〉은 여성에서 상상적 남성성을 재현한다.

또 다른 예에서, 한 여성 피분석자는 그녀가 질 구멍 대신 외음부 전체에 외부 막이 펼쳐진 것처럼, 그녀의 성기 위에 보호막, 즉 외부의 질이 있는 꿈을 꾸었다고 보고했다. 막과 내부의 질 사이에는 주름, 융기 또는 테두리가 없는 외부의 질이 있었다. 테두리가 없어 질이 손상된 것처럼 보였다.

연상에서 그녀는 출산하는 동안 처녀막이 찢어졌다고 말했다. 이에 대해 그녀는 마치 여성성과 모성이 자신의 신체에 아무런 영향을 미치지 않는 듯이, 당시 아무 일도 없었던 것처럼 행동했다고 말했다. 그녀는 신체의 희생 없이 임신을 할 수 있었다. 이것은 여성성을 덮고 있는 보호막이다. 그녀는 이것을 여성의 신체와 임신 능력을 무기로 사용하는 것과 연결했다. 이러한 의미에서 그녀의 임신은 그가 원하든 원하지 않든 아버지가 된 남자에 대한 복수로 볼 수 있다고 그녀는 말했다.

또한 그녀는 성관계가 어떤 식으로든 상처를 주거나 트라우마가 될 수 있다는 불안감을 가지고 있었다. 이것은 위축된 작은 페니스처럼 보이는 외부 질로 재현되는 상상적 손상을 가리킨다. 나는 이 꿈을 상처나 기형으로서 재현되는 여성성으로 해석했다. 막은 침투(성기의 삽입)로부터 그녀를 보호하는 동시에, 질은 페니스와 같은 외부 기관(상상적 남근)으로 추정된다.

꿈은 성적 차이의 근원인 상상적 거세에 대한 환상이다. 이 피분석자는 여성이기는 했지만, 그녀의 전남편이 그녀에게 원했던 고정관념적으로 여성적이고 복종적인 여자에 대해 경멸과 멸시의 태도를 갖고 있었다. 마찬가지로 그녀는 자신의 남성적 정체성에 불안정감을 느꼈고, 때때로 고정관념적으로 여성스러워지고 싶다는 욕망에 대한 환상을 가졌다.

또 다른 여성 피분석자는 아버지의 오토바이를 타는 꿈을 꾸었다. 오토바이는 이전에 다른 꿈에서 항상 그녀와 함께 지도적 위치에서 나타났다. 이 꿈에서 그녀는 오토바이를 사용했고 시동을 끄지 않아서 그것을 잃어버렸다. 그녀가 그것을 잃어버린 것을 깨닫고 다시 달려갔지만, 오토바이를 이미 도난당한 상태였다. 오토바이는 산산조각이 났고, 몇 개의 잔해가 남겨져 있었다. 범죄 조직의 일원인 도둑을 알고 있는 한 청년이 나타났고, 두 사람은 범죄 조직과 그 무서운 보스로부터 도주하기 위해 서로를 도왔다.

연상에서 그녀는 자신이 탈출하기를 원하는 집단에 속해 있다고 말했다. 그녀는 또한 스스로를 '오토바이의 여자'라고 부르며, 항상 소년이 되는 것을 선호한다고 말했다. 그녀는 남자가 혼자 있을 때는 여자보다 강하지만, 여자와 함께 있을 때는 결여된다고 믿었다. 따라서 그녀는 남편이 그녀로부터 멀리 떨어져 있음을 불평했고, 이로 인해 그녀는 결여를 느꼈다. 그녀는 젊은 남자에게 시기심을 느껴 점차 공격적이고 반항적이 되었다고 말했고, 이를 꿈에서 도둑질하고 반항적인 청년들과 자신을 동일시하는 방법으로 연결했다.

피분석자는 그녀가 자유 투쟁가였던 남자가 되어 결국 살해당하는 또 다른 꿈을 보고했다. 이 여성은 젠더 억압이나 성적 차이에 맞서 저항하기 위해 남자가 된 여성이다. 젠더 억압에 대한 책임은 사회에 있지만, 성적 차이에 대한 책임은 주체에게 있다. 자유투쟁가가 살해당할 때 그가 젠더 억압에 반대하는 대의를 위한 순교자인지, 아니면 상징적 거세와 성적 차이에 연결된 상징적인 두 번째 죽음에 대한 은유로서 살해당한 것인지는 불분명하다. 꿈에서 죽은 남자가 날씬하고, 키가 크며, 우아한, 아름답게 살아 있는 흑인 여자가 되었기 때문에 두 번째 경우인 것으로 보인다. 영웅 투사는 영웅적이고 명예로운 상징적으로 거세된 남자 또는 상상적 여성성이나 상징적 남성성이 가질 수 없는 우아함을 획득한 아름다운 상징적 여자를 낳는, 남녀 간의 차이와 관련된 치명적인 상징적 거세를 표상한다.

피분석자는 성적으로 매혹적이고 반항적이며, 남자 없이 혼자서 춤을 추고 다른 사람들의 찬사를 받을 수 있는 '남근적 여자phallic women'는 페니스를 가지고 있다고 믿었다. 이는 그녀가 항상 되고, 갖기를 원했던 상상적 남근에 상응한 것이다. 또 한번 그녀는 젖가슴으로 아기에게 젖을 먹이는 꿈을 꾸었고, 유두는 긴 페니스로 변했다.

또 다른 꿈에서 피분석자는 페니스가 무엇인지를 몰랐고, 그 대답은 남자가 무엇인지 이해하기 위해 모든 남자가 잃어야 했던 분리된 페니스의 형태로 되돌아왔다. 남자의 잠옷 중 하나는 무릎까지 내려왔고, 그의 성기는 부분적으로 노출되었다. 그는 페니스가 없었고 대신에 그가 항상 문지르고 있었음에 틀림없다고 생각했던 붉은 상처가 있었다. 그녀는 소년들에게 "나는 페니스가 무엇인지 모르겠어"라고 말한 후, 그들의 모든 페니스가 신체에서 분리되어 공중으로 날아가는 것을 보았다. 그녀는 당황스러웠고, 그녀가 페니스 또는 소년/남자가 무엇인지 이해하기 위해 신체의 일부를 잃어야 했던 소년들에게 미안한 마음이 들었다. 이 꿈은 상징적 거세가 남성성을 구성하는 방법을 보여 준다. 다른 꿈에서 그녀는 오토바이를 받았는데, 그것이 무척 남성적이라고 느꼈다. 그녀의 남편도 오토바이를 갖고 싶다고 말했고, 그녀는 둘 중 한 명만 가질 수 있다고 말했으며, 남편에게 오토바이를 주었다.

나는 오토바이를 남성성, 그녀의 아버지, 상상적 남근과의 동일시를 나타내는 다리 사이의 강력한 것으로 해석했고, 그녀는 '오토바이'를 훔치고 싶어 하는 동시에 그것을 빼앗길까 두려워했다. 이와 동시에 그녀와 그녀의 아버지의 오토바이는 훼손되고 산산조각이 났다. 내가 최근에 '분석비' 지불을 요청했고, 내가 그녀에게서 돈을 빼앗는 것처럼 느꼈기 때문에, 그녀는 나를 거세한 사람이라고 덧붙여 연상했다. 그녀는 자신의 돈과 권력을 유지하기 위해, 나에게 돈을 지불하기를 원하지 않았다. 최근 가족 모임에서 친척들은 집안에서 가장 돈을 많이 버는 어머니의 오빠 다음으로 그녀를 두 번째로 돈을 많이 버는 사람으로 인정하고 칭찬했다.

두 가지의 꿈 모두 성적 차이를 재현한다. 첫 번째 꿈은 여성성을 상처의 한 형태로 왜곡한 시각으로 바라보는 것이고, 두 번째 꿈은 남성성과 동일시하여 여성성을 손상되고 반항적인 남자와 혼동하는 것이다. 두 경우 모두에서 여성성은 대타자의 결여로서 -1, 또는 허수로서 존재하지 않는 -1의 제곱근으로 표상된다. 그러나 남성이나 아버지는 그것을 가지고 있고, 그녀나 여성은 그렇지 않은 것이 아니다. 아버지는 또한 상상계에서 금지되지 않았거나 법 아래 있지 않은 것으로 보였던 다른 공격적인 남성들에 의해 상상계에서 거세된다. 두 성 모두 빗금 쳐지지 않고 상징적으로 거세되지 않은 남자에 대한 원초적인 열망을 가지고 있다. 상상계에서 그녀는 자신이 갖고 있지 않은 것을 소원과 환상으로서 잃어버린다. 사실 남자의 도움을 받는 여자로든 혹은 여자의 도움을 받는 남자로든, 남녀 모두 그것을 사용하기 위해서는 그것을 상실해야 한다.

그러나 여기서 남근은 성뿐만 아니라, 남자 또는 여자로서의 성 정체성도 의미한다. 그렇다면 상징적으로 거세된 남자와 상징적으로 거세된 여자의 차이는 무엇이며, 남녀 모두에서 대타자의 결여($\emptyset$)는 어떻게 나타나는가? 전자는 가진 것과 가지지 않은 것을 구별하는 것이고, 후자는 가지지 않은 두 가지 형식을 구별하는 것이다. 양자에 대한 상징은 상실된 남근으로서의 상징적 남근이거나, 남성성을 나타내는 상징적 남근과 여성성을 나타내는 -1의 제곱근이다(Φ&i). 첫 번째 꿈은 잠재적으로 남성성을 빗금치지 않거나 거세되지 않은 것으로 재현하는 반면, 두 번째 꿈에서는 아버지가 상상계에서 상징적으로 거세된 것(그의 '바퀴'가 도난당하다)을 재현한다.

상상계에서 어머니는 지배적인 존재로, 아버지는 어머니에게 종속된 존재로서 여겨진다. 그러나 딸들이 어머니에게 불순종하고 아버지에게 복종하는 것은 아버지가 어머니보다 법에 더 종속되어 있음을 지시할 수 있으며, 이는 아내와의 비교된 결여에도 불구하고 딸들이 그에게 순종하게 만든다. 꿈에서 아버지는 오토바이로 대표되는 빗금 쳐지지 않은 남성성의 환상과 동일시되는 여성 혹은 남성에 의해 상상계에서 거세된다. 남성성은 잃어버린 오토바이나 법을 부인하는 남자와 동일시되는 반면, 여자는 잃어버리기보다는 존재하지 않거나 갖고 있지 않은 오토바이와 동일시된다. 가지지 않음은 결점으로서 구성된다.

여성성은 기표가 결여되어 있거나 존재하지 않는 수이기 때문에, 그것은 결점이나 손상으로서 상상계에서 재현된다. 그렇다면 여성적 주이상스는 어떻게 그림 속에 등장하는가? 엘리 래글랜드는 다음과 같이 언급한다. 여자는 남자를 사랑하거나 욕망하지 않고, 오직 남자에 의해 사랑받고 욕망되기를 원하는데, 남자를 사랑할 때, 그들은 아이에 대한 어머니의 욕망이 근본적인 장소이기 때문에 어머니로서 그들을 사랑한다. 성적 욕망이 여자에게 근본적이지 않다는 것이 아니라, 그것이 문제가 되지는 않더라도 전형적으로 복잡하다는 것이다. 사랑받기를 원하는 것은 존재의 결여(욕망)와는 다르다. 사회화되고 생물학적인 모성애(타자를 위해 행하는 것)는 여성적 주이상스와 동일하지 않다.

나의 피분석자가 아름다운 여자를 욕망하는 남자가 되기를 멈춘 것은 꿈에서 소년을 돌보거나 그녀의 실제 삶에서 남동생을 돌봐야 했기 때문이다. 꿈에서 그녀는 어머니가 행복하기를 원했던 십대 소년을 돌봐야 했다. 피분석자는 소년이 그의 페니스를 상실하지 않도록 해야 했지만, 페니스는 말라서 떨어졌고, 그래서 그녀는 소년을 돌봐 달라고 부탁하는 어머니에게 그것을 말하고 싶지 않았다.

여자가 어머니로서 남자 또는 아이를 사랑한다는 것은 무엇을 의미하는가? 어머니와 아이의 애정 어린 합일과, 어머니의 욕망과 아이가 의미하는 그녀의 욕망의 원인인 대상 a의 융합 사이에는 어떤 관계가 있는가? 애정은 삶의 충동의 수수께끼의 한 국면인 반면, 기표/의미작용의 국면에서 어머니의 욕망은 아버지의 이름NoF에 의해 의미화된 상상적 남근으로서 결정/의미화된다. 관계 또는 대상관계는 성관계 없는 애정과 애정 없는 성관계 사이의 분열에 취약한 상태로 남아 있다. 위니콧(1971)은 아기와 어머니의 젖가슴에 대한 관계에서 충동에 주목하지 않는 반면, 라캉은 충동에 주목함으로써 **대상 a는 충동의 대상이자 욕망의 대상이 된다.** 위니콧은 생물학적으로 소년만이 젖가슴에 대한 충동적인 관계가 있다고 생각한다(프로이트는 리비도가 남성적이라고 믿는다). 대신 소녀는 생물학적으로 또는 모성적 동일시를 통해서만 젖가슴과 관계가 있다. 위니콧은 아마도 의존성 애착과 상상적 대상과의 성적 관계를 구분하고 있는 것 같다.

위니콧(1971)은 섹슈얼리티를 남성성 측면에, 프로이트의 자아 충동이나 삶의 충동을 여성성 측면에 위치시켜 두 성 사이의 성적 고정 관념(각각 남자다움Machismo과 여자다움Marianismo)을 동결 및 구체화한다. 남자는 동물이나 반-동물인 반면 여자는 신의 어머니인 동정녀 마리아를 따른다. 프로이트에게서 성적 충동은 죽음 충동을 포함하기 때문에 성적 충동과 삶의 충동은 구별되지만, 그는 여성성을 모성적인 애정 요소로 환원하지 않는다. 앞서 살펴본 것처럼, 여자를 위한 환상 대상은 **대상 a/phallus**에 대한 관계가 있다. 또한 여성적 주이상스는 남근적이지 않으며 모성적 지향성으로도 환원될 수 없다.

여성적 주이상스가 남자의 남근적 향유 이상의 것으로서 실현되거나, 남자가 욕망하는 이상적 여자(남근이 되는 것)의 흥분을 넘어 실현될 때, 여자의 여성적 주이상스는 남근적 질서 외부에 특수하게 놓이게 된다. 차례로, 남자의 남근적 향유는 그것을 부인하는 정력에 대한 잉여 또는 과잉 집착을 넘어서 실현된다.

여성적 주이상스는 여자가 남근적 주이상스를 사심 없이 즐기거나, 사회적으로 허용되는 환유적 대상과 기표를 가지고 자신에게 결여되고 남자가 갖고 있는 것처럼 보이는 대타자 여성적 주이상스 the Other feminine jouissance 속에서 자신을 잃는 것을 의미한다. 여성적 주이상스는 법과 아버지의 이름NoF 아래에 있고, 동시에 특수하고도 역설적으로 기표의 남근적 질서 외부에 있기 때문에, 여자는 남근적 주이상스the phallic jouissance를 향유함과 동시에 남자와 함께 보충적인 여성적 주이상스the supplemental feminine jouissance를 향유할 수 있다. **여성성의 경우, (어머니를 위한) 상상적 남근의 비존재와 (아**버지가 가지고 있는 것으로 보이는) **상상적 남근의 비소유의 이중****상실은 남근적 주이상스와 여성적 주이상스의 이중적 형태의 향유**로 변형된다.

　이것은 여자가 남자와 남근적 주이상스만을 향유할 때와는 두 가지 다른 방식으로 대조된다. 첫째, 그것의 존재와 남자에게 결여된 이상적 나르시시즘적 대상으로서 상상적 남근이라는 측면이 그렇다. 둘째, 사회적 대타자가 주재하는 결혼의 의무를 이행하기 위해 자신의 정당한 주이상스, 즉 여성적 주이상스를 희생하는 어머니 여자의 남근적 주이상스, 또는 남자가 원하는 남근적 주이상스를 제공하는 젠더 역할 책임에 찬성하는 이기적 주이상스의 형태로 나타난다. 여자의 성적 주이상스에서 이기심이나 나르시시즘은 남자에게 결여된 이상적 나르시시즘적 남근적 대상이 되고자 하는 욕망만을 의미한다.

　남자와 여자 사이에 합일을 이루기 위해서는 남근적 주이상스를 통해 남자와 여자가 연결되는 것이 아니라, 여성적 주이상스와 남근적 주이상스, 또는 $\sqrt{-1}$과 φ (phi = 0.618) 사이의 관계가 있어야 한다. 이는 항상 대타자 내에서 상실된 제3의 환상적 대상(φ), 즉 phi 와 −phi(상상의 남근의 존재와 부재)를 통해 연결된다. "대타자(다른) 주이상스the Other jouissance는 엄밀히 말해 여성적인 것으로, 남근

적 주이상스에 의존하지 않는다"(Lacan, 1971 – 1972, p. 88). 라캉은
『세미나 14』에서 여자가 상상적 남근의 부재라는 간극을 메우는 대
상 a 또는 황금수로 기능할 때와, 여자가 여성성 자체로 기능할 때의
차이를 $\sqrt{-1}$의 형태로 나타내는 산술적 증명을 제시한다. 허수로서
-1의 제곱근은 실수와 무리수 내에서도 기능하며, 남근적 기표들과
관계를 맺는 비존재 또는 공허를 나타낸다. 라캉의 증명은 이후에
제시된다(Moncayo and Romanowicz, 2015).

라캉은 플러스와 마이너스의 불 논리the Boolean logic[3]로 시작하여
다음과 같이 공식을 제시한다.

$$(a-b)\,(a+b)$$

(a-b)(a+b)는 라캉이 -1의 제곱근을 사용하면 2가 나오지만,
플러스와 마이너스의 연속으로 황금수를 사용하면 또 다른 황금수
를 얻을 수 있다는 점을 증명하기 위해 사용한 중요한 수학 공식이
다. 그런 다음 그는 우리가 다음과 같이 가정한다면 어떻게 되었을

---

3 불 논리는 19세기 논리의 대수계를 처음으로 정의한 조지 불George Boole(1815-1864)에서
따온 것이다. 불은 영국의 수학자, 논리학자로 논리 대수인 불 대수를 창안해, 기호논리학
에 큰 업적을 남긴다. 수학 및 수학적 논리에서 불 대수Boolean algebra는 대수의 한 분야이
다. 불 대수는 기본 대수와 두 가지 점에서 상이하다. 첫째, 기본 대수에서는 변수의 값이 숫
자인 반면, 불 대수에서는 변수의 값이 1과 0으로 표시되는 진리 값, 참과 거짓으로 설명된
다(이진수). 둘째, 기본 대수가 덧셈, 곱셈, 뺄셈, 나눗셈과 같은 산술 연산자를 사용하는 데
비해, 불 대수는 연접(and), 이접(or), 부정(not) 등의 논리 연산자를 사용한다. 불 대수는 디
지털 전자공학 개발의 기초가 되고, 현대 모든 프로그래밍 언어에서 사용된다. 또한 집합 이
론과 통계학의 언어로 사용된다.

지 자문한다.

$$a = 1$$
$$b = \sqrt{-1}$$
$$(a-b)(a+b) = a^2 - b^2 = 1^2 - (\sqrt{-1})^2 = 1 - (-1) = 1 + 1 = 2$$

만일 이것이 플러스와 마이너스의 두 가지 반대 방식으로 a를 지정하는 문제이고 결과가 2가 되려면, 그것은 i와 동일하게 만드는 것으로 충분하다. 이것은 일반적으로 축약된 방식으로 1을 작성하는 방법이며, 훨씬 더 편리한 방법은 상상적인 것으로 설명되는 -1의 제곱근의 함수를 작성하는 것이다(Seminar 14, Lesson 16: Wednesday 12 April 1967, p. 187).

남근적 주이상스와의 관계에서 여성적 주이상스의 공식은 성행위에서 남자와 여자가 오직 남근적 주이상스를 통해서만 관련되는 경우와 구별된다.

$$a = 1$$
$$b = 0$$

(여기서 계산의 명확성을 위해 나는 대상 a를 황금수the golden number/phi=0.618와 같은 "0"로서 표상할 것이다.)

$(a-b)(a+b) = a^2 - b^2 = 1 - 0^2 = 0$

$(1+0)$ $(1-0)$는 0이 황금수와 같다는 조건에서 0를 제공한다. ─ 그것은 반복할 가치가 있다 ─ 그것은 당신을 위해 작은 a-대상의 기능을 소개하는 데 사용하고 있다. 작은 a가 황금수와 같을 때 $(1+0)$ $(1-0)$의 곱은 0(**대상** a)와 같다는 것을 확인하라(idem).

이것은 결여를 재생산하는 결여의 무척 아름다운 수학적 재현이다. 사람들은 남근적 주이상스를 통해 구멍을 막을 수 있는데, 성행위에서 대상이 상실된 것처럼 보이지 않는다. 그러나 이것은 실제로 성행위가 **대상** a를 복제하고 결여를 재생산하는 이유로 환영에 불과하다. 대신에 여성적 주이상스와 남근적 주이상스 사이의 관계가 관련되어 있을 때, 성행위는 여자에게 더 많은 결여와, 남자에게 정력의 상실로 이어지지 않는다.

a와 b가 $\sqrt{-1}$과 ɸ(phi = 0.618)를 사용하여 계산할 때, 그 결과는 앞서 설명한 수학적 계산에 따라 2가 되는 것이다. 이것은 여성적 주이상스가 표준적 남근적 참조 틀 외부에서 특수하게 재현되어야 함을 의미한다. 여성적 주이상스를 재현하는 최선의 방법은 존재하지 않거나 '탈존'하는 숫자인 허수를 사용하여 '비표상non-represent'하는 것이다. $\sqrt{-1}$은 기의가 없는 기표이고, 상징적 질서 내에서 또 다른 기표가 되는 기의가 아니라 주이상스의 실재에 기의가 있는 경우이다.

성적 차이는 생물학적이지 않다(위니콧에 따르면, 여자의 경우 모성적으로, 남자의 경우 성적으로 드러난다). 왜냐하면 소녀와 소년은 언어의 대타자 내부의 기표들이고, 그들의 차별화된 기능을 위해 대타자의 개입을 필요로 하기 때문이다. 위니콧이 여성적 요소를 존재와 연관시킬 때, 존재를 일자 자신의 비존재로 정의한다면, 이는 라캉의 테제, '여자는 존재하지 않는다'와 관련이 있다고 볼 수 있다. 비존재는 기표와 현실 원칙의 의미에서의 존재보다는, 실재와 주이상스, 그리고 존재의 가벼움과 관련이 있다.

실재는 상상적이고 상징적인 관습적인 거짓 자기 이면의 참자기에 대한 조작된 감각이 아니다. 실재는 의미의 주이상스와 의미의 경험(정서적 진리)을 위한 기반을 제공하지만, 의미 있는 대인관계나 정서적 성장과 같은 인본주의적 범주로 환원될 수 없다. 인본주의는 압력을 견디지 못하는 이데올로기적 외피 또는 겉치레를 제공하며, 잘못된 의사소통이 일상적인 관계에서 실제로 일어나는 것에 대해 거짓말하고 정상화하도록 유도한다. 일자는 대타자를 위한 존재를 대표할 수 없고, 대타자 안에 있는 존재의 결여를 충족시킬 수 없다. 마찬가지로 대타자는 우리에게 우리의 존재를 줄 수 없다. 주체는 대타자 내부에서 대상 a 또는 존재의 외관을 찾을 수 없다.

실재도 주이상스도 일반적인 의미에서 유아론적이거나 나르시시즘적이지 않다. 대타자 주이상스는 상징적 거세에 의해 상징화되는 파열이나 찢김으로서의 대타자를 요구하며, 종국에는 거세를 넘어 실현된다. 일단 구체화되면, 제3의 주이상스the Third jouissance는 말하는 이들의 말에 활력을 불어넣고, 대타자의 주이상스나 잉여 남근적 주이상스의 불편한 과잉 없이 기표들의 교환 가치와 의미작용을 구조화한다.

어머니의 욕망은 위니콧이 믿었던 것처럼, 단순히 영양 및 단백질과 관련된 생물학적 형태의 애정이나 젖가슴/어머니와의 일차적 동일시가 아니다. 인간 존재의 재생은 욕망의 기표들을 통해 발생하기 때문이다. 여자가 아이를 갖기 위해서는 오이디푸스 및 가족 구조 내에서 여자로서 분화되어야 한다. 어머니와 분리된 여자는 더 이상 어머니의 상상적 남근/대상이 아닌데, 좋든 나쁘든 이 지위는 상실되었기 때문이다. 그 다음 여자가 되기 위해서, 그녀는 아버지와의 관계에서 부분 대상으로서 상상적 남근을 상실해야 한다. 그녀는 부분 대상이자 아버지의 남근적 주이상스의 기표로서 그것을 상실한다.[4]

오이디푸스 구조의 효과로, 여자는 두 번 상실했던 상상적 남근을 대신할 아이를 갖기를 소망한다. 상상적 남근은 첫째는 어머니의 대상이 되지 못한 것, 둘째는 근친상간 금지와 남녀의 상징적 차이로 인해 여자로서 원했지만 결코 갖지 못한 것의 의미이다.

여자가 임신하면 이러한 이중 부정은 역전된다. 그녀는 환유적 대상이자 남근적 주이상스로서 '아버지'의 상상적 남근을 경험했고, 그 결과는 아기가 되어, 그녀는 이제 자신의 일부가 된 부분 대상을 소유한다. 그녀의 신체는 새로운 생명을 위한 생물학적 영양소와 아기에 대한 욕망과 애정을 촉진할 호르몬을 생산할 준비가 된다. 애정은 호르몬 효과, 또는 방출 및 해방의 한 형태로서 삶의 충동을 직접적으로 충족시키는 세상에 대한 일차적 수용성과 민감성으로

---

4 "여성의 성욕"(Freud, 1931).

생각할 수 있다.

　라캉학파 이론에는 보로메오 매듭의 논리the logic of the Borromean Knot에 따라 세 명의 어머니가 존재한다. 첫 번째 어머니는 아기 남근 또는 대상-남근-아기the object-phallus-baby를 원하는 충동을 지닌 **상상적 어머니**이다. 두 번째 어머니는 은유로서 아버지의 이름을 욕망하는 **상징적 어머니**이다. 이 어머니는 주체로서 아이를 상징적 질서로의 진입에 따른 분리된 정체성에 대비시키기 위해 아이의 마음에 부재를 각인한다. 세 번째 물das Ding로서의 **실재적 어머니**는 대상 세계에 내재된 '[숭고한] 태곳적인 것the archaic thing'이다.

　앞서 언급한 피분석자의 꿈에 나타나는 사회학적 젠더 역할로서의 모성은 여자를 상징적 거세의 남근적 기능만을 가장하는 자제(이타적 자기 희생)로 축소시킨다. 이데올로기적 상상계에서 여자는 가부장적 질서에 봉사하기 위해 어머니가 되어야 하거나, 남자는 여자와 자녀들을 부양하기 위해 자신의 결실을 희생하는 사람으로 여겨지기 때문이다. 꿈에서 피분석자는 소년들이 그들의 남근을 잃지 않도록 하려고 노력하는데, 이는 사회화된 모성의 한 국면이 그녀를 이끄는 목적지이다(〈킬 빌〉).

　사회화된 모성적 역할은 생물학적 여성성과 상상적 거세를 활용하지만, 진정한 애정뿐만 아니라 진공, 빈 담는 것container, 또는 실재의 주이상스로서 여성성이, 수학에서처럼 라캉이 실재에서의 지식 또는 앎의 한 형식으로 간주한 지식과 연결된다는 사실을 간과할 수 있다. 다시 말해서, 제3의 한 형태로서 여성적 주이상스는 수동적인 것만은 아니기에, 알기 위해 노력할 때 우리는 항상 능동적이다. 여자는 상징계와 연결되기 위해 남성성을 거치지 않아도 되며(그곳에는 지식에 대한 여자의 길이 있다), 남성성은 제3의 주이상스에 접근하기 위해 여성적 주이상스를 거치지 않아도 된다. 생물학적 남성 또는 여성에 따라 정확히 그렇게 하기로 선택할 수 있지만, 그것은 다른 이야기이며, 어떤 경우에도 논리적 관계는 여전히 동일하게 유지된다.

나는 사랑과 성의 비대칭성이 남녀 간의 관계 결여의 또 다른 형태라고 언급한다. 만일 여성이 여자가 욕망하는 남자가 되면, 그곳에는 남성과의 성적 관계가 없다. 만일 그녀가 이상적인 여자가 된다면, 그녀는 남근 또는 욕망의 대상이며, 그녀는 남자를 욕망하거나 결여하지 않는다. 그렇다면 그녀는 평가 절하된 자기, 이상적인 여자, 어머니, 또는 남자 중 누구인가?

이것은 '여자는 존재하지 않는다'는 라캉의 선언으로 이어진다. 이 모든 정체성 중 그녀는 누구인가? 그녀는 남자인가 여자인가? 살았는가 죽었는가? 정상인가, 비정상인가 또는 이상한가? 분명히 그녀가 다중 인격 장애를 지니고 있다고 해서 이 모든 것이 동시에 되는 것이 아니며, 그 자체가 해결책도 아니다. 그러나 '여자'가 존재하지 않는다는 것은 순전히 존재하지 않거나 평가 절하의 부정의 한 형태가 아니다 don't have a self. 실재의 차원에서, 여성의 섹슈얼리티와 주이상스는 남근적 의미작용 외부에 '탈존하는' 여성성에 적용될 수 있는 특이성과 생성적 공백의 한 형태이다. 상징적 거세의 남근적 기능과 그것의 긍정 또는 부정은 여성적 섹슈얼리티의 실재 및 제3의 주이상스에 대한 접근점이다.

주이상스의 흔적으로서 여자, 또는 공백이나 비존재inexistence 의 성화된 형태로서 여자는 어머니, 남자, 남근적 대상과는 다르다. 기표 너머 이 텅 빈 공간에서 상상적 남근의 복제품과 상징적 가면 극을 구분하는 것이 가능해진다. 가장 무도회는 가짜 사기꾼이나 환상화된 이상적 대상이 아니라, 셰익스피어에 따르면, 니체적 가면의 무도, 즉 '세상이 무대'처럼 느껴진다. 이제 여자는 남근적 상징적 질서 내에서 남자인 여성으로서가 아니라 여자로서 기능할 수 있다. 구조의 경이적인 '비존재' 덕분에 여자는 대타자, 그리고 기표의 순수 형태(이 경우 언어의 신선함과 생동감)와 소통할 수 있다.

환상의 횡단the traversal of the fantasy은 주이상스의 기표로서 거세가 어떻게 주이상스의 실재에 접근할 수 있는지를 지시한다. 피분석자를 위한 오토바이는 욕망을 유지하면서도 거세를 방어한다. 환상에 속거나 속지 않은 채 그것을 깨닫는 것은 방어와 주이상스 양식을 변형시킬 가능성을 허용한다. 피분석자는 더 이상 남자가 되고자 하는 욕망에 속지 않으며, 여자이든 남자이든 상징적 상실과 거세를 수용해야 한다. 환상은 욕망을 유지하는 데 사용할 수 있지만, 기만적이고 방어적인 측면으로부터 벗어나야 한다.

라캉의 환상 공식($\$ \lozenge a$)은 분열된 주체가 욕망의 대상 원인을 상실하고, 주체가 욕망의 간극/결여를 메우기 위해 환유적 상상적 대상을 원하는 방식을 보여 준다. 대상이 주체를 분할하거나 완성하기 때문에 환상 속에서 주체는 대상이다. 또한 동일시는 주체가 대상과 관계를 맺는 기본적인 방법 중 하나이기 때문에, **환상의 횡단은 동일시의 해체와 그에 따른 주체적 궁핍**the subjective destitution 또는 (여자는 결함이 있는 여성 또는 거세된 남자 또는 모든 것을 가진 상상적 일자로, 그리고 남자는 법에 따라 거세되지 않은 상상적 남성성 또는 거세된 상상적 남자 둘 중의 하나인 남자로의) 상상적 동일시의 포기를 수반한다. 증상이 환상에 대한 접근을 허용하는 경우, 환상의 가로지름과 동일시 국면의 횡단(특정 동일시의 포기)은 증상을 건설적인 목적으로 사용할 수 있는 생톰으로 변형시킨다.

참고문헌

Freud, S. (1915). A Case of Paranoia Running Counter to the Psycho-Analytic Theory of the Disease. *G.W.*, 10, 242; *S.E.*, 14, 269.

_____(1916–17). Introductory Lectures on Psychoanalysis. *G.W.*, 11, 386; *S.E.*, 16, 371.

Green, A. (2001). *Life Narcissism, Death Narcissism*. London: Free Association Books.

Lacan, J. (1956–1957). *Le Seminaire. Livre IV: La relation d'object*, 1956–57. ed. J.-A. Miller. Paris: Seuil, 1994.

_____(1966–1967). *The Seminar of Jacques Lacan. Book XIV: The Logic of Phantasy*, Unofficial trans. C. Gallagher from unedited French manuscripts.

_____ (1971–1972) *The Seminar of Jacques Lacan. Book XIX: ... or Worse*: ed. J.-A. Miller. London: Polity Press.

Laplanche, J. and Pontalis, J. B. (1973). *The Language of Psychoanalysis*. London: Norton, p. 318.

Moncayo, R. (2017). *Lalangue, Sinthome, Jouissance, and Nomination: A Reading Companion and Commentary on Lacan's Seminar XXIII on the Sinthome*. London: Karnac.

Ragland, E. (2004). *The Logic of Sexuation: From Aristotle to Lacan*. New York: State University of New York Press.

Winnicott, D. (1971). Creativity and Its Origins. In: *Playing and Reality*. London: Routledge, 1991.

11장

시간, 분석의 단계, 치료적 정언으로서 오이디푸스

시간과 무의식의 문제

효과적인 치료는 환자가 해석을 기꺼이 수용할 준비가 되고, (신경증일지라도) 증상이 주는 만족이나 주이상스(고통)를 놓아 버릴 때까지 기다리는 문제가 아니다. 프로이트와 그 이후의 많은 분석가들은 치료 기간에 관계없이 일부 증상들이 정신분석적 해석에 의해 영향을 받거나 제거되지 않는 것이 분명해지면, 미래에 일어날 일을 기다리는 대신 지금 여기에서 환자의 방어로 분석적 주의를 옮긴다. 이처럼 프로이트와 1세대 분석가들은 오랜 기간의 분석 경험을 통해 후대의 분석가들에게 분석적 유산을 남긴다.

현재에서 미래를 포함한 작업을 하기 위해서는, 시간에 대한 다른 접근 방식과 과거, 현재, 미래의 다양한 형태의 시간을 구분하는 것이 필요하다. 프로이트가 믿었던 것처럼, 사람들은 분석에서 시간을 필요로 할 뿐만 아니라, 다양한 시간의 유형 또는 차원을 필

요로 한다. 앞서 언급했듯이 라캉(1966)은 **논리적 시간**the logical time
의 개념을 발전시킨다. 그가 논리적 시간이라고 부르는 것은 대부
분의 사람들에게는 논리적으로 보이지 않을 것이다. 라캉의 시간
정의는 **통시적**diachronic **또는 연대기적 시간과, 논리적 또는 공시적**
synchronic **시간**이라는 두 가지 범주로 나뉜다. 이것은 연속적이고 불
연속적인 시간, 또는 의식의 시간과 무의식의 무시간성, 또는 현재
의 불연속적인 공시적 시간과 과거와 미래의 발달적 시간으로 구분
하는 전통적인 시간의 분류이다.

공식적인 선형의 시간은 일반적으로 아버지의 기능 또는 시간
추적자, 업무 마스터 또는 강박적인 초자아에 의해 기인된다. 이것
은 어머니의 욕망과 히스테리의 무시간성 또는 순환성의 시간과 대
조된다. 강박증이 통시적 선형 시간에 따라 계획하고 실행하는 대
신, 히스테리는 욕망과 현재 상태 및 고려 조건에 따라 지금 여기에
서 '존재-시간'과 순수 기표(*Je* or I)가 나타나기를 원한다. 행사에
늦는 것을 두고 다투는 남편과 아내의 희화가 적절한 사례가 될 것
이다. 그[강박증]는 늦어서 화가 났고 그녀[히스테리]는 그에게 말
한다. "진정하세요. 우리는 늦지 않을 거예요. 늦더라도 우리가 도착
하는 시간이 제 시간이 될 거예요." 물론 이것은 비공식적 약속에만
적용된다. 공식적인 행사에서는 시간 추적 작업 마스터가 시행하는
것과 같은 선형의 통시적 시간을 더 엄격하게 준수해야 한다.

무의식의 무시간성 또는 부정은 형식적인 부정이기보다는 변
증법적 부정으로 이해되어야 한다. 무의식은 시간이 없는 것이라기
보다는 현재에서 과거와 미래를 배제하지 않고 포함하는 공시적 시

간 속에서 작동한다. 이처럼 논리적 시간 또는 무의식의 시간 개념은 물리학의 '상대성 이론(the) relativity theory'과 '양자 이론(the) quantum theory'의 새로운 시간 개념과 관련되어 출현한다. 상대성 이론은 모든 시계가 측정하는 보편적 시간에 대한 뉴턴의 개념을 폐기할 것을 요구한다. 대신에 모든 사람은 그/그녀 자신의 개인적인 공시적 시간을 갖는다. 시간에 관한 표준 프레임은 모든 피분석자에게 적용되는 뉴턴의 시간 개념이다. 이와 대조적으로, 라캉의 **단일 길이 세션**the Lacanian singular length session은 아인슈타인과 양자 버전의 정신분석 실천이다. 표준 시간은 모든 세션에서 모든 사람에게 동일하게 적용된다. 비표준 시간은 세션마다 다르게 적용된다.

무의식의 시간은 비표준적이고 개인적인 것이므로 양자 물리학에서 말하는 것처럼 상대적이고 상징적 또는 상상적 시간이다. 그것은 시간이 없는 것이 아니라 다른 차원의 시간이다.

상상적 시간은 시각화하거나 개념화하기에는 다소 어려운 비교적 단순한 개념이다. 본질적으로, 일상적인 시간과 직각으로 움직이는 또 다른 방향의 시간이다. 오른쪽(아래) 이미지에서 옅은 회색(수평) 선은 오른쪽에서 왼쪽으로from right to left, 즉 과거에서 미래로 흐르는 일상적인 시간을 나타낸다. 짙은 회색(수직) 선은 일상적인 시간에서 직각으로 움직이는 상상적 시간을 나타낸다(Corbett, Stafford and Wright [2007]).

내가 **상징적 시간**이라고 부르는 것의 논리는 분석 세션을 절

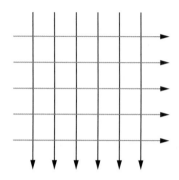

분하고 마무리하는 순간과 정확히 일치한다. 또한 **상상적 시간**, 즉 상징적 무의식이라고 부르는 시간은 "시간 차원을 마치 공간 차원인 것처럼 바라보는 방식으로, 공간에서 좌우로 이동할 수 있는 것처럼, 상상적 시간을 따라 앞뒤로 이동할 수 있다"(idem). 상상적 시간은 시간의 차원으로서 공간과 시간이 접합되는 지점이다. 시간은 과거에서 현재로 이어지는 선형적 시간일 뿐만 아니라, 미래 또는 앞으로부터 과거로, 그리고 미래 또는 과거로부터 현재로 이어지기도 한다. 예를 들어 피분석자가 자신의 미래 직업을 기대하는 방식은 부모와의 동일시와 관련된 어린 시절의 모든 소원과 갈등을 불러일으키고, 활성화하며, 이어지게 한다.

시간의 다른 차원에 대한 질문은 한 단위로서 시간-공간-연속성으로 작동하는 일관성의 지점이다. 상대성 이론과 양자 이론 사이의 상대성 이론은 우주의 일반적인 구조와 함께 작동하는 반면, 양자 이론은 무한소로 작은 것과 함께 작동한다. 극소량의 물질에서는 시간이 빛의 속도에 따라 한 장소에서 다른 장소로 이동하는 직접적인 함수인 것처럼 보이지 않는다. 아원자 입자sub-atomic particles 같은 작은 단위의 물질은 비위치성에 따라 기능하며, 빛의 속도보다 빠르게 한 장소에서 다른 장소로 순간적으로 이동할 수 있다. 여기서 시간은 빛의 속도에 따라 느려지는 것과는 대조적으로 정지되어 있다.

라캉은 논리적 시간 개념으로 이 두 가지 형태의 시간에 대한 새로운 접합에 도달한다. 미래는 현재에서 과거에 영향을 미친다. 치료의 미래 종결은 각 세션이 끝날 때 제정된다. 또한 각 세션이 종료될 때마다 현재와 세션 사이에서 과거의 훈습이 발생한다. 세션의 종료는 선형의 순서를 따르지 않고, 오히려 미래의 종료가 현재에 영향을 미친다.

선형적 시간 개념으로 우리는 처음 순간에 무언가를 인식하거나 발견하고, 그다음 그것을 이해하며, 결론을 내리거나 세션을 종료할 때라고 생각한다. 분석에서 무의식이 열릴 때, 우리는 그것으로 과거를 바라보고 있다. 그것은 현재 순간에서 과거의 분출이다. 물리학의 공간-시간과 대조적으로, 정신-시간 연속체에서 우리는 무의식을 그때의 방식이 아닌 현재의 방식으로 보는 반면, 시간-공간 연속체에서는 그 반대가 사실이다. 별의 경우, 우리는 별을 과거의 모습 그대로 보지만, 그것들이 현재에서 어떻게 나타날지는 사실 모른다. **무의식은 저 너머가 아니라 이 너머에 있으며, 과거의 방식으로 여기에 출현한다.**

그러나 우리가 공간과 빛의 속도를 매개 변수로서 삼을 수 없기 때문에, 무의식이 과거에 어땠는지 정확히 확인할 방법이 없다. 무의식을 통해 우리는 오로지 현재의 과거를 알 수 있을 뿐이다. 이러한 의미에서, 프로이트는 '**무의식에는 시간이 없다**'[1]라고 말한다. 무의식은 항상 현재의 시간에 있다. 과거에서 그것이 있었던 그대로의 현재, 현재 순간에서 그것이 발생하는 방법으로서의 현재, 그리고 미래에서 그렇게 될 것으로서의 현재이다. 이런 의미에서 공시적 시간으로서 동일한 시간은 없다.

항상 현재의 순간에 출현한다는 무의식의 개념은 무의식이 항상 주체를 분할하는 것처럼 보인다는 점에서 흥미로운 역설을 드러낸다. 무의식의 주체가 존재하지만, 그 주체는 자아의 의식적인 통제 아래에 있지 않다. 무의식은 주체를 무의식적 진리로 현시하는 데 실패하지 않지만, 무의식이 현실에 존재하지 않거나, 현실과 조화를 이루지 못하는 것은 자아로서이다. 자아는 과거와 미래 또는 통시적 시간에 살고, 무의식은 현재의 순간에 살고 있다.

무의식은 여기에서 출현 및 개방하거나 분출하지만, 또한 세션 내에서 닫히기도 한다. 일반적으로, 피분석자는 무의식이 출현하기 전에 자신이 말하고 있던 것에 대해 계속 이야기하기를 원한다. 피분석자는 어떤 사건이 발생하기를 오랫동안 기다려 온 연인, 신비주의자, 과학자처럼 행동하지 않는다. 피분석자는 무의식적 주체/대상을 알기 원하지 않으므로, 이해의 순간이 시작되거나 발생할 수 없다. 대부분의 사람들은 무의식적 앎unconscious knowing보다 무지ignorance를 선호한다. 이것은 분석에서, 무의식이 대부분 자아와 대상 모두의 결여와 상실에 대한 지(앎)를 표상하기 때문이다. [피분

---

1 "무의식에 관하여"(Freud, 1915).

석자의] 무의식적 앎에 대한 저항에도 불구하고, 분석가는 무의식을 개방하는 모멘텀을 유지하기 위해 자신의 노력을 정향한다.

무의식이 상징적 시간에 출현한 것처럼, 치료 도구로서 세션의 종료는 세션 내에서 뿐만 아니라 세션 사이의 이해의 순간을 용이하게 하기 위해 상징적 시간으로 종료되어야 한다. 무의식의 출현은 현재에서 과거가 현현되는 것을 의미하기 때문에, 세션의 종료는 현재에서 세션 사이의 미래의 모습을 현현한다. 두 사건 모두 상징적 시간에서 발생하고 있다.

치료의 효과에 관한 질문은 무의식과 합리적이고 관습적인 개입에 저항하는 것과 함께 작동하기 위해 비인습적인 방식으로 이해되어야 한다. 환자가 의사에게 협조를 원하더라도 무의식적 자아와 증상은 그렇지 않을 수 있다. 그 연유로 자아나 증상의 저항을 우회하기 위해, 정신분석의 역사와 의학 일반placebo이 최면과 암시의 역사와 엮인 채 치료 기술이 된다.

치료적 개입은 피분석자의 의식적 자아의 통제하에 있지 않은 상징적 그물망과 주이상스의 방식에서 발생한다. 대부분의 경우, 정신분석 내에서 증상에 대한 접근 방식은 직간접적이다. 증상의 식별과 관련해 직접적이고, 수정과 관련해 간접적이다. 대부분의 경우에 표준을 확인하는 예외가 늘 존재하기 때문에, 나는 이와 같이 언급한다. 예컨대 심각하고 빈번한 공황 발작의 경우, 정신과 의사이기도 한 분석가가 일시적으로 항불안제를 처방하거나, 분석가이기도 한 심리학자가 피분석가에게 이완 운동을 가르칠 수 있다.

무의식과 증상의 소거는 마치 선 깨달음Zen enlightenment을 경험하는 것과 같다. 당신이 그것[무의식]을 향해 몸을 돌리고 잡으려 하면, 그것은 당신을 빠져나간다. **깨달음과 무의식은 찾는 것이 아니라 오직 발견되는 것이다.** 만일 당신이 증상을 직접 없애고자 하면 증상은 저항하지만, 욕망에 대해 필요한 어떤 말하기로서 증상을 받아들이면 저절로 증상이 해소될 수 있다. 만일 경험을 열린 채로 두면, 무의식은 분석 활동의 바로 지금 여기에 존재한다. 분석가와 피분석자 모두 조만간 무의식적 기표와의 경험과 이따금 트라우마적 조우를 통해 활동적으로 변형 및 재생되거나 정신적으로 깨달음을 얻어야 한다. 이것이 항상 유쾌한 것은 아니지만, 분명히 일종의 주이상스로 경험될 것이다.

분석가가 경험하는 주이상스의 유형은 그/그녀 자신의 작업과 다양한 형태의 주이상스를 통한 변형에 따라 달라진다. 증상의 소거는 무의식의 발현의 부산물 또는 결실이다. 분석 치료 효과의 객관적인 기준은 주체적이며 주체의 주관적인 경험에 뿌리를 두고 있다. 참을 수 없는 형태의 우울증이나 불안처럼 보였던 것이 갑자기 불가해하게 완전히 사라지거나 또는 일반적인 구조처럼 견딜 수 있게 된다.

비표준 프레임과 치료의 방향에 대한 라캉의 관심은 본질적으로 치료의 효과, 기간, 비용의 문제와 연결된다. 영원히 지속되는 치료는 예측 가능한 측면이 있다. 그들은 동일한 자료를 가지고 동일한 비효율적인 해석을 한다. 이것은 라캉학파에서 프로이트적 실천의 재공식화와 갱신의 목표가 된다.

예비 (전-치료) 단계와 치료의 첫 번째 단계

이 장에서는 분석의 단계를 검토하고 이를 오이디푸스의 국면과 연결하여 분석적 치료 사이의 엄연한 구분을 조명한다. 치료 과정을 세 단계로 분류한 것은 프로이트(1913)에 의해 시작된다. 단계phase 라는 용어는 발달적 순서로서 이해될 수 있고, 그 의미를 고대 그리스어의 외관을 뜻하는 단어에 따라 이해할 수도 있다. 구조의 여러 국면은 시간이 지남에 따라 펼쳐지거나 나타날 수 있지만, 출현의 순서는 우연적이거나 임의적일 수 있다. 즉, **구조의 국면a faces of a structure은 연속적이거나 통시적 시간과 불연속적이거나 공시적 시간 모두에 존재한다.** 소급성의 기능은 실제로 시간의 두 차원을 결합하는 방법이다. 시간의 이전의 것은 이후의 것을 결정하고(이후의 것은 이전의 것을 기초로 구축된다), 동시에 이후의 것이 이전의 것을 재정의한다. 시간의 두 가지 움직임은 모두 진실이다. 이전의 것은 이후의 것을 기반으로 구축되지 않으며, 이후의 것은 구조의 상호 의존성을 기반으로 이미 존재했던 것을 재정의할 뿐이다. 건물은 시간이 지남에 따라 구축되지만, 건물 전체를 상호 의존적인 전체 구조로 보여 주는 건축과 공학 기술 계획으로 시작된다.

모든 사건에는 시작과 끝이 있으나, 목적이나 과업도 있다. 목적이나 과업은 어떤 일의 시작과 끝 사이, 즉 증상의 효과로부터 환상이나 트라우마, 그리고 증상의 치료 또는 분석 후 생톰으로 변형시키는 욕망의 원인에 이르기까지 사이의 중간 단계에서 성취해야 하는 것이다. 오이디푸스 구조의 단계/국면[2]에 대해서도 마찬가지이다. 첫 번째 단계는 어머니와 아이 사이의 이원적 이중 통합이며, 두 번째 단계에서는 그림에 [상상적] 아버지가 등장하지만, 세 번째 단계와 [실재적] 아버지는 이미 생식 순열의 배경이자 기원으로 존재한다. 구조는 아이에게 있어서 발달적이지만, 아이는 부모와 문화를 공유하고 있어 어떤 주어진 시점에서 출현하는 상호 의존적인 계층 구조를 표상한다.

상세한 임상적 개인력을 수집하는 것은 이전 치료 병력을 포함하여 한시적 치료 또는 클리닉 치료의 경우에만 필수 전제 조건이 된다. 무엇이 작업되었고, 작업되지 않았으며, 그 이유는 무엇인가? 이전 치료의 초점은 무엇인가? 피분석자는 이전 치료에서 얻은 지식에 대해 무엇을 말하는가? 과거에 효과가 없었던 동일한 형태의 치료를 위해 계속 비용을 부과하는 것은 윤리적이지 않다.

모든 임상 상황과 마찬가지로 **첫 번째 인터뷰는 증상에 대한 질문으로 시작한다.** 이것은 전통적인 의학적 및 임상적 질문이지만 치료의 시작과 관련하여 특별한 정신분석적 의미를 갖고 있다. 그것은 피분석자가 불쾌감 또는 불만과 정신분석적 증상의 징후를 구별하기 시작하는 분석적 공간을 창조한다. 프로이트(1905)는 도라의 사례를 소개하면서 대다수의 환자들이 자신의 증상에 대한 기술에서 특히 모호한 측면을 언급한다. [피분석자는] 치료의 초점이 될 증상을 식별해야 하며, 이 증상이 자아 이조적으로 이해되어야 한

---

2 Lacan, J. (1998). *The Seminar of Jacques Lacan, Book V: Formations of the Unconscious, 1957-1958.* ed. J.-A. Miller. trans. R. Grigg. MA: Polity Press. 2017. pp. 163-196.

454 라캉 정신분석 실천

다. 증상은 타자가 원하거나 [타자가] 그들에게 행한 것이라기보다는 환자의 욕망으로 간주된다.

심각한 트라우마의 병력이 있는 환자의 경우, 성적 학대와 같은 트라우마로 욕망에 대한 문제가 가려지기 때문에 일반적으로 분석적 치료에 적합한 후보자가 아니다. 이러한 환자들에게 욕망의 문제를 조사하는 것은 역효과와 재외상화를 일으킬 수 있다. 궁극적으로 트라우마의 정신적, 환경적 차원을 조화시키는 것이 필수적이다. 이는 일반적으로 트라우마에 대한 예비적 접근으로 필요할 수 있는 단기 치료(the) brief treatments 또는 지지 치료(the) supportive treatments로는 [치료가] 불가능하다.

이 규칙의 예외는 피분석자가 상당한 양의 트라우마 작업을 수행했지만, 트라우마 경험을 자신의 욕망과 오이디푸스 구조에 의해 제기된 질문과 조화시키지 못한 경우이다. 어린 시절 어른들로부터 유래된 경계 위반이나 성적 학대에 대한 치료에서 트라우마에 대한 [그/그녀의] 책임이 없다고 지지를 받았음에도 불구하고, 욕망에 대한 질문이 해결되지 않음으로써 치료 작업에 만족하지 못해 나를 찾아온 환자들을 만난 적이 있다. 이와 반대로, 일부 환자와 전문가들은 분석에서 몇 년이 지났고 환경적 트라우마가 무시되거나 해결되지 않았다고 불평을 한다.

우리는 성 또는 폭력과 관련된 환경적 트라우마 외에도 인간의 섹슈얼리티, 특히 어린 시절의 섹슈얼리티는 그 자체로 트라우마이며, 거기에는 필수적인 애도의 과정이 요구된다는 것을 기억해야 한다. 어린 시절의 섹슈얼리티와 성적 차이의 발견은 항상 트라우마적인 의미를 지니고 있으며, 인간 섹슈얼리티의 금지된 측면을 포함한다. 환상적 삶은 어린 시절에 시작되므로, 기억은 항상 허구의 측면을 내포한다. 마지막으로 이따금 환상이 현실적 사건으로 판명될 수 있고, 다른 경우에는 현실적 사건이 환상으로 판명될 수도 있다.

라캉학파 분석에서 증상이 반드시 치료의 기표일 필요는 없는데, [치료의] 두 번째 단계에서는 **증상이 떠오르는 무의식적 환상, 꿈, 트라우마**와 연결되기 때문이다. 후자는 치료의 주제적이고 환상적인 초점이 될 것이다. 예비 세션과 분석의 첫 번째 단계를 통해, 피분석자는 자신에게 도움이 될 지식이 분석가의 전문 지식보다는 자신에게서 나온다는 것을 이해하기 시작한다. 피분석자는 자신의 경험과 증상을 서술하기 위해 자신의 단어와 언어를 사용해야 한다. 이렇게 함으로써 언어 내에서 증상의 발달을 결정짓는 무의식적 의미화 연쇄가 드러나기 시작하고 말과 치료에서 출현될 것이다.

의식적이든 무의식적이든 피분석자가 말하거나 알고 있는 것에 분석가가 관심을 보이면 **전이 관계의 첫 번째 단계**가 시작된다. 집단 심리학의 암시나 지도자/추종자 관계와 달리, 분석가는 사랑받는 사람이 아니라 사랑하는 사람의 위치에 있다. 이 책의 앞부분에서 언급했듯이, 나는 전이라는 주제에 관한 라캉(1960-1962)의 『세미나 8』을 따르는데, 이 텍스트에서 그는 정신분석 치료에서 발생하는 사랑의 은유를 설명하기 위해 그리스어 범주인 에라스테스와 에로메노스를 적용한다. 그는 분석 단계에서 전이의 변형을 설명하기 위해 사랑의 은유에 대해서 논한다.

우리가 은유에 대해 말한다면, 분석가와 피분석자 사이에서 발생하는 호혜적 대체에 대해 우리는 사랑하는 사람과 사랑받는 사람의 장소와 관련한 대체에 대해 말한다. **분석의 발단에서 분석가는 두 장소, 즉 에라스테스의 장소와 라캉이 상정하는 알고 있다고 가정된 주체라고 불렀던 두 장소에 존재한다.** 사랑의 은유와 안다고 가정된 주체를 향한 사랑 전이라는 두 장소는 다소 불일치한다.

분석의 첫 번째 또는 시작 단계에서 피분석자는 사랑받는 사람의 장소에 있다. 그/그녀는 분석가의 무조건적인 관심과 주의를 받을 가치가 있는데, 피분석자는 분석 작업의 대상이자 목적 자체이기 때문이다. '공감적인' 분석가는 피분석자에 대해 어떤 것을 알기 원하고, 그들이 말하기 원하는 어떤 것이든 기꺼이 듣기를 원하는 연인이다. 연인이라는 용어의 사용은 단순히 분석가의 공감적 기능을 말하는 것 대신에 **전이의 사랑** 차원을 도입할 수 있을 뿐만 아니라, 치료에서 섹슈얼리티 문제의 도입을 위한 토대를 마련할 수 있는 이점이 있다.

다른 한편으로, 분석가는 피분석자의 고통에 대해 무엇인가 **안다고 가정되는 주체**의 위치에 있다. 여기에서 분석가는 사랑받는 사람의 위치에 있는 것처럼 보인다. 그럼에도 불구하고, 분석 초기에 안다고 가정된 주체는 아직 전이의 본격적인 대상이 아닌데, 피분석자가 아직 자신에게 결여된 것이 무엇인지 또는 이 결여가 실재인지, 상상적인 것인지, 상징적인 것인지 알지 못하기 때문이다. 또한 피분석자는 그들 자신의 무의식적 대타자가 무엇을 알고 욕망하는지 알지 못한다. 피분석자는 분석가가 알고 있는 것에 대해 분석가를 사랑하지만, 이것은 먼저 의식적인 치료 동맹의 형태를 취한다.

나는 또한 'sujet supposé savoir'가 일반적으로 영어로 번역되는 방식인 '안다고 가정된 주체the subject supposed to know'와 '알고 있다고 가정된 주체the subject supposed to knowing'를 구별한다. 전자는 분석의 첫 번째 단계에서, 후자는 두 번째 단계에서 전이에 대한 더 나은 독법이 될 것이다.

분석의 첫 번째 단계에서 분석가는 안다고 가정된 주체로서 전경의 연인a foreground lover이자 배경의 사랑받는 사람인 반면, 피분석자는 그 반대가 사실이다. 사랑받는 피분석자는 분석가가 빛나는 그림을 그릴 수 있는 캔버스로서 자신을 제공한다. 그러나 초기부터, 그리고 분석가의 개인 분석의 결과로서 안다고 가정된 주체에 대한 전이를 믿도록 유혹되지 않는다.

치료의 첫 번째 단계는 구순 및 어머니와의 관계에서 오이디푸스 구조의 첫 번째 단계와 일치한다. 피분석자의 자유 연상에 대한 관심과 무조건적인 존중을 표현하는 의미에서 피분석자를 사랑함으로써, 피분석자는 분석가의 치료적 욕망에 사로잡혀 있는 것처럼 느낀다. 이 사랑의 약속과 선물은 어머니와의 오이디푸스 첫 번째 단계로 거슬러 올라가는 사랑 관계의 낭만적인 단계를 나타낸다.

치료의 첫 번째 단계에서 자유 연상 규칙은 말하기에 대한 역설적인 명령의 형태로 주어지지만 [피분석자를] 자유롭게 한다. 모성적 욕망과 공감은 [피분석자가] 무엇을 말하든지 경험하게 될 것이다. 중요하지 않거나 평가 절하되더라도 그것은 분석에서 받아들여질 것이다. 그러나 모성적 사랑의 은유는 아버지의 상징적 기능이 시간 및 말의 절분과 관련된 자유 연상 규칙의 밑면이 될 것이라는 점을 감안할 때, 그 한계가 있다. 자유 연상의 규칙을 모성적 욕망의 재현으로 해석하는 것은 양육, 교육, 사회화 또는 목회 상담의 한 형태로서 충분히 좋은 양육the good-enough mothering을 정신분석 치료를 재정의하기 위한 근거로 적용하는 대신, 무의식에 대한 분석을 정신분석적 노력의 중심에 두는 가치가 있다.

위니콧(1965)에게 어머니-유아 관계는 분석 과정의 패러다임이다. 정신분석에서 해석은 단지 모성적 돌봄을 의미한다.

> 환자에게 중요한 것은 해석의 정확성이 아니라 도움을 주려는 분석가의 의지, 환자와 동일시하여 필요한 것을 믿고, 구두적 또는 비언어적, 전언어적 언어로 지시하는 즉시 욕구를 충족시키는 분석가의 역량이다(p.122).

이 모델에서 정신분석 상황은 정서적 성장을 위한 유아의 돌봄과 생물학적 성숙 환경의 확장에 불과하다. 실제로 분석가는 유아의 생물학적 욕구가, 본질적으로 정신적이고 오이디푸스적인 요구와 욕망과 구조적으로 관련이 없는 것처럼, 유아의 생물학적 욕구를 돌보는 충분히 좋은 어머니가 된다. 충분히 좋은 분석가the good-enough analyst는 생물학적 욕구의 투명성을 믿기 때문에, 자연스럽고 합법적인 생물학적 욕구로 간주되는 아이의 요구에 응답하고 그것을 충족시키는 데 열중한다. 마찬가지로, 분석은 개인 분석을 통해 피분석자가 다시금 부모로 지정하는 좋은 젖가슴 또는 충분히 좋은 분석가와의 동일시로서 종결된다.

위니콧, 클라인, 비온 그리고 일반적으로 어머니에게 특권을 주는 대상관계와 애착 이론가 등의 이른바 두 사람 심리학the two-person psychology은 새로운 형태의 정신분석으로서 초기 발달적 결핍, 정체, 고착을 특징으로 하는 정신병리학의 더 혼란스러운 형태에 필수적이라고 말함으로써 그들의 초점과 어머니에게 초점을 맞춘 발달적 이론을 정당화한다. [그들의 관점에서] 신경증 환자는 재양육될 필요가 없지만, 경계선 환자와 정신병 환자는 재양육될 필요가 있다. 예를 들어, 마릴린 먼로의 분석가가 그녀에게 정상적인 가족 경험을 제공하기 위해 가족과 함께 살도록 권유했지만, 얼마 지나지 않아 그녀가 자살했으므로 아무 소용이 없었다는 사실을 우리는 모두 알고 있다.

분석가는 피분석자의 삶에서 실제 인간은 결코 일치할 수 없는 이상적 부모라는 내적 주관적 위치에 머물러 있다. 피분석자는 홀로 있을 수 있는 능력the capacity to be alone을 획득할 수 있지만, 여전히 분석가/부모의 모습에 의존한다. 프로이트는 대타자와의 새로운 연결 및 관계를 찾기 위해 내면의 상실된 대상에 대한 리비도 집중을 포기해야 한다고 주장한 이유로, 우리의 작업은 클라인보다는 프로이트에게 좀 더 근접한다. 이 경우 포기는 예를 들어, 부모의 죽음과 함께 일어나는 관계의 종료를 의미하지만, 부모는 주체가 의존하는 이상화된 내적 좋은 대상이 아니라 여전히 주체 자신의 일부로서 주체 안에 존재한다.

[주체의] 호의적인 사회 환경과의 관계는 어머니의 욕망과 충분히 좋은 양육만을 필요로 하는 것이 아니다. 상징적 거세, 대타자 아버지f(Other)의 상징적 기능의 수용, 그리고 상징적 교환의 사회적 체계로의 진입은 상징적이고 문화적인 환경 내에서 성화된 존재로서 사회와 주체상호적 관계 내에서 기능하기 위해 요구된다.

치료의 두 번째 단계

나는 이 중요한 치료 단계를 전이의 두 번째 단계, 라캉이 "환상의 횡단the crossing or traversing of the phantasm"[3]이라고 부르는 것의 출현과 작업, 그리고 오이디푸스의 두 번째 단계에서 대타자의 개입이라는 측면에서 설명할 것이다. 오이디푸스의 첫 번째 단계가 대타자 어머니(m)Other의 주이상스의 문제를 포함하는 것처럼, 오이디푸스의 두 번째 단계는 **남근적 주이상스의 출현**을 포함한다. 분석의 마지막 또는 세 번째 단계는 **분석의 논리적 종결**이라는 의미에서 종료이다. 이 장에서는 치료 종료에 대해 암시할 수 있지만, 이것이 치료 중단을 언급하는 것인지, 논리적인 종결과 치료의 성공적인 종료를 언급하는 것인지는 상대적으로 모호할 것이다. 다음 장에서는 분석의 단계를 간략하게 재검토하지만, **고유한**proper **분석의 논리적 종결**

---

3 Lacan, J. (1973). *The Seminar of Jacques Lacan, Book XI: The Four Fundamental Concepts of Psychoanalysis, 1963–1964.* ed. J.-A. Miller. trans. A. Sheridan (1978). NY: W. W. Norton & Company, 1978, p. 273.

이라는 특권적 관점에서 검토할 것이다.

치료 단계와 관련해 두 번째 치료 단계는 몇 가지 다른 방식의 이해의 시간the time for comprehending과 연관된다. 치료의 두 번째 단계에서 결론의 순간the moment of concluding은 계속해서 중요한 자료를 통한 작업의 촉진을 지속한다. 일단 분석가의 앎이 피분석자의 무의식적 욕망의 대상과 다소간 일치하게 되면, 그때 전이, 적절하게 말하면, 분석의 두 번째 또는 중간 단계가 설정된 것이다. 분명히 이것은 이야기의 끝이 될 수 없다. 그렇지 않으면 분석에 종결이나 종료 단계가 없기 때문이다. 지나치게 장기간 지속되는 분석은 분석가가 사랑받는 사람의 위치에 있는 두 번째 치료 단계를 떠나지 않는다.

치료의 두 번째 단계에서 주체의 원형적, 원초적 환상 및 트라우마가 의식과 치료에서 나타날 것이다. 사랑하는 사람으로서의 분석가는 이러한 환상을 불러일으키도록 돕고, 이 환상은 환상 대상으로서 분석가와의 관계를 중재하게 될 것이다.

상징적 거세는 피분석자와 분석가 모두에게 상상적 남근의 상징적 부재를 표상한다. 분석가가 상상적 남근을 갖고 있거나 상상적 남근인 것having or being으로 인식될 수 있지만, 피분석자는 이 남근을 하나의 대상 또는 자기/대상으로 소유할 수 없다. 이것이 치료 관계의 맥락에서 **거세의 상징적 의미**이다. 이러한 부재를 통해 작업하는 것은 분석가가 아닌 다른 누군가와의 남근적 주이상스에 대한 접근을 용이하게 하는 것이다.

성적 차이와 상징적 거세에 대한 라캉의 관점에서, 오이디푸스의 세 번째 단계는 소년이 성장할 때 인증된 상상적 남근을 가지고 아버지와 동일시하고, 소녀는 그렇지 않고 어머니뿐만 아니라 문화적 이상을 대표하는 아버지와도 동일시한다는 단순한 프로이트의 공식보다 더 복잡한 방식으로 이해된다. 오이디푸스 콤플렉스의 해소와 관련한 문제는 여성이 그녀의 어머니나 여성 분석가와 동일시할 수 있는지, 또는 남성이 그의 아버지나 남성 분석가와 동일시할 수 있는지의 여부가 아니다. 남성이든 여성이든 남성성은 상상적 남근을 소유하고 있다는 위치에서 콤플렉스에 진입하지만, 대타자에 대한 상징적 거세를 통해 그것을 상실한다. 남성성은 상상적 남근을 가짐으로써 콤플렉스에 진입하지만, 그것을 안전하게 소유할 수 있는 유일한 방법은 그것을 상실하고 비통함을 깨달아야만 콤플렉스를 벗어나거나 해소할 수 있다.

여성이나 남성에게서 여성성, 또는 여자나 남자에게서 여자는 상상적 남근을 갖지 않거나, 또는 남근이 상상적 기록부에 존재하지 않음으로써 오이디푸스적 구조에 진입한다. 그녀가 이러한 상실을 받아들이면, 상징적 질서 안에서 하나의 은유/기표로서, 그리고 남성적 타자와의 관계에서 남근을 가지고 있음을 깨닫고 오이디푸스 구조에서 벗어날 수 있다.

[한 사례에서] 피분석자는 자신을 타자의 결여나 결점을 꿰뚫어 보는 선견자로 생각했지만, 정작 자신의 결여에는 눈먼 자였다. 결여에 대항하는 방어가 타자에게 결여를 투사하고 유도하는 경향을 발생시켰다. 그녀는 타자들이 그녀를 버렸다고 생각하지만, 그녀가 이 유기 운명(조현병이 아닌 히스테리)을 어떻게 구성했는지는 알지 못한다. 이 피분석자는 나를 카를로스 카스타네다Carlos Castaneda(1968)⁴ 유형의 인물로 인식했으며, 나의 자질을 "선견자" 또는 "주술사"로 언급했다. 내가 가치 있는 라틴계라고 그녀가 말하는 방식은 나를 저명한 라틴계 작가의 이름으로 부르는 것이었다. 그녀는 또한 내가 그녀와 같은 선견자라고 말함으로써 나에게 아첨했다.

보는 순간 동안, 분석가는 무의식의 현현을 피분석자와 분석가의 결점이 아니라 어리석은 앎으로 보아야 한다. 예를 들어, 내러티브 언표에서 피분석자는 그녀의 어머니가 그녀를 사랑하지 않는다고 말했지만, 그녀의 어머니는 자녀들 중 그녀를 가장 아름답게 생각한다고 말했다. 카렌 호나이Karen Horney에게서 이것은 분석가가 피분석자에게 지적하는 모순이거나(그녀의 어머니는 그녀를 사랑하지 않는다/그녀의 어머니는 그녀를 사랑한다), 피분석자가 자신이 알고 있다는 것을 알지 못하거나, 알기 원하지 않는다는 것의 무의식적 앎의 표현이라고 말할 수 있다. 그녀는 어머니가 그녀를 어떻게 사랑하는지 보고 싶지 않기 때문에(여기에서 그녀는 눈이 멀다), 또는 그것을 부인하고 싶기 때문에, 이 앎은 무의식적으로 유지된다. 분석가는 무의식을 결점이나 결함이 아닌 앎으로써 본다. 두 가지 형식의 지식은 모두 정확하지만 재해석되거나 재구성될 필요가 있다. 이것은 안다고 가정된 분석가에 대한 긍정적 이상화 전이와 피분석자의 무의식적 앎 사이의 치료적 동맹으로 이어진다.

피분석자가 나를 칭찬했을 때, 나는 카를로스 카스타네다를 좋

---

4 카를로스 카스타네다(Carlos Castañeda, 1925-1998)는 페루 출신의 미국 작가, 인류학자로 *The Teachings of Don Juan: A Yaqui Way of Knowledge*(1968), *A Separate Reality*(1971), *Journey to Ixtlan*(1972)의 세 편의 대표적인 초기 저작과 여러 후기 저작들이 있다.

아한다는 가정하에 "나에 대해 좋은 말을 해 주어 감사합니다"라고 말하지 않았다. 그 대신 나는 아무 말도 하지 않거나 반쯤 미소를 지었지만, 카를로스 카스타네다에 대해 내가 알고 있는 것 또는 나의 훈련과 성취 등에 대해 자랑하는 사교적인 이야기를 나누지 않았다. 이것에서 얻을 수 있었을 작은 쾌락과 상상적 연결은 치료에서 더 많이 발생할 수 있는 비판에 비교해 희석되었을 것이다. 다시 말해, 나는 그녀의 전이를 믿지 않고 대신 그녀 자신의 무의식적 앎을 지시하기 위해 그녀의 믿음을 사용했다.

그런 다음 나의 개입에 대한 반응으로, 내가 그녀의 어머니의 측면 또는 그녀와 부딪친 '대타자'의 관점을 취하고 있다고 느끼는 대신, 그녀는 어머니가 아버지의 연인으로 착각한 나이 많은 미인으로 옷을 입힌 여동생에 대한 기억을 상기했다. 이것으로부터 그녀는 아버지와의 사이에서 아이를 갖게 되는 꿈의 연상이 이어졌다. 결국 그녀는 다른 관계에서와 마찬가지로 나에게서 [그녀의 타자와의 관계 상연과 치료적 작업을] 충분히 했다고 느끼고 나를 떠났다.

이것은 분석가가 가진 것보다 가지지 않은 것을 제공하고, 주체의 결여 또는 부재한 대상 a의 장소를 차지하는 예이다. 앞서 말했듯이 그것은 분석가의 욕망, 즉 사랑받는 사람으로서 이 경우에는 카를로스 카스타네다처럼 되지 않는 욕망이 정신분석의 종결과 목표의 근본적인 축으로 작용한다. 그/그녀의 상징적 기능에서 분석가는 존재하지 않는 대상을 제공하는 속임수보다는 자신의 상징적 남근의 결여를 피분석자에게 제공한다. 이 피분석자는 분석가가 그녀의 환상의 대상 *a*가 되기를 원했다. 내가 그녀를 사랑하고 나의 대상 *a*로서 그녀를 결여하기를, 그리고 그녀가 아버지로부터 받기를 원했던 상상적 남근을 내가 그녀에게 주기를 원했다.

나는 내가 카를로스 카스타네다가 아니라는 것으로 욕망의 결여를 수용하는 모습을 피분석자에게 보여 줌으로써, 남근적 대상으로서 욕망되기보다는 욕망 속의 공백을 지시했다. 나의 욕망은 남근의 기표, 이 경우에는 카를로스 카스타네다 또는 아버지의 응시와 동일시되지 않은 채 결여로서 남아 있었다. 분석가는 상상적 남근 또는 이상화된 상상적 아버지와 동일시하지 않고 결여를 있는 그대로 유지해야 한다. 전이에 있는 무의식적 대상들과 기표들을 풀어 내고, 분석하며, 계시하는 데 도움이 되는 것은 이러한 주체적 궁핍이다.

카를로스 카스타네다가 존재하는 것과 존재하지 않는 것, 또는 그가 갖고 있는 것과 갖고 있지 않는 것은, 피분석자의 욕망의 한 기표로서 카를로스 카스타네다로부터 그녀 자신의 아버지에 대한 그녀의 욕망으로 퇴행하는 원인이 된다. 이제 피분석자의 무의식적인 앎이 분석가의 지식을 대체할 것이다. 안다고 가정된 주체로 전이된 후, 분석가는 피분석자의 무의식적 앎을 사랑하는 위치로 재개된다. 무의식적 앎을 인식하는 때때로의 불유쾌한 작업과 박탈privation, 좌절frustration, 거세castration 경험에서 피분석자를 지원하는 것은 사랑받는 사람의 위치에 있는 피분석자의 존재이다.

피분석자는 그녀가 어머니나 아버지에게 버림받은 것이 아님을 인식하고 대신 자신의 충족되지 않은 욕망의 기표들을 발견했다. 이것은 그녀가 사랑받고 욕망되었지만 그녀가 원했던 것은 그녀에게 주어질 수 있는 것이 아님을 의미한다. 이러한 욕망의 발견 또는 진리는 어떤 방식으로든 그녀의 부모의 단점이나 결점을 축소시키거나 은폐하지는 않는다. 그러나 그것들은 대타자의 결여와 불일치의 수용적 측면이 된다.

만약 내가 피분석자와 합류하여, 그녀의 칭찬에 동참하고 그녀의 장점과 부모의 단점을 지적하며 부모와 연인에 대한 그녀의 불만을 지원함으로써 그녀를 다시 사랑하게 되었다면, 우리는 상호 상상적 동경의 나르시시즘적 공모에 참여하여 멋진 사랑의 축제와 낭만적인 분석의 첫 번째 단계를 보냈을 것이다. 하지만 우리는 실재 미래의 치료의 어떤 가능성을 유실했을 것이다.

사랑하는 분석가는 주체의 상처를 치유하는 데 도움이 되지만, 피분석자가 분석가를 사랑하는 위치에서 최종적으로 제거하고 이 대상을 나르시시즘적 남근 대상의 운명vicissitudes으로 탈신비화하고 해체하는 것은 거세의 상징적 암반과의 직접적이고 결정적이며 최종적인 직면을 통해 분석의 종결로 인도한다. 이 직면을 통해 욕망은 재생될 수 있고, 더 이상 분석가가 아닌 다른 사람에게로 향할 수 있으며, 더 이상 타자가 주체에게 아직 가지고 있지 않은 것을 주기를 바라지 않게 된다. 일단 상상적 거세의 결여가 상징화되면, 소유한 것과 소유하지 못한 것 모두가 주체와 대타자에게 향유enjoyment와 주이상스Jouissance의 원천이 될 수 있다.

또한 나는 전이 사랑의 단계가 사랑 관계에서 사랑의 전이 단계와 유사하지만, 몇 가지 주목할 만한 예외가 있음을 언급한다. 유혹은 사랑 관계의 첫 번째 단계를 나타낸다. 분석에서 유혹은 이 사례에서 볼 수 있듯이 지식의 유혹 또는 안다고 가정된 주체의 유혹이다. 사랑 관계에서 유혹은 대타자의 주이상스와 어머니와 함께하는 오이디푸스의 첫 단계로 회귀하는 사랑의 약속이다. 이것은 보듬어 주는 환경the holding environment이 충분히 좋은 어머니 또는 분석가가 피분석자의 어머니보다 더 나은 어머니가 될 것이라는 약속을 할 때 치료의 첫 번째 단계에서 반향된다. 낭만적인 사랑 관계의 두 번째 단계는 남근적 주이상스의 성적 및 오이디푸스 단계이며, 근본적인 질문은 상상적 남근의 소유와 비소유에 대한 것이다. 낭만적인 사랑은 욕망의 문제, 상상적 남근을 소유하고 향유하기 위한 욕망의 문제가 된다.

분석에서 사랑으로부터 남근적 주이상스로의 이동은 제정되지 않는다. 그 대신 **남근적 주이상스는 대상 *a*, 남근, 그리고 거세의 기능의 우여곡절에까지 이르고 해체되어야 한다.** 많은 치료가 이 단계로 진행하지 않고, 대신 무성의asexual 전오이디푸스 또는 오이디푸스의 첫 번째 단계에 머물기 때문에 나는 이와 같이 주장한다. 그러한 치료에서 만일 부성적 기능이 관련된 경우, 그것은 일반적으로 더 나은 행동 계획 또는 환자의 목표와 목적에 대한 보다 현실적인 방향으로 초자아를 제안하고 개선하는 형태이다.

그렇다면 고유한 정신분석과 심리치료, 또는 다른 이론적인 방향에서 실천되는 분석과의 차이는 무엇인가? 다음에서 나는 분석의 단계와 오이디푸스 구조의 단계를 사용하여 다양한 형식의 분석적 치료를 분화할 것이다. 비분석가가 수행하는 심리치료는 다른 범주의 치료에 속한다. 개인 분석이 없는 비분석가가 수행하는 지지 치료는 치료자가 내담자에게 충분히 좋은 어머니/아버지가 되는 데 초점을 맞추며, 치료적 동맹은 순전히 상상계 내에서 유지된다. 상상적 전이는 안다고 가정된 주체 및 사랑받는 치료자와 치료자의 연인으로서의 환자 사이에 융합이 있음을 의미한다. 이러한 치료에서는 전이에 대한 인식이나 분석이 없기 때문에 전이 자체가 존재하지 않거나 고려되지 않는다.

또한 비분석가에 의한 통찰적 심리치료에서 치료는 오이디푸스 치료의 첫 번째 단계에 머물러 있다. 이러한 치료에서 치료자는 안다고 가정된 주체의 위치에 있으나, 상상적 전이에 대한 분석의 초기에 있다. 치료자가 분석되지 않은 이유로, 치료자는 환자에 의해 사랑받고 욕망되기 위한 욕망에 경도된 채 남는다. 전이의 상징적 차원의 분석을 촉진하는 것은 분석가의 욕망이다.

이러한 치료에서 치료자는 투사적 동일시the projective identification로서 역전이와 함께 작업한다. 분석가의 무의식은 마치 피분석자의 무의식인 것처럼 분석된다. 투사적 동일시의 개념은 분석에서 분석가의 주체적 경험이 피분석자에 의해 결정되며, 분석가의 무의식은 여기에 영향을 미치지 않거나 관련이 없다는 것을 의미한다.

이와는 대조적으로 라캉의 관점에서 볼 때, 이러한 경우 분석가의 무의식은 대타자의 담론으로서 피분석자의 무의식을 통해 분석가에게로 되돌아오는 것이지 그 반대의 경우가 아니다. 고유한 분석에서, 피분석자의 무의식 또는 그들 자신의 존재의 보석은 대타자의 담론으로서 분석가의 말을 통해 피분석자에게 회귀한다. 여기서 대타자는 '객관적 지식'의 대표자로서 기능하는 분석가가 아니라, 피분석자 자신의 무의식을 의미한다. 그렇지 않으면 즉, [피분석자의 무의식을 대타자의 담론으로서 고유한 분석 작업의 중심에 두지 않음으로써 발생할 수 있는] 역전이는 분석가가 아닌 치료자를 그들 자신의 개인 분석으로 이끌 수 있다.

이미 언급했듯이, 전이의 첫 번째 단계와 오이디푸스 구조에 대한 분석도 남아 있다. 이것은 일반적으로 전오이디푸스 형성에 대한 필수 분석으로 제시되고, 이러한 치료가 임상적 가치와 분석적 중요성을 갖고 있지만, 그것은 또한 프로이트의 오이디푸스 이론과 아버지 및 남근의 기능에 대한 명백하거나 은밀하게 위장된 부인과 거부를 나타낼 수 있다. 여기에서 분석가는 전이 내에서 작업하지만, 오이디푸스의 첫 번째 단계를 재현하는 모성적 전이에 관련해서만 작업한다. 아버지와 남근의 기능으로서 세 번째의 기능이 상징화되지 않았기 때문에, 오이디푸스의 첫 번째 단계에서 어머니에 대한 라캉의 관점은 전오이디푸스적 어머니와는 다르다.

어머니-자녀 관계에 대한 전오디푸스적 관점에서, 어머니의 남근적 나르시시즘과 연결된 불가피한 투자는 충분히 나쁜 양육으로 오인된다. 충분히 좋은 양육 또는 어머니-아이-주체의 관계를 형성하는 데 있어서 아버지와 상징적 거세의 역할은 인정되지 않는다. 전오이디푸스 관계에 초점을 맞춘 분석에서 남근의 문제는 피분석자나 문화의 방어에 적대감을 불러일으키지 않기 위해서 성적 차이와 거세를 다루지 않는다.

참고문헌

Castaneda, C. (1968). *The Teachings of Don Juan: A Yaqui Way of Knowledge.* New York: Pocket Books, 1996.

Corbett, D., Stafford, K. and Wright, P. (2007). http://library.thinkquest.org/ 27930/time. htm.

Freud, S. (1905). *Dora, An Analysis of a Case of Hysteria.* New York: Touchtone, 1997.

_____(1913). On Beginning the Treatment (Further Recommendations on the Technique of Psychoanalysis I). *The Standard Edition of the Complete Psychological Works of Sigmund Freud,* 12, 1911–1913.

Lacan, J. (1960–1962). *The Seminar of Jacques Lacan. Book VIII: Transference.* London: Polity Press, 2017.

_____(1966). Logical Time and the Assertion of Anticipated Certainty. In: *Écrits.* trans. B. Fink. New York: Norton, 2006.

Winnicott, D. (1965). *The Maturational Processes and the Facilitating Environment.* London: Routledge, 2018.

12장

고유한 분석의 목표와 종결
순수 분석의 세 번째 단계

도입

라캉은 세션을 종결하는 것은 분석가이지만, 치료를 종결하는 것은 피분석자라고 강조한다. 분석가의 욕망은 분석이 성공하기 위해서 분석이 논리적으로 끝나는 것 이상으로, 분석가가 피분석자를 분석에 계속 머물게 하려는 욕망이 없어야 한다는 점에서 일반적인 인간의 욕망과는 다르다. 분석가는 피분석자에게 불필요한 존재가 되는 것에 저항하지 않는다. 논리적인 끝에 도달한 경우, 분석가는 분석을 종결하려는 피분석자의 욕망을 지지한다. 종결 시점에서, **피분석자의 주체적 궁핍과 분석가의 자비로운 탈인격화[객관화]**a benevolent depersonalization라는 양자 모두에게 주이상스의 상실이 발생한다([이는] 적을수록 좋다).

인간의 욕망을 가진 주체는, 신경증적이고 오이디푸스에서의 승리로 인해 관계에서 실패하는 경우가 아니라면 사랑하는 사람에게서 떠나기를 원하지 않는다. 분석의 성공적인 종결은 부모를 거부하는 것이 아들이나 딸이라는 점만 제외하면 오이디푸스 콤플렉스 서사의 실패와 같다. 분석가와의 치료를 종결하면, 피분석자는 그들의 부모와 연인 또는 사랑하는 사람과 관계를 맺을 수 있다. 다른 한편 분석은 합일을 이루지만 반드시 규범적인 사회적 관계를 위한 것은 아니기 때문에, 분석은 가족 혈연관계로부터 재편성과 분리를 초래할 수 있다.

분석가의 욕망은 두 가지 주요 특성이 있다. 첫째, 피분석자가 세션에 와서 계속 말하게 하고 무의식적 앎을 생성하려는 욕망이다. 둘째, 피분석자는 분석가를 이상화하지 않고, 분석가의 전문적 지식에 의존하기보다는 자신의 무의식적 앎에 의존해야 한다. 그렇지 않으면 피분석자가 분석을 종결하기를 원하지 않을 수 있다. 분석가가 주체의 무의식을 지시하는 이유는 분석의 논리적 끝에서 무의식적 앎이 피분석자를 분석가로부터 독립적으로 만들기 때문이다.

라캉은 분석이 작가와 독자 모두가 문자letter로부터 쓰레기litter로, 쓰레기로부터 문자로 가는 문학과 같다고 말한다. 쓰레기는 창의적인 문학적 소산 또는 파생물을 대표하며, 동시에 일회용이지만 유기적이며 재활용 가능한 폐기물을 나타낸다. 무의식의 문자들은 주체의 욕망(쓰레기)의 원인이 되는 알파 대상들의 기표들이다. 문자의 쓰레기와 함께 문자가 지정하는 쓰레기 또는 대상들은 상실되어 주체의 경험과 삶에서 잃어버린 욕망의 대상들이 되어 상징화를 필요로 한다.

상징화되지 않으면 대상 a는 클링커clinker 또는 불연성 잔류물,

재활용할 수 없는 독성 산물이 된다. 분석가를 상상적 남근 또는 주체의 욕망의 원인인 대상 a로 설치하고 상징화하는 것은 상실된 것을 의미하는 소모의 대상이라는 대상 a의 본성 자체적인 것으로서, 결국 [분석은] 분석가를 상상적 대상을 재현하는 것에서 실재의 대상 a의 장소로 이동시킨다. 분석 과정은 분석가를 사랑하는 상상적 대상(a/phallus)의 위치에서 대상 a의 부재 또는 공백의 위치로 이동시킨다. **분석은 대상 a가 무의식의 실재에 접근하는 과정에서 소멸되거나 사라질 때 종결된다.** 위니콧이 구상한 것처럼 목표 대상이 먼저 생성된 다음 파괴된다.

분석가가 주체의 욕망으로 인해 상상적 대상의 위치에 머물기를 원하거나, 또는 분석적 위치가 분석가 자신의 상상적 자아에 대한 어떤 이득이나 이익을 가져다주기를 소원할 때, 대상의 본성이 분석가를 이 위치에서 제거할 것이다. 실제로, 분석적 위치는 권력의 차등이나 비대칭의 상상적이거나 부당한 형태이기보다는 사실상 분석가 자신의 상상적 자아를 위해 아무런 역할도 하지 않는다. 분석이 종결되면, 분석가는 물로 씻어 내고, 비우고, 버려야 할 필요가 있는 비옥한 거름과 같다. 분석가는 피분석자에게 사용된 후 외면되어 불필요하게 된다. 분석가는 과업에서 벗어나 자신을 쓸 필요가 있으며, 그렇게 할 수 있기 때문에, 그/그녀는 현실적으로 적절한 작업을 하고 명예로운 삶을 영위해 갈 수 있다.

분석가가 피분석자의 대상 a 또는 남근으로서 안다고 가정되는 주체의 위치에 남아 있다면, 피분석자는 분석가를 결코 떠나기를 원하지 않을 것이다. 일단 분석에서 전이가 해소되면, 그리고 분석가가 피분석자를 위한 자아 이상을 재현하지 않는 텅 빈 타자가 되면, 피분석자는 여전히 자신의 무의식적이고 의식적인 이상과 사랑의 전이를 갖고 [삶에서 보다 주체적으로] 살아갈 것이다.

분석가가 안전하거나 인정받는다고 느끼기 위해 사랑받거나 이상화될 필요가 없다는 사실이 그/그녀가 주인이 아님을 의미하는 것이 아니라, 혼자 또는 죽음을 두려워하지 않음으로써 그/그녀 [피분석자]를 주인으로 만드는 것이라는 바로 그 사실로서 반론이 될 수 있다. 죽음을 향한 존재 "혼자All Alone", 이것이 헤겔의 주인에 대한 정의이다. 즉 아무리 많은 사람이 죽어 가는 사람과 동행하더라도 죽음은 모든 사람이 홀로 겪는 일이기 때문이다. 이것이 분석가를 이상화해야 하는 이유일 수 있다. 그러나 상징적 아버지 또는 분석가의 공백에도 결여나 한계가 없는 것은 아니다.

주인은 또한 노예이다. 주인이 주인인지 노예인지가 항상 전적으로 명확하지는 않다. 분석가는 피분석자가 이와 관련하여 실수하더라도 피분석자에게 [분석가를] 주인보다 한계가 있는 노예로 더 많이 보이게 함으로써 자신의 인격과 존재의 핵심을 지불한다. 이는 피분석자가 '자기를 낳거나se-parere' 산출할 수 있도록 종결 및 분리 과정을 촉진하기 위한 서비스이다.

또한 분석가는 자신의 실패와 망각을 숨기지 않고 이것이 실제로 나타날 때 자신의 방어에 불리할 수 있는 해석을 제공한다. 이것이 분석가와 관련하여, 라캉이 '자기 자신과 말로 지불하는 것'이라고 언급한 것이다. 이런 식으로 전략적으로 운용하다 보면, 결국 분석가가 주인으로 남을 수도 있지만, 그것은 오로지 그/그녀만이 알 수 있다.

분석가는 실재에 직면하여 혼자 있으며, 자신과 타자의 노예이거나 주인이 되는 데 만족한다. 이것이 어리석은 자의 대타자 주이상스로서, 진정으로 현명한 오이디푸스와 함께하는 바보는 지는 것이 이기는 것이 되고, 이기는 것이 지는 것이 될 수 있음을 안다. 아이는 부모에게 차선이 되어야 하며, 욕망하는 부모를 금지하고 부모에게 잃는 법을 배워야 인생과 결혼 또는 관계에서 승리할 수 있다. 동시에 치료에서 성공은 성공이고 실패는 실패이다. 때때로 피분석자들은 당신은 했으나, 당신이 그들을 돕지 않았다고 말할 것이다. 다른 경우에 그들은 당신이 그들을 도왔다고 말하지만, 그렇지 않은 경우도 있다. [분석가의] 현명함은 그 차이를 조용하고 차분하게 아는 것이다.

목표와 종결[1]

분석의 종결에 대한 질문은 과정의 마지막 순간 저 너머 무언가를

---

1 라캉학파의 분석적 치료의 목표the aim of psychoanalytic treatment는 "피분석자가 자신의 욕망에 대한 진리를 말할 수 있도록 인도하는 것"(Evans, 1996, p. 53)이다. 분석의 종결에 대한 질문the question of the end of analysis은 "분석적 치료의 과정이 정신분석적 목표를 성취하는가에 관한 것 이상의 것으로, 치료가 그것의 논리적 종점에 도달하는가에 관한 것"(p. 53)이다.
라캉 정신분석의 종결 지점에 대한 정의는 그의 이론적 변화에 따라 "1950년대 초 '진실한 말의 출현과 자신의 역사에 관한 주체의 자각', 1960년 '불안과 포기의 상태로서 유아의 무망감에 비유', 1964년 '환상의 횡단', 1976년 '생톰과의 동일시'"(p. 54)로 다양하게 변주된다. 라

의미한다. 사실, 분석의 마지막 단계가 인식되는 방식은 처음부터 정신분석 치료의 방향에 영향을 미친다.

스페인어와 영어에서 목표aim 또는 목적objective과 무언가의 종결fin/end을 서술하는 데 동일한 단어가 사용된다(fin/end). 따라서 활동의 정의 또는 종료를 허용하는 것은 관련 목표 또는 목적이다.[2] 이러한 이유로 이 장에서는 **분석의 목표**와 **분석의 종결**, 두 가지 테마가 서로 교차하고 상호 작용한다. 목표를 어떻게 정의하느냐에 따라 목표와 종결은 유사할 수도, 상이할 수도 있다.

예컨대 분석의 목표가 자아의 정체성과 치료적 동맹을 구축하는 것이라는 전제가 주어질 때, 정신분석이 '분석가와의 동일시the identification with the analyst'로 종결되는 것은 놀라운 일이 아니다. 대상관계학파에서 분석의 목표가 안정 애착의 발달(Bowlby), 충분히 좋은 양육(Winnicott) 또는 알파기능 획득(Bion)이라면, 분석이 좋은 대상과의 동일시(the Kleinian analyst)로 종결되는 것은 놀랍지 않다.

이러한 관점과 대조적으로, 라캉 정신분석에서 동일시 분석의 **목표는 [바로] 분석가와의 동일시의 종결이다.**

캉의 "분석은 본질적으로 치료적 과정이 아니라 **진리 탐구a search for truth**"(p. 55)이고, 진리가 자아의 강화, 현실에의 적응, 행복처럼 항상 이로운 것만은 아니다. Evans, D. (1996). *An Introductory Dictionary of Lacanian Psychoanalysis*. New York: Routledge. pp. 53–55.

2 "먼저 aim, 이것은 누군가가 어떤 임무를 부여받았다고 할 때 그가 성취해야 하는 것이 아니라 그가 거쳐야 하는 과정을 가리킨다. aim, 이것은 여정이다. 또 다른 형태의 목표가 있는데, 그것은 바로 goal이다. 물론 goal도 궁술에서 말하는 표적, 활로 쏘아 맞히는 새를 가리키진 않는다. 그것은 바로 과녁을 맞혔다는 사실, 그리고 이를 통해 목표에 도달했다는 사실을 가리킨다"(Lacan, 1973/2008: pp. 270-271).

분석의 종결을 분석가와의 동일시로 정의하는 — 순진하게든 아니든, 오직 신만이 알고 있는 — 모든 분석 개념은 바로 그 사실로 인해 한계를 인정하게 된다. 분석가와 동일시함으로써 종결되어야 한다고 가르치는 모든 분석은 같은 이유로 분석의 진정한 원동력이 사라진다는 것을 드러낸다. 이 동일시에는, 동일시의 이상화한 대문자 I에 대한 대상 작은 a objet petit a의 관계와 거리에 의해 정의되는 동일시 너머가 있다. ··· 이러한 동일시 국면의 교차가 가능하다(Lacan, 1964, Sem. XI, p. 272).

훈련 분석이 끝날 때까지 나와 함께 분석적 경험을 해 본 사람이라면 내가 말하는 것이 진실이라는 것을 안다(p. 273).

분석 작업의 근본적인 원동력은 I(동일시)와 a 사이의 거리를 유지하는 것이다(idem). 경험에서 주체의 분리를 매개로 하여 동일시 국면의 횡단이 가능하다는 것은 분석가의 욕망이 x로 남아 동일시와 정반대의 방향으로 작용하는 한에서이다(p. 274).

분석가의 욕망의 목표는 결국 필연적인 것이 아닌 불필요한 것의 과업으로부터 그/그녀가 벗어나 스스로 작업하는 것이다. 피분석자가 더 이상 분석가와 동일시하지 않을 때, 분석가는 필요로 하지 않게 되고, 분석은 논리적 결론에 도달한다. 라캉은 분석이 종결될 때, 피분석자가 분석가가 아닌 생톰과 동일시한다고 주장한다.

정신분석은 동일시의 원을 두 번 순환한다. "분석의 종결은 한

원을 두 번 순환할 때, 즉 자신을 사로잡고 있는 것을 다시 발견할 때 일어난다(ⓞ)"(Lacan, Seminar 25, Session 4: Wednesday 10, January 1978). 동일시는 먼저 인식되고 해체된 다음 포기되거나 제거되어야 한다. 이 과정은 주체의 욕망이 대타자의 욕망 또는 대타자로부터 인정받고자 하는 욕망으로부터 발생하는 것을 인식하고 분화되는 경로의 일부이자 소포이다. 분석가와 중요한 타자와의 동일시가 포기될 때, 주체는 더 광범위한 상징적 구조와 비존재의 경이로운 공백 속에서 자신의 정체성을 찾는다(*désêtre* of the subject and the Real according to Lacan, 1966 – 1967).

그가 정신분석가의 길을 택한 후 그 자리[정신분석가의 위치]에 있을 때, 그는 분석가로서 자신이 다시 여행해야 할 경로를 따라 어디로 인도될지 이미 알고 있다. 대상 *a*라 불리는 이 대상의 지지물에 지나지 않는 안다고 가정된 주체의 비존재*désêtre*(Lacan, Seminar 15, Session of 1/17/1968, VI 100).

종결할 수 있는, 종결할 수 없는

프로이트의 논문의 의미를 소급적으로 재발견하는 라캉의 창의적 회귀를 감안할 때, 나는 이 주제에 대한 프로이트의 접근 방식을 검토하는 것으로 시작한다. 산도르 페렌치Sándor Ferenczi의 "능동적 기법the active technique"에 관한 프로이트의 페렌치와의 토론이 그가 『종결할 수 있는 분석과 종결할 수 없는 분석Analysis Terminable and Interminable』(1937)을 쓰도록 동기를 부여하는 데 중요한 역할을 했음을 상기하는 것이 중요하다. 정신분석의 역사에서 기술적 수정을 도입하는 문제는 종종 치료 과정을 단축하려는 시도와 연결된다. 분석의 종결을 결정하는 데 사용되는 기준은 가장 중요한 문제가 된다.

프로이트의 논문 제목의 의미는 임상적인 가이드 라인을 설정한다. 프로이트는 어떤 선택이나 대안을 제시하지 않지만, 오히려 종결할 수 있는 분석과 종결할 수 없는 분석이 있으며, 이것은 진정한 역설임을 강조한다. 그리고 이것은 일부 피분석자에게 적용되는 것이라기보다는 피분석자 모두에게 적용된다. 반면에 분석은 종결이 있어야 하는데, 그렇지 않으면 분석은 끝이 없을 것이기 때문이다. 만일 정규의 세션이 종결되면, 종결할 수 없는 분석은 어떻게 할 수 있는가?

프로이트는 정신분석을 시작할 때, 피분석자들이 분석적 또는 치료적 계약이라고 부르는 것에 따르도록 하기 위해 그가 무엇을 해야 하는지 알지 못했음을 논한다. 반대로, 프로이트는 분석 상황을 세부적으로 예정한 후에는 분석을 종결하기 위해 무엇을 해야 할지 알지 못했다.

정신분석 실천의 초기 몇 년 동안 나는 환자가 분석을 계속하도록 설득하는 데 가장 큰 어려움을 겪었다. 이 어려움은 변경된 지 오래이며, 이제 나는 그들이 분석을 포기하도록 유도하기 위해 가장 큰 고통을 감수해야 한다(1913, p. 130).

『종결할 수 있는 분석과 종결할 수 없는 분석』에서 프로이트는 치료를 종결하고 성공적인 것으로 간주할 수 있는지의 여부를 결정하는 두 가지 기준을 제시한다. 첫째, 환자가 증상이 해결되어 자신의 불안과 억제를 극복하고, 둘째, 치료와 전이 관계에서 환자의 충분한 무의식적 자료들이 해명되고 내적 저항이 극복되어 관련된 병리적 과정이 반복되는 것, 즉 미래의 재발 가능성에 대한 우려가 없다고 판단되는지의 여부이다. 증상에 치료 효과가 있는 경우에만 치료가 강력하고 오래 지속되는 효과를 가져온 것으로 간주할 수 있기 때문에 후자는 중요하다. 그렇지 않으면 치료와 관련이 없는 이유로 증상이 일시적으로만 해소될 수 있다. 이 경우, 피분석자는 미래에 재발하기 쉬운 상태로 남을 수 있다.

그러나 프로이트는 치료가 미래의 예방력을 가질 수 있다고 주장하지 않는다. 비록 치료가 증상의 완화를 가져왔지만, 분석가나 정신분석은 미래에 피분석자의 상태에 불리하거나 퇴행하는 영향을 미칠 수 있는 우발적 또는 환경적 요인을 예측할 수 없다. 정신분석은 상징적 인과성에 영향을 미치지만, 간극 형태의 우연이나 실재의 인과성에는 영향을 미치지 못한다(*Tuché*, according to Lacan [1964]). 간극 형태의 인과성은 의미화 구조라기보다는 단절과 위상학을 모델로 한 실재 무의식을 의미한다. 기표에 의해 교차되는 주이상스의 실재는 의미화 연쇄 내에서 또는 의미화 연쇄의 간극들 내에서 출현하지만, 상징적 인과성의 계열에 의해 유발되거나 조건화되지는 않는다.

프로이트에 따르면 증상의 해결은 **자아 방어의 강함**이나 **충동의 약함**, 두 가지 요인과 직접적으로 관련이 있다. 질병이 지속되거나 치료가 실패하는 경우는 그 반대, 자아 방어의 약함이나 충동의 강한 힘 때문이다. 프로이트의 서술에서 모호한 것은 방어의 강함 또는 약함의 의미이다. 프로이트는 방어의 약함에 대해 필요한 방어의 부재뿐만 아니라 무의식적 방어의 우세의 의미를 포함한다.

역설적으로 무의식적 방어는 자아를 약화시키지만, 무의식적 방어는 자아의 무의식적인 부분에서 발생한 것으로 가정된다. 동일한 전제에 기초하여 반대 주장을 할 수 있다. 자아는 의식적 과정과 무의식적 과정 모두에 뿌리를 두고 있기 때문에[3] 매우 강력하며, 증상의 발달에 책임이 있는 것은 바로 이 강한 힘이다. 프로이트는 의식적이고 합리적인 형태의 억압 또는 충동의 "숙달mastery"을 믿었다. 그는 치유와 정신분석의 치료적 목표에 반대되는 것으로서 무의식의 형태의 억압만을 거부한다.

이 점에서 프로이트는 전통주의자이며, 그의 저술은 근대성의 특징인 종교적 원리의 보다 일반적인 세속화 과정과 공존한다. 프로이트는 자아와 충동을 선과 악의 구분과 동등한 관점에서 서술한다. 그러나 우리는 또한 자아 방어도 문제가 될 수 있고, 충동이 없이는 삶에서 많은 일이 일어나지 않는다는 그의 이론을 알고 있다.

---

3 Freud, S. (1923). "The Ego and the Id". *SE*, Vol. 19. In J. Strachey (ed. and trans.) London: Vintage Books, 1961/2001, pp. 24-25.

또한 억압된 충량은 도덕과 이성에 의해 길들여져야 하는 일종의 사악한 성향으로서 충동 그 이상에 해당한다.

프로이트의 이론은 억압된 갈등, 트라우마 또는 발달적 고착이라는 측면에서 억압된 것에 대해 말할 때 더 미묘하고 덜 도덕주의적이고, 이원론적이다. 이러한 맥락에서 그는 자아-억압을 되돌리기보다는 취소의 원칙을, 그리고 치료 과정에서 억압된 것이 어떻게 나타나고 해결되며 훈습되어야 하는지 강조한다. 무의식이 치료에서 중심적인 역할을 하면 할수록 증상의 해결 가능성이 높아진다. 그러나 나의 작업에서 무의식은 **억압된 것**the repressed의 무의식과 **억압하는 것**the repressive의 무의식 둘 다를 포함하여 논한다.

증상이 해결되지 않는다면 이는 증상의 강도 또는 증상의 주이상스(그것과 연관된 고통/쾌락) 때문이다. 라캉의 이론에서 **증상의 주이상스**는 프로이트의 작업에서 **충동의 강도**와 동등하다. 프로이트는 치료의 실패를 주이상스나 충동의 강도 또는 방어의 실패로 귀인한다. 전자는 라캉으로 하여금 증상의 주이상스나 충동의 차원에 묶인 생톰 개념을 발전시키도록 한다. 라캉의 경우, 충동은 소멸되지 않기 때문에 생톰의 형태로서 분석 후에도 증상은 지속된다. 그러나 생톰은 그 안에서 방어가 형성되는 측면도 내포하고 있다. 생톰은 주이상스를 허용할 뿐만 아니라, 경험의 세 차원(RSI)을 다시 매듭짓는 것에 의한 주이상스를 포함한다.

자아 방어의 문제에 대한 분석을 진행하기 전에 완고함 또는 증상의 지속과 반복의 질문과 관련하여 중요한 점을 지적해야 한다. 이 점은 일반적으로 효과적인 치료의 한 형태로서 정신분석을 무효화하기 위해 만들어진다. 『늑대 인간』의 사례는 프로이트의 사기 또는 거짓 주장의 예로 자주 인용된다. 프로이트는 늑대 인간의 증상을 치료했다고 주장했지만, 사실 그의 증상은 평생 지속되었다는 주장도 있다. 그러나 프로이트는 늑대 인간이 자신과 타자들과 함께 치료에 복귀하는 과정과 방법에 대해 명확히 알고 있었으며, 치료의 성공과 실패를 설명하는 방법을 갖고 있었다. 늑대 인간은 분석에 70년 이상을 보냈고, 이 예는 정신분석을 의학적 또는 심리적 치료의 한 형태로서 폄하하는 데 사용된다.

자주 간과되는 것은 다른 정신과 치료 양식에서 실패한 치료의 사례가 많다는 것이다. 경험이 풍부한 임상의는 약물이 경험적 또는 통제된 통계 연구에서 보고된 것만큼 효과적이지 않다는 것을 알고 있다. 항정신성 약물의 경우는 말할 것도 없고, 수년간의 항불안제 또는 항우울제 복용에도 불구하고 불안 및 우울 증상이 지속된다. 약물치료는 비용이 저렴하지만 정신분석보다 반드시 더 효과적이지는 않다. 행동치료도 마찬가지이다. 환자와 증상에 주의를 기울여, 예컨대 증상이 나타나는 대로 매일 기록하거나, 방어를 강화하는 다양한 행동(운동, 오락, 이완 등)을 통해 증상을 억제할 목적으로 일주일에 몇 번 환자를 만난다면, 이 개입은 실제로 증상에 영향을 미칠 것이지만 문제는 수정이 얼마나 오래 지속될 것인지 또는 얼마나 강력할 것인지에 대한 점이다. 행동주의자들이 환자의 병력, 가족, 관계, 섹슈얼리티 또는 열정에 대한 고려 없이 증상이 확실하게 제거될 수 있다고 생각하는 것은 신뢰할 수 없다.

자아 방어의 분석, 장애물인가 치료인가?

프로이트에 따르면, 자아가 "무능력한" 경우, 정기적 자아 방어로는 불안, 폭발성, 중독 또는 우울증을 방어할 수 없다. 프로이트는 이러한 증상의 강도와 병인적 핵을 충동의 양적 요인으로 귀인한다. 그러나 이 가정에서 뒤따르는 질문은 건강한 방어의 구축이 무의식적 방어를 강화하는지, 아니면 무의식적인 방어가 취소되고 수정되도록 허용하는지의 여부이다. 프로이트는 이 질문에 대해 더 나은 것이 선the good의 적이라고 답한다. 건강한 방어 체계를 구축함으로써 피분석자가 기분이 좋다면, 그는 무의식적인 방어를 취소하는 고통스러운 작업을 하기 원하지 않을 것이다. 치료의 장애물은 약점이 아니라 자아의 강도이다.

효과적 치료의 장애물을 고려할 때, 프로이트는 억압을 풀거나 주체의 욕망에 대한 진리를 폭로/개방하는 장애물이 무엇인지보다는 더 강력한 방어를 구축하는 데 어떤 장애물이 있는지 질문한다. 그는 정신분석 초기에 이미 후자를 제한된 성공으로 다루었다고 고려한다. 라캉은(1955)은 초기 프로이트로 돌아가기를 원하는데, 프로이트가 자아 방어에 대해 초점을 맞추고 이론화한 정당한 이유에 대해서는 언급하지 않는다.

억압된 내용보다 방어적 과정에 초점을 둘 때, 프로이트는 무의식적인 방어와 저항을 작업하거나 취소하는 새로운 방법을 찾는 것보다 자아 방어를 강화하는 데 더 관심을 갖는다. 초기 분석가 그룹 중 라이히(1933)는 프로이트의 추종자로서 자아 방어(성격 분석의 기법)를 강화하기보다는 취소하는 데 초점을 둔 유일한 사람이다. 자아 방어(강화)에 관한 프로이트의 관심에 대한 **라캉**의 대답은 **저항의 분석을 분석가에게 이동시키는 것**이다. 나는 앞으로 이 주제로 돌아올 것이다.

프로이트는 예를 들어 관대함과 친절함이 자아의 조화로 관련되는 자질인 반면, 비참함과 적개심은 이드의 양적 요소로 논한다. 발달된 성격에서는 자아의 힘이 이드의 힘보다 우세하다. 이것은 자아 이상the ego ideal의 형성과 관련된 동일시의 문제를 나타낸다. 프로이트(1900/1923)에 따르면 관대함과 친절함의 이상적 자질은 버려진 비참함과 적개심의 경향과 양에 반대되는 것과 동일시함으로써 형성된다. 아이는 부모가 보여 주는 관대함과 친절함을 동일시한다. 그러나 프로이트가 처음에 자아와 이드가 하나의 매트릭스에서 발전하는 것을 인정한 이유로 그러한 관대함과 친절함은 항상 거기에 있었을 수 있다. 부모의 행동은 어떤 특성을 강화하고 다른 특성을 약화시킨다.

자아와 이드는 결코 완전히 통합되거나 분리되지 않는다. 즉 하나도 아니고, 둘도 아니다. 자아가 결코 순수하고 청정한 것이 아니며, 이드도 불결하고 더럽혀진 것이 아니다. 종종 자기애적 형태의 나르시시즘과 독선의 오염된 자아의 추정보다 이드와 욕망에 더 많은 정직함이 있다. 자아는 자신의 집의 주인이라는 환상에 의해 살아간다. 그것은 중요한 사람이 되는 것, 아버지를 대체하거나 정당성을 입증하는 것의 환상이며, 이는 자아의 간극을 좁히거나 봉합하려는 시도를 나타낸다. 이러한 시도는 주체의 단일성이 아니라 분할로 이어진다. 자아는 자신을 주인으로 만들어 줄 대상을 결여한다. 진정한 주인은 주인이 아니거나 정치, 행정, 기타 권력의 왕관 위의 공허이다.

그러나 권력의 왕관 너머에 있는 공허[공백]에 이르려면, 주체는 자아의 상상적인 것과 관련된 양적 요인, 즉 불안, 상실, 결여, 슬픔, 분노를 통해 작업해야 한다. 이러한 양적 요인들이 자아를 분할하지만, 그것들은 자아 내에서 자발적으로 발생하지 않거나, 적어도 일반적으로 자아의 상상적 차원 내에서 방해받는 정신적 상태를 생성하는 데 필요한 유용하고 순수한 특성을 포함한다. 이것은 양적인 이드 요인과 자아와 관련된 질적인 요인 간의 결합/융합으로서 주체를 자아와 대상 모두의 공백으로 이끄는 것이다.

나는 자아의 질적 요인을 주체가 언표에서 사라진 장소에서 존재하게 되는 실재 주체의 공백으로서 내가 "그것"*das Ding or the 'nothing'*이라고 부르는 것과 연결한다. 주체는 **비존재의 존재**the Being of non-being로서 등장한다. **비존재의 존재는 대타자의 결여로서 상징적 이해와 상징적 구조의 새로운 순열/실현에 대한 접근을 제공한다.** 라캉이 지적했듯이, 노자 이후에 상징계 내에서 주체는 자신이 알고 있다는 것을 모른 채 안다. 주체 또는 비자아의 알려지지 않은 앎 unknown knowing은 방어적 자아의 무의식적인 부분과 다르다.

프로이트는 더 많은 도움을 주고 자아를 강화함으로써 더 좋고, 더 짧고, 더 적은 비용으로 치료할 수 있다고 낙관했다. 그러나 자아를 강화하는 더 나은 치료는 상식과 행동적 개입의 방식으로 증상을 억제/억압하거나 충동을 숙달시키는 치료이다. 자아심리학은 행동주의나 인지치료와 관련되어 함께 진행된다. 프로이트는 병인성 무의식적 억압을 현재의 유연하고 합리적이며 건강한 방어로 대체하려고 한다.

그러나 억압된 것을 불러일으키지 않고 더 나은 억압을 발전시킬 수 있는가? 자아의 약점 때문에 더 나은 방어를 구축할 수 없거나 억압이 취소되지 않기 때문에 치료가 실패하는가? 자아 방어는 고통을 허용하지 않으며 최단 시간의 불쾌감을 원한다. 그렇다면 강한 자아가 치료에 유효한 이유는 무엇인가? 더 강한 자아가 더 많은 고통을 견딜 것인가, 아니면 고통이 짧은 시간 안에 끝나기를 원할 것인가? 이것은 또 다른 모순이다. 사실, 놓아주고 다른 작동 원리에 의해 대체되어야 하는 것은 **자아**이다.

욕망의 의미작용, 그 현현과 명료화를 허용하는 것은 상징적 질서이자 주체이며, 동시에 욕망을 법의 차원 안에 정면으로 위치시키는 상징화이기도 하다. 누군가는 이것이 정방형 욕망a square desire이라고 반대하고, 어떤 법과도 무관한 독립적인 충동들과 욕망들에 대한 낭만적이고 포스트모던적인 개념에 찬성할 수 있다. 그러나 이것은 도착까지는 아니더라도 포스트모던적 혼돈, 재앙, 조기 사망 및 자살로 이어진다. 경계선 및 나르시시즘적 상태는 그러한 개념이 충동적 자극 통제, 자유분방한 개인주의, 사회적 또는 자연 법의 규칙에 의해 결정되지 않는 섹슈얼리티의 환상으로 이어진다는 충분한 증거이다.

자아가 치유의 가장 큰 장애물 중 하나라면, 치료의 원인을 더욱 발전시키기 위해 분석가가 어떻게 피분석자의 일부인 자아를 연합시킬 수 있는가? 이와 관련해 자아가 쾌락 원칙 또는 현실 원칙에 따라 작동하는지의 여부와, 쾌락 원칙이 어떻게 정의되는지 즉, 충동들의 조직 원리인지 자아의 조직 원리인지가 중요하다. 예컨대 치료적 동맹의 개념은 자아와 쾌락 원칙 사이가 아니라, 자아와 현실 원칙 사이의 연결에 의존한다.

프로이트는 현실 원칙을 보다 오래 지속되고 안정적이며 장기적인 만족을 얻기 위해 일시적으로 불쾌를 용인하고 수용하는 것으로 정의한다. 그러나 이 정의는 불쾌를 참지 못하는 자아의 정의와 모순된다. 고통을 피하려는 욕망은 정신적 문제에 대한 좀 더 장기적인 해결책의 가능성을 방해한다. 자아는 고통에서 벗어나기 위해 일시적인 고통을 기꺼이 감수해야 한다. 자아는 이 목적을 가로막는 장애물이다.

무의식을 의식화하는 것과 관련된 고통은 자아가 정신의 주인이 아니라는 인식을 필연적으로 수반하기 때문에 방어의 자아는 나르시시즘의 자아이기도 하다. 자아를 지배적인 정신 기관으로서 생각하는 것은 오인이다. 이것은 라캉(1969)이 분석가 담론the discourse of the analyst과 정신분석 치료의 목적을 방해하는 주인 담론the master's discourse이라고 부르는 것이다.[4] 방어를 취소하기 위해서 주체는 자

---

4 라캉이 『세미나 17』, 「라캉학파의 장」에서 제시한 네 가지 담론의 맥락 가운데 '주인 담론 (M)'과 '분석가 담론(A)'을 발견할 수 있다.

$$\begin{array}{cc} M & U \\ \dfrac{S_1}{\cancel{S}} \in \dfrac{S_2}{a} & \dfrac{S_2}{S_1} \in \dfrac{a}{\cancel{S}} \\[2ex] \dfrac{\cancel{S}}{a} \in \dfrac{S_1}{S_2} & \dfrac{a}{S_2} \in \dfrac{\cancel{S}}{S_1} \\ H & A \end{array}$$

신에 대해 잘 알지 못하고, 역사적 허구/기억/서사 중 일부는 정확하지 않거나 적어도 환상적일 수 있으며, 상징적 대타자와 기표의 규율은 경험의 연속성을 복원하는 데 필요함을 인식해야 한다.

정신분석 치료의 과제는 피분석자가 고통을 분석 과정의 일부로 수용하도록 돕는 동시에, **분석 관계에서 긍정적 전이를 유지하도록 돕는** 두 가지 목적을 어떻게 달성하는가 하는 방법이다. 전이에는 이것을 용인하거나 가능하게 만드는 몇 가지 내재된 만족감이 있다. 분석가는 나르시시즘적 동일시를 인정하지 않거나 지원하지 않으며, 자아 방어에 대한 공감은 짧게 허용해야 한다. 그러면 무엇이 그 자리를 대체하는가? 그 해답은 라캉이 조명한 분석 실천의 또 다른 국면인 **전이 사랑의 역동성**에 있다. 이 부분은 앞으로 설명하고자 한다.

이 치료적 과제의 또 다른 요구 사항은 '자아 방어의 중단' 또는 '나르시시즘적 상처에 대한 내성'뿐만 아니라 '초자아의 해체'이다. 이것은 분석가가 무엇을 하든 그것은 질병이 번성하고 의존하는 것이기 때문에 처벌의 한 형태로서 의도되어서는 안 된다는 것을 의미한다.

프로이트는 자아와 텍스트 사이의 동등성을 확립했는데, 사실 더 나은 비교는 무의식과 텍스트 사이의 동등성일 수 있다. 라캉(1957a, 1957b, p. 163)은 무의식을 "대타자의 담론the discourse of the Oth-

---

Lacan, J. (1991). *The Seminar of Jacques Lacan, Book XVII: The Other Side of Psychoanalysis, 1969-1970*. ed. J.-A. Miller. trans. R. Grigg. NY: W. W. Norton & Company, 2007, pp. 69, 164-179.

er"이라고 언급한다. 이 담론은 구멍들, 암시들, 회피들, 왜곡들 등의 "수수께끼"로 가득 차 있다. 『꿈의 해석』(1900)에서 프로이트는 검열된 대중 텍스트의 예를 사용하여 꿈의 생성에서 꿈 검열의 작업을 설명한다. 그러나 『종결할 수 있는 분석과 종결할 수 없는 분석』에서 그는 검열을 자아 또는 쾌락 원칙의 관점에서만 사고한다.

또한 프로이트와 라캉은 프로이트가 초기에 성적 충동과 소원 성취를 향한 경향성을 설명하기 위해 쾌락 원칙을 사용했다는 사실을 무시한다. 담론으로서 무의식과 관련된 것은 쾌락 원칙의 이러한 이중적 측면이다. 무의식과 쾌락 원칙은 충동뿐만 아니라 상징화와 검열에 대한 무의식의 경향성도 대표하고 조직한다.

프로이트에게 병인성 방어는 자아를 약화시키거나 치료 과정에 영향을 미치고 방해하는 '자아의 변형an ego modification'이라고 부르는 것을 생성한다. 병인성 방어는 자아 또는 건강한 자아의 방어와 기능을 무력화시킨다. 프로이트의 『자아와 이드』에 따라, 병인성 방어가 자아의 수준에 고정되어 있거나, 더 강하게는 무의식적 자아로부터 발생한다는 사실이 아니라면 이 공식화는 유효할 것이다. 이것은 자아가 자아를 무력화시키는 경우이다. 그래서 우리는 정신분석 치료의 원인과 성공을 위해 자아를 강화시키기 원하는가 아니면 약화시키기 원하는가? 프로이트가 제공하는 한 가지 가능한 응답은 우리가 무의식적 자아를 약화하고, 의식적 자아를 강화하기를 원한다는 것이다. 이것은 또한 의식적 자아가 치료의 장애물이라는 사실이 아니었다면 효과가 있을 것이다. 자아는 "나는 괜찮아. 결국 그렇게 나쁘지는 않아, 지금은 기분이 좋아지고 있어, 그리고 나는 그것에 대해 이야기하고 싶지 않아"라고 말한다.

억압적 무의식the repressive unconscious 형성의 분석

증상은 상연의 주이상스, 즉 가장 끔찍한 형태의 정신적 고통에 수
반되는 쾌락 때문에 지속된다. 사람은 증상의 쾌락에 집착하는 동
시에 일종의 불가능한 (실재) 상태인 동일한 고통을 피하기를 원한
다. **방어**의 주요 동기 중 하나를 구성하는 것은 **불쾌를 회피**하는 것
이다. 다른 한편으로, 증상을 보존하기 위한 두 번째 반대측 동기를
구성하는 것은 **고통의 추구**이다. 자아는 쾌락이나 주이상스에 집착
하고, 처벌이나 고통을 위한 욕구를 충족시키기 위해 두 가지 이유
로 고통을 원한다. 후자는 주이상스와 초자아의 두 가지 측면, 즉 향
유와 고통에 대한 동등한 요구, 열정이나 파토스(고통)의 두 가지
측면을 나타낸다.

자아 방어의 주요 징후 중 하나는 창조적 부정이 아닌 부인이
나 방어이다. 자아는 "나는 그것에 대해 이야기하기를 원하지 않아.
만일 당신이 고집한다면 당신의 삶을 매우 불쾌하게 만들 수 있어"
라고 말한다. 피분석자는 특정 주제 및 사람에 대해 이야기하는 것
을 습관적으로 회피하고, 분석가가 마침내 질문을 포기하고 피분석
자의 방어와 공모하기 시작한다. 이는 정체되고 중단되거나 부분적
으로 성공/실패한 치료로 이어진다. 이 예는 목표와 종결의 수렴을
강조한다. 치료가 아무 진전이 없는 경우, 치료는 논리적 종점에 도

달하지 않고 종결될 수 있다. 이러한 의미에서 종결은 상당한 양의 무의식적 자료들을 불러일으키고 작업된 후에 오는 치료 단계를 의미한다. 치료의 시작 또는 중간 단계를 거치지 않고 치료가 종결된다면, 이것은 목표 또는 결론으로서 종결이라는 의미에서의 종결이 아니다. 그러한 경우에 종결은 단순히 세션의 중단을 의미한다.

프로이트의 텍스트에서 문제/장애물이 자아 방어의 강점인지 약점인지는 삶에서와 마찬가지로 항상 불분명하다. 때때로 프로이트는 자아 방어가 더 강하고, 자아가 증상, 충동의 주이상스와 추동력, 또는 오이디푸스 콤플렉스를 성공적으로 억제할 수 있다면 치료가 더 성공적이었을 것처럼 논한다. 이 점에서 치료에 대한 프로이트의 접근 방식은 증상에 대항하는 다양한 성공적 방어에 의존하는 상식 및 행동치료와 상당히 유사하다. 때때로 프로이트는 어린 시절의 병적 방어/억압이 건강한 방어를 사용하는 자아의 능력을 변화시킨 것처럼 저술하기도 한다. 어린 시절의 무의식적 억압은 증상/충동에 대항하는 의식적 또는 이성적 방어를 사용하는 자아의 능력을 변화시킨다. 다른 경우에, 프로이트는 치료에서 자아 방어를 변경할 필요성을 언급한다. 여기서 그는 자아를 건강, 합리성, 의식 또는 자의식과 동일시하기보다는 무의식적 억압을 자아에 귀속시킨다.

나의 의견으로는, 이 점이 라캉이 자아 저항에 대한 분석을 완전히 거부하고, 후자를 행동주의 및 환경 적응에 해당하는 억압과 사회적 순응에 실패한 시도로 여기게 된 이유이다. 「표준 치료의 변형태들」에서 라캉(1955)은 자아심리학 학파 및 자아 분석과 관련된 저항 분석을 비판한다. 그는 이 치료의 형태가 증상에 대한 올바른 치료를 진정으로 나타내는 무의식 형성에 대한 분석을 무시한다고 생각한다. 내가 다중 형식 기준 또는 비표준 프레임the non-standard frame이라고 부르는 것은 표준 치료의 변형을 나타낸다. 비표준 프레임은 일부 사람들이 주장하듯이, 라캉의 특이성이나 정신병리에서 비롯된 것보다는 좀 더 논리적 또는 수학적(은유적) 틀에 반응한다. 비표준 프레임은 단순히 프레임이 부재한 것이라기보다는 프레임의 하위 분야 또는 다른 모델이다. 나는 짧은 세션은 비표준 프레임의 변형이기 때문에 가변적-길이 세션the variable-length session을 짧은 세션으로 간주하지 않는다. 마지막으로 가변적-길이 세션은 크로노미터 시간 단위를 배경으로 발생한다(피분석자가 예약한 시간 내의 분석 시간).

라캉은 저항의 분석은 항상 말 속에 있고, 방어는 담론 내부에서 발생한다고 강조한다. 라캉은 단어의 이해와 의미를 결정하는 감각 기능을 자아에 귀속시킨다는 점에서 **말과 담론의 분석**을 대조한다. 라캉에게 **말의 진리-가치**the truth-value는 자아의 수준이 아니라 무의식적인 욕망에서 **발견**된다.

그러나 자아와 방어에 대한 프로이트의 모호성은 임상 정신분석의 과정과 미래를 진전시킬 수 있는 탐색과 새로운 발견의 원천이 될 수 있다. 그런 점에서 라캉은 목욕물과 함께 아기를 내던졌을 수도 있다. 문제는 자아의 약점이 아니라 강점이며, 분석적 치료의 과정에서 상상적 자아를 해체하고 놓아주어야 한다는 라캉의 말에 나는 동의한다. 그러나 나는 이러한 이유 때문에, 방어에 대한 분석이 분석적 치료와 고통에 대한 분석적 이해(정신병리학)의 중대한 측면으로 남아 있다고 생각한다.

임상 사례가 이 점을 설명하는 데 도움이 될 수 있다. 나의 수퍼바이지의 사례가 제공한 예에서, 피분석자는 그가 세션 이후 매일 다른 남자와 성관계를 가졌다고 말했다. 수퍼바이지는 그 자료로 어떤 작업을 해야 할지 몰랐고, 전이의 해석이 분석에 대한 방어를 증가시킬 것이라는 합당한 두려움을 가졌다. 동시에 수퍼바이지는 피분석자가 분석가에 의해 판단받는다고 느낄 수 있는 무언가를 말하기를 원하지 않았다.

나는 [그 사례에서] 피분석자의 말에 분석가가 생각하고 느꼈을 것이라고 피분석자가 짐작하는 것에 대해 분석가[수퍼바이지]는 직접 물어볼 필요가 있다고 제안했다. 언표 내에서 **가정법 형식**은 화자가 자신이 말한 것에 대해 그/그녀 자신의 반응을 가질 수 있고, 특히 그/그녀 자신과 동의하지 않을 수 있도록 허용하는 '**비현실적 서법**an irrealis mood'[5]이다. 이러한 반응은 언표의 독단적 자아와 관련된 폐쇄를 생성하기보다는 언표행위의 주체와 무의식을 드러내는 말이다.

이 사례에서, 피분석자는 자신의 '행동화'에 대해 분석가가 판단할 수 있는 가능성에 의해 그가 두려웠다거나 화가 났다고 분석가에게 말할 수 있다. 이에 대한 응답으로 분석가는 피분석자가 자

---

5 비현실적 서법은 화자가 말하는 동안 어떤 상황 또는 행동이 발생했거나 발생할 것으로 알려지지 않았음을 나타내는 문법적 무드의 한 범주이다.

신의 행동에 대해 스스로 어떻게 느꼈는지 탐색하도록 도울 수 있다. 결과적으로 피분석자는 자신의 행동에 대해 판단하고, 자신의 판단을 어떻게 대타자에게 투사하는지 의식하게 될 수 있다(피분석자에게서 대타자는 사회적 권위를 대표한다). 투사와 요구의 도치inversion를 통해, 법에 대한 자신의 욕망은 법 또는 대타자의 욕망이 된다.

이 예는 욕망이 '표현'에 의해 어떻게 행동화하거나 억압되는지를 설명하는 데 도움이 되며, 결국 명백하게 억압된 것은 피분석자 자신의 양심과 무의식적 검열의 억압적 활동이다. 피분석자는 분석가가 전이의 해석을 하도록 자극할 수 있고, 그래서 피분석자는 분석가와의 성적 환상에 대해 분석가에게 모든 것을 말할 수도 있다. 여기서 아버지 인물에 대한 무의식적 환상은 억압되기보다는 행동으로 표출되거나 또는 기억하기 대신 행동으로 억압되고 있다.[6] 이 예에서 먼저 다루어야 할 것은 억압된 무의식보다 억압하는[억압적인] 것이다. 그러나 무의식적 판단과 무의식적 검열의 작업 사이에 차이가 있는가, 또는 억압된 초자아와 억압적 무의식 사이에 차이가 있는가?

프로이트가 예리하게 관찰한 바와 같이, 검열이 하는 모든 꿈작업은 언어와 판단에 관련된 동일한 과정을 사용하여 용어 간의 관계를 혼동하는 것이다. 용어는 변경되지 않지만, 그들의 위치는

---

6 Freud, S. (1914). Remembering, Repeating and Working-Through. *SE*, Vol. 12. In J. Strachey (ed. and trans.) London: Vintage Books. 1958/2001, p. 150.

변경된다(방해하는 전치 패턴). 자기는 타자로, 사랑은 증오로, 포용은 배제로 대체된다. 또한 판단의 구조, 무의식적 검열, 언어의 상징적 질서는 단 한 가지의 예외를 제외하고는 모두 공존한다.

예외는 초자아에 대한 분리된 범주를 조형하는 것을 정당화하는 판단이나 검열의 충동 또는 정동적 구성 요소와 관련된다. 억압되고 **무의식적인 억압적 초자아**는 가학적으로 분노한 부모처럼 주체에 대해 개인적으로 분노한 것처럼 보인다는 점을 제외하면 **억압적 무의식**과 동일하다. 초자아는 무의식적 판단의 개인적이고 충동적인 차원이다. 여기서 개인적인 것은 살아 있는 경험을 일컫지만, 역설적으로 개인적인 것은 강령의 법에 따라 작동하는 **비인격적인 죽음 충동**을 의미하기도 한다.

억압적 무의식의 분석과 라이히의 성격 분석 기법의 차이점은 자아 방어를 해체하는 공통의 목표에도 불구하고 라캉은 욕망이 법 없이 존재할 수 있다고 믿지 않는 것이다. 이와는 대조적으로 라이히는 사회적 금지와 방어에 묻혀 있는 억압되지 않은 욕망에 도달하는 것이 가능하다고 믿는다. 라캉에게 욕망의 금지는 동시에 욕망을 생성한다.

라캉은 욕망이 본질적으로 법의 기능과 어떻게 엮이고 얽혀 있는지를 자주 강조한다. 라캉의 법은 무의식적으로 기능하고, 무의식적으로 억압의 효과를 산출한다. **법은 욕망을 숨길 뿐만 아니라, 욕망을 드러내고 생성한다.** 우리는 가질 수 없는 것을 원하고, 우리가 갖고 있거나 가질 수 있는 것을 원하지 않는다. 무의식의 형성 또는 정신적 형성은 무의식적 욕망과 무의식적 방어 사이의 타협 형성이다.

피분석자가 무언가를 말하거나 상징화하기를 생략하거나 거부할 때, 그/그녀는 특정 소원, 생각, 감정을 거부할 뿐만 아니라, 또한 주체 구성의 중심이 되는 대상의 상실로 인한 나르시시즘적 상처를 인정하기를 거부한다. 라캉은 이 오인을 자아의 무의식적 기능(이상적 자아/자아 이상)으로서 부인 또는 부정과 연관시킨다.

프로이트에게 방어이자 부정negation의 한 형태인 부인denial은 무의식적인 것이 아니다. 무의식적 억압은 부인을 활용하고, 부인은 부정의 한 형태이지만, 부인에서 억압은 지적으로 수용되는 동시에 무의식적으로 거부된다. 자아는 자신의 분열과 억압의 존재를 인식할 수 있지만, 특정 상황에서 그것이 자아에게 적용된다는 것은 부인할 수 있다. 부인에서 부정은 의도적인 행동/결정, 주체의 판단 또는 선택이 요구되기 때문에 무의식적이지 않다. 자아는 "나는 괜찮다. 나는 아무것도 결여되지 않았고, 어떤 것이나 누구도 상실하지 않았으며, 나는 '…보다 못한' 존재가 아니며, 내가 가질 수 없는 어떤 것도 원하지 않는다"라고 말한다.

자아가 "나는 괜찮아, 내가 통제할 수 있어"라고 말할 때, 이러한 언표는 그들의 반대 측면을 부인하는 의식적인 긍정이지만, 그들이 자신의 반대편을 부인하고 있다는 사실은 전의식적인 데 비해, 자아가 거세 콤플렉스로 인한 나르시시즘적 상처를 보호하고 있다는 사실은 완전히 무의식적이다.

치료에서 방어 기제의 변형은 쾌와 불쾌한 감정을 변경하고, 경험 내에서나 주체 또는 대상 내에서 진실인지 아닌지를 수용하거나 추구하는 능력/수용력에 의존한다. 저항 분석은 그 자체로 자아 분석이 아니다. 현실적 문제는 억압된 것과 억압된 것의 회귀뿐만 아니라 억압적 무의식 또는 무의식적 억압을 분석하는 것이기 때문이다. 저항 또는 방어에 대한 분석은 자아 방어를 강화하기보다는 방어의 취소undoing의 문제일 뿐만 아니라, 소위 자아 방어가 자아 과정이라기보다는 무의식적인 언어 형성일 수 있기 때문이다.

『부정Die Verneinung』(1925) 논문[7]에서 프로이트는 판단의 예비적 형태로서 쾌락 원칙의 지배하에 있는 방어적 반응과 억압을 설명한다. 쾌락 원칙, 또는 그가 원래의 쾌락 자아라고 부르는 것은 무언가에 좋은 또는 나쁜 특성을 부여하고, "좋은 모든 것은 그 자체로 내사하고, 나쁜 모든 것은 그 자체에서 배출하기를 원한다"(p. 237). 따라서 쾌락 원칙의 영향을 받는 쾌락 자아의 결정은 삼키거나 뱉는 것과 같은 충동적 요인에 의해 결정되는 작동에서 중대한 역할을 하며, 이는 내부와 외부의 최초 구분을 확립하는 운동 작동이기도 하다.

그러나 쾌락 원칙이나 쾌락 자아의 결정은 무의식의 법칙으로도 이해될 수 있다. 무의식의 법칙과 쾌락 원칙은 소원적 사고 또는 쾌락과 대상 추구의 목적, 그리고 고통/불안 회피와 무의식적 전치 및 왜곡의 방어적 행동 모두를 수행한다는 점에서 모호하지 않다. 쾌락을 추구하는 것은 고통을 피하는 것의 다른 면이며, 그 반대의

---

7 Freud, S. (1925). Negation. *SE*, Vol. 19. In J. Strachey (ed. and trans.) London: Vintage Books, 1961/2001, pp. 235-239.

경우도 마찬가지이다.

이것은 어머니와 부분 대상(젖가슴)과의 원시적 관계를 조직하는 무의식의 태곳적 측면이다. 그러나 초기에는 부성 은유를 통해 무의식에 욕망의 구조, 아버지의 이름, 언어의 구조가 내재화된다. "억압은 의심의 여지 없이 방어적 반응과 비난적 판단 사이의 중간 단계로서 정확히 기술될 수 있다"(1905b, p. 175).

언어에서 작동하는 긍정affirmation과 부정negation[8]의 과정은 상징적 부모-아이 관계를 통한 언어의 습득과 본질적으로 관련이 있다. 0/A, 구구/다다, 아빠/엄마, 예/아니요 등등. 아이의 특정 행동을 긍정 또는 부정하거나, 승인 또는 거절하는 것은 대타자로서의 부모이고, 이는 자신뿐만 아니라 타자에 대한 아이 자신의 판단에서 중복적으로 발견된다. 반대편의 결합으로서 반대편과의 동일시는 과정 동일시the process identification 내부에 있다. 자아 이상 형성의 근간이 되는 동일시 과정을 통해 대상들은 포기되거나 부정/억압된다.

나는 꿈이 모순, 정반대, 또는 '아니오'의 관계를 표현하는 수단이 없다고 위에서 주장했다. 이제 나는 이 주장에 대한 첫 번째 부인을 제시할 것이다. '정반대contraries'라는 제목으로 구성될 수 있는

8 프로이트의 이론에서 부정Verneinung, (dé)négation, negation은 "논리적 부정과 부인denial의 행위 모두를 의미"(Evans, 1996, p. 122)한다. 라캉은 프로이트의 부정 개념을 인계하면서 부정이 "긍정Bejahung, affirmation이라는 행위 이후에만 일어날 수 있는 신경증적 과정"(p. 122)임을 주장한다. 라캉의 부정은, 일종의 상징적 질서의 원초적 부정인 "폐제FORECLO-SURE와 구분"(p. 122)된다. Evans, D. (1996). *An Introductory Dictionary of Lacanian Psychoanalysis*. New York: Routledge. p. 122.

사례의 한 부류는 우리가 목도했듯이 단순히 동일시 사례, 즉 교환 또는 대체의 표상이 대조와의 연결을 가져올 수 있는 사례로 재현될 수 있다(1900, p. 318).

분리는 부모와의 동일시를 통해 이루어지며, 동일시는 법과의 동일시를 통해 부정/억압된 것과 반대되는 소원 또는 욕망을 긍정하는 것이다. 어머니/아이 양자 관계의 거세는 소년으로 하여금 상상적 남근 속성의 소유자로서 아버지와 동일시하도록 유도한다. 동시에 이 동일시는 소년을 어머니의 관심을 끌기 위해 아버지와 경쟁적인 위치에 놓이게 한다. 소년은 더 이상 어머니의 대상 *a*가 아니라 어머니가 원하는 것으로서 아버지가 갖고 있는 것을 갖기 원한다. 오이디푸스에서 벗어나기 위해서 소년은 상징적 거세의 지원하에 남근을 사용하기 위해 상상적 남근을 상실해야 한다. 프로이트가 말했듯이 상상적 부분 대상의 상실은 동일시로 보상된다. 자아이상의 형성의 연료를 구성하는 것은 어머니의 상실과 아버지의 상상적 남근의 상실이다. 상상적 남근과 아버지의 사랑을 상실한 소년은 아버지에 대해 여성적 위치를 차지할 위험에 처하게 된다.

소년은 상징적 거세와 상상적 남근의 상실을 수용하고, 어머니에 대한 에로티시즘과 아버지에 대한 적개심과 동성애를 아버지의 이름과 동일시함으로써 억압한다. 어머니가 구조로서의 아버지의 이름 또는 아버지의 상징적 기능을 거부하거나 경쟁한다면, 아버지와 법에 대한 적개심 및/또는 동성애가 우세할 것이다.

소녀의 경우는 대칭이 아니다. 그녀는 거세 콤플렉스를 통해 오이디푸스 구조에 들어간다. 소년과 소녀는 모두 어머니와의 분리를 통해 오이디푸스의 두 번째 단계에 진입하지만, 이 분리에서 소녀는 어머니가 아버지에게 원하는 것이 그녀 자신에게 없다는 것을 깨닫는다. 그녀가 어머니의 대상 a가 아니며, 아버지가 가진 것을 갖고 있지 않다는 것을 수용한다면, 그녀는 남자로부터 남근과 아기를 원할 것이지만, 이는 상징적 거세의 맥락 내에서 이루어진다. 또한 이 위치는 그녀에게 문화적, 상징적 질서에 대한 접근을 제공한다. 소녀는 또한 상징적 어머니와 [상징적] 아버지의 이상과 동일시한다. 마지막으로, 소녀가 동일시를 통해 억압한 것은 아버지에 대한 에로티시즘이다.

프로이트가 **오이디푸스 구조**는 항상 신화의 긍정적positive 측면과 부정적negative 측면[9]의 다양한 조합으로 구성되어 있다고 언급한

---

9 오이디푸스 콤플렉스*Ödipuskomplex, complexe d'œdipe*, œdipus complex는 "어린아이가 부모에 대해 느끼는 사랑과 증오의 욕망의 조직 전체를 말한다. 이른바 그 콤플렉스의 긍정적 형태 **positive form**는 오이디푸스 왕의 이야기에서처럼 경쟁자인 동성 부모의 죽음을 욕망하고 이성 부모에 대한 성적 욕망으로 나타난다. **부정적 형태negative form**는 역으로 동성 부모에 대한 사랑과 이성의 부모에 대한 질투와 증오로 나타난다. 소위 **완전한 형태the complete form**의 오이디푸스 콤플렉스에서는 실제로 그 두 가지 형태가 다양한 정도로 **병존**한다. 프로이트에 의하면, 오이디푸스 콤플렉스는 남근기인 3세부터 5세 사이에 절정을 이룬다. 그것의 쇠퇴는 잠복기로의 진입을 의미한다. 그것은 사춘기에 되살아나 독자적인 형태의 대상 선택을 통해 다소 성공적으로 극복된다. 오이디푸스 콤플렉스는 인격의 구조화와 인간의 욕망의 방향을 결정짓는 데 근본적인 역할을 한다. 정신분석가는 그것을 정신 병리학의 주요한 참조 축으로 삼아, 모든 병리학적 형태의 위치와 해결 방식을 규명하려고 한다. 정신분석적 인류학은 가정이 주류를 이루는 문화뿐 아니라 다양한 문화에서 오이디푸스 콤플렉스의 삼각 구조를 찾아내어 그것의 보편성을 증명하려고 애쓴다"(Laplanche and Pontalis, 1973, pp. 282-283). Laplanche, J. and Pontalis, J.-B. (1967). *The Language of Psycho-Analysis*. trans. D. Nicholson-Smith. NY: W. W. Norton & Company, 1973, pp. 282-287.

것을 토대로 하여, 열성적인 측면에서 볼 때, 소년은 아버지에 대해 수동적 위치를 획득하고, 소녀는 어머니에 대해 능동적 위치를 획득한다. 따라서 소녀는 상징적 동일시를 통해 두 부모에 대한 지배적이고 열성적인recessive 에로티시즘을 억압한다. 이른바 **긍정적 오이디푸스 구조**에서, 이성 부모에 대한 지배적 욕망과 동성 부모에 대한 열성적 동성애 욕망은 둘 다 동일시를 통해 억압된다.

부정적 오이디푸스 구조에서는 그 반대의 경우가 된다. 동성 부모에 대한 지배적 동성애 욕망과 이성 부모에 대한 열성적 이성애는 모두 억압된다. 열성적 경향의 억압은 오이디푸스적 부모에 대한 지배적인 성적 유대가 결국 생물학적 성숙과 관련된 아이를 낳게 될 일반적인 성적 지향의 형태로 보존되어야 한다는 점을 감안할 때 더 강하다.

오이디푸스 신화와 거세 콤플렉스에 대한 프로이트와 라캉의 관점을 모두 포함하는 이 공식은 거세 콤플렉스에 대한 일반적인 라캉의 해석, 즉 단순히 어머니로부터의 분리와 어머니의 모든 것이 되고 모든 환상의 대상이 되는 것의 상실을 표상하는 것과는 다소 차이가 있다. 그때부터 남근에 대한 요구는 아버지에게로 향하고, 성차를 구분하는 것은 아버지의 반응이다. 그러나 소녀는 또한 아버지가 갖고 있는 상상적 남근을 부분 대상으로서 상실하게 되고, 이것은 소녀에게 거세 콤플렉스의 두 번째 순간으로 다가온다. 소년은 어머니를 위한 대상 a를 상실한 후, 아버지가 가진 것을 자신이 갖고 있다고 생각하지만, 오이디푸스에서 벗어나 다른 여자와 함께 성인 남자로서 상상적 남근의 환상을 사용할 수 있기 위해서는 그것을 잃어야만 한다.

프로이트는 또한 검열된 생각이 의식으로 들어오는 방식이 부정이라고 말함으로써 억압과 부정을 구분한다. 부정은 생각을 의식으로 받아들이는 동시에 그것을 부인함으로써 억압의 취소를 용이하게 한다. 그러나 의식적 부정의 행위는 억압으로 이어진 유사한 무의식적 행위의 반복이다. 의식의 최전방의 판단에서 일어나는 긍정과 부정은 무의식의 후방의 언어와 꿈 작업에서 일어나는 긍정과 부정과 유사한 형태이다. 후자는 존재와 비존재, 삶과 죽음이라는 일차적 힘의 상호 작용을 대표하며, 이로부터 판단의 의식적 지적 기능이 비롯된다.

예컨대 꿈의 왜곡과 꿈의 전치는 무의식적인 검열의 작용에 의한 것이다. 꿈 검열은 부정이 언어 표상의 필수적인 부분인 것과 마찬가지로 꿈 표상의 필수적인 부분이다. 정신분석적 상징 개념에서 하나의 상징은 억압된 어떤 것을 표상한다. 언어에서 부정은 다르게 작동한다. 대상이 재현되는 동시에 대상과의 관계에 대한 부정 또는 삭제의 하층이 있다. 대상은 억압되지 않는다.

예컨대 대상 코끼리는 기표 코끼리에 의해 부재로 표상되지만, 동시에 다른 단어에 대한 관계에서 하나의 차이로서 부분적으로 표상되거나 잘못 표상되기도 한다. 그러나 문자 내부에는 문자가 더이상 참조하지 않는 대상에 대한 원론적인 관계가 존재한다. 이러한 대상은 지워지거나 억압된다. 예컨대 특정 문자는 처음에는 특정 동물에 대해 상징적인 유사의 구멍을 뚫는다. 동물의 영혼이 문자에 전해져 문자들 내부에 담긴 활력적인 불꽃에 생기를 불어넣는다. 동물과의 관계는 이미지와 언어와는 별개로 실재, 또는 현실에 존재하거나 존재하지 않는 것에 대한 질문으로 대체된다.

꿈에서는 이 과정이 역전되어, 단어가 이미지와 대상을 대체하는 대신 꿈 사고와 단어를 부정하는 것은 이미지이다. 시각적 현실에 대한 의식적 지각에서도 동일한 것이 발생한다. 세상은 존재하는 것처럼 지각되고, 사물의 본질에 '마치as if' 이름이 포함되어 있는 것처럼 인식된다. 명명과 언어 조건 인식 방법은 표면상 무의식 상태로 남는다.

무의식은 억압적repressive이거나 억압된repressed 힘을 나타낼 수 있으며, 의식도 마찬가지이다. 의식은 억압하거나 억압될 수 있다. 프로이트는 무의식이 억압된 욕망을 대표하고, 의식이 윤리적 억압이나 양심의 힘을 대표한다는 모순적인 설명을 한다. 마찬가지로 '무의식에는 부정이 없다'고 언급하면서 억압이 무의식적으로 발생하는 과정을 설명해야 했다. 그는 자아 내부의 무의식적인 억압력으로서 초자아가 어떻게 자아에 의해 억압될 수 있고, 동시에 억압되지 않은 무의식의 형태에서 구분할 수 있는지를 설명한다. 후자의 무의식의 형태는 전의식을 서술적인 의미(Freud, 1915)에서 무의식적이라고 보는 그의 견해와 유사하다.

세 가지 정신 심급[이드, 자아, 초자아]과 세 질서의 등록부[RSI]가 있기 때문에 무의식은 의식의 규칙에 반대하고, 그들의 반대에 의해 자신의 규칙을 재현하기 위해 이미지를 사용한다. 동시에 전의식-의식(Pcs.-Cs.) 체계의 단어와 규칙은 이미지의 의미를 억제하고 망각할 것이다. 이것이 상징계와 상상계 사이의 갈등이다.

이미지와 단어 사이, 욕망 및 충동과 법 사이, 의식과 무의식 경험 사이, 억압된 것과 억압적인 것 사이의 내부와 외부 움직임은 언어의 무의식적 구조와 평행을 이룬다. 말의 행위 또는 결정은 생각, 단어, 욕망에 대한 진리를 드러내거나 숨기는 긍정과 부정의 동일한 선택과 판단을 포함한다.

언어는 문화, 법, 부성적 은유의 상징적 기능을 재생산한다. 근친상간 금지, 친족 관계의 규칙, 문법과 논리는 모두 서로 밀접한 연관을 갖는다. 어떤 의미에서 꿈 작업은 억압된 무의식의 특징인 꿈에서 제한되지 않는 압축과 전치 에너지 ── 즉각적 만족 ── 의 자유로운 흐름의 일차적 과정과 동일시될 수 있지만, 다른 의미에서, 무의식에서 꿈 작업을 규제하는 법칙으로서 압축condensation과 전치 displacement는 무의식 검열자 또는 억압적 무의식의 법칙이다.

억압적 무의식은 라캉이 로만 야콥슨Roman Jakobson의 언어학에 따라 그것을 불렀던 것처럼, 기표 또는 단어의 법칙, 타자의 법칙, 상징적 아버지, 상징적 거세의 남근적 기능, 그리고 코드의 장소에 대한 또 다른 이름이다. 코드A Code는 언어, 정신, 두뇌와 가족 내부에 존재하는 제약과 가능성 또는 억제와 촉진의 체계이다. 또한 코드나 대타자의 법은 반드시 주체 내부에 있는 것이라기보다는 발신자와 수신자, 꿈 사고와 꿈 이미지, 사고와 단어, 자기와 타자 사이의 제3의 차원이다.

라캉은 기표가 쾌락 원칙에 의해 규제된다고 고려하는데, 이는 그가 쾌락 원칙을 방어와 억압의 원칙으로 간주하고, 쾌락/고통에 대한 갈망이나 주이상스처럼 성적 충동을 자극하는 것이 아니라고 생각하기 때문이다. 대신 그는 주이상스를 죽음 충동과 연관시킨다. 주이상스는 쾌락과 고통 모두와 연결되어 있고, 고통은 쾌락에 대한 갈망과 욕망의 억압 모두와 연결되어 있다.

주체가 억압의 주체이자 대상이기 때문에 법은 이행적 경험이다. 무언가를 말하거나 말하지 않기로 한 결정은 무의식에서 상징화 과정과 긍정 및 부정의 과정을 포괄하거나 유사하게 진행한다.

프로이트는 『자아와 이드』(1923)에서 "자기 비판과 양심의 기능 — 즉 극도로 높은 위계의 정신적 활동 — 은 무의식적이며, 무의식적으로 가장 중요한 영향을 낳는다"(p. 26)라고 기록한다. 그러나 다른 논문에서 프로이트는 무의식적 억압은 판단의 예비적 형태나 단계에 불과하다고 기록한다. 여기서 문제가 되는 것은 무의식적 억압이 자기 비판과 양심의 기능을 수반하는 것뿐만 아니라, 의식적 억압과 무의식적 억압에 대한 프로이트의 견해에 대한 것이다. 나는 프로이트가 의식적 억압을 긍정적이거나 합리적인 필요한 것으로서, 무의식적인 억압을 비합리적이고 부정적인 것으로서 간주했음을 지적한다. 그가 무의식적 양심을 악의적인 초자아 개념과 유사한 합리적 또는 비합리적인 것으로 간주하는지는 그의 인용문에서 불분명하다.

프로이트는 꿈에서 용어가 그 반대로 변형되거나 표상될 수 있다는 사실에서 '무의식적 사고에서는 판단과 유사한 과정이 발생하지 않는다'는 믿음을 이끌어 낸다. 비슷한 단어를 사용하여 대조되는 의미를 표현할 수 있다. 프로이트는 헤겔의 [변증법의] '지양*Aufheben*, sublation'이라는 개념을 고려하지 않으며, 이에 따르면 무언가가 그 반대와 일치하는 위치에 있는 한에서만 제거된다. 프로이트는 지양에서 부정의 작용을 고려하지 않으므로 '무의식에는 부정이 없다'라고 주장한다. 꿈의 이미지에서 한 요소의 결정적 존재는 그 반대가 보존/부정된 통일체이다.

다른 논문에서 프로이트(1905a)는 다음과 같이 기록할 때 이 과정을 예리하게 인식한 것처럼 보인다.

반대되는 사고는 항상 서로 밀접하게 연결되어 있고, 자주 하나의 사고는 지나치게 강렬하게 의식되는 반면, 반대의 사고는 무의식에서 억압되는 방식으로 짝지어진다. 두 사고 사이의 이러한 관계는 억압 과정의 결과이다. 억압[10]은 자주 억압되어야 할 사고와 반대되는 사고를 지나치게 강화함으로써 성취되기 때문이다(p.

---

10 억압에 관한 프로이트의 논의는 1915년 「억압」에서 설명되고, 같은 해 집필된 「무의식」에서 더 상세히 논의된다. 억압은 의식의 불쾌와 관련된 거부 행위로 "리비도 집중의 철회a *withdrawal of cathexis*"(Freud, 2001, p. 180)이다. 프로이트는 두 논문에서 메타심리학(경제적, 지형학적, 역동적) 관점에서 억압을 상세히 논의한다.

그에 따르면, 억압은 첫 번째 단계로 "**원초적 억압**Urverdrängung, a primal repression"(p. 148)이 있고, 이 원억압으로 "**고착**"(p. 148)이 발생한다. 두 번째 단계로 우리가 "고유한 억압 **repression proper**"(p. 148)으로 삼는 억압은 사실상 "**후압박**an after-pressure"(p. 148)이다. 이는 전의식적인 리비도 집중의 철회로서 ① 의식적인 거부 행위와 ② 억압된 표상의 흡입력이 함께 작용하면서 발생하는 것이다.

중요한 점은 "**리비도 반대 집중[역투여]** *Gegenbesetzung*, anticathexis[countercathexis]"(p. 181)의 역할이다. 프로이트는 리비도 반대 집중이 원억압의 영속성을 보장해 주는 메커니즘으로 설명한다. 일종의 "**자아의 리비도 집중the ego's cathexis**"(Laplanche and Pontalis, 1973, p. 36)인 역투여는 주체로 하여금 억압을 영속적으로 지속시키도록 한다. Freud, S. (1915). Repression. The Unconscious. *SE*, Vol. 14. In J. Strachey (ed. and trans.) London: Vintage Books, 1957/2001, pp. 141-204.

200).

꿈-내용에서 반대의 것으로서 꿈-사고의 변형은 바로 부정의 활동을 전제로 하는 억압의 방식이다. 검열된 꿈-사고가 부정되는 동시에 꿈-내용의 요소는 긍정된다. 더욱이, 한 쌍의 반대에 적용되는 긍정과 부정의 기능은 반대 자체에 외재적이다. 특질 또는 가치의 귀인positive/affirmative versus negative은 더 넓은 연관 맥락이나 조합에 의해 용어에 부여된 의미에 의존한다. '늙은'은 강점 또는 약점/결여가 될 수 있고, 무엇인가를 갖고 있거나 갖고 있지 않음을 표상한다. '젊은'의 기표도 마찬가지라고 할 수 있다. 결여를 의미하는 기표가 무엇이든지 부정되고, 그 반대가 긍정될 것이다. 인간의 경우 쾌락 원칙은 문화적, 언어적 수정에 의해 [재]수정되어 쾌락 원칙 내에서 발견되는 이중성을 다시 복제하게 된다. 욕망과 방어는 모두 언어와 시각적 지각 내에서 무의식적으로 의미화된다.

궁극적으로 무의식적 방어, 나르시시즘적 상처, 욕망의 형성에 대한 분석이 증상의 치료와 소거, 그리고 주체의 사회적, 성적, 생산적 기능을 유익하게 하는 데 중요하지만, 주체 정신의 구조와 분열은 치료가 종결된다고 해서 종결되거나 사라지지 않을 것이다. 이것은 분석의 종결할 수 없는 측면이다.

나르시시즘적 상처와 저항

라캉은 자아의 분열에 대한 오인식을 자아의 무의식적 기능으로서 부인 또는 부정과 연관시킨다. 이상적 자아와 자아 이상은 각자의 방식으로 주체의 기본적인 분할을 숨기거나 은폐하려 한다. **이상적 자아는 신체 이미지에 의해 분할을 숨기는 반면, 자아 이상은 표상과 단어를 사용하여 분할을 숨긴다.** 분할division과 분열splitting은 모든 주체에 공통적이지만, 그럼에도 불구하고 삼차 자아 이상적 나르시시즘[신경증의 법의 공언과 동일시하는 삼차 나르시시즘]은 자주 통일성, 완전성, 심지어 완벽함의 이상으로 표상되기 때문에 나르시시즘적 상처를 초래한다. 이러한 관점에서 나르시시즘적 상처와 방어는 소위 발달의 전오이디푸스 단계와 배타적으로 또는 본질적으로 연관되어 있지 않다. 또한 이상적 자아에 대한 초기 상처가 일반적으로 알려진 것처럼 필연적으로 모성적 공감이나 반영적 행동의 결핍으로 인한 것은 아니다.

신체 이미지이자 이상적 자아로서의 거울 이미지는 젖가슴의 부재 및 현존과 관련된 삶의 충동과 죽음 충동의 강도를 통합하고 해결한다. 신체 이미지는 대상의 존재를 대체하고, 그 부재를 보완한다.

동시에 삶의 충동과 죽음 충동은 이상적 자아를 통해 새로운 정신적 형성 또는 "수학소matheme"로서 계속해서 드러나고 나타난다. 대상 a의 부재는 신체 이미지 내에서 공백, 결함, 결렬이나 상실된 어떤 것으로 나타난다. 부재가 나타나지 않으면, 이상화된 좋은 젖가슴과 어머니의 상상적 남근과 연결된 과대한 자기-이미지로 이어진다. 부재의 부재는 또한 자기가 대타자의 방향으로 움직이지 않기 때문에 발달적 정지로 이어진다. 이미지 내에 대상의 부재는 신체 이미지를 안정시키고, 그것이 과대 이미지가 되는 것을 방지한다. 국제정신분석학회에서 발표된 논문에서 **이상적 자아**the ideal ego, **자아 이상**the ego ideal, **과대 자기**the grandiose self 사이의 차이는 자주 혼동되며, 모두 어머니와의 융합 상태의 관점에서 설명된다(Lichtenberg, 1975; Hanly, 1984).

또한, 어머니와의 융합이 과대 자기로 이어지는 것도 방임, '정서적 자양분'의 박탈, 또는 아이에 대한 어머니의 욕망의 결여와 혼동된다. 어머니의 욕망의 결여는 또한 환상의 대상에 대한 어머니의 조건부 욕망과 혼동된다. 이 모든 요소는 우울한 자아의 약함이나 방어적인 과대 자기 또는 거짓 자기의 형태를 결정하는 것으로 간주된다.

이상적 자아로서 거울 이미지a specular image의 부재는 자아를 부분 대상 수준에 고정시키고, 그것을 부분 대상과의 융합의 원시적 형태뿐만 아니라, **대타자의 주이상스**와 **정신병적 박해 불안**에 종속되게 만든다. 이 시점에서 자기나 주체는 없다. 이 상태는 **어머니의 욕망의 박탈** 또는 **아버지의 이름의 폐제**에 의해 생성될 수 있다. 이와 관련해 너무 많거나 너무 적으면 동일한 결과에 이르게 된다.

자아의 분열의 부인은 두 가지 형태를 취한다. 하나는 **이상적 자아와 연관**되고, 다른 하나는 **자아 이상과 연관**된다. 첫 번째인 이상적 자아the ideal ego는 신체적 또는 정신적 제한이나 결함의 부인을 포함한다. 부인은 또한 모든 영광에서 신체의 나르시시즘적 과대평가의 형태를 취할 수 있다. 이것의 예는 자신이 슈퍼우먼이 되기를 꿈꾸는 피분석자의 사례일 것이다. 그녀의 연상에는 그녀 신체의 엄청난 기민함과, 아버지가 그녀를 "완벽함의 탄생"으로 인정했던 기억이 포함되어 있다.

주체의 분열에 대한 두 번째 부인은 자아 이상the ego ideal과 연결되어 있다. 여기에서 주체는 주체를 완성하는 것처럼 보이는 관념, 이상, 관계와의 동일시를 통해 통일성을 찾는다. 한 예로, 자신의 관계가 목가적이고 큰 행복의 원천이라고 생각하면서도, 그녀가 다른 남자와 함께 있는 꿈을 반복해서 꾸고, 그녀의 파트너에게 발각되어 관계를 잃을까 두려워하는 피분석자를 볼 수 있다. 그녀는 파트너에 대해 양가성이 있음을 부인했고, 자신이 파트너에게 너무 의존적이거나 융합될 수 있는 가능성의 탐색을 두려워했다. 양가성의 탐색은 분석으로 인해 [파트너와의] 관계가 끝날 수 있다는 두려움으로 즉시 이행되었다.

일반적으로, **주체의 분열**은 타자가 신체나 거울 이미지 또는 자아 이상을 구성하는 관념의 복합 또는 집합 자체로, 자아의 동일시를 인식하지 못하거나 오인식할 때 나타난다. [이때] 분석가가 이상적 자아 또는 자아 이상의 강도나 통일성에 속지 않는 것이 중요하다. 동시에 분석가는 순전히 전략적 의미에서 방어에 공감할 필요가 있다. 자아 방어가 있는 유도 스타일의 흐름은 그들의 방어 목적에 대한 인식을 유지하면서도 분석가와 피분석자가 주체의 분열을 통해 함께 작업할 수 있도록 한다. 자아 방어에 대한 명백한 지원은 궁극적으로 해체되고 주체의 상징적 기능으로 변형되기 위한 순전히 전략적인 목적이다.

상징적 거세

『종결할 수 있는 분석과 종결할 수 없는 분석』에서 프로이트는 분석가와 피분석자가 저항을 인식하고 이를 통해 작업하려는 공동 노력이 상징적 거세의 암반에 의해 어떻게 좌초되는지에 대해 지적한다.

거세는 젖가슴의 상실, 이상적 자아의 이미지에 있는 구멍, 대변의 상실로 미리 예고되지만, 엄밀히 말하면 거세에 대한 두려움은 초자아와 자아 이상의 발달을 촉진하는 요인이다. 예컨대 나의 피분석자는 그의 신발 아래에 패브릭 조각이 있고, 내가 그에게 신발을 벗으라고 한 적이 없음에도 불구하고, 카우치에 눕기 전에 자신이 신발을 벗지 않은 것에 대해 죄책감을 느꼈다고 보고했다. 나는 그가 아무런 제한이 없는 곳에서 제한을 만들고 있었기 때문에, 그의 경험을 나쁜 행동에 대한 반성보다는 죄책감의 좋은 예로서 해석했다.

나의 해석에 따라, 그는 다섯 살 때 부모에 의해 슈퍼마켓 밖 벤치에 홀로 남겨져 앉아 있었던 자신을 회상했다. 부모가 나왔을 때, 그들은 벤치에 앉아 바지 위에 페니스를 마찰시키는 자위 행위를 하고 있는 그를 발견했다. 그의 부모는 애초에 다섯 살 아이를 공공 장소에 혼자 있게 두지 말았어야 했다며 격노한 반응을 보였다. 그는 어떻게 그런 식으로 공공장소에서 모욕감을 줄 수 있느냐고 부모가 자신을 비난했던 것을 기억한다. 그는 수치심을 느꼈고, 현재까지 자신의 섹슈얼리티에 대해 상당한 수치심을 갖고 있다. 이것은 처벌에 대한 무의식적 두려움과 거세 불안이 초자아와 자아 이상을 발달시키는 데 어떤 역할을 하는지 보여 주는 좋은 예이다. 나는 피분석자가 상당한 양의 양가성을 지닌 여러 부모적 이상과 동일시했기 때문에 자아 이상이라고 일컫는다.

소급적으로 거세는 젖가슴의 상실과 신체 이미지 내부에서 결여의 의미를 결정할 수 있다. 충동과 욕망의 부분 대상과 동일시되는 첫 번째 예는 작은 젖가슴이 여자에게 촉발할 수 있는 상실감과 박탈감, 그리고 연인의 작은 젖가슴이 일부 남성에게 촉발할 수 있는 거세 불안이다.

의사를 찾아가 손이나 팔을 제거해 달라고 요청하는 사람들의 예는 거세가 신체 이미지에 소급 효과를 생성하는 명백한 예가 될 것이다. 초자아는 성경에 서술된 바와 같이, 신체 이미지에 소급적으로 영향을 미친다. "네 손이 너를 범죄하게 하거든 찍어 버리라"(마가복음 9:38-48). 비록 전근대의 잔혹한 초자아는 문화의 이상에서 사라졌지만, 그 무의식적 효과는 새로운 형태의 정신병리의 발전을 통해 재등장한다. 전통적인 성서 문화에서는 문화적 이상과 원시적 초자아의 병리 사이에 직접적인 상관관계가 있다. 포스트모더니티에서는 문화에서 억제되었던 전통적 이상 또는 초자아 형성이 새로운 형태의 정신병리를 통해 억압으로부터 회귀한다.

라캉에 따르면, 프로이트는 거세의 문제를 접했을 때 진정한 콤플렉스의 존재를 발견한다. 정신분석의 창시자는 그 용어를 사용하여 사실 결코 충족되지 않는 위협을 설명하려고 시도한 것으로 잘 알려져 있다. 발달적 콤플렉스로서의 상징적 거세는 음경절제 및 무력화emasculation 또는 효과적인 신체 상실과 관련이 없다. 그렇다면 프로이트가 그것을 어떠한 분석의 극복할 수 없는 한계의 신호로서 살아 있는 암반이라고 부르는 지점에 이르기까지, 거세는 왜 그토록 결정적이고 두드러진 것인가?

거세는 상징적 조건의 덕목이기 때문에 효과적이다. 여기서 상징적인 것은 이론, 또는 프로이트가 아동기의 성 이론이라고 부르는 것을 의미한다. 프로이트는 아동기의 성 이론을 환상, 허구 또는 거짓말이 아니라고 말한다. 프로이트는 성적 차이에 관한 어린 시절의 성 이론이 주체의 구성에서 변하지 않는 단계라고 전제한다. **상징적 거세**는 발달의 한 단계나 개체 발생적 단계로서 내부에서 발생하는 것이 아니라, **대타자의 장**the field of the Other으로부터 발생한다. 어머니는 아버지에게 원하는 것이 그녀가 결여한 어떤 것임을 인식하고, 아버지도 마찬가지이다. 어머니는 아버지에게 귀속되는 상상적 남근을 결여하거나 욕망하는 반면, 아버지는 어머니의 존재로서 인식되는 사랑과 충동의 대상 *a*를 결여하고 있다.

대타자는 완전하기도 하고 불완전하기도 하다. 대타자 아버지 (f)Other의 완전한 또는 상상적 측면은 거세를 위협하는 일자, 즉 거세 위협의 일화anecdote를 언급하는 결여나 상실을 생성하는 일자이다. 대타자는 주체에게서 무언가를 빼앗아 가거나 결여를 드러낼 것이다. 반면에 대타자 어머니 (m)Other 자신은 불완전하거나, 일관성이 없거나, 무언가 상실한 것으로 인식되는데, 이는 남근의 부재 또는 결여로서의 여성성의 일화를 지시한다.

이를 감안할 때 프로이트의 거세의 한계는 무엇을 의미하는가? 프로이트의 이해에 따르면, 남성성에 대한 분석은 아버지 앞에서 굴복하는 것, 즉 수동적으로 복종하는 것을 의미화하는 지점을 넘어서지 않는다. 이러한 갈등은 거세 콤플렉스가 모든 결과적인 결투, 도전, 전투, 반항, 배은망덕을 유발하는 것과 같으며, 이는 일반적으로 피분석자 상태의 정체와 악화로 표현된다. 이에 상응하여 여성성에 대한 분석은 남근에 대한 요구와 충돌하고, 남근이 없거나 결여된 상태는 단순한 우울증이 아니라면 다양한 불만족과 불평을 유발한다.

상징적 거세는 오이디푸스 너머에 있다

라캉에 따르면 거세는 진정한 콤플렉스이다. 여성성에 대한 프로이트의 저술에 근거해, 라캉은 거세가 논리적 전제이며, 라캉 이전에는 오이디푸스 콤플렉스라고 불렀던 것이 그 방어적 결과로서 생겨난다고 주장한다. 라캉의 관점에서, 오이디푸스는 더 이상 콤플렉스가 아니라 신화가 된다. 또한, 라캉은 『세미나 9: 동일시_On Identification_』(1961-1962)에서 오이디푸스는 프로이트의 꿈이며 그렇게 해석되어야 한다고 말한다. 이것은 무엇을 암시하는가? 오이디푸스는 **억압되기에 억압적이다.** 오이디푸스 이야기와 그에 얽힌 경쟁과 열정은 욕망이 법과 금지의 기능으로 확립된다는 진리를 은폐한다. 근친상간 금지는 모든 금지의 전형적인 예이다. 이는 바울의 복음서에 다음과 같이 기록된다.

> 율법으로 말미암은 죄의 정욕이 우리 지체 중에 역사하여 ⋯ 율법으로 말미암지 않고는 내가 죄를 알지 못하였으니 곧 율법이 탐내지 말라 아니하였더라면 내가 탐심을 알지 못하였으리라(로마서 7:7).

바울의 경우에 율법은 그것이 치료를 위해 호출된 바로 그 문제를 야기한다는 이유로 거부된다(Lacan, 1957–1958, Seminar 5, p. 470). 다른 한편으로, 율법을 거부하는 것은 욕망을 없애는 결과를 가져오므로 율법의 가혹함을 유대종교 내에서 전례 없는 수준으로 끌어올린다(예컨대, 유대교 내에서 사제직에 대한 독신주의 이상의 부재). 거세와 거기에서 흘러나오는 금지는 욕망을 강요한다. 더욱이 욕망의 편파성은 주체가 받아들이기 어려운 한계를 부과한다. 욕망에 대한 저항은 법과 욕망 사이의 신경증적 갈등에서 비롯된 것처럼 보이지만, 사실은 거세의 법 자체가 욕망을 유발하기 때문에 그것은 욕망하지 않으려는 욕망이다. 이런 의미에서 법과 욕망 사이의 갈등을 제기하는 것 자체가 방어적이라고 볼 수 있다. 이에 대해서는 나중에 다시 설명하겠다.

상징적 거세를 넘어서 갈 수 있는가?

대답은 '그렇다'이다. 라캉은 정당한 야망을 가지고 거세를 넘어설 것을 제안한다. 이 새로운 목표는 라캉학파 임상 실천의 중심 원리, 즉 9장에서 이미 살펴본 분석가의 저항에 대한 질문과 연관된다.

분석가의 저항the resistance of the ananlyst은 **경청에 대한 저항, 개입에 대한 저항**(라캉은 그것을 '행위의 공포'로 일컫는다)이며, 특히 **결여를 있는 그대로 수용하여 상상적 거세를 극복하는 대신, 피분석자가 원하는 자아 이상으로서 기능하고자 하는 소원을 버리는 저항이다.** 분석가는 자신의 자아 이상이나 공식적인 직업적 정체성이 아니라 라캉이 **"분석가의 욕망**the desire of the analyst"이라고 부르는 것에 따라 기능한다. 분석가의 욕망은 역전이, 또는 분석가로서 작업하기 위한 직업적 욕망이 아니다.

분석가의 욕망은 결손이 아니라, 분석 과정의 조직 원리로서 기능하는 결여이다. 분석가의 욕망은 피분석자의 말에서 무의식의 현현을 촉진하며, 이는 해석 행위와 함께 보로메오 매듭 또는 정신적 구조를 재구성하거나 다시 묶는 결과를 낳는다. 결여로서의 욕망 또는 **순수 욕망**the pure desire으로서의 결여는 분석적 양자 관계의 방향을 구성하는 세 번째 항이다. 순수 욕망은 또한 지도자의 존재하지 않는 상상적 남근을 채택하거나 거부하는 것을 중심으로 구성된 집단에서 우세한 이중의 상상적 합일성 대신 정신분석적 조직화를 규제해야 한다. 분석가의 욕망 내부의 결여는 자유 연상과 함께 모든 분석가가 거치고 넘어서야 하는 정신분석의 근본적 암반이다.

또한 분석가의 욕망은 피분석자의 욕망을 먼저 분석가에게로 향하게 하고, 그 다음에 타자들에게 돌리려는 의도에 의해 특징화된다. 다양한 형태의 상상적 대상 a가 되는 과정을 거친 후, 분석가는 부재로서의 대상 a의 장소에, 또는 순수 욕망과 같은 실재에서 혼자All-alone 존재하는 것으로 끝을 맺는다. 분석가의 욕망은 일반적이고 "인간이 너무도 인간적인"(Nietzsche, 1878/1996) "욕망되고자 하는 존재의 욕망"과는 다른 이차적 욕망과 같다. 여기서 중요한 것은 분석가가 자신의 욕망에 기초하여, 피분석자에게 불필요한 존재가 되기 위해 저항을 극복하고 그에 대한 애도를 통해 작업하는 데 성공하는 것이다.

고유한 순수 분석의 시작과 중간 단계

분석의 종결은 분석가의 목표에 따라 처음부터 재생되고 준비된다. 분석의 목적이 저항받지 않는다면, 분석가의 분석적 위치와 정신적 상태를 특정 짓는 욕망에 의해 분석이 규제될 것이다. 앞서 말했듯이 분석이 종결되면 동일시의 분석, 분석가와의 동일시에서 생톰과의 동일시로 목표가 변화한다.

라캉(1974/75)은 신경증자는 "자신의 증상을 믿는다"(Seminar 22: RSI)라고 말한다. 신경증자는 증상이 아직 이해되지 않은 어떤 것을 말하려 한다는 것을 이해한다. 따라서 증상은 수수께끼이다. 다르게 표현하면, 그녀는 자신이 모르는 무언가가 있다는 것을 알고 있으며 그 "앎knowing"이 알려지면 치료가 뒤따를 것이라고 확신한다. 따라서 분석가는 라캉의 용어로, 피분석자가 무시하는 것을 알고 있다고 가정된 주체the S.s.S. position[11]로 국한된다. 분석가에게 귀속되는 것은 피분석자에 대한 무의식적 앎이다. 분석가는 상상적 대상 a에 대한 지식으로 가정되는 주체의 위치에서 확실성과 상상적 지식connaissance의 정지로 이동할 필요가 있다.

예상되는 것과는 반대로, 신경증자는 분석가의 인격과 미덕을 찾는 것이 아니라 그/그녀가 무시하는 "앎"을 찾고 있다. 모든 종류의 지식은 대타자와의 전이 관계를 초래한다. 주체가 앎에 귀속되는 순간, 전이의 기초가 형성된다. 따라서 전이는 의식적 지식이나 느낌 또는 정동 상태가 아닌 "미지의 앎unknown-knowing"으로 정의된다. 정동은 다음 특성에 따라 앎에 종속된다. 나는 내가 앎의 주체로 가정하는 사람을 사랑한다. 나는 이 가정을 철수하는 사람을 증오한다(Seminar 20: *Encore*).

분석가는 분석적 위치를 취하기 위해 먼저 1) 새로운 피분석자의 특이성을 파악하기 위해 자신이 알고 있는 것을 무시하거나 집착하지 않아야 하고, 2) 그가 무시하는 것과 관련하여 그것을 이해하려고 노력해야 한다. 이 이중 게임은 분석의 가장 풍부한 역설 중 하나를 보여 준다. 피분석자는 분석가가 그/그녀에 대해 많은 것을 알고 있다고 가정하지만, 실제로 분석가는 그에 대해 [알고 있는]

---

11 Lacan, J. (1973). *The Seminar of Jacques Lacan, Book XI: The Four Fundamental Concepts of Psychoanalysis, 1963-1964*. ed. J.-A. Miller. trans. A. Sheridan. NY: W. W. Norton & Company. 1978, p. 232.

모든 것을 무시한다.

알려지지 않은 앎(미지의 앎)은 피분석자 내부에 있다. 물론 분석가 없이는 미지의 것을 밝히는 것이 불가능하다. 프로이트(1905c)가 말한 '*via di levare*'(추출 또는 제거를 통해 **빼앗는** 방식)이다. 즉, 작가의 설계가 아닌 재료 자체의 선을 따라 조각품의 외관을 만들기 위해 돌을 깎아 내는 조각가와 같은 방식이 바로 그것이다.

그러나 피분석자(그리고 암시적/행동적 치료)는 *via di porre*(중첩 또는 가장의 방법)를 찾고 있다. 피분석자는 분석가가 멋진 설계를 그리거나 제공할 수 있는 캔버스로서 자신을 제공하고 허용한다. 분석은 분석가를 알고 있다고 가정된 주체의 위치와 자아 이상, 양자의 위치 모두에 설치한다. 사랑에서와 마찬가지로, 자신의 이상에 도달하기 위해 자신에게서 결여된 것을 타자에게서 사랑한다. 사랑의 타자는 주체가 결여를 부인하도록 허용하는 사람이다. 나는 낭만적이고 성적인 사랑에 대해 속이는 것을 드러내는 나르시시즘적 유형의 유대나 결합을 언급하고 있다. 사실 평범한 이중적 사랑은 사랑받기를 원하는 것이다. 그리고 만일 내가 자아 이상에 의해 사랑받는다면, 그때의 나는 이상적 자아이다. 이것은 프로이트에 따르면, 일자 자신의 이상에 관한 어린 시절의 욕망[유아기적 소원]이다. 이것은 이상적 자아와 자아 이상 사이의 관계의 한 측면이다.

따라서 코헛이 일부 나르시시즘적 피분석자가 그를 분리된 대상이나 심지어 분리된 신체로 경험하지 않았다고 지적할 때(Kohut and Wolf, 1978; Baker, 1981), 그는 사랑이나 에로스 자체의 나르시시즘적 특성을 발견하고 있을 뿐이다. 대상 또는 타자가 주체의 확장으로 기대되는 것은 그러한 타자가 자아 이상 또는 이상적 자아의 장소에 위치하기 때문이다. 그들이 대상 사랑을 나타내는 이상적 자아 또는 타아the alter ego는 이 또는 저 신체의 정신적 이미지로서 인식할 수 있다.

따라서 주체의 신체의 연장선인 이 타자의 신체는 상상적 자아가 자신이 (무의식적으로) 생각하는 신체에 결여된 것을 완성할 수 있게 해 주는 것이다. 대상에 대한 사랑에서 대상으로서의 타자는 주체가 자신의 존재의 불완전성을 감추기 위해 욕망하는 것이다. 달리 말하면, 섹슈얼리티와 관련된 대상에 대한 욕망과 사랑은 소위 나르시시즘적 유형의 유대 또는 결합이라고 불리는 것을 벗어날 수 없다. 이것은 나르시시즘적 성격장애에서만 발견되는 "자기대상 욕구selfobject needs"의 특징이 아니다.

여기서 우리는 프로이트의 이론에서 섹슈얼리티, 거세 콤플렉스, 남근의 상징적 기능과 내재적으로 얽혀 있는 존재의 근본적인 결여를 언급하고 있다. 이 경우 중요한 상실이나 거절은 가족의 역사적 부모가 주었거나 줄 필요가 없었던 갖거나 갖지 못한 상징적 대상 사랑보다는 필연적으로 주체의 차원에서 상실로서 상징화된 상실된 욕망의 환유적 대상과 더 관련이 있다.

그러나 가장 결정적인 시점은 아직 나오지 않았다. 신경증자는 대타자의 요구의 대상이 되는 기술의 전문가이다. 물론 그것에 대한 대가를 기꺼이 지불하지 않거나, 타자의 이 요구가 무의식적으로 신경증 자체에서 발산하는 것임을 인식하지 못한 채 말이다. 따라서 신경증의 정의 공식은 그/그녀가 타자의 요구를 최상에 위치시키는 것이다. 그/그녀는 대타자가 그/그녀에게 무엇을 원한다고 생각하는가? 그것은 그/그녀가 무효화의 지점에 이르도록 대타자와 같게 되는 것이다. 여기에서 피분석자가 분석에서 찾으려는 동일시의 결정적인 특성이 나온다. 한 사람이 타자에게 결여된 것처럼 보이는 것을 주겠다고 제안하여 신경증의 덫에 빠지면, 그 한 사람은 ─ 모든 좋은 의도에도 불구하고 ─ 더 이상의 구조 없이 신경증의 깊이에서 목적 없이 헤엄치고 있을 뿐이다. 요약하면, 대다수가 분석의 마지막 단계의 공식이라고 믿는 **분석가와의 동일시는 과정의 한 단계에서의 정체를 의미한다.** 이 시나리오에서 분석은 종결할 수 없는 것이 된다.

분석가와의 자아 동일시는, 랄프 그린슨Ralph R. Greenson(1978)이 분석의 초기 단계에서 성취한 분석가와의 공감적 동맹을 특징화하는 현실적인 대상관계라고 부른 것보다 신경증 자체와 더 관련이 있다. 그린슨은 인간성이 공감적이고 진지한 방식으로 통찰과 이해를 주는 것으로 구성된다고 언급한다. 그러나 라캉에게서 보는 바와 같이 이러한 앎과 이해는 전이를 위한 기초이다.

또 다른 관점에서, 공감과 피분석자와의 동맹은 분석이 해체해야 하는 방어적 자아의 상상적 강화가 될 위험이 있다. 피분석자의 고통은 일반적으로 억압되고 무의식적인 내용을 의식에서 멀리 유지하는 억압적 대체 표상의 일부로서 자주 기능하는 이차적 또는 거짓된 재현 문제와 연결된다. 이러한 맥락에서 분석가에게 요구되는 것은 피분석자와 그의 자아 방어에 의해 재현되는 피분석자의 문제에 대해 공감하고 이해하는 것이다.

또한 피분석자는 처음에 자신이 말하기를 원했던 것에 대해 말하고 싶어 하므로, 공감적 분석가는 피분석자의 어젠다나 방어적인 자료 선택을 존중해야 한다. 따라서 [그린슨이] 주장하는 동맹은 방어자의 자아와 함께 구축되고 있음을 기억해야 한다. 마지막으로 피분석자의 요구가 실제로 사랑받고 인정받는 것이라면, 분석가의 임무는 분석가의 보조 자아로 이미지를 제공하고 피분석자의 부모가 실패한 부분에 대한 설명을 제공하는 것으로 끝나지 않는다.

따라서 피분석자의 요구가 이상과의 동일시를 향한 전이를 가리킨다면, 분석가의 욕망은 그러한 상황을 깨트리려는 시도를 해야 한다. 분석가는 자아 이상으로 대표되는 권력과 권위의 왕관을 넘어선 상태를 구축해야 한다. 그/그녀 자신의 분석에서, 분석가는 피분석자를 위한 그러한 모습처럼 되지 않기 위해 자아 이상을 넘어선 상태에 도달해야 한다. **전이 사랑**the transference love은 분석가의 모습에서 자아 이상 또는 완전한 대타자를 세우려는 **피분석자의 저항을 대표한다. 이 전이 저항은 대타자에서뿐만 아니라 주체의 결여를 방어한다.**

분석가가 이상의 장소에 머물지 않고 피분석자의 요구에 응답하지 않을 때, 그 공백 속에서 피분석자의 **근본적 환상**the analysand's fundamental fantasies, [즉 본환상]이 드러날 것이다. 피분석자는 분석가가 자신에게 무엇을 해야 하는지 또는 하지 말아야 하는지, 즉 요구의 요구를 말해 주기를 원할 뿐만 아니라, 분석가가 사랑과 충동의 대상에 더하여 남근의 기표를 그/그녀에게 주기를 원한다. 마지막으로, 피분석자는 분석가가 욕망하고, 결여하며, 필요로 하는 대상이 되어 분석가에게 제공하고자 한다. 피분석자는 분석가가 자신에게 이러한 대상을 요구하기를 원한다.

분석가의 위치/상태와 욕망은 붓다의 침묵이나 평정, 응답하지 않는 금욕주의자ataraxia, 그리고/또는 피분석자 자신의 요구의 범위를 넓히기 위해 무의식적으로 분석 상황을 설정하는 여러 가지 방식에 놀랍거나 예상치 못한 방식으로 반응하는 욕망이라는 결론이 나온다. 이런 식으로 진행함으로써 분석가는 라캉이 대상 a라고 명명한 장소를 차지하기 위해 자신을 피분석자의 자아 이상으로서 설정하지 않는다. 이상적 부모나 '안다고 가정된 주체'를 대표하지 않음으로써, 자아 이상(I(O))은 대타자에 대한 결여의 기표(S($\emptyset$))로 변형되며, 이는 차례로 환상의 공식($\$\diamond a$)에 비추어 해석된다. 분석가는 주체가 원하거나 결여한 대상을 결여한다. 분석가는 주체를 완성하고 그로 인해 주체를 자신의 이상으로 만들 수 있는 자아 이상이나 상상적 대상 a가 아니다.

따라서 전이 신경증the transference neurosis과 상징적 거세와 그에 수반되는 경쟁, 논쟁, 불만족, 배은망덕 등을 가리키는 프로이트적 한계를 통해 피분석자와 분석가가 얽혀 있는 갈등이 아직 진정한 한계를 구성하지 않았다는 것을 이해할 수 있다. 갈등은 라캉(December 10, 1959)이 존재의 고통(부재로서의 공백의 실체)이라고 부르는 공허 또는 공백의 은폐를 허용하는 주제와 플롯을 지속한다. 이런 점에서 아버지나 어머니를 살해하고자 하는 소원에 대한 상상적 고착은 공백으로서 실재의 심연과의 접촉을 회피하려는 목적에 기여한다. 비어 있음[공백]은 '회피a-voided'할 것이 아니라, 부재[상

대적 무relative nothingness]로서보다는 진정한 존재 또는 비존재désêtre
로서 받아들여지고 실현되어야 한다.

　　존재의 고통에 대한 경험은 허무주의 또는 회의적 의심으로 이
어지지 않는다. 오히려 완전과 불완전, 유한과 무한, 전체와 불충분
또는 '구멍'으로 구성되는 공허의 순환적 경험은 일자the One를 향해
인도하여, 말하는 모든 사람의 가능한 말이나 단항의 흔적에 활력
을 불어넣는다. 그러면 삶의 주이상스를 분배하는 데 있어 가장 나
쁜 것이 할당되었다는 자처pretension를 파기하는 것이 가능해진다.
주체적인 위치를 변환할 때, 우리는 대타자의 주이상스의 불가능성
을 수용함으로써 죄책감과 차단의 신화를 포기한다. 후자의 주이상
스는, 오이디푸스 신화의 어머니처럼, 대타자는 주체가 접근할 수
없는 무언가를 향유한다는 환상을 함축한다.

　　요약하자면, 금지된 주이상스(금지를 위반했을 때 가능할 수
도 있는)에 특히 또는 실제로 함축되어 있는 것은 대타자의 주이상
스와 상상적 남근 자체가 존재하지 않는다는 사실과의 대립이다.
그러나 이전 장들에서 언급한 바와 같이, 한 형태의 주이상스가 제
거될 때, 또 다른 형태의 주이상스가 획득된다. 발달 과정에서 **대
타자의 주이상스**the jouissance of the Other나 어머니–아이 융합의 상징
적 거세는 **남근적 주이상스**the phallic jouissance의 발현으로 이어지고,
상상적 남근의 상징적 거세는 **제3의 대타자 주이상스**the Third Other
jouissance의 발현으로 이어진다. 제3의 대타자 주이상스는 무가 아니
라 언어 외부의 실재에서 '탈존하는' 것의 의미에서 '비존재(하는)
non-existing' 또는 미존재inexistence로 실현된다.

종결하기 위해, 종결할 수 없는 분석

분석은 언제, 어떻게, 왜 종결되는가? 이번에는 또 다른 수렴의 길을 가기 위해 다시 출발점으로 회귀하자. **피분석자는 분석이 종결되면 어떻게 변형되는가?** 이 질문에 라캉은 이상한 응답을 한다. **피분석자는 분석가로 변형한다.** 그러나 이것은 결국 피분석자가 실제로 이상과 동일시된 것을 의미하는가? 분석이 피분석자의 자아 이상과 분석가를 모방하고 동일시하려는 피분석자의 소원의 해체를 통해 동일성 또는 동일시를 넘어설 수 있다면 그렇지 않다. 무의식의 방식에 귀를 기울이는 분석가의 실천은 피분석자에게서 유사한 주체적 위치/상태를 생성하지만, 피분석자는 분석가와의 동일시가 아니라 그/그녀 자신의 정신적 구조에서 이 진리를 발견해야 한다.

피분석자가 자신의 말을 특수한 방식으로 들을 수 있는 가능성은 분석이 사실상 종결될 수 없다는 보증을 제공한다. 따라서 자기 분석이 있다면, 그것은 대타자와의 분석이 종결된 후에야 비로소 시작된다.[12, 13] 결국 분석은 욕망을 대타자의 요구 뒤에 숨기거나 혼동하지 않고 욕망을 재인식할 수 있는 공고된adverted 주체를 생성하는 데 성공한다. 그러면 주체는 그/그녀가 아버지의 이름을 사용하는 방법을 알고 있기 때문에 정확하게 아버지의 이름을 무시할 수

---

12 Nasio, J.-D. (1990). *Hysteria from Freud to Lacan: The Splendid Child of Psychoanalysis*. ed. and trans. S. Fairfield. NY: The Other Press, 1998, pp. 77-79.

13 이수진(2018). 「히스테리 분석의 종결의 의미: 분석가와의 분리와 자신과의 분리」, 『현대정신분석』, 20(2), pp. 47-91.

있다. 라캉의 후기 작업에서 개인 분석이 종결된 이후에도 지속되는 자기 분석과 아버지의 이름의 사용과 무시는 모두 보로메오 매듭 네 번째 고리와 생톰에 연결된다.

참고문헌

Baker, H. and Baker, M. (1987). Heinz Kohut's Self Psychology: An Overview. *American Journal of Psychiatry*, 144, 1.

Bion, W. R. (1970). *Attention and Interpretation*. London: Tavistock Publications.

Ferenczi, S. (1928). The Elasticity of Psycho-Analytic Technique. In: *The Evolution of Psycho-analytic Technique*. ed. M. S. Bergmann and F. R. Hartman. New York: Basic Books.

Freud, S. (1900). *The Interpretation of Dreams: The Standard Edition of the Complete Psychological Works of Sigmund Freud*. London: The Hogarth Press and the Institute of Psychoanalysis, pp. 4–5.

_____(1905a). Fragment of an Analysis of a Case of Hysteria. In: *The Freud Reader*. ed. P. Gay. New York: Norton and Norton.

_____(1905b). Jokes and Their Relation to the Unconscious. *SE*, 8.

_____(1905c). On Psychotherapy. *SE*, 7, 260–261.

_____(1912). Recommendations to Physicians Practising Psychoanalysis. *SE*, 12, 111–120.

_____(1913). On Beginning the Treatment. *S.E.*, 12.

_____(1915). *The Metapsychology: The Standard Edition of the Complete Psychological Works of Sigmund Freud* (Volume 14). London: The Hogarth Press and the Institute of Psycho analysis, p. 109.

_____(1921). Group Psychology and the Analysis of the Ego. SE, 18, 67–143.

_____(1923). The Ego and the Id. *SE*, 19, 3–66.

_____(1925). On Negation. *SE*, 19, 235–239.

_____(1937). Analysis Terminable and Interminable. *S.E.*, 23, 209.

_____(1960). *Group Psychology and the Analysis of the Ego*. New York: Bantam Books.

_____(1973). *Three Case Histories*. New York: Collier Books.

Greenson, R. R. (1978). The Working Alliance and the Transference Neurosis. In: *Explorations in Psychoanalysis* (pp. 199–224). New York: International Universities Press.

Hanly, C. (1984). Ego Ideal and Ideal Ego. *International Journal of Psychoanalysis*, 65, 253–261.

Kohut, H. and Wolf, E. (1978). The Disorders of the Self and Their Treatment: An Outline. *International Journal of Psychoanalysis*, 59, 413–425.

Lacan, J. (1955). *Escritos 1. Variantes de la cura tipo*. Mexico: Siglo XXI, 1985.

_____(1957a). El seminario sobre la carta robada. In: *Escritos 2*. Mexico: Siglo XXI, 1975. The Seminar on 'The Purloined Letter.' In: *Écrits*. trans. J. Mehlman. Yale French Studies 48, 1973, pp. 39–72.

_____(1957b). The Instance of the Letter in the Unconscious. In: *Écrits*. trans. B. Fink. New York: Norton.

_____(1957–1958). *The Seminar. Book V: Formations of the Unconscious*. ed. J. A. Miller and trans. R. Grigg. London: Polity Press, 2017.

_____(1959). *El Deseo y su Interpretacion*. Buenos Aires: Nueva Vision.

_____(1959–1960). *Seminar VII: The Ethics of Psychoanalysis*. trans. D. Porter. New York: W. W. Norton, 1992.

_____(1964). *The Seminar of Jacques Lacan. Book XI: The Four Fundamental Concepts of Psychoanalysis*. trans. A. Sheridan. New York: W.W. Norton, 1977.

_____(1966–1967). *The Seminar of Jacques Lacan XIV: The Logic of Fantasy*. London: Karnac.

_____(1967). *Proposition of 9 October 1967 on the Psychoanalyst of the School*. https://lacancircle.com.au/wp-content/uploads/2017/11/Proposition_of_9_October.pdf. Accessed July 7, 2020.

_____(1967–1968). *The Seminar of Jacques Lacan. Book XV: The Psychoanalytic Act*. trans. C. Gallagher. www.lacaninireland.com/ web/published-works/seminars. Accessed November 17, 2019.

_____(1969). *The Seminar of Jacques Lacan: Book XVII: The Other Side of Psychoanalysis* (Bk.17). New York: Norton and Norton, 2007.

_____(1972). *The Seminar of Jacques Lacan. Book XX: On Feminine Sexuality: The Limits of Love and Knowledge: Encore*. New York: Norton and Norton, 1998.

_____ (1974/75). *R.S.I*. Translated into Spanish by R. E. Rodríguez Ponte, 1999, Unpublished.

_____(1978). *XXV: Momento de Concluir.* Unpublished.

Lichtenberg, J. (1975). The Development of the Sense of Self. *Journal of the American Psycho-analytic Association*, 23. 453–484.

Nietzsche, F. W. (1878). *Human, All Too Human: A Book for Free Spirits.* trans. R. J. Hollingdale. Cambridge: Cambridge University Press, 1996.

Reich, W. (1933). On the Technique of Character-Analysis. In: *Essential Papers on Character Neurosis and Treatment.* New York: New York University Press, 1989.

13장

공립 클리닉에서 임상 정신분석과 트라우마의 문제

자연-양육 변증법과 상보적 계열

프로이트(1934)는 정신 장애를 인과적 계열의 연속체a continuum of causal series[1]에 속하는 것으로서 인식한다. 이 계열[첫 번째 계열]은 그가 성적인 체질이라고 부르는 것으로 시작하고, 현재 정신분석학 외부에서는 발달적 장애로 이어지는 **생물학적 및 유전적 요인이**라고 불리는 것이다. 두 번째 계열은 **경험한 사건들**로 구성된다. 연속체의 한쪽 끝에는 가장 자비로운 삶의 경험에도 불구하고 장애가 발생했을 사람들이 존재한다. 여기서 프로이트는 20세기 전반기 동안 심리학의 나머지 부분에서 만연했던 과장된 환경주의와 극명한 대조를 이루며, [과장된 환경주의는] 행동주의와 정신분석의 대인관계 학파에 의해 이어진다. 연속체의 다른 쪽 끝에는 트라우마적인 환경적 경험의 부담을 견디지 않았다면 정신 장애에서 벗어날 수 있었던 사례가 존재한다. 중간 사례에는 두 요소가 다양한 정도로 결합된다. 따라서 세기의 전환기에 프로이트는 이미 자연과 문화 사이의 현재 상호주의 패러다임을 제안한다.

1 상보적 계열*Ergänzungsreihe*, *série complémentaire*, complemental series은 "신경증의 병인을 설명하고, 외적 요인이나 내적 요인 사이에 선택해야 하는 양자택일을 넘어서기 위하여 프로이트가 사용한 용어이다. 이들의 두 요인은 사실 상보적이다. 왜냐하면 각각의 요인 중에서 한쪽이 강해지면, 다른 한쪽은 약해지기 때문이다. 그 결과 모든 사례는 두 가지 형태의 요인들이 반비례적으로 변하는 눈금 위에 배열된다. 단 한 가지 요인만 나타나는 경우는 그러한 상보적 계열의 양극단뿐이다"(Laplanche and Pontalis, 1973, p. 71). Laplanche, J. and Pontalis, J.-B. (1967). *The Language of Psycho-Analysis*. trans. D. Nicholson-Smith. NY: W. W. Norton & Company, 1973, pp. 71-72.
　프로이트는 『정신분석 강의』, 「스물세 번째 강의: 증상 형성의 길The Paths to the Symptom of Formation」에서 "신경증 병인론을 정식화"(Freud, 2001, p. 362)하면서 **리비도 고착의 '유전적 기질'과 '어린 시절의 우연적 경험'**이라는 상보적 계열을 아래의 도식으로 설명한다.

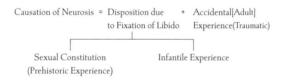

중요한 점은 프로이트가 「스물두 번째 강의: 발달과 퇴행에 관한 몇 가지 사고-병인학Some Thoughts on Development and Regression-Aetiology」에서 "신경증의 병인론"에 대해 "고착 **fixation**, 억압**repression**, 갈등의 경향성**the tendency to conflict**"(p. 352)의 세 가지 요인을 설명하는 점이다. 즉 '성적 구성과 유아기 경험에 의한 리비도 고착이 주체의 기질적 측면'과 연관된다면, '우연적 경험은 환경의 트라우마적 요인으로 억압'을 초래한다. 이 두 요인이 합쳐진 후, 주체에 따라 자아 발달 과정에서 비롯되는 '자아 충동과 성 충동 사이의 갈등 (프로이트 후기 충동 관점에 기초하면, 삶의 충동과 죽음 충동 사이의 갈등)의 경향성'에 따라, 외부 세계 변화에 대한 자신의 몸을 바꾸는 자가 성애주의에 의해 원초적 환상과 연관된 "환상**phantasy**"(p. 371)을 구성함으로써 증상을 발생시킨다. 이러한 증상의 상보적 계열은 주체의 증상 발생과 이해를 위해 '선천적 기질, 후천적 경험, 개인적 경향성'의 상보적 계열을 고려해야 하는 임상적 함의를 밝힌다. Freud, S. (1917[1916-17]). Introductory Lectures

최근에는 정신병리의 생성과 연관된 선천적 또는 유전적 요인이 성적이나 공격적 충동과 관련된 성향이 아니라 뇌의 생화학적 취약성과 연관된다. 다른 장애는 신경 자극의 전달을 촉진하거나 억제하는 각각의 다른 신경 전달 물질의 방출 또는 흡수의 실패를 포함한다. 프로이트에게 추동[충동적 자극]impulse은 성적이든 공격적이든 충동drive과 동일하며, 정신/뇌의 사랑/증오와 쾌락/고통의 정서적 핵심과 밀접한 관련이 있다. 한편으로 현대의 신경생물학neurobiology은 이와 같은 가정을 하지 않지만, 다른 한편으로 기질은 실제로 현대 행동 연구자들에 의해 "반응성과 자기 조절의 체질적 기반 개인차"(Rothbart and Ahadi, 1994, p. 55)로 정의되고 있다.

기질은 생애 초기에 발달하고 정서적 반응성과 정서적 자기 조절의 형태로 나타나는 유전적 인격 특성으로 간주된다. 강한 공격성 또는 부정적 정동, 그리고 주의와 만족에 대한 과도한 요구와 욕망은 "어려운" 신경증적 기질을 특징짓는다. 상황이 악화되거나, 또는 엔트로피가 더 심해지도록 발달과 삶의 과정에서 그리고 아마도 성격을 통해, 시간이 지남에 따라 자기 조절에서 반응성으로, 반응성에서 자기 조절로 변화하는 기질에서 증가된 복잡성이 실현된다.

반응성의 개념은 자극성과 공격성에 대한 유전된 잠재력으로서 환경에 의해 제공되는 대상들 및 목표들보다 앞서거나 적어도 축소될 수 없는 충동의 개념과 상당한 정도로 일치한다. 욕망 또는

on Psycho-Analysis. SE, Vol. 16. In J. Strachey (ed. and trans.) London: Vintage Books, 1963/2001, pp. 339-377.

공격성으로 인한 높은 반응성은 정서적, 생리적 각성과 흥분의 강도를 나타내고, 낮은 반응성은 좌절을 견디는 능력과 정서적 자기조절 능력을 나타낸다.

상대적 정도는 각성과 자극의 양 또는 억제 및 자기 조절 과정의 강도에 기인할 수 있다. 따라서 아동의 높은 **반응성**은 추동과 충동의 강화 또는 억제 기능의 약화에 기인할 수 있다. **낮은 반응성**의 경우는 반대이다. 자기 조절의 강도는 추동의 약화 또는 억제 기능의 강화에 기인될 수 있다.

낮은 반응성, 즉 자기 조절과 신경 자극의 전달을 억제하는 능력은 정신분석적 **방어** 개념과 동등한 것으로 간주될 수 있다. 프로이트가 **충동**을 유전적/생물학적 개념과, 보다 상징적이고 환경적으로 기초한 욕망 개념 사이의 한계 개념으로서 생각한 것과 같은 방식으로, **억제**inhibition는 문화적/상징적 현상(방어 및 상징적 법/규칙) 또는 자극의 전달을 제지하는 신경 및 화학적 능력과 연관된 전두엽 피질의 생물학적 실행 기능으로 이해되는 가교 또는 제한 개념으로 생각될 수 있다. 후자는 억제와 방어의 뇌 관련 기능에 대한 구성적, 생물학적 기반이 있음을 말해 준다. 이와 관련하여 프로이트는 정신 내부의 사회적 규칙을 대표하는 초자아[2]가 환경뿐만

---

2 프로이트에 근거해, 우리는 초자아의 기원이 두 가지 중요한 요소 즉, "한 가지 **생물학적 요소**와 다른 한 가지 [개인의] **역사적 요소**"(Freud, 2001, p. 35)의 결과라는 사실을 알게 된다. 따라서 **초자아[자아 이상]**가 "오이디푸스 콤플렉스의 후예로서 가장 강력한 충동적 표현과 이드의 가장 중요한 리비도의 운명"(p. 36)을 발현하는 측면을 발견하게 된다. Freud, S. (1923). "The Ego and the Id". *SE*, Vol. 19. In J. Strachey (ed. and trans.) London: Vintage Books, 1961/2001, pp. 28-39.

아니라 유전을 통해 전승될 수 있다고 생각한다.

자극성 및 과민성 수준의 구조적 차이는 다양한 욕망과 자극을 조절하거나 실행하는 미래의 능력을 예측하는 성적 및 공격적 충동의 유전적 측면의 표현이다(히스테리). 반면에 높은 억압과 억제는 수줍음이나 억제된 기질, 낮은 수준의 공격성과 자극성, 불안 및 신경증적 장애 경향과 관련이 있다(강박 신경증).

마지막으로, 현대 신경생물학은 생활 사건이 뇌 과정에 영향을 미치고, 변경하고, 수정하는 능력을 인정한다. 예컨대 상실 경험은 충동적 자극 전달을 위한 활동 전치의 변화로 이어질 수 있다. 따라서 뇌 과정이 선천적 조건과 환경적 조건 모두에 반응할 수 있는 점을 감안할 때, 유전적 소인은 뇌 또는 생물학적 과정과 전적으로 동일시될 수 없다.

언어는 사실상 그 구조를 뇌 내부의 뉴런 연쇄에 연결하고 뿌리며 각인하는 상징적 그물망이라고 할 수 있다. 언어는 뇌의 기호학적 구조에 중첩된 하나의 코드로서 자극의 촉진과 억제, 온/오프 위치를 규제하는 기능을 한다. 또한 유전자는 다른 환경에서 다르게 기능할 수 있다. 유전적 소인은 환경과 문화-상징적 조건의 특성에 의존해, 그 자체로 나타날 수도 나타나지 않을 수도 있다.

어린 시절과 이후의 트라우마, 환상의 기능, 그리고 회복 기억/허위 기억/덮개 기억의 기능

상보적 계열의 양극단을 구분한 후, 프로이트(1934)는 "유아기와 이후의 경험의 강도와 병인적 중요성 사이에는 상보적 관계가 존재한다"(p. 373)는 점을 강조한다. 즉 환경 계열은 어린 시절과 이후의 경험으로 더욱 세분화될 필요가 있다. 이후의 갈등과 트라우마traumas의 경우, 어린 시절의 경험은 퇴행의 효과만으로 영향력을 발휘한다. 즉, 둘 사이에 피드백 회로a feedback loop가 존재한다. 이후의 경험은 어린 시절의 경험에 의해 더 강렬해지고, 어린 시절의 경험은 이후의 경험에 비추어 소급적으로 해석된다.

유전적 소인과 더불어 어린 시절의 경험은 트라우마가 어떤 사람에게는 장애를 유발하지만, 다른 사람에게는 그렇지 않은 이유를 설명할 수 있다. 더욱이 부모 환경 및 오이디푸스 구조의 중요성은 발달 심리학 분야의 현대 연구에서도 확인된다. 예컨대 어린 시절의 초기 가족 경험에서 반사회적 성격 특성을 가진 아이가 성장한 경우, 이는 성격 구조에 구조적이고 지속적인 영향을 미칠 가능성보다 청소년기의 또래 선택에 더 큰 영향을 미칠 가능성이 높다.

프로이트에게 어린 시절은 이중적 의미를 지닌다. 첫째, 선천적으로 결정된 **충동**이 처음으로 드러나고, 둘째, 외부 영향과 우연한 사건이 유전에 의해 미리 확립된 충동 이외의 **다른 충동**을 불러일으킬 수 있다. 어린 시절의 우연한 경험은 고착을 유도하고, **충동 자**

극의 대상, 목표, 압력, 원천[3]을 변화시킬 수 있다. 발달의 기간 동안 우발적 사건은 지속적이고 구조적인 영향을 미칠 수 있으나, 발달의 중요 시점이 확립되면 그렇지 않다.

또한 프로이트의 관점에서 볼 때, 정신 장애의 발생에서 작동하는 상보적 계열의 정확하고 포괄적인 서술에 도달하기 위해서는, 어린 시절이든 이후의 삶이든 상보적 계열의 경험적 끝이 물질적 현실과 정신적 현실로 더 세분화될 필요가 있다. **정신적 현실**이라는 개념으로 우리는 **선천적 차원 및 생물학적 차원, 정신적 차원, 사회 환경적 차원**을 포함하는 정신 장애에 대한 **인과성의 삼차원 모델** a tripartite model of causality이라고 부르는 것에 도달한다. 정신적 차원은 순수한 심리적 차원the purely psychological dimension과 구별되는데, 후자는 행동 또는 의식적, 전의식적 인지를 나타내는 반면, 전자는 무의식적 과정도 포함하기 때문이다.

정신적 차원은 정신 장애에 대한 초기 트라우마 이론의 발전 이후, 프로이트에 의해 확립된 고유한 정신분석적 차원으로 간주될 수 있다. 상담자, 사회 복지사, 심리학자의 실천 범위 내에서 볼 수 있듯이, 정신 건강 분야의 현재 관행은 프로이트의 초기 트라우마 모델인 무의식 기능과 정신의학적 인과성으로 퇴행하는 점에 주목하게 된다. 또한 이데올로기 및 시장 주도의 압력으로 인해 정신과

---

3 프로이트가 「충동과 그 운명」에서 논의하는 충동의 대상, 목표, 압력, 원천의 변화는 네 가지의 운명[우여곡절], 즉 "반대 방향으로의 전환, 주체 자신으로의 방향 전환, 억압, 승화"(Freud, 2001, p. 121)가 존재한다. Freud, S. (1915). Instincts and Their Vicissitudes. *SE*, Vol. 14. In J. Strachey (ed. and trans.) London: Vintage Books, 1957/2001, pp. 109-140.

의사들도 정신분석 분야를 포기하고 적절한 의학적 및 생물학적 분야로 돌아가고 있다.

프로이트가 초기 트라우마 모델에서 무의식과 오이디푸스 콤플렉스에 대한 그의 이론으로 전환하는 과정은 훨씬 더 미묘하고 목적적이며 복잡한데, 그가 트라우마와 유혹 이론을 포기한 이유에 대한 제프리 마송Jeffrey Moussaieff Masson(1984)의 논쟁적인 설명을 통해 우리가 최근에 믿게 된 것보다 더욱 그렇다. 마송은 프로이트가 환자의 안녕과 온전함을 경시하고, 부유하고 사회적으로 영향력 있는 환자의 부모를 성적 학대 혐의로부터 보호하기 위해 트라우마 이론을 포기했다고 주장한다. 대다수 사람들이 이미 주장했듯이, 프로이트가 초기 트라우마 이론을 넘어서지 않았다면 오이디푸스 콤플렉스 또는 무의식적 환상의 기능을 발견하지 못했을 것이라는 점을 고려할 때, 이 비평은 터무니없는 주장이다.

임상의가 현실의 트라우마를 환상으로 받아들이면 I 유형 오류가 발생할 수 있는 것이 사실이지만, 임상의가 환상을 현실의 트라우마로 받아들이면 II 유형의 오류를 범할 수 있는 것도 마찬가지로 사실이다. 어떤 때는 환자가 그것이 현실적인 트라우마임에도 환상으로 보고할 수 있고, 다른 때는 환상인 것을 현실적인 트라우마로 보고할 수 있다. 오류의 두 유형 모두 오해의 소지가 있고 피해를 줄 수 있다. 그러나 임상의가 트라우마의 물질적 현실과 환상의 정신적 현실을 무시하면, II 유형의 오류를 일으킬 위험이 있으며, 따라서 그러한 결론에 대한 현실적 근거가 없음에도 환자가 학대를 당했다고 믿게 된다. 이런 점에서 정신분석가가 물질적 현실과 정신적 현실을 모두 고려함으로써 정신적 현실을 배제하고 물질적 현실만을 고수하는 임상의보다 잠재적으로 더 낫다고 생각한다.

우리는 프로이트의 『정신분석학 강의』에서 물질적 현실과 정신적 현실, 트라우마와 환상, 회복 기억recovered memories과 '허위 기억pseudomemories' 사이의 뒤얽힌 관계에 대해 솔직한 현대적 설명을 발견할 수 있다. 정신분석학의 관점에서 **허위 기억** 또는 '**덮개 기억** **screen memories**'[4]은 과장된 혐의나 고의적인 거짓 언표가 아니라 오히려 무의식적 환상에 대해 방어하기 위해 획득된 이야기 또는 믿음[신념]이다.

두 경우 모두 허위 기억은 주체를 위한 정신적 현실을 구성한다. 사실적 또는 물질적 현실의 개념과 함께 정신적 현실의 개념을 포함하는 체계에서 제공하는 개념적 도구를 사용하여, 임상의는 참/정확한 또는 거짓/부정확한 기억과 관련하여 양자택일의 함정에 빠지는 것을 피할 수 있다. 대체로, 아동 학대를 경험했을 수 있는 성인과 함께 작업하고, 심리학 직업에 대한 전문적 기준을 수립하는 현재의 임상의(Enns et al., 1998)는 기억이 어떻게 억압되거나 망각되고 회복될 수 있는지에 대한 작업 지식을 (비록 종종 이러한 개념의 정신분석적 기원을 최소로 강조하지만) 가지고 있다. 그러

---

4 덮개 기억은 "특별히 선명하고 동시에 그 내용이 눈에 띄게 사소한 것을 특징으로 하는 어린 시절의 기억이다. 그것의 분석은 지울 수 없는 유년기의 체험과 무의식적 환상으로 인도된다. 덮개 기억[스크린 기억]은 증상처럼 억압된 요소와 방어 사이의 타협 형성이다"(Laplanche and Poutalis, 1973, pp. 410-411). Laplanche, J. and Pontalis, J.-B. (1967). *The Language of Psycho-Analysis*. trans. D. Nicholson-Smith. NY: W. W. Norton & Company, 1973, pp. 410-411.

나 허위 또는 부정확한 기억, 방어의 기능, 프로이트가 언급한 정신적 현실과 무의식적인 환상 생활 사이의 관계는 경시한다.

더욱이 환상과 트라우마는 경험을 공유하지만 계열의 환경적 결과는 공유하지 않는다는 점에 주목하는 것이 중요하다. 환상은 환경적 경험의 단편을 포함할 수 있지만, 그것은 비-동일적non-identical으로 남아 있다. 또한 **환상과 트라우마는 변증법적 관계 내에서 기능한다.** 일반적으로 환상과 섹슈얼리티가 상상적이든 현실적이든 트라우마가 될 수 있는 것처럼, 트라우마에도 환상적 요소가 내포될 수 있다. 환상은 발생한 사건을 계속해서 정교화하고 재구성할 수 있다. 프로이트는 무의식적 환상을 언급하면서, 복합 증상symptomatology의 생성과 발달에서 놀랍고, 믿기 힘든, 당혹스러운 요소a surprising, astonishing, and bewildering factor가 여전히 존재한다고 기록한다. 이 형용사는 유아기 장면이 항상 사실로 밝혀지지 않는다는 그의 꺼림칙하고 원치 않는 깨달음을 기술한다. 이 문제에 대한 프로이트(1934)의 사고는 다음과 같이 충분히 인용할 가치가 있다.

당신은 이 발견이 다른 어떤 것보다 그러한 결과로 이어지는 분석이나, 신경증 전체에 대한 분석과 이해를 바탕으로 한 환자의 증언을 불신할 가능성이 다른 어떤 것보다 더 높다는 것을 알게 될 것이다. … 만일 분석에 의해 밝혀진 유아기의 경험이 모든 경우에 실재real라면, 우리는 확고한 근거에 서 있다는 느낌을 가져야 한다. 만일 그것들이 항상 위조되고 환자의 발명품과 환상으로 밝혀진다면, 우리는 이 불안정한 발판을 버리고 다른 방법으로 우리 자신을 구원해야 한다.

왜냐하면 우리가 발견한 것은 분석에서 재구성되거나 회상된 어린 시절의 경험이 어떤 경우에는 부인할 수 없는 거짓인 반면, 다른 경우에는 명백히 진실이며, 대부분의 경우 진실과 거짓이 혼재되어 있다는 것이다. 따라서 증상은 한 순간에는 실제로 발생했고 리비도 고착에 영향을 미쳤다고 인정할 수 있는 경험의 재생산이며, 다음 순간에는 물론 병인학적 의미를 부여하기 어려운 환자의 환상이 재생산한 것이다(p. 376).

프로이트 발언의 현재의 관련성을 감안할 때, 무의식적 환상의 이론화는 가까운 미래뿐만 아니라 100년 후에 정신분석과 프로이트 자신에게 가져올 수 있는 저항과 불신에 대한 그 스스로의 예견으로 간주된다. 과학적 노력에 환상이나 허구의 요소를 통합하는 것에 대한 저항뿐만이 아니라, 환상적 요소가 환자의 증언과 언표에 가져올 수 있는 암묵적인 불신 때문에 정신분석에 대한 불신도 고려해야 했다.

앞의 인용문은 프로이트의 발견이 그의 기대와 경향에 어떻게 반하는지를 보여 준다. 더욱이 그는 현실과 환상은 동일하게 취급되어야 하고, 임상의는 처음에는 양자를 구별하려고 노력하지 말아야 한다고 권고한다. 환상도 현실이며, 어린 시절 경험에 내장된 부분이다. 그리고 정신적 현실의 한 측면으로서 환상은 증상의 생성을 위한 두 번째이자 결정적 요소이다. 그러나 프로이트는 또한 이 시점에서 그가 현실적 트라우마와 환경적 경험을 무시한다고 생각하는 비평가들을 반박한다.

그러나 가장 가까운 남성 친척에 의한 아동의 성적 학대가 전적으로 환상의 세계에서 비롯된 것이라고 가정하지 말아야 한다. 대부분의 분석가들은 그러한 일이 실제로 발생했고, 의심의 여지없이 입증될 수 있는 사례를 다루었을 것이다(p. 379).

마지막으로, 프로이트는 "체질적 소인은 의심할 여지 없이 이전 가계 경험의 후속-효과"(idem)라고 믿는다. 다시 말해, 욕망과 욕망의 억제/금지의 상대적인 힘, 그리고 일생 동안 경험되고 상연된 윤리적 및 근친상간과 관련된 갈등은 유전적 수준과 상징적, 가족적, 환경적 수준 모두에서 한 세대에서 다음 세대로 전이된다. 유전적 비문inscription과 상징적 내러티브와 의미작용은 모두 주체를 벗어난 행위 또는 활동으로서 의식을 넘어서 구조적으로 전승된다.

현대적이고 관대하며 탈가부장적인 사회에서는 억압이 더 이상 문제가 되지 않는 점을 감안할 때, 내가 법과 욕망 사이의 전통적인 갈등의 중요성을 시대착오적으로 과대평가하고 있다는 자기심리학the self-psychology 차원의 반론이 제기될 수 있다. 대신에 대상 항상성, 모성적 공감, 충동적 자극 조절의 결여와 같은 문제는 현대 사회의 전형적인 불쾌의 원인이 되는 경계선 인격 장애the borderline personality disorder의 중요한 병인적 요인이다. 실제적으로, 현상학적 차원과 인식론적 차원은 모두 동일한 조건의 거울 이미지를 구성한다. **경계선 조건과 자기심리학 또는 대상관계 패러다임은 모두 아버**

지의 상징적 및 발달적 기능의 부재와 부인을 반영한다.

첨단 기술 사회는 신경증적 상태로 이어지는 욕망의 전통적인 과잉 통제로부터 정체성과 충동적 자극 통제의 세대 문제로 이동한다. 사회는 잔인하고, 권위적이며, 상상적 아버지로부터 필요한 상징적 아버지 기능의 부재로 변화한다. 사회는 신경증의 문제를 [일부분] 해결하지만 그 과정에서 새로운 문제와 조건을 배태한다.

마지막으로, 인격 형성과 관련된 법과 금지의 상징적 기능은 상대적인 윤리적 가치에 대한 문제가 아니라, 근친상간 금지의 인류학적 구조에 관한 것이다. 근친상간 금지에 대한 아동기 성적 학대 또는 근친상간 금지 위반에 대한 현재의 인식은 합법적이고 필요한 기능을 확인하는 데에만 도움이 될 뿐이다. 근친상간 금지는 오이디푸스 콤플렉스와 대부분의 환상 형성의 핵심이자 기초에 놓여 있다.

사례는 해당 개념의 발견적 가치, 관련성, 작동적 중요성을 설명하는 데 도움이 된다. 선정된 사례는 내가 진행한 두 번의 첫 번째 인터뷰를 기반으로 한다. 첫 번째 인터뷰는 계열의 진단 및 평가 차원을 강조하기 위해 선택된 것이다.

사례 1

첫 번째는 정신과에서 양극성 장애the bipolar disorder와 조증 삽화의 병력이 있다고 진단받은 여성의 사례이다. 현대 정신의학에서 양극성 장애는 이 책의 첫 번째 장에서 논의된 바와 같이, 배타적이지는 않지만 분명한 유전적 및 생물학적 원인을 지닌 것으로 간주된다. 내담자의 가족에서 양극성 장애의 이전 병력은 없다. 어린 시절 동안 그녀의 부모는 그녀가 여섯 살 때 별거했고, 그녀는 아버지와 함께 살았다. 내담자는 당시 어머니를 그다지 좋아하지 않았기 때문에 어머니의 상실로 인해 큰 영향을 받지 않았다고 보고했다. 하지만 그녀는 그 장면에서 차갑고 엄격하게 기술되는 계모의 등장으로 괴로워했다. 따라서 이 트라우마적 경험은 상보적 계열의 환경적 끝에 배치된다.

어린 시절 환경 그리고 연속체의 정신적 차원으로 이동하는 것과 관련하여, 아이들이 자주 부모의 이혼이나 부모로부터 사랑받지 못한 것에 대해 스스로를 비난할 수 있다는 것은 일반적인 상식이다. 아이들은 자신이 나쁘거나 무언가를 잘못했기 때문에 부모가 떠났다고 생각할 수 있다. 물론 이것은 어머니의 부재가 하나의 상실로서 경험되었다는 가정하에 설정된 가설이고, 그녀는 이것을 부인했다. 실제로 내담자는 당시 그것을 상실이 아닌 안도로서 경험했음을 보고했다. 내담자는 또한 어머니가 정신적 또는 성적 학대를 했음을 부인했다. 또한 주요 우울증으로 고통받는 사람들은 어린 시절에 의미 있는 상실을 경험했던 것이 일반적이다. 상실은 죄책감과 자책으로 인해 악화되고 가중되며, 이는 병적인 우울증을 발생시키는 데 주요한 역할을 한다.

이 내담자의 경우, 그녀가 여섯 살 때 어머니가 떠났을 뿐만 아니라, 어머니가 그녀를 떠났다는 사실은 애초부터 충분히 좋은 양육이 실패했다는 의미로 해석할 수 있다. "어떤 엄마가 여섯 살짜리

아이를 두고 떠날까?" 그러나 그러한 가정은 어머니가 자녀와 함께 떠나는 것을 아버지가 허용하지 않았을 수 있기 때문에 확정하기 어렵다. 또한 충분히 좋은 양육을 중심적 병인으로 고려하는 것의 문제는 대규모 방임과 유기, 그리고 아이의 삶에서 어머니가 완전히 사라진 것 말고는, 그밖에 충분히 좋음을 측정하는 기준이 없다는 것이다. 또한 별거 및 근친상간 금지와 관련해 필수적인 상실이 있으며, 이는 항상 박탈 또는 충분히 좋은 양육의 실패와 혼동될 수 있다.

프로이트학파의 관점에서 정신적 고유성the psychical proper은 문제 현상의 오이디푸스 차원을 의미한다. 이 내담자의 경우, 가설은 어머니의 부재가 오이디푸스의 승리로 경험되었다고 예측할 수 있다. 이 승리는 조증 상태와 연관된 승리의 감정과 일치할 것이다. 또한 부인은 조증에서 흔히 관찰되는 방어이다. 내담자의 경우, 그녀는 자신의 양심에서 나오는 비난을 여러 가지 방법으로 부인했다. 그녀는 대다수의 아이들이 경험하는 상실감과 자책감을 부인했을 뿐만 아니라, 아버지의 애정과 관련하여 어머니에 비해 자신이 두 번째나 종속적인 위치에 있었다는 사실도 부인했다. 또한 그녀가 어머니에 대해 적대적인 감정을 가지고 있었다는 사실도 추가적으로 부인할 수 있다. 물론 적개심은 조증 증상을 통해 완전한 힘을 되돌릴 수 있다. 정신분석학적으로 조증은 프로이트와 칼리굴라Caligula에 이어 앙드레 그린André Green에 의해, '죽은 적의 시체 위에서 승리의 춤을 추는 것'(Green, 1973)으로 정의된다. 죽은 적이 오이디푸스의 라이벌을 대신한다.

엄밀히 말하면, 그녀가 열여덟 살에 겪은 조증 삽화를 촉발시킨 강간은 병인 연속체의 세 번째 계열[사회 환경적 차원]을 대표한다. 따라서 환경적 계열은 정신 장애의 유발 요인으로서 기능할 수 있다. 이 시점에서 내담자에 대한 추가적 지식 없이, 그녀가 강간 트라우마에 조증 반응을 보인 이유에 대해 추측할 수 있을 뿐이다. 그러나 앞에서 설명된 삼차원 모델은 조증 증상과 생물학적 계열을 포함한 연속체 내에서 작용하는 다른 모든 트라우마적 및 정신적 요인 사이의 구조적 관계를 확립해야만 이 문제를 이해할 수 있다.

사례 2

두 번째 사례는 정신병적 특성을 가진 주요 우울증으로 고통받는 환자의 예이다. 이 내담자의 현재 스트레스 요인은 그녀의 존경하는 아버지가 휴가 중 뇌졸중을 일으켜 혼수상태에 빠졌으며, 그녀는 그를 보러 갈 돈이 없다는 것이다.

그녀는 9개월 전에 이혼했고, 주부가 된 것 외에는 자신의 삶에서 더 나은 일을 하지 못했다는 사실에 분노했다. 내담자가 매우 강렬하고 자기 혐오적인 방식으로 이 말을 했기 때문에, 분석가인 나는 그녀가 언표의 사회적 차원을 넘어서 탐색하도록 했다. 당연히 자기 혐오의 강도는 우울증의 전형적인 자기 혐오와 연결되어 있었다. 또한 트라우마로 인해 환상과 욕망을 인식하기 어렵기 때문에, 후자는 자주 죄책감과 수치심의 형태로 표현되었다.

나는 자기 혐오에 초점을 맞추었고, 그녀가 이미 언급한 것 외에 자신을 처벌할 수 있는 것에 대해 질문했다. 그녀는 결혼한 17년 동안 연인이 있었다고 밝혔다. 그는 남편의 처남이었다. 그녀는 그 모든 시간 동안 이 남자의 연인이 될 수밖에 없도록 총으로 위협을 받았다고 말했다. 그녀가 그를 신고했는지의 여부를 물었다. 그녀는 자신의 목숨을 잃는 것이 두려웠기 때문에 신고하지 않았다고 말했다. 그는 실제 위협을 가한 적이 없었지만, 그녀는 그가 총을 소유하고 있었고 그들의 대화 중 총을 언급했기 때문에 두려워했다. 그는 범죄 전력이나 폭력적인 행동을 한 적이 없었다.

　　그러다 그녀는 우연히 그의 딸과 마주친 적이 있었는데, 딸이 "아버지가 결혼한 상태에서 바람을 피웠어요!"라고 격노하여 내담자를 죽이겠다고 위협했다고 말했다. 내담자는 즉시 그녀를 경찰에 신고했다. 나는 이 사건에서 그 남자의 딸이 실제로 위협을 가했고, 그녀는 매우 신속하게 경찰에 신고했다고 말했다. 또한 나는 이 관계에서 충족되고 있는 그녀의 욕구가 있는지 질문했다. 임상의는 그녀가 태도를 바꾸고 "예"라고 대답하자 놀랐다. 여기에는 남편에게 돈이 충분하지 않았기 때문에 그녀의 경제적인 욕구가 연루되었다. 이 이야기에는 모든 정신적 현실의 드라마와 비극이 존재한다. 증오, 금지된 열정, 배신 등 트라우마 계열의 물질적 현실을 액면 가치 그대로 받아들인다면 이 모든 것을 놓칠 수 있다. 라캉은 '무의식은 대타자의 담론이다'라고 언급하는데, 이 경우 무의식은 관련된 모든 중요한 타자들(연인, 그의 아내와 딸, 내담자의 남편 등)에게 당면한 사건에 대해 각자의 버전을 말하도록 요청하면 짜여질 수 있는 상호 의존적 의미의 잠재적인 그물망을 의미한다.

　치료가 진행되면서 이 드라마틱한 이야기의 더 많은 요소를 확인할 수 있었다. 내담자는 두 사람의 관계의 첫 해가 자신의 자발적인 의지로 이루어졌음을 인정했다. 그녀는 연인의 아내와 자신의 남편 모두에게 [내연의] 상황이 전개되고 있음을 말하려고 했지만, 둘 다 그녀를 믿지 않았기 때문에 그의 충고를 받아들일 수밖에 없었다. 그의 아내는, 남편이 그녀에게 관심을 갖기에는 너무 '못생긴 인디언ugly Indian'이라고 말했다. 분노하고 모욕감을 느낀 내담자는 이 여성에게 자신이 "충분한 여자woman enough"이고 그녀의 남편을 설득할 수 있다는 것을 증명하기 시작했다. 그녀의 남편에 관해서는 이후에 그녀가 남편으로부터 거부당했다고 느끼게 되었는데, 그가 게이이거나 양성애자였기 때문에 질투를 느끼지 않아 그녀의 외도를 환영했을 수도 있음이 밝혀졌다. 이러한 종류의 조사가 자기혐오를 증가시킬 수 있는 위험과 실제 상황의 복잡성과 그녀의 욕구와 욕망이 작동하는 방식에 대해 말할 수 있게 됨으로써, 그녀가 윤리적으로나 법적으로 잘못이 있음을 암시하지 않고 죄책감을 완화하는 데 도움이 될 수 있는 가능성을 비교 검토해 보아야 한다.

　서술적 정신의학Descriptive psychiatry은 다양한 증상 군집 또는 신체-정신의 기호들-기표들의 연쇄[연속]a series of body-mind signs-signifiers에 따라 진단을 조직한다. 예컨대, 불안과 기분 장애에서 두 가지 주요 징후는 우울증과 불안의 정동이다. 정동으로서 우울증과 불안은 신체적, 기호학적, 생물학적 현상의 측면에 속하지만, 상징적 질서와 연결된 기표들의 효과로서 정동은 결여 또는 그것의 부재를 발생시키며, 이는 신호 불안a signal anxiety[5]으로서 경험된다. 그러나 정신분석적/인지적 관점에서 보면, 정동적 또는 신체적 구성 요소는 정신적 또는 인지적 구성 요소에 비해 이차적이다. 정신분석학과 인지심리학은 특정 관념들, 표상들, 그리고 기표들에 따라 정동적 상태를 설명한다. 이러한 인지는 프로이트가 말했듯이 서술적인 의미에서 전의식 또는 무의식이다. 그것들은 의식에 접근할 수 있는 것들 또는 불안이나 우울증과 관련이 있다고 임상의에게 보고하는 것들이다.

엄밀히 정신분석학적 관점에서, 이러한 전의식적 인지는 환상이나 트라우마적 경험 또는 양자 모두를 나타내는 무의식적 기표들을 대체하거나 대체하는 표상들이다. 언어학에서 기표는 음소, 단어, 문장으로서 의미작용의 단위이다. 신경증적 상태의 경우, 대체 기표는 공포적 대상(예: 개), 강박적 사고(예: 신), 신체 증상(예: 구토), 또는 우울한 부정적 자기 언표(예: 나는 나쁘다)이다. 성격장애의 경우, 성격 특성은 대체 기표들을 구성한다. 생물학적 계열 내에

---

5   프로이트의 불안에 관한 논의는 큰 맥락에서 전기와 후기의 관점으로 나뉜다. 그는 전기에는 1895년 「신경 쇠약증에서 '불안 신경증'이라는 특별한 증후군을 분리시키는 근거에 관하여」에서 '자동적 불안automatic anxiety'을, 후기에는 1926년 『억제, 증상 그리고 불안』에서 "신호 불안anxiety as signal"(Freud, 2001, p. 141)을 개념화한다. 전기의 관점이 억압의 결과로 나타난 불안을 논의한 데 비해, 후기의 관점은 "불안이 억압하는 대행자 자체"(p. 108)로 논의됨으로써 불안과 억압 기제의 역전을 보여 준다. Freud, S. (1926). Inhibitions, Symptoms and Anxiety. SE, Vol. 20. In J. Strachey (ed. and trans.) London: Vintage Books, 1959/2001, pp. 75-175. 프로이트와 라캉의 불안 개념에 관한 상세한 고찰은 역자의 논문을 참고할 수 있다. 이수진(2021). 「프로이트와 라캉, 불안의 개념화와 정신분석 실천 함의: 불안, 행위(로)의 이행 너머 환상의 횡단으로」. 『현대정신분석』, 23(2), pp. 9-46.

서 신경 자극이 신경 전달 물질과 수용체를 통해 뉴런에서 뉴런으로 전달되는 것처럼, 언어에서도 사회적 및 환경적 경험의 조직자로서 의미작용은 구문, 문법 또는 은유와 환유라는 수사학적 수사를 통해 한 단어에서 다음 단어로 순환한다.

따라서 생각 또는 인지가 언어에 의해 조직되는 점을 감안할 때, 증상은 신경 전달 물질과 언어의 규칙 및 수치의 조정을 통해 구성된다고 주장할 수 있다. 증상은 신체의 기호이자 정신의 기표/은유이며, 서로를 상호적으로 결정한다. 때로는 신체가 말the horse(원인)의 역할을 하고, 정신이 수레(결과)의 역할을 하며, 때로는 정신이 말(원인)이고 신체/뇌가 수레(결과) 역할을 한다. 이러한 상호작용에서 정동의 질적 측면은 인지, 의미작용, 대타자의 말the words에 의해 결정된다. 정동을 유쾌, 불쾌, 중립으로 정의하는 정동의 양적 또는 집중적 측면은 주체, 실재, 충동을 가리키는 일종의 주이상스이지만, 주체는 흔히 정동의 양적 측면과 질적 측면을 오인하고 혼동한다. 주체는 정동이 대타자의 말과 행동의 결과일 뿐만 아니라, 주체의 충동들과 욕망들의 해석자an interpretant라는 사실을 알지 못한다.

따라서 정동적 상태는 주이상스의 신체적 경험인 동시에, 사고 또는 은유적 의미작용이기도 하다. 의미 또는 의미작용의 한 단위로서의 은유Metaphor, as a unit of meaning or signification는 정신의 어떤 것 또는 정신적 구성물이다. 정신, 사고하기, 주체성은 모두 언어 내에서 조직화되고 구조화된다. 현상학적인 관점에서 보면, 정동은 사고가 아니라 감정이지만, 주이상스로서의 정동은 이차적으로 말로만 서술될 수 있어, 불안이나 우울의 신체적 경험으로서의 정동은 **기표와 주이상스에 의해 이중으로 결정**된다. 예컨대 정동은 처음에는 공격성과 연결된 기표의 결과로서 공격성에서 우울증으로 변형된다.

예를 들어 공황 장애의 경우 내담자는 자주 "내가 왜 불안해하는지 모르겠다"고 말하면서 자신의 무지를 선언하고, 임상의가 그것에 대해 알 수 있기를 희망한다. 정신분석학적으로 말하면, 무지 ignorance는 억압의 결과이다. 억압은 불안의 정동적 경험에 의미를 부여할 수 있는 표상에 작용한다. 임상의의 도움으로 내담자는 불안의 경험과 연결된 일부 전의식적 표상을 생각해 낼 수 있다. 이러한 전의식적 표상은 섹슈얼리티와 아무 관련이 없을 수 있으므로, 임상의는 어떤 치료적 패러다임을 사용할 것인지 선택할 수 있다. 내담자가 가장 쉽게 접근할 수 있는 것이 전의식이기 때문에, 인지 행동학자는 "이 장애가 어떻게 섹슈얼리티와 연관될 수 있는지 모르겠다"고 합법적으로 말할 수 있다. 그러나 임상의가 말 행위와 상징적 행동에 나타나는 주요 기표들을 듣는 방법을 알고, 내담자가 의미화 연쇄 내에서 다른 연결을 통해 이동할 수 있을 때, 내담자는 진정으로 섹슈얼리티의 문제에 도달할 수 있다. 이러한 관점에서 정신과적 진단은 무의식의 장the field of the unconscious 내부에서만 이해할 수 있게 된다.

임상 정신 건강 분야와 임상 면담 분야는 말과 언어의 행위와 사실에 국한된다. 정신과 의사, 심리학자, 사회 복지사 또는 결혼/가족/아동 상담자이든 간에 임상의는 언어의 행위와 사실에 국한된다. 진단과 치료적 관계가 확립될 수 있는 것은 언어의 장the field of language 내부이다. 라캉(1953)은 모든 정신과적 노력의 시작이 가장 일반적으로 언어 내에서 발생하는 것을 깨달았기 때문에 언어의 분석에 많은 중요성을 부여한다. 내담자가 신체 언어를 사용하더라도 그 해석은 여전히 언어 내에서 일어난다. 반면에 언어와 은유는 실제로 언어 외부 또는 언어 너머outside or beyond language에 있을 수 있는 경험의 차원과 상호 작용하고 이를 불러일으킬 수 있다.

전형적으로 **언어에는 이중의 기능이 있다. 즉, 의미를 드러내고 은폐하며 표현하고 억제하는 것이다.** 우리가 말할 때, 선택, [즉] 포함과 배제의 과정이 발생한다. 그러므로 언어 표현으로서의 은유를 연상시키는 힘은 말한 것뿐만 아니라 말하지 않은 것에도 놓여 있다. 말에는 말하지 않은 것을 드러내는 양식도 있다. 이런 식으로 언어의 분야는 진리와 허구 또는 상상의 다양한 혼합을 포함할 수 있다. **언표는 반-진리와 반-허구이다**A statement is both a half-truth and a half-fiction. **반-진리는 말하기**the saying**를 일컫고, 반면에 상상적 구성 [반-허구]은 말하지 않은 것, 또는 무의식적인 것에 비추어 말한 것** what is said**을 일컫는다.** 이러한 의미의 이중 구조는 주체성 자체 내부의 분할과도 일치한다. 이것이 라캉(1958)이 **분열된 주체(\$)라고** 상정한 것이다.

사회적 언어를 사용할 때 자아는 "나는 생각한다, 나는 말한다" 라고 말하며, 이를 통해 어떤 사람이 자신으로 생각하는 의도성, 즉 자기-이미지에 부합하는 의도성을 말한다(Fink, 1997, p. 24). 이것이 라캉이 언표에서 언표행위 중인 자아와 언표행위의 주체를, 그리고 의미와 의미작용을 개념적으로 구분한 이유이다. 의미는 "우리의 자기 이미지, 우리가 누구이며 우리가 무엇인지에 대한 이미지"(idem)와 관련되어 있기 때문에 상상적이다. 대신에 라캉은 **무의식의 주체를 기표의 작용의 효과로서** 생각한다. 고전적인 프로이트의 실수, 파라프락시스parapraxis, 이중 의미, 다성적 의미작용, 즉 무의식의 모든 형성은 언어와 같은 무의식의 상징적 구조의 효과이다. 이러한 모든 정신적 형성은 인터뷰에서 의식적 자아가 의도하거나 의미하는 바를 배반하는 효과가 있다. 무의식과 기표는 주체를 통해 말한다. 마지막으로, 의미작용과 의미로부터 구별되는 것으로서 **주이상스를 포함하는 의미작용**signifiance은 **기표라기보다는 주이상스의 실재**the Real of jouissance를 가리킨다.

분열된 주제의 임상 결과는 일반적으로 사람이 자신의 욕망에 대해 솔직하거나 투명하지 않다는 것이다. 사람들은 종종 자신이 원하는 것이 무엇인지, 자신이 원하는 것이 자신이 원하는 것인지, 아니면 타자들이 그들로부터 원하는 것인지 혼란스러워한다. 이 딜레마는 처음부터 [분석의] 면접 상황에서도 작동한다. 언표가 전달되는 대타자는 언표에서 작업하는 선택 과정을 안내한다. 단어를 선택할 때, 피분석자는 그 상황에서 분석가가 그들에게 기대할 수 있는 것과 기대하지 않을 수도 있는 것을 고려한다. 분석가의 측면에서, 이것은 그/그녀가 피분석자로부터 되돌아온 그들 자신의 메시지를 받고 있다는 것을 의미한다. 분석가는 피분석자가 원하고 듣기를 기대하는 것을 듣고 있다.

따라서 언어는 은유적 구조를 갖고 있기 때문에, 화자는 항상 자신이 말하는 것과 다른 것을 말하고 있다. 이 역설과 곤경은 소크라테스 이전의 철학자 크레타의 에피메니데스의 명제에서 표현된다. 그는 "모든 크레타인은 거짓말쟁이다"라고 말한다. 그 자신이 크레타의 거주자로서 에피메니데스가 진실을 말하고 있다면 거짓말을 하고 있는 것이고, 그가 거짓말을 하고 있다면 진실을 말하고 있는 것이다. 그러므로 모든 사람이 거짓말쟁이라고 할 수는 없지만, 말은 본질적으로 또는 구조적으로 반-진리와 반-허구를 포함하고 있기 때문에 의도적이든 의도적이지 않든, 의식적이든 무의식적이든 모든 사람은 거짓말을 한다. 내가 다른 저작에서 언급했듯이(Moncayo, 2018), 분석에서 역설은 법정에서의 참과 거짓과는 다른 논리적 수준에서 기능한다. 진리는 진리이지만, 거짓은 그렇지 않다. 전자[반-진리]의 경우, 언어의 모든 진리는 반-허구이며, 모든 허구는 진리의 지점을 갖고 있다.

마지막으로 후자[반-허구]는 환상과 현실, 허위 기억, 회복 기억의 전체 문제와 직접적인 관련이 있다. 말과 기억은 항상 허구의 요소를 포함하고, 허위 기억이나 환상은 항상 현실과 트라우마적 요소를 포함한다. 이러한 인식은 정확함과 부정확함의 다양한 혼합을 포함하는 기억에 관한 심리학 내의 전문적인 합의와도 관련된다(Knapp and VandeCreek, 2000). 임상 또는 법정 환경에서 물질적 현실만을 고려하는 전문가는 사람이나 아이들이 결코 거짓말을 하거나 진술을 왜곡하지 않는다고 생각하는 경향이 있다. 이와는 대조적으로 분석적 담론에서, 아동 분석가는 인간 경험의 논쟁과 복잡성의 양면을 정당화하기 위해 역설과 모호함을 잘 활용한다.

실천적으로, 피분석자의 언표를 액면 그대로 받아들이고 인과성에 대한 결론을 내리는 것 이상으로, 주이상스를 간직한 의미를 경청하기와 듣기J'*ouïs-sens*[6]는 분석가가 가지고 있는 유일한 탐색 도구일 수 있다. 정신분석에서 피분석자의 말을 듣는 것은 인과성의 추론이나 증상의 분류보다 우선한다. 경청하기에서, 분석가는 피분석자가 무엇을 말하고 무엇을 말하지 않는지, 표현되는 내용과 그들의 욕망의 어떤 것이 억제되거나 왜곡되는지 모두 경청한다. 분석가는 의식적 담론과 무의식적 담론, 물질적 현실과 정신적 현실 사이의 교차점과 만남의 장소에 귀를 기울인다. 초기에 분석가가 진단적 분류나 인과성에 대해서만 생각한다면, 병인 또는 인과성과 증상 사이의 완전히 틀린 것은 아닐지라도 고정되고 인위적인 관계에 도달할 수 있다.

초기 진단은 치료가 잘 진행되어야 진단이 확정될 수 있기 때문에 항상 잠정적이다. 특히 성격 또는 주체적 구조를 진단할 때 더욱 그렇다. 예컨대 우울증이나 불안의 경우, 임상 면담 중 증상에 대한 기술은 분석가에게 이러한 증상이나 정동이 주요 현상학적 증상인지 또는 생물학적 증상인지 여부만을 알려 줄 수 있다. 그러나 이 우울증이 욕망의 역동과, 히스테리 또는 강박증 구조의 오이디푸스적 구성의 맥락 안에 있는지 여부는 좀 더 시간이 지나야 명확해질

6 라캉은 『세미나 23』에서 주이상스를 생톰과 연결하여 설명하는 가운데, "이 주이상스를 가능하게 하는 것은 내가 *j'ouïs-sens*를 쓰는 것과 같은 것이다. 그것에서 듣다*ouïr*는 하나의 의미*a sens*와 같은 것이다"(Lacan, 2016, p. 58)라고 설명한다. 이는 본서에서 문맥에 따라 '주이상스를 간직한 의미(의 기표)' 또는 '주이상스를 간직한 의미의 기표 듣기'로 옮긴다.
Lacan, J. (2005). *The Seminar of Jacques Lacan, Book XXIII: The Sinthome, 1975-1976*, ed. J.-A. Miller. trans. A. R. Price. MA: Polity Press. 2016, p. 58.

것이다. 면담에서 정신적 구조는 피분석자의 과정, 즉 발화의 내용보다 말하는 행위와 분석가와의 관계에서 나타난다. 조엘 도르(Joël Dor, 1997)가 언급했듯이 "주체 구조의 특수성은 무엇보다도 먼저 미리 결정된 그의 욕망 윤곽에 의해 특징지어진다"(p. 14). 예를 들어 피분석자의 욕망은 그 사람이 치료를 받게 된 원인에 대해 말할 때 사용하는 단어와 왜곡을 통해 드러나기 시작할 것이다.

단일 비표준 프레임The singular non-standard frame

단일 프레임the singular frame은 공립 또는 기관 설정 내에서 분석을 실천하는 데 중요한 설정 체계이다. 프로이트 이후의 고전적 프레임만이 정신분석으로 간주된다면, 정신분석학은 공립 정신보건 분야의 넓은 영역에서 무관하게 될 위험이 있다. 이는 정확히 미국에서 상당 부분 발생한 것이다. 정신분석은 백인 부유층 또는 유럽계 미국인 분석가와 함께 사용되는 개인 실천 모델이라는 고정 관념이 팽배해 있다. 또한 [정신분석은] 너무 길고, 비용이 많이 들어 장기적인 관점에서 비효율적인 것으로 간주된다. 정신분석 또는 정신역동적 심리치료는 20년 동안 (Kennedy의 정신 건강에 대한 대담한 새로운 계획) 정신역동적 심리치료가 빈곤층, 주변부, 소외 계층에게 심리치료를 제공하는 데 널리 사용된 모델이었으나, 미국의 지역 사회 정신 건강에서 결국 실패했다.

이 실패의 이유는 [다름 아닌] 표준 프레임the standard frame이다.

첫째, 공립 클리닉에서 예약을 하고 나타나지 않는 경우가 50%에 이르렀지만 이것이 주요 문제는 아니다. 가장 큰 문제는 긴급 서비스에서 공동체로 다시 옮겨야 하는 더 혼란스러운 환자들의 예약과 수용이었다. 지역 사회 정신 건강 클리닉은 긴 대기 목록으로 가득 차 있었고, 그중 절반의 시간 동안 임상의들은 환자가 약속 시간에 오기를 기다리고 있었다. 더 위급한 사례가 서비스 없이 진행되고 있는 반면, 임상의는 노쇼로 인해 시간을 확보할 수 없었기 때문에 이것은 유지될 수 없었다. 여기에서 정신분석 모델은 지역 사회에 봉사하는 응용 모드로 신속하게 전환해야 했다. 이러한 변화가 일어나지 않았기 때문에 환자의 가족은 심하게 정신 장애가 있는 가족 구성원이 필요한 서비스를 받지 못하고 있다고 입법부에 호소했다. 지역 사회 정신 건강 서비스가 운영되는 방식을 바꾸는 변화와 새로운 지침이 신속하게 구현되었다.

공립 정신 건강 환경에서 심리치료 예약에 대한 50%의 노쇼 비율은 매주 또는 격주로 정기적인 예약을 규정하는 표준 프레임이나 대기 환경의 맥락에서 발생했다. "화요일 2시는 당신의 시간이고, 당신의 책임은 정시에 오는 것이며, 나의 책임은 당신을 정시에 만나기 위해 여기에 있는 것입니다." 이것은 심리치료 계약, 표준 프레임, 안아 주는 환경the holding environment을 하나로 통합하는 사고이다.

이와는 대조적으로, 나는 공립 정신 건강 내에서 고유한 상징적 기능이 각 세션의 특이성에서 작동한다고 제안한다. 환자는 치료를 받고 있지만, 각 세션마다 다르며 시간과 요일이 변경될 수 있다. 세션이 끝나면 환자는 다른 세션에 대한 욕망을 표현해야 한다.

치료자는 분석가의 욕망에 의해 규제되는 욕망으로 환자를 기꺼이 놓아주고, 이는 차례로 환자가 약속에 참석하려는 욕망에 따라 치료가 조절되도록 한다. 세션은 다음 주의 같은 요일과 같은 시간에 유지될 수 있지만, 이는 각 세션이 끝날 때 확인되어야 하며, 당연한 것으로 간주해서는 안 된다.

(일회성 치료가 아닌) 단일 세션 및 프레임 작업이 공립 정신 건강 치료에 대한 진전된 접근을 위해 더 잘 작동한다. 임상의는 다양한 환자를 진료할 수 있는 시간이 허락된다. 대부분의 환자는 정해진 시간이 없으며, 그들의 욕구, 요구, 서비스 준비 상태에 따라 더 많은 분석을 수용할 수 있다. 노쇼 또는 비활성 치료는 치료가 없는 것으로 볼 것이 아니라, 세션 사이 및 치료 담론 사이의 작업과 유사한 치료의 다른 방식으로 볼 필요가 있다. 클리닉의 케이스로드에 포함되거나 오픈 케이스에 있는 것은 피분석자가 상징적 이름의 순환의 일부로 여전히 치료를 받고 있는 상징적 등록부에 속하는 것과 같은 기능을 한다. 한 환자가 비활성 치료 방식에 있는 동안, 치료 담론 사이, 또는 세션과 취소된 세션 사이에, 치료에 대한 요구와 욕망으로 인해 분석적 개입의 혜택을 더 쉽게 받을 수 있는 다른 환자를 볼 수 있다.

트라우마, 정신적 인과성, 그리고 상보적 계열

전이 내부의 전략은 중도의 심한 트라우마의 병력이 있는 경우에 더욱 중요하다. 이는 정신분석학에서 환경주의와 자아심리적 대상 관계에 대한 경향이 트라우마를 정신병리 및 심리치료의 독점적 초점으로 삼는 정신역동 및 사회사업적 관점과 수렴하는 또 다른 예이다. 공중 정신 건강에 트라우마가 더 많이 발생하는 것은 사실이지만, 서비스 대상 인구의 사회 경제적/문화적 특성으로 인해, 트라우마 모델의 관점에서 정신적 인과성과 무의식적 환상의 개념이 소멸될 위험에 처한 것도 사실이다. 트라우마는 정신적 인과성과 관계가 없고, 오로지 우연적 요인에 의해서만 작동하는 것처럼 보일 뿐이다. 서론에서 논의된 바와 같이, 아리스토텔레스는 이성의 다섯 가지 형태와 우연 또는 우연적 인과성의 두 가지 형태가 있음을 주장한다. **투케와 오토마톤***Tuché and automaton*.[7] 투케만이 진정한 우연이다. 오토마톤은 우연한 것처럼 보이지만, 여전히 정신적 인과성에 의해 결정된다.

정신의학은 3차원 또는 4차원 구조를 이원론적 행동-뇌 또는 유전적-사회적 이분법으로 단순화하는 경향이 있다. 이러한 관점에서 정신적 계열과 구조적 무의식의 개념은 결국 사라지는 경향이 있다. 1장에서 주장한 바와 같이, 필요한 것은 인과성의 3차원 또는 4차원을 [임상적] 장소 안에서 확고하게 잡아 줄 수 있는 모델이다. 이러한 측면에서 DSM의 문제점은 정신 또는 정신적 인과성의 개념을 인격 장애의 표면적 정의로 와해시키는 것이다.

---

7   Lacan, J. (1973). *The Seminar of Jacques Lacan, Book XI: The Four Fundamental Concepts of Psychoanalysis, 1963-1964*. ed. J.-A. Miller. trans. A. Sheridan. NY: W. W. Norton & Company, 1978, pp. 53-64.

외상 후 스트레스의 모든 사례에는 트라우마의 병력이 포함되지만, 모든 트라우마가 외상 후 스트레스로 이어지는 것은 아니다. 이것은 무의식의 정신적 차원의 숨겨진 인과성을 설명한다. **외상 후 스트레스 장애**the post-traumatic stress disorder, PTSD의 발달에 필요한 것은 트라우마와, 무의식적 환상 및 발달의 구조적 단계와의 상호 작용이다. 또한 성적 학대가 학대의 전형적인 형태이고, 통계적으로 성적 학대가 가족 내에서 그리고 부모-자녀 관계―부녀의 관계가 배타적이지는 않지만, 모자의 근친상간 사례가 많다―내에서 가장 자주 발생한다는 사실은 임상의에게 정신적 인과성의 존재와 오이디푸스 신화―'신화'라는 용어의 긍정적인 의미에서―의 기초로서 근친상간 금지의 불가피성을 경고하도록 한다.

임상의와 전문가가 정신적 인과성의 본질을 깨닫지 못하는 이유는 유혹의 원환상protofantasy과 대타자의 욕망에 내재한 성적 욕망의 기원을 오인하는 데 있다. 또한 임상의와 사회적 질서는 일반적으로 트라우마의 법적, 도덕적, 정신적 차원을 와해시키는 경향이 있다.

제프리 마송(1984)은 트라우마에 대한 페렌치(1932)의 강조로 회귀하고, 프로이트가 유혹 가설을 유혹의 원환상 가설로 전환한 후에도 오랫동안 그의 유혹 가설을 고수함으로써 트라우마와 환상 사이의 혼동과 이분법에 기여한다. 이것은 어떤 면에서 페렌치의 분석적 실천이 라캉학파에서 새로운 연관성이 나타나도록 피분석자의 말을 절분하는 것처럼 보였음에도 불구하고 말이다.

유혹 가설은 어린 시절의 섹슈얼리티, 근친상간 금지, 오이디푸스 신화의 존재를 부인하는 견해와 잘 부합한다. 말[혀tongues]의 혼란에 관한 페렌치의 견해는 도착적인 부모가 자녀의 오이디푸스적 환상을 어떻게 남용하는지에 관한 것이다. 그러나 이러한 견해는 아이들은 순수하고 섹슈얼리티가 없으며, 만일 아이들에게서 섹슈얼리티가 발견된다면, 그것은 주위의 어른들의 성 도착 때문이라는 현대의 인본주의적 견해로 옮겨진다. 아이들의 순수함은 사실일지 모르지만, 라캉이 고유한 도착증으로부터 구별한 유년기의 다형도착은 비이원적인 상태a non-dual state로 존재한다. 또한 유혹의 원환상은 섹슈얼리티가 외부, 부모의 욕망/환상 및 보살핌 행동으로부터 비롯된다는 사실과 부합한다. 하지만 그렇다고 해서 모든 부모가 자녀를 성적으로 학대한다는 의미는 아니다.

이론적이고 주체적인 수준에서 유혹의 원환상을 억압하면, 가부장적 질서가 지배하는 대부분의 가정에서 성적 학대가 만연하게 발생한다는 편집증적 견해로 이어질 수 있다. 부모와 자녀 사이의 성적 환상의 불가피한 현실이 억압되면, 만일 그러한 것이 존재한다면, 그것은 그 가족 내에서 실제 성적 학대가 있었다는 것을 의미한다는 편집증으로 이어진다. 초보 치료자뿐만 아니라 일부의 활동가 및 편파적인 정치적 사고방식의 영향을 받은 치료자들은 특히 이러한 왜곡된 견해를 갖기 쉽다. 자녀가 부모를 성적으로 자극하거나 그 반대의 경우도 있다는 사실은 부모가 자녀를 학대했다는 충분한 증거가 아니라, 근친상간 금지의 문화적 필요성을 입증하는 것이다. 부모의 흥분/욕망과 금지는 함께 작용하여 문화적으로 자녀의 섹슈얼리티를 발생시킨다.

예컨대 미국의 특정 정신분석학계에서는 환경적 트라우마 가설에 대한 유일한 대안이 생물학적 충동이라는 개념에 의존하는 것이라는 믿음이 있는데, 이는 억견이다. 그러한 견해는 라캉이 '대타자의 담론'이라고 불렀던 무의식의 상징적 문화 내에서 무의식적인 환상, 섹슈얼리티, 정신적 인과성이 어떻게 구성되는지를 고려하지 않는다. 인류학에서 근친상간 금지의 보편성에 대한 질문은 브로니슬라브 말리노프스키Bronislaw Kasper Malinowski(1927)의 기능주의적 관점에 대한 레비스트로스의 구조주의적 대응에 의해 오래전에 해결된다. 레비스트로스(1949)는 근친상간 금지에 대한 문화적 예외의 경우가 실제로는 그 규칙을 확인하는 예외라는 사실을 지적한다. 부모와의 성적 관계가 금지되지 않으면, 모든 문화권에서 금지되는 일차적 가족 유대 또는 관계가 항상 존재한다. 다른 역사적 사례에서 근친상간은 엘리트 집단에게만 허용되고, 다른 모든 사람들에게는 금지된다. 사실, 현재 시행되고 있는 아동 성학대 신고 의무화는 근친상간을 금지하는 역사적, 구조적 사회 구조의 역사적 표현이며, 이를 가능하게 한 것이다.

아이가 자신의 오이디푸스적인 소원 때문에 부모를 유혹하기를 원할 수도 있고, 같은 이유로 부모에 의해 유혹을 당했다고 해서 근친상간 경계 위반에 대해 법적 또는 윤리적 책임만이 있는 것은 아니다. 반면에 치료자가 트라우마의 증상에만 집중하여, 그것은 그들의 잘못이 아니며 부모가 그들의 순수한 어린 시절의 동심을 위반했다고 말함으로써 증상과 환자에게 공감할 때, 이것만으로는 환자의 PTSD 증상을 완화시킨다고 볼 수 없다. 나는 이미 이러한 형태의 치료를 받고 그 결과에 불만을 품은 많은 피분석자들을 치료한 바 있다. 그들이 원하는 것은 오이디푸스적 욕망으로 인한 무의식적인 죄책감에 누군가가 귀를 기울여 주는 것이다.

반면에, 환경적 트라우마 계열을 배제하고 정신적인 것에 초점을 맞추는 분석가들 역시 같은 종류의 일차원적 근시안으로 시행착오를 겪는 것도 사실이다. **유전적/정신적/환경적 계열**에서 한 가지 또는 다른 형태의 인과성을 배제하는 것은 다양한 종류의 임상적 오류(I 유형과 II 유형의 오류)로 이어진다. **프로이트**는 증상 발생에 대한 **상보적 인과성 계열**의 개념으로, 이미 유혹 가설/유혹 원환상 이분법/딜레마에 대한 해결책을 제공한다. 후자는 정신적 계열의 일부이고, 전자는 환경/우발적 계열의 일부이다.

필요한 것은 섹슈얼리티를 트라우마로 보는 관점과, 성적인 트라우마를 오이디푸스적인 것으로서 동시에 수용할 수 있는 **변증법적 관점**이다. 이 현실은 또한 진리와 허구, 물질적 현실과 정신적 현실, 역사적 기억과 덮개 기억 사이의 관계와 공존한다. 이러한 쌍은 항상 다양한 정도의 조합으로 발견되며, 임상의/분석가의 작업은 주체의 정신 생활에 대한 상대적 기여를 인정하는 것이다. 나는 감히 이러한 평가와 진단을 할 수 있는 능력을 갖춘 것은 정신분석가들뿐이라고 말하고 싶다. 심리학 연구자들은 트라우마에 대한 억압된 기억의 개념을 해체하고(프로이트는 일차원적 트라우마 이론을 오래전에 포기한다), 아이들이 자신의 두려움과 소원으로 기억을 왜곡하는 것을 실험적으로 보여 주지만, 그 조각들을 일관된 구조로 다시 조합할 수 있는 이론적 체계를 갖고 있지 않다.

치료적 관계와 관련하여 트라우마의 병력이 존재하면 증상, 치료적 동맹, 전이 단계에 대한 문제가 복잡해진다. 심각한 성적 트라우마 병력이 있는 피분석자에게 욕망, 성적 차이, 섹슈얼리티에 대한 질문에 초점을 맞추는 것은 무척 어렵다. 또한 트라우마의 피해자를 비난하지 않으면서, 트라우마의 반복과 연관된 증상을 재정의하는 것도 어려운 작업이다. 이러한 피분석자는 섹슈얼리티에 대해 과도하게 억제되거나, 상당한 양의 성적 행위를 하고, 그들의 충동적 자극을 제어하는 데 어려움을 겪는 경향이 있다. 두 경우 모두 무의식적인 섹슈얼리티에 대한 질문을 상징화하고 명료하게 표현하는 데 저항이 있다.

성적인 행동화나 학대의 반복이 있을 때, 피해자가 아닌 가해자로서 도착적인 학대자는 피해자에게 도착적 구조의 기본 요소를 전달하는 데 성공한다. 이러한 경우에 그리고 피분석자가 치료를 받는 경우, 트라우마에 초점을 맞추거나 트라우마의 오이디푸스적 파급 효과와 전이 관계에서 나타나는 현상에 초점을 맞추려면 치료의 후반부 단계를 기다려야 한다. 그동안 무의식적인 죄책감이 피분석자에게 상당한 양의 불안을 발생시키는 점을 감안할 때, 이러한 기다림은 대가 없이 오지 않는다. 나는 이미 자기-비난이 트라우마뿐만 아니라 트라우마와 연관된 무의식적 환상에서 비롯됨을 설명한 바 있다. 트라우마에 대한 조기 집중으로 과도한 불안을 유발하는 것과 그렇게 하지 않음으로써 과도한 불안을 완화하지 않는 것 사이의 황금률은 표준 방식이 아니라 [비표준 방식의] 사례별로 결정되어야 한다.

참고문헌

Dor, J. (1997). *The Clinical Lacan*. NJ: Jason Aronson.

Enns, et al. (1998). Working with Adult Clients Who May Have Experienced Childhood Abuse: Recommendations for Assessment and Practice. *Professional Psychology: Research and Practice*, 29 (3), 245–256.

Ferenczi, S. (1932). Confusion of the Tongues Between the Adults and the Child: (The Language of Tenderness and of Passion). *International Journal of Psycho-Analysis*, 30 (4), 225–230, 1949.

Fink, B. (1997). *A Clinical Introduction to Lacanian Psychoanalysis*. Cambridge: Harvard University Press.

Freud, S. (1934). *A General Introduction to Psychoanalysis*. New York: Washington Square Press, 1963.

Goldfried, M. R. and Wolfe, B. E. (1996). Psychotherapy Practice and Research: Repairing a Strained Alliance. *American Psychologist*, 51, 1007–1016.

Green, A. (1973). *La Concepción Psicoanalítica del Afecto*. Buenos Aires: Siglo Veintiuno Editores, 1975.

Jones, E. E. (1993). Introduction to Special Section: Single-Case Research in Psychotherapy. *Journal of Consulting and Clinical Psychology*, 61, 371–372.

Knapp, S. and Vande Creek, L. (2000). Professional Psychology: Research and Practice. 31(4), 365–371.

Lacan, J. (1953). The Function and Field of Speech and Language in Psychoanalysis. In: *Écrits: A Selection*. trans. A. Sheridan (pp. 30–113). London: Tavistock, 1977.

_____(1958). The Signification of the Phallus. In: *Écrits: A Selection*. trans. A.Sheridan (pp. 281–291). London: Tavistock, 1977.

Levi-Strauss, C. (1949). *The Elementary Structures of Kinship*. Boston: Beacon Press, 1969.

Malinowski, B. (1927). *Sex and Repression in Savage Society*. London: Routledge, 2001.

Masson, J. (1984). *The Assault on Truth: Freud's Suppression of the Seduction Theory*. New York: Farrar, Strauss & Giroux.

Moncayo, R. (1998). Cultural Diversity and the Cultural and Epistemological Structure of Psychoanalysis. *Psychoanalytic Psychology*, 15 (2).

Moncayo, R. and Harari, R. (1997). Principles of Lacanian Clinical Practice. Anamorphosis. *Journal of the Lacanian School of Psychoanalysis*, 1, 13–28.

Moncayo, R. and Romanowicz, M. (2015). *The Real Jouissance of Uncountable Numbers: The Philosophy of Science within Lacanian Psychoanalysis.*

Moncayo, R. (2018). *Knowing, Not-Knowing, and Jouissance. Levels, Symbols, and Jouisssance.* London: Palgrave Macmillan.

Rothbart and Ahadi. (1994). Temperament and the Development of Personality. *Journal of Abnormal Psychology*, 103, 55–66.

부록 I

에너지, 주이상스, 정동 대 기표들, 표상들

이 부록에서는 정신분석 실천에서 신체적 정동, 주이상스, 에너지의 상대적 중요성과 정신적 표상, 언어, 기표에 대한 초점에 관한 정신분석학 안팎의 논쟁에 대해 몇 가지를 언급한다. 대다수 사람들은 라캉의 이론이 프로이트의 정동 이론을 무시하고, 지식-과잉의 언어학적 표상 이론에 많은 중요성을 부여한다고 주장한다. 이 부록은 프로이트의 정동 이론을 라캉학파의 정동, 정서, 주이상스 이론과의 관계에서 면밀히 분석하거나 신체-정신 문제를 다루지는 않는다. 이 부록의 초점은 주이상스가 상징적 몸을 표시하고 거기에 흡수되는 방법에 대한 라캉의 후기 사유를 검토하는 것이다.

앙드레 그린과 장 라플랑슈Jean Laplanche와 같은 라캉의 유능한 초기 제자들은 IPA에 의해서 라캉에게 대항하고 라캉학파 정신분석에 대적하는 쐐기처럼 인용된다. 물론 이것이 라캉이 모든 것에 대해 항상 옳다는 것을 의미하지는 않지만, 그의 견해는 항상 상세히 고려할 가치가 있다. 나는 라캉의 후기 작업이 동료 지식인들과 비평가들, 즉 분석가들 사이에서 그린(1973)과 라플랑슈, 철학자들 사이에서 들뢰즈와 데리다, 기호학자들과 언어학자들 사이에서 바르트와 야콥슨, 인류학에서 레비스트로스 등에 대한 라캉의 반응이었다고 주장하는 여러 의견에 동의한다.

라캉(1977-1978)은 **언어가 사고의 상징적 몸**language is the symbolic body of thought이라는 독특한 견해를 갖는다. 기표는 사고와 정신 작용의 대표자, 즉 몸이다. 이것은 몸이 표상과 기표에 의해 정신에서 표상된다고 쓴 프로이트와는 다른 공식화이다. 그 대신 라캉은 프로이트의 견해처럼 기표는 몸(신체)의 사고the thought of the body라기보다는 사고의 몸the body of thought이라고 말한다. 여기서 문제는 정신이 신체를 표상하는 방식보다 주이상스가 사고에 기여하는 방식이다. 사고 또는 표상 내부의 몸은 사고하는 것이 아니라, 생물학적 신체나 유기체를 대표한다.

사고, 또는 몸과 함께 사고하기thinking with the body는 몸으로부터 분리된 것이 아닌 몸 또는 뇌의 일부이며, **몸의 일부로서 사고하기**thinking as part of the body는 기표의 상징적 몸을 감싸고 있다. **상징적 몸**the symbolic body은 문화 내에서 몸들의 다양한 유형이 어떻게 표상되는지를 나타낸다. 대신 **몸의 사고**the thought of the body는 주체의 육체적 몸의 실재를 지시한다. 이 공식은 또한 언어나 코드 없이 사고thought가 비사고non-thought 또는 주이상스의 한 형태로서 있을 수 있음을 함축한다.

나는 이전 저작(Moncayo, 2018, p. 13)에서 '환경 세계Umwelt'를 주체적으로 인식된 환경, 3차원의 거품bubble 또는 막membrane, 몸의 무의식적 상징적 이미지로 말한 바 있다. 『세미나 23』에서 라캉은 몸을 자루sack나 거품bubble으로서 언급한다(Moncayo, 2017, p. 39). 자루, 거품, 막은 상징적인 것에 의해 구조화된 상상적인 것의 예이다. 반투명한 이미지처럼, 거품과 막은 미묘한 낮은 밀도의 물질 형태이지만, 그것들의 형태와 일관성은 형태가 없는 물질 상태의 표면 장력과 압력을 조절하는 암호(구조적 요소)에 의해 유지된다. 시각적 이미지는 우리가 지각 개념을 두는 내부의 거품과도 같다. 몸과 자아에 대한 이 새로운 위상적 개념은 라캉의 후기 작업에서 신체적 자아를 위한 이전의 광학 도식the optical schema을 대체하기 위해 등장한다.

기표의 상징적 몸은 3차원적 몸의 이미지로서 자루, 위상학적 크로스-캡a cross-cap, 또는 거품과 같다. 라캉은 반사 이미지와 크로스-캡으로서의 신체를 구분한다. 크로스-캡은 대상 a와 신체를 구분하는 데 필요했다. 대상 a는 대타자의 신체 일부와 관련된 만족의 경험을 대표하는 첫 번째 형태의 사고이다. 사실, 사고는 어머니의 신체 일부가 주체의 신체에 크로스-캡으로서 도입되는 방식에서 시작된다. 대상 a는 이전에 이상적 자아의 2차원 표면 안에 삽입되어 주체를 위상학적 크로스-캡 또는 투사면projective plane으로 설정한다.

기표와 대상 a는 투사면(크로스-캡) 내에서 순환하며, 거품 내부의 대상과 개념뿐만 아니라 이미지와 개념 외부의 사물 자체에 모두 접근한다. 환경 세계, 또는 막/거품은 주체를 둘러싸고 있고, 다른 모든 환경 세계도 주체적으로 인식하는 더 큰 환경으로부터 주체를 분리하고 구분한다. 이를 설명하는 일반적인 형태는 모든 주체를 둘러싸고 있는 3 피트의 개인적 공간 또는 "누군가를 팔 길이의 간격으로 유지하다" 또는 "마음에 가까이 두다"와 같은 구어체 표현이다. 말하는 존재의 관점에서 볼 때 생물학적 환경의 더 큰 대상 세계는 라캉이 언급하는 것처럼, 물자체the-thing-in-itself 또는 물la chose과 무(사물 없음)a-chose이다. 스크린의 기표 또는 이미지는 사물의 자기 외부성the self-externality으로부터 개념의 자기 내부성the self-internality을 분리한다. 물은 언어의 그물망 외부에 있으며, 대신 수학이나 수학소, 라랑그의 시학, 주이상스(쾌/불쾌 파토스)의 경험을 통해서 발견된다.

> 관념the idea에 몸을 부여하려고 한 것은 그리스 철학자들이다. 하나의 관념은 하나의 몸을 갖는다. 그것은 몸을 대표하는 단어이다. 그리고 단어는 매우 흥미로운 속성을 갖는데, 그것이 바로 물을 만든다는 것이다qu'il fait la chose. 나는 이것을 모호하게 해서 그것을 'qu'il fêle achose'라고 쓴다. 모호하게 하는 것이 나쁜 방법은 아니다 (Lacan, Seminar 25, Session I: Wednesday 15 November 1977, p. 2).

여기서 라캉은 몸이 아닌 물chose 또는 무(사물 없음)a-chose, the 'no-thing'에 대해 말한다. 그것은 사물을 만들고 분열하고 그 과정에서 그것을 통합하는 단어이다. 단어가 '사물'을 분열할 때 물das Ding은 기표에 통합된다. 표상은 단순히 재현하는 것이 아니라 사물을 정의하거나 만들고, 그 과정에서 사물을 분열하는 것이다. 이 분열은 무엇을 의미하는가? 사물은 실재the Real와 상징적인 것the Symbolic

으로 분열한다. 기표가 주체를 대표하는 것처럼, 단어가 사물 또는 대상을 신체화할 때, 실재적 물 또는 무는 기표들의 외부 또는 기표들 사이에 놓인다('no-thing'으로서의 주체). 자신을 통합하고 기표들 간의 관계를 구조화하는 것은 주이상스의 중간 또는 외부이다. 동시에 상징적인 것으로 표상되는 동안 '물the Thing'은 S_1과 S_2 사이에서 분열되며, 그 과정에서 상상적으로 되거나 가상 이미지의 알고리즘처럼 무의식적인 언어적 의미화 구조 내부에 설정되거나 박제된 이미지가 된다.

인간 내부에는 모든 차이를 만드는 절대적인 차이가 존재한다. 사물은 S_1–S_2의 상대적 관계로 분열되는 반면, 순수 기표(S_2의 폐쇄가 없는 S_1)는 실재 또는 사물 내부, 주이상스 내부, 상징계 외부의 표시되지 않는 것을 가리킨다. 사물의 분열은 일단 표시되면, 객관적 대상으로 알려진 사물의 이미지와 단어에 의해 구체적으로나 경험적으로 표상되는 상상적인 것과 상징적인 것 사이에서 상충되거나 이원적인 관계를 나타낸다. 대신 물은 실재를 지시한다.

사물을 S_1 - S_2로 분열하면 시각적 이미지는 언어로부터 독립된 것처럼 보이지만, 인간의 시각적 이미지들은 기능적인, 이미지-과정, 상징적 알파벳 내에서 사용되는 대상들이다. 상징적 알파벳의 문자는 세계의 시각적 표상에 활력을 불어넣는다. 상상적인 것은 애니미즘과 **두려운 낯섦**the uncanny[1]의 예에서 볼 수 있듯이, 상징

---

1 Freud, S. (1919). The 'Uncanny'. *SE*, Vol. 17. In J. Strachey (ed. and trans.) London: Vintage Books, 1958/2001, pp. 217-252.

적인 것에서 벗어나 반란을 시도한다. 후자에서 투사면을 통한 상상적 형상은 내밀성intimité과 '외밀성extimité'을 한번에 포함한 '사물성thinginess'(라캉이 사물을 기술하기 위해 이후에 설명되는 여성 접미사 사용), 마나mana 또는 애니미즘적 버전이 되어, 세계의 시각적 표상에 활력을 불어넣는 상징적 알파벳의 문자들을 대체한다.

세 번째 대안은 실재가 상징적인 것과 상상적인 것 사이의 갈등을 다른 수준에서 또는 셋의 위상학적 매듭의 다른 배치에서 해결할 때이다. 세 질서의 새로운 매듭은 실재의 복제로 두 번째 실재인 **생톰**이 생성되는 장소에서 매듭의 일관성이 마련될 때 만들어진다. 절대 차이의 순수 기표는 실재, 즉 사물 내부, 주이상스 내부, 상징계 외부에 표시되지 않는 것을 가리킨다.

라캉(1970)은 기표가 사고의 몸이나 뼈이며, 신체의 뼈도 기표에 통합된다고 말한다. 프로이트의 상징적 몸이나 표상의 집합체는 생물학적 신체나 유기체를 나타내고, 라캉의 생물학적 신체는 기표의 상징적 몸에 통합된다. 기표는 사물의 살해나 원시적 아버지의 살해를 나타내며, 조상의 뼈는 기표에 통합된다.

> 나는 먼저 전혀 은유적이지 않은 것으로 이해되어야 하는 상징적인 것의 몸으로 회귀한다(*Radiophonie*, p. 4).

> 첫 번째 몸은 거기서 통합하는 것으로부터 두 번째 몸을 만든다(idem, p. 5).

죽은 몸은 산 자에게 그 인격을 부여한 것, 즉 몸을 유지한다(idem).

두 번째 상징적 죽음을 전달하는 무형적이고 죽은 조상의 몸으로서의 기표는 생물학적 몸을 표시하며, 이러한 의미에서 은유적인 것만은 아니다. 라캉은 상징계가 몸의 뼈로 구성되며(헤겔은 정신이 뼈라고 말한다. 게다가 뼈로 글을 쓸 수도 있고 뼈 위에 글을 쓸수도 있다), 나머지 환원 불가능한 실재적 요소들은 상징적 몸(상징계는 뼈가 기표에 어떻게 통합되는지에 따라 만들어진다)의 요소들을 질서화하고 그 반대의 경우도 마찬가지라고 주장한다. 예를 들어 고생물학자들이 화석 기록에서 뼈에 쓰여진 숫자와 문자에서 문화적 요소를 추출할 수 있는 것처럼, 무형적인 상징적 몸의 요소들은 몸의 뼈를 표시한다.

후자는 전자보다 이해하기 훨씬 쉽다. 어떻게 뼈가 상징계에 통합되는가? 이것은 조상의 영혼과 정신이 전통적인 상징적 형태로 어떻게 계속 살아 지속되는지에 대한 은유인가? 라캉은 상징적인 것이 단지 은유적인 것은 아니라고 우리에게 말한다. 뼈와 기표들은 양자가 구조적 요소라는 점을 제외하고 어떤 관계가 있는가? 뼈와 기표들은 물질의 동일/유사 구조를 서로 다른 수준에서 서로 다른 구조적 요소로 단계적으로 구성하는 동형 원리의 복제자 관계를 대표한다: 생물학적 삶, 언어, 수학. 이런 의미에서 우리는 병렬적 의미에 대해 말하는 것이지만, 문자 그대로 상징계가 죽은 조상의 뼈로 구성된다는 것은 아니다. 조상의 몸과 존재의 뼈의 골수가 어떻게 후손의 골수와 존재로 전승되는가? 문자는 어떻게 골수에 생기를 불어넣고, 골수는 신체-정신 관계에서 어떻게 문자에 생기를 불어넣는가?

후자는 은유로 이해하지 않으면 망상이 될 것이지만, 라캉은 그것을 은유로 이해하지 말라고 한다. 우리는 은유 개념의 물질성이 무엇으로 구성되는지 알지 못하므로, 그것이 뼈로 구성되어 있다고 말하지 않을 이유는 없다. 만일 은유가 신경 회로로 구성된다고 하면, 이것은 두뇌, 특히 전두엽 피질을 언어의 필요조건으로 설명할 수 있지만, 기표 자체의 물질성을 설명하지는 못한다.

뼈와 유물의 실재, 그리고 주이상스의 외관으로서 대상 a는 라캉이 "문학Littérature"에서 "폐기물성litterality"의 연안이라고 부른 것과 연관된다. 문학은 자손만큼 가치 있는 지상의 폐기물(쓰레기)로 이루어진 주이상스의 요소로 만들어진다. 문학, 즉 문자는 대지와 물의 다양한 조합으로 만들어진 문자들의 만남의 장소이자, 그 둘의 교차점이다. 대지는 기표의 바탕이고, 물은 기표의 주이상스이다. 문자에 충실하거나 뼈로 글을 쓴다는 것은, 이 경우 은유적 추상성이 없는 구체성을 의미하는 것이 아니라, 라캉이 언급한 것처럼 주이상스의 몸이 내부로부터 문자의 추상성에 활력을 불어넣거나 거기에 머물러 있는 실재적 연결을 포함하고 있다는 것을 의미한다 (**주이상스는 기표의 심장이다**). 빛의 반영으로서의 사고는 실재 주체의 몸을 의미화하는 문자들과 이름에 자신을 통합하는 광휘와 주이상스이다.

대상 a는 존재의 외관으로서 사고의 뼈나 주이상스, 또는 기표에 새겨진 정동으로서 말할 수 없는 것인 동시에, 정동은 주체 내부의 기표의 효과이다. 이 전체 공식은 망상일 수 있으며, 우리는 은유로서 뼈의 개념을 고수하고, 나머지는 라캉의 후기 치매나 가성치매pseudodementia로 돌리는 것이 훨씬 더 안전할 수 있다. 하지만 어쩌면 그렇지 않을 수도 있고, 라캉은 실재 무언가를 가리키고 있었을지 모른다.

문화적 상징적 요소는 주이상스를 다시 신체적, 유기적, 생물학적으로 만들기보다는 그들의 관계를 구조화하는 주이상스를 열거하고 표상한다. 주이상스-가치는 교환 가치와 사용 가치 사이의 관계를 구조화한다. 라캉은 주이상스의 도구 형태(그는 보석과 무기 등의 예를 제시한다)의 상징적이고 문화적인 몸이야말로 생물학적 신체가 문화에 통합되는 장소이며, 주이상스가 문화에서 알려지고, 암호화되고, 해독될 수 있는 유일한 방법이라고 믿는다.

라캉은 그의 작업 전반에 걸쳐 주이상스와 실재를 다양한 방식으로 설명한다. 이를 위해 라랑그, 수학, 그리고 'J'ouïs-sens'(말에서 의미와 주이상스를 듣는 것), 여성적 주이상스, 그리고 제3의 주이상스의 형태로서의 신비의 주이상스를 포함한 다양한 형태의 주이상스 개념이 사용된다. 신체에 쓰는 글[쓰기]a writing *on* the body은 숫자와 문자, 그리고 그것들이 신체적 주이상스에 미치는 영향을 의미하지만, 신체와 함께 쓰는 글[쓰기]a writing *with* the body은 신체적 주이상스가 사고의 구조와 상징적 교환에 미치는 영향을 의미한다.

라캉(1970)은 에너지가 "상수의 수치적 값 외에는 아무것도 아니다"(p. 18)라고 말하면서, 이는 에너지가 수의 존재 외에는 존재하지 않음을 암시한다. 그렇다면 에너지가 존재하지 않는 기간에 있는 것과 그것이 "탈존"하는 것, 즉 기표 외부에 있지만 경험 안에 존재하는 것의 차이는 무엇인가? 『세미나 20』(1972-1973)에서 라캉은 여성적 주이상스와 신비의 주이상스the jouissance of the mystic는 주체가 경험하지만 아무것도 알지 못하는 것이라고 말한다. 주이상스는 의미의 해독the deciphering of Sense과 관련하여 경험되고 변형될 수 있지만, 주이상스는 실재적인 것이며, 상징적인 것과 상상적인 것 내부의 해석학적 해독에 의해 생성된 단순한 허구가 아니다.

여기서 경험이란 우리가 이미 알고 있는 것뿐만 아니라, 우리가 전혀 알지 못하지만 주이상스의 실재에서 경험할 수 있는 것을 말한다. 내가 프로이트의 지각-의식Pcpt.-Cs. 체계를 하나의 막, 하나의 빈 스크린 또는 감각에서 파생된 인상을 유지하지 않는 자각의 한 형태이기도 한 종이라고 부를 때, 존 로크John Locke(1632-1704/1996)의 백지 또는 타불라 라사tabula rasa를 말하는 것이 아니라는 점을 분명히 한다. 감각적 인상은 항상 그 뒤에 서서 새로운 감각적 인상을 위한 구조를 제공하는 다른 두 체계에 의해 새겨지거나, 코드화되거나, 표상된다. 감각 정보의 경험적 측면은 첫 번째 체계가 포화되지 않고 공백으로 남아 있다는 사실을 나타낸다. 이러한 방식으로 새로운 인상과 정보는 이전의 역사, 이전의 경험, 의미화 체계에 내재된 본능적이고 문화적 지식과 모순됨에도 불구하고 정신 체계에 들어올 수 있다.

라캉의 역설 또는 모호함은 특정한 형태의 주이상스, 즉 남근적 주이상스와 남근적 주이상스 내의 잉여 주이상스를 가리킨다.

그것은 경험인가 혹은 암호인가? 주이상스는 단지 암호일 뿐인가 아니면 기표 외부의 주이상스인가? 남근적 주이상스는 기표, 의미 작용, 성감대와 연결되어 있는 반면, 첫 번째 주이상스와 세 번째 주이상스는 외부에 있다. 첫 번째 주이상스[대타자의 주이상스]는 정신증, 또는 어머니와 아이의 초기 이중적 합일체의 예에서 대표되는 바와 같이, 기표의 외부에 있지만 기표 내부에는 없다. 세 번째 주이상스[대타자 주이상스]는 외부에 있지만 기표 뒤에 있다. 두 번째 남근적 주이상스는 정신적이고, 기표에 의해 매개되며, 라캉이 말했듯이 생물학적 신체를 표시한다.

첫 번째 주이상스, 즉 대타자의 주이상스the jouissance of the Other 와 세 번째 주이상스, 즉 대타자 주이상스[다른 주이상스]the Other jouissance는 각각 상상적이고 실재적 몸에서 비롯된다. 기표는 다른 두 가지 형태의 주이상스보다 남근적 주이상스에 더 큰 영향을 준다. 남근적 주이상스는 대타자의 주이상스를 방해하는데, 왜냐하면 첫 번째 주이상스는 특정 아이에게 아버지의 이름NoF이 확립되기 이전이기 때문이다. 세 번째 주이상스인 대타자 주이상스는 두 번째 주이상스인 남근적 주이상스의 산물이며, 두 번째 주이상스 또는 아버지의 이름을 넘어 라랑그 또는 J'ouïs-Sens의 형태로 기표('몸'을 만들고 표시하는 것) 내부에 자리를 잡는다. 둘 다 몸, 즉 신체에서 경험되지만, 첫 번째 주이상스는 불편한 반면 세 번째 주이상스는 그렇지 않다.

정동, 대상 *a*, 주이상스, 그리고 현대 사회

『세미나 17』(1969-1970)의 「알레토스피어의 고랑Furrows in the Aletho-sphere」² 섹션에서 라캉은 '단 하나의 정동이 있다There's only one affect'고 말한다. 이 하나이자 유일한 정동은 하나의 말의 효과 또는 하나의 담론의 효과로서 주체 안에 있는 대상의 효과이다. 이 하나의 정동에서 주체는 대상으로서 담론에 의해 정동화되고 '효과화된다'. 담론은 주체 안의 정동으로서 대상 *a*를 생성한다. 이 이름 없는 또는 발음할 수 없는 정동은 존재의 결여로서의 대상 *a*이다. 정동은 대상이 잃어버린 대상이거나 상실과 공백의 지표인 한에서 대상 *a*가 주체에게 미치는 영향이다. 슬픔은 인간 발달에서 발생하는 상실을 정상화하는 데 상응하는 "세계world" 정동이나 기분일 것이다.

모든 상실은 공백이지만 모든 공백이 부재는 아니다. 그 이유는 공백이 하나의 충만, 평면, 차원the Real을 현시할 수 있기 때문이다. 후자는 다른 형태의 불가사의하고 자비로운 정동 또는 주이상스일 수 있다. 슬픔의 정상적 측면으로서 존재의 결여 또는 비존재의 존재는 평온으로 나아가는 반면, 진공 플래넘의 측면으로서 충만은 환희와 지복으로 이어진다. 조울증은 두 가지의 병리적 버전이다. 상실이 부인될 때, 우울증이나 대상 없는 거짓 구멍으로 전환하고, 반대로 주체를 탈구시키고 분쇄하는 폭발적이고 빛나는 볼록

---

2 Lacan, J. (1991). *The Seminar of Jacques Lacan, Book XVII: The Other Side of Psychoanalysis, 1969-1970*. ed. J.-A. Miller. trans. R. Grigg. NY: W. W. Norton & Company, 2007, p. 150-163.

구멍(조증)으로 전환한다.

명사a noun는 예컨대 파티와 같은 사물의 이름일 수 있으며, 여기에 다른 명사를 접미사로 추가하여 파티의 특정 특성이나 측면을 주요 특성으로 바꿀 수 있다. 예를 들어, 이 경우 파티를 파티로 지정하거나 파르투즈a partouse라고 부를 수 있다. 라캉은 대상 a와 정동 사이의 관계에 대해 사유하기 위해, 일반적으로 단어를 속어나 비공식 언어로 전환하는 데 가능한 여성 접미사 형식을 사용한다. 또 다른 관련 형식은 말과 소리에서 정동을 드러내기 위해 사랑스러운 언어의 한 형식으로서 말에서 **축소어[약칭]**the diminutive를 사용하는 것이다.

사랑이나 애정을 드러내기 위해 축소어를 사용한 것은 대상 a가 자본주의적 소비의 대상으로 확장되는 방식을 사유하는 패러다임으로서 라캉의 고안이다. 축소어는 무척 작거나 무한히 작아서 거의 측정할 수 없거나 계산할 수 없는 것을 가리킨다. 이러한 소비 대상이나 사회적 재화를 생산하기 위해서는 어느 정도의 희생이나 손실이 필요하며, 이는 어린 아이도 마찬가지이다. 축소어에는 목소리와 언어의 접미사와 명사의 사용에 부드러움이 있고, 라캉은 이것이 과학의 조작이 위치한 장소라고 믿는다. 대상 a는 욕망과 충동의 대상이다. **욕망은 기표들 사이에 있는 이름 붙일 수 없는 것인 반면, 주이상스는 대상을 둘러싸고 있는 말 내부에 위치한 외부의 말이다.**

그러나 대상 주위를 움직이는 것과 관련하여 주이상스의 진리는 밝혀지지 않는다. **대상은 상상적인 것, 말은 상징적인 것, 주이상**

스는 실재적인 것이다. **정동**affect은 경험한 효과인 반면 **감정**feeling 은 언어가 주체의 개인적 경험에서 생성하는 것을 언어가 부르는 것이다. 주이상스는 (실재에 있는) 대상 *a*의 다른 이름으로는 불릴 수 없는 실재적 효과이다. 충동의 대상으로서 대상 *a*는 시각적 환경 대상들과의 관계를 매개한다. 시각적 대상들은 주체에게 다양한 효과를 발생시키지만, 효과의 중요도는 환경 이미지가 대상 *a*의 특질이나 측면에 충전되거나 투자된 정도에 따라 매개된다.

대상 *a*는 주체를 소비 상품에 대한 **흡입자ventouse로 만드는 것이다. 에너지 파동으로서의 대상 *a*는 대상에 활력을 주고, 활성화하며, 생기를 불어넣는다. 주체는 대상 *a*의 바람에 의해, 또는 대상 *a*의 바람spirit 또는 호흡soul의 형식에 의해 영감을 받는다. 그러나 에너지 파동의 바람이 남김없이 구체적인 대상의 형식으로 드러날 때, 필연적인 결과는 불안이다. 우리는 라투즈 또는 충동의 한 대상으로서 대상 *a*에 이끌리며, 동시에 대상 *a*가 구체적인 대상의 형식으로 드러날 때, 그것은 순식간에 불안으로 변할 수 있다. **라투즈**the *lathouse*는 증명 불가능한 숨겨진 진리이다.

대상의 존재와 관련된 특별한 시간에, 아갈마적 측면 또는 대상의 대상 *a* 품격은 **부정과거 동사 형식**an aorist verb form으로 드러날 수 있다. 부정과거 동사 형식은 공중을 나는 새나 물에서 헤엄치는 물고기처럼, 행동의 표시가 없거나 흔적이 없는 측면을 드러내거나 지정하는 데 사용하는 동사의 비표시화된 측면을 가리킨다. 부정과거 동사 형식은 논리적 함의, 논증과 식별, 결론이 필요하기 때문에 상상적 지식connaissance보다는 상징적 지식savoir(지식보다는 앎)을 불러일으키거나 의미화할 수 있지만 이론화할 수는 없다. 부정과거 동사 형식은 무의식적 앎*savoir*을 드러내지만, 지식이나 상상적 지식 *connaissance*을 설명하지는 않는다. 부정과거 형식은 단순히 반복되는 행동이 아닌, 어떤 반복된 행동에 독특하고 독창적이며 창의적이고 새로운 자격을 부여하는 것이다. 부정과거 동사 형식은 투케*Tuché* 또는 아리스토텔레스의 진실 형태의 우연과 행운이 언어 내에서 명시되는 방식이다. 동사의 부정과거 시제는 자신의 과거와 미래를 포함하는, 현재에서 발생하는 계속되는, 포괄적인, 분열되지 않은 활동을 나타낸다.

상품은 욕구와 욕망의 충족이라는 측면에서 주체에게 특히 주이상스를 포함한 의미작용*signifiance*의 환경적 대상의 범주이다. 대상들의 가용성 자체는 요구의 수에 의해 조정된다. 요구가 많을수록 대상의 가용성은 높아진다. 상품은 그것들이 대상 *a*의 자격을 대표할 때 요구에서 특별해진다. 이런 의미에서 대상 *a*는 요구와 생산을 매개한다고 말할 수 있다. 대상 *a*를 위한 요구에는 항상 일자 이상의 주체와 하나 이상의 대상이 있다($1 + a$).

> o-대상the o-object은 사랑의 의복에서 파악되는 대상이다. 사랑은 대상에 신비로운 요소를 부여하는 o-대상의 나르시시즘적 피막 coatings, 즉 대상을 독특하거나 매력적인 것으로 만드는 정의할 수 없는 특성인 "무엇인지 알 수 없는 것*Je ne sais quois*"에 의해 뒷받침된다(Lacan Seminar XV, Session of February 28, 1969, XI 3).

라캉에게 대상 *a*는 주이상스-효과이다. 소리와 빛의 파동은
사물의 가벼움과 비실체성을 대표하는 존재, 즉 사물 없음 또는 물
l'achose, 즉 본질의 본질 결여를 가리키는 주이상스의 한 형태이다.
여기서 비실체적인 것은 에너지와 진동이 존재하지만, 물질의 부재
를 의미한다. 소리의 파동과 빛의 파동은 소위 과학의 조작물이다.
라캉은 신학을 따라, 양자 즉 빛과 소리의 파동을 누스페어*the noosphère*
라고 부르기를 원하지 않는다. 대신 그는 알레토스피어*alethosphere*라
는 용어를 제안한다. 알레토스피어는 우주나 다른 행성(플라톤의
토포스 천왕성 또는 이데아의 세계에 대한 참조)에 떠다니는 정보
의 구름과 같지만, 어느 행성에서도 접근할 수 있다.

신조어 *alethosphere*는 라투즈*lathouse*와 알레테이아*alétheia*와 관련이
있다. 진리, 또는 그리스어로 *alethosphere*는 반만 진리로 공개되거나
드러날 수 있다. 나머지 반은 은폐되거나 공개되지 않은 채로 남아
있다. *Lathouse*는 진리를 위한 그리스어에서 여성 축약 접미사를 사
용하여 얻은 신조어이다. *Letheia*에서 *lathouse*까지. 대상 *a*는 주체를
위한 대상의 진리-가치, 주이상스-가치이다. 주이상스는 대상 *a*로
서 소리나 빛의 파동의 이행 효과를 나타낸다. 대상 *a*는 주이상스의
파동, 즉 진실한 정동의 파동이다. 정동은 연상된 표상 때문만이 아
니라, 주이상스의 한 형태이자 파동으로서 정동이 그리스어로 *lethe*
또는 망각의 측면을 포함하기 때문에 억제될 수 있다.

여성적 비실체에 관한 한 나는 "파루시아*Parousia*"까지 갈 것이다.
그리고 당신이 떠날 때 마주치게 될 이 작은 대상들, 모든 길, 모퉁

이의 보도 위, 모든 창문 뒤, 당신의 욕망의 원인을 위해 고안된 이 풍부한 대상들 속에서, 지금 과학이 되는 한, 그것을 관리한다 ── 그것들을 *lathouses*로 사유하라(Lacan, 1969–1970, p. 162).

라캉은 컴퓨터와 인터넷 기반의 정보 또는 기술이 전반적인 경제 교류에 영향을 미치는 자본주의와 문명의 세계화된 소비 단계를 설명하기 위해 *lathouse*의 개념을 사용한다. '투명하고' '측정 가능한' 것으로 보이는 이 세계화된 세계는 소비의 대상들에 주입된 대상 *a*를 육안으로 볼 수 없고, 보기 위해서는 정신분석을 필요로 하기 때문에 그 주장과는 거리가 멀다. 기술 외부에서 무언가를 경험할 수 있는 능력의 상실은 기술 세계에서 점증하는 특성이다. 미디어 엔터테인먼트는 새로운 형태의 정령 숭배이다. 기술 발전으로서 가장 한 새로운 형태의 애니미즘인 미디어 엔터테인먼트는 은유적으로 말하자면, 세계의 순수한 정령적 또는 상징적 경험을 감싸거나 휘감는 주이상스의 자비로운 자기적 파동을 대체한다.

최종 분석에서 나는 초기 형태의 개신교 자본주의와 후기 형태의 자본주의인 소비사회, 또는 사회주의와 자본주의 사이의 차이가 오늘날에도 여전히 유효한지 확신할 수 없다. 이러한 차이는 정실 자본주의와 민주 자본주의의 차이 또는 합리적인 수준의 초과 +1을 넘어서는 민간 자본의 사회적 관리의 차이로 대체된다. 개인이 잉여를 사회에 유익하게 공적으로 사용하는 방법을 결정하거나, 국가가 부의 창출자로서 민간 산업의 감독하에 동일한 작업을 수행할 수 있다. 사회적 자본주의하에서 초자아는 "열심히 일하고, 저축하고, 자신과 사랑하는 사람들이 원하거나 필요로 하는 재화를 구매하거나 교환하라"라고 말한다. 반면, 정실 자본주의의 초자아는 "저축하지 말고, 부채와 환경을 희생하더라도 현재에 만족하지 말고, 내일을 생각하지 않는 지금 이 순간의 소비에 빠져 살라"라고 말한다.

윤리적 자본주의에서 선은 재화나 자본에 있는 것이 아니라 노동 과정 자체에 있다. 인간의 재화는 인간의 노력과 수고에 대한 대가나 보상이 아니라 그 결실, 부수적 이익 또는 추가 보너스, 즉 주이상스 가치이다. 주체가 이미 소유한 주이상스에 대한 가치가 더해지고 부가된다(+1). 추가된 대타자 주이상스the added Other jouissance는 보편적인 분열되지 않은 활동Il'ya de l'Un에서 불러일으켜지는 것으로, 주체를 벗어나거나 초과하는 하나의 종-행동a species-doing, 계속되는 존재a going-on-being이다a m'être or maître/master. 생산성과 자본화가 대타자 안에서 계속 조직화되는 의미의 주이상스의 '탈존'의 과잉 때문에, 우리가 알든 모르든 생산적 주체는 우리를 벗어난 더 광범위한 '호모 이코노미쿠스the larger homo economicus'에서 주이상스의 작은 조각을 유출할 수 있다.

인간 활동과 분리되지 않은 대타자-주이상스[다른-주이상스] the Other-jouissance는 활동의 목적이 이윤 동기나 업무 활동 외부의 재정적 잉여 가치에 있는 것이 아니라, 활동 자체에 포함되어 있는 경우이다. 대신 잉여 가치는 생산적 활동과 연결된 주이상스의 경험 내부에 있다. 환경적 위험과 신체적 착취가 수반됨에도 불구하고 탄소 산업이나 석유 산업에서 다시 일하기를 원하는 블루칼라 노동자들에게서도 이러한 경향을 관찰할 수 있다. 그들은 자신이나 타자들을 위해 새롭고 더 건강한 산업을 위한 새로운 기술을 배우기 원하지 않는데, 왜냐하면 그들은 자신의 업무와 관련해 기대되는 주이상스에 익숙해져 있기 때문이다.

잉여 주이상스Surplus jouissance는 이윤 동기보다는 생산성 확대로 이어지는 것이다. 러시아와 라틴아메리카 사회주의 혁명에서 볼수 있듯이, 생산적 활동의 잉여 주이상스 가치는 한두 세대 이상 지속되지 않는 혁명적 정치적 열정에 대한 대안이다. 중국의 경우는 이와 다른데, 무위Wu-wei, non-action는 중국 문명의 핵심적인 측면으로, 무위를 추구하는 라투즈 또는 알레테이아의 일치를 바탕으로 생산성을 확대하는 문화를 이끌고 있으며, 무 또는 비행동으로서의 주이상스jouissance as a no-thing or a non-doing인 무위를 철저히 수행하여 실패하지 않는 일을 추구하고 있기 때문이다.

소위 허무주의 혁명가들이 자랑스럽게 그리고 무지하게 타자들에게 가학성과 잔인성을 자행하는 것을 정당화하는 순수한 형태의 폭력을 고집하지 않는 한, 과학의 발견 과정을 촉진하는 것과 동일한 편리한 대타자 주이상스는 생산적인 과정을 촉진하고 동료 인간의 착취에 맞서 싸우고 있다. 우리가 살고 있는 태양계의 살기 좋은 영역은 무작위적이거나 우연적이지 않고 황금빛 수학적 구조로 구성되어 있기 때문에, 태양의 폭력은 정치적 폭력의 정당화로 사용될 수 없다. 태양의 폭력은 거주 가능 영역, 지구를 둘러싼 자기장, 그리고 우리가 살아 숨 쉬는 대기가 대타자를 가리키는 용어 중 하나이다.

참고문헌

Green, A. (1973). *La Concepción Psicoanalítica del Afecto*. Buenos Aires: Siglo Veintiuno Editores, 1975.

Lacan, J. (1969–1970). *The Other Side of Psychoanalysis*. New York: Norton, 2007.

_____(1970). *Radiophonie*. Scilicet 2/3. trans. J. W. Stone. Paris: Seuil, pp. 55–99.

_____(1972–1973). *The Seminar of Jacques Lacan. Book XX: Encore*. London: Norton.

_____(1974). *Television*. ed. J. Copjec. New York: London, 1990.

_____(1977–1978). *The Seminar of Jacques Lacan. Book XXV: The Moment to Conclude*. trans. C. Gallagher. www.lacaninireland.com/web/published-works/seminars. Accessed December 17, 2019.

Locke, J. (1689/1996). *An Essay Concerning Human Understanding*. Indiana: Hackett Publishing.

Moncayo, R. (2017). *Lalangue, Sinthome, Jouissance, and Nomination: A Reading Companion and Commentary on Lacan's Seminar XXIII*. London: Karnac.

_____(2018). *Knowing, Not-Knowing, and Fouissance: Levels, Symbols, and Codes of Experience in Psychoanalysis*. London: Palgrave McMillan.

부록 II

진리의 두 반 측면: *Aléthes and Léthes*[1], 진리와 망각

하이데거(1943)는 그의 저작에서 진리 문제에 대한 다양한 접근을 시도한다. 예를 들어 *Aletheia* 또는 *aléthes*는 *aléthes*와 *léthes*, 진리와 은폐 혹은 망각, 그리고 표상과 기표의 수준에서 고유한 진리truth와 진실true의 차이 등 두 가지를 모두 가리킨다. "말에서 그것의 거주지로 들어가는 존재의 모든 입구에는 망각의 여지가 있고, 모든 알레테이아를 보완하는 레테가 있다"(Lacan, 1953-1954, p. 192).

진정한 기표는 주이상스의 침묵하는 진리를 잊어버리지만, 레테는 알레테이아의 핵심이다. *A-letheia*에서 결여의 *a*는 *lethes*를 부정한다. 진리는 은폐되지 않은 것, 즉 명제에 관한 사회적 합의이면서 은폐, 은닉 또는 외부의 사회적 합의와 표상을 전제한다. 진실은 망각을 부정하거나, 진리의 허구적 측면이 주이상스의 실재에서 진리

---

1 Lacan, J. (1975). *The Seminar of Jacques Lacan, Book I: Freud's Papers on Technique, 1953-1954*. ed. J.-A. Miller. trans. J. Forrester. NY: W. W. Norton & Company, 1988, p. 192.

가 의미하는 비밀을 부정한다. "우리는 우리가 억압하는 진리인 실재에 익숙하다"(Lacan, 1966; Écrits, p. 169). "언어의 출현과 함께 진리의 차원이 드러난다"(Lacan, 1966; Écrits, p. 172). 진리는 은폐되거나 억압된 외부 표상을 전제로 하는 반면, 진실과 거짓은 표상과 말의 수준에서 드러난다. 기만과 거짓은 진리의 텍스트에 각인되어 있기 때문에 진리와 반대되는 것이 아니다. 상징적인 것의 '외부'에 있는 진리는 억압된 것일 뿐만 아니라, 표상 외부에 있는 것이다.

하이데거(1961/2008)는 비움the clearing의 의미에서, 비은폐성이 표상으로서의 진리와 동일하지 않은 점을 분명히 한다. 그는 비은폐성을 고요한 명상적 사고의 형태, 고요함의 장소라고 상정한다. 이것이 내가 사고의 한 형태로서 비-사고라고 부르는 것이다. 철학적으로 사고하는 한, 비사고에 대한 질문을 제기할 수 있는가? 철학이나 과학은 사고가 무엇인지 알지 못하며, 라캉은 선Zen의 순간의 사고는 주이상스의 한 형태라고 말한다. 이것은 그리스 철학의 끝에서 동양적이고 위상학적으로 매듭을 비틀어 놓은 사고이다. 이것이 내가 이 부록에서 두 가지 진리, Aléthes와 léthes, 진리와 은폐 혹은 망각, 그리고 고유한 진리와 표상 혹은 기표의 수준에서 진실 사이의 차이에 대해 제안하는 이유이다. 나는 또한 'Jouis-sens', 즉 주이상스를 간직한 의미[의 기표]를 알레테이아, 즉 진리의 비움의 측면, 또는 사고의 비사고적 측면과 연결한다.

실수와 반-진실/반-거짓 언표를 통해 말해지는 진실은 기표의 모호함 외부에 남아 있는 것으로서 진리를 둘러싸고 있다. "또는 다시 우리는 두 가지 진리가 있다고 말할 수 있다. 하나는 거짓과 반대되는 진리이고, 다른 하나는 진실과 거짓 양자를 무관심하게 견디는 진리이다"(Miller, 1974, p. XX). 진리는 말 내부에서 진실과 거짓의 변증법, 또는 진실이 자주 실수를 요구하거나 거짓을 우선적으로 말하는 방식과 관련하여 평등하다. 진리는 전체 진리나 하나의 플래넘으로서 실재를 명료화하는 것이 불가능하기 때문에 실재와 유사하다. 그러나 바로 이러한 불가능성 때문에 진리는 실재를 갈망한다. 알레테이아는 진리일 뿐만 아니라 비진리이자 허구이기도 하다. 진리가 아닌 진실은 진실인 동시에 비진리 또는 허구의 한 형태이다. '현존재*Dasein*'가 떨어지거나 세상에 던져질 때, 그것은 잘못 해석되지만, 무의미나 공백은 떨어짐과 무상함으로서 그 이상의 의미를 갖는다.

표상과 현실 사이의 일치 또는 대응에서 진리의 위치는 존재의 원래 숨겨져 있지 않은 것에서 인간의 정확한 언표로 이동한다. 존재의 숨겨지지 않음은 언표 외부에 남아 있는 것이 아니라 언표 안에서 드러나지만, 후자는 동일하게 언표의 근거가 된다.

존재의 개방이라는 의미에서 알레테이아, 즉 비은폐성은 원래 표상과 언표의 정확성으로서만 경험된다. 그러나 하이데거에게서 명제적 판단의 진리 외에도, 판단이 아니라 인간의 '탈존[재]*ek-sistence*' 자체, 즉 존재 외부에 남아 있는 것을 드러내는 한에서 더 본질적인 형태의 진리가 존재한다. 판단이 실재 사물과 일치한다는 것은 현실이 이미 더 근본적인 방식으로 은폐로부터 도출되었다는 것을 전제로 한다. 실재 사물을 은폐된 것에서 은폐되지 않은 것으로 끌어내기 위해서는 특정한 '빛'이 요구된다. 이 빛은 현존재의 탈존[재] 그 자체이며, 본래적으로 모든 의미로부터 빛을 끌어내는 세계-내-존재이다. 세계-내-존재the being-in-the-world는 현상이 드러내는 빛 또는 주이상스이다.

의미는 표상의 빛, 또는 말 내부에 드러난 주이상스의 숨겨진 빛의 계시로서 단어의 빛이다. 단어의 조명적, 예시적, 발견적 측면은 의미로서 경험되는 주이상스, 즉 마법이나 호출의 한 형태를 그려 내는 능력이다. 모든 존재는 빛 속에 서 있고, 동시에 존재 또는 실재의 빛은 표상의 빛으로부터 물러난다. 존재의 빛은 표상이나 설명의 빛으로 드러나지 않는다. 에피스테메는 존재의 빛을 모호하게 하지만, 모든 정확한 언어적 표상들이나 언표들로도 우리는 실재 없이는 아무데도 도달하지 못한다. 모든 소문자 존재의 형태에서 단어는 존재를 위해 서 있음과 동시에, 대문자 존재 또는 실재의 주체는 기표 이상의 무엇으로 남아 있다.

존재는 표상의 지워진 근거에서 일자 자신의 비-존재the One's own non-being라는 근거 없는 근거로 물러난다(Lacan, 1971-1972). 비움은 실제로 근거가 드러나는 무근거, 대지가 떠 있는 공간이다. 거부나 부정은 억압되거나 은폐된 또 다른 기표, 보급을 제한하는 것, 다른 모든 기표나 대타자가 될 수 있는 것(즉, 저것이 아니라 이 특정한 기표나 사물)이 아니다. 예를 들어, 나는 다른 기표가 아니라 이 특정 기표이다. 기표의 중심에 있는 주이상스의 실재라는 특이성은 다른 어떤 것이다. 주이상스의 실재는 상징적인 것과 실재 사이의 대응에 대한 거부를 대표한다.

실재는 절대적 차이, 또 다른 억압된 기표일 뿐만 아니라 의미작용 외부의 어떤 것, 억압된 무의식만이 아니라 실재 무의식이다. 진정한 구멍은 기표에 의해 은폐되거나 숨겨져 있는 반면, 거짓 구멍은 간극이나 무처럼 보이지만, 사실 은폐되거나 숨겨져 있는 것은 또 다른 기표이다. 그러나 실재와 상징적인 것 사이의 대응의 결여가 바로 상징계를 조직하는 것이다(외부에 있는 것이 내부에 있는 것을 조직한다). **상징계를 조직하는 것은 억압된 결여의 기표와 실재를 표상할 기표의 결여, 즉 거짓과 진실의 구멍이다.**

어떤 실체가 다른 실체 앞에 놓일 때, 우리가 하나를 다른 것으로 취할 때, 어떤 존재가 나타나지만 그것이 아닌 다른 것으로 나타날 때, 이 은폐는 가장이다. 여기서 우리는 오류, 속임수, 감독 부족의 가능성을 나타낸다. 보급은 진리를 가장하는 것이다.

비움으로서의 비은폐성은 표상 방식에서 비은폐를 통해 진리를 드러낼 수 있다는 것의 부정 또한 포함한다. 존재의 비움은 표상이나 언어 그 이상이다. '나는 거짓말에 대해 거짓말 하지 않는다'처럼 표상이나 말하기는 진리가 아니라 거짓 양식의 진실이다. 말하기는 거짓이나 진정한 비진리(거짓이 아닌 상대적 진리)의 형태로서 진리이며, 고유한 진리는 실재로부터 물러나거나 실재 속으로 떨어져 공허 위에 서 있거나 공허, 고양, 주이상스로부터 나오는 것이다. 이것은 비은폐성과 은폐성 사이의 갈등에서 발생하는 것이다(은폐가 아니라 오히려 비밀의 신비를 드러내는 것). 진리는 비밀스러운 신비들과 진리의 허구적 표상들 사이의 하나의 사건 또는 하나의 갈등이다.

존재는 언어의 토대 위에 서 있는 반면, 대문자 존재는 기표 외부에 남아 있으면서도 동시에 기표를 근거로 하는 것으로 배경에 설정된다. 일자 자신의 비존재는 언어와 주이상스의 실재 사이의 대립의 내밀성intimacy이며, 상상적인 것과 상징적인 것 사이의 대립은 단지 외관에 불과하다. 이미지들이 기표들을 은폐하고 기표들이 이미지들을 해체하는 반면, 주이상스의 실재는 기표의 심장을 조직하는 신체적 외부이다. 6장에서 "의견과 동일시의 갈등으로서 투쟁, 오해, 모호함은 단순한 분할이나 증오가 찢기는 균열이 아니라 상대방이 서로에게 속해 있는 내밀성이다"(321-322쪽)라고 나는 언급한 바 있다.

세계와 단어를 특정의 구조화된 개방성으로 사고한다고 해서 개방성과 은폐성 사이의 대립이 근절되지 않는다. 결정이 내려지는 개방성이 결정되지 않았다고 해서 이러한 결정이 덜 중요해지지는 않는다. **개방성**은 어떤 종류의 통제력이나 신이 아니라, 사물과 무(사물 없음)와의 관계를 생성하는 "무엇what"이다. 어떤 사건이 "발생하기" 전에 그 사건에서 어떤 일이 일어날지는 그것이 전적으로 미결된 것이다. 존재의 이러한 불확정성과 즉시성 속에는 또한 은폐된 의미에서 마스터되지 않은 것이 있다.

사건에서 작용하는 것은 단순히 진실한 것이 아니라 진리이다. 진리는 진실한 것과는 다르다. **진실한 것**은 의미화 구조 내부에서 결정되거나 조건화된 존재 형태를 말한다. 존재의 비조건화된 현전으로서의 존재, 또는 탈존[재]ek-sistence의 형태로서의 공백은 은폐되어 있거나 표상의 외부에 일자 자신의 비존재로 남아 있다.

현전presence의 형이상학에 대한 일반적인 이해나 오해는 의미로서 기능하는 또 다른 기표로서 기의의 관념이나 현전을 가리킨다. 관념the idea은 또 다른 기표인 반면, 사고thought는 기표 내에서 작용하는 말하기 불가능한 주이상스로서 사고의 몸이다. **공백의 현전 또는 '현전성presentness'**은 인지와 사고와는 구별되는 사고의 몸 또는 몸으로 사고하는 것을 가리킨다. 몸으로서의 비사고나 사고하는 것에 근거한 사고하기이다. **몸으로 사고하는 것**은 형이상학이 아니며, 몸을 배제하기보다는 내재한다. 주이상스의 몸으로 사고하는 것은 몸과 인지 양자를 떨어뜨리고 동시에 그들을 고양시킨다.

존재Being는 진리와 진실의 변증법을 재현한다. 옳은 것과 진리 사이에는 구분이 존재한다. 진리의 관점에서 볼 때 옳은 것은 비진실일 수 있다. 이 경우 **0은 거짓이 아닌 진리를 표상한다.** 통계(학)에서 0은 유의한계값a margin of significance으로서 어떤 명제나 테제가 진실일 확률이 낮은 것을 의미한다. 0은 거짓이고 1은 진실이다. 그러나 0은 단순히 다른 언표에서 진실을 찾도록 우리를 자유롭게 하는 대신 정확한 언표 외부에 있는 진리를 가리키기도 한다. 진리는 언표 외부에 있는 것으로서 실재 또는 외부의 의미로부터 주이상스를 이끌어 내는 것을 대표한다.

가설이 진실일 확률이 높은 것은 첫 번째 언표를 근거로 삼거나, 대체하거나, 위조할 수 있는 주이상스가 없는 두 번째 언표보다는 주이상스의 특질과 범위 또는 언표의 고요함에 의존한다. **0은 평형점, 즉 거짓 언표가 아닌 하나의 숫자나 하나의 문자의 진실에 대한 근거가 되는 지점이다.** 진실은 거짓으로부터 뒤따르거나 이전의 거짓 언표에 기초하여 성립되며, 이제 실재에서 끌어내어 진실된 행위나 언표에 포함된 주이상스의 가장자리의 도움으로 수정할 수 있다. 1 안의 0, 즉 일자 자신의 비존재는 0과 1 사이의 이접(있다 또는 없다)과는 다르다. 오직 1 안의 0과 함께로서만 우리는 표상의 정확성, 또는 진실 내부의 진리를 획득하거나 생성할 수 있다.

현전의 형이상학은 진리와 표상 또는 기표 사이의 적절성 또는 대응성에서 비은폐성을 가리킨다. 현전의 형이상학은 표상의 수준에서 허구나 진실이 아닌 것을 가리키는 것이 아니다. 여기서 형이상학은 존재의 의미를 드러내는 관념이 아니라, 존재의 '영혼'을 존재*poiesis*하게 하는 의미의 주이상스 경험을 가리킨다. 주이상스는 기표가 꽃을 피우는 활동, 즉 기표가 꽃을 피우는 임계점이다. 기표는 주이상스에 내재되어 있을 뿐만 아니라, 주이상스 자체는 어떤 형태의 의미작용에 의해 전-결정되지 않을 수도 있다. 주이상스는 기표에 의해 전-결정되지 않거나 기표 외부의 순간에 "탈존"할 수 있기 때문에, 결정되지 않은 형태의 주이상스*Truth*를 처리할 수 있는 진정한 기표가 아직 진화해야 할 수도 있다. **주이상스라는 단어는 의미를 구조화하는 의미 외부의 진리이다.**

주이상스는 표상에서는 사라지거나 드러나지 않지만 경험에서는 드러난다(내가 경험하지만 지식이나 상상적 지식*connaissance*으로는 알 수 없는 것). *Poiesis*, 즉 생성으로서의 상징적 지식*savoir*은 주이상스의 실재를 끌어낸다. *Aletheia*에서 *Lethe*, 즉 망각으로서의 진리는 빛에 의해 드리워진 그림자가 아니라, 오히려 빛의 중심에 있는 어둠이다. 은폐성은 비은폐성의 핵심이다. 빛의 중심이나 환경은 어둠이다. 암흑 물질 또는 공백은 빛에 불을 붙인다. 암흑 에너지 내부, 암흑 물질 사이의 마찰 또는 암흑 마찰은 빛 입자를 생성한다.

A-*letheia*는 진리가 아니라 애초에 진리에 대해 말할 수 있도록 만드는 진실이다. 진실은 진리가 아니라, 우리가 진리에 대해 말할 수 있게 하고, 진리를 반만 말하도록 허락하는 것이다. 진리는 주이상스 또는 주이상스를 포함한 의미작용으로서의 진리이고, 진실은 단어와 표상 내부의 의미작용이다. 은폐성이나 주이상스가 없는 진리는 주이상스 또는 공백의 실재를 언어나 사고로 제한하는 나쁜 의미의 도그마가 된다. 비사고 없는 사고하기는 말의 나쁜 의미에서 도그마가 된다. 근거 없는 근거에 기반한 사고 또는 비사고에 기반한 사고는 다른 의미의 도그마이다. 대신 이 도그마는 주이상스의 경험 또는 의미의 주이상스에 뿌리를 둔 단어의 의미를 가리킨다. 과학과 이성의 다른 형태의 이차적 원리에 의해 확인되기를 기다리는 자명한 제1원리를 도출하도록 누스*Nous*에게 영감을 주는 것은 의미의 주이상스로서의 진리이다. 편의성, 또는 주이상스와 말 사이의 대응은 실재와 상징적인 것 사이의 일치(*accord du corps*, 또는 몸과 말 사이의 일치)를 의미한다.

참고문헌

Heidegger, M. (1927). Being and Time. In: *Basic Writings*. trans. D. F. Krell (Revised and Expanded Edition). London: Harperperennial/Modern Thought, 2008.

_____(1943). On the Essence of Truth. In: *Basic Writings*. trans. D. F. Krell (Revised and Expanded Edition). London: Harperperennial/Modern Thought, 2008.

_____ (1947). Letter on Humanism. In: *Basic Writings*. trans. D. F. Krell (Revised and Expanded Edition). London: Harperperennial/Modern Thought, 2008.

_____ (1969). The End of Philosophy and the Task of Thinking. In: *Basic Writings*. trans. D. F. Krell (Revised and Expanded Edition). London: Harperperennial/ Modern Thought, 2008.

Lacan, J. (1953–1954). *The Seminar of Jacques Lacan. Book I*. New York: Norton, 1988.

_____ (1966). Science and Truth. In: *Écrits*. trans. B. Fink. New York and London: Norton, 2006.

_____ (1971–1972). *The Seminar of Jacques Lacan. Book XIX*. ed. J.-A. Miller. Cambridge: Polity Press, 2018.

Miller, J. A. (1974). An Introduction to the Reading of Television. In: J. Lacan. *Television*. ed. J. Copjec. New York: London, 1990.

찾아보기

용어 찾아보기

【ㄹ】

인명 찾아보기

지은이 **라울 몬카요** Raul Moncayo

라울 몬카요(Ph. D.)는 칠레 출신의 미국 정신분석 임상가이자 교육자이다. 그는 캘리포니아의 면허 심리학자로서 정신분석 라캉 스쿨(Lacanian School of Psychoanalysis)의 창립 멤버이자 감독 분석가이다. 그는 공중 보건부 산하 샌프란시스코의 정신 건강 교육 책임자이며, 학술 기관의 교수로 재직한 바 있다. 몬카요는 *Evolving Lacanian Perspectives for Clinical Psychoanalysis*(2008), *The Emptiness of Oedipus*(2012), *The Signifier Pointing at the Moon*(2012), *The Real Jouissance of Uncountable Numbers*(2014), *Lalangue, Sinthome, Jouissance, and Nomination*(2016), *Knowing, Not-Knowing, and Jouissance*(2018), *Lacan and Chan Buddhist Thought*(2023)의 다수의 저작이 있다. 그는 언어가 인간의 정신 과정과 정체성을 형성하는 방식을 명확히 밝히는 측면을 라캉 정신분석의 주요한 공헌으로 삼으며 임상, 교육, 집필 작업을 하고 있다. 이 텍스트는 현대 정신의학 중심의 현황에서 라캉 학파의 정신분석 실천이 기존의 심리치료, 여타 정신분석학파와 어떻게 만나고 일별하는지 서설한다. 또한 라캉 정신분석에서 예비 면담부터 논리적 시간에서의 절분, 분석가의 존재, 오이디푸스 과정, 성차에서 일자의 기능과 여성적 주이상스, 분석의 목표와 종결까지 논함으로써 라캉 정신분석 실천의 이론과 원리를 상세히 설명한다.

옮긴이 **이수진** Soo-Jin Lee, Ph. D.

아주대학교 일반대학원 디지털휴머니티융합학과 의료인문정신분석전공 교수이다. 상담전공으로 교육학 박사 학위와 정신분석전문가(Psychoanalytic Psychotherapist, KPA-T-056), 임상미술심리전문상담사(KATA, 09-053) 자격을 취득하고 교육, 연구, 분석 실천을 하고 있다. 현재 정신분석이 수련 중에 있다. 프로이트와 라캉, 그 외 정신분석학자들에 대한 폭넓은 시선의 탐구로 정신분석을 한국 사회에서 유효한 정신 탐구(법), 치료 방법, 그리고 과학으로 전문화와 대중화하기 위해 노력하고 있다. 그 일환으로 한국현대정신분석학회(KSCP)에서 공동체 활동을 지속하고 있다. 연구와 저서로는 「히스테리(자)의 욕망에 대한 라캉 정신분석 사례연구」(2023), 「프로이트와 라캉, 불안의 개념화와 정신분석 실천 함의」(2021), "Art Therapy for Harmonizing Desire and Life in Korean Society"(2021), 「라캉의 나르시시즘 개념 고찰의 정신분석 실천적 의미」(2019) 외 정신증의 연안 지대(2020), 프란시스코 고야 분석(2019), 분석의 종결의 의미(2018), 히스테리와 여성성(2015) 등 다수의 논문, 「정신분석 미술치료: 프로이트부터 라캉까지」(2020) 외 두 편의 공저가 있다. 주체와 진리 탐구를 방향성으로 하여 학제적, 실천적 노력을 이어 감으로써 우리 개인과 사회를 위해 전문가 교육 및 양성에 기여하고 있다.

철학의 정원 64
라캉 정신분석 실천 —이론과 원리

초판1쇄 펴냄 2023년 11월 10일

지은이 라울 몬카요
옮긴이 이수진
펴낸이 유재건
펴낸곳 그린비
주소 서울시 마포구 와우산로 180, 4층
대표전화 02-702-2717 | **팩스** 02-703-0272
홈페이지 www.greenbee.co.kr
원고투고 및 문의 editor@greenbee.co.kr

편집 이진희, 구세주, 송예진, 김아영 | **디자인** 이은솔
마케팅 육소연 | **물류유통** 류경희 | **경영관리** 유수진

독자의 학문사변행學問思辨行을 돕는 든든한 가이드 _(주)그린비출판사